인천민주화운동사

인천민주화운동사

초판 1쇄 발행   2019년 12월 15일

기 획 ㅣ 민주화운동기념사업회
편 자 ㅣ 인천민주화운동사편찬위원회
발행인 ㅣ 윤관백
발행처 ㅣ 도서출판 선인

등록 ㅣ 제5-77호(1998.11.4)
주소 ㅣ 서울시 마포구 마포대로4다길 4 곳마루 B/D 1층
전화 ㅣ 02)718-6252 / 6257   팩스 ㅣ 02)718-6253
E-mail ㅣ sunin72@chol.com
Homepage ㅣ www.suninbook.com

정가   30,000원
ISBN   979-11-6068-324-0   94300
ISBN   978-89-5933-508-4   (세트)

서 문

　2017년 겨울 인천민주화운동사를 쓰기로 의견을 모을 때는 2019년 5월 3일 인천5·3민주항쟁 33주기를 맞아 출판기념회를 할 생각이었다. 그러나 생각보다 일의 진척이 늦어 걱정이었는데 그나마 다행으로 2019년을 넘기지 않고 책을 낼 수 있게 되었다.

　처음 인천민주화운동사를 기획할 때 가장 신경을 쓴 부분은 어떻게 하면 인천의 정체성이 녹아 있는 운동사를 쓸 수 있을까 하는 문제였다. 다 알다시피 대한민국에서 수도 서울이 차지하고 있는 비중은 가히 절대적이다. 대한민국 인구의 1/4 가까이가 서울에 몰려 있는데다 정치, 경제, 문화 등 모든 것이 서울로 집중되어 있기 때문이다. 특히 민주화운동의 경우 1970~1980년대 군사독재와의 투쟁이 중심을 이루기 때문에 정치 1번지 서울의 민주화운동이 대한민국 민주화운동의 거의 대부분이었다고도 할 수 있다. 게다가 인천은 서울로 출퇴근과 통학이 가능할 정도로 인접해 있어 그 영향력이 다른 어느 지역보다 컸다. 그런 상황 속에서 인천의 정체성이 녹아 있는 민주화운동사를 쓴다는 것은 누가 봐도 쉽지 않은 문제였다.
　이 문제를 해결하기 위하여 우선적으로 세운 방침은 정치투쟁이 주를 이룰 수밖에 없는 시대사보다는 인천의 특징을 비교적 잘 나타낼 수 있는 부문운동에 중심을 두자는 것이었다. 더군다나 인천은 1970~1980년대 노동운동의 가히 성지라고 할 수 있는 도시였다. 그 방침 하에 시대사는 역사학이나 관련 분야를 전공한 전문가에게 집필을 맡기더라도 부문운동사는 가능한 한 해당 부문 운동 경험이 있는 전문가에게 집필을 맡기기로 했다. 그리고 편찬위원은 해당 부문 운동경험자로 구성하여 당시 활동하였던 운동가의 생생한 경험이 집필자의 집필에 도움이 될 수 있기를 기대했다.

그렇게 인천민주화운동사 집필자와 편찬위원을 구성하고서도 막상 일은 쉽지 않았다. 생각보다 기록이 많지 않았기 때문이었다. 2005년 민주화운동기념사업회에서 발간한 『지역 민주화운동사 편찬을 위한 기초조사사업 최종보고서 – 인천지역』이 있었으나 사건을 연도별로 나열한 연대기와 지역 내 주요 사건과 단체에 대한 간단한 보고서에 불과했다. 그리고 2014년 인천민주평화인권센터에서 펴낸 『인천민주화운동사 연표』도 비록 좀 더 자세하긴 했으나 역시 연대기였다. 그나마 다행이었던 점은 인천민주평화인권센터가 인천민주화운동센터로 명칭을 변경해 가면서 창설 이래 꾸준히 1970~1980년대, 특히 1980년대 각종 유인물이나 간행물들을 모아 놓았다는 것이었다. 당시 나왔던 각종 기록들은 인천민주화운동사를 집필하는 데 큰 도움이 되었다.

기록이 없는 것들은 당시 활동가들의 구술에 의지할 수밖에 없었다. 구술이 갖고 있는 자료로서의 한계는 동 시대 다른 활동가들의 구술과 비교하여 확인하는 방식으로 극복하였다. 이 과정에서 편찬위원들이 인터뷰를 알선해 주는 등 많은 도움을 주었다. 특히 노동운동의 경우 편찬위원 한 사람으로는 감당이 안 된다고 판단하여 당시 인천 노동운동의 각 분야에서 활동했던 사람들로 팀을 이루어 여러 차례 집단 토론회를 열면서 집필 방향을 정하고, 또 집필된 원고를 다시 검토하고 하였다. 그들의 노력이 없었다면 노동운동사는 아마 집필이 어려웠을 것이다.

2년이 넘는 기간 동안의 작업을 통하여 인천민주화운동사가 발간될 수 있었던 것은 무엇보다도 집필자와 편찬위원들의 노고 덕분이었다. 집필자와 편찬위원들에게 감사의 마음을 전한다. 그리고 작업 초반기부터 함께 상의하고 최종 발간까지 각종 도움을 준 민주화운동기념사업회 관계자들, 특히 현종철 책임연구원에게도 감사의 마음을 전한다. 인천민주화운동사 편찬위원회는 (사)인천민주화운동계승사업회 안의 특별위원회로 출범하였다. 따라서 인천민주화운동계승사업회의 전폭적인 지원이 없었다면 인천민주화운동사 출간은 아마 꿈도 꾸지 못했을 것이다. 인천민주화운동계승사업회의 원학운 이사장, 그리고 인천민주화운동계승사업회가 위탁 운영하고 있는 인천민주화운동센터의 오경종 센터장과 그 직원 여러분에게도 또한 감사의 뜻을 전한다. 마지막으로 최종 원고를 도맡아 감수하고 필요하면 수정, 윤문까지 해 준 윤승준 인하대 교수에게 진정 고맙다는 뜻을 전한다.

인천민주화운동사 제1부부터 제4부까지는 시기별로 시대사를 서술하였다. 제1부 1950~1960년대와 제2부 1970년대 유신시대의 인천 민주화운동사는 이희환, 제3부 1980년대 전반기와 제4부 6월항쟁과 노태우정권 하의 인천 민주화운동사는 김현석이 집필하였다. 제5부는 인천 민주화운동사를 부문별로 나누어 서술하였다. 제1장 노동운동은 오유석과 이재성, 제2장 학생운동은 연종엽, 제3장 여성운동은 유경순, 제4장 문화운동은 송성섭, 제5장 교육운동은 이한수, 제6장 빈민운동은 이충현이 집필하였다. 제7장 종교계 민주화운동은 한상욱과 김성복이 각각 천주교와 기독교 부분을 서술한 것을 이우재가 통합했고, 제8장 재야전선운동은 최광석이 집필하였다. 총론은 이우재가 썼으며 전체 감수는 윤승준이 맡아 진행하였다. 그리고 편찬위원 이형진과 심상준은 가장 어려운 노동과 학생 부문 편찬위원을 맡아, 비록 집필하지는 않았으나 집필자에 못지않은 수고를 하였다.

인천민주화운동사는 이렇게 많은 사람들의 노고로 발간될 수 있었으나, 과연 이 책이 인천 민주화운동의 실상을 얼마나 반영하고 있느냐에 대해서는 솔직히 장담할 수 없다. 이것은 실제의 역사와 인간에 의해 기술된 역사 사이의 숙명적인 갈등이겠지만, 이 책의 내용에 부족한 부분이 있으면 그 책임은 편찬위원회에 있음을 밝힌다. 그리고 이 책의 부족한 부분에 대하여 많은 사람들의 따가운 질책을 기다린다. 그럼으로써 인천민주화운동의 실상이 더 한층 밝혀질 것이다.

민주화를 위하여 자신의 고귀한 생명까지 바쳤던 인천지역의 민주열사들의 혼령과 민주화를 위해 온몸으로 싸워왔던 인천지역의 수많은 선후배, 동료들에게 이 책을 바친다. 부디 이 책이 바탕이 되어 이 나라의 민주주의가 더 한층 발전할 수 있기를 기대한다.

2019년 12월
인천민주화운동사 편찬위원장 이우재

목 차

지역민주화운동사 연구총서 발간에 부처 / 5
감사 말씀 / 7
서문 / 9
총론 / 19

제1부 1950~1960년대 인천의 민주화운동

제1장 1950년대 인천과 민주화운동의 맹아 ················· 43
　제1절 전후 재건기의 인천과 노동운동 ················· 43
　제2절 인천외국기관노동조합의 출현 ················· 48
　제3절 이승만의 맥아더 동상 건립과 조봉암 처형 ················· 51

제2장 인천지역의 4월혁명 ················· 56
　제1절 3·15부정선거와 학생시위 ················· 56
　제2절 인천에서의 4월혁명 ················· 59
　제3절 4월혁명의 여파와 인천의 민주화 움직임 ················· 64

제3장 5·16쿠데타와 1960년대 민주화운동 ················· 68
　제1절 박정희 군사정권의 등장과 인천 ················· 68
　제2절 1960년대 인천의 노동운동 ················· 73
　제3절 인천지역 가톨릭노동청년회와 도시산업선교회 ················· 77

제4장 1950~1960년대 인천지역 민주화운동의 특징과 의의 ················· 81

제2부 1970년대 유신독재 치하의 민주화운동

제1장 유신독재와 인천 ·· 87
　제1절 유신체제의 출현과 인천의 변화상 ······················· 87
　제2절 독재정권의 인천 지역신문 강제통폐합 ·················· 93

제2장 인천 종교계의 민주화운동 ································· 97
　제1절 기독교계의 인천지역 도시산업선교 ····················· 97
　제2절 가톨릭교회의 사회사목과 김병상 신부 ················ 100

제3장 유신정권의 압제와 반독재 민주화투쟁 ················ 105
　제1절 대학생들의 유신독재 반대운동 ························· 105
　제2절 유신체제하 노동운동의 성장 ··························· 109

제4장 1970년대 인천지역 민주화운동의 특징과 의의 ········ 116

제3부 1980년대 전반기 민주화운동

제1장 '민주화의 봄'과 인천 ·· 121
　제1절 박정희 피살과 인천 '민주화의 봄' ····················· 121
　제2절 5·17비상계엄 전국 확대에 대한 저항 ················· 128

제2장 전두환정권 초기의 민주화운동 ··························· 131
　제1절 제5공화국 출범과 학생들의 도전 ······················ 131
　제2절 유화국면과 민주화운동 진영의 재구축 ················· 135
　제3절 재야전선운동과 노동운동 등 부문운동단체의 등장 ······· 140

제3장 인천5 · 3민주항쟁 ·· 145

　제1절 2 · 12총선과 민주화운동의 가열화 ······················ 145

　제2절 변혁이론의 분화와 운동노선의 분열 ······················ 157

　제3절 인천5 · 3민주항쟁과 군부독재의 폭압 ······················ 163

제4장 1980년대 전반 인천지역 민주화운동의 특징과 의의 ············· 180

제4부 6월항쟁과 노태우정권하의 민주화운동

제1장 6월항쟁과 인천의 노동자대투쟁 ·························· 185

　제1절 1987년 6월항쟁과 13대 대통령선거 ······················ 185

　제2절 인천의 7~8월 노동자대투쟁 ···························· 197

제2장 노태우정권 전기 인천의 민주화운동 ······················ 207

　제1절 부문운동단체의 정립과 인천지역민족민주운동연합 결성 ············· 207

　제2절 5공 비리 청산투쟁과 공안통치 분쇄투쟁 ······················ 214

제3장 노태우정권 후기 인천의 민주화운동 ······················ 219

　제1절 3당 합당과 민자당 분쇄투쟁 ···························· 219

　제2절 민주주의민족통일인천연합의 결성과 14대 총선 ················ 226

　제3절 시민운동의 출현과 정착 ······························ 229

제4장 노태우정권 시기 인천 민주화운동의 특징과 의의 ················ 235

제5부 부문별 민주화운동

제1장 노동운동 ································· 241

제1절 1950년대 인천의 노동운동 ································· 241

제2절 1960년대 인천의 노동운동 ································· 256

제3절 1970년대 민주노조운동의 태동과 고난 ················ 274

제4절 1980년대 노동운동의 급진화 ························· 284

제5절 1987년 노동자대투쟁과 노동정치의 발원 ··········· 296

제6절 1990년대 민주노조운동의 성장과 진통 ·············· 317

제7절 인천 노동운동의 특징과 의의 ························· 328

제2장 학생운동 ································· 334

제1절 1970년 이전의 학생운동 ····························· 336

제2절 1970년부터 1975년 긴급조치9호 선포까지 ·········· 341

제3절 1975년부터 1979년까지의 긴급조치9호 시기 ········ 345

제4절 1980년 광주민주항쟁부터 1986년까지 ·············· 350

제5절 1987년부터 1990년대 초반까지의 학생운동 ········· 374

제6절 인천지역 학생운동의 특징과 의의 ··················· 384

제3장 여성운동 ································· 386

제1절 여성단체의 활동과 진보적 여성운동의 등장 배경 ····· 386

제2절 인천 여성노동자들의 민주노조운동 ················· 389

제3절 여성노동운동단체의 등장과 활동 ··················· 402

제4절 인천 진보적 여성운동의 특징과 의의 ················ 407

제4장 문화운동 ································· 410

제1절 인천문화운동의 맹아기 ····························· 411

제2절 인천문화운동의 모색기 ·· 412
제3절 인천문화운동의 도약기 – 인천민중문화운동연합의 창립 ·············· 418
제4절 인천문화운동의 확산기 ·· 424
제5절 인천 문화예술운동의 특징과 의의 ·································· 435

제5장 교육운동 ·· 448
제1절 교육민주화운동의 태동 ·· 438
제2절 교육민주화운동의 성장 ·· 442
제3절 교육민주화운동의 발전 ·· 449
제4절 인천 교육민주화운동의 특징과 의의 ······························ 459

제6장 빈민운동 ·· 461
제1절 빈민운동의 태동 – 빈민지역센터 ·································· 461
제2절 빈민운동의 도약 ·· 473
제3절 빈민운동의 확산(1980년 말~1990년 초) ·························· 478
제4절 인천빈민운동의 특징과 의의 ·· 484

제7장 종교운동 ·· 486
제1절 유신 이전 인천지역 종교계의 민주화운동
      – JOC와 인천도시산업선교회 ·· 486
제2절 유신 시기 인천지역 종교계의 민주화운동 ························ 490
제3절 제5공화국 시기 인천지역 종교계의 민주화운동 ·················· 496
제4절 6월항쟁과 인천지역 종교계의 민주화운동 ························ 504
제5절 노태우정권 하의 인천지역 종교계의 민주화운동 ················· 511
제6절 인천지역 종교계 민주화운동의 특징과 의의 ······················ 515

제8장 재야전선운동 ··· 519

　제1절 재야전선운동의 모색 ································· 519

　제2절 재야전선운동의 등장 － 인천지역사회운동연합의 결성과 활동 ····· 524

　제3절 재야전선운동의 재편－인천지역민족민주운동연합의 결성과
　　　　민주주의민족통일인천연합으로의 재편 ················· 538

　제4절 시민운동의 등장 ······································ 547

　제5절 인천지역 재야전선운동의 특징과 의의 ··············· 549

참고문헌 / 553
찾아보기 / 563

총 론

1883년 제물포라는 한적한 어촌이 개항되었다. 여기에는 조선의 수도 한양과 인접해 있다는 것이 결정적으로 작용하였다. 조수 간만의 차가 크고 수심도 낮아 근대적 항구로 개발하기에는 부적합한 측면이 있었지만 한양과 가깝다는 점이 이를 상쇄하고도 남을 만큼 중요했다. 이렇게 해서 인천은 한양의 관문으로 등장하게 되었고, 그 역할은 지금까지 이어져오고 있다.

이와 같은 인천의 지리적 특성은 이 지역의 역사와 일상적 삶 곳곳에 짙은 흔적을 드리우고 있다. 민주화운동사의 경우도 마찬가지다. 대한민국의 중심지 서울에서의 동향을 다른 어느 지역보다도 빠르게 포착하고 수용할 수 있는 장점도 물론 있었다. 하지만 서울과의 공간적 인접성은 인천이 한국 유수의 대도시임에도 불구하고 민주화운동 과정에서 자신의 정체성을 유지하는 데 커다란 걸림돌이 되었다. 이러한 점들을 유념하면서 인천 지역의 민주화운동사를 개괄해 보고자 한다.

6·25로 인한 피해는 전국 어디에서나 심각했지만 수도 서울의 탈환을 목표로 대규모 상륙작전이 감행된 인천의 경우는 이루 말할 수 없을 정도였다. 항만은 거의 다 파괴되어 제대로 기능할 수 없게 되었고, 일제강점기에 많은 공장들이 밀집해 있던 경인공업지대에서도 건물의 44%와 공장

시설의 42%가 사라졌다. 1952년 말 인천의 인구는 256,715명이었는데, 그 중 절반이 넘는 131,128명이 구호대상자였다.

　그러나 전쟁이 끝난 뒤 인천은 다른 어느 지역보다도 신속하게 이전의 모습을 회복하게 되었다. 전후 재건에 필요한 외국의 구호물자가 들어오는 주요 항구였으므로 우선적으로 복구될 필요가 있었기 때문이다. 그 과정에서 미군 군수지원사령부 애스컴(ASCOM)이 인천 부평지역에 설치되었고, 인천 시민들은 여기서 많은 일자리를 얻을 수 있게 되었다. 그에 따라 구호대상자 규모도 1953년 76,700명, 1954년 22,171명 등으로 현저하게 감소하였다. 다른 한편에서는 제분, 제당, 면방직 등 근대 인천의 전통적인 삼백(三白)공업을 위시한 소비재 산업이 다시 활기를 띠기 시작했고, 전쟁으로 피폐되었던 중화학공업도 제자리를 찾아가게 되었다. 하지만 노동자들의 임금수준이나 근로조건은 여전히 열악한 상태를 벗어나지 못했다.

　당시 국내의 노동운동은 1947년 좌익계열의 전평(조선노동조합전국평의회)이 해산되면서 득세한 대한노총(대한노동총연맹)과 그 산하 조직들이 장악하고 있었다. 그러나 대한노총은 태생부터 이승만의 하수인이었던 만큼 노동자의 입장을 제대로 대변하지 못했다. 한국전쟁으로 대분의 생산시설이 폐허가 된 뒤에는 더욱 더 그랬다. 이러한 상황에서 인천의 부두노동자들은 전쟁이 끝나고 인천항이 복구되면서 행동에 나서기 시작했다. 이들은 임금인상과 더불어 십장제와 반장제 같은 전근대적 노동착취의 타파를 요구하며 농성에 들어갔고 시가행진까지 벌였으나 큰 성과를 얻지는 못했다. 애스컴 등 인천의 여러 미군부대에서 일하는 노동자들도 자신들의 권익을 지키기 위해 나섰다. 이들은 1956년 5월 인천지구미군자유노조를 결성하고 노동조건 개선과 민족적 차별 철폐를 위해 투쟁하였다.

　1957년 9월 15일 인천상륙작전 7주년을 맞아 인천 만국공원에서 당시 생존 인물이던 맥아더의 동상 제막식이 거행되었다. 그리고 1958년에는 인천이 낳은 진보 정치인 조봉암이 간첩죄로 사형선고를 받고 이듬해 처형되었다. 이 두 사건은 전혀 별개의 것처럼 보이지만 사실은 깊은 관련이 있었다. 그 접점은 '반공'이었다. 맥아더는 대한민국을 공산주의로부터 지켜낸 '영웅'이었고, 평화통일론을 주창한 조봉암은 공산주의에 동조한 '간첩'이었다. 인천과 관계된 이 두 사건은 장기집권 야욕에 사로잡힌 이승만이 반공을 구실로 무엇이든 서슴지 않았음을 상징적으로 보여주는 것이었다.

인천의 학생들은 제3대 대통령 선거 전날인 1960년 3월 14일, 백주 대낮에 관권을 동원하여 노골적으로 부정선거를 자행하던 이승만정권에 맞서 처음으로 반기를 들어올렸다. 이날 저녁 10시 30분경 동산고등학교, 인천고등학교, 송도고등학교 학생 30여 명이 성산교회 앞에서 관권선거에 항의하는 시위를 벌이다 경찰에 의해 해산되었다. 4월 19일에는 인천공업고등학교 학생들이 오전 수업을 받던 중 거리로 뛰쳐나왔다. 이후 26일까지 학생들의 시위는 계속되었다. 인천의 4월혁명은 이처럼 고등학교 학생들이 주도하였고, 대학생들의 시위는 4월 21일 인하공대 학생들이 벌인 것이 유일했다. 이는 당시 대학이라고는 인하공대 하나밖에 없었던 데다가 이 대학의 설립자가 이승만이고 대학이사장이 이기붕이었던 점이 작용한 결과로 볼 수 있을 것이다. 인천의 4월 시위는 그다지 치열하지도 조직적이지도 않았다. 시민들의 참여 또한 그리 많지 않았다. 많은 시민과 학생들이 인천 내에서보다는 서울의 시위에 가담했던 것으로도 보인다. 3월 14일 성산교회 앞 시위로 경찰에 연행되었던 김효성은 4월 19일 서울의 시위에 동참했다가 경찰의 총격을 받고 척추 부상을 입었다. 인천 시민이 서울로 가서 시위에 참가했던 사례는 이 외에도 분명 많았을 것이다.

5·16군사쿠데타에 성공한 박정희는 정권 찬탈의 정당성을 경제개발에

서 찾으려 했다. 인천은 대규모 항구를 보유한데다가 서울이라는 거대한 배후 시장이 있어 수출주도의 경제개발에서 입지 조건이 가장 좋은 곳 중 하나였다. 그에 따라 1969년 부평지역에 한국수출산업공업단지 제4단지가 조성된 것을 필두로 70년대에 들어서 주안지역에 제5, 6단지가 들어서게 되었다. 인구도 급증하여 1980년 드디어 100만을 돌파하였고, 그리하여 이 듬해인 1981년에 인천은 경기도에서 독립하여 직할시로 승격되었다.

박정희정권의 경제개발은 기본적으로 장시간 노동과 저임금 등 노동자의 희생 위에 추진된 것이었다. 따라서 시간이 갈수록 노동자들의 반발이 커질 수밖에 없었고 조직노동자의 수 또한 점점 늘어갔다. 1964년 29,153명이었던 인천의 조직노동자수는 1970년 41,994명, 1979년 76,119명으로 급증했다. 업종별 구성 면에서도 50년대의 부두노조 및 미군부대 종사자들의 외기노조 중심에서 섬유와 금속 부문 노조 쪽으로 주류가 바뀌었다. 부두노조는 인천지역의 전체 조직노동자 중에서 차지하는 비중이 1964년 11.8%에서 1979년 4.5%로 감소하였고, 외기노조는 1964년 22.9%에서 1970년 14.9%, 그리고 주한미군 일부가 철수한 1979년에는 1.0%로 격감하였다. 그 대신 섬유노조가 1964년 8.8%에서 1975년 20.7%로, 금속노조가 1964년 9.2%에서 1979년 28.8%로 각각 증가하였다. 노동쟁의의 중심 무대 또한 50년대의 부두 하역장과 미군부대 등지로부터 인천중공업, 이천전기, 섬유노조 산하 방직공장 등의 제조업 사업장들로 대거 이동하였다.

노동자의 수가 증가하면서 장시간, 저임금 노동에 시달리는 그들에 대한 사회적 관심도 높아갔다. 천주교는 노동자에 대한 관심을 JOC(가톨릭노동청년회)를 통해 표명하기 시작했다. 1967년 강화도 소재 심도직물에서 노동조합이 결성되었는데 이 과정에서 JOC 회원들이 주도적 역수행했다. 1968년 1월 발생한 심도직물 노조 간부들에 대한 해고 사태는 사회적인 관심사로 떠오르게 되었고 급기야 자본가 대 노동자 차원을 넘어 자본가 대 천주교의 문제로까지 비화되었다. 천주교 인천교구는 이 심도직물 사건을 계기로 사회문제에 더 큰 관심을 기울이게 되었는데, 이는 1970~ 1980년대에 천주교 인천교구가 인천지역의 민주화운동에 적극적으로 나서게 되는 시발점이 되었다.

천주교뿐만 아니라 기독교도 노동자에 대한 관심을 나타내기 시작했다. 국내에서 노동자를 대상으로 하는 산업전도는 1957년부터 시작되었지만 이를 사회구원 차원에서 조직화한 것은 인천이 최초였다. 1961년 조용구 목사와 윤창덕 목사에 의해 처음 설립된 도시산업선교회는 같은 해 9월 미국인 조지 오글 목사가 인천에 부임하면서 활발한 활동을 펼치기 시작했다. 여기서 목회자가 되려면 기본적으로 남자는 1년, 여자는 6개월 이상 공장 생활을 해야 했다. 도시산업선교회는 1966년 동일방직에서 공장 생활을 한 조화순 목사가 2대 총무를 맡으면서 70년대 민주노조운동의 요람이 되었다. 그리고 인천은 점차 노동운동의 성지가 되어 갔다.

1964년 박정희가 굴욕적인 한일국교 정상화를 추진하자 전국적으로 반대 시위가 전개되었고, 이에 박정희는 1964년 6월 3일 비상계엄을 선포하였다. 인천에서도 1964년 3월 27일에 7개 중고등학교 학생들이 한일회담반대 시위를 벌였다. 이날의 시위는 인천에서 정치적인 문제로 고등학생들이 벌인 마지막 시위였다. 한일회담에 대한 항의는 이듬해에도 이어져 인하공대 학생들은 한일협약이 조인되는 1965년 6월 22일 대규모 시위를 벌여 숭의동 사거리까지 진출하여 경찰과 투석전을 벌였다. 인하공대 학생들은 박정희가 삼선개헌을 강행하던 1969년 9월 11일에도 삼선개헌반대성토대회를 열었다.

1972년 10월 17일 박정희는 10월유신을 선포하며 사실상 종신집권에 들어갔다. 긴급조치라는 무소불위의 칼 밑에서 국민의 정치적 자유는 모두 박탈되었다. 그러나 노동자들의 함성은 끊임없이 터져 나왔다. 학생들과 종교계의 저항도 전혀 수그러들지 않았다.

1970년대 진행된 제3, 4차 경제개발에 따라 인천지역의 제조업체 수는 계속 증가하여 1970년 580개에 불과하던 것이 1980년 1,781개로 대폭 늘었다. 그 중 34.8%에 달하는 620개가 금속, 기계 업체였고, 9.5%를 점하는 169개가 화학 관련 업체였다. 이는 제3, 4차 경제개발이 중화학공업에 집중된 데 따른 것이었다. 그러나 근로조건은 오히려 더 악화되었다. 70년대에 노동생산성이 연평균 10.1% 높아졌던 반면, 실질임금은 연평균 8.4% 증가하는 데 그쳤다. 이는 경제성장의 혜택이 자본가에 집중되었음을 보여준다. 노동 조건의 개선도 미미했다. 제조업 분야의 주당 노동시간은 1970년 53.4시간에서 1974년 49.9시간으로 줄었지만 1980년에는 53.1시간으로 다시 늘어났다.

1972년 5월 10일 인천시 동구 만석동 소재 동일방직에서 국내 최초의 여성노조지부장이 선거를 통해 탄생하였다. 조화순 목사를 위시한 도시산업선교회 그리고 JOC의 노력이 결실을 맺은 것이었다. 이후 1973년 12월 부평 4공단의 삼원섬유에서 노조가 결성되었고, 1974년 4월에는 인접한 반도상사에서 민주노조가 출범하였다. 이렇게 민주노조 건설 움직임이 확산되자 박정희정권은 그에 대한 탄압을 본격화하기 시작했다.

그 대표적인 사례가 동일방직 사건이다. 동일방직에 민주노조가 건설되자 사측은 권력과 결탁하여 1976년부터 노골적으로 파괴 공작에 나섰다. 이에 동일방직 여성노동자들은 그해 7월 이른바 '나체시위'로 저항하였고, 1977년 4월에는 수습 대의원대회를 통하여 JOC 출신의 이총각을 지부장으로 선출하고 투쟁을 이어갔다. 그러나 권력과 결탁한 사측의 탄압은 점점 도를 넘어서 1978년 2월에는 사측의 사주를 받은 남자들이 여성노동자들에게 똥물을 끼얹은 이른바 '똥물사건'까지 일어났고, 이어 124명의 노동자들이 해고되었다. 동일방직 여성노동자들은 복직을 위해 전국 각지를 다니면서 사건을 알리고 투쟁을 벌여나갔다.

그 과정에서 많은 사람들이 그 비인간적 만행에 분노하였고, 노동문제에 대해 관심을 갖기 시작했다. 특히 대학생들은 동일방직 여성노동자들의 투쟁에 주목하면서 민주화운동이 단순한 형식적 민주화로 끝나서는 안 되고 노동자들의 해방이 실질적으로 이루어지는 사회 변혁으로까지 진척되어야 한다는 생각을 점점 더 품게 되었다. 이는 80년대 수많은 대학생들이 노동운동을 위해 신분을 숨긴 채 노동현장으로 진출하는 밑바탕이 되었는데, 1973년 12월 인천 부평 소재 삼원섬유에서 노조를 만들고 노조위원장에 선출되었다가 해고된 유동우의 저서 『어느 돌멩이의 외침』(1978) 또한 대학생들에게 노동문제에 대한 관심을 고조시키는 데 큰 영향을 미쳤다.

1972년 선포된 유신에 대해 대학생들이 처음으로 저항의 깃발을 든 것은 1973년 10월 서울대 문리대 학생들의 시위였다. 이후 학생들의 시위가 계속되자 박정희는 1974년 4월 소위 '민청학련 사건'이라는 것을 조작하여 180명을 구속하고 사형, 무기 등의 중형을 선고하였다. 그러나 학생들의 시위는 1974년 하반기 들어서 다시 확산되었다. 그해 11월 16일 인하대생 천여 명이 대규모 유신독재 타도 시위를 벌였다. 인하대생들의 시위는 이듬해 1975년 4월 10일에도 벌어졌는데, 이때 총학생회장 문희탁 등 2명이 구속되었다. 이처럼 학생시위가 끊이지 않자 박정희는 1975년 5월 13일 긴급조치의 최종 결정판인 긴급조치9호를 선포하여 학생들의 저항을 원천 봉쇄하려고 했고, 실제로 그 후 대학가는 외견상 한동안 잠잠하였다. 긴급조치9호는 마침내 목적을 달성하는 듯이 보였다.

하지만 그것은 착각이었다. 정권의 감시와 탄압이 엄중해지면서 공개적인 활동이 금지되자, 학생운동은 지하화하기 시작했다. 학생회가 아닌 지하 서클이 학생운동의 주체로 등장했다. 그리고 시위는 곧 구속과 제명이라는 냉혹한 현실 속에서 학생들은 한순간의 격정이 아닌 일생의 과제로 운동을 생각했고, 그만큼 이념적으로 스스로를 무장해 갔다. 가혹한 탄압이 학생운동가들을 직업적 혁명가로 단련시켜준 것이다. 인하대에서도 1977년 학교당국의 인가를 받지 않은 비공개 서클 '지성'이 조직되었다. 이 지성의 회원들이 중심이 되어 1978년 9월부터 11월까지 네 차례에 걸쳐 인하대 내에서 유신헌법의 철폐를 촉구하는 유인물 살포 사건이 일어났다. 이 사건으로 조용호, 곽한왕 등 9명이 구속되었는데 이들 중 상당수는 80년대에도 민주화운동가로서 자기 삶을 이어갔다.

1978년에는 인천에 살면서 서울로 통학하는 대학생들이 모여 사회과학 독서모임을 조직하였다. 이는 인천이기에 가능한 것이었다. '사우', '기러기', '통학생회'의 세 그룹으로 이루어진 이들 독서모임은 민주화운동을 지향하여, 서울에 있는 자기 학교의 학생운동 경험을 인천지역에 접목시켜 나갔다. 일명 '지티'라고 불린 이 독서모임들은 80년대 인천지역 학생운동의 한 축으로 활약하였다.

1977년 8월 29일 인천교구사제단이 인천교구 주교좌성당인 답동성당에서 "정의구현을 위한 특별기도회"를 개최하였다. 여기 모인 사람들은 3.1 명동사건으로 구속된 문정현, 함세웅 두 신부의 석방과 유신헌법의 철폐를 요구하였는데, 이 사건으로 인천교구 부교구장 겸 총대리인 김병상 신부가 긴급조치9호 위반으로 구속되었다. 이에 인천교구 사제들이 대대적으로 반발하며 석방을 요구하는 기도회를 열고 단식기도에 들어가자, 정권은 결국 9월 17일 김병상 신부를 불기소처분으로 석방하였다. 이 사건은 인천지역 종교계에서 처음 벌어진 반유신 투쟁으로, 이후 천주교 인천교구는 민주화운동을 하다가 쫓기는 사람들을 숨겨주고 집회장소를 제공하는 등 민주화운동에 한층 더 적극적으로 나섰다.

1978년 12월에는 한국앰네스티 인천지부가 결성되었다. 이는 지역 내에 기반을 둔 인천 최초의 민주화운동 지향 단체였다. 그 구성원들은 인천 출신으로 서울에서 학생운동을 하다가 구속, 제명된 사람에서부터 가톨릭이나 기독교 교인, 일반 학생들에 이르기까지 다양했다. 앰네스티 인천지부는 비록 정식으로 민주화운동을 표방하고 나서지는 못했지만 각종 활동을 통해 지역 내 민주화운동 역량을 제고하는 데 큰 기여를 했으며, 훗날 인천의 재야전선운동 단체로 출범하게 되는 인천지역사회운동연합의 모태가 되기도 하였다.

1979년 10월 26일 박정희가 사망하면서 유신독재는 종말을 고했다. 그러나 얼마 뒤 12·12군사반란이 일어나면서 정국은 한치 앞을 내다볼 수 없는 상황이 되고 말았다. 1980년 3월 신학기가 시작되자마자 전국의 대학생들은 학생회를 복원하고 민주화투쟁에 나섰다. 인하대 학생들은 4월에 학생회를 재건한 후, 5월 7일부터 9일까지를 "민주화대행진의 날"로 정하고 '계엄령 철폐', '학원민주화', '유신잔당 퇴진' 등을 요구하며 시위를 벌였다. 한편, 1979년 설립된 인천대 학생들은 재단 문제를 놓고 학원민주화투쟁을 벌이다 4월 말 초대 총학생회를 구성하고 이어 민주화를 위한 행진에 동참했다. 그러나 5월 17일 전두환이 비상계엄을 전국으로 확대하고 모든 대학에 휴교령을 내리면서 학생들의 '민주화를 위한 행진'은 별다른 소득도 없이 좌초되고 말았다.

광주시민들의 민주항쟁이 전두환 일당의 총칼에 의해 잔인하게 진압되었다는 소식이 전해지면서 인천에서도 광주의 소식을 시민들에게 알리려는 노력이 진행되었다. 1980년 5월 말 이교정을 비롯한 송도고등학교 졸업생들이 광주의 진상을 알리고 인천시민들의 봉기를 호소하는 유인물을 살포하다 경찰에 발각되어 구속되었다. 8월에는 이우재, 조용호, 이정남, 권병기 등이 광주의 실상을 전하는 유인물을 배포하다가 구속되었다. 이 두 사건은 인천에서 대학과 종교계 밖에서 민주화운동을 벌이다가 구속된 최초의 사례였다. 이는 인천에서도 지역사회에 기반을 둔 민주화운동이 형성되고 있음을 보여주었다.

1981년 1월 비상계엄이 해제되고 3월에 제5공화국이 출범하였으나 전두환정권의 속성은 변함이 없었다. 단지 외피만 군복에서 민간복장으로 바뀌었을 뿐이었다. 전두환정권의 폭압 하에서 민주화운동 진영이 모두 숨죽이고 있을 때 저항의 깃발을 다시 든 것은 역시 학생들이었다. 1981년 5월 18일 민영수, 홍문표 등 인하대 지하서클 청진회 회원들이 학교 건물 벽에 페인트로 반정부 구호를 썼다가 발각되어 구속되었다. 1982년 9월 23일에는 인천대 학생 김성일과 박홍민이 "전두환 군부독재 타도" 등을 외치며 학내 시위를 벌이다 구속되었으며, 같은 해 11월 8일에는 인하대 학생 이우청과 최진우가 반정부 시위를 하던 중 구속되었다. 그리고 1983년 10월 6일에는 인하대 학생 황홍규, 이민재, 윤호영, 이기선 등이 "파쇼타도", "언론자유 보장하라", "노동3권 보장하라" 등의 구호와 함께 시위를 벌이며 교내에 세워져 있던 이승만 동상을 끌어내렸다가 구속되었다. 구속된 인하대 학생들은 모두 학내 지하서클 소속이었다. 그리고 인천대 학생 2명은 소위 지티의 하나인 '기러기'라는 독서모임 출신이었다. 학생회가 금지된 이후 대학 내 지하서클 출신들과 인천 지티의 독서모임이 학생운동을 이끈 것이었다. 한편 이와 별도로 1981년 5월 21일에는 인천기독청년협의회 회원들을 포함한 1,000여 명의 청년들이 제일교회에서 축현초등학교 앞까지 "전두환파쇼 물러가라" 등의 구호를 외치며 가두시위를 벌이다가 경찰에 의해 강제 해산되는 사태가 벌어졌다. 이 사건으로 이민우, 강우경, 정희윤, 문광석 등 7명이 구속되었다. 각기 다른 사건으로 구속된 인하대와 인천대 학생들 그리고 기독교청년협의회 회원들의 공통된 혐의는 '집회 및 시위에 관한 법률' 위반이었다. 유신독재의 긴급조치가 '집회 및 시위에 관한 법률'로 이름만 바뀌었을 뿐 본질은 전혀 변하지 않고 이어졌던 것이다.

전두환정권에 대한 학생들의 저항은 유신 시절보다 더 처절했다. 1981년부터 소위 학원자율화 조치가 내려지는 1983년까지 3년간 민주화운동과 관련하여 제적된 학생들의 수는 1,363명으로 유신 독재 7년 동안의 786명을 훨씬 능가했다. 그리고 그 분포도 유신 독재 때처럼 몇몇 대학에 한정된 것이 아니라 전국의 모든 대학으로 확산되었다. 결국 전두환정권은 1983년 12월에 제적된 학생들의 복교를 허용하고, 학원 문제는 학교에 맡긴다는 학원자율화 조치를 발표한다. 이른바 유화국면이 열린 셈인데, 그만큼 정책을 바꾸지 않으면 안 될 정도로 학생들의 저항이 거셌던 것이다.

유화국면 하에서 학생들은 우선 학생회를 부활하고 전국적인 대학생들의 연대 틀을 조직해 가기 시작했다. 인하대는 1984년 11월 22일과 23일 이틀에 걸쳐 총학생회장 선거를 실시하여 이광현을 선출하였고, 인천대는 1985년 4월 16일 총학생회를 구성하고 이재영을 회장으로 뽑았다. 1985년 4월 10일에는 인하대와 인천대를 포함한 경인지역 36개 대학의 학생들이 모여 경인지구학생연합을 결성하였으며, 같은 해 4월 17일에는 전국학생총연합이 출범하였다. 전국학생총연합은 산하에 삼민투(민족통일민주쟁취민중해방투쟁위원회)를 조직하여 민주화투쟁을 벌여나갔다.

1983년 말부터 노동운동도 다시 살아나기 시작했다. 그 선봉은 70년대에 민주노조 활동을 하다가 해고된 뒤 생존을 위해 몸부림치던 노동자들이었다. 이 민주노조 출신 해고노동자들은 재취업을 시도하였지만, 소위 블랙리스트라는 것이 자신들의 먹고 살 길을 가로막고 있음을 발견하게

되었다. 그리하여 1983년 12월 15일 김옥섭 등 4명이 노동부 인천지방사무
소에서 블랙리스트 철폐를 요구하며 철야농성에 들어갔다. 블랙리스트 문
제는 유화국면이 전개되면서 사회적으로 공론화되었고 나아가 노동운동
이 다시 활성화되는 계기가 되었다. 노동조합도 재건되기 시작하여 1984
년 4월 대한마이크로를 필두로 여러 곳에서 민주노조가 결성되었다. 그
얼마 전 3월에는 한국노협(한국노동자복지협의회)이 창립되었는데, 이는
70년대 민주노조 활동가들이 블랙리스트 철폐 투쟁에 나섰다가 기존의 고
립분산적인 방식으로는 한계가 있음을 절감하고 이를 극복하기 위해 만든
단체였다. 1985년 2월에는 인천노협(한국노협인천지역협의회)가 창립되었
다. 인천노협은 한국노협의 인천지부 형식을 취했지만 운영 면에서 독자
성을 유지하였다. 의장에 선출된 양승조를 비롯한 임원진은 모두 70년대
민주노조 활동 경력을 지닌 사람들이었다. 인천노협은 외곽에서 지역 내
노동현장에서의 투쟁을 지원하고, 인천의 노동문제를 공론화하여 해결하
는 데 사업의 중점을 두었다.

　1984년 11월 인사연(인천지역사회운동연합)이 출범하였다. 인사연은 인
천지역 최초의 본격적인 민주화운동 단체로, 제정구 등 가톨릭 운동 세력
및 김정택 등 기독교 운동 세력과 이호웅, 이우재 등, 인천 출신으로서 서
울과 인천에서 학생운동을 했던 활동가들이 결합하여 재야전선운동을 자
임하였다. 인사연의 출범으로 비로소 인천에 기반을 둔 인천의 민주화운
동이 자기 정체성을 갖게 되었다. 인사연은 1985년 3월 민통련(민주통일민
중운동연합)이 출범하면서 민통련의 지역 단체로 가입하여 전국의 민주화
운동과 흐름을 같이하였다. 인사연과 인천노협은 인천지역 민주화운동의
양대 축을 형성하였다.

　1985년 2·12총선에서 직선제 개헌을 공약으로 내세운 신민당(신한민주

당)이 돌풍을 일으켜 제1야당이 되면서 민주화운동은 더욱 고양되었다. 그리고 개헌 문제가 급속히 정국의 현안으로 자리잡아갔다. 그러나 그 이면에서는 민주화운동 진영 내부에 서서히 이념적 분화와 갈등이 일어나기 시작했다.

학생들은 삼민투를 중심으로 민주화운동을 벌여 나갔다. 1985년 5월 23일 삼민투의 주도 하에 서울미문화원 점거농성 사건이 일어났다. 이 사건을 계기로 정권은 학원안정법을 제정하여 학생운동을 억압하려 했다. 학생들은 학원안정법 제정 반대 투쟁을 벌였고, 그 결과 정권의 시도를 수포로 돌릴 수 있었다.

노동현장에서도 노동자들의 투쟁이 더욱 강도 높게 진행되었다. 그러자 정권은 사측과 결탁하여 탄압을 강화하였다. 인천의 경동산업, 진도, 동보전기, 한일스텐레스 등에서 노조가 결성되자 사측은 해고로 대응했고, 그에 따라 노동자들의 농성과 강제해산이 연달았다.

1985년 4월 인천 부평에 위치한 대우자동차에서 대규모 파업이 벌어졌다. 이 파업의 해결 과정에서 송경평, 홍영표 등 학생운동 출신 활동가들의 위장취업 문제가 크게 사회문제화되었다. 많은 학생들이 1970년 전태일의 분신과 70년대 말 동일방직사건 등 민주노조 노동자들의 투쟁을 알게 되었으며, 유동우의 저서 『어느 돌멩이의 외침』 등을 통해 노동자들의 실상을 접하면서 노동운동에 투신할 것을 다짐했고, 그에 따라 많은 학생들이 위장취업해서 노동현장에 들어갔다. 송경평 등은 그들 중 드러난 몇몇이었다. 이어 1985년 서울 구로동에서 6·25한국전쟁 이후 최초로 동맹파업이 일어났는데, 이 노동투쟁도 심상정 등 학생운동 출신의 위장취업자들이 주동한 것이었다.

학생운동 출신들은 노동현장에 들어가면서 노동자가 중심이 되어 민중을 해방시키는 사회변혁을 꿈꾸었다. 이들 중 대다수는 전략적으로 수도권 지역의 공장지대를 자기들의 활동무대로 선택하였다. 노동자들이 봉기를 일으켜 독재정권을 타도하기 위해서는 수도권을 장악해야 했기 때문이다. 당연히 서울 구로동과 인천이 선택의 제1순위이었다. 80년대 중반쯤에는 인천 지역 내 주안과 부평의 거의 모든 공장에 학생운동 출신 활동가들이 들어가 있었다.

1985년 8월 25일 서노련(서울노동운동연합)이 출범하였다. 김문수, 심상정 등 학생운동 출신 노동운동가들이 주도한 서노련은 70년대 민주노조운동을 조합주의, 경제주의라고 비판하면서, 선진적인 노동자가 중심이 되어 정치투쟁을 벌여 나가야한다고 주장하였다. 그리고 민통련, 민청련 등의 전선운동단체를 자기들의 지도를 받아야 할 소부르조아 운동단체라고 비판을 가했다. 민주화운동 진영 내에서 이념적 분화와 그에 따른 갈등이 표출되기 시작한 것이다.

한편 이러한 주장이 노동운동에 진출한 학생운동 출신 활동가들 사이에서 널리 받아들여지면서, 이들이 전국적으로 가장 많이 있었던 인천의 노동운동에 필연적으로 큰 변화가 나타나게 되었다. 1986년 2월 인천노협이 인노련(인천지역노동자연맹)으로 재창립되었다. 의장은 여전히 양승조였으나 결정의 권한은 일명 '안개'라고 불린 지하그룹이 갖고 있었다. 그리고 그들의 대부분은 학생운동 출신 활동가들이었다. 인노련은 서노련과 입장을 같이하며 정치투쟁에 매진했다. 이 두 조직을 합쳐 소위 '서인노련'이라 불렀는데, 서인노련은 1986년 인천5·3민주항쟁으로 사실상 해산될 때까지 전국의 노동운동을 이끌었다. 이 시기 인천은 운동의 변두리에서 일약 전국 각지에서 주목하는 관심지역이 되었다. 이는 인천이 서울에 인접한 대규모 공업도시라는 지리적 특성에서 비롯된 것이었다. 그 무렵 인천의 상황과 관련하여 한 가지 특기할 만한 점이 있다면 지역 내 민주화운동의 두 축인 인사연과 인노련 사이의 거리가 점점 멀어지기 시작했다는 것이다.

개헌 문제가 정국의 최대 현안으로 떠오르면서 그에 대한 서인노련과 민통련, 인사연 등 재야전선운동 단체들의 입장에 분명한 차이가 드러났다. 서인노련은 삼민헌법을, 민통련과 인사연은 민주헌법을 각기 주장했다. 서인노련은 신민당을 배격했고, 민통련과 인사연은 독자성을 유지하면서 신민당과 연대할 것을 주장했다. 서로 간의 견해차는 끝내 좁혀지지 않았다.

1986년 3월에는 서울대에서 구국학생연맹이 결성되었다. 구국학생연맹은 산하에 공개투쟁조직으로 자민투(반미자주화반파쇼민주화투쟁위원회)를 두고 '반미'를 중심으로 한 투쟁을 전개했다. 이는 기존의 반독재투쟁을 우선시하며 미국에 대한 문제는 광주민주화운동과의 연관 하에서만 제기했던 흐름과 전혀 다른 흐름이었다. 전통적인 입장에 서 있던 그룹들은 민민학련(반제반파쇼민족민주학생연맹)을 결성하고 산하에 민민투(반제반파쇼민족민주투쟁위원회)를 만들어 활동에 나섰다. 이로써 학생운동은 양분되고 말았다.

1986년 4월 28일 "양키 고 홈"을 외치며 전방입소훈련 거부 투쟁을 벌이던 자민투 소속 서울대 학생 김세진과 이재호가 분신자살하는 사건이 일어났다. 1986년 3월 광주에서, 4월 대구, 대전, 청주에서 국민들의 열렬한 호응 속에 '개헌추진위원회 시도지부 결성대회'를 추진해 가던 신민당은 이 돌발 사태에 당혹감을 보였고, 신민당 총재 이민우는 4월 30일 청와대에서 전두환과 회담을 하면서 "학생들의 반미투쟁을 지지할 수 없으며, 좌익학생들을 단호히 다스려야한다"고 발언하였다. 이에 5월 1일 민통련은 김영삼, 김대중 등과의 연결 통로인 '민주화를 위한 국민연락기구'를 탈퇴하였다. 신민당과 민통련 등 민주화운동 진영 사이에 심각한 갈등이 벌어진 것이다.

5월 3일 오후 2시 인천시민회관에서 예정되어 있던 신민당 개헌추진위원회 결성대회는 전 국민의 큰 관심사였다. 인천이 서울과 인접한데다가 서인노련으로 대표되는 급진적 노동운동의 중심이었고, 수도권에서 노동자가 가장 많이 거주하고 있었기 때문이었다. 인사연과 인노련을 비롯하여 수도권의 모든 민주화운동 세력들이 나름의 준비를 갖추고 대회에 임했다.

12시 30분경 인사연이 주안1동 성당에서 "군부독재 타도하고 민주헌법 쟁취하자"는 플래카드를 앞세우고 시위대를 이끌고 나오면서부터 시민회관 일대는 거대한 시위장으로 변모하였다. 최루탄과 화염병, 깨진 보도블럭이 곳곳에서 날아다녔다. 전두환과 미국뿐만 아니라 신민당을 비난하는 구호가 여기저기서 터져 나왔다. 이에 질린 신민당 지도부가 입장을 포기하면서 결국 대회는 무산되었다. 민주화운동 진영은 내부의 행동통일을 이루어내지 못했다. 서인노련, 인사연과 민통련, 자민투와 민민투 학생들은 각기 따로 집회를 열고 서로 다른 구호와 주장을 쏟아냈다. 일반 대중은 접근하기도 어려운 상황이었다. 오후 5시경부터 경찰이 진압을 개시하여 6시 무렵 사실상 모든 상황이 종료되었다.

1986년 인천5·3민주항쟁은 1980년의 광주민주화운동 이후 가장 큰 규모의 시위였다. 그러나 일반 대중은 참여하지 못한 운동권만의 시위였는데, 운동권의 내부 분열과 급진성이 그 원인이었다. 그 뒤 정권은 이 사건을 빌미삼아 민주화운동 진영에 대한 대대적인 탄압에 나섰다. 현장에서 잡힌 사람들 중 129명이 소요죄로 구속되었고, 인사연의 이호웅, 이우재, 홍성복, 인노련의 양승조 등 60여 명이 지명 수배되었다. 이후 인노련은 거의 해산 상태에 처했고, 인사연도 정상적인 활동이 불가능한 채 겨우 사무실이나 유지하는 마비상태에 빠졌다.

그러나 인천5·3민주항쟁은 민주화운동 진영에 자기성찰의 기회를 가져다주었다. 그 날의 시위에서 드러난 "나만이 옳다"라고 하는 소아병적 태도를 비판하면서 "운동가 이전에 먼저 사람이 되라"라는 품성론이 큰 반향을 일으켰고, 대동단결론이 대세를 얻기 시작했다. 활동가 위주의 선도투쟁론이 뒤로 밀려나면서 국민 대중과 함께하는 투쟁이 강조되기 시작했다. 이러한 자기성찰이 1987년 국민과 함께한 6월항쟁의 밑거름이 되었다.

1987년 1월 14일 박종철 고문치사 사건이 발생하였다. 그리고 4월 13일에는 전두환이 소위 4·13호헌조치를 발표한다. 이에 5월 27일 김대중과 김영삼까지 망라한 모든 민주세력이 모여 "국본(민주헌법쟁취 국민운동본부)"을 출범시켰다. 6월항쟁이 6·29선언이라는 부분적 승리를 획득할 수 있었던 것은 이 국본 지부가 전국 각지에 건설되어 자기 지역의 시위를 이끌어갔기 때문이었다. 국본의 지휘 아래 전국 각지에서 시위가 전개되면서 경찰력만으로는 도저히 어떻게 할 수 없는 상황이 되었던 것이다.

그러나 인천에는 국본 지부가 설립되지 못했다. 5·3으로 인한 인적 손실이 너무 컸기 때문이었다. 그 대신 인천의 6월항쟁을 이끈 것은 1987년 5월 출범한 "공대위(호헌분쇄 및 민주개헌을 위한 인천지역공동대책위원회)"였다. 공대위는 1986년 11월 출범했던 "장기집권음모 분쇄를 위한 인천지역공동대책위원회"가 이름을 바꿔 재탄생한 것으로, 지역 내 종교계가 공대위를 뒷받침해주었다. 인천의 천주교와 기독교는 박종철 고문치사 사건이 발생한 뒤 지속적으로 추모미사, 추모예배를 여는 한편, 고문 추방을 위한 투쟁에도 적극 나섰다. 4·13호헌조치 이후에는 신부들이 가톨릭회관에서 1주일간 단식농성을 하였으며, 기독교 인권선교위원들이 제일교회에서 단식농성을 벌였다. 6월항쟁 기간 동안 인천지역 종교계, 특히 천주교는 공대위가 이끄는 민주화운동에 직접 참여하는 동시에 민주주의를 위하여 투쟁하는 시민들의 든든한 방패 역할까지 수행하였다. 천주교 인천교구는 6월 10일 가톨릭회관에서 국민대회 참가를 알리는 옥외방송을 실시하였고, 6월 17일 주안1동성당에서 '6·10보고대회'를 개최하도록 도움을 주었으며, 보고대회가 끝난 뒤에는 신부와 수녀들이 앞장서서 가두시위를 벌이기도 하였다.

6·29선언으로 6월항쟁은 막을 내렸지만, 곧이어 전국적으로 노동자 대투쟁이 시작되었다. 인천의 노동자들은 이미 6월항쟁 시위에 대대적으로 나선 경험이 있었다. 그 기간 중 지역 내에서 가두시위가 가장 많이 일어난 곳은 동인천역 주변과 주안 석바위, 그리고 부평역 일대였다. 그 중 부평역 일대의 시위는 퇴근하는 노동자들이 대거 참여하면서 밤늦게까지 진행되곤 하였다. 인천지역 노동자대투쟁은 7월 1일 선일연마 노동자들이 임금인상과 상여금 지급을 요구하며 파업에 들어가고, 7월 11일 한독금속에서 노동조합이 결성되면서 막을 올렸다. 이후 노동자들은 신규 노조 건설과 노조민주화 그리고 임금인상과 같은 근로조건 개선에 주력하면서 8월까지 투쟁을 이어나갔다. 1987년 6월 이전 인천지역에는 107개의 노동조합이 있었는데, 8월이 지나자 97개가 새로 결성되어 총 204개로 늘어났다. 그리고 7~8월 동안 노동쟁의가 발생한 사업체 수는 155개에 달했다.

이러한 노동자들의 투쟁을 발판으로 1988년 6월 인노협(인천지역노동조합협의회)이 출범하였다. 이때는 부평4공단과 그 주변의 노동조합이 주류를 이루었지만, 1989년 임금인상 투쟁을 거치면서 주안 5, 6공단의 노조들이 대거 가입하여 인노협은 81개 노조에 1만여 조합원을 포괄하는 큰 조직으로 발전하였다. 인노협은 중소기업 노조 중심이라는 한계도 있었으나 1995년 12월 전국민주노동조합총연맹의 결성을 계기로 발전적으로 해산할 때까지 인천지역 노동운동의 구심체로 활동하였다.

1987년 12월로 예정된 대통령 선거를 앞두고 민주화운동 세력 내부의

견해는 세 갈래로 나눠졌다. 민중독자후보론, 후보단일화론, 김대중에 대한 비판적 지지론 등이 그것이다. 그 중 후보단일화론은 김영삼, 김대중 두 사람의 출마가 확실해지자 유야무야되었고, 결국 독자후보론과 비판적 지지론 두 의견만 남았다. 독자후보론은 백기완 후보의 중도 사퇴로 사실상 폐기되는 상황에 이르렀지만, 그들은 민중 진영의 독자적인 정치세력화를 결코 포기하지 않았다. 이때의 독자후보론과 비판적 지지론은 이후 민중 진영의 독자적인 정치세력화를 주장하는 PD계열과 범민주대연합을 주장하는 NL계열로 각각 정형화되어 선거가 있을 때마다 의견 차이를 노정시켰고, 이는 끝내 해소되지 않았다.

독자후보론의 핵심 주체 중 하나가 6월항쟁이 한창 진행 중이던 1987년 6월 26일 부평의 가두집회 현장에서 출범을 알린 인민노련(인천지역민주노동자연맹)이다. 인민노련은 그 이름 속의 '인천'에서 짐작할 수 있듯이 80년대에 인천으로 내려와 사회변혁을 꿈꾸었던 학생운동 출신 활동가들이 주축을 이루었다. 하지만 인민노련은 '인천지역'을 표방하기는 했어도 사실상 전국적인 조직을 꿈꾸었다. 인천의 PD진영은 인민노련, 그리고 1987년 11월 인사연의 김대중에 대한 비판적지지 결정에 반발하여 인사연에서 탈퇴한 사람들이 만든 인천민중연합이 양대 주축이었다. 반면에 NL진영은 인사연, 그리고 87년 대선 방침을 놓고 인민노련을 탈퇴한 사람들이 만든 인부노회(인천부천지역민주노동자회)가 중심을 이루었다. 인부노회는 나중에 인사연과 통합하였다. 인천지역에서의 NL진영과 PD진영 갈등은 인천이 독자후보론의 핵심 거점 중 하나였던 만큼 다른 어느 곳보다도 첨예했다.

6·29선언으로 민주주의가 진전되면서 인천에서도 각종 운동 단체가 설립되기 시작했다. 1987년 9월 민주교육추진인천지역교사협의회가 결성되

었고, 이것이 바탕이 되어 1989년 5월 전교조(전국교직원노동조합) 인천지부가 설립되었다. 1988년 6월에는 철거문제를 전담하는 인천시철거민협의회가 발족하였다. 1988년 10월에는 인문연(인천민중문화운동연합)이 결성되어 문화예술운동에 나섰는데, 인문연은 특히 문화예술을 통한 노동운동 지원을 주된 과업의 하나로 설정하였다. 같은 해 10월에는 천주교 인천교구 사회운동연합이 창립되었으며, 11월에는 인천지역목회자정의평화실천협의회가 출범하였다. 이듬해인 1989년 2월에는 인천여성노동자회가 결성되어 여성의 시각에서 노동운동을 전개해 나갔다. 그리고 1989년 2월에 주민운동을 중심 사업으로 하는 주민회가 창립되었다.

이렇게 각종 부문운동단체가 건설되면서 이들을 아우르며 민주화운동을 이끌어갈 전선운동체의 필요성이 제기되었다. 그 결과 등장한 것이 1988년 9월 결성된 인민련(인천지역민족민주운동연합)이다. 인민련의 건설은 1989년 1월의 전민련(전국민족민주운동연합) 건설과 맥을 같이 한다. 즉 1987년 대선 이후 분열된 민주화운동 진영을 다시 통합하자는 것이다. 인민련에는 인사연을 비롯하여 거의 대부분의 인천지역 민주화운동 단체가 가입하였다. 그러나 인노협, 전교조 인천지부 같은 대중운동단체는 참여하지 않았다. 인민련은 인천지역 민주화운동을 대표하는 전선운동체로서 5공비리 청산투쟁, 광주학살 규명운동, 1989년 문익환 목사의 방북을 계기로 조성된 공안통치 분쇄투쟁 등을 전개했다.

1990년 1월, 3당 합당으로 민자당(민주자유당)이 결성되었다. 이에 위기의식을 느낀 민주화운동 진영은 1990년 3월 한시적 공동투쟁체로서 전민련과 전노협(전국노동조합협의회), 전대협(전국대학생대표자협의회) 등 대중운동단체까지 총망라한 "국민연합(민자당 일당독재분쇄와 민중기본권쟁취 국민연합)"을 출범시켰다. 인천에서도 이에 발맞추어 4월에 인천국민연합이 결성되었는데, 기존의 인민련 가입단체 뿐만 아니라 인노협, 전교조 인천지부, 인대협 등도 여기에 가입하였다. 이후 모든 정치투쟁은 인천국민연합이 수행하였고, 인민련은 활동 정지 상태에 들어갔다. 인천국민연합은 민자당 분쇄투쟁, 그리고 91년 소위 분신정국 하에서의 투쟁 등을 인천에서 주도하였다.

1992년 14대 총선을 앞두고 민주화운동 진영 내에서 또 다시 독자정치세력화론과 범민주대연합론 사이의 갈등이 불거졌다. 결국 독자정치세력화를 주장하는 PD계열이 전민련을 탈퇴하면서 전민련 내에는 범민주대연합론의 NL계열만 남게 되었다. 이로써 민주화운동세력을 총망라하는 전선운동체로서의 전민련의 위상이 무너졌다. 그에 따라 전민련은 해산하게 되었고, 1991년 12월에 전노협, 전국농민회총연맹, 전대협 등의 대중운동단체가 중심이 된 전국연합(민주주의민족통일전국연합)이 출범하였다. 전국연합은 14개 대중단체와 13개 지역조직이 결합한 해방 이후 최대의 전선운동체였다. 이러한 흐름에 발맞춰 인천에서도 인천연합(민주주의민족통일인천연합)이 결성되었다.

그러나 운동 진영 내부의 NL과 PD 사이의 대립이 해소된 것은 아니었다. 1992년 3월의 총선에서 PD진영은 민중당을 만들어 독자 후보를 냈고, NL진영은 범민주대연합의 입장에서 사실상 민주당 지지를 선언했다. PD진영의 아성인 인천에서는 7개 선거구 중 5개 선거구에서 민중당과 민주당이 경쟁하여, 민중당 후보가 전부 낙선하는 사태가 벌어졌다. 그리고 12월의 대선에서도 NL진영은 김대중을 지지하고, PD진영은 백기완을 지지하여 민자당 후보 김영삼이 당선되고 말았다.

이렇게 선거 때마다 분열하면서 민주화운동 진영의 힘은 갈수록 약화되었다. 많은 사람들이 제도권 정당으로 흡수되어 들어갔고, 또 다른 많은 사람들이 운동에서 이탈하여 생업으로 돌아갔다. 인천지역에서도 같은 양상이 벌어졌다. 인천지역 최초의 재야전선운동체인 인사연은 1992년 자진 해산하였다. 그리고 현장 노동자들이 노동운동의 주체로 자리를 잡으면서 학생운동 출신 활동가들은 설 자리를 잃게 되었다. 사회변혁의 꿈을 안고 인천으로 들어왔던 그 많은 활동가들이 그 꿈을 잃은 채 인천을 떠나기 시작했다. 80년대 민주화운동에서 인천이 가졌던 지도적 위상은 점점 희미해졌다.

하지만 인천지역에 새로운 흐름이 나타나기 시작했다. 그 출발점은 1989년 6월 창립된 목요회였다. 신부, 변호사, 교수 등으로 구성된 목요회는 첨예한 정치적 문제는 언급을 피한 채, 계양산 살리기나 선인학원 정상화 같은 지역 내의 현안 해결에 주도적으로 나섰다. 그 결과 시민들의 참여에 힘입어 선인학원이 국유화되었고, 계양산에 골프장을 건설하려는 시도를 무산시키기도 하였다. 인천의 시민운동은 그렇게 지역 현안의 해결을 위해 노력하는 과정에서 싹이 텄다. 그러면서 무엇보다도 '인천'이 강조되게 되었고, 1980년대 민주화운동 과정에서 거의 무시되었던 인천의 정체성이 새삼 부각되기 시작하였다.

제1부

1950~1960년대 인천의 민주화운동

제1장 1950년대 인천과 민주화운동의 맹아

제1절 전후 재건기의 인천과 노동운동

1950년 6월 25일 발발한 한국전쟁은 남북으로 두 차례나 전선을 옮겨가면서 치러진 대참사로 전국 방방곡곡 화를 입지 않은 곳이 거의 없었다. 특히 인천은 38도선에서 얼마 떨어지지 않은 항구도시였기 때문에 바다와 육지 모두에서 커다란 전란을 겪었다. 인천의 물적 기반과 도시공간은 철저하게 파괴되었는데, 여기에는 1950년 9월 15일 전격적으로 감행된 인천상륙작전에 수반된 피해도 적지 않았다. 한국전쟁의 판세를 일거에 역전시킨 이 군사작전에 엄청난 화력이 동원되었는데, 그 와중에 인천의 시가지가 대량 파괴되는 결과가 빚어졌다. 1차 상륙지점으로 선정된 월미도의 경우 폭격기와 함포에 의한 공격준비사격이 집중되었던 까닭에 마을이 초토화되고 100여 명에 이르는 주민이 희생당하는 등 불의의 참화를 겪어야 했다.[1]

---

[1] 「월미도 미군폭격사건 진실규명결정서」, 진실·화해를 위한 과거사정리위원회, 2008. 2. 26. 당시 어쩔 수 없이 피난길에 올랐던 월미도 원주민들은 아직도 고향마을에 돌아가지 못하고 있다.

1951년 7월 10일 휴전회담이 개시된 이래 2년여의 기간 동안 158회에 걸친 협상을 거쳐 1953년 7월 23일에 전쟁 중지 결정이 내려졌다. 다행히 전쟁의 총성은 멈췄지만, 그것이 안겨준 피해는 막심하였다. 인천에는 과거 일제가 군수 조달을 위해 건립한 공장들을 비롯한 산업시설이 다른 지역에 비해 많이 있었는데, 전쟁으로 큰 타격을 입었다. 이로 인해 인천 경제에 가해진 손실은 참으로 엄청났다. 아래 〈표 1-1〉은 전쟁 이전 및 전쟁 기간 중 우리나라의 전체 무역에서 인천항과 부산항이 차지하는 비중을 정리한 것이다. 휴전선에서 멀지 않은 곳에 있는 인천항이 전쟁과 분단으로 인해 얼마나 큰 타격을 받게 되었는지를 잘 보여준다.[2]

〈표 1-1〉 6 · 25 전후 인천항과 부산항의 무역 점유율(%, 전국=100)

연도	수출		수입	
	인천항	부산항	인천항	부산항
1946	81.0	19.0	94.0	2.4
1947	37.1	62.5	42.0	52.0
1948	32	52.0	85.4	13.2
1949	30.3	54.2	88.0	11.1
1950	3.2	60.0	22.7	73.9
1951	4.2	68.6	–	87.4
1952	7.6	77.7	3.7	87.0
1953	1.2	82.4	8.5	84.9

출처 : 한국은행조사부, 『경제연감』, 1955.

한국전쟁으로 인한 인천지역의 엄청난 물적 손실은 항만 일대에 국한된 것이 아니었다. 대규모 공장이 집결해 있던 경인공업지대도 마찬가지여서 건물의 44%, 공장시설의 42%가 사라졌다. 이와 동시에 숱한 인명 피해가 발생하였으며 주택, 학교, 은행, 공장 등의 건물이 불타버리거나 파괴되었다. 일반주택과 학교, 병원, 관공서, 금융기관, 공공건물이나 수산업 시설

[2] 부평사편찬위원회, 『부평사』 제1권, 2007, 428쪽에서 재인용.

등의 피해도 물론 컸지만, 화학, 도자기, 목재, 섬유 관련 생산업체의 피해
는 다른 어느 분야보다 심각한 수준이었다. 인천시 집계에 따르면, 한국전
쟁으로 인한 인천시내 공업부문 기업체의 손실을 금액으로 따져보면 건물
13억 5,000만 환을 포함하여 총 25억 5,000만 환에 달했는데 이는 일반주택
피해 20억 8,000만 환을 훨씬 웃도는 것이었다.

이처럼 커다란 상처를 남겼던 3년간의 한국전쟁이 휴전으로 중단되고
전후 재건사업이 본격적으로 추진되면서 국민경제가 되살아나기 시작했
다. 여기에는 외국의 물질적 도움이 결정적인 역할을 하였는데, 1953년부
터 1960년까지 미국, UN 등을 통해 21억 달러 상당의 해외원조가 유입되어
경제안정과 산업부흥을 촉진했다.[3] 격심한 전쟁으로 인해 산업시설이 거
의 파괴되었고 국민의 생활도 형편없이 피폐한 상황에서 어쩔 수 없이 외
부의 힘을 빌어야만 했다.

인천은 원조물자가 들어오는 항구일 뿐만 아니라 배후에 서울을 중심으
로 하는 거대한 소비시장을 갖고 있었기 때문에 제분, 제당, 면방직 등의
이른바 삼백공업을 비롯한 소비재 생산이 발달하기 시작했으며, 전쟁으로
파괴됐던 중화학 공장들도 서서히 제자리를 찾아가고 있었다. 한편, 인구
면에서도 인천은 1950년대 후반에 접어들면서 빠른 성장세를 보였다. 전
란 중에 북한에서 내려온 피난민들에다가 공업화의 초기 물결을 타고 농
촌 각지에서 유입된 농민이 더해진 결과였다. 그리고 이러한 인구 증가에
호응이라도 하듯 인천지역의 일자리 역시 지속해서 늘어났다. 1952년 경제
활동 인구 대비 37.6%였던 실업률이 1959년에는 13.7%로 크게 낮아졌다.
1950년대에는 원조물자 등의 반입으로 부두를 중심으로 하는 취업형태가
높은 비중을 차지했으나 1950년대 후반부터 제조업 종사자가 증가했다.

---
3) 이상의 내용은 「경제재건」, 『부평사』 1권, 409~410쪽 참조.

하지만 노동자들의 노동환경이나 생활여건은 여전히 열악한 상태였다. 임금은 턱없이 낮았으며, 근로기준법의 규정을 무시한 장시간 노동이 비일비재하였다.

인천에는 대한노동총연맹(이하 대한노총)⁴⁾이 창립되기 이전에 이미 부두노동자들을 기반으로 하는 우익 노동단체 인천자유노동조합(1945년 10월 창립)이 존재하고 있었다. 1945년 11월 5~6일에 결성된 좌익계열의 조선노동조합전국평의회(이하 전평)가 1947년 6월 불법화된 뒤 대한노총과 그 산하 조직들이 노동운동을 장악했다. 하지만 전평이 사라지면서 대한노총은, 이승만정권과 우익세력의 입장에서 볼 때, 이용 가치가 크게 떨어졌고 오히려 거추장스러운 존재로까지 전락하여 자기 존립을 위해 투쟁해야 하는 상황을 맞이하였다. 1950년대 노동운동은 이처럼 이승만정권의 교묘한 노동자 통제와 대한노총의 태생적 한계로 인해 전반적인 침체 상태에 빠져들었다. 노동운동의 대상도 정부를 상대로 한 정치투쟁에서 임금투쟁 및 노조결성을 둘러싼 사업주와의 투쟁 위주로 바뀌었으며, 부두노동자들과 인천항만자유노조의 갈등도 두드러졌다.

인천의 부두노동자들은 전쟁이 소강상태에 있던 1951년 9월 중간착취자인 노조간부의 폭행과 압력을 무릅쓰고 조합비의 과잉 징수와 임금 수탈에 항의하는 투쟁을 벌였다. 그들은 11월에 임금 50% 인상과 식량 배급을 요구하며 미군을 상대로 파업을 전개했고, 주안염전 노동자들도 1952년 4월 임금인상을 요구하며 투쟁을 전개하였다. 조선전업 노조의 체불 노임 지급 요구 쟁의나 철도노조의 식량배급 개선 및 노동시간 단축을 위한 투쟁 등 기층노동자들의 저항이 이어지자 정부는 이제까지 미루었던 노동법

---

⁴⁾ 1948년 8월 26일 출범한 전국적인 관변 노동조합 연합체로, 좌익계 조선노동조합전국평의회(약칭 전평)에 맞서 1946년 3월 10일 결성된 우익계 대한독립촉성노동총연맹을 계승한 것이다.

제정에 속도를 내기 시작했다. 그 결과 1953년 노동조합법, 노동쟁의조정법, 노동위원회법, 근로기준법 등 네 개의 노동관계 기본법이 국회를 통과하였다.

이에 따라 부두노동자들의 노동운동도 본격화되었다. 1957년 1월 미군 유류보급창(Petroleum Oil Lubricants, 이하 POL) 노동자들은 부당해고에 항의하는 농성에 돌입했다. 하역노동자들이 노동조건 개선을 위해 인천자유노조연맹에 가입하려고 하자, 회사가 보복 차원에서 이들을 전원 해고한 것이 발단이었다. 보건사회부가 사태의 심각성을 깨닫고 뒤늦게 중재에 나섰지만 결국 일부만 직장에 복귀할 수 있었다. 1958년 6월에는 인천자유노조 소속의 3,000여 조합원들이 미군화물 하역 노동에 대한 임금인상을 요구하며 시가행진을 벌이기도 하였다. 또한 노조간부들의 이해관계 다툼에 따른 내부분열, 십장제와 반장제를 악용한 중간착취 등에 시달리던 부두노동자들이 그러한 병폐를 타파하기 위해 1958년 1월 대한노총과 관계기관에 진정서를 제출하여 이를 사회문제로 부각했다. 이에 중앙정부가 조사단을 파견하고 보건사회부가 시정명령을 내렸으나 성과 없이 끝났다.

이 시기에 인천지역 노동운동을 주도하던 부두노동자들은 대개 인천항을 통해 들어오는 해외 원조물자의 하역작업을 담당하고 있었는데, 휴전 이후에는 그 물량이 급격히 감소하는 추세를 보였다. 이로 인해 하역 관련 회사들은 어려운 상황을 맞이하게 되었다. 일부 군소업체는 아예 문을 닫았으며, 대기업의 경우도 수개월씩 노임을 체납하기 일쑤였다. 그에 따라 곤경에 빠진 부두노동자들을 중심으로 임금투쟁이 빈발하였던 한편, 좀 더 나은 노동조건을 확보하기 위해 사업장별로 나누어져 있던 노동조합을 통합하려는 시도가 이어졌다. 그 결과 1958년 2월 11일 '인천자유노동조합'과 '인천부두자유노동조합'을 합친 인천항만자유노동조합이 결성되었다. 하지만 이 통합 노동조합은 일반 항만노동자들의 이해를 대변하지 못했고

갈등이 다시 불거지게 되었다.[5]

1958년 이후 한국에 대한 미국의 경제지원 방식이 원조에서 차관으로 바뀌었는데, 이러한 정책 기조의 전환은 우리 사회에 엄청난 변화를 가져왔다. 미국의 원조가 감소하면서 공업생산이 위축되고 실업자가 급증하였지만 안일하게 원조경제의 타성에 젖어 있던 이승만 정부와 경제지도자들은 차관을 중심으로 재편되어 가는 새로운 상황에 효율적으로 대응하지 못하였다. 미국의 잉여농산물이 원조물자로 대량 유입됨에 따라 농촌은 더욱 피폐해졌고 실업이 만연하는 상황까지 겹치면서 농업이 거의 빈사상태에 이르렀다. 사회 전체가 불안에 휩싸인 총체적인 위기 속에서도 이승만정권은 독재와 부정부패로 일관하였으며 결국은 4·19혁명을 불러일으켰다.[6]

제2절 인천외국기관노동조합의 출현

주한미군의 군수지원사령부인 애스컴(ASCOM: Army Service Command)은 1945년 해방 직후부터 1970년대 초반까지 인천 부평지역에 주둔한 부대이다. 한국전쟁을 거치면서 부평 애스컴은 인천 지역사회에 큰 영향을 미쳤다. 우선 민간인 주민들에게 하역작업이나 차량정비 등과 같은 직접적인 군사지원업무 분야는 물론이고 취사, 세탁, 이발 등 미군의 개인적 일상과 관련된 각종 서비스 계통의 일자리를 제공했다. 전국외국기관노동조합(이하 외기노조)[7]이 발간한 『외기노조 20년사』(1979)에 의하면, 미군부

---

5) 윤상진, 「인천지역 시민사회운동을 통해 본 인천시민사회의 성격에 관한 연구 : 비교역사적방법을 통하여」, 『인천학연구』 2, 인천대학교 인천학연구원, 2003, 142~143쪽.

6) 이갑영, 「노동자운동으로 보는 인천」, 『끊임없는 개척정신 새로운 도약』 인천광역시사 2, 인천광역시사편찬위원회, 2013, 243~250쪽 참조.

〈그림 1-1〉
일을 마치고
퇴근하는
부평 애스컴의
한국인 노동자들.
노조 관계자들과
투표함이 보인다.
(원출처 :
부평역사박물관,
『부평사』
재인용)

대에서 일하는 한국인 노동자의 종류는 단순노무자, 미장공, 벽돌공, 운전
사, 정비공, 용접공, 배관공, 전화교환원, 경비원 등의 기능직에서부터 비
서, 타자수, 경리, 통역·번역 요원 등 사무직에 이르기까지 다양해서 일반
산업계의 경우와 크게 다르지 않았다. 그뿐만 아니라, 미군부대는 미군용
역회사나 용역하청업체를 두기 때문에 이런 회사에서 일할 사람도 필요로
하게 되고, 미군이나 군무원 또는 그 가족에게 서비스를 제공하는 인력도
필요하므로 애스컴은 지역 주민들에게 많은 일자리를 제공하여 주었다.
애스컴에 의해 고용된 한국인 노동자가 얼마나 되는지 정확히 파악하기는
어렵지만, 1962년 6월 17일에 재건된 외기노조 부평지부 조합원이 3,166명
(남 2,900명, 여 266명)이었던 점을 고려하면, 그 숫자는 통상적으로 최소
3천 명 정도였을 것으로 추측된다.[8]

---

7) 1959년 11월 8일 결성된 뒤 1961년 5·16군사쿠데타로 해산된 전국미군종업원노조연맹
  을 같은 해 8월 3일 재건, 개칭한 것이다. 1981년 노동조합법의 개정으로 그해 2월 27일
  전국외국기관노동조합연맹으로 재개명하였다.

8) 『부평사』 1, 434~435쪽.

　한국전쟁 중 1950년 7월 12일 대전에서 「재한미국군대의 관할권에 관한 대한민국과 미합중국 간의 협정」(대전협정)이[9] 체결되어 '주한미군의 구성원'에 대해서는 미국이 배타적인 재판권을 행사할 수 있었으며, 1952년 5월 24일에 체결된 「경제조정에 관한 협정」(마이어협정)으로 미군을 포함한 통합사령부 산하의 개인과 기관은 특권을 부여받았다. 이러한 대전협정, 마이어협정과 더불어 1953년 휴전협정 성립 후 체결된 한미상호방위조약 등으로 국내 미국기관의 노동자들은 1953년에 제정, 공포된 노동관계법이나 1963년에 개정된 노동관계법의 적용대상에서 제외되었다. 당시 미군 당국은 한국인 노동자의 노조결성과 조합활동은 인정하면서도 노조의 주요기능인 단체교섭권은 일방적으로 묵살하고 있었다. 이러한 상황에서 보건사회부는 미군 측에 미 본국의 관계법에 저촉이 되지 않는 선에서 최대한 한국의 노동법이 적용될 수 있도록 협조를 요청하였지만 그다지 실효를 거두지 못하였다. 이렇게 법적으로 제약을 받고 있던 국내 미국기관의 한국인 노동자들은 민족적인 차별과 인권유린의 사각지대에서 열악한 노동조건을 감내할 수밖에 없었다.

　인천에서 미군종업원노동조합이 탄생한 것은 1956년 5월이다. 같은 해 부산에서 미군종업원노동조합이 첫 깃발을 올린 이래 최초로 인천지역의 미군부대 종사자들이 인천지구자유노동조합을 결성하였다. 이들은 주로 부평 애스컴 기지 내의 55보급창, 44공병대, 37공병대, 8057부대 및 인천항 주둔 미군부대 등에서 근무했는데, 조합을 만든 뒤에는 조직 확장에 주력하는 한편 1958년 초에는 대대적인 대중투쟁을 전개하기도 했다. 노동조

---

[9] 주요 내용은 "① 주한미군의 구성원에 대한 배타적인 재판권은 미국 군법회의에서 행사하도록 하고, ② 미군의 한국인에 대한 구속은 한국인의 미군 또는 그 구성원에 대한 가해행위가 발각된 경우에 한하며, ③ 한국정부는 전쟁이라는 절박한 사태에 임하여 미군이 미군 이외의 여하한 기관에도 복종할 것을 지시할 수 없다'라고 되어 있다. 1966년 7월 9일 한미행정협정(SOFA)이 조인됨에 따라 폐기되었다.

합의 요구사항에 대한 미군 측의 반응이 만족스럽지 못하자 노조가 트럭 약 100대에 조합원을 분승시켜 투쟁에 나섰다.

　주한미군기관의 한국인 노동자들은 여러 가지 악조건으로 어려움을 겪었다. 그들은 한미행정협정이 아직 체결되지 않은 관계로 법적인 보호를 받을 수 없었으며, 미군들의 민족적 차별과 인권유린의 사각지대에 방치된 존재였다. 이러한 상황을 타개하고자 외기노조는 임금 및 노동 조건의 개선 투쟁과 더불어 한미행정협정 체결 촉구 운동을 전개하였다. 외기노조에서 조사한 바에 따르면 1966년 현재 각국의 미군 관계 노동자의 월평균 임금은 미국 400달러, 서독 250달러, 일본 150달러, 오키나와 125달러, 한국 55달러였다. 한국인 노동자의 임금은 해마다 올라 1969년에 93달러가 되었지만, 같은 해 미국인 노동자는 970달러를 받고 있어 무려 10배 이상의 차이를 보였다. 민족적 차별에 저항하고 노동조건을 개선하기 위한 운동은 1960년대 중반을 전후한 시기에 활발히 전개되었으며, 이러한 운동이 뒷받침되어 1966년 7월 9일 한미행정협정이 타결되고 1967년 2월 9일 발효되었다.[10]

제3절 이승만의 맥아더 동상 건립과 조봉암 처형

　1957년 인천상륙작전 7주년을 기념하여 인천의 만국공원을 자유공원으로 개명하고 이곳에 맥아더 동상을 세운 것은 제1공화국의 정치적 이념을 상징적으로 보여준다. 1957년 4월 국무회의 석상에서 6년 전인 1951년 4월

---

10) 임송자, 「한미행정협정 체결 이후 전국외국기관노동조합의 감원반대와 퇴직금개선 운동」, 『역사연구』 21호, 역사학연구소, 2011. 12, 201~203쪽 참조. 외기노조의 노동운동에 대한 자세한 내용은 이 책의 부문운동사 노동운동을 참조할 것.

19일에 퇴역한 맥아더 장군의 동상을 건립하기로 한 정부는 불과 4개월여 만에 개항기 역사가 숨 쉬고 있던 인천 만국공원에 맥아더의 동상을 건립하였다. 참석할 예정이라고 했던 맥아더가 불참한 가운데, 인천상륙작전 7주년 기념일인 1957년 9월 15일 일요일 오전 9시 인천 만국공원에서 맥아더 동상 제막식이 거행되었다. 맥아더를 대리한 미국의 볼터 중장을 비롯하여 데커 유엔군 총사령관과 휘하 참모들, 이기붕 민의원 의장과 조병옥 의원, 대법원장 등 한미 주요 인사들이 다수 참석하였다. 변영태의 건립 기념문 낭독에 이어 동상의 모형이 볼터 중장에게 전달되었다. 때마침 축하 비행을 위해 발진한 제트기 편대가 상공에 모습을 드러냈고, 그 다음엔 외무부장관이 '미국정신의 대표자' 맥아더에 대한 이승만 대통령의 치사를 대독하였다.[11]

1957년 4월 말 국무회의에서 긴급 의결한 지 다섯 달도 안 지나서 맥아더 동상을 세워야 했던 당시의 정치 사회적 맥락을 짐작하기란 그리 어렵지 않다. 대통령 이승만은 사사오입 개헌을 통해 종신집권의 길을 터놓았고 1956년 3대 대통령선거에 불출마를 선언했다가 관제 시위대를 동원해서 재출마하여 당선되긴 했지만, 대대적인 부정선거와 민주당 신익희 후보의 급서에도 불구하고 득표율이 총투표의 과반을 조금 넘는 52%에 그치고 말았다. 게다가 대통령 유고 시 권력을 승계하는 부통령에는 자신이 후계자로 내정한 자유당의 이기붕을 누르고 민주당의 장면이 당선되었다.

민주당이 선거에서 내세운 "못 살겠다 갈아보자"라는 구호와 더불어 조봉암의 평화통일에 대한 호소가 국민 사이에 커다란 호응을 불러일으켰으니, 이승만의 자유당정권은 위기에 처해 있었던 것이다. 이러한 상황에서 맥아더 장군 동상 건립을 전 국민적 모금 운동까지 해가며 밀어붙임으로

11) 「정의의 상징 맥아더장군, 15일 상오 인천서 동상 제막식 성대」, 『조선일보』, 1957년 9월 16일.

써 한편으로 전란의 와중에서 대한민국을 수호하였다는 식으로 이승만정
권의 정통성을 홍보하고, 다른 한편으론 조봉암에 의해 확산되어가던 평
화통일의 염원을 차단하려 했다. 만국공원은 맥아더 동상 건립 직후인 9
월 30일 인천시가 명칭심사위원회를 열어 "9·15 인천상륙작전에 자유의
십자군인 '유엔'군의 공로를 찬양하기 위해"라고 하는 명분 아래 자유공원
으로 개칭되어 오늘에 이르고 있다.[12]

1957년 살아있는 맥아더의 동상을 인천의 자유공원에 세우는 것과는 대
조적으로, 인천이 배출한 진보정치인 조봉암이 1958년 사형을 선고를 받
고 1959년 7월 처형된 것은 인천을 대표하는 인물의 교체를 상징적으로 보
여준다. 인천 강화 태생인 죽산 조봉암은 해방 후 인천을 지역적 기반으로
삼아 본격적인 정치 활동에 나서 1948년 정부 수립과 함께 제헌 국회의원
과 초대 농림부장관을 지냈다. 1950년대에는 두 차례 대선에 출마해 바람
을 일으키면서 이승만 대통령의 정적으로 인식되었다. 국민성금을 독려하
면서까지 생존 인물인 맥아더의 동상 건립을 대대적으로 홍보하면서 반공
이념을 유포하여 다가오는 선거에서 재집권하려던 자유당정권에게 조봉
암은 눈엣가시와 같은 존재였다.

조봉암은 인천이 낳은 걸출한 진보정치인이었다. 일제 강점기에 그는
고향 강화에서 벌어진 3·1 만세운동에 참여하였고, 그 후 공산주의운동에
투신하면서 항일투쟁을 적극적으로 전개하였다. 그리고 해방된 뒤에는 공
산주의를 버리고 전향하여 제3전선을 통한 민족주의운동을 전개했으며,
단독정부 수립 이후에는 정부와 국회에서 요직을 두루 거쳤다. 1950년대
혁신 운동을 통해 민족민주운동의 초석을 놓았던 조봉암은 한국 현대사의
모순을 극복하고자 적극적으로 활동하였다. 그리고 이러한 과정을 통해

---

12) 「인천시 만국공원 '자유공원'으로 개칭」, 『조선일보』, 1957년 10월 4일.

〈그림 1-2〉 진보당사건 진술을 위해 법정에 나온 조봉암
(민주화운동기념사업회 오픈아카이브즈 00734343 원출처 : 경향신문사)

민족적 사회민주주의와 평화통일론이라는 정치 노선을 정립하면서 이승
만정권에 대항했다.

이승만정권은 1956년 제3대 대통령선거에서 이승만을 위협하는 득표율
을 기록한 조봉암을 그냥 두지 않았다. 이승만정권이 수립된 지 10년이 되
는 1958년은 차기 집권을 위해 매우 중요한 제4대 민의원 총선거를 치러야
하는 해였다. 조봉암은 1958년 새해 첫날 자유당의 이기붕을 포함한 주요
정당 지도자들과 나란히 '신춘 국내정국의 향방'이라는 주제의 동아일보
주최 지상좌담회에 참석하여 새해 정국에 대한 구상을 밝혔다. 그러나 며
칠 후인 1월 12일 새벽 서울시경 형사대가 진보당 간부들을 보안법 위반
혐의로 일제 검거하였고, 조봉암은 이튿날 경찰에 전화를 걸어 자진 출두
를 통보한 뒤 순순히 체포당했다. 1월 14일 열린 제4회 경무대 국무회의에
는 일곱 번째 안건으로 '진보당 간부 체포에 관한 건'이 상정되었다. 이 회

의 석상에서 이승만은 "조봉암은 벌써 조치되어야 할 인물이며, 이런 사실을 조사가 완료할 때까지 외부에 발표하지 말아야 할 것"이라고 발언하였다.[13)

결국 조봉암은 '반공' 국시를 거스른 보안법 위반 및 간첩죄 등의 무고한 명목으로 육군 특무대에 의해 기소됐다. 1심 재판에서는 보안법 위반 혐의만 인정하여 징역 5년을 선고했으나, 2심에 가서는 1심 형량에 대한 이승만 대통령과 국무위원들의 강한 불만 표시와 반공청년단의 법원 난동시위 등이 영향을 미쳐 사형을 선고받았고 대법원에서 그대로 확정되었다. 1959년 7월 31일 오전 11시 서대문형무소에서 '사법(司法) 살인' 교수형이 집행되었다. 맥아더의 영웅화와 조봉암 처형이 진행된 1950년 후반에 이르러 인천은 맥아더 동상의 시선 아래 반공적 색채가 강한 도시로 변모되었다.[14)

13) 고휘주, 「국무회의록에 나타난 진보당사건」, 『사회과학연구』 4호, 중앙대 사회과학연구소, 1990 참조.
14) 보다 자세한 내용은 이희환, 「반공도시 인천과 맥아더 동상의 냉전정치학」, 『황해문화』 97호, 새얼문화재단, 2017년 겨울호 참조.

제2장 인천지역의 4월혁명

제1절 3 · 15부정선거와 학생시위

1956년 5월로 예정된 제3대 대통령 및 제4대 부통령 동시 선거에서 야당인 민주당은 "못 살겠다 갈아보자!"라는 구호를 내걸고 대통령 후보로 신익희, 부통령 후보로 장면을 내세웠다. 그리고 인천 출신의 조봉암이 무소속으로 대통령에 입후보했다. 그러나 대통령선거는 신익희가 유세 도중 갑자기 사망하여 이승만과 조봉암의 경쟁으로 진행됐다. 강력한 야당 후보가 사라짐에 따라 이승만의 압승이 예상되었지만, 전체 투표의 약 55%인 504만여 표를 얻어 대통령에 당선됐고, 무소속 조봉암 후보가 2위로 24%에 달하는 216만 표를 얻어 돌풍을 일으켰다.[15] 게다가 부통령에는 여당인 자유당 후보 이기붕이 낙선하고 민주당의 장면이 당선되었다. 인천지역에서는 이승만의 유효득표율이 65.6%에 그쳐 전국 평균치 70%보다

---

[15] 당시 960만 6,870명의 총선거인 가운데 94.4%인 906만 7,063명이 투표했지만, 무효가 185만 6,818표에 달할 정도로 많았는데, 이는 신익희 후보에 대한 추모 분위기를 반영하는 것으로 분석된다.

낮았던 반면 조봉암 후보의 경우는 34.4%로 상대적으로 높은 지지를 받았다. 이에 자신감을 얻은 듯 조봉암은 그 후 진보당을 창당하고 이승만의 강력한 정적으로 부상하였지만 1958년 이승만정권에 의해 이른바 진보당 사건으로 구속되어 간첩 혐의를 뒤집어쓰고 1959년 7월 31일 처형되었다. 또 다른 인천 출신 정치인인 민주당 소속의 장면 부통령은 1956년 9월 28일 저격미수 사건을 겪기도 하였다.

이러한 일련의 폭력적 정치탄압 사건을 통해 이승만정권은 점차 민심을 잃어갔고, 그럴수록 더욱더 무리한 강경책을 남발하였다. 1958년 5월 2일 시행된 제4대 민의원 선거에서 대대적인 부정선거를 저질렀으며, 1960년 3월의 제4대 대통령선거를 겨냥해서는 국가보안법 개정안을 국회에 제출하고 무술 경관을 동원해서 강제로 통과시켰다. 1959년 1월에는 반공청년단을 결성하였고, 필화사건을 조작하여 정권에 비판적인 경향신문을 4월 무단 폐간하였다. 나아가 이승만은 1959년 3월 경찰과 지방행정을 총지휘하는 내무부 장관에 충복 최인규를 임명하면서 종신집권 야욕을 노골적으로 드러냈다. 자유당은 이승만과 이기붕을 정·부통령 후보로 일찌감치 내세우고 부정선거를 획책하였다. 한편 야당인 민주당은 1959년 11월 26일에야 가까스로 정·부통령 후보로 조병옥과 장면을 선출하였는데, 조병옥은 미국에 가서 신병 치료를 받던 중 2월 15일 급사하였다. 이로써 이승만의 대통령 당선이 사실상 자동 확정되었지만, 부통령 선거에서 4년 전과 같은 이기붕 낙선 사태를 막고자 대대적인 부정선거를 자행하였다. 야당의 선거유세는 도처에서 방해를 받았고, 테러가 잇달았다.

1960년 2월 28일 이승만정권에 대한 불만과 부정선거운동에 대한 분노가 대구에서 터져 나왔다. 자유당 경북도당은 대구 시내 각 기관장과 각급 학교장을 소집하여 2월 27일 토요일 오후 1시 진행될 자유당 대통령선거 유세에 가구당 최소 1명씩 청중 동원할 것, 최대한 많은 사람이 유세장에

올 수 있도록 공공업무와 학교 수업을 낮 12시까지 모두 끝낼 것 등을 지시하였다. 또한 민주당의 선거집회가 예정되어 있던 28일 일요일에는 유세가 오후 2시에 시작해서 완전히 끝날 때까지 동회와 직장 단위로 각종 행사를 계속 벌일 것, 특히 고교생들은 빠짐없이 등교하도록 해서 유세장에 가지 못하게 할 것 등을 강요하였다. 이러한 자유당의 요구에 따라 일요일인 2월 28일 대구 전역의 고등학교 학생들에게 등교 지시가 내려지자 이에 대한 반발로 경북고, 대구고, 경북사대부고 등지의 학도호국단 간부 학생들은 2월 25일 밤부터 회합을 갖고 2월 28일 일요일 등교 명령에 항의하는 시위를 전개하기로 결의했다. 2월 28일 낮 12시 50분, 경북고 학생 800여 명이 교실을 박차고 나와 결의문을 낭독하고 "학생들을 정치도구화하지 말라!" 등의 구호를 외치면서 시위에 돌입했다. 이렇게 불타오른 2·28 대구학생시위는 4·19혁명의 중요한 도화선이었던 것으로 평가된다.

자유당정권의 부정선거 음모와 학원 통제에 맞서 인천의 중·고교 학생들이 처음으로 시위를 전개한 것은 3월 14일에 이르러서다.

> "학원에 자유를 달라", "학도야 일어나라" 등 구호를 외치며 14일 하오 10시 30분경 약 삼십 명 정도의 시내 동고(東高) 인고(仁高) 송고(松高) 학생들이 시내 성산교회 전면에서 '데모'를 하였는데 긴급출동한 경찰들의 제지로 약 십분 후에 해산되고 송고의 김효성(20) 군은 경찰에 연행되어 갔다고 한다. 한편 오늘 아침 시내 요소요소엔 「정부는 우리에게 손을 떼라」 등의 '포스타'가 부쳐 있었다. (『경인일보』, 1960년 3월 16일 자)

3·15선거를 하루 앞둔 14일 인천지역 경찰은 학생들의 시위를 우려하여 비상경비태세를 유지했다. 14일 아침부터 동원된 각 학교 직원들이 시내 도처에서 학생들의 등교 상황을 감시하였으며, 학교 정문마다 사복 경찰관들이 배치되었다. 그 전날부터 시위 준비에 들어가 있던 학생들은 적

절한 때를 노리며 기다리다가 저녁 7시경 드디어 행동에 나섰다. 시내 배다리 철교 위에서 서너 명의 학생이 색연필로 쓰인 "국민이여 총궐기하라. 공명선거하라!" "학도여 일어나라!" 등의 전단 100여 매를 살포하였다. 밤 10시 30분경에는 30여 명씩 무리를 지은 학생들이 신흥사거리 인근의 사찰 해광사 앞, 경동 항도백화점 앞, 동인천역 앞, 신흥동 성산교회 앞 등지에서 "학원의 자유를 달라!"라는 구호를 외치면서 산발적인 시위를 벌였다. 그러나 이들은 출동한 경찰에 의해 30분 만에 진압되어 11시경 해산되었다. 선거 당일인 3월 15일 인천에서는 별일 없이 순조롭게 투표가 진행되었으며, 그와 같은 조용한 분위기는 이후 4월 19일의 대폭발 이전까지 이어져서 민주당 주도의 소소한 정치적 움직임 외에 눈에 띄는 집단행동은 발생하지 않았다.[16)]

제2절 인천에서의 4월혁명

3월 15일 선거 당일 마산에서 부정선거에 항의하는 집회 군중을 향해 경찰이 최루탄과 함께 실탄을 발포하였다. 이로 인해 마산중학교의 김영호 학생이 총격에 목숨을 잃었고, 4월 10일에는 눈에 최루탄이 박힌 마산상고 김주열 학생의 주검이 발견되는 등, 10명의 사망자와 100여 명의 중상자가 발생했다. 멀리 마산에서 전해져온 마산시민들의 의로운 항쟁과 꽃다운 나이에 희생된 학생들의 안타까운 소식은 인천 시내를 술렁이게 했다. 민주당 인천시당 당원들은 전국으로 확산하고 있던 반정부 시위에 호응하여 4월 16일에 3·15부정선거 규탄시위를 벌이기로 계획했다. 그러

---

16) 김은경·서규환, 「인천지역 4월혁명의 사회운동론적 양상」, 『지역에서의 4월혁명』, 민주화운동기념사업회, 도서출판 선인, 2010, 98~100쪽.

나 경찰의 원천봉쇄로 뜻을 이루지 못하자 17일, 애관극장 앞 당사에 다시 집결했다. 이들은 경찰과 대치하는 가운데 구호를 외쳤으며, 일부에서는 경찰저지선을 뚫고 나가려는 시도가 있었지만 이내 버스에 태워져 전원 연행되었다.

18일은 조용히 지나갔고, 마침내 4월 19일이 되었다. '피의 화요일'이 된 이 날, 인천의 학생들도 본격적인 움직임을 드러냈다. 인천공업고등학교 학생들이 오전 수업을 받던 중 거리로 뛰쳐나왔다. 1학년생 일부를 제외한 700여 명의 학생이 시위에 참여했다. 교사들의 추적을 피하려고 일부는 수봉산을 넘었고 다른 학생들은 교문을 빠져나와 시내로 향했다. 이내 하나의 대열을 이룬 학생들이 목표로 삼은 곳은 신포동의 인천시청(지금의 중구청)이었다. 이들은 현수막을 펼쳐 들고 계속 전진하였지만 얼마 안 가서 경찰과 맞닥뜨렸다. 학생들은 돌을 던지며 저항하였고, 경찰은 소방차를 동원하여 물을 뿌렸다. 양쪽에서 부상자들이 속출했다. 인천공업고등학교 학생들의 시위는 다른 학교 학생들에게 자극을 주었으며, 4월 20일부터 23일까지 학생들의 시위가 끊이지 않고 이어졌다. 20일 오전, 각 학교 고등학생 수백여 명이 숭의시장에 집결해 시내 진입을 시도했다. 경찰이 앞을 막자 투석전이 벌어졌고 시위대는 숭의동 일대에 흩어져 산발적인 시위를 벌였다.

21일 대학생들이 처음 거리로 나섰다. 인하공대 학생 백여 명은 학교에서 출발하여 3·15부정선거를 규탄하는 각종 구호를 외치면서 경동파출소와 로터리 일대에 집결하였다. 그러자 경찰이 즉시 출동하여 곤봉으로 무차별 타격을 가했으며 그 바람에 최선보(23세) 학생이 머리를 다쳤다. 학생들은 경동파출소 앞에 연좌한 채 농성을 벌인 다음, 스크럼을 짜고 동인천역 광장을 가로지르며 "경찰국가 타도하라"라는 구호를 외치면서 인천시청으로 향했다. 이들은 자유공원까지 올라간 뒤 일단 주변으로 흩어졌다가 다시 인천시청에 집결하였다. 그리고 선서문을 낭독하고 폭력 경관의 구속과 처벌을 촉구했다. 이날 오후 1시 20분경 경기도 경찰국장이 사찰과장을 대동하고 학생들 앞에 나타나 폭력을 휘두른 경관의 처벌을 약속하고 해산을 요청했으며, 학생들은 삼삼오오 학교로 돌아갔다.[17] 이렇게 인하공대 학생들도 시위에 참여하였다. 그렇지만 몇 가지 구호를 외치며 행진하다가 경찰에 의해 제지되면 이내 연좌데모로 전환하는 소극적인 양상을 보였으며, 4·26 이후에는 인천 시내의 질서 유지에 그치는 모습이었다. 이는 당시 인천의 유일한 대학이었던 인하공대가 4월혁명과는 일정한 거리를 두었음을 말해준다고 할 수 있는데, 아마도 인하공대의 설립자가 이승만이고 대학이사장이 이기붕이었다는 사실과 결코 무관하지 않았을 것이다.[18]

22일에는 대규모 시위가 열렸다. 아침부터 배다리 부근에 모인 학생들은 시위대를 형성한 뒤 "부정선거 다시 하자"라는 현수막을 앞세우고 싸리재를 넘어 경동사거리로 나아갔다. 그들은 여기서 오른쪽으로 방향을 바꿔 동인천역과 화평동 철교를 차례로 행진한 다음, 아침의 제자리로 돌아왔다. 시위대는 다시 경동사거리로 향하였고, 이번에는 왼쪽으로 발길을 돌려 답동광장과 해광사 앞을 지나 신흥동로터리로 갔다. 곳곳에서 학생들이 시위대열에 새로 합류했는데, 초등학생들도 있었다. 어느새 천여 명으로 불어난 시위대는 중구 신흥동 세계극장 앞에서 잠시 숨을 고르며 대오를 정비했다. 숭의동 쪽에서 박문여고 학생들도 합류하였고, 한 시간가량이 지난 후 시위대는 시청 앞으로 이동하여 연좌 농성에 들어갔다. 어느덧 수천 명이 넘는 사람들이 함께하고 있었다. 경찰은 여기서 앞을 막아서며 해산을 권유했다. 하지만 이내 투석전이 벌어졌고, 경찰이 공포 두 발

17) 「폭력경관처벌 약속받고 해산」, 『동아일보』, 1960년 4월 22일.

18) 김은경·서규환, 앞의 글, 96~97쪽.

을 쐈지만, 시위대의 열기를 꺾을 정도의 위협은 되지 못했다. 시위대열은 경찰의 저지선을 피해 자유공원 쪽으로 올라간 뒤 우회하여 동인천역으로 내려갔다. 지칠 줄 모르고 행진을 계속한 이들은 배다리와 미림극장을 경유하여 만석동 구름다리를 건넌 다음 동양방직까지 나아갔다. 그리고 다시 발길을 옮겨서는 인천역을 거쳐 경동사거리로 다시 돌아왔다. 그리고 여기서 연좌농성에 들어갔다. 이날 밤 신흥동과 배다리 일대에서는 다른 무리의 학생들이 횃불 시위를 전개하기도 했다.

23일에는 인천의 중학교 학생들이 싸리재에서 거리행진을 시작하였다. 오전부터 경동 동일약방 뒷골목에 모여든 학생들은 대오를 형성해 경동파출소 앞으로 향했다. 2백여 명의 학생들이 "연행 학생 석방하라!"라는 구호를 외쳤다. 경찰의 통제는 없었고, 시위대는 시청을 향해 계속 나아갔다. 24일 신흥동 세계극장 앞에 다시 모인 학생들은 조기를 앞세우고 답동광장으로 향했다. 이곳에서 묵념과 추도문 낭독 의례를 간략히 진행한 다음, '4·19순국학도 애도'라는 현수막을 든 채 싸리재, 중앙시장, 화평동, 동인천역 주변, 자유공원 등을 두루 거쳐 답동광장으로 되돌아오는 무언행진을 벌였다. 학생들의 진지하고도 엄숙한 추모행렬에 인천시민들의 성금도 끊이지 않았다.[19]

인천지역의 4월 시위는 4월 19일부터 26일까지 지속해서 전개되었다. 하지만 그것은 산발적으로 일어났고, 조직적이지도 않았으며, 참여자들은 매일 조금씩 달랐다. 또 시위에 적극적이었던 학생들은 인천보다도 서울 쪽으로 참여하는 경우가 더 많았다. 3월 14일 성산교회 앞 시위를 주도했던 김효성은 4월혁명 때 서울로 올라가서 활동을 펼쳤다. 그는 고등학교를 휴학하고 징집영장을 받아 놓은 상황이었음에도 시위에 가담하였다.

---

[19] 인천의 4·19혁명 구체적 상황전개에 대해서는 김현석, 「4월 혁명, 그 날의 인천을 걷다」, 『인천in』, 2014년 4월 18일 참조함.

그는 4월 19일 당시 부상자를 도와 함께 트럭을 타고 병원으로 가던 중 경찰의 무차별 총격을 받고 척추부상을 입었다.

인천의 4월혁명에는 학생들뿐만 아니라 일반 시민들도 소수이긴 하지만 참여하였다. 4월 19일 시위에 약간의 부두노동자들이 학생들과 나란히 모습을 드러냈는데, 그 가운데 일부는 이후에도 계속 동참한 것으로 추정된다. 민주당 인천시당의 경우, 4월 17일 시위와 관련해서 당원 21명이 연행되었다가 4월 19일 모두 석방되었다. 인천지역 교원들은 4월 23일 인천여자중학생들이 시위를 벌일 때 일부 교사가 그 뒤를 따랐는데, 이는 마치 시위에 동참하는 듯 비칠 수도 있었겠지만, 학생들의 집단행동에 따른 만약의 사태에 대비했던 것으로 보인다. 인천의 일반 시민들은 대체로 4월혁명에 적극적이지 않았던 것으로 보인다. 그들이 자발적으로 앞에 나서거나 학생시위에 동참하는 경우는 별로 없었다. 하지만 박수갈채를 보내고 마실 물을 건네주는 등 소극적이나마 성원을 보낸 사람들도 적지 않았다고 한다.[20]

전반적으로 인천의 4월혁명은 독자적이고 선도적으로 전개되었다기보다는 전국적 상황의 영향을 받아 전개되었다. 예를 들어 서울의 시위대는 이승만이 퇴진하기 전인 4월 24일 정부 주도의 관제 위령제의 참가를 거부하고 식장에서 퇴장했으며, 마산이나 전주 등지에서는 시위가 계속 이어졌다. 반면에 인천은 4월 24일 오전 10시 10분 답동광장에서 인천중학교, 제물포고등학교 학생 등 1,000여 명이 정부 주도 추도식에 참여하기도 하였다. 4월 19일의 유혈사태에 이어 4월 25일 대학교수들까지 항의 시위에 나서자 막다른 궁지에 몰린 이승만은 4월 26일 오전 10시 30분에 대통령 하야 성명을 발표했다.

---

20) 김은경 · 서규환, 앞의 글, 104~109쪽.

제3절 4월혁명의 여파와 인천의 민주화 움직임

이승만의 하야 성명이 나온 뒤 같은 날 오후 2시 소집된 국회 본회의에서는 4개 항의 시국 수습 결의안을 만장일치로 통과시켰다. 이승만의 즉시 하야, 3·15 정·부통령 선거 무효화 및 재선거, 과도 정부 관리 하의 내각책임제 개헌, 민의원 해산과 총선거 실시 등이 가결되었다. 이러한 결의에 따라 이승만은 27일 대통령직 사퇴서를 국회에 제출하였다. 이로써 1948년 8월 15일 수립된 제1공화국은 11년 8개월 만에 막을 내렸다.

4월 26일의 이승만 하야 성명 직후부터 서울을 비롯한 전국에서는 4월혁명의 분위기를 타고 학원자유화운동이 활성화되는 가운데 계몽운동, 노동운동, 통일운동 등으로 민주화운동이 확대되어 나갔다. 인천지역에서는 수습대책위원회가 구성되어 민심 안정과 질서 회복에 나섰다.

> 27일 상오 인천시청에 모인 1백여 명의 재인 대학생들은 인천학생수습대책위원회를 구성하고 우리 고장은 우리가 지킨다는 목표 아래 치안소위원회와 선무반을 조직하였다. 선무반은 각처에서 마련해온 마이크를 통하여 인천시민은 냉정히 사태수습에 임하자고 설득시키고 있으며 (…) 또한 김 인천시장은 27일 학생수습대책위원회 임원들을 만나고 질서회복 등을 위해 학생들의 수범(垂範)을 고마워하고 학생들이 요구해온 사무실과 차량 등의 편의를 봐줄 것을 확약했었다.(『기호일보』, 1960년 4월 27일 자)

위의 기사에서 보듯 4월 27일 결성된 학생수습대책위원회는 위원장 남상우(연세대), 대표 이태구(동국대), 치안 임병호(인하공대), 공보 유승현(경희대) 등으로 임원을 구성했다. 임병호는 당시 인하공대 학생회장이었다. "4월 26일 밤 인천에서 경찰의 발포로 시위대원 2명이 사망했다"라고 하는 27일 자 신문 기사로 인해 약간의 소요가 발생하였지만, 오보임을 해명하는 신문사 측의 가두방송과 대학생들의 수습으로 가라앉았다. 그동안 휴교 상태에 있었던 인천지역의 각급 학교는 대부분 4월 29일을 전후해서 다시 교문을 열고 정상 운영에 들어갔다. 이 무렵 한 가지 주목할 것은, 인천고등학교의 교직원들이 보인 집단행동이었다. 이승만의 하야 발표 전까지 별다른 움직임이 없었던 이들은 정권이 퇴진하자마자 신속하게 사태 수습과 학원 안정에 발 벗고 나섰다. 4월 28일 인천고 교직원들은 "우리는 민주학원 건설에 매진한다."라는 현수막을 앞세우고 시내를 행진하였으며, 오후 2시에는 인천고 운동장에 다시 집결하여 "마산사건 및 4·19학도 의거에서 흘린 고귀한 피 앞에 엄숙히 무릎을 꿇고 민주정신에 불타는 정의의 학도들 앞에 교육자로서 양식을 발휘하여 진정한 민주대한의 교육을 이룩하자"라는 요지의 선언문을 낭독했다.[21]

4월혁명의 여파는 컸다. 인천의 고등학교 학생들은 자기 학교의 현안에 관심을 표하고 행동에 나서기 시작했다. 7월 19일 100여 명의 인천사범학교 졸업생들이 그해 졸업자 전원을 보직하라는 요구조건을 내걸고 연좌데모를 전개하였다. 1961년 2월에는 인천공업고등학교 학생들이 인하공대부속종합직업학교 설립에 반대하며 서울 방면으로 가두행진 시위를 벌였고, 같은 해 4월 23일 제물포고등학교와 인천중학교 학생 2천여 명이 교실에서 철야농성을 전개하였다. 문교당국이 금명간 실시될 고등학교 교장 인사에서 "10여 년간 학교 발전에 큰 공헌을 했다"는 길영희 교장을 인천사범학교 교장으로 내정했다는 것이 그 이유였다. 이와 유사하게 인천고등학교 학생들도 경북 안동으로 전임된다고 알려진 교장 선생의 유임 운동을 대대적으로 전개하였다. 한편 인하공과대학의 경우는 4월 28일 발생한 이사장 이기붕 일가의 자살 사건으로 인해 큰 곤경에 처해 있었다. 초급대

---

21) 위의 글, 118~120쪽.

학으로 격하될 것이라는 말이 시중에 떠도는 가운데 폐교될지도 모른다는 소문까지 나돌자 위기감을 느낀 이 대학 학생들은 총회를 열어 대책을 모색하였으며, 정부를 찾아가 인하공대의 존립을 요청하기도 하였다.[22] 이승만정권하에서 임명된 최승만 학장 퇴진 문제가 제기된 가운데, 교수회와 학생총회가 학장의 직무 복귀를 지지하고 있던 반면에 동창회(회장 김우경) 측에서는 학장의 퇴진과 재단 이사진 총사퇴를 요구하였다. 4 · 19 이후 불거진 학장 문제를 둘러싼 학내 갈등은 결국 5 · 16군사쿠데타 이후 문교부 당국의 개입을 통해 새 학장을 임명하는 것으로 일단락되었다.[23]

4월혁명이 가져온 새로운 시대 분위기는 노동운동에 아연 활기를 불어넣었다. 보건사회부의 공식통계에 의하면 1960년 한 해 동안 노동조합 수가 203개 증가하여 총 941개에 달했으며, 조합원 수도 전년 대비 4만여 명 증가한 32만 1천여 명을 기록하였다. 노동쟁의도 부쩍 늘어나 1959년에 95건이던 것이 1960년에는 227건으로 증가하였고, 참여 인원도 49,831명에서 64,335명으로 증가했다. 4 · 19혁명을 계기로 기층노동자들 사이에는 구시대의 잔재인 어용노조 및 노동귀족의 축출과 노동조합의 민주화를 요구하는 목소리가 거세졌다. 대한노총 위원장 김기옥을 비롯한 노조 지도부에 대한 공격이 전국적으로 광범하게 전개되었고, 산하의 각급 조직에서도 기존 간부들이 물러나고 새로운 간부들로 대체되는 사례가 줄을 이었다.

이러한 움직임은 특히 1950년대 대한노총의 조직을 주도했던 부두노동조합에서 거세게 일어났다. 어용노조간부들의 퇴진을 촉구하는 1960년 4월 26일 부산 부두노동자들의 시위를 필두로 4월 29일 군산 부두노동자들의 시위, 5월 3일 부산 부두노동자들의 시위 등이 잇달아 일어났다. 인천 부두에서도 4월 30일 한국운수분회에서 반장들이 모여 항만자유노동조합

---

22) 같은 글, 121~122쪽.
23) 인하50년사 편찬위원회, 『인하50년사』 상, 인하대학교, 2004, 134~137쪽.

간부들의 퇴진을 결의하였고 5월 3일에는 인천항만 자유노조 산하 수천 노동자들이 노동 주권 회복과 체불노임의 청산, 전국적으로 파문을 불러일으킨 비료조작비에 대한 책임 규명 등을 요구하며 궐기하였다. 부두노동자들은 그동안 쌓인 억울함을 호소하면서 가두행진을 벌였으며, 노동조합 사무실을 점령하고 노조간부들의 전원 퇴진을 요구하였다. 노동조합 간부들은 이처럼 사태가 악화되자 잠적해 버렸으며, 5월 6일에 가서야 일괄 사퇴서를 보내왔다. 이후 부두노조의 분회들은 각기 독자적인 노동조합을 설립하고 활발하게 쟁의를 벌였다. 6월 12일에는 POL 분회가, 9월 5일에는 군화기술노조가 임금인상투쟁을 전개하였다. 그리고 12월 12일에는 부두노조의 총파업이 발생하였다. 그해 10월 전국자유노련 산하 부두노조들이 결의한 총파업에 호응하여 인천항 부두노동자들도 하역작업을 전면 중지하였다. 그러나 노동자들의 임금인상 요구에 대해 정부가 긍정적 반응을 보이지 않음에 따라 다시 12월 21일에 제2차 총파업을 일으켰고 이듬해 1961년 3월에는 제3차 파업을 단행했다. 이에 중앙노동위원회의 중재로 임금 36% 인상안을 정부가 수용하면서 파업은 철회되었으나 곧이어 터진 5 · 16 군사쿠데타로 이 합의는 무효가 되었다.

4월혁명 이후 또 하나 주목할 것은 교육공무원법과 사립학교법에 따라 금지됐던 교원들의 노조운동이 활성화되었다는 점이다. 교원노조운동은 1960년 4월 29일 대구의 여러 중등학교 대표 약 60명이 중등교원노조를 결성한 것을 필두로 전국으로 파급되었다. 인천에서는 5월 26일 인천중 · 고등교원노조가 설립되었다. 그러나 이러한 교원노조운동에 대해 정부는 국가공무원법 및 교육공무원법 위반이라며 해체를 지시하고 교원들에 대한 대대적인 인사발령 조처를 내렸다. 이후 정부당국과 교원노조 간의 대립은 계속되었으나 결국 5 · 16 군사쿠데타 이후 교원노조는 해체되고 많은 교사가 교단에서 추방당하는 것으로 막을 내렸다.

제3장 5·16쿠데타와 1960년대 민주화운동

제1절 박정희 군사정권의 등장과 인천

1961년 4월혁명 1주기를 맞아 인천지역에서 각종 기념행사가 개최되었다. 그러나 곧 5·16군사쿠데타가 일어났고, 권력을 장악한 군부세력의 위세 앞에서 시민들은 숨을 죽여야 했다. 4월혁명 당시 인천지역 학생시위의 진원지로 알려진 인천공업고등학교, 이를 기리기 위해 이듬해 1961년 6월 이 학교 교정에 세웠다는 〈4·19학생의거기념탑〉 비문에는 5·16 쿠데타 직후의 서슬 퍼런 분위기를 반영이라도 하듯 다음과 같은 문구가 적혔다.

> "이제 군부 혁명이 또 하나의 부패를 소탕하고 우리 앞날에 희망이 가득찬 오늘 입석 기공하여 이들의 장거를 찬양하고 나라와 겨레의 발전과 융성을 기원하는 바이다."

4월혁명으로 등장한 제2공화국은 이듬해 5월 16일 발발한 군사쿠데타로 중단되고, 4월혁명은 '4·19의거'로 격하돼 인천에 기념비가 세워졌다.

〈그림 1-3〉
인천기계공고에
세워진
4 · 19학생의거
기념탑
(원출처 :
인천민주화
운동센터)

1961년 5월 16일 새벽, 일단의 제2군 부사령관이던 박정희 소장이 이끄는 공수특전단, 해병대 제1여단 등 도합 3,600명에 달하는 군 병력으로 정권찬탈을 위한 군사 쿠데타를 감행했다. 반공, 친미, 구악 일소, 경제재건 등을 명분으로 서울을 순식간에 장악한 무장군은 곧 군사혁명위원회를 구성하여 입법, 사법, 행정의 일체를 장악한다는 성명을 발표하였으며, 다음

날인 17일 오전 5시 남한 전역에 비상계엄을 선포하고 포고 제1호로 옥내외 집회를 금지하는 등의 강압적 조치를 발표하였다. 그리고 6월 6일 국가재건최고회의를 설치하고 이를 최고통치기관으로 삼음으로써 박정희를 중심으로 권력을 장악하였다.

박정희 군부정권은 1961년 8·12 성명과 1963년 3·16 성명 등의 조치를 통해 군정 연장을 꾀함과 동시에 무력에 의한 영구집권을 기도하였다. 1962년 3월 16일 구정치인 4,374명의 정치 활동을 봉쇄하는 정치활동정화법을 공포하여 경쟁 세력과 반대파를 거세한 군부는 이어 쿠데타 세력의 정권 장악을 합법화해줄 정당의 조직에 착수하여 민주공화당을 창당하였다.

제3공화국은 5·16 군부정권 치하에서 1962년 12월 17일 우리 역사상 처음 실시된 국민투표를 통해 개정한 신헌법에 따라 성립한 체제이다. 이듬해인 1963년 10월 15일 제5대 대통령선거가 치러졌는데, 개정 헌법에 따른 직접 선거의 결과 박정희가 당선되었다. 11월 26일에는 제6대 국회의원 선거가 치러졌다. 인천지역에서는 모두 9개 정당이 지구당 창당 준비위원회를 조직하여 선거전에 나섰다. 그 결과 경기 제1 지역구인 인천 갑구에서 민주공화당의 유승원이 신민회, 한국독립당, 국민의당, 보수당, 민주당, 민정당 등의 후보들을 누르고 당선되었다. 경기 제2 지구인 인천 을구에서는 민정당의 김은하가 자유민주당, 보수당, 민주당, 정민회, 민주공화당 후보들에 승리하였다. 1967년 6월 제7대 국회의원선거의 경우, 인천 갑구에서 자유당, 신민당, 민주공화당, 한국독립당, 자민당, 민주당 입후보자들이 경쟁한 결과 신민당의 김정렬이 당선되었다. 인천 을구에서는 대중당, 민주공화당, 한국독립당, 민주당 후보들을 누르고 신민당의 김은하가 당선되었다. 7대 국회의원선거에서 이렇게 두 지역구 모두 야당이 승리하자 인천은 야도(野都)라는 별명을 얻게 되었다.

박정희정권은 '조국 근대화'를 외치면서 쿠데타를 정당화하고 권력을 강

화하고자 온갖 시도를 하였는데, 한일협정의 체결도 그 일환이었다. 이를
위해 1964년부터 노골적으로 한일회담을 추진하였다. 하지만 많은 국민이
이를 굴욕적인 외교정책으로 간주하며 저항에 나섰고, 그 중심에는 대학
생들이 있었다. 1964년 3월 24일 서울대 학생들의 화형식 시위를 필두로
전면화된 한일회담 반대투쟁은 전국적으로 확산하였다. 3월 26일에는 부
산, 수원, 대전, 대구 등 8개 도시에서 약 1만 2천여 명이 시위에 나섰다.
27에는 전국 16개 도시에서 4만 3천여 명이 시위에 참가하였다. 인천에서
는 3월 27일 오전 10시부터 인천시내 7개 중·고등학교 학생 9,500여 명이
모여 '대일굴욕외교반대' 시위를 전개하여 저녁 7시가 넘어서까지 계속하
였다.24) 국민들의 강력한 저항에 부딪힌 박정희정권은 27일, 동경의 김종
필을 긴급 소환하였고, 30일에는 서울시내 11개 종합대학 학생대표와 박
정희의 면담을 진행하면서 한일회담 일정을 잠시 유보하였다. 그러나 한
일회담반대투쟁은 5월 20일 민족적민주주의장례식 투쟁을 거쳐 5월 25일
전국 대학에서 동시다발적으로 타국타개궐기대회가 열리면서 확산되었고
6월 3일 청와대로 향하는 대규모 시위로 발전하였다. 그러자 박정희정권
은 6월 3일 밤 9시 50분을 기해서 서울시 일원에 비상계엄을 선포하였다.
그리고 곧이어 대대적인 시위대 검거에 나서 91명을 구속했고, 무력 진압
작전을 벌여 200여 명의 시위 학생이 부상을 입었다. 계엄령이 선포된 6월
3일부터 8월 22일까지 총 352명의 학생들이 징계를 받았고, 구속된 학생은
224명에 달했다.25)

6·3시위 이후 답보상태에 빠졌던 한일회담은 1965년 1월 18일 재개되
었다. 2월 17일 시이나 일본 외상이 한일협정의 기본조약 가조인을 위해
내한하자 한일회담반대운동은 다시 고조되었다. 6월 22일 일본 동경에서

---

24) 「지방서도 데모 계속」, 『경향신문』, 1964년 3월 28일.

25) 김기선, 『한일회담반대운동』, 민주화운동기념사업회, 2005, 65~96쪽.

있을 한일협정 조인일이 하루하루 다가오면서 대학가에서는 다시 긴장감이 감돌았다. 인천에서는 인하공과대학 학생들이 시위에 나섰다.

6월 22일 한일협약이 조인되는 날을 맞이하자 800여 명의 학생들이 오전 10시부터 강당에 모여 '한일회담반대성토대회'를 열고 "정부는 굴욕적인 한일회담을 즉각 중지하라!"라는 등 5개 항의 결의문을 채택하고 시위에 돌입했다. 이들은 오전 11시 30분에 숭의동 사거리 부근에서 경찰의 제지를 받자 투석전을 전개했다. 경찰은 최루탄도 수 발을 발사하면서 30여 명을 연행했다. 전국적으로 대학과 고교가 방학과 임시휴교에 들어가는 가운데 인하공대도 6월 22일부터 8월 22일까지 방학에 들어가게 되었다.[26] 22일 오후부터 경찰에 연행된 학생들의 석방을 요구하며 단식투쟁에 들어간 학생들은 23일 오전까지 농성을 계속 전개했다.[27] 그러나 인천경찰은 6월 23일 인하공대 학생위원회 회장 성인경(25)과 같은 학교 체육부장 최상용(24) 두 명을 집회 및 시위에 관한 법률 위반, 폭력행위 등 처벌에 관한 법률 위반 혐의로 구속하고, 9명을 불구속 입건, 84명은 훈방조치 했다.

1967년 6월 8일 치러진 제7대 국회의원 선거는 4년 임기의 제7대 국회의원을 뽑는 선거로 1967년 6월 8일에 치러져 세칭 6·8선거라 불린다. 소선거구제 직접선거를 통해 131명을 선출하였다. 정당별 득표율에 따라 선출한 44명의 전국구를 포함하여 대한민국 제7대 국회의원은 모두 175명을 선출했다. 그러나 선거기간 동안 많은 부정행위가 저질러져서 '6·8 부정선거'로도 불린다. 6·8 부정선거에 항의하는 학생들의 데모가 6월 11일경부터 전국적으로 대학과 고교에서 전개되었다. 인하공대에서는 천여 명의 학생들이 6월 14일 오전 교문 밖 100m 지점까지 나가 데모를 전개하였다. 이처럼 전국적으로 학생데모가 잇따르자 정부에서는 전국 22개 대학교와

26) 『경향신문』, 1965년 6월 22일; 『한국민주화운동사』 제1권, 432·451쪽.
27) 「학생회장 등 2명을 구속」, 『경향신문』, 1965년 6월 23일.

지방 고등학교에 휴업조치를 내려 임시 및 무기휴업에 들어갔다. 인천의 인하공대도 14일부터 무기휴학에 들어갔다.[28]

1969년 7월 8일 박정희정권의 3선 개헌안이 제출되자 또다시 전국적으로 학생들의 시위가 전개되었다. 인하공대 학생들은 1969년 9월 11일 정오부터 교정에서 3선 개헌안을 즉시 철회하라는 등의 현수막을 내걸며 3선 개헌 반대 성토대회를 벌이고 데모에 나서려 했으나 미리 출동한 경찰의 저지로 해산했다. 이에 학교 당국에서는 교수회의를 열고 9월 12일부터 인하공대와 부성 초급대학을 무기휴강하기로 결정하였다가 시위가 가라앉자 인하공대는 10월 23일 개강하였다.[29]

제2절 1960년대 인천의 노동운동

1965년 6월 22일 일본 도쿄의 일본 총리 관저에서 굴욕적인 한일협정을 체결한 박정희가 내세운 것은 경제개발이었다. 그들은 경제개발만이 군사정부의 정통성을 부여받는 최선의 수단으로 인식하고, 원조경제의 위기를 극복하기 위해 국가가 광범하게 개입하는 경제개발계획을 추진했다. 이를 위해 국가 주도의 수출지향 산업화를 전개하여 국가 주도형 자본축적이 이루어지는 국가독점자본으로 이행하게 되었다. 국가 권력은 수출, 성장 그리고 공업화에 총력을 쏟았으며 막대한 외국자본과 저임금 노동력으로 뒷받침했다.

1960년대 중엽부터 본격적으로 추진된 경제개발계획의 흐름을 타고 인천 경제도 양적으로 급속히 성장하게 되었다. 여기에는 특히 수출 주도의

---

28) 「학생데모 나흘째」, 『경향신문』, 1967년 6월 15일.
29) 「삼개 대 무기휴강」, 『동아일보』, 1969년 9월 12일.

산업화 정책이 큰 영향을 미쳤다. 인천은 지리적으로 서울에 가까울 뿐만 아니라 일제 지배시기에 경인공업지구의 핵심으로 선정, 개발되었던 연유로 넓은 공업 기반을 보유하고 있었다. 더구나 수도 서울의 관문으로 수출입에 편리한 항구를 안고 있는 한편, 수도권의 거대한 소비지를 배후에 두고 있어서 생산도시로 성장할 수 있는 좋은 조건을 갖추고 있었다. 그 결과 인천에는 대규모 공업단지가 들어서게 되었으며, 이로 인해 산업구조의 중심축이 항만 관련 서비스 부문에서 제조업 부문으로 단기간에 이동하는 양상을 보였다. 1968년부터 수출산업공단 4단지, 5단지, 6단지가 조성되었고, 이어서 인천지방공업단지, 인천기계공업단지, 인천목재단지 등 다수의 공업지구가 자리를 잡게 되었다.

이러한 경제 변화에 따라 외지에서 인천으로 유입되는 노동자의 수가 급속히 증가하였다. 하지만 이들은 산업화 초기에 흔히 볼 수 있는 저임금, 장시간 노동, 열악한 환경 등에 시달려야 했으며, 이에 대응하여 단합을 통한 자구책을 모색하게 되었다. 1964년에 인천지역의 조직노동자 수는 29,153명이었다. 그러던 것이 1960년대 후반부터 급증하여 1970년에 41,994명이 되었고, 1979년에는 76,119명으로 늘어났다.

1950년대만 해도 인천지역의 노동조합운동은 주로 부두노조와 외기노조가 주도하는 양상을 보였다. 그러나 1960년대 이후에는 부두노조의 비중이 점차 약화하는 반면, 금속·섬유·화학 등의 제조업과 운수업계 노동조합의 비중이 급격히 증가했다. 인천지역 전체 조합원 가운데 부두노조 소속이 차지하는 비중은 1964년에 11.8%였지만, 1970년에는 8.7% 그리고 1979년에는 4.5%로 감소하였다. 외기노조도 1964년의 22.9%이던 것이 1970년에는 14.9%로 감소하였다. 그리고 1979년에는 겨우 1.0%에 그쳤는데, 여기에는 주한미군의 철수가 큰 영향을 미쳤다. 이와 반면에 금속노조의 경우는 1964년의 9.2%에서 1979년 28.8%로 증가하여 1970년대 말 최대 노조원을 가진 연맹이 되었다. 또 섬유노조도 1964년의 8.8%에서 1975년 20.7%까지 상승하였다. 한편 자동차노조는 1964년 10.9%였다가 1975년 1.7%까지 감소하였으나 이후 다시 급증하여 1979년에는 15.8%의 비중을 기록하였다.

기존의 부두노동자와 외기노동자 외에 새로이 급성장한 공단 일대의 노동자들이 임금인상과 근로조건 개선 등을 요구하는 움직임이 일어나면서 노동쟁의가 증가하기 시작하였다. 한염부두의 인천하역협회 한염지부 노동자 250명은 1962년 6월 24일 하역요율의 조정을 요구하면서 쟁의에 돌입하였다. 1963년 5월 13일에는 인천항 화수부두에서 수산물 하역작업을 맡고 있던 화수분회 노동자들이 수협 경기도지부를 상대로 임금 70% 인상을 요구하였으나 사용자 측이 무성의한 태도로 일관하자 5월 31일 작업을 거부하였다. 이에 당황한 수협 경기도지부에서는 6월 1일 임금 20% 인상안을 제시하였고 이를 노조 측이 받아들임에 따라 쟁의가 종료되었다. 1964년 4월에도 수협 경기도지부에 대한 임금인상 요구가 거절되자 수산물 하역작업을 거부하였는데, 1966년 11월과 1967년 5월 등 이후에도 유사한 사태가 되풀이되었다. 사용자 측은 매번 임금인상 요구에 대해 무성의하게 대응하다가 노조 측이 작업거부 투쟁 등 강경한 태도를 보이면 관계기관의 중재를 빌어 일부만 인상해주는 식으로 파업을 무마하는 행태를 반복하였다. 한편 부두노조 인천하역지부 소속 13개 하역회사 노동자들은 1,576명이 참여한 가운데 1966년 8월 18일 하역회사별로 임금을 70%에서 최대 156%까지 인상을 요구하는 공동쟁의를 일으켰으며, 10월 30일에도 노동자 4,004명이 임금인상 요구를 내걸고 투쟁을 벌였다. 이들은 1967년 9월 21일에도 처우개선을 요구하며 쟁의를 벌였는데, 이때는 모두 1,467명이 참가하였다.

금속노조 인천중공업 지부 노동자들은 1966년 8월 5일 임금 30% 인상을 요구하는 쟁의를 일으켰는데, 1,076명의 조합원이 참가하였다. 1967년 6월 23일에는 동양제사 외 8개 업소에서 임금인상을 요구하는 쟁의가 발생하여 5,895명이 참가하였다. 1968년 3월 25일 인천중공업에서 다시 임금인상 쟁의가 일어나 974명이 참가하였다. 1968년 6월 28일 대한방직협회 산하 16개 공장에서 임금인상 쟁의가 발생, 모두 23,784명이 참가하였다. 1969년 3월 17일에는 이천전기에서 임금인상을 요구하는 쟁의가 발생하여 469명이 참가하였다. 1969년 3월 22일에는 인천중공업에서 879명의 조합원이 참가하여 임금인상을 요구하는 쟁의가 발생하였다. 1969년 5월 23일 인천국제실업에서도 임금인상을 요구하는 쟁의를 일으켜 1,063명이 참여하였다. 같은 날 인천영진공사에서도 임금인상 쟁의가 발생하여 1,063명의 노동자가 참여하였다.

1969년 7월 1일 섬유노조는 15개 면방직 사업장을 대상으로 중앙노동위원회에 임금인상 등을 요구하며 대규모 쟁의를 제기하였다. 쟁의의 발단은 섬유노조에서 산출한 최저생계비를 보장받기 위하여 1969년 5월 26일 16개 면방회사에 임금인상을 요구하고 1개월여에 걸친 노사교섭을 벌였으나 회사 측의 냉담한 거부로 평화적인 타결이 결렬된 데에서 비롯되었다. 1차 파업 후 노사는 다시 교섭을 벌였으나 공전을 거듭함에 따라 섬유노조는 다시 9월 9일 2시간 시한부 파업을 단행하였다. 이에 대한방직협회는 직장폐쇄로 대항, 양자의 대립은 극한적으로 치달았다. 사태가 이처럼 해결의 실마리를 보이지 않고 심각해지자 정부가 조정, 개입을 개시하여 9월 17일 노사 양측이 임금인상에 합의함으로써 노동쟁의는 115일 만에 종결되었다.[30]

---

[30] 「경제개발시대의 인천지역의 노사관계와 노동운동」, 『인천광역시사』 4, 참조.

제3절 인천지역 가톨릭노동청년회와 도시산업선교회

1967년 5월 강화도 심도직물에 노동조합이 결성됐는데 이 과정에서 강화본당 가톨릭노동청년회(이하 JOC) 회원들이 주도적 역할을 했다. JOC란 1925년 카르댕 추기경이 설립한 노동자 대상의 사목운동단체 *Jeunesse Ouvrière Chrétienne*의 약어이다. 원어의 약자인 JOC의 발음을 빌어 지오세라고 약칭하기도 하는데, 우리나라에는 1958년 11월 처음 조직되었다. 강화도에 있는 21개 직물회사 중에는 이미 노조가 결성된 곳도 있었는데, 강화본당 전 미카엘 주임신부(메리놀외방전교회)는 회합장소를 빌려주는 등 JOC 회원들의 노조 활동을 간접적으로 지원했다. 여러 직물회사에 노조가 결성되자 심도직물의 사장은 1968년 1월 노조간부를 해고한 데 이어 항의하는 노동자들까지 해고했다. 다른 회사 사장들도 이 틈을 타서 노조 활동에 적극적으로 가담한 노동자들을 해고했다. 해고된 노동자 16명은 모두 천주교 신자였다. 기업주들은 그것도 모자라 전 신부를 찾아가 노동자들을 선동한 용공 분자라고 몰아붙이면서 공장 손실에 대해 책임지라고 협박했다. 또 천주교인은 누구를 막론하고 고용하지 않겠다는 내용의 결의문을 내거는가 하면, 심도직물 사장은 "전 신부의 부당한 간섭으로 공장이 마비되어 문을 닫는다."라고 하면서 휴업 결정을 내렸다.

사태가 이 지경에 이르자 당시 JOC 총재주교였던 김수환 신부가 현장에 와서 상황을 파악하고 인천도시산업선교회의 조승혁 목사와 성공회의 리차드 신부 등과 대책을 협의했다. 이어 인천교구장 나길모 주교도 관할지역 사목 책임자로서 메시지를 발표하고, 경기도 경찰국장실에서 사측 대표와 만나 협상했으나 해결이 되지 않았다. 이에 김수환 신부와 나길모 주교가 1969년 2월 9일 열린 임시주교회의에서 14명의 주교가 서명한 '사회정의와 노동자 권익 옹호를 위한 주교단 공동성명서'를 발표했다. 이 성명서가 발표되자 정부가 사태수습에 나섰고 6일 후 해고자들이 전원 복직되는 것으로 사태는 일단락됐다. 이 성명은 한국가톨릭교회의 첫 사회적 발언이 되었다.[31]

심도직물 사건에서 주요한 역할을 했던 JOC와 함께 1960~1970년대 인천지역 노동운동에서 중요한 역할을 한 곳이 도시산업선교회(Urban Industry Mission, 이하 산선)이다. 우리나라에서 노동자들을 대상으로 선교 활동을 하는 산업전도는 일찍이 1957년에 시작되었지만, 이것이 사회구원 차원에서 처음으로 조직화한 것은 인천지역이었다. 1957년에 미국의 진보적 신학자 헨리 존스 목사가 내한하여 산업전도를 주제로 강연한 뒤 같은 해 4월 예수교장로회가 산업전도위원회를 설치한 것이 효시이다. 초기에는 교세 확장의 수단으로서 주목되었지만, 점차 사회구원이 중시되면서 노동자들과 도시 빈민의 처지 개선을 위한 현장 활동에 적극적으로 관여하였다. 인천지역의 산선은 1961년에 주안교회 조용구 목사와 내리교회 윤창덕 목사의 주도로 처음 설립되어 동일방직과 한국기계에서 산업 전도를 개시하였다. 같은 해 9월 미국 시카고 신학교에서 산업선교 훈련을 받고 실무를 익힌 조지 오글(한국명 오명걸) 목사가 인천에 부임하여 활동을 시작하면서 본격적인 활동을 전개하였다. 산선의 목회자가 되려면 기본적으로 남자 1년, 여자 6개월의 공장생활을 거쳐야 했다. 또한 그들은 일반 교회의 경우와 달리 산업사회를 대상으로 한다는 특수성을 고려하여 직접 공장에 뛰어들었다. 초대 총무 조승혁 목사는 대성목재에 취업하여 나무를 나르고 무거운 합판을 차량에 실었다. 1966년 10월부터는 동일방직에 들어가 활동하던 조화순 목사가 2대 총무를 맡으면서 노동자들을 교회로 부르는 것이 아니라 그들 속으로 들어갔다. 지역에 거주하고 있는 아동 및

---

31) 「추기경 김수환 이야기 25 – 강화도 심도직물 사건」, 『가톨릭평화신문』 748호, 2003년 11월 16일.

학생들을 위해 민들레공부방을 만들었고, 지역민의 경제적 자립과 자조를 위해 신용협동조합을 운영하였으며, 무료 진료사업을 벌였다. 그리고 노동자들의 고충을 이해하고 그들을 돕기 위한 일련의 교육 프로그램을 개발했다. 인천도시산업선교회(이하 인천산선)은 감리교 소속 성직자들을 중심으로 활발한 산업선교를 전개하였는데, 기독교장로회에서도 1963년 이국선 목사 주도로 산업선교에 나섰으며 1967년 2월에는 동인천산업선교센터를 설립했다.[32]

가톨릭노동청년회와 도시산업선교회의 노동운동 사이에는 공통점과 함께 차이점이 존재했다.(〈표 1-2〉 참조)

〈표 1-2〉 가톨릭노동청년회와 도시산업선교회의 주요 특징[33]

	가톨릭노동청년회	도시산업선교회
운동 목적	약한 자를 위한 공동선 추구	온건 민주 노동운동 육성
조직화 대상 확대	본당 신자 → 비신자, 섹션 노동자	분회장, 한국노총 간부 → 일반 노동자
조직형태	직장 섹션과 위계적 질서 공존	소그룹 중심, 실무자 자율성 존중
교육 방식	일상생활에 대한 반성에서 출발	일상적 경험의 공유, 교류 우선
주요 한계	불충분한 활동 인력	'민주 대 어용' 구도에 취약
노동문제 접근 방식	종교운동 조직으로서 의미 강조	노사관계의 사회문제화

양자 모두 노동운동에 주안점을 두기보다는 노동자들의 안정된 삶을 목표로 하고 노동자 선교 활동을 통한 노사화합을 지향했다. 이는 산업평화,

---

32) 「이국선 목사의 삶」, 『제3의 치차』 이국선 목사 10주기 기념추모집, 이국선목사기념사업회, 1996 참조. 개신교 각 교단별로 조직, 운영되던 산업선교회는 1971년 한데 통합하여 한국도시산업선교연합회를 출범시켰다.

33) 김원, 「1970년대 가톨릭노동청년회와 노동운동」, 『1970년대 민중운동 연구』, 민주화운동기념사업회, 2005, 367쪽의 표를 참조하여 재구성함.

생산성 향상이라는 국가의 정책과 근본적으로 다른 것은 아니었다. 그러나 JOC는 1967년의 심도직물 사건을 계기로 노동문제에 대한 사회교리를 변경했다. '약한 자들을 위한 선택'이라는 주교단의 대응을 끌어낸 심도직물 사건 이후 1971년에 이르러 '공동체를 위한 공동선 추구'를 중시하는 쪽으로 방향을 전환하였는데, 이것이 JOC운동의 기본적인 원칙이 되었다. 그러나 노동운동 개입이라는 측면에서는 산선이 상대적으로 많은 활동을 보였다. 산선은 1970년대에 이루어진 대부분의 민주노조결성 및 단위노조와 국가권력의 대립 상황에 직접적으로 혹은 간접적으로 관여하였다.[34]

1981년 조화순 목사가 작성한 「인천도시산업선교회 활동 과정에 대하여」(오픈아카이브 등록번호 443870)에 따르면 이 단체의 활동은 크게 세 단계로 전개되었다고 한다. 그 첫 시기는 1961년 창립 직후부터 1966년까지로, 목회자가 공장에서 노동자와 함께 일하면서 산업사회를 익히는 실무 중심의 활동기이다. 이어서 1967년부터 1970년까지는 주로 노동자 문제를 중심에 놓고 활동하였다. 실무자가 각 공장을 대상으로 전도를 하는 동시에 노동자들의 고충을 상담하고 근로조건 개선에 힘을 기울였던 시기이다. 끝으로 1971년부터 1977년경까지는 활동 영역이 사회적인 차원으로 크게 확대, 발전되었다. 가난하고 억눌린 노동자들의 문제가 개별 기업만이 아닌 정치, 경제, 사회 제도 전반과 깊이 연관된 것임을 인식하고 "노동자들의 짓밟혀진 인권회복을 위해 사회적, 정치적인 문제에까지 개입"하고자 노력했다.[35]

---

34) 위의 논문, 364~367쪽.

35) 이인수, 「억압 받는 자를 위한 인천도시산업선교회」, 『민주화운동기념사업회 웹진 민주주의』, 2008. 12. 22, http://www.kdemo.or.kr/blog/70s/post/119; 이희환, 「인천노동운동의 요람, '인천산선'」, 『플랫폼』 통권 11호, 인천문화재단, 2008년 9·10월호 참조.

제4장 1950~1960년대 인천지역 민주화운동의 특징과 의의

한국전쟁을 거치면서 인천은 식민지 시대부터 형성됐던 산업시설이 대규모로 파괴되고 도시의 물적 기반과 시설마저 철저하게 파괴되었다. 전쟁 당시 인천에는 일제의 군수 수요 등에 따른 공업시설 입지로 다른 지역에 비해 산업시설이 매우 산재했는데, 전쟁으로 이러한 시설이 큰 피해를 보았다. 1953년 휴전 이후 인천지역은 파괴된 경제를 재건하고 전후 경제 복구를 위해 애쓰는 한편 반공을 국시로 하는 이승만정권 아래서 반공적 색채가 강한 도시로 구축되었다. 1957년 만국공원 정상에 맥아더 동상이 건립된 것과 맞물려 1958년 인천 출신의 진보적 정치인인 조봉암이 간첩 혐의로 사형을 선고받고 처형된 것은 이를 상징적으로 보여준 사건들이다.

전후 미국의 원조에 의존한 1950년대 한국경제 상황 속에서 인천은 원조물자가 들어오는 항구일 뿐만 아니라 서울을 중심으로 하는 대량소비지를 배후지로 갖고 있었기 때문에 소비재공업이 발달하기 시작했다. 전쟁으로 인해 북한에서 내려온 피난민들과 공업화에 따른 농촌 인구의 유입 등으로 인천의 인구는 1950년대 후반 이후 빠르게 증가하였다. 경제의 급속한 재건 속에서 인천지역에서 노동운동이 다시 발흥하게 되었다. 이승만정권의 교묘한 노동자 통제와 대한노총의 태생적 한계로 1950년대 노동운동은 전반적인 침체를 맞았으나, 그런 속에서도 기층노동자를 중심으로 끊임없이 새로운 노동운동이 전개되었는데, 인천부두노동자들의 투쟁은 주목할 만하다. 전근대적인 고용 관계와 열악한 임금, 노동조건 극복이 시대적 과제였던 1950년대 상황에서 미군유류보급창(POL) 노동자들과 부두하역노동자들의 투쟁은 노동운동사에 꼭 기록해야 할 역사이다. 또한 주한미군의 민족적 차별에 맞서 지난하게 투쟁했던 인천외기노조의 투쟁은 이 시기 노동운동사의 중요한 역사이다.

학생과 국민의 유혈항쟁으로 이승만정권을 축출한 4월혁명에 인천지역의 학생들도 호응하여 인천에서도 시위가 전개되었지만, 일반인들의 참여가 많지는 않았다. 그리고 4월 19일 이후 시위의 중심 무대가 서울이었기에 인천의 학생과 시민들도 서울 시위에 참여하면서 인천에서 지속적인 4월혁명 운동을 전개하지 못한 것은, 수도 서울과 인접한 인천의 지정학적 특성을 보여주는 것이다. 이러한 양상은 1964년 6·3 한일회담반대운동 때도 마찬가지로 나타나기도 하였다.

4월혁명 이후 전국적 상황과 마찬가지로 인천지역에서도 학원민주화운동과 노동운동, 교원노조운동 등이 전개되었다. 1950~1960년대의 민주화운동에서 인천지역이 가장 크게 기여한 것은 역시 노동운동이었다. 1950년대만 해도 인천지역 노동조합 운동은 부두노조와 외기노조운동이 주도하였다. 그러나 1960년대 이후 공업화와 더불어 금속·섬유·화학 등 제조업과 자동차 등 운수업 노동조합의 비중이 급격히 증가하면서 인천지역에서 노동운동이 다양하게 전개되었다. 노동운동의 이러한 확산 과정에는 천주교의 JOC와 함께 기독교의 산선이 적극적으로 노동문제에 관심을 두고 참여했던 것도 큰 영향을 미쳤다.

　그러나 1950~1960년대 인천의 민주화운동은 아쉬움과 한계도 남겼다.
분단체제 치하에서 이승만정권의 독재정치와 북진통일 노선에 반대하며
민생복지와 평화통일을 주창하며 야당의 대선후보로 나섰다가 진보당까
지 창당한 인천 출신의 진보정치인 조봉암이 형장의 이슬로 끝내 사라졌
을 때, 인천지역사회에서는 별다른 움직임이 일어나지 못했다는 것은 당
시 인천 민주화운동의 한계를 보여주었다.

제2부

1970년대 유신독재 치하의
민주화운동

제1장 유신독재와 인천

제1절 유신체제의 출현과 인천의 변화상

3선 개헌으로 장기집권을 밀어붙인 박정희정권은 경제 위기가 지속되는 가운데 1970년 11월 13일의 전태일 분신 사건을 계기로 한층 격화된 노동자, 학생 등 국민의 저항에 부딪혔다. 1971년에 들어와 전국적으로 퍼진 학생운동을 진압하기 위해 위수령을 발동하고 국가비상사태까지 선포하였지만, 정권의 위기 상황은 별로 달라진 것이 없었다.

1972년 10월 17일 오후 7시 대통령 박정희는 느닷없이 전국에 비상계엄령을 선포했다. 그리고 동시에 국회 해산, 정당 및 정치 활동 중지 등 헌법의 일부 효력 정지를 골자로 하는 특별선언을 발표하였다.[36] 7·4 남북공동성명으로부터 석 달여 만에 나온 깜짝 놀랄 조치였는데, "남북대화의 적

---

[36] 대통령특별선언의 내용은 다음과 같다: ① 1972년 10월 17일 19시를 기하여 국회를 해산하고, 정당 및 정치 활동의 중지 등 현행 헌법의 일부 조항 효력을 정지시킨다. ② 일부 효력이 정지된 헌법조항의 기능은 비상국무회의에 의하여 수행되며, 비상국무회의 기능은 현행 헌법의 국무회의가 수행한다. ③ 비상국무회의는 1972년 10월 27일까지 조국의 평화통일을 지향하는 헌법개정안을 공고하며, 이를 공고한 날로부터 1개월 이내에 국민투표에 부쳐 확정시킨다. ④ 헌법개정안이 확정되면 개정된 헌법 절차에 따라 늦어도 금년 연말 이전에 헌정 질서를 정상화시킨다.

극적인 전개와 주변 정세의 급변하는 사태에 대처하기 위한 우리 실정에 가장 알맞은 체제개혁을 단행해야 하겠다."라는 것이 그 구실이었다. 이어서 11월 21일에는 이른바 '한국적 민주주의'를 기치로 내세운 유신헌법이 국민투표로 확정되어 12월 27일부터 시행에 들어갔다. 대한민국 헌정사의 제7차 개정 헌법으로 제4공화국의 개막을 알린 유신헌법은, 대통령의 직선제 폐지 및 통일주체국민회의에 의한 간접 선거, 국회의원 정원 1/3의 대통령 추천 및 통일주체국민회의 선출, 헌법 효력을 일시 정지시킬 수 있는 대통령 긴급조치권, 대통령의 국회 해산권과 법관 임명권, 대통령 임기 6년제 및 연임 제한 철폐 등을 골자로 하였다.

박정희정권은 유신헌법 제53조[37]를 근거로 일련의 긴급조치를 발동하였는데, 대통령 긴급조치권은 단순한 행정명령 하나만으로도 국민의 자유와 권리에 대해 무제한의 제약을 가할 수 있는 초헌법적 권한이었다. 긴급조치는 1974년부터 모두 9개가 발표되었는데, 하나같이 유신체제 반대세력에 대한 탄압과 군사독재의 강화를 위한 도구였다. 1974년 1월 8일 선포된 긴급조치1호는 헌법을 부정, 반대. 왜곡, 비방하는 행위와 이를 권유, 선동, 선전하거나 타인에게 알리는 언동을 금지했다. 긴급조치2호는 긴급조치 위반 사건에 대한 재판을 일반법원이 아닌 군사법원에서 담당하도록 했다. 1974년 4월 3일 공포된 긴급조치4호는 전국민주청년학생총연맹(이하 민청학련)의 가입이나 활동 등 모든 행위를 금지하고, 학교 내외의 집회·시위·농성 등을 일절 불허하며 위반자는 최고 사형에 처한다는 내용

---

37) 이 법조문의 제1항은 "대통령은 천재·지변 또는 중대한 재정·경제상의 위기에 처하거나 국가의 안전보장 또는 공공의 안녕질서가 중대한 위협을 받거나 받을 우려가 있어 신속한 조치를 할 필요가 있다고 판단할 때에는 내정·외교·국방·경제·재정·사법(司法) 등 국정 전반에 걸쳐 필요한 긴급조치를 할 수 있다."라는 것이며, 제2항은 "대통령은 제1항의 경우에 필요하다고 인정할 때에는 헌법에 규정되어 있는 국민의 자유와 권리를 잠정적으로 정지하는 긴급조치를 할 수 있고, 정부나 법원의 권한에 관하여 긴급조치를 할 수 있다."라고 되어있다.

이었다. 1975년 4월 8일의 긴급조치7호를 통해 고려대학교의 휴교와 교내 집회·시위를 일절 금지한다고 발표했고, 1975년 5월 13일 공포된 긴급조치9호는 집회·시위, 유신헌법에 대한 부정·반대, 개정·폐지 주장 등을 일절 금지하고 이 조치에 따른 명령이나 처분은 사법심사 대상에서 제외한다는 내용의 초헌법적 강압정책이었다.

유신헌법의 발표 이후 대학가는 1973년 10월 서울대 문리대의 반유신 시위가 일어나기까지 별다른 저항을 하지 못했다. 초법적인 긴급조치가 잇달아 발표되고 민청학련 사건으로 학생과 종교인, 문인 등이 줄줄이 사형과 무기징역 같은 중형을 선고받자 대학가에서는 1974년 9월 개학과 함께 유신헌법 반대 시위가 본격화되기 시작했다. 전국의 대학생들이 학내에서 반유신민주화운동을 조직적으로 전개하게 되자 대학 당국은 휴업에 들어갔다. 그에 따라 서울대 문리대와 법대에 이어 인하대, 광운대, 숭전대 등 전국의 19개 대학에서 휴강 사태가 빚어졌다.[38] 인하대의 반유신운동은 1975년에도 전개되었다.

유신체제 아래의 사회 분위기는 이처럼 암울하였으며, 거의 숨이 막힐 정도로 억압적인 기류가 지배했다. 유신헌법을 도구로 삼아 개인 권력을 절대화하고 영구집권을 꾀하는 박정희정권의 독재가 사회의 모든 분야에서 통제와 강압을 일상적으로 자행하였기 때문이다. 이 시기의 대표적인 독재정권 연장 도구는 통일주체국민회의였다. 유신헌법에 근거하여 설치된 이 기구는 중앙은 물론 지방 말단까지 인적 연결망을 지닌 전국적인 단일 조직체였다. 중앙에는 운영위원회와 회장단 회의가 있었고 지방별로 지역회가 있었다. 지역회의 대의원들은 매월 1회씩 해당 지역 단위로 월례회를 개최하여 유신체제를 홍보하고 '국민총화'를 들먹이며 선전, 계몽

---

38) 『경향신문』, 1974년 10월 17일.

활동을 수행하였다. 이 구호가 유신체제에 국민을 순응시키고 나아가 적
극적으로 협력하게 만들기 명분에 불과한 것이었음은 두말할 나위가 없
다. 유신헌법에 따라 인천에서도 두 차례에 걸쳐 통일주체국민회의 대의
원선거가 시행되었다. 1972년 12월 15일 치러진 선거에는 37개의 자리를
놓고 70명의 입후보자가 출마하여 2:1에 약간 못 미치는 경쟁률을 기록하
였고, 인천시의 선거인 총수 333,718명 중 221,289명이 투표하여 66.5%의
투표율을 보였다.

한편 유신정권의 국가적 시책에 따라 범국민운동으로 전개한 새마을운
동을 인천시에서도 대대적으로 전개하였다. 도시지역인 인천시의 새마을
운동 기본방향은 '총화유신과 경기상승'으로 집약되었다. 인천시는 이를
다시 증산운동, 근검운동, 안보운동 등의 대운동과 소득증대사업, 노임소
득사업, 새마을 시민교육, 도시새마을운동 등 4대 시책으로 나누어 적극적
으로 추진했다. 인천직할시가 1982년에 펴낸『인천시사-70년대 편』에서
는 1970년대 새마을운동의 성과를 "1. 노임소득사업의 적극적인 전개로 서
민층의 생활에 큰 도움을 주었다, 2. 새마을 교육의 확대 실시로 지도층
또는 기업주로 하여금 방관적 자세에서 탈피케 하고 새마을 지도자의 자
질이 크게 향상되었다, 3. 직장새마을운동은 실무자 중심으로 운동에서 경
영자가 직접 참여하여 직장 새마을운동을 더욱 확대 심화시켰다."라는 것
들로 평가하였다.[39]

유신체제 아래에서는 노동에 대한 통제와 동원이 한층 강화되었다. 이
시기에는 현대 민주국가에서 일반적으로 보장되는 노동자의 권리가 심각
하게 제약받고, '국가경제발전'이라는 명목으로 노동자들의 희생이 일방적
으로 강요되었다. 유신정권은 국민에 대한 감시체계도 가동하였다. 1976년

---

39) 인천시사편찬위원회 편,『인천시사-70년대 편』, 인천직할시, 1982, 81~84쪽.

4월 30일 박정희정권은 매월 말일을 '반상회의 날'로 지정하여 가구별로 모든 국민을 최말단 행정조직인 반 단위까지 동원하였다. 이에 따라 5월 31일 전국에서 일제히 첫 반상회가 열렸다. 정부는 반상회를 통해 비상시 행동요령, 간첩이나 거동 수상자 신고 요령, 유언비어 신고 요령, 그리고 정부에 대한 비판적 언동 금지 등의 사안을 적극적으로 전달하였다. 결국 반상회는 정부의 정책 홍보와 공지사항 전달과 함께 주민들의 동향 및 여론 파악의 도구로 이용되었다.[40]

유신을 통해 더욱 강화된 국가 주도의 저돌적인 경제정책은 경제면에서도 인천에 거대한 변화를 가져왔다. 1970년대에 들어와 한국수출산업공업단지[41]가 부평과 주안 일대에 자리를 잡아가면서 외부로부터 인천으로 유입되는 인구가 두드러지게 증가하였다. 1970년 현재 12만 6천여 가구에 63만 4천여 명이 거주하던 인천의 인구는 1978년 백만 명을 돌파하였고 1980년에는 108만 명이 거주하는 대도시로 성장하여 이듬해 7월 직할시로 승격되었다. 인천은 거대한 수도권 임해공업지대와 소비지를 배후지로 갖고 있고, 또 대규모의 갑문식 도크를 갖춘 항만 설비가 갖춰져서 수출입 활동에 유리하였으며, 임해 간척지를 토대로 광대한 산업용 부지를 제공할 수 있는 여건도 구비하였다. 이러한 입지 덕분에 1969년 조성된 한국수출산업공업단지 제4단지를 필두로 1970년대 들어와서는 제5, 6단지가 완공되었다.

이와 더불어 인천기계산업단지, 인천지방산업단지 등이 가동되면서 인천의 제조업은 비약적으로 성장하게 되었다. 나아가 제3, 4차 경제개발계획에 따라 중화학공업이 집중적으로 육성되면서 인천지역에도 제철, 제강

---

40) 『한국민주화운동사』 제2권 – 유신체제기, 192~193쪽.

41) 1963년 창립된 한국수출산업공단과 1964년 제정된 「수출산업공업단지개발조성법」을 기반으로 설립된 한국 최초의 공업단지로서 인천에는 서울(제1~3단지)에 이어 두 번째로 제4단지(1969년 10월, 부평), 제5단지(1973년 7월, 주안) 그리고 제6단지(1974년 11월, 주안)가 차례로 들어섰다.

부문의 생산업체가 현저하게 증가하였다. 1980년 당시 인천의 총 1,781개 산업체 중 기계 관련 업체만 해도 729개로 40%를 상회할 정도였다. 한편 운송과 관련한 사회간접자본도 지속해서 확충되었다. 연이은 경제개발5개 년계획에 힘입어 1968년 말 경인고속도로가 개통되었으며, 1974년에는 내항 도크의 완공과 경인철도 전철화 사업이 이루어졌다. 1970년 580개였던 제조업체수가 1980년에는 3배를 상회하는 1,781개로 많이 증가하였다. 이렇게 해서 인천은 소비형 항구도시에서 생산형 임해공업도시로 탈바꿈해 나갔다.

〈표 2-1〉 1970~1980년 인천지역의 제조업체 수[42]

연도	계	섬유		화학		금속·기계		기타	
		업체수	비중	업체수	비중	업체수	비중	업체수	비중
1970	580	41	7.1	51	8.8	189	32.6	299	51.6
1973	656	46	7.0	61	9.3	221	33.7	328	50.0
1975	911	62	6.8	87	9.5	317	34.8	445	48.8
1976	1126	86	7.6	114	10.1	388	34.5	538	47.8
1977	1379	102	7.3	132	9.4	489	35.0	674	48.2
1978	1744	127	7.3	163	9.3	602	34.5	852	48.9
1979	1742	127	7.3	164	9.4	601	34.5	850	48.8
1980	1781	131	7.4	169	9.5	620	34.8	851	48.3

출처: 『인천경제연감』, 인천광역시, 1985.

1960~1970년대에 급속한 경제성장에 힘입어 노동자들의 실질임금이 꾸준히 상승하고 빈곤인구 역시 절대적으로 감소한 것은 사실이다. 그러나 제조업 생산직 노동자들의 실질임금과 노동생산성을 모두 고려할 때 임금 배분 측면의 부조리는 개선되지 않았다. 1970~1980년대에 명목임금은 연평균 26.0%씩 증가한 것으로 조사된 반면, 같은 시기 실질임금은 연평균 8.4% 증가에 그쳤다. 하지만 노동생산성은 같은 기간에 연평균 10.1%씩 상

[42] 『인천광역시사』 2, 인천광역시사편찬위원회, 2013, 171쪽에서 재인용.

승하였는데, 이는 노동자들이 생산성 향상에 기여한 몫의 일정 부분이 자본가들의 이윤으로 부당 흡수되었음을 보여준다. 이로 인해 생계비도 안되는 저임금에 시달리며 맞벌이를 해야만 하는 노동자들이 많았다. 또한 장시간 노동을 감수할 수밖에 없는 경우가 비일비재했는데, 주당 노동시간이 1960년대에는 흔히 60시간에 달했으며, 1970~1980년대 들어와서도 보통 50시간 이상이었다. 이러한 현상은 제조업 부문에서 특히 두드러져서 주당 노동시간이 1970년 53.4시간, 1974년 49.9시간이었다가 1980년에는 53.1시간으로 다시 늘어났다. 모두 전체 산업 평균을 상회하는 수치이다. 이렇게 노동자들은 저임금과 장시간 노동에 시달렸기 때문에 산업재해와 직업병도 해마다 증가했다.[43] 이 시기 인천지역 노동자들의 임금과 노동시간 등에 대한 통계가 없어 구체적으로 확인할 수 없지만, 인천도 위와 같은 전국적 상황과 크게 다르지 않았다.

제2절 독재정권의 인천 지역신문 강제통폐합

유신 독재정권의 사회통제 정책을 단적으로 보여주는 대표적인 사례는 아마도 유신체제 출범 직후 시행된 지방지 통폐합이다. 광고 및 판매 시장이 한정된 지역신문의 경우 복수의 신문이 경쟁을 벌이는 것은 부작용이 많다는 주장이 느닷없이 제기되면서 통합의 필요성에 대한 논의가 시작되었고, 급기야 '1도 1사 원칙'이 마치 기정사실처럼 전면에 등장하였다. 그 결과, 경기도와 충청남도 그리고 전라북도에는 하나의 신문만 남게 되었다. 강원도, 충청북도, 제주도의 경우는 원래 하나의 일간지밖에 없었고, 부산시, 경상북도, 전라남도 등에만 2개의 일간지가 발행되는 것으로 정리되었

---

43) 이갑영, 「노동자운동으로 보는 인천」, 254~255쪽.

다. 겉으로는 자진 폐간이라고 하지만 어려운 여건을 무릅쓰고 끝까지 언론을 이어가고자 했던 많은 신문사가 부당한 간섭과 압력으로 일관하는 독재적 언론정책의 희생양이 되어 강제 통폐합되기에 이른 것이다.[44)

〈표 2-2〉 1972~1973년 유신정권의 신문 및 통신사 통폐합 실태[45)

언론사	발행지	일시	비고
대구일보	대구	1972.3.30.	프레스카드 발급과 관련된 비위사실로 자진폐간
대구경제일보	대구	1972.4.01.	경영난을 이유로 자진 폐간
한국경제일보	서울	1973.3.28.	자금난 및 운영난을 이유로 자진폐간
동화통신	서울	1973.4.30.	재정난을 이유로 자진 폐간
대한일보	서울	1973.5.15.	사장의 수재의연금 횡령혐의와 관련 자진폐간
호남매일	목포	1973.5.31.	경영상의 이유로 자진폐간
AK뉴스	서울	1973.6.30.	자진 폐간
대전일보 중도일보	대전 대전	1973.5.25.	충남일보로 통합
전북일보 전북매일 호남일보	전주 전주 군산	1973.6.1.	전북신문으로 통합
경기일보 경기매일신문 연합신문	인천 인천 수원	1973.9.1.	경기신문으로 통합

인천지역의 신문들 역시 이러한 폭압적 통폐합 정책의 칼날을 피해 가지 못했다. 유신체제 초창기 인천에는 『경기매일신문』과 『경기일보』의 두 신문이 발간되고 있었다. 『경기매일신문』은 그 역사가 1945년 10월까지 거슬러 올라가는 인천의 대표신문으로,[46) 이승만 집권 시절 자유당정권을 비판

---

44) 1960년대 언론통제와 탄압의 가장 심각한 사례는 널리 알려진 『부산일보』와 부산문화방송의 소유권 강탈이다. 이에 대해서는 채백, 『부산언론사 연구』, 산지니, 2012, 445~448쪽 참조.

45) 채백, 「박정희정권의 언론정책과 지역신문」, 한국언론학회 학술발표회 자료집, 2012. 10.12, 13쪽.

46) 이 신문의 모태는 1945년 인천에서 창간된 『대중일보』이다. 『대중일보』는 한국전쟁 발발로 휴간된 뒤 인천이 수복되자 『인천신보』로 재탄생하였고(1950년 9월 19일), 1959년

〈그림 2-1〉
유신반대투쟁이
계속되자
긴급조치 4호를
발표하는 정부
(민주화운동
기념사업회
오픈아카이브즈
00718678
원출처 :
경향신문사)

하는 기사를 게재하기도 하였다. 『경기일보』는 1966년 2월 22일 인천시 신
포동 국제빌딩에서 창간호를 내며 출범하였는데, 5·16군사정권의 실세 가
운데 한 명인 당시 국회의원 유승원이 실제 사주로 알려져 있었다.[47]

경기매일신문사, 경기일보사, 연합신문사는……조국의 역사적 사명과 유신이
념 구현에 스스로 앞장서고 합리적인 경영을 이룩하기 위하여……통합하여 ……
1973년 9월 1일부터는 새로운 제호인 『경기신문』으로 발간키로 하였습니다.

위 인용문은 1973년 7월 31일 인천 올림포스 호텔에서 열린 '경기도 3개

충청권으로의 사세 확장을 위해 『기호일보』로 개명하였다가 1960년 7월 『경기매일신문』
으로 제호를 변경하고 전국 주요도시로 판매망을 확장하였다. 『인천언론사』, 인천언론
인클럽, 2008, 143~144쪽 참조.
47) 『경기일보』는 사업이 번창해서 『경기교육』, 『어린이신문』, 『소년경기』 등을 자매지로
발행하며 사세를 키워나갔지만 1973년 불어 닥친 지방지 통폐합 흐름 속에 강제 폐간되
고 말았다.

신문사 통합대회' 석상에서 경기매일신문사의 송수안 발행인이 발표한 「통합성명서」의 일부이다. 이로써 인천에서 창간된 뒤 수원으로 이전했던 『연합신문』과 함께 인천에서 발행되던 『경기매일신문』과 『경기일보』가 8월 31일 동시에 사라지고 말았다.[48] 그로 인해 인천지역 언론계가 받은 상처와 충격은 클 수밖에 없었다. 많은 기자가 일자리를 잃었고, 90만 명에 육박하는 인천시민들은 1988년까지 15년간 제대로 된 지역신문 없이 지내야 했으며, 인천상공회의소에서 열흘에 한 번 발행하는 『인천상의보』를 통해 부족하나마 지역 내 소식과 생활 정보를 접하는 것이 고작이었다.

『경기매일신문』의 편집국장이었던 김형희(金亨熙)는 사건이 일어난 지 30년이 지나서야 "경기매일신문과 경기일보는 통합이라는 미명하에 1973년 8월 31일 당시 연합신문 사장에 의해 강탈당했다."라고 폭로하고, 당시 불법을 자행한 사람들에 관해 증언했다.[49] 홍○○ 연합신문 사장과 오○○ 중앙정보부 경기분실장(인하공사 사장) 그리고 이병희 무임소장관이 그 주역이었다는 것이다. 자유언론이 권력에 의해 굴욕을 겪었던 그 어두운 역사는 아직도 전모가 제대로 밝혀지지 못하고 있다. 1973년 지방지 강제통폐합, 특히 인천을 포함하는 경기도 언론 강박의 역사는 국가적, 지역적 차원에서 철저히 규명해야 할 과제이다.[50]

---

48) 『인천언론사』, 168~185쪽 참조.

49) 김형희, 「인천언론 죽음의 날」, 『인천언론회보』 16호, 2003. 8.(『인천언론사』, 163~164쪽에서 재인용)

50) 보다 자세한 것은, 이희환, 「유신정권의 지방지 강제통폐합과 인천 지역신문」, 『인천학연구』 28호, 인천대 인천학연구원, 2018. 2 참조.

제2장 인천 종교계의 민주화운동

제1절 기독교계의 인천지역 도시산업선교

일련의 긴급조치를 앞세워 독재가 횡행하던 1970년대 정치 현실에서 개신교와 천주교를 비롯한 종교계는 압제에 저항하고 억압받는 자를 위해 싸우는 최후의 보루 역할을 하였다. 인천에서는 일찍이 1960년대부터 개신교 계열의 인천산선이 활동을 벌이고 있었는데, 이 선교회는 공장을 중심으로 유신독재에 맞서 민주와 인권, 사회적 약자인 노동자와 도시빈민의 생존권 등을 위한 투쟁을 줄기차게 전개하였다. 인천산선은 1970년대에도 '빨갱이'라는 흑색선전과 불법 압수수색 같은 탄압을 받으면서도 노동자의 자주적 활동을 지원하고 영세주민의 권익과 생활개선에 앞장섰다.

인천산선의 초석을 놓은 인물은 미국인 조지 오글(한국명 오명걸)이다. 그는 1960년에 공장들이 밀집해 있던 인천으로 파송된 그는 이후 1965년까지 현장 노동자들과 그 가족을 대상으로 활동했는데, 이들이 처한 임금 문제와 안전 문제는 개인적 차원에서 해결될 수 없는 성질의 것이 아니라 노동조합이 필요하다고 보고 노동자 교육프로그램을 시작하였다. 인천시 동구 화수동 183번지 초가집에서 닻을 올린 인천산선은 조승혁, 조화순 목

〈그림 2-2〉 조지 오글 선교사가 구매했던 초창기 인천산업선교회 건물.
가운데가 조화순, 조승혁 목사 (원출처 : 인천도시산업선교회)

사로 이어지며 1970년대 주요한 노동운동을 이끌었다.

인천산선 실무자들은 '무지한 노동자'들을 강의실에 앉혀놓고 지식을 주입하는 방식이 아니라 수평적인 토론과 학습을 전개했다. 이를 위해 평신도 중에서 제강, 기계, 전기제품제조, 유리, 철도, 통신, 교통, 방직공장에서 각각 1명씩 총 12명이 선발했다. 이들 '12사도'는 주말마다 함께 숙식하면서 강도 높은 교육과 훈련을 받았다. 인천산선은 또 금속, 방직, 군무원(미군부대에서 일하는 사람들), 철도, 운송, 전기, 항만, 자동차 관련 노조와 함께 정기 노동교육프로그램을 마련해나갔다. 서강대, 고려대 같은 대학들도 노동연구소를 설립하고 조지 오글과 조승혁, 조화순 목사의 참여를 요청했을 정도로 전문적인 노동자 교육을 전개했다. 그 결과 인천에 오지 않으면 노동운동 하는 축에 끼지 못할 정도로 인천이 노동운동의 중심지가 되었다. 인천산선은 일반 노동자를 대상으로 한 소모임 활동도 전개

했다. '소수 지도자'를 대상으로 한 종래의 교육은 기층 노동자를 대상으로
한 의식화 활동으로 변모하였다.

그중 조화순 목사가 관여한 동일방직 소모임 활동은 눈부신 성과를 가
져왔다. 1972년 동일방직 대의원 40명 가운데 25명이 산선 회원이었고, 이
들은 전국섬유노조 최초의 여성 지부장 선출과 함께 동일방직 노조집행부
18명 전원이 여성이 선출되도록 하는 놀라운 성과를 만들었다. 인천산선
의 움직임을 예의 주시하고 있던 중앙정보부는 대대적인 탄압을 시작했
다. 1972년 7월엔 조승혁 목사가 중앙정보부에 끌려가 고문을 받았고 1974
년엔 조화순 목사가 구속되었다. 그리고 1974년 말, 조지 오글 목사도 마
침내 한국에서 추방되었다. 그러나 인천도시산업선교회는 동일방직, 삼성
산업, 반도상사, 태양공업, 삼원섬유, 신한일전기 등의 노동자들에게 내민
연대와 지원의 손길을 거두지 않았다.

그러자 인천산선을 용공 불순 세력으로 매도하는 유신정권에 의한 반산
선 공세가 대대적으로 전개되었다. 『한국기독교와 공산주의』, 『산업선교
는 무엇을 노리나』 같은 책자가 대량으로 배포되었고, "도산이 침투하면
회사가 도산한다.", "때려잡자, 조화순!" 같은 원색적인 구호가 난무했다.
1978년 2월에 벌어진 '동일방직 똥물 투척사건'은 정부와 중앙정보부, 회사
와 섬유노조가 공동으로 일으킨 것으로 폭력적인 반산선 공세의 대표적
사례였다. 1978년 11월 6일에는 부산 YMCA 강당에서 강연하던 조화순 목
사가 긴급조치9호 위반으로 구속되기도 하였다. 그런데도 인천산선은 '제3
자 개입금지'라는 역사적으로 유례없는 노동관계법 개악이 강행된 최악의
상황에서도 지역 노동자와 도시 빈민들에게 내민 손을 거두지 않았다.[51]

---

51) 김기선, 「1970~80년대 노동자들의 우등불 인천 도시산업선교회」, 『희망세상』, 민주화운
　　동기념사업회, 2009년 6월호 참조.

제2절 가톨릭교회의 사회사목과 김병상 신부

1970년대 중반 이후 천주교계 민주화운동의 두 핵심은 정의구현전국사제단(이하 사제단)과 정의평화위원회(이하 정평위)였다. 교회법이라는 관점에서 보면, 정평위가 주교회의에 의해 직접 공인된 조직이었던 데 비해, 사제단은 신부들의 자발적인 참여에 의존하는 비공인 조직이었다. 1974년 결성된 정의구현사제단은 유신정권에 대한 가차 없는 비판을 통해 가장 강력한 투쟁의 구심 중 하나가 되었는데, 1977년에는 민주화운동에 앞장섰던 사제단 소속의 김병상, 류강하, 정호경 신부가 각각 구속되기도 하였다. 사제단이 순전히 성직자들로 구성된 반면, 정평위는 평신도 주도 하의 평신도-성직자 연합조직이었다. 정평위는 1970년 8월에 창립되었지만 별다른 활동을 펼치지 못하다가, 1975년 12월 10일 주교회의 직속 조직으로 재편되는 것을 계기로 천주교 민주화운동의 주역 중 하나로 부상하였다. 1975년 12월 사제단 소속의 김병상 신부가 부회장으로 선출되었고, 그 이후에도 정평위의 신부 몫 부회장은 대부분 사제단 신부로 채워졌다. 1978년에는 동일방직 사건과 관련해 인권회복을 위한 기도회를 열고 이 사건과 관련돼 구속된 노동자와 시국사건으로 구속된 인하대 학생들을 위해 헌금을 모금해 도왔다. 조성교, 호인수 등의 사제가 인천정평위 소속 신부로 활동했다.

한편, 인천 가톨릭교회의 사회사목에 있어서 뿐만 아니라 한국민주화운동사에 큰 영향을 미친 외국인 사제가 있다. 인민혁명당재건위원회사건(이하 인혁당사건)의 진실을 세계에 알리다 유신정권에 의해 강제 추방된 제임스 시노트 신부(James Sinnott, 한국명 진필세)다. 메리놀외방전교회 소속으로 1960년 8월 29일 한국에 처음 입국한 시노트 신부는 천주교 인천교구에서 일하던 중 인혁당사건을 접했다. 그는 이 사건이 고문 등으로 조작됐다고 폭로했고 사형선고를 받은 도예종, 서도원, 하재완, 송상진, 우홍선, 김용원, 이수병, 여정남 등을 살리려고 유가족과 함께 정력적으로 활동했다. 외국인 선교사 중에서 가장 먼저 추방을 당한 사람은 감리교 선교사로 인천도시산업선교회를 설립한 조지 오글 목사였는데, 그에 이어 두 번째로 강제 추방된 인물이 바로 시노트 신부였다.

시노트 신부는 인천교구 부주교로 봉직하면서 1974년부터 한국사회의 억압적인 상황 속에서 발생하는 무수한 인권유린 문제에 성직자의 입장에서 관심을 표명하기 시작하였으며, 나아가 구속자가족협의회 후원회 회장까지 맡아 헌신적인 봉사활동을 펼쳤다. 1974년 11월 11일 천주교 인천교구 부주교였던 시노트 신부는 가톨릭여학생회관에서 계속된 구속자 석방을 위한 단식기도가 끝난 후 구속자가족협의회 회원 30여 명과 함께 종로3가 방면으로 가두 행진을 벌이다 경찰에 연행되기도 했다. 정부 당국의 지시를 받은 법무부 인천출입국관리소는 인혁당사건 관계자들에 대한 사형이 집행된 직후인 1975년 4월 14일 시노트 신부에게 종교 이외의 활동을 하지 말라는 경고를 세 번째로 던졌으며, 열흘쯤 지난 4월 25일에는 체류기간의 연장을 불허하고 30일까지 한국에서 나가라는 출국지시서를 보냈다. 천주교 인천교구에서는 4월 29일 시노트 신부를 위한 기도회를 인천 답동성당에서 정의구현전국사제단 60여 명이 모인 가운데 나길모 주교와 시노트 신부 공동 집전으로 거행했다. 그러나 시노트 신부는 결국 4월 30일 한국 국민과 동료 사제, 목사들에게 보내는 성명을 남기고 한국을 떠나야 했다.

인천뿐만 아니라 전국적 차원에서 인권운동을 전개한 이들 두 외국인 신부 이외에도 인천교구의 사제들도 적극적으로 민주화운동에 나섰다. 특히 유신체제가 그 정점을 향해 치닫던 시기, 인천교구의 김병상 신부는 유신헌법의 철폐를 인천시민들에게 역설하며 신자와 시민들에게 민주주의회복을 호소하다 사제의 몸으로 구속되는 시련을 겪었다. 당시 인천교구 총대리이자 부교구장이었던 김병상 신부는 1974년 결성 초기부터 참여해 온 사제단의 중심인물로 활동하고 있었다. 그는 또 인천교구 정의평화위원회 위원장, 한국 천주교 정의평화위원회 부위원장, 동일방직 해고노동자 대책위원회 위원장 등의 직함으로 유신체제에 맞서 민주화를 위한 시대적 소임에 전력을 다하고 있었다.

김병상 신부 구속사건은 함세웅 신부 등이 구속된 1976년 초봄의 3·1 명동사건으로 거슬러 올라간다. 사제단은 이때 함 신부 등의 구속에 항의해 전국적으로 특별기도회를 열어나갔는데, 이는 해를 넘겨서도 계속되었다. 인천교구 주교좌 답동성당에서 1977년 8월 29일 열린 특별기도회는 주보와 특별포스터를 통해 20여 일 전부터 전국적으로 알려졌다. 이날 기도회에는 인천은 물론 전국 각 교구에서 모인 사제 80여 명과 신자 2천여 명이 참석했다. 강론은 원주교구장 지학순 주교가 맡았다. 미사를 끝내고 2부 순서가 진행되는 과정에서 3·1 명동사건으로 구속된 함세웅 신부의 상고이유서가 낭독됐다. 김병상 신부는 이때 가톨릭회관 외부 벽에 신포시장과 동인천역 쪽을 향해 대형 스피커를 설치하여 답동성당 안에서의 목소리가 외부 시민들에게도 전해지도록 했다. 이와 아울러 '유신헌법 철폐', '언론자유 보장' 등의 구호가 적힌 현수막들을 본당 사제관과 가톨릭회관 벽에 나란히 내걸었다. 김 신부는 또 지학순 주교의 강론과 함세웅 신부의 상고이유서 "나는 왜 유신체제를 반대하는가?"를 담은 유인물 500매를 제작하여 미사 중 배포했다.

8·28 특별기도회가 끝난 후인 9월 3일 새벽 4시 30분, 유신정권은 기도회를 주관한 김병상 신부와 황상근 신부(당시 도화동교회 주임사제)를 연행했다. 황 신부는 그날 저녁 풀려나왔으나, 김 신부는 오후 5시쯤 긴급조치9호 위반으로 전격 구속됐다. 김병상 신부가 구속되자 김 신부의 석방

〈그림 2-3〉 제임스 시노트 신부는 소위 인혁당 사건의 진실을 세계에 알리다
유신정권에 의해 한국에서 추방당했다.
(민주화운동기념사업회 오픈아카이브즈 00714852 원출처 : 경향신문사)

을 요구하는 각계의 활동이 천주교회를 중심으로 전개되었다. 이틀 뒤인
9월 5일 답동성당에서 사제 40여 명과 신자 1천200여 명이 모여 기도회를
열고 구속된 양심수들과 김 신부의 석방을 촉구하는 성명을 발표했다. 천
주교정의평화위원회는 9월 7일 법무부 장관에게 김병상 신부의 구속 해제
를 요망하는 건의문을 보냈다.

인천교구는 9월 11일부터 김 신부가 석방될 때까지 매일 오후 6시에 답
동성당에서 합동미사를 거행하기로 결의했다. 9월 12일에는 다시 답동성
당에서 김병상 신부를 위한 특별 미사가 열렸는데, 인천교구장 나길모 주

교와 지학순 주교를 비롯해 사제 약 70명과 신자 1,100여 명이 모여들었다. 이날 기도회가 끝난 후 김 신부와 함께 1969년에 서품을 받은 전국 각지의 동창생 사제 15명이 인천교구 가톨릭회관에서 1주일 동안 단식기도를 벌여서 교회 안팎에 큰 파문을 일으켰다. 9월 16일에는 사제단에서도 단식기도를 이어나가기로 뜻을 모으는 결의문을 발표하고 실행에 들어갔다. 김병상 신부의 구속에 항거하고 석방을 촉구하는 양심적인 목소리가 이처럼 높아지자, 검찰은 9월 17일 불기소처분으로 김병상 신부를 석방했다.[52]

　김병상 신부의 구속사건을 계기로 인천 답동성당과 가톨릭회관은 인천 민주화운동을 상징하는 주요 공간으로 자리매김하게 되었다. 또한 이 사건을 계기로 천주교 인천교구는 사회사목에 한층 더 큰 관심을 기울이게 되었다. 1978년 2월 똥물 투척 사건으로 일터에서 쫓겨난 동일방직 여성노동자들이 명동성당에서 단식농성을 벌이자 김수환 추기경은 이들을 면담한 후 김병상 신부가 주임신부로 있던 답동성당으로 보냈고, 이들을 맞이한 김 신부는 여성노동자들을 위한 기도회를 열었다. 그로부터 얼마 뒤인 1978년 3월 21일에는 윤보선, 함석헌, 천관우, 문익환 목사 등 당대의 종교인, 지식인 등이 망라된 '동일방직사건 긴급대책위원회'가 발족하였는데, 김병상 신부가 대책위원장으로 위촉되었다. 김병상 신부는 동일방직회사 측이 4월 1일 124명의 노동자를 해고한 데 이어 이총각 지부장이 구속되는 사태가 벌어지자 '동일방직 문제'의 해결을 위해 가톨릭교회 전체가 움직이도록 앞장서서 노력하였다.

---

52) 송정로, 「인천민주화운동사(2편) − 김병상신부 구속사건」, 『인천신문』, 2006년 10월 19일.

제3장 유신정권의 압제와 반독재 민주화투쟁

제1절 대학생들의 유신독재 반대운동

민주시민들의 치열한 유신반대 운동에 위협을 느낀 박정희정권은 1974년 1월 긴급조치1, 2호를 한꺼번에 발동하였고, 곧이어 4월 3일 이른바 전국민주청년학생총연맹(민청학련)을 불순 세력의 조종을 받은 사건으로 조작하고 긴급조치4호를 선포하였다. 이듬해인 1975년 5월 발동된 제9호는 유신헌법에 대한 일체의 반대행위를 금지해 민주화 요구를 철저히 억압했다. 경찰은 물론 중앙정보부와 국군보안사령부 요원들까지 학원 안에서 상주하며 살벌한 감시 활동을 벌였다.

인천의 인하대생들은 이러한 상황에 맞서 1973년 11월 23일 총학생회 주관으로 본관 대강당에 500여 명의 학생이 모여 유신반대시위를 벌였다. 그리고 1974년 11월 6일에도 천여 명이 한데 모여 대규모 유신반대시위를 전개했다. 인하대의 반유신 운동은 1975년에도 전개되었다. 1975년 4월 10일 오후 인하대 총학생회는 학생 4백여 명을 강당에 모아놓고 유신 반대시위를 주동하였다. 다음날인 4월 11일 인하대 학생 300여 명은 오후 3시에 성토대회를 하고 가두시위를 벌이려 하였으나 경찰의 제지를 받고 교내에서 스크럼을 짜고 시위를 벌였다.[53] 이 시위를 계기로 총학생회장 문희탁(경영대 4년)과 부회장 양경철(공대 4년)이 구속되고 1975년 4월 제적당했다. 유신정권은 1975년 5월 13일 긴급조치9호를 발동하였다. 긴급조치9호는 앞서 내린 일련의 긴급조치의 내용을 총괄하고 적용 범위를 확대한 결정판이었다. 유신헌법에 반대하거나 이를 보도하는 행위를 일절 금지하고, 위반자는 영장 없이 체포할 수 있으며, 이 조치에 의한 주무 장관의 조치는 사법적 심사의 대상이 되지 않도록 했다. 긴급조치9호의 발동으로 인하대학교 구성원들은 학원 사찰 등 노골적인 탄압과 엄혹한 감시에 억눌려야 했다.

1975년 2학기부터 전국의 대학과 고등학교에 기존의 학생회를 일방적으로 대체하는 학도호국단이 만들어지면서 교련 교육이 강화되고, 대학가에는 경찰과 기관원들이 상주하면서 학생들의 동태를 감시하였다. 이에 대학가에서는 이전과는 다른 형태의 학생 조직이 만들어지기 시작했다. 인하대에서는 1977년 인하민속극회(일명 '탈반')가 출현하여 민속극운동을 전개하였고 1978년에는 기독학생회가 조직되어 기독교 학생운동을 벌여나갔다. 새로운 독서서클도 만들어졌다. 1977년 9월경 인하대에서 사회과학을 공부하는 '아노미'라는 독서 모임이 '지성'으로 이름을 바꾸고 시문학 공식 서클인 '샘동인회' 등과 연계하여 활동하였다.

유신체제에 대한 인하대 학생들의 공개적인 비판의 목소리와 민주화 요구는 1978년 9월 들어 다시 거세게 터져 나왔다. 1978년 9월부터 11월까지 네 차례에 걸쳐 유신체제 철폐를 촉구하는 유인물 살포 시위가 발생한 것이다. 인하대 유인물 살포 사건의 주역은 독서서클 지성의 회원들이었다. 1978년 9월의 첫 유인물 배포 사건은 조용호(응용물리학과 2)와 안영근(행

---

53) 『동아일보』, 1975년 4월 11일.

정학과 2)에 의해 시작됐다. 이들 2명은 안철권(법학과 2), 이기영(법학과 2), 숭전대학교 김동민 등을 만나서 유신헌법 철폐 요구를 담은 유인물을 작성하기로 뜻을 모았다. 조용호와 안영근이 문안을 맡아 학교 5호관 306호 강의실에서 〈민주회복에 관한 인하대생의 선언문〉이라는 제목의 성명서를 작성했다. 그 주요 내용은 "현 정권은 재벌의 꼭두각시가 다 되어 버렸다", "언론 탄압이 극에 달했다", "대통령선거 찬성률 100% 기적의 창조로 참된 민주주의 실현은 뜬구름이 되어버렸다", "긴급조치를 즉각 해제하고 유신헌법을 철폐하라" 등이었다. 이를 김동민이 9월 27일 주안 동부감리교회에서 400매가량 등사기로 인쇄하였으며, 28일 점심 무렵 강의실과 복도 등 각자 맡은 곳에 살포한 후 피신하였다. 이것이 1978년 인하대의 첫 번째 유신철폐 유인물 사건이다.

두 번째 사건은 조용호, 김명식(국어교육과 2), 곽한왕(국어교육과 2), 김승일(법학과 2, 휴학) 등이 일으켰다. 10월 12일 곽한왕이 "유신헌법 하에 시행된 대통령 선거는 무효이다. 학원 자율화 보장하라."라는 요지의 〈인하인에게 고함〉을, 13일 김명식이 "유신헌법은 일개인의 영구집권을 위한 독재정치 체제이다. 유신체제를 폐지하고 민주회복을 위해 끊임없이 투쟁하자"를 골자로 하는 〈양심선언〉을 각기 작성했다. 이 두 문건은 조용호를 통해 김승일에게 전달되어 주안 동부감리교회에서 300매 정도 인쇄되었고, 17일 아침 교내 각처에 뿌려졌다.

세 번째 사건은 11월 3일 학생의 날에 일어났다. 마침 연례 교련검열이 예정되어 있어 행사장에서 대규모 시위를 벌일 계획이었다. 그러나 주동자인 김상우(기계과 2), 박성룡(기계과 2), 김영한(영어교육과 2), 서병희(가정과 2) 등이 아침 일찍 교내 기숙사와 강의실에 유인물을 살포하다가 미리 잠복해 있던 경찰에 붙잡혀서 연행되었다. 그 바람에 일이 어긋나서 준비했던 반정부 시위는 불발에 그쳤지만, 공대생 2~3백 명은 교련반대 구호를 외치며 저항했다.

끝으로 11월 13일 조용호, 안영근, 양홍영(기계과 2), 김승용(무역과 3) 등의 주도하에 네 번째 사건이 터졌다. 이들은 벽보용 포스터 〈구속 학생 석방하라〉 5매도 제작하였지만, 학생들을 모으기 위해 누른 비상벨이 작동하지 않아서 시위 계획은 포기하고 유인물 500매만 뿌리는 데 그쳤다. 이 4차 사건을 계기로 1~4차 사건을 적극적으로 주도했던 조용호, 김명식, 곽한왕, 안영근, 양홍영 등이 체포된 뒤 긴급조치9호 위반으로 유죄선고를 받았고, 학교에서도 제적당했다. 그 외의 시위 주도 학생들도 대학 당국의 중징계를 받아 서병희와 김영환 제적, 안철권 무기정학, 김승용과 이기영 유기정학 등의 처벌이 내려졌다.[54]

1978년부터는 대학 밖에 학생운동 조직으로 지티(학교 밖의 인천지역 학생운동 서클)가 만들어지기 시작했다. '기러기'와 '통학생회'가 대표적인 지티였다. 지티는 주로 인천에서 서울의 대학으로 통학하는 학생들이 주축이 되었다. 지티는 이후 1980년대 인천 학생운동의 한 축을 이루었다.

유신정권 말기인 1977년 말에는 서울대 학생운동 출신의 한상희, 가톨릭과 기독교에서 각기 활동 중이던 장정옥, 정세일 등 3명이 송현동 성당에서 소모임을 갖고, 앰네스티 인천지부 준비위원회를 구성키로 하고 임시 사무실을 송현동 성당에 개설하였다. 이후 모두 서울대에 재학 중이던 정창용, 김세수, 조인성, 임용표, 홍덕률, 이진용 등이 합류하였다. 1978년 12월 10일에 설립된 앰네스티 인천지부는 도화동성당 황상근 신부를 지부장으로 선임하고, 운영위원에 최분도 신부와 장정옥, 김세수, 감사에 김병상 신부와 한상희로 조직을 꾸렸다. 추가 회원으로 나준식, 이화선(이화여대), 최명숙, 강우경(인하대) 등이 합류했다. 회원들은 일주일에 한 번 세

---

54) 이우재 외, 「지역 민주화운동사 편찬을 위한 기초조사연구－인천지역」, 민주화운동기념 사업회, 2005. 2. 14., 22~23쪽.

미나를 개최하기로 했다. 또한 대중강연회를 열어 유신독재의 실상을 대중에게 알리고자 했다. 1979년 2월에는 인천 가톨릭회관에서 당시 필화사건으로 구속된 김지하 문학의 밤을 개최했으며, 8월에는 송현동성당에서 긴급조치9호로 구속되었다 석방된 인천 출신의 이우재 석방 환영대회를 개최하기도 했다.[55]

　다른 한편 노동현장을 지원하는 대학생 문화운동도 나타나기 시작하였다. 1977년부터 인천도시산업선교회에서 노동자들에게 탈춤을 가르치기 시작하였고, 1978년 동일방직사건이 터지면서 이 사건을 형상화하는 연극 공연이 추진되었다. 그 결과 우여곡절 끝에 9월 22일 서울 기독교회관에서의 금요기도회 '고난 받는 동일방직 근로자를 위한 기도회' 2부에서 연극 공연이 이루어졌으며, 그 과정에서 경찰과의 충돌이 발생하였다. 이 밖에도 반도상사노동조합(1978년), 원풍모방노동조합(1979년), 한국콘트롤데이타노동조합(1979년)에 탈춤반이 생겼다.[56]

제2절 유신체제하 노동운동의 성장

　외국자본의 도입과 값싼 노동력 덕분에 가능하였던 1960년대의 고도성장은 1970년대에 접어들면서 각종 구조적 모순을 드러내기에 이르렀다. 그동안 누적된 극심한 사회적 병폐가 전태일 분신 자결사건, 광주대단지 사건 등으로 한꺼번에 폭발하였다. 노동운동 역시 1970년대 전반기에 커다란 변동을 보였다. 1970년 322만 명이던 전체 노동자 수가 1975년에는 400만 명으로 증가했으며, 노동조합에 가입한 조직노동자도 같은 시기 47

---

55) 송정로, 「70년대 종교단체와 민주화운동」, 『인천신문』, 2006년 10월 19일.
56) 이우재 외, 2005. 2. 14., 478쪽.

만에서 75만으로 현격히 늘어났다. 이와 더불어 노동쟁의 건수 역시 급속한 증가를 나타냈다.

1970년대 초반 인천의 각 공단에서는 저임금과 열악한 근로조건의 개선을 위한 노조의 신규 설립이 크게 늘었다. 그러나 종래의 권위주의적 노사관계가 몸에 밴 일부 사용자들이 노조에 대해 억압적인 태도를 드러냄에 따라 여러 가지 갈등이 발생하였다. 신진자동차(대우자동차의 전신) 부평공장에서는 1960년대 후반 두 차례에 걸친 노조결성 시도가 실패한 바 있었다. 그러다가 1971년 4월 들어 다시 노조결성 움직임이 일어나 1971년 5월 18일 전국금속노조 경기지역지부 신진자동차 부평공장분회가 신고필증을 받았다. 그러나 회사 측에서는 이 노조를 인정하지 않고 어용노조인 금속노조 신진지부 결성대회를 열었다. 이에 항의하는 분회장 김창수는

〈그림 2-4〉 신진자동차의 후신인 새한자동차 노동조합 결성
(원출처 : GM노동조합)

해고되었으며 그를 비롯한 노조간부 6명이 경찰에 연행, 구속되었다. 이에 금속노조 경기지역지부에서는 6월 22일 경기도지방노동위원회에 김창수의 해고에 대한 부당노동행위 구제신청을 제기하였고 조합원들은 노총회관과 금속노조 본조 사무실에서 단식농성을 벌였다. 그러나 회사 측은 8월 16일에 환율인상으로 인한 작업량 감소를 핑계로 종업원 208명을 해고하였고, 이에 노조원들은 즉각 농성에 들어갔다. 결국 회사 측은 해고자에 대한 해고수당 지급, 퇴직금 지급, 노조 측 해고자 8명의 구제복직 등 타협안을 내놓았고 노조가 이를 받아들임으로써 노조결성에 따른 분규는 일단 락되었다.

국내 3대 정유업체의 하나인 경인에너지주식회사 종업원들도 1974년 1월 21일 불과 일주일 전의 대통령 긴급조치 이후 최초로 노조를 결성하였으며, 인천시 북구 가좌동 소재 동화기업 노조는 1974년 6월 9일 노조결성과 함께 회사 측의 해고에 맞서 싸워 전원 복직되기도 하였다. 임금인상 등 근로조건 개선을 위한 쟁의도 여러 단위사업장에서 빈발했다. 섬유노조는 1971년 6월 1일 15개 면방사업장 사용자들에게 임금인상을 요구하여 수차례의 노사 교섭 끝에 노동청의 중재로 부분적 인상을 끌어냈으며, 북구 청천동 소재 경성공작주식회사와 중앙도자기회사에서는 노동자들이 투쟁하여 체불임금을 받아내고 퇴직금 청산교섭도 이루어냈다.[57]

인천의 부평 4공단에 위치한 의류 제조업체인 삼원섬유는 일본 자본이 100% 투입된 외자기업이었다. 그런데 1일 13~16시간의 장시간 노동을 시키면서도 퇴직금과 해고수당을 주지 않았다. 유동우를 중심으로 한 노동자들은 1973년 10월부터 근로조건 개선 운동을 벌였고, 회사가 이를 탄압하자 노동자 120명이 전면파업을 단행하여 결국 요구조건을 수용하겠다는

---

57) 이상의 노동쟁의에 대해서는 「경제개발시대의 인천지역의 노사관계와 노동운동」, 『인천광역시사』 4, 2016, 인천시사편찬위원회 참조.

회사 측의 각서를 받아내는 성과를 거두었다. 그러나 회사는 이틀 후 태도가 돌변하여 노동자들에게 "이번 사건은 종업원의 잘못이며 차후 회사의 명령에 절대복종하며 이를 어겼을 시는 어떠한 처벌도 감수하겠다"라는 각서를 쓰라고 강요했다. 이에 노동자들은 12월 3일 다시 파업에 돌입하면서 노동조합의 설립 필요성을 절감하고 12월 12일 전체 종업원 360명 중 120명이 모여 부평공단 최초의 노조를 결성하였다. 노동자들에게 일방적으로 불리한 외국인투자기업 임시특례법의 규제를 뚫고 마침내 노조 신고필증을 쟁취한 것인데, 여기에는 인천도시산업선교회 조화순 목사의 도움도 큰 역할을 하였다.

삼원섬유 노조의 성공은 인근의 다른 사업장 노동자들에게 자극과 활력을 주어 반도상사 등 14개의 사업장에서 노조가 연이어 결성되는 계기가 되었다. 1973년 12월 반도상사 노동자 몇 명이 인천도시산업선교회가 주관하는 노동자 교육에 참여했다. 그리고 이들은 1974년 2월 근로조건 개선을 요구하는 전면파업을 주도했다. 파업노동자들은 단식농성을 벌여 14시간 만에 요구조건을 관철했다. 노동자들은 파업 투쟁에서 승리한 여세를 몰아 3월 5일 노조결성대회를 추진했다. 그러나 회사는 섬유노조와 짜고 회사가 매수한 남자 경비원을 지부장으로 선출하려는 음모를 꾸몄다. 그러나 회사에 매수되었던 한 여성노동자가 대회장에서 이 음모를 폭로하면서 대회장은 아수라장이 되고 노동자들은 다시 단식농성에 들어갔다. 수십 명의 경찰이 이튿날 새벽 난입하여 농성노동자들을 무차별 구타하고 연행했다. 그러나 노동자들은 위축되지 않고 계속 투쟁을 전개하여 4월 15일 섬유노조 반도상사지부를 결성하는 데 성공했다.

인천 만석동에 자리 잡은 동일방직은 국내 5위의 규모를 자랑하던 회사로 1971년 수출 5백만 달러를 달성하고 수년 간 국내 최대 매출 이익을 기록했다. 그러나 회사의 이런 흑자는 노동자들에 대한 가혹한 노동착취가 있었기에 가능했다. 1,300여 노동자 중 1천 명이 넘는 여성노동자의 처지는 노예나 다름없었다. 노예 취급을 받았던 여성노동자들은 1972년 5월 회사의 대리인 노릇을 해온 어용 집행부를 물리치고 민주적 집행부를 세우는 데 성공하였다. 초대 지부장으로 주길자가 선출되었는데, 전국섬유노조 최초의 여성 지부장이었다. 동일방직의 노조가 이처럼 민주적이고 자주적인 노동조합으로 변한 데에는 인천산선의 영향이 적지 않았다. 1966년 인천산선은 조화순 목사를 동일방직 현장에 보내 노동자와 함께 생활하며 선교활동을 벌여왔다.

동일방직에 민주노조가 건설되자 회사 측은 노조간부에 대한 해고, 매수, 사표 강요, 부서 이동 등의 온갖 방법을 동원하여 탄압하였고 1976년 2월 대의원 선거를 앞두고는 노골적으로 노조를 파괴하려 하였다. 1976년 7월 23일 고두영을 비롯한 남자 대의원들은 기숙사 강당 문을 걸어 잠그고 자파 대의원들만으로 대의원대회를 개최하였다. 이들은 집행부 불신임안을 통과시킨 후 고두영을 신임 지부장으로 선출하였다. 이에 민주노조원 200여 명은 노조 사무실 앞에서 철야농성에 돌입하였다. 농성 3일째인 7월 25일 오후 완전무장한 전투경찰이 농성장에 진입하여 노조원들을 해산시키기 시작했다. 경찰의 무자비한 폭력에 맞서 노조원들은 노동조합을 지키기 위해 옷을 벗고 노총가를 부르며 저항하였으나 약 30분 만에 경찰에 의해 완전히 진압되었고 72명이 연행되었다. 이른바 '나체시위' 사건이다.

1977년 1월 21일 노조원들은 '동일방직 사건 수습 투쟁위원회'를 구성하고 노조 정상화의 유일한 길은 사회 여론화라고 결론짓고 사건의 진상을 알려 나갔으며, 4월 4일에 열린 수습 대의원대회를 통해 이총각을 지부장으로 선출하고 새로운 노조집행부를 구성하였다. 그러나 새로운 집행부가 구성된 후에도 회사 측은 노조원에 대한 탄압을 일삼았고 1978년 2월 21일 대의원 선거를 앞두고는 섬유노조 본조까지 가세하여 노조를 파괴하려 공

〈그림 2-5〉 똥물을 뒤집어 쓴 동일방직 여성 조합원
(민주화운동기념사업회 오픈아카이브즈 00833214
원출처 : 이총각)

격하였다. 회사 측과 어용 섬유노조는 "도시산업선교회와 가톨릭노동청년회는 불온단체며 이들 단체가 일부 노동자들을 의식화하여 순진무구한 조합원들을 동원, 투쟁을 선동한다"라고 악선전하였다.

이러던 중 대의원 선거일이었던 2월 21일 마침내 '동일방직 똥물투척사건'이 터졌다. 1978년 2월 21일 새벽 6시경 노조사무실에는 대다수의 집행부와 대의원들이 모여 있었다. 그런데 갑자기 대여섯 명의 남자들이 방화수통을 들고 "이 빨갱이 년들아!"고함을 치며 사무실로 뛰어들어왔다. 방화수통에는 방금 화장실에서 퍼온 똥이 가득 담겨 있었다. 남자들은 고무장갑을 낀 손으로 똥을 퍼서 닥치는 대로 여성들의 얼굴과 몸에 뿌리고 바르기 시작했다.

이런 충격적인 사건으로 노동자가 피해자 상황에 있었음에도 오히려 노동조합의 주요 간부들이 강제로 제명되고 회사 내에서 정상적인 노조활동이 불가능해졌다. 동일방직 노동자들은 민주노조 복구를 위해 그전에는 해 본 적이 없었던 온갖 투쟁 방법을 동원해 투쟁하였다. 노동자들의 과감하고 끈질긴 투쟁에도 불구하고 이른바 '똥물사건'이라 불리는 동일방직사건으로 124명이 해고되었다. 이 대량 해고를 발단으로 동일방직 민주노조운동은 해고노동자들의 복직 투쟁으로 전환되었으며 이는 유신정권이 종말을 고할 때까지 유례없이 강인한 투쟁으로 계속되었다.

　이처럼 유신체제 하에서 진행된 노동운동은 단위사업장별 투쟁이 주류를 이루었지만, 여러 노조의 노동자들에 의한 연대투쟁으로 확대되기도 하였다. 1977년 협신피혁 노동자 민종진의 가스 질식사 사건이 발생하자 청계피복, 반도상사, 인선사, 방림방적 등 서울과 인천지역 노동자들은 "노동자들을 더 이상 죽음으로 몰아넣지 말라!"는 제목의 성명을 발표하고 항의 농성을 전개하였다. 1978년 부활절 연합예배 시위도 연대투쟁의 한 사례였다. 동일방직 대량해고가 확실해지던 시점인 1978년 3월, 45만 명이 운집한 가운데 여의도광장에서 열린 부활절 연합예배 때 동일방직, 방림방적, 남영나일론, 삼원섬유, 원풍모방 소속 여성노동자들이 노동3권 보장, 동일방직사건 해결, 체불임금 지급 등을 큰소리로 외치며 시위를 벌였다. 노동자들이 언론에서 전혀 다루어지지 않는 노동문제와 관련하여 자신들의 처지를 호소하고 사회적 관심을 촉구하기 위해 감행한 이 시위 사건은 예배와 중계방송이 중단되는 사태를 빚기도 하였다.[58] 유신체제 하에서 치열하게 불타오른 인천의 민주노조운동은 1980년대로까지 이어졌다.[59]

---

[58] 『한국민주화운동사』 제2권－유신체제기, 561~562쪽.

[59] 동일방직 노동운동에 대한 보다 자세한 내용은 이 책의 부문운동사 노동운동 편을 참조할 것.

제4장 1970년대 인천지역 민주화운동의 특징과 의의

　　인천지역은 1970년대 들어와 한국수출산업공업단지를 비롯한 대규모 산업생산시설이 부평과 주안 일대에 자리를 잡으면서 외부 인구의 유입이 급속히 증가하여 1980년에는 108만 명이 거주하는 대도시로 성장하였다. 유신헌법과 뒤이은 일련의 긴급조치를 무기 삼아 장기집권을 획책한 유신정권은 국가 주도의 수출 지향적 공업화 정책을 밀어붙여 정권의 정당성을 확보하려고 했다. 그러나 유신정권 치하의 경제발전은 노동자들의 저임금과 장시간 노동으로 대표되는 노동착취에 주요 기반을 두었다. 그런 상황에서 노동자들의 저항은 예고된 것이었으며, 그것이 1960~1970년대에 집중적으로 공업화가 진행된 인천에서 폭발한 것은 당연한 일이었다.

　　유신체제 하 인천의 노동운동은 단위사업장별로 민주노조를 건설하고 부당한 국가 통제 완화와 임금 및 근로조건 개선을 목표로 치열하게 전개되었다. 민주노조의 결성 움직임은 신진자동차 부평공장으로부터 경인에너지, 동일방직, 삼원섬유, 반도상사 등으로 이어졌다. 인천지역에 민주노조 설립이 이어지고 이를 토대로 노동운동이 불타오르자 유신정권은 공권

력을 총동원하여 억누르려 하였다. 동일방직 사건은 그 대표적인 사례였
다. 동일방직 노동자들의 치열한 투쟁은 노동자들뿐만 아니라 지식인, 대
학생에게까지 감동을 주어 유신정권의 종말을 앞당길 수 있게 하였다.

유신독재의 탄압 맞서 민주주의와 인권, 노동자와 도시빈민 같은 사회
적 약자의 생존권 등 보편적 공동선을 위한 종교계의 활동도 끊이지 않고
전개되었다. 인천산선은 산업 현장에서 노동자들의 권익을 지키기 위해
노력했고, 많은 단위사업장에서 민주노조가 결성될 수 있도록 지원을 아
끼지 않았다. 여기에 앞장섰던 조화순 목사는 그로 인해 두 번이나 구속되
기도 하였다. 한편 천주교 신부들도 유신정권에 대한 저항에 발 벗고 나섰
다. 1977년 김병상 신부는 유신헌법의 철폐를 신자와 시민들에게 설파하
다가 구속되었다. 그러나 김병상 신부의 구속은 천주교가 민주화운동에
적극적으로 나서게 만드는 촉진제 역할을 하였다. 이후 인천 답동성당과
가톨릭회관은 인천 민주화운동을 상징하는 공간이 되었다.

인천지역의 대학생들도 유신독재 타도 투쟁에 열성적으로 동참하였다.
정부가 학도호국단을 통해 학원을 통제하고 긴급조치를 남발하여 민의를
봉쇄하려 하자 인하대에서는 반유신운동이 지속해서 전개되었다. 인하대
학생들은 특히 1970년대 후반 각종 서클 모임을 통해 반유신 운동을 끊임
없이 전개하였다. 1978년 9월부터 11월까지 4차례에 걸쳐 감행한 유신체제
철폐 요구 유인물 살포 시위사건이 그 대표적인 예다. 당시 인하대에는 다
수의 교내 서클이 활동하고 있었고, 학교 밖에도 통학생 등이 조직한 독서
서클이 형성되고 있었다. 이는 1980년대에 치열하게 분출하게 되는 변혁
적 학생운동을 예비하는 과정이기도 하였다.

제3부

1980년대 전반기 민주화운동

제1장 '민주화의 봄'과 인천

제1절 박정희 피살과 인천 '민주화의 봄'

1979년 10월 16일 부산대학교에서 유신독재에 반대하는 학생시위가 일어났다. 경찰의 폭력 진압에도 불구하고 시위는 시민들 속으로 확산하였고, 이어 18일과 19일 인근 마산지역으로까지 번져 나갔다. 당황한 정부는 10월 18일 0시를 기해 부산 일대에 비상계엄을 선포하였고, 10월 20일에는 마산과 창원 일대에 위수령을 내렸다. 하지만 유신독재에 대한 저항은 오히려 전국으로 확산하려는 기미를 보였다. 궁지에 몰린 유신정권은 결국 내부분열로 치달았고, 1979년 10월 26일 김재규 중앙정보부장이 박정희를 살해하면서 유신독재의 막이 내렸다. 이와 함께 '민주화의 봄'이 시작되었다. 인천지역도 물론 예외가 아니었다.

1979년 12월 8일 0시를 기해 긴급조치9호가 해제되면서 긴급조치9호 위반으로 구속되어 복역 중이던 68명이 이날 새벽 석방됐다. 여기에는 대학생 33명이 포함되어 있었는데 이들의 석방을 계기로 그동안 대학교에서 학생운동과 관련하여 제적된 학생들에 대한 복교 문제가 논의되기 시작했다. 1974년 긴급조치1호가 시행된 이후 제적된 대학생은 전국적으로 786명에 달했으며, 그중 인하대학교 학생은 총 13명이었다.

인하대학교 교무위원회는 1979년 12월 12일 긴급조치 이후 신설된 "데모 성토 및 정치활동에 참여한 학생은 제적한다"라는 학칙 조항을 폐기하기로 하고 긴급조치 위반으로 제적된 공과대학 응용물리학과 조용호를 비롯한 학생 13명 전원에게 1980년 새 학기부터 복학을 허용하기로 하였다. 그리고 이듬해 1980년 2월 6일 문교부가 학칙 개정안을 승인함에 따라 제적 학생들의 복교가 본격적으로 시작되었다.

1980년 3월 새 학기를 맞아 전국의 대학에서 긴급조치로 제적당했던 학생들이 대거 복학하였다. 인하대학교 학생들은 개학에 앞서 총학생회 부활을 위한 사전 작업을 진행하였다. 우선 인하대학교 학원자율화 준비위원회를 결성하고, 이를 기반으로 8개 서클 대표들이 앞장서서 1980년 2월 18일 '인하대학교 학원민주화 추진위원회'(이하 '학민추위')를 발족시켰다. 여기에 참여한 서클은 곧 15개로 늘어났고, 위원장에는 하종강이 선출되었다.

학생들이 가장 시급한 과제로 여긴 것은 학도호국단의 철폐였다. 인하대학교 학민추위는 첫 번째 사업으로 인하대학교 5호관 소강당에서 '학원민주화를 위한 제1차 공청회'를 개최하여 모처럼 찾아온 민주화의 열기를 이어 나가는 한편, 3월 10일 '1만 인하인에게 알림(2) - 학원 민주화를 위한 제언'이란 제목의 성명을 발표하며 학도호국단의 전면 폐지를 주장하고 나섰다. 3월 7일, 학도호국단이 잔존하는 상황에서 23개 학과 학술회장들을 중심으로 '인하대학교 학술회장연합회'가 결성되었다. 인하대학교 학생들의 공식 대의기구로 출범한 이 조직은 3월 13일 '인하대학교 총학생회 부활추진위원회 및 단과대학 학생회 부활추진위원회'로 이름을 바꾸고 본격적으로 총학생회장단 선거를 준비해 나갔다.

인하대학교 총학생회장단 선거는 1980년 4월 4일 시행되었고, 경영학과

〈그림 3-1〉 인하대학교 민주화의 함성 대자보
(원출처 : 인하대학교 신문사)

3학년 황윤철이 총학생회장에 당선되었다. 4월 22일에는 인하대학교 총여학생회도 결성되어 황우윤이 회장으로 선출되었다. 인하대학교 총학생회의 첫 사업은 4월 18일의 4·19 학생혁명 20주년 기념식이었다. 5월이 될 때까지 인하대학교 학생들은 학원 민주화를 위해 조금씩 기반을 다져나가고 있었다.

비슷한 시기 선인학원 내에서는 재단 문제가 수면 위로 올라오기 시작했다. 4월 23일 선인재단 산하의 항도실업고등학교, 운산기계공업고등학교, 운봉공업고등학교 학생 1,500여 명은 수업을 거부한 채 대운동장에 모여 '실습시간 연장', '보충수업료 인하', '재단의 간섭 반대', '무능교사 퇴진' 등 8개 항의 요구 조건을 내걸며 농성을 전개하였다. 인천간호전문대학

학생들도 4월 11일 수업을 거부하고 학생회장 직선제 등을 요구하며 농성을 벌인 후 자진 해산하였다.

1980년 초 학원민주화운동은 전국 대학에서 동시다발적으로 추진되었다. 4월 한 달 동안 조직 정비를 마친 전국 각 대학 총학생회는 5월로 접어들자마자 '민주화 실천회', '민주화트레이닝' 등의 이름을 내걸고 본격적으로 시위를 주도하였으며, 점점 더 많은 대학생이 '계엄철폐'와 '유신잔당 퇴진' 등의 구호를 외치며 거리로 쏟아져 나오기 시작했다.

인하대학교 총학생회는 5월 7~9일을 '민주화대행진의 날'로 정했다. 5월 7일은 인하대학교에서 첫 대규모 집회가 있던 날이었다. 학생 3,000여 명이 대운동장에 모여 시국선언문과 7개 항의 결의문을 발표하였다. 그러고 나서 교문 밖으로 진출하여 "학원민주화는 학생에게 일임하라", "유신잔당 물러가라", "계엄령 철폐하라", "노동3권 보장하라", "언론자유 보장하라" 등의 구호를 외치며 학익동과 독쟁이를 지나 인천교육대학 앞까지 시가행진을 벌였다. 이들 시위대는 학교로 돌아오던 중 마침 독쟁이고개 방면으로 행진하던 500여 명의 교우와 합류한 뒤 용현동 사택 입구 사거리에서 경찰과 대치하였다. 인하대학교 이재철 총장이 설득해 대다수 학생은 경찰과 무력 충돌 없이 학교로 돌아왔으나, 나머지 400여 명은 경찰의 저지선을 뚫고 적십자병원을 거쳐 인천공설운동장까지 진출하였다. 경찰의 무력 진압이 시작되자 학생들은 두 그룹으로 나뉘어 200여 명은 도원동과 배다리를 거쳐 청과물시장 앞에서 경찰과 대치에 들어갔고, 다른 그룹은 공설운동장에서 제2장로교회, 신흥동, 답동을 거쳐 동인천역 광장으로 진출했다. 경찰의 계속된 진압으로 흩어진 학생들은 학교로 돌아와 교내 시위를 벌인 뒤 오후 7시경부터 학생회관에서 철야 집회에 들어갔다.

5월 8일 인하대학교 총학생회장 황윤철은 교내에 모인 학우들 앞에서 '1만 인하인에게 고하는 성명서'와 '최규하 대통령에게 보내는 메시지'를

낭독하며 전날에 이어 시위를 주도하였다. 이때 인하대학교 후문 앞에 3
대의 트럭에 나눠 탄 계엄군이 도착했으나 학생 대표의 요구로 곧 철수하
기도 했다. 학생들은 오후 8시경부터 철야농성에 들어가 횃불을 들고 교
내에서 침묵 행진을 했으며, 본관 앞에서 부마사태 희생자들을 위한 초혼
제와 위령제를 거행하였다. 인하대학교 '민주화대행진의 날'의 끝 날인 5월
9일에는 기계과 학생들이 오전 9시경부터 구 정문과 후문 인근에서 연행
된 학생의 석방을 요구하며 연좌시위를 시작하였고, 오후 3시 30분경 본관
앞 잔디밭에서 결의문을 낭독한 후 3일간의 '민주화 대행진'을 마감했다.

　이튿날인 5월 10일 서울 시내 23개 대학 총학생회장들이 고려대학교에
모여 '10개 항의 결의'를 발표하며 '평화적 교내 시위'를 결의하였다. 그러
나 학생들의 가두시위는 쉽게 멈추지 않았다.

　인하대학교 총학생회는 5월 12일부터 '민주역량 강화기간'을 선포하고
무기한 투쟁에 돌입하였다. 5월 15일 인하대학교 학생 3,000여 명이 교내
에 모여 학생총회를 개최한 후 "계엄령을 해제하라", "제도언론을 철폐하
라" 등의 현수막을 앞세우고 가두시위를 전개하였다. 학생들은 주안역으
로 가기 위해 학익동 일원을 지나던 중 최루탄을 쏘는 경찰에 맞서 투석전
을 벌이다가 임학성, 정해수 등이 불발 최루탄에 맞아 부상을 당하기도 하
였다. 이중 경찰의 저지선을 뚫은 학생 1,500여 명은 신기촌 일대에 다시
모여 현수막을 높이 들고 계속 전진하여 낮 12시경 주안역 앞에 집결했으
며 경찰이 최루탄을 발사하자 다시 흩어졌다. 이후 제물포역을 거쳐 동인
천역으로 향하던 학생들은 숭의삼거리에서 경찰의 저지에 막혔지만, 골목
길을 이용해서 오후 2시 20분경 동인천역 광장에 재집결하였다. 이곳에서
인천교육대학 여학생 800여 명과 인천대학교 학생 200여 명도 합류하였다.

　인천의 대학생들이 대규모 집회를 벌인 이날, 서울역 광장에서도 10만
여 명의 학생들이 모여 시위를 이어갔다 그러나 학생 지도부가 이른바 '서

울역 회군'을 결정하는 바람에 결국 해산하고 말았다. 이어 5월 16일에 인하대학교, 인천대학교, 인천교육대학를 포함한 27개 대학 총학생회장단이 이화여대에 모여 "당분간 가두시위를 중단하고 정상수업을 받겠다"라는 요지의 결의를 발표하였다. 인천교육대학에서는 이날 오전 10시 50분 학생 600여 명이 강당에 모여 시국에 대한 성토대회를 진행한 뒤 오후 1시 30분경 해산하였다.

대학교수들도 '민주화의 봄'에 호응하였다. 인하대학교 사범대학 교수협의회(가칭)가 1980년 4월 15일 교수협의회 결성을 촉구하는 결의문을 발표하였고, 이에 5월 12일 교수 130여 명이 전체 교수회의를 연 후 인하대학교 교수협의회를 결성하였다. 이들은 아울러 7개 항목으로 구성된 '현 시국에 대한 우리의 선언'이란 선언문을 발표하며 '학원의 자유화'를 강조하였다.

노동운동도 다시 고개를 들기 시작하였다. 동일방직 해고노동자 문제는 여전히 해결의 실마리가 보이지 않았다. 1980년 2월 14일, 1978년 4월 해고된 최연봉 등 6명이 한국노동조합총연맹(이하 한국노총) 위원장 김영태를 명예훼손 등의 혐의로 서울지검에 고소하였다. 이들은 김영태가 1978년 1월 15일 전국 섬유노조위원장 주최 중앙위원회 회의 석상에서 '동일방직 여성 근로자들은 외부 불순세력에 의해 조종을 받고 독침을 갖고 다니며 문제를 일으키는 인물들'이라는 등의 허위사실을 퍼뜨려 명예를 훼손했다고 주장하였다. 이어 3월 동일방직 복직투쟁 위원회는 3월 정기모임을 개최하고 "동일방직 해고자 124명을 즉각 복직하라", "노동귀족 회개하라" 등의 주장이 담긴 결의문을 발표하였다. 또한 같은 달 동일방직해고 근로자 복직추진위원회는 성명을 발표하여 해고노동자 124명의 무조건적인 복직과 '노동귀족'에 대한 '엄중한 심판'을 요구하기도 했다. 4월 25일에는 이들 중 30여 명이 한국노총 위원장실에서 '복직 및 노동조합집행부 퇴진'을 요구하며 단식농성을 시작하였다.

1980년 4월 25일에는 인천제철 노동자들이 임금제도 개선 등 8개 항의 요구조건을 내걸고 농성을 시작하였다. 이들은 '연차휴가 보상비 지급, 기능사원을 위한 통근버스 운행, 정기 승급제 시행, 현행 임금제도 개선, 어용중역 퇴진' 등의 요구조건에 대해 회사 측과 합의를 보면서 7일 만인 5월 1일 농성을 끝냈다.

5월 1일에는 일신제강 인천제강소와 대우중공업 노동자들이 농성을 벌였다. 일신제강 인천제강소 노동자 100여 명은 정문을 폐쇄한 채 임금인상 등을 요구하였고, 대우중공업 노동자들은 어용 노동조합을 규탄하면서 단체협상 준수 등의 요구조건을 내걸었다.

5월 6일에는 여러 공장에서 동시다발적인 시위가 있었다. 코리아스파이서 노동자 310여 명은 임금인상 등을 요구하며 공장 식당에서 철야농성에 돌입하였고, 동양나일론 노동자 300여 명은 임금 28.9% 인상을 요구하며 농성을 시작했다가 회사 측으로부터 25.88% 인상 약속을 받고 해산하였다. 반도상사 노동자 500여 명도 임금 96% 인상을 요구하며 작업을 거부하고 농성에 돌입하였는데 그 중 노동조합 지부장 조금분 등 7명은 단식에 들어갔다. 그밖에 대양화성, 서음전자 등지에서 임금 문제 등으로 농성이 이어졌다. 한편 전국외기노조 부평분회 및 용산분회 종업원 124명은 서울 용산 주한유엔군사령부 영내에서 주한미군 당국이 한국인 종업원 428명 중 134명을 6월 6일부로 감원한다고 통보한 데 대해 항의하며 농성을 전개하였다.

제2절 5·17비상계엄 전국 확대에 대한 저항

1980년 5월 17일 저녁, 그 전해인 1979년 12·12 군사반란으로 권력을 장악한 전두환을 수괴로 하는 신군부는 5월 18일 0시를 기해 비상계엄을 전국으로 확대하는 조치를 공표했다. 이어 계엄 포고령 10호를 발표하여 모든 정치 활동과 옥내외 집회를 금지하고, 김대중을 합동수사본부로 연행하는 한편, 김영삼을 자택 연금시키는 등 쿠데타나 다름없는 일대 폭거를 저질렀다. 이에 항의하여 광주에서 5·18 광주민주항쟁이 일어났으나 전두환 일당의 잔인한 진압으로 인해 수많은 희생을 낳은 채 결국 좌절되었다. 이로써 1980년 민주화의 봄은 무위로 끝나고 말았다.

전두환의 폭압 아래에서도 인천시민들은 저항을 멈추지 않았다. 5·18 광주민주항쟁 이후 인천에서 있었던 최초의 저항은 송도고등학교 동창생들이 중심이 되어 전개한 '광주항쟁 유인물 살포 사건'이다. 1980년 5월 22일부터 5월 30일까지 이어진 유인물 살포는 대학교 재학 중이던 송도고등학교 출신의 이교정(인하공업전문대), 이수하(인하대), 이완규(서울대) 등이 주도한 것이었다. 이들은 5·17 비상계엄 전국 확대 조치가 단행되고 광주에서 시민들의 저항 열기가 고조되자, 인천에서도 봉기가 필요하다고 판단하고 가까운 동지들을 규합하기로 하였다. 그렇게 해서 모인 그룹은 5월 22일부터 3일 동안 부평과 주안 일대와 여러 고등학교 구내에 5·18 광주민주항쟁의 당위성을 설파하고 전두환 일당의 처단을 촉구하는 내용의 유인물을 배포하였다. 이어 동인천역 앞에서 답동 방향으로 이어진 길을 따라 대자보를 붙이는 작업을 하다가 그해 6월, 현장에서 경찰에 발각되어 체포당했다.

1980년 5월 25일에는 천주교 인천교구 사제단이 답동성당에서 '광주사태로 인해 희생된 영령들과 조국의 평화를 위한 미사'를 공동 집전하였다.

이어 6월 8일에는 천주교 인천교구장 나길모 주교가 『인천주보』를 통해 광주 일원에서 발생한 사태에 대해 특별기도와 헌금을 당부한다는 메시지를 공표하고 이에 호응하여 각 본당에서 보내온 특별헌금 298만 2,276원을 13일 광주교구에 전달하였다.

1980년 8월 10일에는 이우재 등 인천에 거주하는 대학생들이 모여 5·18 광주민주항쟁 관련 유인물을 살포하다가 체포되었다. 5·18비상계엄 전국 확대 조치 이후 수배되어 인천에서 도피 생활을 하고 있던 이우재(서울대)는 1979년 긴급조치로 구속, 수감 중 서대문 서울구치소에서 알게 된 고등학교 후배 조용호(인하대)와 그의 친구 양홍영(인하대)을 만나 광주에서 일어난 일을 인천시민들에게 알리자는 제안을 하였다. 이들 역시 5월 초에 있었던 인하대학교 시위 건으로 도피 중이었다. 의견의 일치를 본 세 사람은 이우재가 작성한 '4천만 애국동포에게 고함'이란 제목의 유인물을 400매가량 등사하여 부평고등학교 인근 주택가의 우편함과 대문에 밀어 넣는 방식으로 살포하였다.

또한 이우재는 6월 중순 무렵 고등학교 후배 이정남(서울대)을 만나 광주항쟁과 전두환 군사독재의 실상을 널리 알리기로 뜻을 모으고 담벼락이나 화장실에 낙서하거나 직접 서신을 작성하여 우편으로 발송하는 등의 구체적인 방안을 논의했다. 이들은 낙서 문구로 "전두환 타도하자", "계엄령 철폐하라" 등과 같이 단순명료한 것들을 선택하였으며, 이정남이 대학 후배인 권병기(서울대학교)와 구체적인 실천방안을 다시 검토했다. 당시 인천에는 서울로 통학하는 학생들이 만든 '기러기'라는 사회과학 독서모임이 있었는데, 권병기는 그 모임의 주도적인 인물이었다. 권병기는 6월 21일 인천시내에서 이건형을 비롯한 기러기 회원 5명과 실행 방법을 협의한 후, 6월 23일 오후 9시부터 제물포역에서 석바위 사거리에 이르는 국도변의 담벼락에 '계엄 속에 굳혀가는 전두환의 독재조직' 등의 글귀를 매직펜으로 낙서했다. 그리고 6월 25일부터 3일에 걸쳐 편지지에 먹지를 대고 "광주시민 70%는 죽여도 좋다? 안보를 독재의 수단으로 이용한다! 유류파동을 빙자한 유가 인상 단행으로 막대한 정치자금을 착복하였다!" 등의 내용을 각자 여러 장 자필로 눌러 써서 전화번호부에 나오는 주소를 보고 무작위로 다수의 사람에게 우송하였다. 이어 7월 3일에는 이우재, 조용호, 양홍영 3인이 천주교 광주대교구 사제단 명의의 광주항쟁 유인물 "폭도는 누구인가"를 400매가량 등사한 후 7월 14일 제물포역 앞 주택가에 배포했다. 8월 3일 이우재는 조용호, 양홍영 그리고 나중에 동참한 곽한왕(인하대학교)과 함께 "민주시민과 학생을 내란혐의와 공산당으로 몰아세운다"라는 요지의 유인물 『민중의 소리』를 8절지 갱지에 450매가량 등사하여 인천 중구 인현동 소재 인현빌딩 옥상에서 살포했다. 하지만 그 후 8월 10일 양홍영이 잠복 중인 형사에게 체포됐고, 나중에는 이우재, 조용호, 곽한왕, 양홍영, 이정남, 권병기 등도 이 사건으로 구속됐다.

제2장 전두환정권 초기의 민주화운동

제1절 제5공화국 출범과 학생들의 도전

광주 시민들의 저항을 총칼로 진압한 후 모든 반대 세력들을 제압한 전두환은 1980년 10월 27일 대통령 간접선거와 임기 7년의 단임을 주요 골자로 하는 제5공화국 헌법을 제정 공포하였다. 그리고 1981년 1월 25일 0시를 기해 비상계엄을 해제한 다음 3월 3일 새 헌법에 따라 대통령에 취임함으로써 소위 제5공화국을 출범시켰다. 그러나 겉으로만 '공화국'이었지 군부정권이라는 본질은 전혀 변하지 않았다. 12·12 군사반란과 5·17 비상계엄 전국 확대 조치의 주역들이 여전히 권력의 핵심이었다. 단지 그 핵심 중 일부가 민간인 복장으로 갈아입었을 뿐이었다. 정치적 탄압 또한 그 중심 기구가 계엄사 합동수사본부에서 경찰과 안기부로 바뀐 것 말고는 조금도 변한 것이 없었다.

1980년 5·17 이후 민주화운동 진영은 전두환의 야만적 탄압에 저항은 꿈도 꾸지 못하는 처지에 놓여 있었다. 이런 상황에서 다시금 민주화의 깃발을 든 것은 유구한 저항 정신을 이어온 학생들이었다. 그들은 살벌한 압제와 감시 하에서도 조직을 재정비하고 전두환정권에 대한 도전에 나섰다. 1980년 5월 광주에서 자행된 끔찍한 학살에 대한 분노가 그들의 젊은 피를 끓게 했다. 제 나라 국민을 총칼로 마구 죽인 살인정권에 대한 분노는 광주민주화운동에 관한 진실이 알려지면서 전국의 대학가로 퍼져나갔으며, 어느새 학생운동은 유신 시대처럼 서울과 지방의 몇몇 대학에 한정된 것이 아니라 전국적인 현상이 되었다. 그리고 야만적인 정권을 상대해야만 했으므로 자연히 지하화, 조직화로 갔고, 막연한 분노나 열정에 휩싸이기보다는 냉철한 이성을 앞세우고 이론적으로 무장하기 시작하였다. 어떻게 싸워야 저 독재정권을 무너뜨릴 수 있을까를 고민하면서 자연스럽게 노동자, 농민과의 연대를 모색하는 움직임도 나타났다. 그런가 하면 장차 많은 희생을 무릅쓰고 쟁취하게 될 새로운 사회는 단순히 형식적 민주주의만 보장되는 것이 아니라 민중을 포함한 모든 사람이 인간다운 삶을 영위할 수 있는 그런 사회이어야 한다는 생각에 사회 변혁까지 포함하는 민주화를 구상하는 사람들이 점점 많아져 갔다. 이들은 민주화운동을 사회변혁운동으로 진전시키기 위해 고민했는데 1980년 '무림 사건'과 1981년 '학림 사건'을 겪는 과정에서 벌어진 무학논쟁은 바로 그런 학생들이 대면해야 했던 고민거리가 무엇이었는가를 잘 보여준다.

인천의 경우도 마찬가지였다. 학생회가 해체되어버린 상황에서 학생들을 대표할 수 있는 기구는 없었다. 학도호국단은 정권과 학교 당국의 꼭두각시나 다름이 없었다. 인하대학교나 인천대학교 모두 학생운동의 주체는 지하 비밀 서클이었는데, 학생운동 조직의 지하화는 정권의 감시와 탄압에서 벗어나기 위한 어쩔 수 없는 선택이었다. 지하 서클 학생들은 정례적인 학습을 통해 사회변혁에 관한 이론을 공부했고 스스로를 변혁운동가로 여기기도 하였다.

1981년 5월 18일 '인하대학교 청진회 사건'이 일어났다. 이날 밤 인하대학교 건물 외벽 곳곳에 붉은색 페인트로 반정부 구호가 적혀 있는 것을 학교 당국이 발견해 지워버린 일이 있었다. 경찰이 이 사건을 수사하던 중, 인하대학교 지하 서클 '청진회'가 적발되었다. 같은 해 9월 당시 회장 송영수(고분자학과 3학년), 초대 회장 민영수(산업공학과 2학년 휴학 중), 홍문표(사학과 2학년) 등이 국가보안법과 집회 및 시위에 관한 법률 위반, 건조물 침입죄 등으로 구속되었다.

같은 해 5월 21일에는 '인천제일교회 사건'이 발생하였다. 자유공원 밑에 있는 제일교회에서 이 교회 대학부 주최로 5월 23일까지 '민족의 교회, 행동하는 신앙'이라는 주제의 청년 선교 대회가 예정되어 있었는데, 행사 첫날인 이날 한완상의 강연회가 끝난 후 1,000여 명의 청년들이 스크럼을 짜고 "전두환 파쇼 물러가라", "노동3권 보장하라" 등의 구호를 외치며 축현초등학교 앞까지 시위행진을 하다가 경찰에 의해 저지되었다. 이때 인천기독청년협의회(이하 인기청) 회장 이민우, 광야서점 대표 강우경, 인하대 학생 송영수 등이 경찰에 연행되었다. 경찰은 그날 밤 광야서점을 급습해 직원 이생우와 부천공전 학생 김재봉을 붙잡아갔고, 경기다방에서 감리교서울신학교 2학년 서광석을 추가로 연행하였다. 이후 관련자들의 조사와 검거가 계속 이어져 결국은 이민우(인기청 회장, 인성여고 교사), 강우경, 정희윤(인기청 부회장, 감리교 인천 동지방청년연합회 회장, 철도청 직원), 한태환(인하대 화학과 3년), 문광석(인하대 생물학과 2년), 김종은(인하대 기독학생회, 전산학과 2년), 임정상(인하대 역사교육과 2년) 등 7명이 구속 되었다. 그러자 인기청은 5월 29일 동인천감리교회에서 '5·21 사건으로 인한 구속자 석방을 위한 기도회'를 개최하였다.

1982년 5월 9일 인하대학교 학생 김성진이 군 복무 중 장석재에게 보낸 편지에서 "미군은 철수해야 된다. 미문화원 방화사건은 일어날 수밖에 없었다"라는 등의 내용을 쓴 것이 적발되었다. 이로 인해 김성진과 장석재 그리고 인하대학교 학생 이우청, 안영근, 황홍규, 이기선 등 6명이 연행되

〈그림 3-2〉 도로에서 광주학살 책임자 전두환 일당 규탄을 위한 기습시위를 벌이다
전경에게 끌려가는 학생
(민주화운동기념사업회 오픈아카이브즈 00700776 원출처 : 박용수)

었고, 그 가운데 김성진을 비롯한 4명이 5월 21일 국가보안법 위반 혐의로
구속되었다.

같은 해 9월 23일에는 인천대학교 학생 김성일과 박흥민이 '전두환 군부
독재 타도' 등의 구호를 외치며 반정부 유인물을 뿌리고 학내 시위를 벌이
다 구속되었다. 이 사건 수사 과정에서 이태형(동인천감리교회)이 시위 주
동 학생들에게 도움을 준 사실이 발각되어 같이 구속되었다.

11월 8일에는 인하대학교 학생 이우청이 "행동할 것인가 굴복할 것인가"
란 제목의 유인물 200여 장을 뿌리며 약 1시간 동안 교내 시위를 주도하였
다. 또 다른 주동자인 최진우는 6호관 2층 난간에서 유인물을 낭독한 후
노래를 부르며 시위를 주도하였다. 이튿날 이우청과 최진우는 집회 및 시

위에 관한 법률 위반 혐의로 구속되었다.

　1983년 10월 5일 인하대학교에 '이승만 동상에 관한 일만오천 인하인의 입장'이란 제목의 유인물이 살포되었다. 유인물은 '이승만이 인하대 설립자란 이야기는 새빨간 거짓말'이며, 그런데도 '이승만 동상이 세워진 것은 민주화운동 선배들이 피로써 지키려던 4·19 민주주의 이념을 강간하고자 하는 치밀한 음모'라고 주장하면서, 이승만 동상 철거를 요구하는 한편으로 학원 탄압 사례 등을 소개하고 있다. 이튿날인 10월 6일 인하대학교 학생 이기선이 "파쇼타도, 언론자유 보장하라, 노동3권 보장하라" 등의 구호를 외치며 시위를 주도하였다. 시위 도중 주동자 윤호영이 이승만 동상을 끌어 내리다가 발뒤꿈치가 으깨지는 중상을 입었다. 이승만 동상은 결국 학생들에 의해 철거되어 파손되었는데, 이날 사건으로 윤호영, 황홍규, 이기선, 이민재 등이 구속되었다.

제2절 유화국면과 민주화운동 진영의 재구축

　1983년도에 들어와 단계적으로 유화적인 조치를 시행해 가던 정부는 12월 21일, 1980년 5·17 비상계엄 전국 확대 조치 이후 제적된 학생들의 복교를 허용한다는 방침을 발표하였다. 이와 동시에 공권력의 투입을 최대한 억제하고, 대학 당국과 교수들에게 학원문제의 책임을 맡긴다는 입장을 밝혔다. 이러한 일련의 학원자율화 조치에 따라 1984년 2월 29일, 그동안 대학 내에 상주하던 사복경찰들이 모두 철수하였다. 이른바 유화국면의 시작이었다.

　그러나 유화국면이라고 해서 전두환정권의 본질이 변한 것은 아니었다. 다만 1986년 아시안게임과 1988년 올림픽 등을 앞두고 자신들의 폭압적이고 야만적인 모습을 위장할 필요가 있었을 뿐이다. 자칫하면 1980년 모스크바 올림픽처럼 전 세계적인 보이콧 운동이 일어날 가능성도 있었기 때문이다. 하지만 무엇보다 심각했던 것은 학생들의 민주화운동이 이젠 전두환정권이 제어할 수 없는 지경으로까지 확산되기 시작한 것이었다. 1981년부터 1983년까지 3년 동안 민주화운동으로 제적된 학생의 수는 1,363명으로 1970년대 박정희정권에 의해 제적된 786명을 훨씬 능가했다. 전두환정권은 그토록 많은 학생을 구속하고 교정 밖으로 내쫓음으로써 정권에 온몸으로 저항하는 직업적 운동가를 양산해 온 이제까지의 정책을 전면적으로 재검토하지 않을 수 없었다. 그 결과가 소위 국민화합조치요, 유화 조치였다.

유화국면의 개막과 함께 각 대학에서는 총학생회 부활 운동이 본격적으로 추진되었다. 그리고 노동현장에서는 뒤늦게나마 실제로 확인된 블랙리스트 철폐 운동이 확산하여 갔다. 또한 1983년 9월의 민주화운동청년연합(이하 민청련) 창립을 기점으로 그동안 움츠러들어 있었던 사회 각 분야에서 민주화운동이 부활하기 시작했다.

인하대학교 총학생회의 재건은 1984년 3월 30일 인하대 학원 자율화 제1차 토론회와 함께 시작되었다. 200여 명의 학생이 대강당에 모인 가운데 그동안 감수해야 했던 학원의 비자율성을 고발하는 '학원제반문제에 관한 조사보고서'가 공개되었다. 9월 5일 인하대학교 학원자율화추진위원회는 본관 앞 잔디밭에서 전두환의 일본 방문을 규탄하는 '방일반대 성토대회'를 열었으며, 행사가 끝난 뒤 학생들은 '연행학생 석방'과 '방일 반대' 등의 구호를 외치며 교내 시위를 전개하였다. 10월 24일에는 인하대학교 구내 비룡탑 앞에서 '총학생회 부활을 위한 공청회'가 학원자율화추진위원회 주최로 진행되었다. 11월 2일 인하대학교 학생들은 제1회 서클제 행사로 '학생의 날 기념식 및 선배 제위 추모제', '민주화운동청년연합 부의장 장영달 씨 초청강연회' 등을 진행한 뒤 오후 7시경 횃불 시위를 벌였는데, 학교 측이 다시 세워놓은 이승만 동상을 이때 또다시 끌어내렸다.

1984년 11월 9일 인하대학교 학원자율화추진위원회, 서클연합회, 복교생동지회, 학술회 등이 연합하여 '인하대학교 총학생회 부활추진위원회'를 구성하고 산하에 중앙선거관리위원회를 조직하여 이광현을 위원장으로 선출하였다. 이어 11월 22일과 23일 이틀에 걸쳐 총학생회장 선거를 시행해 이광현을 회장으로 선출함으로써 전국에서 다섯 번째로 총학생회를 부활시켰다. 학교 측은 총학생회를 인정하지 않았지만 1985년 2월 28일 인하대학교 학도호국단이 마침내 해체됨으로써 10년 만에 총학생회가 공식 부활하였다.

1984년 10월 29일 인천대학 학생들은 부마항쟁의 의의와 부활한 학생의 날을 기념하기 위하여 11월 2일까지를 '민주화대행진' 기간으로 설정하였다. 그리고 1985년 3월 28일에는 인천대 민주화추진위원회 주최로 '학도호국단 화형식 및 총학생회 부활 촉진대회'를 열어 총학생회 구성 준비를 해나갔다. 이어 4월 16일 이재영을 총학생회장에 선출함으로써 인천대도 총학생회 재건을 마쳤다.

1984년 5월 25일 천주교 인천교구 가톨릭대학생연합회가 주최한 월례금요강좌가 끝난 후 참가했던 학생들이 거리에서 '폭력정권 규탄시위'를 벌이다가 21명이 경찰에 연행되는 사건이 일어났다. 민청련 의장 김근태가 연사로 초빙된 1984년 10월 26일의 월례금요강좌 종료 후에는 300여 명의 학생이 '한일군사동맹에 대한 반대'와 함께 부천 반도기계 노동자 사망사건에 대한 항의로 "노동악법 개정하라", "폭력경찰 물러나라" 등의 구호를 외치며 20여 분간 횃불 시위를 전개하였다. 경찰이 출동해서 이들을 해산시켰지만, 학생들은 도화동 중앙극장 앞에 다시 모여 도화파출소 등에 투석하며 시위를 이어갔다. 이날 26명이 경찰에 연행되었다. 12월 10일에는 천주교 인천교구 정의평화위원회(이하 인천정평위)가 답동 가톨릭회관에서 제3회 인권 주일을 기념하여 '하느님이 주신 인권'이라는 주제로 유현석 변호사(전국정의평화위원회장)의 강연회를 열었으며, 그에 이어 목동 주민 강제철거사건과 여대생 추행 사건에 대한 경위 보고 등 인권탄압 사례 발표가 진행되었다.

1983년의 노동현장에서는 블랙리스트가 주요 쟁점으로 등장하였다. 블랙리스트란 1970년대 민주노조 활동가들처럼 노동운동 전력이 있는 사람들의 명단으로, 그들을 취업하지 못하게 만들어 민주노조의 싹을 말려버리려는 목적에서 전두환정권이 작성한 것이다. 부평공단 소재 태평특수섬유 공장 등지의 해고 노동자들이 부당 해고에 항의하는 과정에서 그것의 존재가 확인된 뒤 노동자들은 블랙리스트 철폐 운동을 본격화해나갔다. 태평특수섬유에서 일하던 김용자와 김옥섭은 동일방직 해고노동자 출신이었다. 이들은 1983년 10월 20일 실이 잘못 섞이는 '혼사' 문제로 해고되었으나, 실제 사유는 블랙리스트라고 판단하였다. 그래서 10월 27일 '태평특수섬유 해고자 일동' 명의의 호소문을 내고 블랙리스트 철폐와 복직을 위한 투쟁에 나섰다. 삼익가구의 서기화와 신도실업의 신정희도 비슷한 경우였다. 단지 블랙리스트에 이름이 올라 있다는 이유로 쫓겨났다고 여긴 이 4명의 해고노동자는 1983년 12월 15일 노동부 인천지방사무소를 찾아가 '노동자의 복직, 블랙리스트 철폐, 근로감독 철저' 등을 요구했다. 하지만 성의 있는 답변을 얻을 수 없었다. 다음 날 오후 2시부터 근로감독관실에서 단식투쟁까지 하며 철야농성에 들어갔으나 12월 17일 새벽 무렵 모두 경찰에 의해 연행되었다. 인천도시산업선교회도 1984년 6월 20일 '민주노동자 블랙리스트 문제 대책위원회' 등과 함께 "폭력정치의 상징인 블랙리스트를 규탄한다"라는 제목의 성명을 발표하며 이 문제를 공론화시키는 데 힘을 보탰다. 해고노동자 블랙리스트 철폐 투쟁은 인천 노동운동의 중요한 한 축으로 자리 잡게 되었다.

노동조합도 다시 일어서기 시작했고, 온갖 어려움 속에서도 활동을 이어갔다. 1984년 4월 17일 대한마이크로 노동조합이 설립되어 위원장에 곽순복, 부위원장에 서지숙이 선출되었다. 그 후 이 노동조합은 지도부가 구속되고 조합원들이 강제 사직당하면서 1986년 1월 해산되었다가 1987년 5월 다시 설립될 수 있었으며, 1989년 또 한 번 해체되었지만 1993년 6월 20일 세 번째로 재조직되는 끈질긴 생명력을 보였다. 1984년 8월에는 대학 졸업이라는 학력을 은폐하고 대우자동차에 입사한 송경평이 근로자의 군대 경력 인정 문제 등을 놓고 회사 측과 충돌하다가 서울대학교 출신이라는 것이 밝혀져 9월 22일 4급 사원으로 전보 발령되는 일이 발생하였다. 송경평은 이를 거부하고 부당노동행위 구제신청을 내는 등 사건을 공개하다가 결국 해고되었다. 이 사건을 계기로 대학 출신의 위장취업 문제가 사회적인 쟁점이 되었다. 한편, 대우자동차 부평공장 노동자들은 1984년 9월 18일 '① 군필자에 대한 부당 처우 중지, ② 1984년도 3/4분기 상여금 미지급액 25% 지급, ③ 연장근로, 야간근로, 휴일근로 수당 통상임금으로 지급, ④ 부당한 부서 이동 즉각 철회' 등을 요구하는 동시에 '노조집행부의 어용적 체질과 반조합적 성격'을 규탄하며 시위에 돌입하였다. 이후 11월 12~18일에는 근로기준법 준수를 외치며 700여 명이 준법투쟁을 전개하였다. 이 과정에서 대우자동차 노동자 송경평과 이용선이 폭력 및 공무집행방해 혐의로 회사 측으로부터 고소를 당하였다.

제3절 재야전선운동과 노동운동 등 부문운동단체의 등장

1980년대 전반기 민주화운동의 특징 중 하나는 재야전선운동을 지향하는 단체의 등장이다. 재야전선이라 함은 제도권 정치 밖에서 특정 계층이 아닌 광범한 국민 대중의 요구에 기반해 민주화운동을 벌이는 조직을 말한다. 유신시대 이후 정치가 사실상 실종된 상태에서 국민의 민주화 열망은 제도권 정치로 수렴되지 못하고 자연히 가두 투쟁의 형태로 표현되게 되었다. 또한 민주화는 특정 계층만이 아니라 전 국민의 요구였기 때문에 민주화운동 또한 국민 전체의 토대 위에서 진행될 수밖에 없었다. 그런 의미에서 재야전선은 제도권 야당이나 특정 계급운동 단체와 구별되었다. 1980년대 중반 민주화운동을 이끌었던 민주통일민중운동연합(이하 민통련)이나 노태우정권 시절의 전국민족민주운동연합(이하 전민련), 민주주의민족통일전국연합(이하 전국연합) 등이 그 전형적인 예이다.

1983년 9월 30일 서울에서 민주화운동청년연합(이하 민청련)이 출범하였다. 민청련은 1980년 5·17 이후 최초로 결성된 공개 민주화운동 단체로, 그동안 빈사 상태에 빠졌던 민주화운동이 전열을 재정비하고 본격적인 투쟁에 나섰음을 상징적으로 보여주고 있다. 민청련은 청년운동 단체를 표방하였지만, 실제 활동 내용을 보면 재야전선 조직의 성격이 강했다. 민청련은 1985년 3월 민통련이 등장하기 전까지 대표적인 재야전선 운동기구로서 기능하였다.

민청련의 출범에 자극을 받아 인천에서도 재야전선 조직이 형성되었으니 그것이 바로 인천지역사회운동연합(이하 인사연)이다. 인사연은 1984년 11월 19일 답동 가톨릭회관 강당에서 창립총회를 열고 의장에 제정구, 부의장에 이명준, 이호웅, 김정택 등을 선출하였으며, 총무 겸 대변인 황선진, 사회부장 이민우, 운영부장 이우재, 재정부장 조용호, 여성부장 최인

인 57 P55

인천지역 사회운동 연합 발기문

오늘 우리는 인천지역 사회운동 연합의 발족을 제의한다. 동학 농민혁명의
좌절, 치욕스런 일제의 식민통치, 동족상잔의 비극과 분단으로 얼룩진 처참한
한반도의 근대사는 오늘 우리에게 민주주의의 실현과 민족통일의 달성이 이
시대의 절대적인 과제임을 절감하게 된다.

인천지역 사회운동 연합의 발족을 준비하는 우리의 당면 여건이 결코 순탄
치만은 않다. 광주의 비극이래 연속적으로 드러난 현정부의 폭력성, 잇달은 대
형 부정사건에 따른 민심의 이탈과 도덕윤리 체계의 전반적인 붕괴, 저임금,
저곡가로 갈수록 위협받는 민중의 생존권 등 우리 사회의 고질적인 모순은
더욱 심화되고 있다.

최근 현정부의 이른바 화해정책이라는 모순의 근본적인 해결과는 하등 거리
가 먼 채, 민주역량을 이간, 고립, 분산시키기 위한 기만적 술책이다. 이러한
상황은 우리에게 어느 때보다도 냉철한 판단력과 그에 따른 실천적 각성을 요
구하고 있다.

우리는 민주주의와 민족통일이라는 우리시대의 과제가 각계각층은 물론, 이 땅
의 방방곡곡에서 광범위하게 확산됨을 통해서만이 궁극적으로 해결되리라 믿는
다.

외세의 물결과 더불어 개항한 우리 인천은 지난 백년간 한국 근대사의 산
증인으로서 한국사회의 모순이 집약되어온 지역이다. 또한 70년대에는 민주노
동운동이 활짝 핀 모습을 보여 주기도 하였다.

인천지역에 기반을 둔 사회운동의 필요성을 절감해 온 우리는 오랜 모색끝
에 인천지역의 민주 역량을 집결하기 위한 지역사회운동 연합체를 발족하기로
합의하였다.

우리시대의 민족사적 요구에 부응하고 올바른 지역사회운동의 방향을 모색하
기 위한 우리의 제의에 뜻있는 동료들의 아낌없는 동참을 기대한다.

1984년 10월 25일

인천지역 사회운동 연합 발기인 일동

제 정 구	이 명 준	이 호 웅	김 영 준
김 정 택	김 도 연	황 선 진	장 정 옥
한 상 회	이 민 우	이 우 재	조 용 호

150621

〈그림 3-3〉 인천지역 사회운동 연합 발기문
(민주화운동기념사업회 오픈아카이브즈 00150621
원출처 : 민주화운동자료관추진위원회)

숙 등을 각각 임명하고 창립선언문을 채택하였다. 인사연은 인천지역의 민주화운동 세력 중 노동운동을 제외한 전 분야를 아우르고자 했는데, 의장단의 제정구, 이명준은 가톨릭을, 김정택은 기독교를, 이호웅은 일반을 각각 대표했다. 지도위원 또한 조성교, 호인수 등 가톨릭 신부들과 조화순, 이은규 등 기독교 목사들로 구성하였다. 그러나 인사연의 실질적인 주요 기반은 인천에 거주하고 있는 학생운동 출신 활동가 중 노동현장에 진출하지 않은 사람들이었다. 인사연은 인천지역의 민주역량을 결집하여 '지역운동'과 '민중주도 운동'을 추진해 가려고 했다. 이를 위해 선전 활동에도 힘을 기울여 회지인 「민주화의 물결」을 정기적으로 발간하였다.(1985년 5월 「인천의 소리」로 개명) 그리고 1985년 1월 19일에는 노동자 대상의 교육용 소책자 『노동자의 벗』 제1호를 발간하였으며, 공해실태보고서도 2월 15일 간행했다.

인사연은 1985년 3월 19일 임시총회를 열고 중앙위원회와 집행국, 인천지역 문제에 관한 조사, 연구, 정책 수립을 담당하는 상임위원회 등을 신설하는 조직 개편을 단행하였다. 상임위원회를 새로 만든 것은 인천지역에서 활발하게 전개되고 있는 노동운동을 측면에서 지원하기 위함이었다. 4월 18일에는 한국노동자복지협의회 인천지역협의회(이하 인천노협)와 공동으로 답동성당에서 700여 명이 참석한 가운데 '범인천연합 4·19 학생혁명 25주년 기념대회'를 개최하였다.

1985년 2월 7일 인천노협이 답동 가톨릭회관에서 200여 명이 참석한 가운데 창립총회를 개최하였다. 청계피복노조 출신의 양승조가 위원장을 맡았고, 부위원장에 YH무역 출신의 최순영, 사무장에 삼원섬유 출신의 김지선, 감사에 동일방직 출신의 이총각과 반도상사 출신의 조금분 등을 선출하였다. 인천노협은 1984년 3월 10일 서울 홍제동 성당에서 창립된 한국노

동자복지협의회(이하 한국노협)의 인천지부 격이었다. 한국노협은 1970년
대에 활동했던 민주노조 출신 운동가들이 블랙리스트 철폐 투쟁에 나섰다
가 고립 분산적인 투쟁으로는 한계가 있음을 깨닫고 이를 뛰어넘기 위해
함께 모여 만든 단체다. 인천노협 또한 1970년대 민주노조 출신이 주류를
이루었다. 인천노협은 창립선언문에서 "폐쇄된 개별 사업장의 사회적 고
립의 한계를 극복하고, 인천 부천 지역의 사회적 아픔을 노동자의 입장으
로써 같이 나누며 극복하기 위해 거침없이 나아갈 것"을 천명하였다. 인천
노협은 한국노협의 인천 지부 형식을 취하고는 있었지만, 실제 운영은 독
자적이었으며, 인사연과 더불어 인천의 민주화운동을 주도해 나갔다.

　유화국면은 종교계에도 변화를 가져왔다. 1984년 4월 22일 곽한왕, 고규
홍 등 5명이 주축이 되어 '가톨릭 청년운동의 새로운 방향 모색'을 목표로
내세운 인천가톨릭청년회를 결성하였다. 그 첫 사업은 6월 12일부터 10월
20일까지 답동 가톨릭회관에서 운영한 '제1기 민중대학'이었다. 이들은
1984년 12월 27일 답동성당에서 창립총회를 개최하여 천주교 인천교구 청
년회(이하 '인천 가청')로 정식 발족하고, 회장 곽한왕, 부회장 김철우, 총
무 고규홍 등을 선출하였다. 가톨릭 청년 평신도 사도직 운동의 활성화를
기본 목표로 설정한 이 단체는 인천 지역사회 내에서 정의와 평화를 실현
하고 나아가 분단시대 한국 사회의 모순을 극복하는 도도한 물결이 될 것
을 다짐하기도 했는데, 1985년 1월 16일 사제평의회에서 정식 교구 단체로
인준받았다.
　1984년 9월 8일에는 천주교 인천교구 정의평화위원회(이하 인천 정평
위)가 정식으로 재발족하였다. 원래 인천 정평위는 1976년 3월 18일 김병
상 신부를 위원장으로 하여 만들어진 단체였다. 그런데 변화된 정세에 부
응하고 보다 활발한 활동을 위하여 이번에 새롭게 출범하게 된 것이었다.

위원장 황상근 신부(십정동)를 필두로 장희영(화수동), 이학노(사목국장), 이찬우(송도), 호인수(부평4동), 전미카엘(연안부두), 오다니엘(노동사목) 등의 신부와 평신도 홍성훈이 위원으로 취임하였고, 제정구가 간사를 맡았다.

1984년 2월 26일 여성평우회가 만석동에 '큰물공부방'을 개설하였다. 여성평우회는 '진보적 여성운동'을 기치로 내걸고 설립된 단체인데, 빈민 여성들을 위한 지역 활동 대상지로 인천 만석동을 선정하고 1983년 10월부터 지역주민 실태조사를 시행하는 등의 사전 준비를 해왔다. 큰물공부방은 홍미영이 실무자로 일했는데, 빈민 밀집지역의 아이들을 돌보면서 자모회 등을 구성하여 주민들 대상의 교육 및 조직화 사업을 진행했다. 일찍이 1980년 9월 인천산선에서 설립한 민들레선교원이 인천지역 빈민층 어린이들을 위한 보육사업의 첫 선을 보인 것은 사실이지만, 본격적인 빈민운동의 출발점은 만석동 큰물공부방이었다. 1985년에는 박종렬 목사도 송림6동 사랑방교회에서 공부방과 함께 진료소와 한글주부교실을 운영하였다.

한편 1984년 6월 22일에는 인천YMCA교육자회가 창립되었다. 조용명이 중심 역할을 하였는데, 이는 훗날(1989년) 모습을 드러낼 전교조 인천지부의 모태가 되었다.

제3장 인천5·3민주항쟁

제1절 2·12총선과 민주화운동의 가열화

1985년 1월 18일 신한민주당(이하 신민당)이 창립되고 이민우가 총재로 취임하였다. 김대중과 김영삼을 양축으로 하는 민주화추진협의회가 중심이 되어 창당을 이끌었다. 이 신생 야당은 곧이어 시작된 2·12총선 정국에서 유세 현장마다 수많은 청중을 끌어들이며 세를 확산해 갔다. 인천에서도 유세장을 가득 메울 정도로 많은 시민이 모였는데, 유세가 끝난 뒤에도 흩어지지 않고 자연스럽게 가두시위를 벌일 정도였다. 창당한 지 채 한 달도 안 된 신민당이 이처럼 열렬한 지지를 얻을 수 있었던 것은 기존 정당에 대한 불신도 작용하였지만, 무엇보다도 신민당이 들고 나온 대통령 직선제 개헌안에 많은 국민이 호응했기 때문이다.

1985년 2월 10일 인천 정평위는 제12대 국회의원 선거를 앞두고 "이 땅의 민주화를 위하여 – 제12대 국회의원 총선거를 맞아"라는 제목으로 부정선거 감시와 5공화국 비리 규명에 관한 성명을 발표하고, "집회 및 시위에 관한 법률, 언론기본법, 정치활동규제법 등의 철폐 또는 개정을 요구합시다", "대통령을 국민의 손으로 뽑을 수 있도록 직선제 개헌을 요구합시다"

등 7개 항의 실천 방법을 제시하였다.

1985년 2·12 총선에서 신민당은 지역구 의석 50석과 전국구 의석 17석을 확보하여 제1야당이 되었다. 인천을 비롯한 대도시에서 압승한 결과였다. 당시 여당인 민정당이 과반수 의석을 차지하였지만, 전국구 의석의 2/3를 제1당에 배정하는 기이한 선거제도 덕분이었다. 이후 '관제' 야당 민한당에서 탈당한 의원들이 가세하여 의석수가 103석으로 늘어난 신민당은 직선제 개헌을 최대 현안으로 공론화하면서 전두환정권과 격렬하게 대립하였다.

신민당의 급속한 부상이 보여주듯이 국민의 마음은 이미 전두환정권으로부터 떠나고 있었다. 이러한 민심을 바탕으로 1984년 유화국면 속에서 전열을 재구축한 민주화운동 진영은 전두환정권에 대한 전면적인 공세를 펼치기 시작했다. 1985년 3월 29일 문익환 목사를 의장으로, 계훈제와 백기완을 부의장으로 하는 재야전선 조직 민주통일민중운동연합(이하 민통련)이 결성되어 이내 전국적인 민주화운동의 구심체로 떠오르게 되었다. 1985년 4월 17일에는 전국적인 학생 조직인 전국학생총연합(이하 전학련)이 깃발을 올렸다. 학생들은 미국이 전두환의 광주민주화운동 유혈진압을 용인했다며 5월 23일부터 26일까지 서울 미문화원을 점거하기도 하였다. 노동운동도 고양되어 1985년 4월에 대우자동차 파업, 6월에는 구로동맹파업이 일어났다. 이런 바탕 위에 1985년 8월 25일 서울노동운동연합(이하 서노련)이 창립되었고, 이어 인천노협이 인천지역노동자연맹(이하 인노련)으로 변신하면서 노동자 계급 중심의 사회변혁을 추구하기 시작했다. 이처럼 학생 집단, 노동계 할 것 없이 거의 모든 분야에서 민주화운동이 고조되어 전두환정권과 전면적인 대치 상태를 이루었다.

1984년 한 해가 인천지역 대학생들이 총학생회 건설에 몰두한 시기였다면, 1985년 이후는 대학 총학생회 간의 연대에 기초한 군부독재 반대 투쟁이 본격화된 시기라고 할 수 있다. 대표적인 것이 1985년 4월 10일 결성된 '경인지구학생연합(이하 경인학련)'이다. 여기에는 인하대학교와 인천대학을 비롯하여 모두 36개 대학의 학생들이 참여하였는데, 총학생회 부활 이후 등장한 최초의 연합체였다. 경인학련은 창립선언문을 통해 대학의 역사를 체제대학에서 민주대학으로 나아가는 투쟁 과정인 동시에 반역사적 지배계급과 대다수 민중 간의 투쟁 과정이었다고 설명하고, 학원 자율화의 허구성에 대한 비판과 함께 대학 밖 민중과의 연대를 강조하였다.

경인학련의 뒤를 이어 4월 17일 전학련이 출범했다. 전학련은 산하에 정치투쟁 조직인 민족통일민주쟁취민중해방투쟁위원회(이하 삼민투)를 두었다. 인하대에서는 조명수가 인하대학교 삼민투 위원장을 맡았다.

4월 20일 인하대 학생들이 성심여대 학생들과 함께 역곡역 앞에서 수입개방 철폐와 대통령의 방미 반대를 요구하는 연합 시위를 벌였다가 경찰에 31명이 연행되었다. 4월 23일에는 인천지역 대학생 200여 명이 주안역 뒤 공단거리에서 대통령의 방미를 반대하는 가두시위를 전개했으며, 26일에도 주안역 앞에서 수입개방 철폐를 요구하는 학생시위가 벌어졌다. 또 인하대학교에서는 5월 15일 학생 300여 명이 본관 앞 잔디밭에 모여 '광주민중항쟁 진상규명대회'를 열고 "광주진상 규명하라" 등의 구호를 외치며 4시간가량 교내 시위를 벌인 뒤 자진 해산하였다. 한편 8월 9일에는 인하대학교 총학생회장 이광현이 구속된 인하대 삼민투 위원장 조명수의 재판에 증인으로 출석하였다가 연행되어 국가보안법 위반 혐의로 구속되는 일도 있었다.

5월 7일 인천 가청은 '가톨릭 청년 사도학교 제1차 강좌'를 개설하였다. 10일까지 나흘 동안 이어진 이 강좌에서 문익환 목사가 '압제로부터 해방에 이르는 역사,' '예언자를 통한 정의의 외침들'을, 박찬용 신부가 '가난한 사람들의 벗 성서', '현실에 도전하는 성서'를 주제로 각각 강의를 진행하였다. 5월 17일에는 인사연과 인기청, 인천 가청, 인천도시산업선교회 등 4개 단체 연합으로 답동 가톨릭회관 6층 강당에서 '5월 광주민중항쟁 5주년 추모대회'가 열렸다. 참가자들은 공식 행사 후 가톨릭회관 앞에서 시위를 벌였고, 인사연 부의장 김정택, 기획부장 조용호 등이 경찰에 연행되었다. 5월 22일에는 인천 정평위가 답동 성당에서 800여 명이 참석한 가운데 '광주사태 5주년 기념 추모미사'를 거행하였는데, 이 자리에서 '광주 희생자를 위한 위령탑 건립기금'을 모으기도 하였다.

유화 조치를 취했다고는 해도 민주화운동에 대한 신군부 세력의 탄압은 멈추지 않았다. 전학련이 출범하고 1985년 5월 23일 서울 미문화원 점거사건이 일어나자 정부는 학원 안정법 제정을 들먹이기 시작했다. 대학 내의 집회와 시위를 규제하는 것 등을 골자로 한 학원탄압 조치였는데, 인천 정평위는 그에 대한 반발로 9월 4일 오후 7시 30분 1,000여 명의 신자와 시민들이 참석한 가운데 답동 성당에서 '학원과 노동현장의 평화를 위한 기도회'를 개최하였다. 기도회 참석자들은 '학원 안정법의 완전한 철회와 노동자들의 생존권 보장'을 요구하였다. 9월 7일에는 인하대학교를 포함한 경인지역 9개 대학 학생들이 '학원안정법 저지'와 '구속노동자 석방' 등의 구호를 외치며 동구 송림동 현대극장 앞과 주안동 삼미쇼핑센터 앞에서 시위를 벌였다. 9월 8일 인천 가청은 가톨릭회관에서 '9월 한마당 잔치'를 개최하고 "학원과 노동 현장의 평화를 촉구한다"라는 제목의 성명을 발표하였다. 9월 11일 인하대학교 총학생회는 비룡탑 앞에서 '학원탄압 규탄대회'를 열고 경찰과 투석전을 벌였다. 9월 18일에는 인하대학교 학원탄압저지 투쟁위원회가 후문에서 '학원탄압 중지', '구속학우 석방' 등의 구호를 외치며 교문 밖 진출을 시도하다가 경찰에 의해 저지당했고, 이 과정에서 경찰 200여 명이 교내로 들어와 학생들을 연행해 갔다. 학원탄압에 대한 학생들의 투쟁은 연말까지 계속되었다.

1985년 10월 8일 천주교 인천교구는 인천 가톨릭회관에서 제3기 민중대학을 열었다. 천주교 인천교구 홍보교육국은 10월 18일부터 21일까지 답동 가톨릭회관과 부평1동 신용협동조합 강당에서 김지하 원작의 '밥' 초청공연을 진행하려고 하였으나, 첫날 1회 공연이 끝난 후 사복경찰이 답동 가톨릭회관에 들어와 천주교 인천교구 직원을 비롯한 6명을 연행하면서 이후 공연이 무산되었다.

강제철거 문제는 빈민운동의 주요 과제 중 하나였다. 1985년 10월 만석동 택지개발사업지구 내 50여 동의 주택이 강제 철거되는 일이 발생했다. 철거 도중 이를 막던 주민들이 철거반원으로부터 폭행을 당해 많은 사람이 다쳤다. 이에 인하대, 인천대, 성심여대 학생 500여 명은 11월 1일 인하대에 집결하여 '민중생존권 쟁취 연합투쟁대회'를 개최하고 교내 후문에서 '군부독재 화형식'을 가졌다. 인천 정평위는 한 걸음 더 나아가 11월 8일 만석동 택지개발사업지구 내 철거민들과 함께 '만석동 재개발정책에 대한 주민공청회'를 개최하려고 하였으나 기관원들에 의해 강제해산 당했고, 이에 대한 항의로 11월 23일 '인천지역의 철거문제에 관한 우리의 견해'라는 성명을 발표하였다.

1985년에 들어서면서 노동운동도 한층 활기를 띠기 시작했다. 1985년 1월 14일 경동산업 노동조합이 출범하였다. 같은 날 서울과 인천의 해고노동자 10여 명은 여의도 민한당사에서 '해고자 전원의 복직, 블랙리스트 철폐, 노동조합 탄압 중지' 등을 요구하며 무기한 농성에 돌입하였다. 이들은 1월 26일 민한당사를 나와 노동부 청사로 향했다가 경찰에 의해 병원에 강제입원 당했으며, 그 후 1월 31일 밤 전원 경찰에 연행되었다. 농성에 참여한 노동자는 서기화(한일스텐레스), 이봉우(이성전자), 이옥순(이우제책사), 현윤실(유니전), 박애숙(협진양행), 송경평(대우자동차), 이용선(대우자동차), 조분순(쌍마패션), 김건호(진도), 김진태(린나이코리아) 등이다. 1월 22일 경동산업 노동조합은 성명을 발표하여 노동조합 설립과 관련해 해고된 위원장과 조합원 2명의 원직 복귀를 요구하였다. 또한 합법적인 노동조합인데도 회사 측이 온갖 방법을 동원해 파괴하려 하고, 인천시청이 노동조합 신고필증을 내주지 않으며, 금속노조연맹은 근로자의 교육을 기피한다고 주장하면서 이의 부당함을 고발하였다. 진도 부평공장에서는 1월 23일 김지형 등 용접반 소모임 구성원을 중심으로 '진도노동조합 결성 준비위원회'가 구성되었고, 31일 회사가 어용 노동조합을 설립하자 '진도노동조합 정상화 추진위원회'를 결성하였다.

2월 3일 동보전기 노동자들은 회사 식당에 모여 전면파업을 결정하고 정동근과 이형범을 공동대표로 선출하였다. 파업은 5일간 진행되었는데, 2월 6일 노동조합 결성대회를 개최하여 위원장 이남숙, 부위원장 김정숙, 총무부장 겸 조직부장 정동근 등을 선출하였다. 2월 27일과 28일에는 영창악기 노동자 1천여 명이 점심시간을 이용하여 임금인상 건의서 서명운동을 전개하는 한편, 어용 노동조합 퇴진 등을 요구하며 농성을 벌였다. 3월 13일 북구 가좌동에 있는 한영알미늄 노동자들은 1일 최저임금 4,700원을 요구하며 회사 측에 임금인상 교섭을 제의하였다. 경동산업 노동자들도 노동조합 탄압과 와해공작에 항의하며 농성을 시작하였으나 곧 강제 해산 당하였다.

3월 10일 인천교구 가톨릭노동청년회(이하 인천 JOC)는 답동 가톨릭회

관에서 300여 명이 참석한 가운데 '노동절의 유래와 노동현실'이라는 주제
로 노동절 40주년 기념식을 개최하였다. 이날 인천 JOC는 '제40회 노동절
을 맞이하여'라는 제목으로 성명을 발표하고, 1일(8시간 기준) 5,000원 이
상의 최저임금제 시행, 블랙리스트 폐기, 해고노동자 복직 등 5개 항의 요
구사항을 제시하였다. 3월 16일 한일스텐레스 노동자들은 김진국, 김재관
등을 중심으로 총회를 개최하고 손을선을 새 위원장으로 선출하여 민주노
조를 결성하였다.

1985년 4월 10일 서울과 인천지역 해고노동자들이 부평1동성당에 모여
'노동운동탄압저지투쟁위원회(이하 노투)'를 결성하였다. 4월 16일 대우자
동차 노동자 2,000여 명이 임금인상을 요구하며 파업을 벌였다. 앞서 1984
년 12월 26일 대우자동차 '노동조합정상화추진위원회(이하 정추위)'가 구
성된 바 있는데, 정추위는 정기적으로 「근로자의 함성」을 발간하며 어용
노조의 문제점과 노동자들의 정당한 요구사항을 적극적으로 알려 나갔다.
1985년 임금 교섭이 임박해지자 정추위는 노조와는 별개의 임금 교섭 안
을 제시하면서 노조집행부를 압박했다. 노조집행부가 무기력하게 대응하
자, 조합원들이 노조 사무실 앞에 집결하여 노조위원장에게 파업을 촉구
했다. 위원장 김영만은 어쩔 수 없이 파업을 선언했다. 이 파업은 4월 25일
까지 진행되었는데, 경찰의 진압이 예상된 19일 금요일부터는 350여 명이
본관 기술센터를 점거하여 농성에 들어갔다. 대우그룹 회장 김우중이 직
접 교섭에 나서면서 이 파업은 전 국민의 주목을 받았다. 그런데 김우중이
상대한 교섭 상대는 노조위원장이 아닌 학생 출신의 위장취업자로 당시
노조 대의원을 맡고 있었던 홍영표였다. 다시 한번 학생 출신 위장취업자
의 문제가 전 국민적 관심의 대상이 되었다. 파업 10일째인 25일 18.2% 임
금인상, 해고자 3인(송경평, 이용선, 박재석) 복직 불가, 파업 및 농성노동
자들의 신분 보장 등에 합의하면서 파업은 종료하였다. 대우자동차 파업

〈그림 3-4〉 임금인상 수당지급을 외치며 파업에 참가하고 있는 대우자동차 노동자들
(원출처 : GM노동조합)

은 대형 공장에서 발생한 파업이라는 점에서, 그리고 그동안 위장취업을
통해 공장에 들어가 노동운동을 전개하던 학생 출신 운동가들이 노동운동
의 전면에 등장하기 시작했다는 점에서 큰 사회적 파문을 일으켰다. 이 파
업을 주도한 혐의로 홍영표, 유선희, 한비석, 이용규, 정상국, 박재석 등이
구속되었다. 대우자동차 해고노동자였던 송경평도 농성 중인 본관 기술센
터에 들어가 노동자들을 선동했다는 혐의로 제3자 개입금지 위반으로 구
속되었다.

노동절이었던 5월 1일에는 부평 백마장 입구에서 '노동자생존권 쟁취집
회'를 개최하였다. 1985년 6월 1일 한일스텐레스 노동자들은 회사가 경영
악화를 이유로 조업 중단을 선언하자 "회사를 정상가동하라"는 구호를 외

치며 농성에 돌입하였다. 3일에는 대우전자 앞에서 인하대, 서울대, 중앙대, 숙명여대, 상명여대 등의 대학생 200여 명이 '대우자동차의 임금인상투쟁 만세' 등을 외치며 시위를 벌였다. 6월 4일에는 그 전해 10월부터 임금인상 등을 요구하며 수시로 시위를 벌여오던 효성동 소재 한일스텐레스 노동자 200여 명이 6월 3일 회사가 조업 중단을 획책하며 기숙사를 폐쇄하자 이에 반발해 "부당노동행위를 중단하라", "회사 정상가동하라" 등의 구호를 외치며 회사 본관 앞에서 농성을 시작하였다. 농성은 8일까지 이어졌으며, 이들을 지원하기 위해 달려온 인사연 황선진 집행국장과 민통련 계훈제 부의장, 사무처장 이창복, 민생위원장 이부영, 사회국 간사 정선순 등이 정체불명의 사람들에게 1시간 동안 공장 내 창고 등지에서 감금 및 집단폭행을 당하여 병원에 입원하였다. 이에 대해 민통련은 6월 21일, '현 정권은 폭력적인 노동정책을 중지하라'는 제목의 성명을 발표하였다. 6월 10일 동흥전기 노동자 40여 명은 밤 11시 30분경 노동조합 결성대회를 개최하였다. 같은 날 대림통상 회사 앞에서 40여 명의 노동자가 200여 명의 회사 측 사람들에 의해 폭행을 당해 인천노협 양승조 위원장 등 10여 명이 부상을 당하였다. 이들은 부당해고에 항의하는 대림통상 해고 노동자들이 관리직, 기능직 사원들로 구성된 회사 측 '기동타격대'에 의해 집단폭행, 협박, 린치, 감금 등의 행위를 당해 온 것에 항의하기 위해 대림통상을 방문했다가 화를 입었다. 다음날 부당해고 철회, 노동운동탄압 중지 등을 요구하며 인천 해고노동자 50여 명이 대림통상 앞에서 시위를 벌였다. 14일에는 한일스텐레스 노동조합 손을선 위원장 등이 해고당했으며, 17일에는 인천지역 8개 사업장 해고노동자 13명이 '폭력적 탄압에 대한 진상 규명', '부평경찰서장 처벌', '해당사업주 처벌' 등을 요구하며 신민당사에서 농성을 시작하였다. 이후 8일간의 단식을 포함해 15일간 농성을 이어갔다. 18일에도 동흥전기 노동자 이강혁과 안재환이 노동조합 설립과 관련해 부당

해고를 당하였다고 주장하며 노동부 인천지방사무소에 진정서를 제출하였다. 6월 21일 인사연과 인천노협이 주최하고 민통련이 후원하는 '노동운동탄압 규탄대회'가 답동 가톨릭회관에서 개최될 예정이었으나, 경찰의 원천봉쇄로 무산되었다. 대회에 참석하기 위해 모인 시민, 노동자, 학생들은 동인천역 앞 인영빌딩 주변, 오성극장 앞 등지에서 격렬한 항의 시위를 벌였다. 24일 한일스텐레스 노동조합 부위원장 이홍재, 이경태, 조합원 박중식, 박금순 등이 해고당하였다. 6월 27일 인천 가청은 명동성당 청년단체연합회, 가톨릭노동청년회, 가톨릭 농민회 등 천주교 사회운동협의회 소속 단체 대표 40여 명과 함께 6월 27일부터 29일까지 3일간 노량진 소재 가톨릭노동청년회 본부에서 대우어패럴 노동자 및 이에 동조한 다른 사업장 노동자들의 연대 농성을 지지하는 단식 농성을 진행하였다.

1985년 7월 1일 한일스텐레스 노동조합은 평조합원 소식지 『조합원의 소리』 창간호를 발행하였다. 7월 8일 대한마이크로 노동자 71명이 여의도 한국노총 본부 사무실에서 '노조탄압 중지, 단체협약 체결' 등을 요구하며 농성에 들어가 16일 기본급 60% 인상 등을 약속받고 농성을 해제하였다. 8월 20일 경신공업 노동조합 전 위원장 김명종이 회사에서 해고된 후 인천노협에서 활동하던 중 사무실 근처에서 형사의 주민등록증 제시 요구에 항의하다 연행되어 공무집행방해 및 폭력 등의 혐의로 구속되었다. 9월 10일 쌍마교통 택시기사 31명은 노동조합 설립신고서를 인천시에 접수하여 9월 25일 자로 신고필증을 받았다. 9월 21일에는 노동3권 쟁취를 요구하는 노동자 400여 명이 송림 5거리에서 가두시위를 전개하였다. 10월 8일 가좌동에 위치한 부강교통 노동조합이 결성되었다. 10월 15일 대림자동차에서 공장의 창원 이전과 관련한 회사 측과 노동조합의 무성의한 대책을 비판하며 노동조합 측에 그간의 과정에 대한 해명을 촉구하는 유인물 "아아! 형제여, 대림형제여!"가 식사 시간 중에 살포되었다. 대림자동차는 부평에 위치한 오토바이 제조업체로 400여 명의 노동자가 근무하고 있었는데, 이들은 다음날에도 120여 명이 회사 식당 앞 잔디밭에 모여 공장의 창원 이전에 반대하며 농성을 벌였다.

1985년 11월 15일 인사연이 십정동 성당에서 '전태일 15주기 추모미사 및 강연회'를 개최하였다. 홍창만, 이덕상 두 신부의 공동 집전으로 100여 명의 신자가 참여한 가운데 미사가 봉헌되고 조화순 목사의 강연이 이어졌다.

12월 9일 시브라더즈 노동자들이 '공장의 정상가동과 부당징계자의 원직 복귀'를 요구하며 3일간의 농성을 시작하였다. 13일 동보전기 노동조합 조합원 14명이 오전 8시부터 '체불임금 청산, 회사 정상화' 등을 요구하며 한국수출산업공단 4단지 관리본부 상무이사실을 점거하고 농성을 시작했다가 오후 4시경 경찰에 모두 연행되었으며, 이 과정에서 조합원 조광철이 부상을 당하였다. 16일에는 동보전기 노동조합 위원장 이형범과 총무부장 정동근이 13일의 점거농성 사건과 관련해 집시법 위반 및 건조물 침입 혐의로 구속되었다. 22일 시브라더즈 노동자 28명이 전국섬유노조연맹 사무실을 점거하며 농성에 들어갔다. 12월 23일 인사연, 인천노협, 인천지역기독노동자연맹, 인천 JOC, 인천 가정 등이 공동 명의로 "노동문제 책임지고 독재정권 물러나라"는 제목의 성명을 발표했다. 성명서는 시브라더즈 노동자들과 동보전기 노동자들의 점거농성 사건을 노동문제로 거론했다.

이듬해인 1986년 2월 27일 이성전자 노동자 700여 명이 주안5공단 앞에서 임금인상을 요구하며 가두시위를 벌였다. 이들은 경찰에 밀려서 회사로 들어간 후 회사 식당에서 농성을 이어가다 회사 측과 협상해 임금 3만 원 인상을 구두로 약속받고 퇴근할 때 상여금을 받았다.

1986년 4월 30일 오후 2시 30분경 삼환택시에서 부당 해고되어 출근투쟁을 하던 변형진이 회사 앞에서 분신하여 한강성심병원으로 이송되었다.

삼환택시는 연장수당 없이 매일 10~12시간 일을 시키고, 몸이 아파 미리 통보한 경우에도 무단결근으로 처리하여 월급에서 일당을 공제하는 등 노동자 대우가 형편없었다. 변형진은 "미안하다. 하지만 이 길밖에 없다. 노동자들이 떳떳하게 잘 사는 세상이 와야 할 텐데…"라는 말을 남기고 5월 1일 운명하였다.

1985년 11월 3일 인천지역구속자가족협의회(인천 구가협)가 결성되었다. 인천지역에서 민주화운동을 하다가 구속된 노동자, 학생의 가족 21명이 모여 조직하였으며, 14일부터는 소식지도 발간하기 시작하여 교도소 내 상황을 알렸다.

1985년 12월 2일에는 인천지역기독노동자연맹(이하 인기노련)이 구월동 창신교회에서 창립예배를 하고 창립선언문을 발표하였다. 이 선언문에서 인기노련은 "노동자 예수의 삶의 모습이 곧 우리가 지향하는 민주노동사회 건설의 표상임을 확인하고, 기독노동자들의 단결된 힘으로 노동자가 주인 되는 미래사회를 향해 끝까지 싸워나갈 것"이라고 밝혔다. 이러한 인기노련은 사실 '민중교회'에 뿌리를 둔 것이었다.

1970년대 인천지역 기독교계의 사회 운동이 인천도시산업선교회를 중심으로 전개되어 왔다면, 1980년대에는 민중교회가 그 역할을 분담해가면서 노동운동가를 배출하는 중요한 근거지로 발돋움했다. 이른바 '하방'을 통한 노동선교는 일찍이 1982년부터 두드러지게 나타났다. 노동운동을 하려고 하는 학생들이 위장취업을 통해 공장으로 들어갔다면, 선교를 통한 노동운동을 지향했던 이들은 지역에 들어가 교회를 만들며 활동을 벌였다. 그것이 민중교회다. 광야교회와 새봄교회가 초기 민중교회를 개척해 갔다. 광야교회는 후에 백마교회로 이름을 바꾸었고, 새봄교회는 1982년 이원희 목사가 노동자들의 신앙 터전을 마련한다는 목적으로 효성동에 세운 것이다. 기독학생회(SCA) 출신의 기독학생 운동그룹이 민중교회의 주축을 이루었다. 1985년 12월 2일에 출범한 인천지역 기독노동자연맹도 실은 새봄교회 노동청년회의 일부와 백마교회 일부 노동자들이 중심이 되어 만든 것이다. 민중교회는 이후 계속 증가하여, 1986년 1월 일꾼교회, 백마교회, 하나교회, 인항교회, 새봄교회, 소성교회, 예림교회, 한뜻교회, 해인교회, 사랑방교회, 새롬교회 등 11개 교회가 모여 '민중교회 목회자 모임'을 발족시키는 단계까지 나아갔다. 이렇게 해서 민중교회는 1980년대 노동자들의 활동 공간으로 서서히 자리를 잡아갔다.

제2절 변혁이론의 분화와 운동노선의 분열

1980년 5월 광주민주화운동이 좌절된 후 민주화운동가들은 막연히 일반 시민대중에만 의지해서는 결코 민주화를 이룰 수 없다고 느끼기 시작했다. 이제 4·19와 같은 시민학생혁명은 더 이상 기대할 수 없으며, 노동자, 농민의 계급적 이해에 기초하고 그들을 조직하여 운동의 주력으로 삼을 때 비로소 민주화가 가능하리라 판단한 것이다. 이후 많은 민주화운동가들이 노동자, 농민 속으로 들어가 그들을 조직할 것을 구상했고, 실제로 다수가 현장, 특히 노동현장으로 진입하기 시작했다. 1982년, 1983년을 거치면서 학생운동을 하다가 제적되거나 구속된 활동가들이 공장에 대거 위장 취업하였다. 그러면서 노동운동을 비롯하여 민주화운동 전체가 변하기 시작했다. 노동자계급에 기초한 사회변혁을 민주화운동의 궁극적 목표로 설정하는 경향이 점차 확대, 강화되어 갔으며, 운동에 있어서 노동자계급의 헤게모니가 강조되기 시작했다. 심지어 제도권 야당을 민주화로 나아가는 길에서 함께 할 우군이 아니라 노동자계급의 지도를 받아야 할 집단이나 타도해야 할 적으로까지 규정하려는 인식도 확산하기 시작했다.

1985년 6월 22일 서울 구로공단에 있는 대우어패럴에서 노조위원장 등 노조간부 3명이 구속되었다. 24일 대우어패럴 노동자들의 항의 파업을 시작으로 효성물산, 가리봉전자, 선일섬유 노조가 동맹파업을 벌였고, 25일에는 구로공단의 남성전자, 세진전자, 롬코리아 노동자들이 작업을 마친 뒤 지지 농성을 벌였다. 이에 동조해 학생들도 전학련 명의로 유인물을 배포하고 가리봉동에서 가두시위를 벌였다. 29일 대우어패럴에 경찰이 들어와 강제 해산시키면서 사태가 종료되었지만, 5일간 5개 사업체에서 1,400여 명의 노동자가 참가한 이 파업은 한국전쟁 이후 최초의 동맹파업으로 평가받았다. 특히 이 파업은 이전까지 노동자의 권익 향상을 목표로 싸웠던 경제투쟁과 달리 정치투쟁의 성격이 강했다.

위의 구로동맹파업에서 주도적인 역할을 한 인물이 대우어패럴에 위장 취업한 서울대학 출신의 심상정인데, 그는 이 사건으로 인해 수배 중인 상태에서 김문수 등과 함께 서울노동운동연합(이하 서노련)을 결성하였다. 이러한 배경을 지닌 서노련은 1970년대 민주노조운동을 조합주의, 경제주의로 비판하였다. 노동자계급의 독자적인 정치적 전망을 세우지 못하고, 눈앞의 경제적 이해에 매몰되었다는 지적이었다. 근시안적인 목전의 이익에 급급할 것이 아니라 노동자계급의 이해에 기초한 정치적 전망을 세우고, 그 전망을 이루기 위한 정치적 투쟁에 나서야 궁극적인 노동자계급의 해방이 실현된다는 이들의 주장은 노동운동가들, 특히 학생 출신의 노동운동가들 사이에서 널리 받아들여지기 시작했다. 그러면서 1970년대 민주노조 활동가들이 중심이 되어 만든 한국노협이 조합주의, 경제주의의 전

형으로 규탄, 매도당했다. 그리고 민통련, 민청련 등 전선운동 단체는 '소
부르주아'라는 치욕스러운 낙인이 찍혔다. 민주화운동 진영 내부에 균열
이 생기기 시작한 것이다.

인천에서도 마찬가지 상황이 전개되었다. 수도권에 있는 대규모 공업
도시인 인천은 학생운동 출신 활동가들이 사회변혁을 이루기 위해 노동현
장에 진출하려고 할 때 전략적으로 가장 적합한 지역 중 하나이었으며, 따
라서 그런 부류의 활동가들이 전국에서 제일 많았다. 자연히 인천노협에
도 많은 학생운동 출신 활동가들이 들어와 있었다. 1986년 2월 6일 인천노
협이 인천지역노동자연맹(이하 인노련)으로 이름을 바꾸어 재 창립되었
다. 위원장은 여전히 양승조였다. 그러나 실권은 흔히 '안개'라고 불리는
학생운동 출신 활동가들이 장악했다. 1970년대 민주노조 출신 노동자들은
경제주의자, 조합주의자로 몰려 내부에서 발언권을 상실하였다. 노동운동
을 표방하는 인노련의 중심이 노동자가 아니라 사회변혁을 꿈꾸는 학생운
동 출신의 활동가들로 바뀐 것이다. 인노련은 인천노협과 달리 스스로를
정치적 대중조직(Political Mass Organization, PMO)이라고 자리매김했다. 노
동자계급의 정치적 입장을 대변하는 조직이라는 뜻이다. 대중이라는 단어
를 더한 것은 전위정당은 아니라는 의미였다. 다시 말해서, 전위정당은 아
니나 노동자계급을 이끄는 선도적 정치투쟁조직이라는 것이다. 인노련은
이후 서노련과 노선을 같이하며 정치투쟁에 매진했는데, 그런 까닭에 이
둘을 한데 일컬어 '서인노련'이라고 하였다.

한편 인천노협을 인노련으로 전환하는 것에 반대했던 동일방직 출신의
최연봉과 정명자 등은 1986년 3월 인천노협을 재건하였다. 이들은 인노련
이 현장과 괴리된 채 급진적 정치투쟁에 몰두한다고 비판하면서 노동조합
의 중요성을 강조하였다.

1986년 3월 29일 서울대학교에 비밀 지하조직 구국학생연맹(구학련)이 결성되었다. 구학련은 서울대학교 법대 82학번들을 중심으로 만들었던 단재사상연구회를 모태로 했다. 이들은 한국을 미 제국주의의 식민지로 규정하고, 반미와 반파쇼를 핵심으로 한 민주주의혁명을 주장하였다. 이러한 인식은 김일성 주체사상에 바탕을 둔 것이었다. 이들은 직접적인 반미투쟁, 즉 '양키 고 홈'을 학생운동의 기본 강령으로 내세웠다. 그동안 학생들은 미국에 대해 광주학살의 방조자 내지 묵인자로 규정하고 그에 대한 사과를 요구했지, 노골적으로 '양키 고 홈'을 외치지는 않았었다. 이들의 주장은 학생운동 진영 내부뿐만 아니라 민주화운동 진영 내부에 큰 충격을 주었다. 더군다나 김일성 주체사상은 민주화운동 진영에서 그동안 금기시되어 온 것이었다.

구학련의 핵심 인물 중 한 명이 서울대학교 공법학과 82학번 출신의 김영환이었다. 김영환은 북한방송을 통해 주체사상을 공부하고 '강철서신'을 집필, 배포하여 그것을 널리 전파했다. '강철서신'을 통해 알려지게 된 김일성 주체사상은 엄청난 충격이었다. 그러나 '강철서신'에서 이야기한 소위 '품성론'은 흥미롭게도 학생들뿐만 아니라 당시 운동가들에게도 적잖이 신선한 충격을 주었다. 거기서 언급된 '혁명적 순수성'과 '솔직, 소박, 겸손, 성실, 용감한 품성' 등의 내용은 이전에는 거의 접해보지 못했던 것으로서 많은 학생과 운동가들이 급속히 '품성론'에 매혹되어갔다.

구학련은 또한 학생운동의 중심적 기반을 서클에서 학과로 바꾸었다. 이는 학생운동을 몇몇 소수의 비공개 조직 활동에서 학생 전체를 대상으로 한 공개 대중조직 활동으로 전환하기 위함이었지만, 그럼으로써 서클을 중심으로 면면히 내려왔던 학생운동의 전통은 사라지고 말았다. 구학련은 산하에 공개 대중투쟁 조직으로 반미자주화반파쇼민주화투쟁위원회(이하 자민투)를 두었다.

　한편 1986년 4월 29일 전국반제반파쇼민족민주학생연맹(이하 민민학련)이 결성되었다. 민민학련은 전통적인 입장에 선 학생들이 조직한 단체로, 전두환정권을 "신식민지적 지배를 관철하고 있는 미 제국주의의 앞잡이", "미일 자본에 예속된 국내 예속독점 자본의 지배도구인 예속 군사파쇼정권" 등으로 규정하고, 신민당의 개량주의와 재야의 타협성 및 사대주의를 싸잡아 비판하였다. 이들은 대중투쟁 조직으로서 반제반파쇼민족민주투쟁위원회(이하 민민투)를 각 대학에 설립했다.

　이렇게 해서 학생운동은 자민투와 민민투 둘로 나뉘었다. 이 분열은 1980년 서울대학교 학생운동에서 일어난 무림, 학림 논쟁과는 차원이 아주 다른 것이었다. 무림, 학림 논쟁은 민주화운동 방법론을 둘러싼 것으로, 서로 반목하고 갈등하면서도 다 함께 간다는 점에서는 공감대가 있었다. 그러나 자민투와 민민투는 방법론뿐만 아니라 주요 타도의 대상, 심지어 민주화의 목표까지 달랐다. 자민투가 민족 문제를 전면에 내세우고 미제로부터의 해방과 통일을 궁극의 목표로 삼았다면, 민민투는 계급 문제를 최우선으로 여겼고 따라서 민중의 해방이 궁극적인 목표였다. 이 분열은 20세기 말 학생운동이 소멸할 때까지 계속되었을 뿐만 아니라 민주화운동 전반으로까지 영향을 미쳐 이후 소위 NL 진영과 PD 진영으로 갈라지는 실마리가 되었다.

　학생운동 진영에 등장하기 시작한 반미운동은 전방 입소 훈련 거부와 반전반핵 투쟁 등으로 퍼져 갔다. '반전반핵 양키 고 홈!', '양키의 용병교육 전방 입소 결사반대!' 등이 이 무렵 등장한 구호였다. 각 대학에서 전방 입소를 거부하는 시위가 연이어 발생했으며, 1985년 4월 16일에는 '전방입소 훈련 전면 거부 및 한반도 미제 군사기지화 결사 저지를 위한 특별위원회'가 결성되었다. 학생들은 4월 28일부터 5월 3일까지 예정된 전방입소 훈련을 거부하기로 결의하고, 4월 28일부터 농성을 시작하였다. 그런데 같은 날 오후 신림동 사거리에서 농성을 지휘하던 서울대학교 자민투 소속의 김세진과 이재호가 경찰의 진압에 저항하며 분신, 사망하는 사건이 발생했다. 이 사건은 한국전쟁 이후 최초의 대규모 반미투쟁으로 반미운동을 전국 대학으로 확산시키는 계기가 되었다.

2·12총선 이후 개헌 문제가 전 국민적 쟁점이 되면서 민주화운동 진영도 자연스럽게 개헌 논의에 빠져들었다. 그러나 '서인노련'의 등장, 학생운동의 분열 등으로 그와 관련한 민주화운동 진영의 입장은 통일되지 못했다.

민통련과 인사연의 공식적인 입장은 민주헌법쟁취투쟁론이었다. 직선제 개헌을 주장하는 신민당과 연대하여 민주헌법을 쟁취하자는 것인데, 핵심 요지는 전두환정권과의 협상이 아닌 투쟁을 통한 개헌과 이에 입각한 민주정부 수립에 있었다. 그렇게 해야만 형식적인 민주화뿐만 아니라 민중의 인간다운 삶이 제도적으로 보장되는 실질적 민주화를 이룰 수 있다는 생각에서였다. 이는 신민당이 전두환정권과의 협상 과정에서 야합할 가능성을 경계한 것이기도 했다. 즉 신민당과 함께 가되 독자성을 유지하며 신민당이 전두환과 타협하지 못하도록 견인하자는 것이다. 한편 민통련과 인사연은 민중헌법이나 노동자계급의 정치적 이해에 기초한 헌법은 민주화운동 진영의 역량을 볼 때 시기상조라고 판단하였다. 민통련은 1985년 11월 20일 산하에 민주헌법쟁취위원회를 설치하고 민주헌법 쟁취론과 민주정부 수립론을 1987년 6월항쟁까지 견지하였으며 그럼으로써 그해 5월 27일 출범한 민주헌법쟁취국민운동본부의 밑거름이 되었다.

한편 '노동자계급의 정치의식화와 조직화'를 지향하며 '새로운 형태의 대중조직'을 표방하면서 등장한 인노련과 서노련은 삼민헌법론을 내세웠다. 이는 민중, 민주, 민족통일을 지향하는 것으로, 신민당과의 연대를 배격했다. 그들이 보기에 신민당은 결코 민중(노동자, 농민)을 대변할 수 없으며, 오히려 전두환과 야합하여 권력을 나눠 가지려는 보수집단이었다. 민통련과 인사연의 민주헌법론에 대해서도 신민당이 내건 직선제 개헌론의 아류로서 결국은 그 들러리 역할밖에 못 할 것으로 깎아내렸다. 서노련은 이미 1985년 10월 5일 인천노협, 한국기독노동자총연맹, 안양지역 노동3권 쟁취위원회 등과 함께 '전국 노동자 민중민주민족통일헌법 쟁취위원회'를 결성하였다. 개헌 문제에 대한 노동자의 정치적 입장은 삼민헌법이라는 것을 드러낸 것이다. 인천노협의 후신 인노련이 여기에 동조하는 것은 당연한 일이었다.

학생들은 개헌 문제에 대해 특별한 견해를 밝히지 않았다. 1986년 2월 4일 15개 대학 1,000여 명이 서울대에 모여 '파쇼헌법 철폐투쟁 및 개헌서명운동추진본부 결성식'을 열어 '파쇼헌법'을 철폐할 것을 주장하였으나, 그 대안이 무엇인가는 제시하지 않았다. 그리고 그 이후로도 이렇다 할 움직임은 없었다. 구학련의 출현으로 학생운동이 분열된 후 민민투와 같은 전통적인 세력들은 서인노련의 입장을 쫓아 삼민헌법을 주장하였으나, 결성된 지 얼마 안 된 자민투는 입장을 정리할 시간 여유가 없어서였는지 모르겠으나 자신들의 견해를 명확히 드러내지 않았다.

제3절 인천5·3민주항쟁과 군부독재의 폭압

신민당은 1986년 3월부터 '개헌추진위원회 시도지부 결성대회 및 현판식(이하 결성대회)'을 개최하기로 하고 3월 11일 서울시지부를 시작으로 부산, 광주, 대구 등지로 관련 행사를 이어갔다. 서울 결성대회와 3월 23일 열린 부산 결성대회에 민주화운동 진영은 특별한 관심을 기울이지 않았다. 신민당이 당원들을 동원하여 그런 행사를 하나보다 하고 그저 바라볼 뿐이었다.

변화는 3월 30일 광주 결성대회부터 일어나기 시작했다. 광주대회에 예상을 뛰어넘는 30여만 명의 시민들이 집결한 것이다. 현장의 분위기도 단순히 신민당을 일방적으로 지지하는 것이 아니었다. 시민들은 개헌이 아니라 군부독재 타도와 민주정부 수립을 요구했다. 그리고 신민당의 공식 행사가 끝난 6시 이후에도 흩어지지 않고 밤늦게까지 자리에 남아 구호를 외치며 시위를 벌였다. 1980년 5월 광주민주항쟁이 좌절된 이후 최대의 열기였다. 이와 같은 국민의 뜨거운 열기를 확인한 민주화운동 진영은 이를 적극적으로 활용하는 방안을 궁리하기 시작했다. 그리하여 민통련에 가입한 지역 단체 모임인 지역운동협의회는 이후 신민당의 결성대회에 조직적으로 관여하기로 결의했다. 즉 "신민당의 결성대회에 해당 지역 단체가 온 힘을 다하여 결합한다. 그러나 신민당의 행사를 방해하지는 않는다. 신민당의 행사가 끝난 후 해당 지역단체가 책임지고 가두집회를 개최하여 현장에 모인 국민의 열기를 군부독재 타도 투쟁으로 발전시킨다."라는 것이었다. 이러한 결정은 신민당과 연대하되 독자성을 견지하고, 개헌운동을 군부독재 타도 투쟁으로 견인하기 위함이었다. 그에 따라 4월 5일 대구 , 4월 19일 대전, 4월 26일 청주 결성대회에 민통련 지역단체가 참여하여, 신민당 공식 행사가 끝난 이후에도 흩어지지 않고 가두집회를 개최하여 시민들과 함께 군부독재 타도투쟁을 벌여나갔다. 그러면서 5월 3일로 예정된 인천 결성대회에 전 국민의 관심이 집중되게 되었다. 여기에는 서울과 인접한 수도권 지역이라는 점 그리고 노동운동의 주요 중심지라는 점이 크게 작용했다. 민통련, 인사연 뿐만 아니라 서인노련도 5월 3일의 인천대회를 적극적으로 준비하기 시작했고, 인하대, 인천대 등 인천의 대학생들 뿐만 아니라, 자민투, 민민투 등 수도권의 대학생들도 이날의 대회를 열심히 준비해 나갔다.

당시 신민당의 태도는 이중적이었다. 개헌추진위 결성대회라는 명목으로 대중을 동원하여 전두환정권을 압박하기 위해서는 민주화운동 진영과의 연대가 필요했다. 1986년 3월 17일 김대중, 김영삼은 민통련 의장 문익환 목사 등을 외교구락부로 초청해서 공동전선을 제의하고 '민주화를위한 국민연락기구(이하 민국련)'를 결성한 바 있었다. 개헌 운동에 민통련 등 민주화운동 진영을 끌어들이기 위한 것이었다. 그러나 한편으로는 자신들의 통제를 벗어나 독자 노선을 추구하며 날로 급진화하는 민주화운동 진영을 견제하려는 노력도 소홀히 하지 않았다. 그러던 중 4월 28일 '양키고 홈'을 외치며 김세진, 이재호가 분신자살하는 사건이 일어나자, 신민당 총재 이민우는 민통련과 아무런 사전 협의 없이 민국련 명의로 "민주화를 위한 학생들의 투쟁은 지지하지만, 최근 일부 학생들의 과격한 주장은 지지할 수 없다."라는 성명을 발표하였다. 민주화운동 진영과 분명한 선을 긋겠다는 이야기였다. 그리고 이튿날인 4월 30일에는 청와대에서 전두환과 회담을 하여 몇 가지 사항에 대해 합의를 하였다. 그 주요 내용은 여야가 국회에서 헌법 개정을 비롯, 정치 일정 등을 합의하면 임기 내 개헌이라도 반대하지 않겠다는 것이었다. 이 4·30 청와대 타협은 전두환정권과 신민당의 이해관계 절충이었지만, 향후 신민당이 가두 개헌서명운동보다는 국회 내에서의 정치 협상에 주력할 것이라는 인상을 강하게 심어주었다. 거기에다 이민우는 청와대 회담에서 "소수이겠지만 좌익 학생들을 단호히 다스려야 하며 민주화운동에 이런 사람들이 끼어서는 안 된다."라며 학생들에 대한 탄압을 묵인하겠다는 입장까지 밝혔다.

〈그림 3-5〉 인노련과 서노련에서 5.3인천집회 참석을 알리는 전단지
(민주화운동기념사업회 오픈아카이브즈 00086888
원출처 : 한국기독교사회문제연구원)

이민우 성명과 4·30 청와대 타협으로 민주화운동 진영은 발칵 뒤집혔다. 다음날인 5월 1일 민통련은 '대표자·집행위원 연석회의'를 열어 전날의 타협이 '보수대연합의 기도 또는 보수대야합의 전조'라고 비난하면서 민국련을 탈퇴하였다. 민통련 내부에서는 신민당에 대한 불신이 가득했다. 동료들의 분신자살로 격앙되어 있던 학생들은 5월 3일 인천 결성대회를 벼르고 있었다. 신민당도 학생들의 공격 대상이 된 것이다. 5월 2일에는 서울대에서 자민투와 민민투 공동주최로 '이재호 김세진 열사 투쟁 계승 및 인천민중투쟁을 위한 서울대 2만 학우 궐기대회'가 열렸다. '가자 가자 인천 해방구로'란 구호가 벽에 내걸리며 분위기를 돋우었다.

인사연과 민통련은 인천 결성대회가 열리는 5월 3일을 민주화의 한 계기로 만들 계획이었다. 군부독재 퇴진과 민주헌법으로의 개헌을 요구하며 철야농성을 벌임으로써 전 국민의 관심을 집중시키면서 민중궐기를 유도하자는 것이었다. 그래서 신민당의 행사가 진행되는 동안에는 거기에 끼어들지 않고 결성대회 장소인 시민회관 앞에서 평화적 대중집회를 열어 가능한 한 많은 군중을 집결시킨 후, 신민당의 행사가 끝난 다음에 시민회관 사거리를 점거해서 철야농성에 들어가기로 했다. 민통련 주요 인사들은 5월 2일 인천 자유공원에서 만나 인사연 지도위원인 호인수 신부의 주선으로 고잔동 성당에 머물렀다. 현수막 등의 시위용품은 하루 전날 인사연 지도위원이었던 이성득 신부가 있는 부천 삼정동 성당에서 제작한 뒤 호인수 신부의 알선으로 주안1동 성당 지하에 모아 놓았다. 원래 이 계획은 인노련과 협의하여 같이 실행하기로 했었으나 당시 민주화운동 진영 내부의 노선 분열로 인해 성사되지는 못했다.

서노련과 인노련은 공동으로 집회를 준비했지만, 그 실무는 인노련이 맡았다. 그들은 이번 대회를 노동자계급을 정치적으로 대변하는 서인노련의 존재를 국민 대중에게 알리는 동시에 신민당의 기회주의적 태도를 폭로하는 투쟁의 장으로 삼을 생각이었다. 그래서 인사연과의 협의에 일절 응하지 않았다. 인노련은 '삼반정권 타도'와 '삼민헌법 쟁취'를 주된 목표로 내걸었다. 그리고 평화집회를 구상한 인사연과는 달리 가두 투쟁을 원칙으로 세웠으며, 이를 위해 독립적인 시위 공간을 확보할 계획이었다. 시민회관 앞에 손수레를 이용해 연단을 설치하고 무력 호위조를 구성해 가두 투쟁을 이어나가려고 했으며, 여기에 필요한 시위용품도 사전에 제작해 두었다. 그리고 가두투쟁이 어느 단계에 이르면 노동자 밀집 지역인 주안5공단으로 진출한다는 계획도 세워두었다. 이런 일련의 구상은 인노련 내부의 실질적 지도부인 이른바 '안개'가 주도하였다.

자민투, 민민투 등 수도권 지역의 학생들도 각기 나름의 계획을 세웠으나, 내부의 분열로 인해 서로 간의 협조는 이루어지지 않았다. 다만 인하대와 인천대 학생들은 인사연과 행동을 같이하기로 사전에 합의하였다.

1986년 5월 3일 인천 결성대회는 오후 2시부터 시작될 예정이었다. 시민회관 주변 상가들은 일찌감치 문을 닫고 있었다. 그러나 행사 당일 이미 오전부터 시민회관 주변에는 인파가 몰려들기 시작했다. 12시 30분경 대회 장소인 시민회관 건너편 주안1동 성당에서 "군부독재 타도하고 민주헌법 쟁취하자"라는 현수막을 앞세운 시위대가 나왔다. 인사연과 민통련이 주축이 된 시위대였다. 인사연 시위대가 나오면서 시민회관 앞 사거리는 시민들로 가득 찼다. 수도권 각지에서 모여든 시민, 학생, 노동자들이 경찰을 피해 삼삼오오 흩어져 있다가 모두 모여들기 시작한 것이다. 그리고 각자 자기들끼리 그룹을 형성하여 집회를 열고 요구사항을 적은 인쇄물을 뿌려대며 구호를 외치기 시작했다. 일부는 대열을 형성하여 바깥쪽으로의 진출을 시도하기도 했다. 경찰은 아무런 제지도 없이 사태를 수수방관하

〈그림 3-6〉 인천5 · 3 민주항쟁 시위 현장
(민주화운동기념사업회 오픈아카이브즈 00740085 원출처 : 경향신문사)

면서 외곽에서 시위대의 가두 진출만 최루탄을 쏘며 봉쇄할 뿐, 시위 현장으로의 진입은 통제하지 않았다.

대회 개최 예정 시각인 2시가 채 되기도 전에 시민회관 앞 사거리는 시위대와 최루탄 연기로 가득 차 신민당의 결성대회는 진행이 불가능한 상황이었다. 1시가 조금 지났을 무렵 시민회관 앞 사거리에 있는 민정당 지구당사에서 검은 연기와 함께 화염이 치솟았다. 길거리에는 최루탄 분말과 깨진 보도블록, 유인물이 가득 널려 있었다. 김영삼, 이민우 등 신민당 지도부는 원래 주안역부터 시민회관까지 도보 행진을 하며 입장할 예정이었다. 하지만 그것은 숨 막힐 듯한 최루탄 가스 때문에 불가능했다. 무엇보다 "속지말자 신민당, 몰아내자 양키 놈", "삼반정권과 신민당의 타협을 배후조종하는 미제국주의 몰아내자" 등의 구호를 외치며 전두환정권과 타협한 신민당을 비난하는 시위대의 위세에 질려 아예 입장 시도조차 할 수 없었다. 결국, 신민당 지도부는 대회장 진입을 포기했고, 따라서 결성대회도 무산되었다.

이날의 시위는 크게 세 집단이 각기 주도했다. 인사연과 민통련을 중심으로 한 시위대는 시민회관 앞에서 국민대회를 개최하고, "광주학살 책임지고 전두환은 물러가라", "광주학살 책임지고 미국은 사죄하라", "저임금, 실업 강요하는 재벌정권 타도하자" 등의 구호를 외쳤다. 서노련과 인노련은 주안역 앞에서 시민회관에 이르는 도로를 점거한 채, "일천만 노동자의 요구에 등 돌리는 신민당의 개헌 생색을 믿지 말자"라고 주장한 뒤, "노동자 농민 피땀 짜는 미국 놈을 몰아내자", "노동자가 주인 되는 삼민헌법 쟁취하자" 등의 구호를 외치면서 투석전을 벌였다. 자민투, 민민투 등 수도권에서 몰려온 학생들은 제일시장 쪽으로 향하는 도로를 점거한 채, "철천지원수 미제와 그 앞잡이 깡패적 반동정권의 심장부에 해방의 칼을 꽂자", "가자! 해방구 인천으로" 등의 구호를 내걸고 투석전을 벌였다. 민주화운동 진영의 통일 대오는 엄두도 내지 못했다.

오후 3시가 넘을 무렵 민통련을 대표해 정책실장 장기표가 서노련 의장 김문수를 만나 공동 집회를 열어 함께 투쟁하기로 합의했다. 그러나 민통련이 서인노련 시위대를 맞이하기 위해 집회장 가운데를 비워주는 순간 서인노련 시위대는 스크럼을 짠 채 그냥 통과했고 민통련 집회는 난장판이 되고 말았다. 서인노련의 눈에 민통련이나 인사연은 이른바 '소부르주아'로 신민당의 아류 재야인사에 불과했던 모양이다. 아무튼 그것으로 공동 투쟁의 기회는 완전히 사라졌다.

시간이 지나면서 흥분한 시위대는 제물포와 석바위 방면으로 진출을 시도했다. 이미 시민회관 앞 사거리는 최루탄 가스 때문에 사람이 서 있을 수도 없는 형편이었다. 오후 5시 조금 넘어서부터 경찰의 진압이 시작되었다. 시위대 중 일부는 제물포역 방향으로 진출하였고, 일부는 경찰에 밀려 주안역 쪽으로 이동하기도 하였다. 이로 인해 전철 운행이 20여 분 가량 중단되기도 하였다. 경찰은 무자비한 진압 끝에 6시 무렵 시민회관 앞 일대를 완전히 장악하였고, 길거리에는 최루탄 분말, 깨진 보도블록, 유인물, 화염병 파편들만 가득했다. 경찰에 의해 흩어진 시위대는 밤늦게까지 남구 도화동, 중구 경동사거리, 부천역, 동인천역 등지에서 산발적인 가두 시위를 전개하였다. 그러나 더 이상의 특별한 사태는 벌어지지 않았다. 경찰은 이날 현장에서 약 400여 명의 시위대를 연행해 갔고, 이들을 인천경찰서, 동부경찰서, 부평경찰서 등에 분산 수용한 다음 조사를 진행했다.

전두환정권은 개헌 정국에서 수세로 몰린 상황을 이날의 시위를 계기로 일거에 반전시키고자 하였다. 실제로는 채 한 시간도 안 돼 완전히 진압할 수 있었던 시위를 대규모 시위로 발전하도록 수수방관한 것은 계산된 음모였다. 5월 3일 저녁부터 KBS를 비롯한 어용 언론들은 불길에 싸인 민정당 지구당사와 길거리에 가득 널린 보도블록 파편, 최루탄 분말, 유인물 등을 화면이나 사진으로 보도하며 이날의 시위를 폭력난동, 소요로 몰고 갔다. 그리고 서인노련이나 학생들의 반미 주장 등을 문제 삼아 이날의 시위를 좌경 용공 세력에 의한 체제전복 기도로 규정했다. 경기도경국장은 이날의 시위에 대해 "민통련, 인사연, 자민투 등 과격 단체 회원 및 학생 등 4,000여 명에 의해 저질러졌다"고 주장했다. 검찰은 이 시위를 좌경 용공세력에 의해 경찰 추산으로 191명의 경찰이 상해를 입고, 민정당 지구당사 건물과 경찰 차량 3대가 불타는 등 도합 1억 6천 33만 원의 재산상의 손해를 발생시킨 소요 행위로 규정했다.

곧이어 대대적인 검거 선풍이 불어 닥쳤다. 이미 그 전날인 5월 2일 저녁부터 서노련 관계자들이 민간인임에도 불구하고 국군보안사령부에 연행되고 있었다. 그날 현장에서 잡힌 사람 중 129명이 형법 115조 소요죄로 구속되었다. 그리고 60여 명이 지명 수배되었는데, 민통련의 장기표와 박계동, 인사연의 이호웅(의장), 이우재(집행국장), 홍성복(편집실장) 그리고 인노련의 양승조(의장) 등이 그 명단에 포함되어 있었다. TV에서는 수배자의 사진을 수시로 보여주면서 이들을 숨겨주면 숨겨준 사람까지 처벌받는다고 협박하였다. 전두환정권은 이 사건을 이용하여 민주화운동세력을 송두리째 뿌리 뽑으려 하였다. 인천소년교도소는 이 사건으로 구속된 사람들로 초만원을 이루었다.

그리고 이 과정에서 고문도 서슴지 않았다. 인하대 학생 이용주는 고문에 못 이겨 민정당 지구당사를 자신이 방화했다고 허위 자백하지 않을 수 없었다. 그리고 마침내는 6월 6일과 7일 부천경찰서(서장 옥봉환) 소속 문귀동이 인천 5·3 민주항쟁 관련 수배자를 수사하는 과정에서 서울대학교 여학생 권인숙을 성고문하는 만행까지 발생했다.

5·3 시위가 민주화운동 진영에 끼친 영향은 매우 컸다. 민통련은 장기

〈그림 3-7〉 인천5·3 민주항쟁 시위 현장
(민주화운동기념사업회 오픈아카이브즈 00740097 원출처 : 경향신문사)

표, 박계동의 수배에 이어 문익환, 이부영이 구속되면서 거의 마비 상태에
이르렀다. 인사연은 핵심 지도부가 전부 수배되면서 겨우 사무실만 유지
하는 형편이었다. 인노련은 이날의 시위 이후 내부에서 주체사상을 둘러
싼 이념 논쟁이 일어나면서 사실상 해산 수순에 들어갔다. 인천의 학생운
동 진영도 이날 시위의 후유증으로 한동안 거의 활동을 하지 못했다. 인천
의 민주화운동 진영이 이 타격으로부터 완전히 벗어날 수 있었던 것은 6
월항쟁 국면에 들어서면서였다.

　5·3시위는 1980년 5월 광주민주화운동 이후 1987년 6월항쟁으로 가는
과정에서 발생한 시위 가운데 최대 규모였다. 구속자 수나 그 영향 면에서

그만큼 큰 사건은 없었다. 민주화운동 진영은 5·3시위를 통해 광주민주화운동 이후의 침체 상태에서 완전히 벗어나 새로운 공세를 취할 만큼 다시 성장하였음을 여실히 보여주었다.

그러나 5·3시위는 민주화운동 진영만의 시위였다. 수도권 일대의 민주 세력이 총집결해 시위를 벌였으나 대중의 참여는 많지 않았다. 그것이 5·3시위의 한계였다. 대중의 참여를 불러일으키지 못한 것은 1980년 광주민주화운동 이후 민주화운동이 이념적으로 급진화하고, 과격화한 데 원인이 있었다. 그렇게 됨으로써 대중이 함께하기 어려워졌다. 그리고 민주화운동 진영 내부에 노선을 둘러싼 대립이 심화한 것도 그 때문이었다. 학생운동권이 분열되었고, 노동운동권에서도 서노련과 인노련이 등장하여 1970년대 민주노조운동과 심한 갈등을 일으켰고 민통련, 인사연 등의 재야전선과도 대립했다. 그 때문에 5·3시위 당일의 현장에서 대동단결하지 못하고, 각자 자기주장만 하는 분열된 모습을 보여주었다. 그것이 5·3시위에서 나타난 민주화운동 진영의 가장 큰 한계였다.

그러나 민주화운동이 급진화하고 과격해지게 된 연원은 1980년 광주민주화운동까지 거슬러 올라간다. 국군이 민주주의를 요구하는 제 나라 국민을 총칼로 살상하는 잔인한 모습은 민주화운동 진영에 큰 충격이었다. 그리고 그런 잔인한 무리와 싸워 민주주의를 쟁취하려면 어떻게 해야 하는 고민이 운동가들을 이념적으로 급진화하고 과격하게 만들었다. 그것이 총체적으로 표출된 것이 바로 1986년 인천5·3시위였다. 인천5·3 시위는 1980년 5월 광주 이후 민주화운동 진영이 고뇌하면서 싸워 온 온갖 투쟁의 결정체였다.

그런 면에서 인천5·3시위는 '인천5·3 민주항쟁'이라고 불러야 마땅하다. 5·3시위를 추동한 힘이 다름 아닌 민주주의에 대한 열망이었기 때문이다. 이것이 그 많은 사람을 모이게 했고, 고문받고 구속될 것을 각오하

〈그림 3-8〉 전두환 정권에 길들여진 관제 언론에 비친 인천5·3민주항쟁
(원출처 : 인천민주화운동계승사업회)

면서 투쟁하도록 이끌었다. 5·3시위에서 드러난 한계는 하나 또는 몇몇 집단만의 한계가 아니라 민주화운동 진영 전체의 한계였다. 하지만 그런 한계를 보이면서도 그것을 극복하고 보다 바른길로 앞을 향해 나아가는 것이 바로 민주화운동이었다. 인천5·3시위도 역시 그랬다. 거기서 드러난 급진성, 과격성을 놓고 민주화운동 진영은 자기반성에 들어갔다. 운동가 이전에 사람이 되라는 품성론이 큰 반향을 일으켰고, 작은 차이보다는 공유하는 큰 목표에 충실하자는 대동단결론이 대세를 얻기 시작했으며, 활동가 위주의 투쟁을 강조한 선도투쟁론이 자취를 감추면서 국민 대중과 함께할 수 있는 투쟁이 강조되었다. 그리고 이것이 1987년 국민과 함께한 6월항쟁의 밑바탕이 되었다.

인천의 민주화운동이 인천5·3 민주항쟁에 수반된 타격으로 크게 위축되었던 것은 사실이지만 결코 멈춰진 것은 아니었다. 인사연과 인노련이 주춤했을 때 그 공간을 메꾸며 민주화운동의 명맥을 이어간 것은 인천의 종교계와 구속자 가족들이었다. 그리고 그 과정에서 인천의 민주화운동도 서서히 회복되어 갔다.

1986년 5월 15일 인천 정평위는 부평1동 성당에서 800여 명이 참석한 가운데 '광주의거 6주기 추모미사 및 민주화대행진'을 개최하였다. 이날 천주교 인천교구 사제단이 5·18광주민주화운동 6주기를 맞이하여 "민주화는 민족의 비극을 치유하는 오직 한 길입니다."라는 제목의 시국선언문을 발표하였다. 이후 참석자들은 십자가를 앞세우고 부평2동 성당까지 침묵행진을 하려고 하였으나 부평1동 성당 앞에서 정문을 봉쇄한 경찰에 의해 무산되었다. 행사 하루 전인 5월 14일 부평경찰서장이 직접 인천 정평위 위원장 이찬우 신부를 찾아와 시가행진에 대한 '경고장'을 제시한 바 있었다. 이찬우 신부는 이에 대해 경기경찰국장과 부평경찰서장 앞으로 항의

서한을 발송하였다.

5월 17일 인기노련은 한국기독노동자총연맹, 전남기독노동자총연맹과 함께 '기독 노동자 시국선언문'을 발표하고 '보안사에 의해 비밀리에 저질러지고 있는 노동자, 학생, 민주인사에 대한 납치, 잔인한 고문과 폭력'에 대해 규탄하였다. 이 성명서는 1986년 4월 인천보안사 군인들이 백마교회와 부천 하나교회 노동자들을 '강제 납치하여 무지막지한 고문'을 가했다고 폭로하였다. 30일에는 인노련과 서노련 소속 노동자 16명이 서울 영등포동 한미은행을 점거하고 "노동자의 피땀을 짜는 미국 몰아내자"라고 적힌 현수막을 건물 밖에 내건 채 '1천만 노동자 5월 투쟁 선언' 등의 유인물을 뿌리며 농성을 벌이다 모두 경찰에 연행되었다. 한미은행이 미국과 연관되어 있으리라 생각하여 반미투쟁의 목적으로 벌인 것이었다.

6월 7일 인천5·3민주항쟁 관련 구속자 37명이 인천교도소에 수감 중 '소요죄 철회', '구속자 전원 석방' 등을 요구하며 7일간에 걸친 단식에 돌입하였고, 이들 중 3명이 실신하여 병사로 이감되기도 하였다. 이에 호응하여 인천5·3민주항쟁 관련 구속자 가족들은 11일부터 신민당 중앙당사에서 무기한 농성을 시작하였다.

인천5·3민주항쟁 수배자들을 검거하는 와중에 '부천서 성고문 사건'이 발생했다. 인천지역 구속자 가족 30여 명은 7월 2일 부천경찰서에 몰려가 "부천경찰서 소속 문귀동 형사가 조사 중인 대학생 출신 해고노동자 권모 양에게 성적 고문과 추행을 저질렀다"라고 규탄하며 사건의 진상 공개와 관련자 처벌을 요구하는 농성을 벌이기 시작했다. 7월 7일에는 답동 가톨릭회관 5층 강당에서 인천 가청과 개신교 6개 청년·학생·사회운동 단체들이 공동주최하고 인천 정평위와 기독교 인권위원회가 공동 후원하는 '부천경찰서 여대생 성고문 추행사건 규탄대회'가 거행되었다. 대회 시작전 경찰이 가톨릭회관 출입구를 봉쇄하여 30여 명만이 입장한 가운데 진행된 이 날 대회에서 사건 관계자의 처벌과 이를 보호 육성하는 군사정부의 퇴진을 요구하는 성명서가 채택되었다. 7월 28일 고려대학교 박은미, 김영진, 장근영 등 3명의 학생이 인천지방검찰청 현관에서 부천경찰서 성고문사건을 규탄하는 구호를 외치며 시위를 벌이다 구속되었다. 인천 가청, 인천 JOC, 가톨릭대학생연합회는 7월 30일 부천 심곡1동 천주교회에서 400여 명이 참석한 가운데 호인수 신부 등 인천교구 사제 8명이 공동 집전하는 "성고문 추방과 인권회복을 위한 미사"를 공동 주최하였다. 이날 행사와 관련하여 김종일(인천교구 가톨릭대학생연합회 회장), 곽한왕(인천 가청 회장), 안영근(인사연 집행국장)이 사전에 경찰에 의해 연금을 당하였고, 행사 전날부터 전투경찰이 배치되어 행사장을 봉쇄하였다. 성당에 들어가지 못한 참가자들이 노상 기도회를 개최하려고 하였으나, 경찰이 무력으로 해산하여 성사되지 못한 채 31명이 연행당했다. 연행자들은 밤 12시경 전원 석방되었다.

8월 17일 인기노련은 답동 가톨릭회관에서 '해방과 노동자'라는 주제로 "제1회 8·15 기념 인천지역 노동자 웅변대회"를 개최하였다. 같은 날 600여 명의 학생, 노동자들이 오후 7시 30분부터 8시 30분까지 부평역 앞에서 "헌법특위 분쇄하고 민주헌법 쟁취하자"라는 등의 현수막을 들고 가두시위를 벌였다. 일부 시위대는 미 헌병대 정문에 화염병을 던져 초소 유리창을 깨기도 하고 부평역 앞 광장에 바리케이드를 치고 시위를 벌이기도 하였다. 8월 24일 인천 구가협이 답동성당 마당에서 '인천지역 양심수를 위한 한마당 잔치'를 열었다. 인천 정평위와 인천기독교 인권선교위원회의 공동 후원으로 인천지역 양심수 현황, 인천교도소 내 투쟁현황 등에 대한 소개와 함께 '필리핀 민주화'와 '광주민중항쟁' 사진전 등이 진행되었다. 8월

30일 대검이 '민민투'와 '자민투' 관련 대학생 180명을 검거해 그중 인하대학교 학생 이용주와 이장한을 포함한 총 169명을 구속했다고 발표하였다.

9월 25일 천주교 인천교구 대학생연합회는 답동 가톨릭회관 강당에서 전 동아일보 편집국장 송건호를 초청하여 "한반도 주변정세와 통일전망"이라는 주제로 '월례 청년 금요강좌'를 개최하였다. 이날 인하대학교 학생 이원용이 전두환 독재정권에 반대하는 시위를 주도하였다. 9월 28일 전민학련 산하 서부지역평의회와 동부지역평의회 주도로 동인천역과 부평역 등지에서 아시아경기대회 반대를 위한 기습시위를 벌이려던 대학생과 노동자 40여 명이 사전에 정보를 입수한 경찰에 의해 현장에서 연행되었다.

11월 24일 인사연, 인기청, 인기노련, 인천 가정, 인천 JOC, 인천교구 가톨릭대학생연합회가 모여 '장기집권음모 분쇄를 위한 인천지역공동대책위원회(이하 공대위)'를 결성하였다. 공대위의 결성은 인천의 민주화운동 진영이 5·3의 타격을 딛고 다시 일어서기 시작했음을 보여주는 신호였다. 공대위에 인노련의 이름이 빠진 것은 인천5·3민주항쟁 이후 인노련 내부에서 사상 투쟁이 일어나 사실상 해체 상태였기 때문이었다. 공대위는 12월 14일 답동 가톨릭회관 5층에서 '나라의 민주화를 위한 인천시민대회'를 개최하려 했으나, 경찰이 가톨릭회관 출입구를 봉쇄하고 회관 내부까지 들어와 5층 강당으로 연결된 통로까지 폐쇄하는 바람에 무산되었다.

제4장 1980년대 전반 인천지역 민주화운동의 특징과 의의

1980년대 전반 인천지역 민주화운동에는 수도 서울과 인접한 노동자 밀집 지역이라는 인천의 지리적 특징이 가장 잘 반영되어 있다. 이 시기에 변혁적 노동운동을 추구하며 많은 학생운동 출신 활동가들이 공장으로 몰려들 때 인천은 가장 매력적인 곳 중 하나였다. 노동자 밀집 지구여서 노동운동을 전개하기에 최적인 데다, 1970년대 민주노조운동의 빛나는 전통도 있었고, 또한 서울과 인접하여 언제든지 서울과 행동을 같이 할 수 있다는 전략적 이점이 있었다. 수많은 학생 출신 활동가들이 서울 구로와 인천으로 몰려들었다. 그러면서 노동운동의 방향이 바뀌기 시작했다. 학생운동 출신들이 많아지면서 그들이 노동운동의 주도권을 잡게 되었고, 그러면서 노동운동은 급진화되고 과격해지기 시작했다. 1970년대 민주노조운동은 조합주의, 경제주의라 비난받았고, 정치투쟁이 강조되었다. 인노련의 등장은 바로 그런 흐름을 상징한다. 인노련은 서노련과 함께 서인노련이라 불리며 1980년대 전반 한국 노동운동을 이끌었다. 인천이 변혁적 노동운동의 메카가 된 것이다.

운동이 급진화, 과격화하면서 운동진영 내부에 분열이 발생하기 시작했다. 서로 주도권을 쥐고자 했고, 큰 목표를 함께하기보다는 작은 차이에 매달렸다. 1985년 이후 개헌 정국이 열리면서 국민의 민주화 열기가 끓어오르기 시작했지만, 민주화운동 진영은 내부의 차이에 얽매여 그 열기를 효과적으로 살리지 못했다. 1986년 인천5·3민주항쟁은 민주화운동이 급진화, 과격화한 폐단이 단적으로 드러난 전형적 사례였다. 인천5·3민주항쟁으로 인천지역의 민주 역량은 심각한 타격을 입었다. 그 결과 다음 해 6월항쟁 국면에서도 인천은 별다른 기여를 하지 못했다. 그러나 인천5·3민주항쟁의 좌절은 운동 진영 내부에 그동안의 행태에 대한 심각한 자기반성을 낳았고, 대중과 함께하는 투쟁, 작은 차이보다는 공동의 큰 목표에 주력하는 대동단결론이 주류로 부상하게 했다. 그럼으로써 6월항쟁으로 가는 길이 열렸다.

1980년대 전반 인천지역 민주화운동의 또 다른 특징 중 하나는 재야전선 운동의 등장이다. 인사연의 창립은 서울의 민청련 창립에 영향을 받아 이루어졌지만, 인천만의 독자적인 민주화운동을 가능하게 했다. 인사연은 민통련 산하 지역운동 단체들과 연대하면서 서울 쪽만 바라보는 것이 아니라 각자 자기 지역에서의 민주화운동을 주창하여 인천지역 민주화운동의 독자성을 유지하는 데 크게 기여를 했다.

제4부

6월항쟁과
노태우정권하의 민주화운동

제1장 6월항쟁과 인천의 노동자대투쟁

제1절 1987년 6월항쟁과 13대 대통령선거

1986년 11월 24일 '장기집권 음모 분쇄를 위한 인천지역공동대책위원회 (이하 공대위)'가 결성됐다. 인사연, 인기청, 인기노련, 인천 가청, 인천 JOC, 천주교 인천교구 가톨릭대학생연합회가 모여 만든 단체다. 공대위는 1987년 5월 24일 '호헌분쇄 및 민주개헌을 위한 인천지역공동대책위원회' 로 이름을 바꾸게 된다. 공대위의 출범은 인천5·3민주항쟁의 여파로 주요 활동가들이 구속되거나 수배됨에 따라 침체 상태에 빠졌던 인천지역의 민주화운동이 재정비되기 시작했음을 알리는 신호였다. 6월항쟁은 전국적으로 '민주헌법쟁취 국민운동본부(이하 국본)'의 주도 아래 전개되어 갔으나, 인천지역에는 그동안 국본이 결성되지 못했고, 공대위가 그 역할을 대신하였다. 그만큼 인천5·3민주항쟁에 따른 타격이 컸다.

1986년 12월 24일 제1야당인 신한민주당의 이민우 총재가 이른바 '이민우 구상'을 발표하였다. 7개 항의 민주화 조치가 선행되면 내각책임제 개헌을 받아들일 수도 있다는 내용이었다. 대통령 직선제를 중심으로 전개해 온 그동안의 개헌 투쟁을 실로 무색하게 만든 발언이었다. 내각책임제 개헌은 집권 여당인 민정당이 줄곧 주장해 온 것이었다. 이민우가 제시한 7개 항의 민주화 조치는 '지방자치제 시행, 언론기본법 폐지 및 언론자유 보장, 집회결사의 자유 보장 등 기본권 확립, 공무원의 정치적 중립, 2개 이상의 건전한 정당제도 확립 보장, 공정성이 보장되는 국회의원 선거법, 구속자 석방 및 사면 복권' 등이었다. 이처럼 신한민주당 내에서 내각제 개헌안 수용 여론이 대두되는 것을 본 김영삼과 김대중은 이에 반발하여 새로운 야당을 건설하기로 합의하고 준비 작업에 들어갔다.

제1야당의 총재가 국민이 열망하던 '직선제 관철'에서 후퇴하는 태도를 보이자 개헌 정국은 교착상태에 빠져들었다. 이민우가 선행 조건이랍시고 내놓은 '선민주화론'은 사실상 내각제 합의나 다름없는 주장이었다. 국민의 분노가 점점 커지기 시작했다.

1987년 1월 14일 박종철 고문치사사건이 발생하였다. 치안본부 대공수사단 남영동 분실에서 물고문을 당하고 숨진 대학생의 비보는 공안정국을 전환하는 계기가 되었다. 인천지역에서는 1월 25일 '고 박종철 군 추모예배 및 살인고문정권 규탄대회'를 신호탄으로 독재정권을 향한 대대적인 공세가 시작되었다. 인기청, 인기노련, 기독교도시산업선교회 등의 공동 주최로 일꾼교회에서 열린 이 규탄대회에서 박종렬 목사는 설교를 통해 고문 종식을 촉구하였으며, 참석자들은 그 후 동인천역 방면으로 침묵시위를 벌이다가 경찰의 저지로 해산하였다. 다음날인 1월 26일에는 천주교 인천교구 사제단과 평신도사도직협의회가 공동 주최한 '박종철 군을 위한 추모 미사 및 진혼제'가 답동성당, 부평1동성당, 소사성당 세 곳에서 동시에 진행되었다.

이어 2월 7일 천주교 인천교구 사제단은 전국적으로 거행된 '고 박종철 군 국민추도회'에 맞춰 오후 2시부터 1시간 반 동안 답동 가톨릭회관 6층에서 검은색 조기를 걸고 옥외로 추모 방송을 내보냈다. 이튿날에는 감리교 인천 주안지방회가 선린교회에서 600여 명의 교인이 참가한 가운데 추도식을 열었고, 감리교 인천북지방회도 갈월교회에서 '고문추방 기도회'를 개최하였다. 감리교 인천동지방회는 2월 10일 창영교회에서 '고문추방을 위한 특별기도 시간'을 가졌고, 3월 1일에는 기장 경인노회 인천시찰회가 인천교회에서 '3·1절 기념 및 고문 추방을 위한 연합예배'를 거행하였다.

1987년 4월 13일, 김영삼과 김대중은 신한민주당에서 탈당한 의원들과 함께 통일민주당 창당 발기인대회를 개최할 예정이었다. 전두환은 이에 맞서 TV 특별담화를 통해 선수를 쳤다. "임기 중 개헌이 불가능하다고 판단하고 현행 헌법에 따라 내년 2월 25일 본인의 임기만료와 더불어 후임자에게 정부를 이양"하겠다고 기습적으로 발표한 것이다. 이른바 '4·13호헌조치'였다. 곧바로 4·13호헌조치 반대투쟁이 전국을 강타해 갔다.

1987년 4월 30일 천주교 인천교구 사제단은 오후 8시 '민주개헌과 자주적 민주정부 수립을 기원하는 미사'를 마친 후 성명을 발표해 광주, 전주, 서울 교구 사제들의 단식기도에 동참한다는 입장을 밝히며 답동 가톨릭회관 6층에서 5월 6일까지 이어진 단식기도에 들어갔다. 천주교 인천교구 평신도사도직협의회는 사제단의 단식기도를 지지하며 대형 현수막 3개를 회관 건물에 내걸었다. 5월 1일에는 인천 가정, 가톨릭대학생연합회 등 청년 100여 명이 단식 중인 천주교 인천교구 사제들을 지지하며 답동 가톨릭회관에서 철야기도회를 진행하였다. 5월 4일 기독교 인천지역 인권선교위원회도 '나라와 민족을 위한 금식기도 주간 선포 및 직선제 민주헌법 실현을 위한 서명운동 취지문' 발표를 마친 후 인천제일감리교회에서 20여 명이 무기한 단식농성에 돌입하였다. 이날 천주교 인천교구 신자 1,000여 명은 단식 중인 사제들과 함께 답동 가톨릭회관 정문을 나와 노천기도회를 개최하였다. 5월 6일에는 천주교 인천교구 사제단이 답동성당에서 나길모 주교의 집전으로 신자 3,000여 명과 함께 단식기도 폐회 미사를 하고 '민주화를 위한 인천교구 사제단의 단식기도를 마치면서'라는 제목의 결의문을 채택하였다. 2,000여 명의 신자들은 그 뒤에도 남아 가톨릭회관 정문 앞에서 노천기도회를 열고 각 본당으로 돌아가는 사제들을 전송하였다.

인하대학교 교수들은 5월 7일 28명의 명의로 개헌을 촉구하는 시국 성명을, 5월 9일에는 14명이 민주화를 요구하는 시국선언문을 각각 발표하였다.

5월 18일 정의구현사제단 김승훈 신부에 의해 박종철 고문치사사건의 은폐조작 음모가 만천하에 폭로되어 커다란 충격과 함께 전 국민적 분노를 촉발하였다. 이에 5월 23일 '박종철 고문살인은폐조작규탄 범국민대회 준비위원회'가 결성되었고, 5월 27일에는 '민주헌법쟁취 국민운동본부'가 출범했다. 그리고 6월 10일에 전국적인 범국민대회를 진행한다는 계획이 수립되었다.

공대위는 5월 17일부터 24일까지를 광주항쟁 계승기간으로 홍보하고, 다양한 추도회와 집회를 진행하여 갔다. 단식농성과 '광주항쟁 추모제'가 전국적으로 이어지는 가운데 1987년 5월 24일 공대위는 '광주영령 추모 및 민주개헌을 위한 인천지역 시민대회'를 부평역 광장에서 개최하기로 계획을 세웠다. 하지만 경찰이 부평역과 백운역을 폐쇄하는 바람에 대회는 열리지 못했다. 그러자 학생들이 백운역 고가도로 일대에서 시위를 벌이기 시작했고, 순식간에 400여 명으로 늘어난 시위대는 대열을 이루어 부평시장 로터리, 부평1동성당 주위, 북구청 앞 도로, 백마장 입구 등지에서 투석전을 벌이며 시위를 계속하였다. 여기에 많은 시민이 동참하여 북구청 앞 도로에서는 2,000여 명이 모이기도 했다.

범국민대회를 하루 앞둔 6월 9일 인하대학교 학생들은 '군부독재 종식을 위한 출정식'을 가졌고, 드디어 다음 날 6월 10일 공대위는 부평역 앞에서 '6·10인천시민대회'를 개최하였다. 오후 4시 20분부터 가톨릭회관에서

〈그림 4-1〉박종철 추도회에 참여하여 고인의 명복을 비는 많은 시민들
(민주화운동기념사업회 오픈아카이브즈 00731497 원출처 : 경향신문사)

범국민대회 참가를 독려하는 가두방송이 시작되었고, 오후 6시가 되자 부평역에서 애국가가 울려 퍼지는 것을 신호로 택시기사들이 경적을 울려 시위의 시작을 알렸다. 곧이어 시위대가 십자가를 앞세우고 도로로 나와 가두시위를 전개하였다. 오후 7시가 지나면서 인근 공단 노동자들과 시민들이 '민주노동조합결성, 잔업철폐, 임금인상' 등의 구호를 외치며 합류하였고, 오후 9시경에는 3,000여 명의 시위대가 백마장 입구에 집결하여 산곡동성당 인근의 청천동 영아다방 사거리(지금의 세월천사거리)까지 행진을 이어갔다. 이곳에서 시위대는 걸음을 멈추고 대중 집회에 들어갔는데, 행진 도중에 합류한 사람들과 자발적으로 모여든 현지 주민들까지 가세하여 5천여 명에 달하는 시민이 참여하였다. 이날 인하대학교 학생 1천여 명은 '박종철 군 고문치사 은폐 및 호헌철폐 국민대회 출정식'을 갖고 용현동

에서 부평역까지 먼 길을 걸으며 가두시위를 벌였다. 이러한 일련의 사태에 위기를 느낀 전두환정권은 6월 12일 인천공대위 공동대표인 인사연 집행국장 안영근, 인천 JOC 회장 강석태, 인기청 회장 김영철 등 3명을 연행하여 구속하고, 그 외 인천공대위 대표 5명에 대해 수배령을 내렸다.

인하대학교 학생들의 반독재 시위는 연일 끊이지 않았다. 6월 14일 인하대학교 학생 3,000여 명은 교내에서 '군부독재 종식, 호헌철폐 비상총회'를 열었다. 총회를 마친 학생들은 교문을 나와 인천교대 앞, 숭의로터리, 신흥로터리 등을 거쳐 답동 가톨릭회관까지 진출한 뒤 동인천역으로 이어지는 도로를 점거하고 용동마루턱에서 경찰과 대치 상태에 들어가 구호를 외치며 시위를 벌였다. 6월 15일에는 전날(14일) 연행된 학우들의 석방을 요구하는 교내 집회를 열고 기말고사의 전면 거부를 선언하였으며, 3,000여 명의 학생들은 시민회관 앞까지 진출하여 석바위 시장 앞에서 시민들과 함께 집회를 열었다. 이날 인천대학교 학생들도 교문 앞 도로를 점거하고 2시간 동안 시위를 벌였다. 6월 17일 인하대학교 학생들이 교내에서 집회를 가진 후 밖으로 나와 동인천역에 집결하였다. 여기에는 인천대학교 학생들도 가세하여 2,000여 명의 학생이 동인천역 광장을 점거하고 시민 5,000여 명이 지켜보는 가운데 연좌시위를 벌였다. 오후 7시 30분경 경찰이 최루탄을 쏘며 진압하는 바람에 잠시 중단되었으나, 학생들은 7시 40분경 다시 집회를 연 다음 '6·10보고대회'가 예정되어 있던 주안1동성당으로 이동하였다.

주안1동성당에서 열린 '6·10보고대회'에서 인천 정평위는 "불심검문과 TV시청료, 주민신고제 등에 대해 시민불복종운동을 전개하고 최루탄 발사를 규탄할 것"을 선언하였다. 보고대회가 끝난 후 참석자들은 사제단과 수녀들이 앞장서서 촛불을 든 가운데 대열을 이루어 시민회관으로 행진하였다. 사제단은 연도의 시민들과 함께 시민대회를 가진 후 '시민불복종운동'

과 '최루탄 발사 규탄'을 결의하고 공식 집회를 마무리하였다. 그러나 수천의 시민들은 밤 10시가 넘은 시간임에도 불구하고 약속이라도 한 듯 자연스럽게 석바위 방면으로 행진하였다. 이후 시위대는 경찰과 대치하며 군부독재 퇴진을 요구하는 시위를 계속하였다. 밤 12시가 넘자 경찰은 최루탄을 쏘며 강제진압에 나섰고, 다수의 시민들이 부상당한 가운데 집회는 강제 해산되었다.

6월 18일은 민주헌법쟁취 국민운동본부가 정한 '최루탄 추방의 날'이었다. 이날도 인하대학교와 인천대학교 학생들은 교내에서 출정식을 갖고 부평역과 동인천역으로 집결하였다. 집회는 이 두 곳을 중심으로 각각 전개되었다.

동인천역 앞에서는 오후 6시 정각, 길가에 있던 300여 명의 사람이 순식간에 도로 한가운데로 모여 '호헌철폐, 독재타도' 등을 외치며 시위에 돌입하였다. 동인천역 광장과 시위대 뒤쪽에서 도로 차단작업을 하던 전경들이 갑자기 최루탄과 사과탄을 쏘아대며 10여 명의 학생을 무차별 연행해 가자, 시위대는 잠시 흩어졌다가 다시 전열을 가다듬은 후 오성극장 앞과 송림로타리 두 곳에 나누어 집결하였다. 학생 300명가량이 연좌시위를 시작하였고, 그 주위로 2,000여 명에 이르는 시민들이 모여들면서 자연스럽게 대중집회가 형성되었다. 2시간쯤 집회를 연 다음에 시위군중은 제물포 방향으로 행진을 시작했는데, 시위대가 숭의철교에 이르자 미리 잠복해 있던 전경들이 최루탄을 쏘며 진압에 나섰다. 400여 명은 박문로타리로 퇴각한 후 인천대학교 앞 도로를 점거한 채 행진을 계속하여 제물포 철로를 넘어 수봉공원으로 올라갔다. 이때 시민 2,000여 명이 다시 합류하여 함께 수봉공원을 넘어갔고, 일부는 도화 오거리에서 경찰에 맞서 격렬한 시위를 전개하였다. 자정을 넘긴 12시 10분경 인하대학교 후문 근처에 500여 명의 학생이 모여 농성 집행부를 결성한 후 도서관을 점거하고 철야농성에 들어갔다.

부평 쪽에서도 6월 18일 오후 6시부터 부평역 광장 앞 도로와 백마장 입구에서 동시에 집회가 시작되었다. 1만여 명의 시민이 모여들었으며, 모두 세 군데로 나뉘어 대중집회가 진행되었다. 개선문예식장 앞에 모여 있던 1만여 명의 시위대는 11시 40분경 전두환 화형식을 거행했다. 이후 청천동 시위대와 개선문예식장 시위대가 합쳐지면서 1만여 명의 시민이 새벽 2시까지 집회를 이어갔다. 경찰은 새벽 3시경부터 최루탄을 쏘고 백골단을 투입하여 진압을 개시하였는데, 이 과정에서 700여 명이 붙잡혀 연행되었다. 일부 노동자와 학생들은 원적산 일대로 올라가 피신하였으며, 그 가운데 50여 명은 다음날 시내로 들어오다가 청천파출소에 돌과 화염병 등을 던지기도 하였다.

6월 19일 인하대학교와 인천대학 학생 2,000여 명이 각기 학교에서 '최루탄 추방 인천지역 시민대회 경과보고'를 개최하고 교내 시위를 벌였다. 6월 21일에는 인천지역 대학생 150여 명이 동인천역 앞 중앙로에서 가두시위를 벌이다 경찰의 저지로 20여 분 만에 해산하였다. 6월 22일 인하대학교 학생 500여 명이 학교에서 출정식을 하고, '최루탄 추방의 날'이었던 6월 18일 부평 시위 때 경찰이 자행한 만행을 규탄하기 위하여 열기로 한 '부평만행사건 규탄대회'에 참여하기 위하여 부평역으로 향하였으나, 오후 6시부터 시작될 예정이었던 이날 집회는 경찰이 2,000여 명의 병력을 동원해 부평역에서 백마장 입구까지 원천 봉쇄하는 바람에 무산되었다. 6월 24일 인천지역 대학생들이 인하대학교에서 집회를 열 예정이었으나 경찰의 원천봉쇄로 무산되자 동인천역에 집결해 가두시위를 전개하였다. 이날 인천지역의 변호사 17명이 "조국과 민족의 민주화를 요구하고 진정한 정의와 평화가 이 땅에 실현되기를 기원"하는 성명을 발표하였다. 6월 25일 인하대학교 학생들이 다음날 있을 평화대행진에 참석하기 위한 출정식을 거행하였다.

6월 26일의 범시민평화대행진은 부평역과 백마장 입구, 두 곳에서 동시에 개최되었다. 경찰은 집회 주최 측과 사전 협상한 대로 저녁 9시까지는 집회를 허용하였지만, 그 이후부터 최루탄을 쏘며 진압하였다. 그러자 저녁 10시 30분경 시민, 학생, 노동자 2,000여 명이 석바위에 다시 집결하여 가두집회를 열었다.

6월 29일 드디어 집권 민정당 대표 노태우 명의로 직선제 개헌과 시국사범 석방 등을 주요 내용으로 하는 6·29선언이 발표되었다. 당시 여당의 대통령 후보였던 만큼 자신에게 호의적인 여론을 조성하여 대선에서 득을 보려는 얄팍한 속셈이 작용한 결과였겠지만, 어쨌든 이로써 6·10대회부터 시작된 6월항쟁은 일단 막을 내렸다.

그런데 7월 5일 연세대학교 학생 이한열이 공권력의 야만적 폭력으로 인한 뇌사상태를 헤어나지 못하고 운명하고 마는 비극이 발생하였다. 그는 6월 9일 연세대학교에서 개최된 "6·10대회 출정을 위한 연세인 결의대회"에 참가해 시위하던 도중 경찰이 쏜 최루탄을 머리에 맞은 뒤 이렇게 목숨을 잃었다.

7월 12일 인천 공대위는 인천지역민주화실천가족운동협의회, 인천지역대학생대표자협의회(이하 인대협)와 공동으로 '고 이한열 열사 추모 및 양심수 전원 석방을 위한 인천 시민대회'를 자유공원에서 개최할 예정이었다. 그러나 자유공원으로 향하는 모든 길목이 경찰에 의해 차단되었고, 대회장에 미리 들어가 있던 사람들까지 모두 경찰에 의해 연행되었다. 대회장에 참석하지 못한 사람들이 가톨릭회관 앞에서 대회를 열려고 시도하였지만, 경찰에 밀려났으며, 300여 명은 가톨릭회관 안으로 들어가 무기한 농성을 시작하였다. 농성자들과 경찰이 매일 화염병과 돌, 최루탄을 주고

〈그림 4-2〉 6월항쟁 당시 동인천역에서 경동사거리까지 연좌시위 하는 시민들
(원출처 : 『월간 말』)

받으며 대치하면서 회관의 유리창이 거의 파손되는 등의 피해가 속출하였다. 결국, 사제단이 중재에 나서 연행자 전원 석방과 농성자 안전 귀가를 약속받으면서 7월 17일 저녁에 대치 상황이 해제되었다.

9월 6일, '민주헌법쟁취국민운동인천본부(이하 인천국본)'가 답동성당에서 창립대회를 열고 출범하였다. 이근창, 주복균, 오순부, 제정구, 이호웅 등이 공동대표를 맡게 되었고, 고문에는 김병상, 최세웅, 유병찬, 명화섭, 유제연, 안동섭 등이 위촉되었다. 인천지역은 6월항쟁 당시 국민운동본부를 세우지 못했었다. 그 이전 해인 1986년의 인천5·3민주항쟁에 수반된 여파가 그만큼 컸던 탓이다. 그래서 6·29선언 이후 구속자와 수배자들이 풀려나오고 노동자대투쟁까지 거친 뒤인 9월에야 인천국본을 건설할 수 있었다. 인천국본은 창립선언문에서 "민주화운동의 전 역량을 결집하여 반군부독재 투쟁전선을 광범위하게 구축할 필요가 있다"라고 천명하였다. 인천국본은 9월 20일 답동성당에서 '언론왜곡 보도 및 노동운동 폭력탄압 규탄 인천시민대회'를 개최하였다.

6·29선언 이후 정국은 급속하게 대통령선거 국면으로 전환되었다. 노태우의 계산대로 김대중과 김영삼, 이 '양 김'은 결국 갈라서게 되었다. 이 둘의 결별이 현실화되면서 민주화운동 진영도 내부분열을 겪기 시작했다. '비판적 지지론', '민중독자후보론', '야권후보단일화론', 이렇게 셋으로 나누어졌다.

비판적 지지론은 김대중을 염두에 둔 입장인데 그 깃발을 처음 든 것은 민통련으로, 1987년 10월 12일 자체 중앙위원회에서 이를 결의하였다. 김대중이 김영삼보다 진보적이라는 것이 그 이유였다. 민중독자후보론은 PD계열의 활동가들이 주로 주장하였던 것으로, 백기완을 후보로 내세워 세력의 결집을 꾀했지만 그가 중도 사퇴하면서 무의미해졌으며 이후 비판적 지지에 대한 비판세력으로서 존재하였다. 야권후보단일화론은 양 김의 분열이 굳어지면서 당위적 주장 이상의 의미는 없게 되었다. 백기완 후보의 사퇴 이후 민주화운동 진영은 "비판적 지지냐, 아니냐"로 간명하게 갈렸다. 대체로 전자는 NL계열, 후자는 PD계열이었다. 이 분열은 이후 민주화운동 진영 내에 고질병으로 정착되게 된다.

인천에서의 상황도 마찬가지였다. 인천의 민주화운동 진영 중 NL쪽 입장에 서 있는 그룹들은 비판적 지지론을 고수하였다. 학생운동 진영에서는 인대협이 주로 이 입장이었다. PD 진영에서는 민중독자후보론을 견지하였고, 백기완 후보가 사퇴한 이후에도 '비판적 지지'에 대한 비판을 멈추지 않았다. 6월항쟁의 와중인 6월 26일 출범을 알린 인천지역민주노동자연맹이 이 입장의 대표적인 세력이었다.

인사연은 민통련의 비판적 지지 결정에 대해 내부 회의를 열어 찬반 격론을 벌였고, 표결한 결과 민통련의 결정을 따르기로 하였다. 그러나 이에 반발한 박귀현, 황선진 등 일부 회원들은 수용 불가를 선언하며 인사연을 탈퇴하고 민중독자후보론을 추진해 갔다. 이들은 그 후 독자적으로 정치 세력화를 모색하였고, 1988년 3월 1일 인천우리문화사랑회와 함께 인천시민공동회를 창립했다. 인천시민공동회는 1990년 1월 인천민중연합(이하 민연)으로 이름을 바꾸었다. 인사연은 김대중 후보에 대한 비판적 지지론을 고수하였다.

1987년 12월 16일로 예정된 대통령선거일이 다가오면서 인천에서도 공명선거운동이 전개되기 시작했다. 11월 22일 주안1동성당, 석남동성당, 십정동성당에서 '군부독재 종식과 공명선거를 위한 행사'의 목적으로 사진전이 열리고 비디오가 상영되었으며, 주안1동성당과 석남동성당에서는 마당극도 함께 공연되었다. 29일 부평1동성당과 계산동성당, 그리고 12월 5~6일 용현동성당과 강화성당에서도 같은 사진전과 비디오 상영이 진행되었다. 11월 28일에는 천주교 인천교구 공정선거추진위원회가 답동 가톨릭회관 411호에 사무실을 설치하고 활동을 시작했다. 12월 7일에는 인천지역 대학생대표자협의회 소속 학생 350여 명이 인하대학교 대강당에서 공정선거 감시위원단 1차 교육을 실시하고 시내로 나와 가두캠페인을 벌이다가 경찰의 저지로 교내로 들어가 총장실과 복도에서 농성을 전개하였다. 그러나 양 김이 분열된 상황에서 공영선거운동은 큰 호응을 받지 못했다.

12월 16일 대통령선거에서 노태우의 당선이 공식 확정되었다. 인천 가청, JOC, 가톨릭대학생연합회 등이 12월 20일 공동성명을 발표하여 컴퓨터 조작으로 노태우가 당선되었으니 이번 대통령선거는 무효라고 주장했으나, 큰 반향을 불러일으키지는 못했다.

그 와중인 9월 25일에는 훗날 전교조 인천지부의 모체가 되는 '민주교육추진 인천지역교사협의회(이하 인천교협)'가 부천 삼정동성당에서 창립대회를 열고 출범하였다. 조용명(박문여고)이 회장에 선출되었고, 십정동성당에 사무실을 두었다.

11월 20일에는 빈민지역 교회, 진료소, 공부방, 탁아소 등에서 활동하던 실무자 30여 명이 청천동 소재 백마교회에 모여 인천 빈민지역활동가협의회(이하 빈활협)를 창립하였다. 1987년 이후 빈민운동은 지역 센터 중심의 분산, 고립된 활동을 지양하고 상호 연대를 통한 대중조직 활동으로의 발전적 변화를 모색하고 있었다. 빈활협은 그러한 고민 속에서 출범한 단체다. 초대 회장은 김정택 목사가 맡았다. 대중조직 활동은 부문별 연대운동으로 확산되어, 1988년 인천지역진료소연합, 1989년 인천지역탁아위원회, 1990년 인천지역공부방연합회 등의 결성으로 이어졌다.

제2절 인천의 7~8월 노동자대투쟁

6·29선언을 통해 직선제 개헌이 실현되었으나, 노동자들의 상황은 별다른 변화가 없었다. 노동자들은 결국 6월항쟁에 이어 민주노조를 결성하여 스스로 권리를 찾기 위한 투쟁에 돌입하였다. 1987년 6월 5일 현대엔진의 민주노조 건설로 시작된 노동자들의 투쟁은 울산지역을 순식간에 휩쓸며 전국으로 퍼져나갔다.

인천지역에서는 7월 1일 선일연마 노동자들이 임금인상과 상여금 지급

을 요구하며 파업 농성에 들어갔다. 7월 11일에는 부평 갈산동에 있던 한
독금속에서 노동조합이 결성됐는데, 이곳 노동자들은 이미 6월항쟁이 전
개되던 6월 11일 임금인상 시위를 벌인 바 있었다. 병역 특례자들이 대부
분인 방위산업체였음에도 불구하고 '일당 1천 원 인상'과 '보너스 200% 지
급'이라는 소중한 성과를 얻었다.

선일연마와 한독금속 노동자들의 투쟁은 이후 전개된 인천지역 노동자
대투쟁의 예고와도 같았다. 선일연마에 이어 7월 2일 대성합성화학 그리
고 7월 9일 영원통신이 파업을 벌였으며, 한독금속에 이어 7월 13일 남일
금속에서 민주노조가 결성되었다. 그 뒤 7월 14일 서울조구가 파업을 벌였
고, 7월 16일에는 성진운수에서 '일일업적금제 실시'를 요구하는 노동자들
의 파업이 있었는데, 여기에 동조하여 금강운수(7월 20일), 동산운수(7월
26일), 부광교통과 성산교통(7월 28일) 등지의 운수 노동자들도 파업 투쟁
에 들어갔다. 이후 7월 한 달간 신흥목재(21일), 삼호목재(24일), 메탈리안
(27일), 세진화인케미칼(31일) 등에서 파업 농성이 전개되었다. 이때의 주
된 요구사항은 임금인상과 유급휴가였다. 같은 달 한세실업(25일), 한전유
화, 태연물산(이상, 26일), 신신교통(27일), 한국그랜드(31일) 등에서도 노
동조합이 속속 결성되었다.

1987년 8월에 접어들자 인천지역 전역에서 노동자들의 본격적인 투쟁이
들불처럼 번져나갔다. 7월의 노동자 투쟁은 서막에 불과했다. 하지만 이
무렵 뜻하지 않은 불행한 사건도 발생했다. 8월 1일 인기노련 주최로 충북
금강 유역에서 개최한 '노동자 여름 수련대회'에서 물에 빠진 동료를 구하
려다 박용선, 유인식, 김현욱, 이대용 등 4명이 사망한 것이다. 그 행사에
참석한 인천과 부천 지역노동자 350여 명은 동지를 잃은 슬픔이 채 가시기
도 전에 인천에서 들려오는 투쟁 소식을 접하고서 그 대열에 합류하기 위
해 각기 사업장으로 돌아갔다.

8월의 투쟁은 8월 1일의 인천조선 노동조합 설립으로 막을 올렸다.(17
일, 신고필증 교부) 8월 6일에 있었던 대우중공업 인천공장의 파업은 계열
사는 물론이고 다른 인천지역 공장들로도 확산하여 거의 하루도 거르지
않고 여기저기서 파업과 민주노조결성 소식이 들려왔다. 6일에는 대우중
공업 인천공장을 비롯하여 대한마이크로, 대한화학기계, 세일에서 농성이
있었고, 7일에는 경동산업에서 총회를 열어 어용노조집행부에 대한 불신
임안을 통과시킨 후 새 집행부를 구성하였다. 이날 세화공업 노동자들도
파업에 돌입하였다. 10일은 신광기업, 우아미가구, 한국종합기계에서 농
성이 있었고, 11일 보루네오통상, 삼양식품공업, 삼익악기, 신광전기, 한국
타이어 등에서 파업에 돌입하였다. 한일튜브공업에서는 노조결성추진위
원회가 결성되었다. 12일 대원운반기계, 인천조선, 코리아스파이서, 풍산
금속 등에서 파업을 했고, 서울조구에서는 노동조합이 결성되었다. 13일
로얄토토, 삼경무역, 화인공예 등에서 농성을 벌였고, 세진음향, 신광기업,
우아미가구 등에서 노동조합을 결성하였다. 신흥목재 노동자들은 7월에
있었던 파업 당시 농성을 주도한 노동자들이 해고당하자 이에 항의해 농
성을 벌였고, 코리아스파이서 노동자들은 어용 집행부에 대한 불신임안을
통과시키고 임시집행부를 구성하였다. 한국미싱공업주식회사 노동자 30
여 명은 이날 작업 시작 벨이 울림과 동시에 농성을 시작해 참가 인원이
늘어나자 옥상에 집결해 계속 이어갔고, 회사 측과 임금인상 합의서를 작
성한 후 해산하였다. 8월 14일, 신흥, 인천조선, 코리아스태플 등에서 농성
이 있었다. 코리아스태플 노동자들은 회사가 무기한 휴업공고를 내자 노
동조합을 결성한 후 농성을 이어갔다. 코리아스파이서 노동자들은 "부당
휴업 철회하라"라고 현수막을 앞세우고 대우자동차 후문을 경유하여 갈산
시장까지 가두행진을 전개하였다. 한국미싱공업주식회사에서도 노동조합
이 결성되었다. 15일에는 부국철강공업, 선창산업, 한세실업, 한영알미늄

노동자들이 파업을 벌였다. 한국미싱공업 노동자들은 '노조 인정' 등을 요구하며 14일부터 농성을 계속해 왔는데, 회사 측이 폭력을 행사하며 노동자들에게 사직서를 강요하였고, 그중 한 명은 난수표가 나왔다는 엉뚱한 누명을 쓰고 불순분자로 몰려 회사에 감금당하기도 하였다.

8월 중순을 넘으면서 투쟁에 동참하는 작업장의 수가 대폭 증가하였다. 8월 16일 대한마이크로 노동자 30여 명이 임시총회를 노동조합을 재건하였다. 17일 고능, 신영전기, 대림통상, 대우전자, 대흥기계, 동진화성, 새한실업, 신한공기, 영창악기, 왕자표 보일러, 우진실크, 인천조선, 콜트악기, 한국강관, 한양목재, 한일튜브공업, 현대철구사업부, 협진염직, 화영, 인성전자, 인우데크레코 노동자들이 파업에 들어갔다. 인성전자와 인우데크레코 노동자들은 같은 건물에서 함께 작업하던 동지들이었다. 경동산업에서는 회사가 이틀간 휴업공고를 내자 노동자들이 구사대를 밀치고 회사에 들어가 파업 농성을 시작하였다.

18일에는 대양, 대영기계, 동부제강, 명성전자, 몬트레스공업, 삼지실업, 승일제관, 신영전기, 이건산업, 이화산업, 청보산업, 한국강관, 한국보훈복지공단 목재사업소 등에서 파업이 일어났다. 인천조선 노동자들은 회사가 휴업 조치를 내리자 가두로 진출해 크레인 등으로 도로를 차단하고 연좌농성을 벌였는데, 경찰이 최루탄을 쏘며 진압하자 잠시 해산하였다가 지게차를 끌고 나와 다시 농성에 들어갔고 이튿날에도 크레인과 지게차를 앞세우고 거리로 진출해 투쟁을 이어갔다. 19일 삼화실업, 태평양물산, 한국분말야금, 한국타포린, 현대페인트, 오룡실업, 흥부합섬, 대한전기공업사, 영창인물, 삼익전자에서 파업이 있었고, 인천세광병원, 제물포택시, 코스모스전자에서는 노동조합이 결성되었다.

8월 하순에 들어와서도 인천지역 노동자들의 투쟁 열기는 식을 줄을 몰랐다. 8월 20일 코스모스전자, 하인벨, 영풍기계, 한양공영, 영신연탄공장,

대원강업, 대중공업, 삼원트레이딩, 기상전자, 신원포장, 동남철강, 영신산업 노동자들이 파업에 돌입하였다. 흥일산업 노동조합과 대림통상 노동조합 주안공장 지부가 결성되었다. 22일에는 한국훼라이트, 천일식품, 서울제강에서 노동자들의 파업 농성이 전개되었다. 동신공업과 서울엔지니어링에서 노동조합이 결성되었다. 23일 인천제철, 덕창기업, 동양튜브, 대한제분, 신명물산, 한국자동기(주), 후지테크 코리아, 원진산업에서 파업 농성이 있었으며, 진성전자 노동자 60여 명은 노동조합을 결성하였다. 25일 동양철관, 캄파리서울, 삼원트레이딩, 아성기업, 영동금속, 덕수산업, 고려산업개발, 대신산업, 선미산업에서 파업 농성이 일어났고, 영창악기 노동자들은 동부제강 앞에서 가두 연좌시위를 벌였다. 새한미디어 노동자들은 13명의 동료가 충주까지 끌려가 집단폭행 당한 사건에 대하여 항의하며 파업 농성에 돌입하였다. 같은 날, 동양철관 노동조합이 결성되었고 영창악기 노동자들은 경인고속도로를 점거하고 농성을 벌였다. 8월 26일 진도 부평공장, 금영실업, 신방전자, 신도실업, 대한중기, 진진양행, 신주실업, 홍차물산 노동자들이 파업 농성을 벌였다. 인천제철 노동자들은 지게차, 소방차, 덤프트럭 등을 앞세우고 공장을 나와 송현파출소까지 행진하며 가두시위를 벌였다. 28일에는 진진양행 노동조합이 출범하였고, 강화관광 노동조합이 설립 신고를 마쳤다. 30일 대영운수 노동조합이 결성되었으며, 25일부터 파업을 이어오던 새한미디어 노동자들은 '납치, 감금, 폭행에 대한 공개 사과' 등의 요구를 회사 측이 거부하자 회사 본관 건물을 점거하였다. 8월의 마지막 날인 31일에는 삼양유지사료 인천공장 노동자들이 파업에 들어갔다.

이후에도 인천지역 노동자들의 파업과 민주노조결성 시도는 멈추지 않고 계속되었다. 노동자 대투쟁 기간 농성노동자들이 이구동성으로 외쳤던 공통적인 요구사항은 임금인상이었다. 그 외에 유급휴가, 상여금의 지급

〈그림 4-3〉 회사의 위장부도에 항의하는 코스모스전자 노동조합원들
(원출처 : 코스코스 노동조합)

과 인상, 월차 및 연차휴가 실시, 최저생계비 보장 등 실생활 관련 내용이
거의 빠지지 않고 등장하였으며 어용노조 퇴진, 민주노조 건설, 위원장 직
선제 시행, 휴업 철회, 해고자 복직 등도 마찬가지였다.

6월항쟁 이후 탄압의 강도를 잠시 낮췄던 정부는 8월 중순을 넘어서면
서 사회질서를 파괴한다는 등의 여론몰이를 하며 강압책으로 되돌아가기
시작하였다. 그 과정에서 8월 22일 대우조선 노동자 이석규가 거제도에서
있었던 가두시위 중 경찰이 쏜 최루탄에 맞아 사망하는 사건이 발생했다.
정부는 경찰을 동원하여 8월 28일 진행된 장례식을 방해하는 한편, 전국적
으로 전개된 추모대회를 봉쇄하고 참가자들을 무차별 연행하고 줄줄이 구
속, 수배하였다. '이석규 장례투쟁' 이후 정부는 확실하게 강경 탄압 기조

로 돌아섰고, 그에 따라 9월로 접어들면서 노동자들의 투쟁 열기 또한 약화하는 분위기였다. 그러나 노동자 대투쟁의 경험은 대중투쟁의 가능성과 현실의 장벽을 스스로 확인할 기회를 제공하였다. 이후 노동운동은 그러한 실제 경험을 바탕으로 질적인 변화과정을 거쳐 갔으며, 그리하여 1988년 인천지역노동조합협의회를 건설하는 등의 결실을 보게 된다.

다른 한편에서는 노동운동에 대한 폭력정권의 강경 탄압과 노동자들이 처한 암울한 현실에 죽음으로써 항의하는 안타까운 일도 발생하였다. 1987년 11월 3일 진흥요업 노동자 김성애가 구산동 중앙병원에서 산업재해 치료 중 투신, 사망하였다. 김성애는 1985년 16세의 나이로 학익동 소재 진흥요업에 들어와 근무 중 산재를 당하여 3개월간 혼수상태에 있다가 깨어나 치료 중이었다. 그는 10월 16일 중앙병원에 함께 입원해 있던 산재 환자들이 생존권 보장을 요구하는 농성을 시작하자 관계 부처에 보상을 요구하는 진정서를 보냈으나 거절당했고, 결국 이를 비관하여 스스로 목숨을 끊었다. 11월 7일 김성애의 노제가 부평역에서 거행될 예정이었지만 장례 행렬이 송내삼거리를 지나던 중 경찰에 의해 강제로 해산당하는 바람에 무산되었다. 1988년 3월 1일에는 경기교통노동조합 전 조합장 김장수가 해고 철회를 요구하는 단식농성 중 회사 식당에서 분신을 기도한 뒤 인천 중앙길병원으로 옮겨져 입원 치료를 받던 중 3월 9일 운명하였다. 한편 이듬해인 1989년 4월 9일에는 흥업사 노동자 최완용이 산곡동 천마산 중턱에서 몸에 휘발성 화학물질 시너를 뿌리고 분신 사망한 변사체로 발견되었다. 현장에서는 "중앙병원으로 옮겨 주십시오"라고 적힌 유서가 발견되었다. 최완용은 3월 1일 공장에서 작업 중 손가락 4개가 절단되는 사고를 당해 치료 중이었다. 같은 해 9월, 인천지역 노동자의 비극적인 분신 사건이 또 일어났다. 9월 4일 경동산업 노동자 강현중, 김종하 등 5명이 부당징계 철회를 요구하며 철야농성을 벌이던 중 온몸에 시너를 끼얹었고 노무이사 강의신의 방에 찾아갔다가 불이 나 한강성심병원 등에 입원하였다. 당시 경동산업에서는 노동자 21명이 회사 내 친목서클인 '디딤돌' 간부 3명이 일일찻집을 열었다는 이유로 해고된 데 항의하여 복지관 4층 옥상에서 농성 중이었다. 강현중은 9월 9일, 김종하는 9월 15일 사망하였고, 노무이사 강의신도 목숨을 잃었다.

 인천지역민주노동자연맹(이하 인민노련)이 1987년 6월항쟁이 한창 진행 중이던 6월 26일 부평 집회 현장에서 창립선언문을 낭독하며 결성을 알렸다. 인민노련은 주로 경인지역에서 활동하던 활동가들이 노동자계급의 이해에 입각한 정치를 목표로 모여 만든 '정치적 대중조직'으로 그 전해인 1986년 5월 출범한 '인천노동자계급해방투쟁동맹'에 뿌리를 두고 있다. 인민노련은 그 모태의 이름에서 짐작할 수 있듯이 원래 러시아혁명과 레닌의 노선을 따르는 PD계열이었지만 결성 과정에서 NL계열과 연합하여 조직을 꾸리게 되었다. 인민노련은 기관지 『노동자의 길』을 발간하며 세력을 확장하여 갔으나 1987년 대통령선거를 앞두고 두 계열 간의 갈등이 점증하였다. 결국 김대중에 대한 비판적 지지냐, 민중독자후보론이냐, 이 문제를 놓고 의견이 갈렸고, 전자의 입장에 서있던 NL 측은 1987년 10월 탈퇴해버렸다. 인민노련을 나온 NL계열은 1988년 2월 인천부천지역민주노동자회(이하 인부노회)를 창립하였는데, 이 단체는 인사연과 함께 인천 NL진영의 중심으로 있다가 1991년 1월 인사연과 통합하게 된다. 한편 PD계열만 남은 인민노련은 PD진영의 전국적 구심 중 하나로 존속하며 민중독자후보론을 고수하였고, 이후 "민중의 당"과 "진보정치연합"을 거쳐 "민중당"의 창당으로 나아갔다.

1987년 7월 17일 인천지역해고노동자협의회(이하 인해협)가 창립선언문을 발표하고, 19일 주안1동성당에서 해고노동자 800여 명이 모인 가운데 창립대회를 개최하였다. 1987년 봄 임금인상 투쟁 과정에서 경동산업, 영창악기, 남일금속 등 많은 사업장에서 다수의 해고자가 발생하였다. 인해협은 그렇게 해고된 노동자들이 단위사업장별로 진행하던 복직 투쟁을 공동 협력을 통해 보다 효율적으로 전개하기 위해 만든 단체였다. 사무실을 일꾼교회 3층에 마련하였고, 복직 투쟁

〈그림 4-4〉
인천지역민주노동자연맹(인민노련) 기관지

과 함께 투쟁 현장 지원사업도 병행해 나갔다. 경동산업, 대우자동차, 대우전자, 세진음향, 홍양, 제일엔지니어링, 한영알미늄 등에서 해고된 노동자들이 모였다. 본래 6월에 출범시킬 계획이었으나 6월항쟁으로 인해 시기가 늦춰졌다. 대우중공업 해고노동자들은 이와 별도로 7월 26일 '대우중공업 노동자 복직추진위원회'를 자체 결성하였다.

1987년 8월 26일에는 인천지역민주노조건설공동실천위원회(이하 공실위)가 인기노련, 인천산선, 인해협, 인민노련 등 5개 단체가 참여한 가운데 발족하였다. 공동 운영위원장으로 유동우, 오순부, 박일성, 조금분이 선출되었고, 사무국장은 전희식이 맡았다. 사무실은 일꾼교회에 두었는데 나중에 남구 도화동 392-3 인천지역사회운동연합으로 이전하였다가 1988년

3월 십정동에 별도의 사무실을 열었다. 공실위는 창립취지문에서 '민주노조건설 전문 지원조직'이라고 자처하면서 "민주노조 연합이 건설되는 것을 그 조직적 목표로 하여 이의 튼튼한 건설과 함께 그 역할을 종결"할 것을 밝혔다. 즉 1986년 인천5·3민주항쟁에서 나타난 선도적 급진적 정치투쟁에서 벗어나 공개적 합법적 민주노조 건설 운동을 벌이겠다고 선언한 것이다. 공실위는 이를 실천하기 위해 노동 상담과 교육 활동을 벌여나갔고, 기관지로 『민주노조』를 발간하였다. 공실위는 1988년 5월 인천지역노동운동단체협의회(이하 인노운협) 그리고 6월 인천지역노동조합협의회(이하 인노협)가 출범하자 1988년 10월 26일 "인노협과 인노운협이 인천지역의 노동운동을 이끌어가는 것이 바람직하고, 공실위의 조직적 목적이 달성되었다"라고 하며 공식적인 해체를 선언하였다.

제2장 노태우정권 전기 인천의 민주화운동

제1절 부문운동단체의 정립과 인천지역민족민주운동연합 결성

1987년 6월항쟁 이후 '절차적 민주화'는 어느 정도 성취되었다. 그러나 사회 각 부문에서의 민주화 요구는 멈추지 않고 계속되었다. 이에 부응하여 다양한 부문 운동단체가 설립되기 시작했다.

1987년 9월 25일 민주교육추진인천지역교사협의회(이하 인교협)가 결성되어 교육 민주화와 전국 교사단체 결성 운동에 뛰어들기 시작했다. 인천과 부천 지역 교사들이 중심이 된 인교협은 전국 단위의 민주교육추진전국교사협의회(이하 전교협)보다 이틀 앞서 창립되었다. 인교협은 창립선언문에서 '자주적 교사 단체의 결성'에 기초한 '민족, 민주 교육'을 주요 실천 과제로 밝히고, 이후 사립교사협의회, 공립중등교사협의회, 초등교사협의회 등의 내부 조직을 신설하면서 점차 영역을 넓혀 나갔다. 인교협은 1988년 1월 27일 경기교협과 통합하여 경인교협으로 출범했다가 같은 해 9월 20일 인천교협과 경기교협으로 다시 분리되었다.

각 단위 학교의 평교사협의회 결성도 이어져서 1987년 9월 25일 세일고등학교를 시작으로, 운봉공고, 항도고, 경인여상, 성헌고, 광성고 등 사립 중고등학교들을 주축으로 평교사협의회가 확산되어 1989년 초에 이르면 총 14개 학교에 달했다.

이렇게 평교사협의회가 속속 결성되면서 재단 비리와 비민주적인 학교 운영에 맞선 학원민주화투쟁이 가속화되었다. 성헌고등학교, 대경여자상업고등학교, 명신여자고등학교, 세일고등학교의 교육 민주화운동이 대표적이다. 성헌고등학교 교사들은 재단의 비리와 파행적 학교 운영에 이의를 제기하며 1988년 8월 27일 평교사협의회를 발족시켰다. 이들은 학교 정상화를 위한 26개 요구사항을 전달하는 등 비교적 온건한 활동을 전개했으나, 학교 측이 평교사협의회 회원이었던 김순래, 도성훈 등 교사 5명을 해임하는 강압적 태도를 보이면서 적극적인 학원민주화투쟁이 시작되었다. '성헌고 교육정상화추진공동대책위원회'가 구성되어 학생, 학부모가 교사와 함께 학원민주화투쟁을 전개하였다. 이렇게 해서 성헌고 문제가 인천 지역사회의 주요 관심사로 전면에 드러나자 교육청이 재단과 논의해 교장과 교감을 교체하고, 임시 교장을 파견하면서 협상이 진전되었다. 1989년 3월 우열반 철폐, 학생회 직선 구성 등 14개 항에 합의하면서 성헌고 사태는 성공적으로 마무리되었다. 성헌고 학원민주화투쟁은 교사와 학생, 학부모, 지역사회가 함께 머리를 맞대고 합의를 끌어 낸 대표적 사례로 남아 있다. 대경여상, 명신여고, 세일고도 재단 비리와 교육 민주화를 요구하던 평교사협의회 소속 교사들에 대한 탄압을 계기로 학원민주화투쟁이 전개되었다.

이러한 일련의 과정에서 교사들은 협의회 수준을 넘어선 교원노동조합의 필요성을 경험을 통해 절감하게 되었다. 그러한 열망은 1989년 5월 28일 전국교직원노동조합(이하 전교조) 결성으로 실현되었다. 이어 6월 10일에는 전국교직원노동조합 인천지부(이하 전교조 인천지부)가 인천대학교 대강당에서 출범식을 했고 신맹순을 지부장으로 선출하였다. 7월 7일에는 경기인천민주화교수협의회(민교협 경인지회)가 출범하기도 했다.(회장 임명방)

이와 같은 움직임에 대해 노태우정권은 불허 방침을 공표하고 전교조 분회 결성을 저지하는 등 탄압의 강도를 높여 갔다. 이에 탄압에 항의하는 전교조 교사들의 단식농성이 이어졌고, 각계의 지지 성명이 줄을 이었다. 그러나 정부는 전교조 가입 교사에 대한 탄압을 계속 강행해 1989년 9월까지 해직된 전교조 인천지부 소속 교사가 41명에 달하였다.

전교조가 정부의 지속적인 탄압을 받는 와중에 1989년 9월 22일 전교조를 지원하기 위한 목적으로 학부모들이 모여 '참교육 실현을 위한 인천 학부모회(이하 참교육학부모회)'를 결성하였다. 회장은 김흥수였다. 참교육 학부모회는 이후 시민운동의 한 축으로 자리를 잡으면서 교육 개혁 운동을 활발히 전개해 나갔다.

1987년 7월에서 9월로 이어진 노동자대투쟁기의 노동조합 건설은 주로 중소 작업장을 중심으로 추진되었다. 따라서 직장폐쇄 등이 단행되면 손쓸 방법이 없었다. 개별 노동조합들이 이러한 문제에 대처하는 데에는 한계가 있었기 때문이다. 이를 해결하기 위해 나온 것이 1988년 3월 27일 결성된 인천지역노동조합협의회 준비위원회(이하 인노협 준비위)다. 인노협 준비위의 결성은 그동안 정권의 시녀로서 노동자를 보호하기는커녕 탄압에 앞장섰던 한국노총을 대신하여 민주노조들의 전국연합체인 '제2노총' 건설을 위한 수순이기도 했다. 인노협 준비위는 22개 노조에서 1,500여 명의 노동자가 참가한 가운데 인천대에서 발족식을 했다. 의장은 한독금속 노조위원장 황재철이 맡았다.

인노협 준비위는 1988년 임금인상투쟁 시기에 개별 사업장 노동자들의 활동 및 구사대의 폭력 문제와 관련하여 노동조합 간의 연대를 통해 지원하면서 많은 신뢰를 얻었다. 5월 1일 열린 '메이데이 기념식'에서는 노조를 결성하고 파업에 들어간 콜트악기 앞에서 4공단으로 가두행진을 시작하여, 새로 노조를 만들고 파업을 벌이고 있는 동성상공과 임금인상 투쟁 중인 코스모스전자 정문 앞에서 행진을 마무리하기도 하였다. 인노협 준비위는 5월 18일 4공단의 동국무역 노조 해고자가 구속된 것을 항의하기 위하여 '구속자 석방 촉구대회'를 열었다. 이 대회에서 노동자 49명이 연행되었고, 그중 황재철 위원장은 구속되었다.

한 달 뒤인 1988년 6월 18일 인천지역노동조합협의회(이하 인노협)가 마침내 출범하였다. 효성동 성당에서 개최된 창립총회에는 27개 노동조합에서 파견된 42명의 대의원이 참석하였으며, "우리는 노동자의 대의와 함께하며, 민주적이고 평등한 사회의 건설에 봉사하는 모든 노동자, 민주세력과 연대한다" 등 총 5개 항의 인노협 강령이 발표되었다. 인노협은 6월 26일 34개 노동조합에서 노동자 1,000여 명이 참여한 가운데 인천대학교 체육관에서 '인노협 결성보고 및 구속노동자 석방 촉구 결의대회'를 개최하였다. 이후 인노협은 노동조합들을 빠르게 결집해 나갔다. 인노협이 주력한 사업 중의 하나는 각 사업장에 대한 지원 투쟁이었으며, 7월 13일에는 『인노협신문』을 창간하여 선전 활동도 강화해 갔다. 창립 당시에는 부평 4공단과 그 인근 노동조합이 주축이었으나, 1989년 임투 시기가 지나면서 주안 5, 6공단의 노조들이 대거 가입하면서 81개 노조 1만여 조합원을 포괄하는 인천지역 민주노조운동의 구심이 되었다. 그러나 여전히 중소기업 노조 중심이라는 점은 인노협이 안고 있던 한계였다. 인노협은 1995년 12월 29일 전국민주노동조합총연맹(이하 민주노총)이 건설됨에 따라 발전적 해체를 결정하고 해산하였다.

1988년 5월 25일 인천지역 노동운동단체협의회(이하 인노운협)가 결성됐다. 공실위, 인천산선, 인천기독교 민중교육연구소, 인해협, 인부노회, 인민노련, 인천JOC 등이 참가해 창립하였다. 인노운협은 황재철 인노협 준비위원장이 구속되는 등 정권에 의해 자행되는 노조 탄압에 공동 대응하고, 노동법 개정 등 국가 차원에서 요구되는 과제를 효율적으로 수행하기 위한 노동운동단체들의 상설적 협의체였다.

5월 28일에는 '노동조합 탄압 저지와 구속자 석방을 위한 인천지역 공동대책위원회'가 조직되었다. 노동조합 위원장, 인사연, 인대협 등 인천지역의 노동자, 시민, 학생이 연대하여 결성한 단체로, 황재철 인노협회 준비위원장 구속 등 노동조합활동에 대한 탄압에 맞설 목적으로 출범하였다.

한편 빈민운동은 철거반대투쟁으로도 확산되었다. 당시 정부의 철거 정책은 88올림픽과 도시개발을 명분으로 폭압적인 방식으로 시행되고 있었다. 정부는 환경정비를 내세우거나, 불량주택과 무허가주택을 정리한다는 이유를 앞세워 인천의 각 지역에서 강제철거를 강행하였다. 1988년 6월 27일 인천시철거민협의회가 잠정 집계한 자료에 따르면, 당시 철거예정지역은 간석1동, 논현동, 효성동 등 13개 동에 걸쳐 있었다. 인천지역의 철거 정책은 서울지역과는 차이를 보였고, 따라서 그에 대한 대응도 다를 수밖에 없었다. 대단위 집단철거가 행해지던 서울의 경우, 주민들은 집단으로 조직을 이루어 대응할 수 있었다. 하지만, 인천에서는 철거가 소규모 방식으로 진행되었기 때문에 해당 지역 간의 연대를 통한 공동 투쟁이 필요했다. 이러한 인식에서 1988년 6월 6개 철거예정지역 주민들이 모여 인천시철거민협의회를 발족하였다.(회장 양병주)

8월 27일에는 인천민주청년회(이하 인민청)가 인하대학교 본관 교수회의실에서 총회를 열고 출범하였다. 대중운동으로서의 청년운동을 목적으로 결성한 단체로 50여 명이 창립 회원으로 참여하였다.

9월 5일에는 인천지역 민중교회운동협의회, 인기청, 인천산선 등 인천 지역 기독교 3개 단체 회원을 중심으로 인천지역 기독교 사회운동협의회 준비위원회가 발족하였다.

1987년 대통령선거가 끝난 뒤, 민주화운동 진영이 NL과 PD로 분열되고 또 부문운동단체들이 속속 건설되면서 민주화운동 전체를 망라하는 새로운 전선운동 조직의 건설이 논의되기 시작했다. 즉 공동의 이해와 목적을 기반으로 공동 투쟁을 이끌어갈 새로운 중심체를 구축하자는 것이다. 6월 항쟁까지 민주화운동을 선두에서 이끌었던 민통련은 김대중에 대한 비판적 지지 결정 이후 지도력을 상실했고, 김영삼과 김대중까지 합세했던 국본은 사실상 해체 상태였기 때문이다. 이에 1989년 1월 21일 민주화운동 진영을 총망라하는 전선 조직으로서 전국민족민주운동연합(이하 전민련)이 건설되었다.

인천도 상황은 마찬가지였다. 이전까지 미약하나마 전선조직의 역할을 수행했던 인사연은 사실상 NL진영의 한 단체에 불과한 상태로 위축되어 있었다. 게다가 인천은 PD진영의 핵심인 인민노련의 발상지인 만큼 전국 어느 지역보다도 NL계열과 PD계열의 대립이 극심한 형편이었다. 서울에서 진행되는 논의에 발맞추어 인천에서도 새로운 전선운동 건설의 논의가 활발히 진행되었다. 그 결과 서울보다도 빠른 1988년 9월 11일 인천지역 민주화운동 진영을 모두 아우르는 인천지역민족민주운동연합(이하 인민련)이 주안1동에서 '창립보고대회 및 전두환, 이순자 처벌 결의대회'를 열고 출범하였다. 인민련의 결성은 1987년 대통령 선거 과정에서 분열되었

〈그림 4-5〉 인노협 노동자들의 거리시위
(원출처 : 『인천신문』)

던 운동권을 다시 통합하려는 움직임의 하나였다. 인민련은 인사연, 인천
시민공동회, 인노운협, 인민청, 천주교 인천교구 사회운동연합, 인천민중
문화운동연합 등 인천지역 민주화운동단체를 점차 포괄해 갔다. 그러나
인노협, 전교조 인천지부와 같은 대중운동단체는 참여하지 않았다. 초대
의장에는 이호웅이 선출되었다. 인민련은 인천지역 민주화운동진영을 대
표하는 정치적 구심체로 자리 잡으며 주로 정치투쟁을 담당하였다.

10월 17일에는 문화예술 운동을 전담하는 인천민중문화운동연합(이하
인문연)이 창립되었다. 호인수 신부와 인하대 최원식 교수가 공동 대표를
맡았고, 사무국장에는 송성섭이 임명되었다.

10월 23일 천주교인천교구사회운동연합(이하 인천 천사협)이 용현동 성당에서 창립대회를 갖고 출범하였다. 천사협은 JOC, 인천 가청, 인하대 총학생회, 노동사목, 도시빈민회, 가톨릭농민회 준비위원회, 공동체 지향 등 7개 단체의 협의체로, 곽한왕이 의장을 맡았다.

기독교에서는 박동일 목사를 회장으로 하여 인천지역목회자정의평화실천협의회(이하 인천 목정평)가 11월 7일 출범하였다. 인천과 부천 지역의 젊은 목회자들을 중심으로 조직된 단체다.

1989년 2월 25일 인천여성노동자회(이하 인천여노회)가 '일하는 여성 나눔의 집'에서 창립총회를 열었다. 인천여노회는 1970년대 동일방직, 삼원섬유 등에서 민주노조 운동을 펼치다가 해고된 여성노동자들이 주축이 되어 만들었으며, 삼원섬유 출신의 김지선이 회장으로 선출되었다.

1987년 11월 설립된 빈활협은 활동가들의 연대활동에 토대를 둔 단체였다. 빈민운동이 지역 주민에 기반을 둔 대중조직으로 발전하기 위해서는 그에 합당한 조직이 필요했다. 빈활협과 민주헌법쟁취국민운동 부평지부는 주민 대중조직의 필요성에 공감하고 1989년 2월 25일 두 단체를 통합해 주민회를 창립했다. 초대 대표는 김정택과 홍미영이 공동으로 맡았다.

제2절 5공 비리 청산투쟁과 공안통치 분쇄투쟁

1988년 4월 26일 제13대 국회의원 선거가 시행되었다. 1987년 12월 시행된 대통령선거에서 민중독자후보론을 주장했던 PD진영을 중심으로 '민중의 당'이 창당되었고, 이 신당의 후보로 인천에서는 대우자동차 해고노동자 출신의 송경평이 북구을 선거구에 출마했다. 대선에서 후보단일화론을 지지했던 사람들은 '한겨레민주당'을 창당했는데, 대우중공업 해고자 출신으로 인해협 회장이었던 오순부가 인천 서구에 출마했다. 4월 10일 십정동 샘터교회에서 공실위, 인민노련, '인천지역 민중후보 추대위' 등이 '민중후보 추대 인천시민대회'를 개최했다. 학생, 노동자 등 300여 명이 모인 이 자리에서 참석자들은 민중후보로 송경평과 오순부에 대한 지지를 표명했다. 그러나 두 사람 모두 선거에서 낙선하고 말았다.

제13대 국회의원 선거에서 민정당은 총 299석 중 125석을 얻어 과반수를 확보하는 데 실패했다. 대신 평민당은 70석으로 제1야당이 됐다. 여소야대 국면에 힘입어 야당의 요구대로 국회에 '5·18광주민주화운동 진상조사 특별위원회'와 '제5공화국에 있어서의 정치권력형 비리조사 특별위원회'가 설치되어 청문회가 진행되었다. 청문회를 생중계로 지켜본 국민은 5·18광주민주화운동 등의 실체를 확인하며 분노했다. 그러나 특별위원회의 활동은 1989년 3월 이후 사실상 중단되었고, 1989년 12월 31일 전두환이 청문회에 출석한 것을 끝으로 별다른 성과 없이 막을 내렸다. 시민과 학생들은 전두환을 비롯한 5비리 주범의 처벌과 5·18광주민주항쟁의 진상 규명 등을 요구하며 시위를 이어갔다.

인천에서는 1988년 11월 12일 인사연, 인천 천사협, 인대협 등 4개 단체가 오후 3시 부평역 광장에서 '전두환, 이순자 구속 및 노태우정권 퇴진을 위한 궐기대회'를 열 예정이었으나 경찰의 원천봉쇄로 무산되었다. 그 자리에 모인 시민, 학생 300여 명은 부평시장에서 평화행진을 하고 오후 6시경 자진 해산하였다. 1988년 11월 19일에는 인민련이 부평역 광장에서 '광주학살, 5공 비리 주범 전두환 일당 처벌 및 노태우 퇴진 인천대회'를 개최하고, 청천동 백마교회 앞까지 '전두환 구속', '노태우 퇴진' 등의 구호를 외치며 가두행진을 벌였다. 백마교회 앞에 집결한 시민, 학생 500여 명은 '전두환 일당 화형식'을 가진 뒤 자진해산하였다. 인민련은 1989년 2월 26일 동인천역 광장에서 '노태우정권 규탄 국민대회'를 이어갈 예정이었으나 경찰의 원천봉쇄로 무산되었다. 참가자들은 가톨릭회관 입구와 주안사거리 등지에서 소규모 집회를 산발적으로 진행하였는데, 경찰이 이를 해산하는 과정에서 가톨릭회관과 주안1동성당 안에까지 들어와 시민들을 강제 연행하는 일이 발생했다. 3월 23일에는 인대협 소속 학생 400여 명이 인천대학교 학생회관 앞에서 '광주학살, 5공 비리 주범 노태우정권 퇴진을 위한 청년학도 1차 실천대회'를 개최하였다.

여당이 정국의 주도권을 잡지 못한 상황에서 1989년 3월 25일 문익환 목사 방북 사건이 일어났다. 정부는 곧바로 공안합동수사본부를 설치해 민주화운동 진영에 대한 대대적인 탄압을 자행하며 공안정국을 조성해 갔다. 6월에는 평민당 소속인 서경원 의원의 1988년 방북 사실이 뒤늦게 밝혀짐으로써 평민당의 입지가 좁아졌다. 6월 30일에는 한국외국어대학교 학생 임수경이 전국대학생대표자협의회 대표 자격으로 평양에 파견되어 제13차 세계청년학생축전에 참석하였다. 뒤이어 이를 지지하는 차원에서 천주교정의구현사제단이 문규현 신부를 평양에 보냈다. 임수경과 문규현 신부는 함께 판문점을 통해 귀국하였다. 이와 같은 잇단 방북 사건을 빌미로 노태우정권은 민주화운동세력에 대한 탄압을 더욱 강화해 갔다. 공안정국으로 몰아가려는 노태우정권에 맞서 공안통치 분쇄투쟁도 활발히 전개되었다.

인천의 인하대학교 학생들은 1989년 4월 19일 학교 후문 인근에서 '4·19혁명 계승 및 문익환 목사 구속 규탄 결의대회'를 개최하였다. 4월

23일에는 인민련과 인대협이 인천대학교 민주광장에서 900여 명이 참석한 가운데 '노정권 규탄대회'를 개최하였다. 이 대회에서 참가자들은 노태우 정권이 문익환 목사의 방북을 빌미로 민족민주운동에 대한 전면적 탄압을 자행하고 있다고 비난하면서, "공안합수부 해체하고 국가보안법 철폐하라", "문 목사 석방하고 자주적 민간교류 쟁취하자", "학살원흉 비리주범 노태우를 몰아내자" 등 4개 항을 결의했다. 이들은 선인고등학교 정문 쪽으로 진출해 노태우 허수아비 화형식을 가진 후 최루탄을 쏘는 경찰에 맞서 투석전을 벌이다가 오후 6시 30분경 자진 해산하였다.

노태우정권의 폭력적 탄압에 대한 규탄 열기는 5월 10일 전남 광주에서 조선대학교 학생 이철규의 시신이 발견되면서 더욱더 뜨겁게 타올랐다. 5월 11일 인민청, 인기청, 인천 가청은 가톨릭회관에서 민족민주운동 탄압 중지와 애국인사 석방을 촉구하며 15일까지 철야농성을 진행했다. 이들은 15일 오후 7시 가톨릭회관 앞 도로에서 '민주화를 위한 노상 촛불기도회'를 개최하고 '광주 희생자와 조성만열사 추모기도회 및 이철규열사 고문치사 보고대회'를 가졌다. 5월 20일에는 인민련이 인천전문대 본관 앞에서 '고 이철규열사 고문치사 진상규명대회'를 개최하고 참가자 800여 명이 동인천역 앞까지 평화적 가두시위를 벌였다. 이 집회 및 가두시위는 개정된 집시법에 따라 당국의 허가를 받고 벌인 인천 최초의 집회 및 가두시위였다. 5월 26일 인대협, 천사협, 인사연, 주민회, 인민청, 인부노회 등 인천지역의 민주화운동 단체들이 '애국학생 고 이철규열사 고문살해사건에 즈음하여'란 제목의 공동 성명을 발표하고, 진상규명과 '고문살인을 초래한 무법폭력기구 공안합수부'의 즉각 해체를 요구하였다. 5월 27일에는 인민련, 인노협, 인대협이 인하대학교 통일광장에서 시민, 학생, 노동자 500여 명이 참가한 가운데 '이철규 열사 살해 진상규명 및 전국교직원노조결성 지지 결의대회'를 개최하였다. 천주교 인천교구도 8월 27일 공안정국이 점차 확

대되어 가는 것을 우려하여 8월 27일부터 9월 4일까지 '민족의 화해와 일
치를 위한 9일 기도'를 각 본당에서 동시에 봉헌하고 국가보안법 철폐 서
명운동을 시작하였다. 12월 18일 인천과 부천지역 대학생 100여 명이 동인
천 대한서림 앞에서 용동고개까지 도로를 점거하고 '광주학살 주범 처벌
하라' 등의 구호를 외치며 시위를 전개하였다.

한편 6월 8일에는 인천대학교 교수협의회, 인천대학교 교직원 노동조합,
선인학원 교사협의회, 인천대학교 학생회, 인천전문대 학생회 등 선인학
원 5개 단체 소속 500여 명이 인천대학교 체육관에서 집회를 열고 설립자
백인엽과 학교법인 이사들을 학원에서 퇴진시키기로 결의하였다. 선인학
원 민주화투쟁이 다시 시작된 것이다.

6월 29일에는 신부, 목사, 교수 등 인천지역 각계 인사들이 모여 목요회
를 결성하였다. 목요회는 민간운동의 순수성을 인천의 현실에서 발현시킬
것을 다짐하였는데, 이후 인천지역 시민운동의 개척자 역할을 하였다. 초
대 의장은 김병상 신부가 맡았다.

제3장 노태우정권 후기 인천의 민주화운동

제1절 3당 합당과 민자당 분쇄투쟁

1990년 1월 22일 민주자유당(이하 민자당)이 출범했다. 민주정의당(민정당), 통일민주당(민주당), 신민주공화당(공화당)이 야합해 이룬 3당 합당의 결과였다. 이날은 전국노동조합협의회(이하 전노협)가 출범한 날이기도 했다. 3당 합당으로 214석의 의석을 확보한 민자당은 정국 주도권을 장악했다.

이에 맞서기 위해 전민련은 전노협, 전대협 등 대중단체와 1990년 2월 1일, 5일, 12일, 21일, 네 차례에 걸쳐 '민자당 장기집권음모 분쇄와 민중기본권쟁취 대책회의'를 열었다. 그리고 그 후 3월 6일 한시적 공동투쟁체로서 '(가칭)민자당 일당독재분쇄와 민중기본권쟁취 국민연합(이하 국민연합)'을 구성하고, 4월 21일 결성대회를 마쳤다.

인천지역에서도 이러한 움직임에 호응해 1990년 2월 18일 인하대학교에서 "국의 결단인가, 장기집권 음모인가?" 제목으로 250여 명이 모인 가운데 '보수 3당 합당에 대한 시국 대토론회'를 개최하였다. 평민당 의원 이해찬, 인노협 의장 최동식, 진보정당 인천준비모임 의장 이호웅 등이 토론자로 참여하였다. 2월 22일에는 인대협 주최로 학생 300여 명이 인하대학교 학생회관 강당에 모여 '민자당 장기집권 및 민중운동 탄압 분쇄대회'를 갖고 인하대 후문 근처에서 시위를 벌였다. 2월 25일에는 '반민주 3당 야합 분쇄 및 민중기본권쟁취 인천대회'가 인천대학교 체육관에서 열릴 예정이었으나, 경찰의 원천봉쇄로 대회가 축소되자, 오후 5시경 석바위에 재집결해 가두시위를 벌이다가 150여 명이 경찰에 연행되었다. 3월 21일 인대협이 인하대학교 통일광장에서 '일당독재 민중탄압 민자당 분쇄를 위한 5만학도 결의대회'를 개최하고 인하대 정문으로 진출해 시위하였다. 이날 경찰은 시위를 해산하기 위해 학교 안에까지 진입하였다.

4월 21일 '민자당 장기집권 음모분쇄 및 민중기본권쟁취 인천국민연합(이하 인천국민연합)'이 인하대학교에서 '결성식 및 민중기본권 쟁취 결의대회'를 가졌다. 인천국민연합은 기존의 인민련 가입 단체 외에 대중단체인 인노협, 인대협, 전교조 인천지부를 비롯하여 민중당 인천시지부, 인천지역 노동교육상담단체협의회, 주민회, 인천여노회, 노동자대학까지 포괄하였다. 인천국민연합이 결성되면서 민자당을 상대로 하는 정치투쟁은 인천국민연합이 전담하였고, 인민련은 사실상 활동 중지 상태에 들어갔다. 공동의장으로 김정택 목사가 추대되었다. 국민연합 인천본부는 결성선언문에서 민자당 창당을 '반민주 야합, 반민중 야합'이라고 규정하고, '민자당 장기집권음모 분쇄와 민주사회 건설, 노동3권 보장, 국가보안법 등 악법 개폐, 경제적 평등 실현, 민중 중심의 통일운동 및 핵무기의 즉각 철수, 예술문화 활동의 자유 쟁취, 참교육의 실현' 등을 위해 운동을 전개할 것임을 공표하였다.

4월 27일에는 인대협이 700여 명의 학생이 모인 가운데 인하대학교 통일광장에서 제4기 출범식을 갖고 교문 밖 진출을 시도하였다. 학생들은 5월 1일부터 9일까지를 '민자당 분쇄투쟁 기간'으로 설정하였다.

5월 9일 인하대학교 총학생회가 인하대학교 통일광장에서 '민자당 분쇄를 위한 동맹휴업 범인하인 결의대회'를 갖고 동맹휴업을 결의했다. 학생들은 "가자! 부평역으로. 전 민중의 총단결로 민자당을 박살내자" 등의 구호를 내걸고 인하대 후문에서 시위를 벌였다. 이날 오후 6시 30분부터 부평역에서 인천국민연합 주최로 '민자당 일당독재 분쇄와 민중기본권 쟁취를 위한 국민연합 인천시민 궐기대회'가 예정되어 있었으나 경찰의 원천봉쇄로 무산되었다. 학생, 노동자, 시민 1,500여 명은 동인천역 앞으로 대회 장소를 옮겨 '타도 노태우, 분쇄 민자당' 등의 구호를 외치며 순찰차 1대를 전소시키는 등 시위를 벌이다가 경찰에 의해 강제 해산되었다. 다음날 인하대학교 총학생회는 통일광장에서 '5월 9일 보고대회 및 연행 학우 구출을 위한 인하인 결의대회'를 갖고 전날인 5월 9일의 시위가 전국적으로 8만 명이 모인 6월항쟁 이후 최대의 시위였다고 평가하였다.

5월 18일 인천국민연합은 '광주항쟁 계승 및 민생파탄 민자당정권 분쇄 결의대회'를 열어, 오후 6시 50분경에는 시민회관 앞에서 800여 명이, 오후 8시 20분경에는 송림로터리에서 300여 명이 모여 산발적인 시위를 벌였다. 인천국민연합은 6월 9일 부평1동성당에서 '6월항쟁 계승 및 민주쟁취 인천시민대회'를 개최하였다. 9월 22일에는 인천국민연합이 국민연합 부천 지부와 공동으로 인하대학교 통일광장에서 '일당국회 해산 및 민중생존권 쟁취, 노태우정권 퇴진 결의대회'를 개최하였다.

그런 와중에 1990년 10월 4일 현역 군 복무 중인 윤석양 이병이 국군보안사령부가 김영삼, 김대중 등 정치인을 비롯하여 김수환 추기경 등 민간인까지 광범하게 사찰하였다고 폭로하였다. 이에 10월 7일 평민당 총재 김대중이 내각제 개헌 포기, 지방자치제 시행, 보안사 해체 등을 요구하며 단식에 돌입하였다.

통일염원45년 4월28일 (1)

조국의 자주·민주·통일
투쟁의 기수인 5만
청년학도여!
단결하자! 투쟁하자!
승리하자!

인대협신문

〈창간호〉
발행인 : 인천지역대학생대표자
협의회의장 안영환
편집인 : 인대협 선전국 준비위
발행인 : 통일염원45년 4월28일

구국의 기수
인대협의 자랑찬 얼굴들!!
＊ 의장단 소개 ＊

인천대 6대
총학생회장
(생물학과 3)
안 영 환

인하대 9대
총학생회장
(화공학과 4)
최 용 석

성심여대 4대
총학생회장
(사회학과 4)
미 화

인천교구 가톨릭
대학생연합회
25대 회장
(인하대 철학3)

인천사랑학우회
회장
(서울대 외교학
과 4)
김 상 섭

인대협신문의 창간을 축하드립니다

― 인천지역 민족민주운동연합의장 이 호 웅 ―

40여년간 줄기차게 전개된 이 땅의 민주화운동은 엄청난 시련과 고비를 넘어 목전의 승리를 위해 총단결하여 가열차게 매진하고 있습니다.

변혁운동의 기본동력인 노동자, 농민의 전국적 대중조직의 결성이 질적 성과에 기초하여 차근차근 준비되고 있으며 정치적 전환과 투쟁의 기범이 그 힘을 더해 가고 있습니다.

청년·학생 역시 대중의 현대의 열이 비상히 높아지고 있으며 여러 각계각층 민중의 단일 대오에 복무할 수 있는 일부는 역할로 되고 있습니다.

역사의 승리로서 내일의 부서야 각계각층 진출의 조직화는 이제 믿을 수 없는 우리 운동의 커다란 초석이 되었습니다. 지난 조국의 현장을 좌우하고 민중의 정치적 운동을 주민의 이익을 계승해 나가는 수많은 민중이 남을 불어나고 있으며, 이 모든 것은 변화된 대중의 자각과 하는 것에서 출발된다는 확실한 진리의 직접적인 상징입니다.

한국사회의 모순이 무르익을 올바르게 통찰할 수 있는 눈이 귀가 광범한 층에게 획득되었을 때 우리의 승리는 보장된 것입니다.

강력한 선전수단과 훌륭한 선전·선동가야 앞로 민중의 눈과 귀가 되야할 엄중한 사명을 지니고 있다고 생각합니다.

인대협신문이 가지는 창간의 의의는 지극히 중요하며 막중한 것입니다. 인천지역 5만 학생청년의 이익을 대변하고 이들에게 올바른 방향을 제시하며 5만이 하나되어 전진할 수 있게 심혈을 기울이는 것입니다.

또한 인대협 신문은 인천지역의 각계각층 민중에게 청년학도의 의기을 알리는 얼굴이 되어야 할 것이며, 다른 각급 운동선전부와의 교류를 확대하여 인천지역 민족민주운동의 일치된 통일된 정책을 설득시키는데 노력해야 할 것입니다. 이 노력에 기초하여 인천지역 민주화운동의 대변지가 완성되는 전망을 갖고 감격에 할 것입니다.

다시 한번 인대협신문의 발간을 축하면서 끊꾸히 의새게 편집하기를 기대합니다.

인대협신문
창간을 축하하며

― 인대협의장 안 영 환 ―

조국의 자주·민주·통일을 위해 힘차게 싸우시는 인천지역 5만 학도 여러분!

뜻뜻 5월이 다가오고 있습니다.

미국과 노태우 일당의 탄압과 분열의 음모가 계속되면 될수록 드겁게 타오르는 우리 청년학생들의 구국의 열정은 다가올 5월을 반드시 승리의 달로 만들 수 있다는 자신감이 가슴을 벅차게 합니다.

87년 출범하여 이제 제 3기를 맞는 인천지역 대학생 대표자 협의회는 그간 선배학형들의 빛나는 투쟁을 바탕으로 명실상부한 인천지역 5만 학도의 조직체로서 자리메김해 나가고 있습니다.

87년 6월 대항쟁과 88년 조국통일투쟁의 포문을 열어낸 우리 청년학생들의 기개가 분단 조국 45년을 맞이해서는 더욱 드겁게 타올라 기필코 금년에는 자주·민주·통일의 새 지평을 열어내고, 5만학도의 조직인 인대협을 더욱 굳건히 세우게 될 것을 확신합니다. 저희 인대협은 그간 투쟁과정에서의 오류와 조직적 비민주성을 극복하고 5만학도와 함께 주인되는 인대협, 함께 투쟁하는 인대협을 건설하고자 역사 헌신 노력할 것입니다.

이러한 노력의 일환으로 인천지역 5만학도의 삶과 투쟁 그리고 우리의 표정을 담은 신문을 창간하게 되었고, 그 기쁨을 또한 학우 여러분과 함께 하고자 합니다.

우리들이 함께 만드는 속에서, 그리고 우리들이 함께 읽고 토론하는 과정 속에서 우리들의 신문은 보다 알차고 자랑스러울 수 있으리라 확신합니다.

우리의 조직 인대협은 우리의 힘으로 지켜내고 인대협의 기치 아래 힘차게 투쟁하여 기필코 승리합시다!!

주요기사

2면 : 진단―인대협 조직체계 및 인대협 전망

3면 : 통일운동의 새지평을 열며―문목사님 방북, 적극지지

4면 : 기획―89년 정세전망과 당면투쟁과제

7면 : 부문계열 조직사업보고―노동분과

〈그림 4-6〉 인대협신문 창간호
(민주화운동기념사업회 오픈아카이브즈 00111667 원출처 : 이영학)

인천에서는 10월 20일 인천국민연합, 인천 정평위, 인천지역 기독교목회
자협의회 인권위원회, 인천 목정평, 민주당 인천시당, 민중당 인천시당, 범
민주세력 통합수권정당 인천지역추진회의 등 7개 단체의 공동 주최로 '보
안사 불법사찰 규탄 및 군정 청산 인천시민대회'가 부평3동성당에서 개최
되었다. 시민 1,000여 명이 모인 이날 대회에서 참가자들은 '보안사, 안기
부 등 폭압기구의 해체, 정치활동 가로막는 국가보안법 철폐, 장기집권 획
책하는 노태우정권 퇴진' 등을 결의한 뒤, 성당을 나와 거리 행진을 하다가
경찰의 저지로 막히자 거리에서 1시간가량 집회를 가진 후 자진 해산하였다.

한편 1990년 4월 20일에는 '인천지역노동조합활성화추진위원회(이하 노
활추)'가 창립되었다. 대우중공업, 코리아스파이서, 대림통상 등 지역 내의
중견, 대규모 노조들이 모인 것으로서, 이들은 한국노총의 어용성과 무능
함에 염증을 느끼면서도 인노협에 대해서는 과격하다는 시각을 갖고 있었
다. 소위 '중간노조'인 이들은 자신들의 대표자 모임을 만들어 활동을 시작
했다.

1991년 1월 인사연과 인부노회가 통합했다. 인사연은 노동운동 진영과
의 연대가 필요했고, 인부노회는 공개 단체와의 결합이 필요한 시점이었
다. 두 단체 모두 NL계열이라는 정치노선 상의 공통성이 있었다. 통합된
단체의 명칭은 그대로 인천지역사회운동연합을 사용하였다. 그런데 두 단
체 간의 통합이 유지되던 중, 1991년 6월 27일 인사연 총회준비위원이었던
유재관이 총회 준비 도중 건물 3층에서 추락해 죽는 사건이 발생했다. 이
사건을 발단으로 두 단체 간의 갈등이 깊어져 결국 1992년 인사연은 자진
해산하였다.

1991년 4월 26일 경찰의 폭력으로 명지대생 강경대가 사망하였다. 학생들의 항의 집회가 전국 각 대학에서 일어났고, 4월 29일에는 전남대학교 학생 박승희가 강경대 사망 규탄 집회 현장에서 분신자살하는 사태마저 발생하였다. 이후 5월 22일 정상순에 이르기까지 모두 9명이 같은 방법으로 세상을 등지는 암울한 사태가 계속되었다. 게다가 5월 25일에는 성균관대 학생 김귀정이 경찰의 진압을 피하다가 압사 사고로 사망하였다. 연이은 분신자살과 사망 사고로 민주화운동 진영은 크게 분노하였고, 전국 각지에서 대대적인 투쟁이 일어났다. 소위 말하는 '분신 정국'이 초래되었던 것인데, 그 흐름은 6월 29일 투쟁지도부가 명동성당에서 완전히 철수할 때까지 계속되었다.

인천에서도 5월 2일 인천과 부천 지역 대학생 1,200여 명이 인하대학교에서 모여 인대협 출범식을 갖고 '강경대를 살려내라' 등의 혈서를 쓰며 시위를 벌였다. 5월 3일에는 인하대학교 교수협의회 소속 교수 11명이 '강경대 타살사건'을 규탄하며 무기한 철야농성에 돌입하였다. 5월 9일 시민, 노동자, 학생 등 만여 명이 동인천역 광장에서 '민자당 해체와 공안통치 종식을 위한 국민대회'를 개최하고 경동사거리까지 8차선 도로를 완전히 점거한 채 평화행진을 벌였다. 그중 2,000여 명은 '민자당 해체' 등의 구호를 외치며 제물포역 앞에서 부평역 광장까지 차도를 따라 먼 길을 걸어가며 시위를 계속하였다. 5월 10일에는 인천지역 전직, 현직 교사 200여 명이 부평 1동성당에서 '폭력살인정권 규탄과 교육자치 쟁취를 위한 교사대회'를 개최하였다. 13일에는 인천교구 사제 30여 명이 '강경대 타살 사건'과 관련하여 정부의 근본적인 민주개혁을 촉구하며 가톨릭회관에서 단식농성에 돌입하였다. 18일에는 시민, 노동자, 학생 500여 명이 동인천역 광장에서 '광주민중항쟁 계승과 노태우정권 퇴진을 위한 인천시민대회'를 개최하고 답동 가톨릭회관까지 평화행진을 하였다.

6월 8일 시민, 노동자 학생 300여 명이 부평역 광장에서 '6월항쟁 계승과 노정권 퇴진을 위한 시민대회'를 개최하려 했으나 경찰의 원천봉쇄로 무산되어, 부평1동성당으로 장소를 옮겨 대회를 열었다. 이날 동인천역 앞 등 인천 시내 곳곳에서 밤늦게까지 산발적인 시위가 계속되었다.

들불처럼 타오르던 분신정국은 6월 3일 발생한 정원식 총리서리 폭행 사건과 강기훈 유서대필사건으로 도덕성에 큰 상처를 입고 점차 잦아들었다. 6월 29일 범국민대책위는 명동성당에서의 농성투쟁을 해제하고 철수했다. 분신 정국에 찬물을 끼얹는 역할을 한 강기훈 유서대필 사건은 2015년 5월 대법원에서 재심을 통하여 무죄를 선고받았다. 노태우정권의 조작이었다.

한편 같은 날인 6월 8일 삼미노동조합 전 홍보부장 이진희가 회사 지하 휴게실에서 임금협상 결과 보고대회를 갖던 중 임금인상 폭이 형편없이 적은 데 항의해 온몸에 시너를 끼얹고 분신을 하여 3도 화상을 입고 한강성심병원에 입원하였다. 이진희는 분신 8일 만인 6월 15일 운명하였다. 6월 15일에도 공성교통 노동조합 조합원 석광수가 노동조합 지도부의 연행에 항의하여 분신을 시도해 6월 24일 아까운 목숨을 잃었다.

1991년 지방자치제가 부활하였다. 그해 6월 시행될 광역의원 선거를 앞두고 인천에서 야권 후보 단일화가 추진되었다. 민주화운동 진영과 평민당, 민주당은 1991년 1월 31일 야권 후보를 단일화하겠다고 전격적으로 발표하였고, 4월 25일 27개 광역의원 선거구 가운데 평민당 9개, 민주당 9개, 민중당 2개, 재야 민주세력 7개로 단일후보를 배분하기로 합의하였다. 6월 20일 광역의원 선거가 시행되었으나, 그 결과는 기대에 미치지 못했다. 27명의 광역의원 중에서 민자당이 20명이 당선되었고, 야권 단일후보는 6명의 당선자를 내는 데 그쳤다.

1991년 8월 22일 인천대학교 정치외교학과 학생들이 학과장실을 점거한 채 농성에 돌입하였다. 선인학원 재단 측이 아무런 교직 경력도 없는 안기부 고위 관료 출신을 정치외교학과 부교수로 임용한 것에 항의하기 위해서였다. 이어 8월 29일에는 인천대학교 총학생회가 박재규 총장과 재단 이사진의 전원 퇴진, 교육부 특별 감사 등을 요구하며 총장실을 비롯한 7개 사무실을 점거하고 농성에 들어갔다. 선인학원 문제가 이슈화되자 교육부는 9월 12일 대학정책실 조사반을 보내 특별 실태조사에 착수하였다.

제2절 민주주의민족통일인천연합의 결성과 14대 총선

1992년 14대 총선을 앞두고 민주화운동권의 두 축인 NL과 PD 진영의 대립이 점차 격화되기 시작했다. PD 측은 민중의 독자적인 정치세력화를 주장하며 민중에 기초한 독자 정당을 추진했고, NL 측은 범민주단일후보를 내세워 민자당 장기집권 음모를 막는 것이 우선이라고 주장하였다. 1987년 대선 때와 똑같은 양상이었다. 그에 따라 전민련 내에서 양 진영의 대립이 첨예화되었다. 1987년 대선 때의 분열을 딛고 새롭게 민주화운동 진영을 재편성하고자 출범한 전민련이었지만 운동권의 고질적인 노선 대립은 그동안 전혀 해소되지 않았다. 그에 따라 결국 1990년 11월 민중의 독자적인 정치세력화를 주장하는 세력들이 전민련을 탈퇴하고 독자 정당을 추진하기 시작했다. 전민련 내에는 범민주대연합을 주장하는 NL 세력들만 남아 있었다. 전민련의 전선조직으로서의 위상이 깨진 것이다. 더욱이 전민련은 1990년 공안정국과 1991년 분신 정국을 거치면서 주요 간부들이 대거 구속되어 자체 역량도 많이 축소되어 있었다. 결국 전선조직의 재편성이 논의되기 시작하여, 1991년 12월 민주주의민족통일전국연합(이하 전국연합)이 출범하면서 전민련은 해산되었다. 전국연합은 전민련과 달리 전노협, 전국농민회총연맹, 전대협 등 대중단체가 중심이 되었다. 전국연합은 대중단체 14개와 지역 조직 13개가 결합한 해방 이후 최대의 전선조직이었다. 그러나 내부의 노선 대립은 전혀 해소되지 않았다.

인천에서도 전국적인 흐름에 발맞추어 1992년 2월 14일 민주주의민족통일인천연합(이하 인천연합)이 인하대학교 본관 대강당에서 '창립식 및 창립 대의원대회'를 열고 출범하였다. 인천연합은 인민련과 인천국민연합의 성과를 계승한 단체임을 표방하면서, 창립선언문을 통해 '민중 생존권 수호, 민주개혁의 실현, 민족자주권 쟁취, 한반도 평화와 자주적 민족통일의 달성' 등을 활동 목표로 제시하였다. 인노협, 인대협, 전교조 인천지부 등 7개 단체가 참여하였으며 상임의장에 양재덕이 선출되었다. 인민련과 인천국민연합은 해소되었다. 인천연합은 2월 22일 인천대학교 체육관에서 '인천·부천연합 창립 보고대회 및 민자당 심판과 민중생존권 쟁취를 위한 인천시민 결의대회'를 열었다.

1992년 3월 24일 제14대 국회의원 선거가 실시되었다. 인천이 PD진영의 핵심 지역 중 하나인 만큼 선거가 실시되기 오래전부터 인천에서는 민중의 독자적인 정치세력화를 위한 움직임이 진행되었다. 1990년 4월 8일 '민중의 정당 결성을 위한 인천지역노동자추진위원회'가 인하대학교 소강당에서 전국 최초로 창립대회를 개최했다. 1991년 12월 11일에는 '민중의 독자적 정치세력화를 위한 인천지역 노동자·정당·사회단체 연석회의'가 부평1동성당 교육관에서 500여 명이 참석한 가운데 발족 보고대회를 열고 14대 총선에 민중후보를 출마시키겠다고 공식 선언하였다. 이들은 민중당을 결성하고 총선에서 북구을에 송경평, 북구갑에 전희식, 서구에 황선진, 중동·옹진에 이원주, 남동에 박귀현을 후보로 내세웠다. 한편 범민주단 일후보 진영에서는 '민주정부 수립과 범민주 후보 단일화를 위한 인천시 민회의'를 출범시키고 범 민주후보 7명을 선정해 3월 12일 발표했다. 민주 당 후보 6명, 민중당 후보 1명이었다. 양측의 갈등은 변한 것 없이 그대로 였다. 민중당 후보는 전원 낙선하였고, 민중당은 정당법에 따라 자동 해산 되었다. 그럼에도 불구하고 민중당에 몸담았던 인사들은 진보정당 건설 의지를 되살려 '진보정당창당추진위원회(이하 진정추)'를 결성하고 12월의 대선을 준비했다.

1992년 4월 8일에는 전대협이 인하대학교에서 10일까지 3일간 총회를 개최하였다. 9일에는 '범청학련 결성을 위한 남쪽 준비위원회'를 발족하였 다. NL진영이 다시 본격적인 통일운동에 나선 것이었다. 1992년 8월 13일 부터는 서울 중앙대학교에서 '제3차 범민족대회'가 5일간의 일정으로 개최 되었다. 인천에서는 '한반도평화와 통일을 바라는 인천시민모임 준비위원 회'가 사전 집회의 일환으로 8월 8~9일의 이틀간 인천대학교에서 1,000여 명의 시민, 학생, 노동자가 참여한 가운데 '92 인천시민과 함께하는 통일 염원 문화대동제'를 개최하였다. 그리고 11일에는 인천지역 대학생 300여 명이 경찰의 범민족대회 저지를 위한 중앙대학교와 숭실대학교 압수수색 에 대한 항의 표시로 제물포역 앞 도로를 점거하고 시위를 벌였다.

1992년 12월 18일은 제14대 대통령선거일이었다. NL과 PD 양 진영은 또 다시 범민주단일후보론과 독자후보론으로 갈려 대립했다. 인천의 독자후 보 진영은 9월 19일 '인천지역 대통령선거 대책본부 건설을 위한 공청회'를 개최하며 대선을 준비해 갔다. 이에 맞서 범민주 단일후보 진영은 11월 14

일 주안1동성당에서 '민주 대개혁과 민주정부 수립을 위한 국민회의 인천본부'를 결성하였다. 인천의 민주화운동 진영을 대표하는 새로운 전선조직으로서 인천연합이 출범하였지만 양 진영 사이에서 아무런 역할도 할 수 없었다. 결과는 민자당 후보 김영삼의 당선이었다. 범민주 단일 후보론과 독자후보론 양 진영의 갈등 속에 전국연합은 갈수록 힘을 잃었고, 그것은 인천연합도 마찬가지였다. 그러는 과정에서 많은 사람이 제도권 정치로 흘러 들어갔고, 그럴수록 제도권 밖의 재야는 더더욱 힘을 잃었다.

제3절 시민운동의 출현과 정착

1980년대 말 동구 사회주의권의 붕괴는 전통적인 변혁이론에 대한 회의와 반성을 불러일으켰다. 6월항쟁 이후 선거를 둘러싼 민주화운동 진영 내부의 분열과 반목은 운동세력의 위축과 이탈을 가속화시켰다. 그리고 형식적으로나마 민주주의가 정착되어 가자 제도권 정치가 활성화되면서 그 외부의 민주화운동이 설 자리는 점점 더 좁아만 갔다. 게다가 민주주의의 정착으로 노동자, 농민 등 당사자들이 대중운동의 주체로 서면서 학생운동 출신의 변혁 지향적 활동가들의 입지는 더욱 축소되어 갔다.

이런 상황에서 정치투쟁이 아닌 지역의 현안 해결에 목적을 둔 시민운동이 서서히 등장하기 시작하였다. 목요회라든가 선인학원 정상화 운동, 계양산살리기운동 등이 그러한 시민운동의 맹아적 형태라고 할 수 있다.

1989년 6월 29일 목요회가 창립됐다. 목요회는 1987년 6월항쟁 이후 대통령 선거를 통해 민주정부 수립을 성사시키지 못한 채 민주화운동진영이

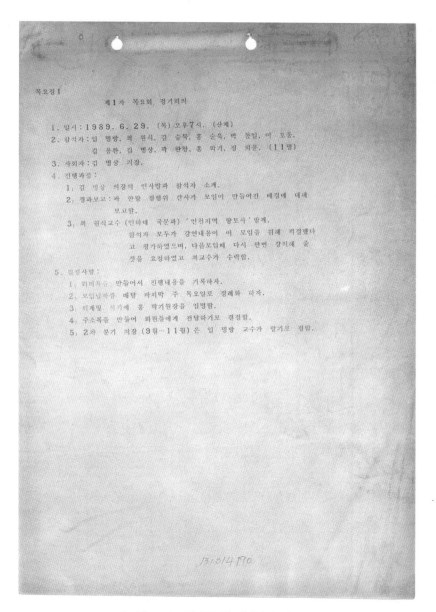

목요정 I

제1차 목요회 정기회의

1. 일시 : 1 9 8 9. 6. 2 9. (목) 오후 7시. (산제)
2. 참석자 : 임 명방, 최 원식, 김 승목, 홍 순옥, 박 동일, 이 호응,
　　　　　김 용환, 김 병상, 곽 한왕, 홍 학기, 정 희운. (11명)
3. 사회자 : 김 병상 의장.
4. 진행과정 :
　　1, 김 병상 의장의 인사말과 참석자 소개.
　　2, 경과보고 : 곽 한왕 정평위 간사가 모임이 만들어진 배경에 대해
　　　　　　　　　보고함.
　　3, 최 원식교수 (인하대 국문과) '인천지역 향토사' 발제.
　　　　　　　　 참석자 모두가 강연내용이 이 모임을 위해 적정했다
　　　　　　　　 고 평가하였으며, 다음모임때 다시 한번 강의해 줄
　　　　　　　　 것을 요청하였고 최교수가 수락함.
5. 결정사항 :
　　1, 회의록을 만들어서 진행내용을 기록하자.
　　2, 모임날짜를 매달 마지막 주 목요일로 정례화 하자.
　　3, 회계및 서기에 홍 학기원장을 임명함.
　　4, 주소록을 만들어 회원들에게 전달하기로 결정함.
　　5, 2차 분기 의장 (9월 ~ 11월) 은 임 명방 교수가 맡기로 정함.

131014190

〈그림 4-7〉 1차 목요회 정기회의 회의록
(원출처 : 인천민주화운동센터)

분열되고 흩어지자, 이를 극복하기 위해 종교계 인사 등이 모여 만든 단체
다. 초대 의장은 김병상 신부가 맡았고, 창립 회원은 12명이었다. 주로 천
주교와 개신교 인사들이 참여했고, 이후 교수, 변호사, 의사, 약사, 문화예
술인 등 각계 인사들이 동참하면서 전문가 조직으로서 모임을 확대해 갔
다.

목요회는 매월 마지막 목요일 저녁 월례회를 정기적으로 개최하여, 각
계 전문가 등을 초청해 의견을 교환하면서 지역 현안에 대한 해결 방안을
모색했다. 그러나 내부적으로 의견 대립을 초래할 수 있는 정치적 논의는
배제함으로써 시민단체로서 성격을 규정하려 했다. 그런 의미에서 목요회
는 인천 시민운동의 맹아라고 볼 수 있다. 법률, 세무, 건축 분야 등과 관
련한 '시민봉사실 무료상담'도 운영하여 시민들의 호응도 얻었다. 목요회
는 지속해서 지역의 현안 의제들을 발굴함으로써 민주화운동의 성과를 시
민운동으로 전환하는 데 한몫을 했다.

목요회가 1990년대까지 벌인 활동을 보면, 인천시의회 의원선거 범민주
야권단일후보 추천, 한국화약 소래포구 공유수면매립으로 인한 주민 피해
구조, 선인학원 정상화 운동, 계양산 살리기 범시민운동, 굴업도 핵폐기물
처리장 반대 운동, 영흥도 화력발전소 건설 반대 운동 등으로 사실상 지역
사회 전 분야에 걸쳐 있었다.

그 가운데 '선인학원 정상화 운동'은 목요회가 지역사회와 함께 참여한
대표적인 운동으로 남아 있다. 선인학원은 이미 1980년대 초에 재단의 비
리 문제 등으로 한차례 홍역을 치른 적이 있었는데, 1986년 구속됐던 전
이사장 백인엽이 재단에 자문위원으로 복귀하면서 학원 민주화투쟁이 다
시 전개되기 시작하였다. 학생은 물론, 교수와 교사까지 투쟁에 동참하면
서 선인학원 사태는 교육계를 포함한 지역사회의 큰 관심을 끌어냈다. 문

제 해결의 실마리가 보이지 않는 상황 속에서 1991년 7월 15일 인천대 교수들과 선인고, 운봉고 등 선인학원 산하 11개 초·중·고교 교사 370여 명이 모여 '범선인학원 정상화추진위원회'를 결성하였다. 목요회는 선인학원 사태가 더는 학내 문제가 아닌 지역사회의 문제라고 판단하고, 1992년 1월 20일 '선인학원 사태를 우려하는 인천시민의 모임 준비위원회(이하 시민의 모임)'를 구성하였다. 준비위원장은 최원식 교수가 맡았다.

시민의 모임은 1992년 2월 13일 도화동성당에서 '선인학원 정상화를 위한 인천시민 공청회'를 개최하고, 2월 15일에는 '선인학원 정상화를 위한 10만인 서명운동'을 시작하는 등 여론을 모아 나갔다. 그리고 5월 9일 시민, 학생 800여 명이 참석한 가운데 주안1동성당에서 인천시청 앞 광장까지 '선인학원 정상화를 위한 인천시민 걷기대회'를 진행하였다. 시민의 모임은 그 밖에도 관선 이사를 검찰에 고발하는 등 다각도의 활동을 벌여나갔다. 선인학원 사태는 결국 1994년 12개 초등학교의 공립화와 2개 대학의 시립화가 실현되면서 성공적으로 마무리되었다.

1992년 10월 10일 창립된 인천경제정의실천시민연합(이하 인천경실련) 역시 전문성을 강화한 단체였다. 인천경실련은 창립선언문에서 '극심한 빈부 격차, 부정과 부패의 만연, 투기와 불로소득, 재벌 중심의 불공정한 경제, 퇴폐와 향락에 빠져가는 사회문화, 누구도 책임지지 않는 환경오염' 등에 대한 대안을 제시하겠다고 밝혔다. 그리고 '비폭력적이고 평화적인 시민운동'을 전개하겠다고 천명하면서 스스로 '순수한 시민운동 단체'라고 규정하였다. 인천경실련이 출범하던 때를 전후하여 민주화운동은 지역운동, 시민운동으로 전환되어 가는 흐름을 보이기 시작했다. 그 대표적 사례가 '계양산 살리기 시민운동'이었다.

〈그림 4-8〉 계양산 골프장 건설을 반대하며 155일 동안
나무위에서 고공시위를 진행하고 있는 윤인중 목사
(원출처 : 인천민주화운동센터)

계양산 살리기 시민운동은 1991년 7월 대양개발이 계양산에 위락시설을 건설하겠다는 계획서를 인천시에 제출하면서 촉발되었다. 이러한 사실이 알려지자 이에 대응하기 위한 준비모임이 만들어졌고, 가르멜수도원의 정대식 신부는 1991년 9월 24일 인천교구 산하 31개 본당 신부와 수녀원 수녀, 수도원 수사들의 서명을 받아 건설부와 인천시에 탄원서를 제출하였다. 10월 8일에는 인하대학교 정요일 교수 등 인천지역 각계 인사 46명이 환경영향평가와 지표 조사를 시행하라고 촉구하며 나섰다. 그리고 10월 11일 '계양산 살리기 범시민운동본부 결성준비위원회'가 출범하였다. 준비위원회는 1991년 11월 9일 계산동성당에서 200여 명이 참석한 가운데 시민공청회를 개최한 후, 1992년 1월 24일 계산중앙감리교회에서 '계양산 살리기 범시민운동 추진위원회'를 결성했다. 공동대표는 최세웅 목사, 정대식 신부, 홍재웅 교수 등이 맡았다. 이후 서명운동과 집회 등을 통해 계양산 훼손을 막으려는 시민운동이 계속되었고, 그 결과 1993년 개발 계획이 반려되었다.

계양산 살리기 시민운동은 인천의 시민운동이 한차례 도약하는 계기를 마련하였다. 이후 삶의 터전에 대한 인천시민들의 관심은 지역 운동의 주요한 의제로 정착해 갔다. 그리고 시민운동이 지평을 넓혀 가면서 전통적인 변혁 지향적인 민주화운동은 점점 설 자리를 잃고 왜소화되어 갔다.

제4장 노태우정권 시기 인천 민주화운동의 특징과 의의

노태우정권 시기의 민주화운동에는 1987년 대선의 그림자가 짙게 드리워져 있었다. 그 당시 김대중에 대한 비판적 지지와 민중진영의 독자 후보로 갈린 입장 차이는 이후 범민주대연합론과 민중독자정치세력화론으로, 소위 NL과 PD로 나타나 선거 때마다 매번 첨예하게 드러나곤 했다. 이 분열은 민주화운동 진영이 퇴조하게 되는 중대한 요인 중 하나였다.

인천은 소위 노동운동의 메카답게 PD진영, 즉 독자 정치세력화를 주장하는 세력이 다른 어느 지역보다 강했다. 그것은 민중의 독자적 정치세력화를 주장하는 그룹의 핵심인 인민노련이 인천에서 창립된 것만 보아도 알 수 있다. 따라서 NL, PD 두 계열 간의 대립도 다른 어느 지역보다 심했다. 1992년 총선 때 민중의 독자 정치세력으로 창당된 민중당은 인천지역에서 다른 어느 지역보다 많은 5명의 후보를 출마시켰다. 그중 남동구 같은 경우 인사연에서 함께 활동했던 고등학교 동기 동창이 각각 민주당(이호웅)과 민중당(박귀현)으로 출마하여 대결하는 사태까지 벌어졌다. 이러한 분열은 이후에도 해소되지 못한 채 인천의 민주화운동이 쇠퇴하는 데 큰 요인으로 작용하였다.

6월항쟁 이후 형식적으로나마 민주주의가 정착되어 노동조합 같은 대중단체의 건설이 용이해지면서 인천의 민주화운동에도 큰 변화가 나타나기 시작했다. 변혁 지향적인 학생운동 출신의 활동가들이 아닌 대중들이 대중운동의 주체세력으로 자리 잡기 시작한 것이다. 인천의 경우 1987년 노동자대투쟁 당시 대부분의 투쟁 현장에 학생운동 출신의 활동가들이 있었을 만큼, 특히 노동운동의 경우 학생운동 출신 활동가들이 인천지역 민주화운동에서 차지하는 비중이 컸다. 그런데 노동자들이 노동운동의 주체로 자리 잡으면서 학생운동 출신의 활동가들이 설 자리는 점점 좁아져 갔다. 그에 따라 노동운동을 위해 인천으로 왔던 많은 학생운동 출신 활동가가 인천을 떠나기 시작했고, 자연히 변혁 지향적 민주화운동에서 인천이 점하는 위상도 낮아지기 시작했다. 1980년대 중반 인천이 민주화운동에서 차지하고 있던 위상은 어느덧 과거의 기억으로만 남게 되었다.

민주화운동이 퇴조하면서 그 자리를 대신해 간 것은 시민운동이었다. 인천의 시민운동은 특정 단체가 먼저 만들어져 이끌어 간 것이 아니라 지역의 현안을 해결해 가는 과정에서 자연스럽게 자리 잡기 시작했다. 물론 목요회와 같은 시민단체의 선구적 조직이 없었던 것은 아니나, 목요회는 경실련이나 참여연대, 환경운동연합 같은 본격적인 시민단체와는 달리 친목회적인 성격이 강했다. 인천의 시민운동은 선인학원 정상화 운동과 계양산 골프장 철회 운동을 통해 본격적으로 시작되었다. 이 두 가지 문제 같은 굵직한 지역 현안을 중심으로 인천지역의 시민운동이 시작되면서 비로소 인천의 정체성이 강조되기 시작했다. 즉 인천의 문제, 인천의 현안이라는 형식으로 인천이 중심에 서게 된 것이다. 과거 많은 활동가들이 인천으로 온 것은 대한민국을 변혁하기 위하여 전략적으로 판단해 모인 것이지, 인천의 문제를 해결하기 위하여 인천을 찾은 것은 아니었다. 그런데

이제 인천의 문제, 인천의 현안이 강조되게 되자 인천을 자기의 생활공간
으로 인식하지 않는 활동가들에게 인천은 더는 의미 있는 공간이 아니었
다. 그러면서 활동가들의 인천 이탈은 더욱 가속화되었다. 그리고 그 반작
용으로 인천의 정체성이 더욱 강조되었다.

제5부

부문별 민주화운동

제1장 노동운동

제1절 1950년대 인천의 노동운동

1883년 개항 이후 근대의 인천은 제물포 지역(인천항과 인천역) 중심의 항구도시, 상업도시로 변모해 갔다. 일제가 인천의 교통망을 이용하여 쌀의 집산과 반출을 도모했기 때문에 '원(原)인천'의 초기 산업화는 정미업이 중심이었다. 그리고 점차 제염업, 양조업, 경공업 중심으로 산업화가 시작되었다. 1912년에 비누공장인 애경사가, 1917년에 성냥공장인 조선인촌주식회사가 문을 열었다. 1925년에는 인천공작창이 세워져 기관차, 객차, 화물차 등을 생산했고, 동국제강, 조선차량제조 등 중공업도 발전하기 시작했다.(정윤수, 2013, 7쪽)

1920년 6월에 조선노동공제회 인천지회가 창립되었고, 7월에는 노동야학이 시작되었다.(『동아일보』, 1920년 7월 4일) 1923년엔 인천소성노동회가 결성되었고 이는 1924년 4월 인천노동총동맹으로 확대되었다.(『동아일보』, 1924년 3월 8일) 이 조직은 조선노동총동맹에 가입하여 전국적인 노동운동에 참여했다.(정윤수, 2013, 142쪽, 김홍전, 2006, 97쪽)

1930년대 중반부터 조선총독부의 대륙 병참 기지화 정책으로 인해 기계·금속산업화가 추진되었다. 원인천과 부평에 조선기계제작소, 동양방적, 인천공작창, 동양제강, 부평제강 등이 들어섰다. 특히 1939년부터 부평역 가까이에 육군조병창이 넓게 들어서면서 기지 안과 주변에 본격적인 공업화 및 상업화가 이루어졌다.(김홍전, 2006, 93쪽; 부평사편찬위원회, 2007, 86쪽, 288~289쪽, 293쪽) 1940년 인천부(府)가 부평지역까지 확장되었다. 인구도 증가하여 1941년 당시 인천 인구는 19만3,049명, 노동자 수는 2만 5천 명(1940년 말 현재)으로 증가했다.(인천발전연구원, 2010, 13쪽, 이병례, 2009, 202쪽)

세계사적 조건 속에서 해방 이전 초기 노동운동은 사회주의 운동과 연계되어 전개되었고 이는 해방 직후까지도 이어졌다. 좌익 운동과 조선노동조합전국평의회(이하 전평, 1945년 11월 5일 결성)에 대응하기 위해, 우파 정치세력의 지도와 후원을 바탕으로 대한독립촉성노동총연맹이 1946년 3월 10일에 결성되었다. 이후 미군정 통치 기간에 전평은 불법화되고 대한노총이 유일한 합법 노동단체가 되었다. 1948년 8월 대한노동총연맹(대한노총)으로 전환된 후 대한노총은 이승만정권하에서 노동자들의 권익보다 정권과 노총 지도부 그리고 각 '파벌'의 이익을 위해 활동하였다. 1950년대 내내 어용 노조와 억압적 노동체제에 저항하는 아래로부터의 투쟁이 끊이지 않았다. 1953년에 근로기준법, 노동조합법, 노동쟁의조정법, 노동위원회법 등 노동관계법이 처음 제정되었으나 외국의 법제를 그대로 모방해서 도입했기 때문에 우리 노동 현실에서는 거의 지켜질 수 없었다.

1. 해방과 인천의 노동운동 전사

인천은 사회주의 노동운동과 연계된 부두노동자가 많았다. 1945년 8월 패전국 일본의 조선주둔군사령관이었던 고즈키 요시오(上月良夫)는 태평양

미육군사령부에 전문을 보내어 "조선인 중에는 현 상황을 이용하여 조선
의 평화와 질서를 어지럽히려고 음모를 꾸미는 공산주의자와 선동자가 많
습니다. (…) 특히 인천항의 부두노동자들이 '(공산주의에 물든) 노동조합
의 사주를 받아' 과도한 급여 지불과 식량 배급을 요구하는 것에 불안감을
느끼고 있으며 사보타지를 할 수도" 있다며 우려를 표시했다.(국사편찬위
한국사데이터베이스 웹DB검색; 『한국현대사 사료총서2』, 주한미군사 1)

서울과 인천은 거의 처음부터 미군정에 의해 통치되었다. 1945년 미군
은 서울에서 다수의 노동자 분쟁을 중재하는 데 성공했고, 인천지역에서
농민과 노동자 사이의 불만을 통제하는 데 성공했다. 그러나 1946년 미군
정의 경제정책 및 식량정책에 반대하는 노동쟁의가 전국적으로 일어났고,
인천에서도 크고 작은 쟁의가 여러 차례 발생했다. 해방 직후 식량부족은
노동자들의 노동력 재생산이 실질적으로 위협 받는 절대적 궁핍화를 가속
시켰다.

해방 직후 인천에는 130여 개의 공장들이 있었던 것으로 보이나, 실제
조업률은 36%에 지나지 않았다.(『대중일보』, 1945년 11월 26일) 1947년에
공장 수는 260개소로 해방 직후보다 2배로 늘었다. 그러나 제대로 가동되
는 공장은 12개에 불과했다.(인천상공회의소, 1995, 187~188쪽) 따라서 노
동자들의 노동조건은 해방 이후 더 열악할 수밖에 없었다. 당시 방직공장
의 노동조건을 보면, 24시간 가동이었기 때문에 노동시간이 1일2교대제로
12시간 근무가 많았다. 8시간 노동제가 불가능한 조건이었다.

1945년 11월 5~6일 전평이 결성되면서 서울, 부산, 인천 등 11개 주요 공
업도시에 지역평의회가 조직되었다. 그에 따라 인천의 노동조직도 활성화
되었다. 인천의 전평이 언제 결성되었는지는 분명하지 않으나 대체로
1945년 11월 초반 중앙 전평이 조직되기 전부터 움직임이 있었던 것으로
보인다.(김무용, 1994, 82쪽) 인천 전평 의장은 김점권이었다.[60]

1946년 6월 전평 소속의 동양방적 인천공장(사장 최남)에서 노동쟁의가 발생했다. 노동자들이 메이데이(5월 1일 노동절) 행사에 참여하려고 하자 회사 측에서는 대신 5월 5일에 일하라고 요구했다. 노동자들은 이를 거부했다. 그러자 회사 측에서 노조위원장 윤한수 외 3명을 태업 등의 이유로 경찰에 넘겼다. 1946년 5월 30일 동양방적 인천공장 노동자들은 임금인상, 후생시설의 개선 등 8개조항의 요구를 공장장에게 제출했으며(『대중일보』, 1946년 6월 5일) 6월 8일에는 직공 700여 명이 임금인상, 물가수당, 공휴일 유급제도 등 대우개선을 요구하며 파업을 단행했다.(『동아일보』, 1946년 6월 8일, 동일방직복직투쟁위원회 엮음, 1985, 29~31쪽)[61]

1947년에는 노동쟁의가 더욱 거세게 일어났다. 불법해고, 불법공장폐쇄, 경찰노조탄압에 반대하는 거센 저항이 있었다. 1947년 8월 경기도 노동국이 집계한 도내 노동 상황을 보면 노동쟁의가 빈번히 발생한 곳은 대부분 인천지방이었다. 당시 도내 공장을 노동조합별로 보면 대한노총 산하 조합이 68개소에 조합원이 1만1천6백28명이며, 전평 산하 단체조합이 37개소에 조합원이 2천1백57명, 무소속 조합이 12개소에 2천6백18명이었다. 1947년 1월부터 6월 말까지 13개 공장에서 쟁의가 발생했고, 참가 인원은 1천44명이었다. 쟁의의 대부분은 인천지방에서 일어났다.(『동아일보』, 1947년 8월 1일)

그런데 당시 쟁의 성격은 좌우분열이라는 정치적 요인의 영향을 많이 받았다. 특히 인천은 일제강점기부터 좌익(사회주의)의 영향력이 컸다. 따

---

[60] 한편 좌익계열이 조직한 조선노동조합전국평의회(전평)에 대응하기 위해 우익계열은 1946년 3월 10일에 대한독립촉성노동총연맹(대한노총)을 결성하였다. 이후 미군정에 의해 전평이 무너지고 대한노총이 유일 합법노조가 되었다.

[61] 1946년 메이데이 투쟁과 6월의 쟁의를 벌인 동양방직 노조는 미군정과 회사 측의 공작에 의해 전평을 탈퇴하고, 새로 노조를 구성하여(새 노조의 초대 위원장은 채경석) '전평 타도'를 목적으로 설립된 대한노총에 가입한다. 1955년 동양방직 주식회사가 창립되면서 동양방직 노조로 개칭하였고, 1961년 5·16 쿠데타 이후 노조 재편 과정에서 한국노총 전국섬유노동조합 동양방직 인천공장 지부로 바뀌었다. 1966년 회사 명칭이 변경되면서 동일방직 인천공장지부가 되었다.

라서 전평이 단행한 1946년 9월 총파업, 1947년 3월 총파업 때마다 연대투쟁에 적극 참가했는데, 전평 주도 파업은 전반적으로 정치투쟁의 성격이 강했다. 당시 이러한 인천 노동운동 상황에 대해서는 1948년 보도연맹이 주관하는 '좌익악평' 좌담회에 나온 전평 인천 동양전선 부책 이찬식의 다음과 같은 진술이 기록으로 남아 있다.

> "해방이 되던 해와 그 이듬해에 우리 남한의 인천상태는 대부분 공산당이 영도하는 좌익 전성시대였다는 것을 자타가 다 이해하실 줄 믿습니다만 그 당시 나는 동양전선회사에 일 직원으로 있었는데 정치라는 것에 그렇게 관심이 없을 수가 없었고 특히 좌익세력이 컸기 때문에 가입하지 않을 수 없을 만큼 주위환경이 험했습니다. 그러다가 마침 그 회사의 임금이 저하되는 바람에 경영주와 임금저하에 대한 교섭이 노동조합과 시작되어, 내가 대표로 나갔는데 전평이 전적으로 지지해 주고 같이 투쟁해주기 때문에 감사히 생각하고 가입을 한 후 열렬히 싸웠습니다."(『동아일보』, 1949년 11월 2일)

해방 후 미군정 하에서 발생한 인천지역 노동쟁의를 신문기사를 통해 살펴보면, 1946년 6월 8일에 동양방적 인천공장에서 직공 700여 명이 '8시간 노동제'와 처우개선을 요구하며 총파업을 벌였다. 1946년 10월 1일부터 4일까지 송현동에 있는 조선강업, 조선기계제작소, 종연공업, 조선차량, 인천부두노조 3,000명의 노동자들이 파업 및 연대 파업을 벌였다. 특히 조선기계제작소 파업 시에 인천 전평과 대한노총 간 충돌이 일어나 8명의 중상자가 발생하였다. 1947년 3월에도 여러 공장에서 총파업이 있었고, 1948년 2월과 3월에도 경성화학, 부두노조, 경선전기 등에서 파업 투쟁이 벌어졌다.(『자유신문』, 1946년 10월 5일, 『동아일보』, 1946년 10월 4일, 『대중일보』, 1948년 2월 10일, 3월 21일 등) 이와 같은 흐름은 당시 전평의 전국 총파업 일정과 연동되어 나타난 것임을 알 수 있다. 미군정은 전평을 불법화하고 탄압했으며, 1948년 5월 투쟁 이후 전평은 약화되었다.

일제 강점기부터 연속되던 인천의 노동운동과 노동자의 힘이 결정적으로 약화된 것은 한국전쟁의 영향이었다. 한국전쟁으로 노동조직은 붕괴되었고, 노동운동가도 부재한 상황이 되었다. 전쟁과 분단의 고착화로 인해 전 사회적으로 반공이 내면화되었고, 1950년대 노동자계급의 전체 계급관계에서의 위치는 약화되었다. 따라서 노동자계급의 정치적 역량도 작아졌다. 그렇다고 노동자들의 저항이 전혀 없었던 것은 아니었다. 한국전쟁 기간 중에도 노동자들은 생존권 투쟁을 전개했다. 섬유와 부두 그리고 광산 노동자를 중심으로 경제투쟁 중심의 활발한 노동운동이 일어났다. 인천에는 부산 다음으로 많은 부두노동자들이 있었다. 한국전쟁 직후라는 침체된 노동운동 공간에서도 인천 부두노동자들은 빈번한 파업과 투쟁으로 해방 직후 노동운동의 큰 맥을 1950년대에도 이어 나갔다.

2. 인천의 부두노동자 운동

해방 이후 미군의 군수물자가 들어오면서 하역업이 인천 경제에서 절대적인 비중을 차지하게 되었다. 부두의 하역 업자에게 배포되는 임금만 당시 월 1억 원을 넘어섰다. 인천에서는 1945년 10월에 보수적인 한국민주당 간부의 주도로 인천자유노동조합이 설립되었고, 1948년 4월에는 인천부두노동조합이 결성되었다. 1949년 3월 6일 '대한노총 전국항만자유노동조합연맹'(이하 자유연맹)이 구성되었다. 1950년대 부두노동자는 그들의 특수한 존재 조건 때문에 가장 거대한 단위노조이면서 동시에 가장 큰 규모의 산별노조를 구성하였다. 단위노조로 볼 때 자유연맹은 부산 부두노조의 가맹원이 2만 명, 인천 부두노조의 가맹원은 1만여 명 등 전국적으로 8만여 명(1958년)의 조합원 수를 갖고 있었다.(전국부두노동조합, 1979, 258쪽)

따라서 대한노총에서 자유연맹이 차지하는 대의원 수는 여타의 전국 단위 노조연맹이나 지역노동연합회의 대의원 수를 월등히 앞질렀고, 그만큼 대한노총 내에서 자유연맹은 확고한 위치를 점하고 있었다. 자유연맹 위원장의 대한노총 최고위원 자리 확보는 거의 확실한 것이었고 최고위원 자리는 자유당 치하에서 국회의원 출마의 발판이 되었기 때문에 자유연맹의 주도권 다툼이 끊이지 않았다.

1) 부두노조의 분열과 통합

1953년 제정된 노동관계법에 따라 법적으로 노동조합은 자유설립주의에 입각해서 직장별 또는 지역별로 단위 노동조합을 결성할 수 있었다. 이를 악용해서 각종 이권과 자유당정권에서 정치적 출세를 지향하는 노조간부들이 기존의 부두노조를 쪼개서 단위노조로 분열시켰다. 인천부두의 경우에는 이전부터의 분열과 대립이 불씨가 되어 기업별로 무려 50여개의 단위노조로 분열되었다. 인천항의 난립상은 전국에서 가장 커서 동일 사업장 내에 2개 내지 3개의 단위노조가 난립하기도 했다.(전국부두노동조합, 1979, 237쪽) 그 후 무려 4년 동안이나 통합되지 못했다.(한상근, 1987, 56쪽) 이러한 분열로 실질적인 피해를 입은 사람들은 부두노동자였다. 부두노동자들은 임금인하, 임금체불, 취업불안 등 이중, 삼중의 고통을 당했다. 1956년 3월 25일에 비로소 인천자유노동조합으로 통합되었으나 다시 분열되었고, 1958년 2월이 되어서 인천항만자유노동조합으로 재통합 되었다.

인천항만자유노조의 분회는 주로 하역회사별로 구성되어 있었다. 예를 들어 인천항만자유노조 '조선운수' 분회라는 방식이었다. 그리고 분회 단위에서 '십장'이 부두노조의 부장, 분회장, 부분회장 등의 노조간부 자리를 차지했고, 십장 밑의 반장은 현장 작업의 일차적 책임을 지고 조합 내에서 작업반장과 조합 및 분회의 대의원 자리를 맡았다.(인천지구노조연합회, 1957. 12. 1; 이규창, 1974, 154쪽에서 재인용)

2) 인천 부두노동자의 십장제 반대 투쟁

하역작업의 특수성으로 인해 부두노동자의 노동력 수급관계는 잠정적이고 유동적이었다. 이들 부두노동자들은 고용과 취업권을 관리하는 중간 관리자=중간착취자, 이른바 십장제라 불리는 특수한 노동조직에 묶여 있었다. 대부분 노조간부인 십장과 노조원인 부두노동자는 공동운명체적인 존재로서 부두의 특수한 노동조직을 형성했다.(한상근, 1987, 28쪽) 개항 이래 존재한 십장제는 해방 이후에도 그대로 온존되었다. 십장이 부두노조의 간부를 겸하기 때문에 부두노조는 십장의 합법적인 착취를 온존시켰다. 1953년 제정된 노동관계법은 "누구든지 법률에 의하지 아니하고는 영리로 타인의 취업에 개입하거나 중간인으로 이익을 취득하지 못 한다"(근로기준법 8조)라고 중간착취 배제를 명문화했지만 항만 하역업체와 부두노조는 십장제를 유지했다.

중간착취제도인 십장제에 의한 부두노동의 운영은 사실상 노동력 착취로 귀결되었다. 십장은 노동자 몫의 임금 중 일부를 갈취하여 수입원을 삼았다. 노동자들은 이렇게 전체임금의 20% 이상을 조두(임금 지급의 직접적 책임자), 도반장(즉, 십장. 노동력 공급 책임), 반장 등의 중간 착취자에게 갈취 당했다. 대부분 부두노조의 간부들이기도 했던 십장들은 '십장 몫'의 착취뿐 아니라 노조간부라는 지위를 이용하여 조합비 외에도 각종 잡부금(투쟁비용, 취업알선, 대의원 회비 등)을 징수했다. 이러한 전근대적인 십장제와 얽힌 노조운영 시정을 요구하는 민주노조를 위한 노동자들의 투쟁은 1950년대 후반 이전에도 꾸준히 전개되었다. 1951년 8월에는 인천

부두노동자들이 과중한 맹비의 시정을 요구하는 투쟁을 벌였으며, 그 뒤
에도 각 항만 부두에서 노동자들이 노조간부들의 착취 시정을 요구하는
노동조합 민주화를 위한 투쟁이 있었다.(김낙중, 1982, 241쪽)

특히 1958년을 전후로 하여 노동자들을 착취하는 십장제에 대한 집중적
인 비판이 제기되었고, 크게 사회문제화 되었다.[62] 그 문제의 발단과 전개
가 인천부두에서 시작되었다.(대한노총 인천지구노동조합연합회, 1958.
11. 9, 31쪽) 최초의 발단은 대한노총 자유연맹 쟁의부장을 지낸 김인숙[63]
이 1957년 9월에 이창우(김기옥 중심의 자유연맹 당시 부위원장) 중심의
인천부두 인천자유노조를 비판하는 진정서를 보건사회부, 경기도, 국회,
대한노총, 자유연맹에 제출하면서 시작되었다. 김인숙의 진정서를 접수한
자유연맹, 대한노총, 보건사회부는 조사에 착수하였다. 그러나 이때는 사
회적으로 십장제를 비판하는 파문이 크게 확산되지는 않았다.(임송자,
2011, 156쪽) 다음 해인 1958년 1월 인천부두의 순수 노동자 16명이 약 376
명의 노동자들이 연명 날인한 탄원서를 대한노총과 보건사회부에 각각 제
출했다. 이들은 탄원서에서 노조간부로 군림하는 십장의 횡포와 착취 상
을 열거하고 근본적인 해결책을 요구하고 나섰다.(『경인일보』, 1959년 1월
22일) 당시 탄원서에 나타난 십장의 횡포는 다음과 같다.

---

[62] 십장제 문제가 1950년대 후반에 와서야 본격화 된 배경에는 대한노총 내 분파들 간의
세력 연합과 갈등·대립이 있었다. 십장제 비판은 정대천을 중심으로 한 세력이 김기옥
독주의 대한노총 내에서 김기옥 배격운동을 통해 헤게모니를 쟁취하기 위한 일환으로
자유연맹을 공격하는 전술로 이용한 측면이 강하였다.

[63] 이러한 김인숙의 행위에 대해 『한국부두노동운동백년사』에서는 인천자유노동조합에서
탈락된 김인숙이 조직기반을 잡기 위해 인천자유노조 산하 동해운수 분회에 조직침투
를 기도하여 분규가 일어나게 되었고, 이러한 분규에 인천자유노조가 개입하여 기존간
부를 두둔하게 되면서 빚어진 것으로 보았다.(한국노동조합총연맹, 1979, 483~487쪽, 부
록 6-7 조사보고서; 이규창, 1974, 132~35쪽, 임송자, 2011, 157쪽에서 재인용)

① '십장몫'이라 해서 십장들이 임금 중에서 임의 공제 착복하는 액수는, 노동
   자들의 평균 일수입(日收入)이 8백 환에 불과하나 십장들은 무려 3~4만 환
   에 달한다.
② 3~4개월씩 임금이 체불되어도 오불관격(吾不關格)으로 자기이득만을 취한다.
③ 임금 단가를 십장들이 개인의 임의로 결정하여 현행 요율보다도 인하시킨
   사실도 있다.
④ 엄연히 조합비를 공제징수하고서도 투쟁비니 뭐니 해서 허다한 잡부금을
   노동자에게 강요한다.
⑤ 노조간부로 있는 십장들이 노동자 모집과 작업 배치권을 갖고 있으므로 노
   동자들은 실질적으로 십장들에게 고용되어 있는 형편이다
⑥ 노동자들의 총의를 대변해야 할 대의원들은 십장들이 대회 개최에 앞서 자
   기 임의로 지명함으로, 노동자들은 간접적으로 나마 자기들 의사를 반영시
   킬 수가 없다,

사회여론도 십장제가 전근대적 착취제도임으로 하루빨리 폐지되어야
할 악습이라고 비판하고 나섰다. 보건사회부는 '종래의 각 부두노동자의
반장과 광산토건노동자 등의 십장, 도반장 등의 제도는 사용자와 노동자
의 중간에 있어서 주로 노동자의 임금을 일부 중간 취득하여 오는 악성제
도임으로 금반(今般)노동조합법에 의한 조합의 가입에는 차종(此種)의 반
장, 십장들은 일체 금'하도록 지시를 내렸다.(보건사회부, 1958. 5. 29.) 또
보사부는 스스로 진상을 조사한 바, '도반장' 또는 '반장'으로 호칭되는 소
위 '십장제도'가 의연히 존속한다는 사실을 전제하고 이것은 '임금직불제',
'중간착취배제'(근로기준법36호 및 제8호)에 위배되므로 명칭여하를 막론
하고 십장제는 폐지되어야한다고 경기도 지사에게 지시하였다.(보건사회
부, 1958. 8. 27.)

그러나 하역회사 측의 절대적인 경제적 이해와 노동귀족적인 노조간부
나 중간관리자들의 이권이 튼튼히 맞물린 십장제도를 해체하는 것이 결코
쉬운 일은 아니었다. 특히 십장제도 중 반장제에 대한 부두노조 측의 입장

은 확고했다. 반장들의 의사결집체인 부두노조에게 있어서 '반장제'란 절대 양보할 수 없는 조합운동 체계로 이해되었기 때문에 '십장제 폐지'에 대한 반발은 불 보듯 뻔한 것이었다. 이것은 단지 인천부두노조에 한정된 것이 아니라 부산부두를 비롯하여 부두노조 전체가 거의 마찬가지였다. 부두노조 측은 반장은 조직세포(반)의 책임자로서 '항시 반원을 지도 통솔하고' 노무동원, 배치를 책임지며 회사에 대한 제반 연락, 임금지불, 감독 등 중책을 진 '노동운동의 일선책임자'라고 주장했다.

이러한 십장제나 반장제를 기반으로 한 노동조합에서 정작 노동자들은 조합원으로서의 노동자 권리를 행사할 수 없었다. 1958년 9월, 서울대학교 사회법학회가 인천 부두노조를 통해 조사한 보고서(『대학신문』, 1958년 10월 15일)에 의하면, 조사대상자 100여 명의 노동자들이 거의 선거권을 행사해 본적이 없는 것으로 나타났다. 십장인 간부들이 부두노동자들이 자유노동자로서 고용상태가 불안한 존재라는 약점을 이용하여 독단적으로 노동조합 조직을 운영하고 착취구조를 온존시켰다.

그러나 십장제도에 대한 시비가 계속 끊이지 않자 한해를 넘긴 1959년 6월 국회조사단은 국정감사권을 발동[64]하여 인천지역의 십장제를 직접 탐문하였다. 경찰과 도 노무국의 비협조 및 자유당의 방해 속에 이루어진 이 조사에서 국회조사단은 제대로 진상규명도 하지 못했다. 그러나 십장제도(반장제)가 존재하고 있음을 확인했다. 인천시가 보사부의 지시로 십

---

[64] 당시 국회조사단은 십장제와 함께 비료하역조작비 횡령사건을 조사하기 위해 국정감사권을 발동하고 인천항구를 조사하였는데 이를 통해 한국운수의 부정과 노조간부의 어용성이 여실히 드러났다. 한국운수 인천지점장과 인천항만자유노조위원장 이창우가 1958년 5월 1일 비료하역작업 요율협정을 체결하였는데 이창우가 노동법규에 의한 노총 총회나 노조 등의 동의도 없이 일방적으로 협정을 체결한 사실이 드러났다.(『조선일보』, 1959년 6월 24일) 이러한 부패노조 고발이 기층노동자들의 자각에서 비롯된 것이거나 기층노동운동의 불씨가 된 것은 아니었지만 노동자들로 하여금 노동조합에 대한 인식을 바꾸도록 하는 계기가 되었다.

장제 폐지의 확인서를 받았으나 여전히 십장의 이름만 바꾼 반장제가 존재하고 있음을 밝혔다.(『한국일보』, 1959년 6월 11~13일)

십장제는 분명 기층 부두노동자의 고혈을 짜는 악습이었다. 그러나 이것을 철폐하려는 운동이 기층노동자 수준에서 거세게 일어나지는 못했다. 당시 십장제에 대한 부두노조 내에서의 비판은 노동자들의 권익을 위한 진정성보다는 노조의 주도권 다툼과정에서 밀리거나 소외된 간부 쪽에서 상대방을 배격하기 위한 수단으로 활용한 측면이 컸다. 즉, 중간 간부들이 실제 부두노동자들의 노동임금 착취실태를 문제 삼고 그것을 해결하고자 했던 것은 아니었다. 이것은 당시 부두노동자의 조건과 의식이 독자적인 조직화를 기도할 만큼 고양되어 있지 못했다는 사실과 전근대적인 십장제의 전통과 규율이 노동자의 발목을 꽉 잡고 있었음을 말해준다. 그러나 이 사건을 통해 부두노동자들이 자신들의 열악한 노동현실을 객관적으로 바라볼 수 있게 되었고, 봉건적 착취관계에 얽매여 있는 자신들의 노동관계를 스스로 자각하는 계기가 되었다는 사실은 부정할 수 없다.(한상근, 1987, 90쪽) 나아가 이 때 제기된 십장제 폐해에 대한 비판이 4월혁명과 5·16쿠데타 이후 어용 부두노조를 재편하는 과정에서 큰 영향을 끼쳤다.

3. 인천 POL[65](미군유류보급창) 노동자들의 투쟁

전국미군종업원노조(위원장 변용상)는 1951년 4월에 1,200명의 검수원(미군수 보급품의 입출고 작업을 담당)이 결성한 검수원노조를 1953년 7월 28일 휴전 후 개편하여 출발하였다. 전국미군종업원노조의 활동에 고무되어 전국 각지에서는 미군기관에 종사하는 노동자들의 노조가 활발히 결성

---

[65] POL은 'Petroleum Oil Lubrication' 또는 'Petroleum, Oil and Lubricants'의 약자이다. 미군유류보급창 또는 미군주유소작업장이라고 부른다.

되었다. 인천지역에서는 1956년 6월 인천지구 미군자유노동조합(위원장 김길용)이 결성되었다. 인천미군자유노조는 김길용을 중심으로 주로 부평의 55보급창 44공병대, 37공병대, 8057부대 및 인천항만사(司) 등에 근무하는 김대연, 임행민, 최승열, 고영호, 김윤덕 등이 주동이 되어 광범위하게 조직되었다.(전국외국기관노동조합, 1981, 35쪽)

1957년 9월 인천자유노조에서 분리하여 인천POL특수노조(위원장 오영제)가 결성하였고, 1959년 3월에는 부평의 애스컴(ASCOM) 지구 미군종업원노조가 설립되었다.[66] 1959년 3월 이후에는 인천지구 미군종업원노조(위원장 김윤덕)가 인천지구 미군자유노조와 결별하고 별도로 결성되었다.

〈표 5-1〉 인천 미군관계 노동조합 결성

미군관계 노동조합	결성일	위원장	비고
전국미군종업원노동조합	1953년 7월 28일	변용상	1951년 4월 결성된 전국검수원노조에서 출발
인천지구 미군자유노동조합	1956년 6월	김길용	전국자유노조연맹 가입
인천POL특수노동조합	1957년 9월	오영제	인천자유노조에서 분리하여 특수노조로 독립 발족. 5·16이후 부두노조와 결별하고 전국외국기관노조에 참여
애스캄지구(부평) 미군종업원 노동조합	1959년 3월	김대연	인천지구미군자유노조와 결별하고 별도로 결성
인천지구 미군종업원노동조합	1959년 3월 이후	김윤덕	인천지구미군자유노조와 결별하고 별도로 결성

출처: 임송자. "1960년대 전국외국기관노조와 한미행정협정체결촉구운동", 성균관대, 『사림』, 제32호(2009), 〈표 1〉 재인용후 수정·보완.

---

[66] 일제 말 부평에는 일본의 군수공장과 육군 조병창이 있었다. 자연스럽게 경향 각지에서 기술자, 일용직 인부, 단순 노동자 등이 이주해 왔다. 해방 후와 한국전쟁 이후에 일본 육군조병창은 미군 기지가 되었다.(김현석, 「부평미군기지의 건설과 연혁, 미래의 전망」, 『부평』, 부평역사박물관, 2017 참조) 타 지역 사람들이 많이 부평으로 들어와 일시적으로 인구가 급증했다. 이런 환경에서 1960년대 후반에 부평공단이 만들어졌다.

1956년 6월 23일 인천 POL 주유소의 노동분쟁은 노조간부들이 '쟁의비'라는 명목으로 300여 노동자로부터 2천환씩을 거출하여 노동자들의 원성을 산 것으로부터 촉발되었다.(『동아일보』, 1956년 9월 15일) 뿐만 아니라 9월 7일에는 명목도 확실치 않는 잡부금으로 십일 임금에서 오백여환을 강제로 요구하자 이에 불응하는 노동자 이홍규를 동 분회장 임종진이 구타하는 사건이 벌어졌다. 각 분회에서 조합 투쟁비, 상조비 등 수차례에 걸쳐 기묘한 명목으로 노동자들의 임금을 착취하는 것은 고질적인 병폐로 지속되었다.

1957년 1월 5일에는 POL에서 근무하다가 해고된 460명을 대표하여 55명의 노동자들이 보건사회부장관실 앞 복도에서 '복직'을 요구하는 농성투쟁을 벌였다. 이들은 7년 동안이나 근무해왔는데 쟁의기간 중 장기근로자를 이유도 없이 부당해고 된 경위를 설명하면서 직장 복귀 알선을 요구했다.(『동아일보』, 1957년 1월 5일) 보건사회부에서는 즉시 경기도에 이들의 해고경위를 보고하도록 지시하고 POL로부터 유류하역업을 일임 받은 평화공사 사장 심선균을 소환하도록 했다. 평화공사는 1956년 12월 말까지는 인천자유노조와 유류하역작업계약을 하였으나 1957년부터는 인천부두자유노련과 계약을 맺었기 때문에 해고가 당연한 것이라고 보았다. 그러나 '노동쟁의조정법'에 의하면 '쟁의기간 중 해고'는 법 위반임으로 평화공사 측이 이를 시인하고 전원 복직할 것을 약속함으로 1월 8일 농성을 풀고 전원 복귀하였다. 그러나 460여 명 중 근속기일이 3개월이 못 되거나 고용계약이 만료된 115명은 '법의 보장'을 받지 못했다. 이들 복직이 안 된 노동자들이 보사부장관비서실 앞에서 재차 농성을 벌였다.(『동아일보』, 1957년 1월 11일) 더구나 평화공사 측이 해고된 노동자 중 348명을 복직시키겠다고 확약했음에도 불구하고 약속을 이행하지 않자 대한노총 전국자유노동조합연맹에서는 1월 20일까지 전원 복직되지 않으면 동 연맹 산하 일만

여 노동자들이 '동정' 총파업을 단행하겠다고 발표했다.(『동아일보』, 1957
년 1월 17일)

1958년 7월에는 인천자유노조 산하 POL 분회 분회장 오영제가 쟁의비,
교제비, 기관장용연말선사품대 또는 분회의 채무정리금 등을 빙자하여 노
동자들의 임금을 공제하는가 하면 횡령한 혐의로 구속되었다.(『경향신문』,
1958년 7월 11일) 1959년 10월 16일에는 헌사동지회(憲司同志會)와 맥파든
회사 등 6개 대형기관에 미 8군의 각 산하기관에 대한 경호원 공급을 입찰
하도록 하였는데 이로 인하여 대량 해고의 위기에 직면한 주한미군 산하
의 경비원 900여 명이 10월 19일 부평에서 '경비원연합협의회'를 결성하고
미 8군의 일방적인 처사에 투쟁할 것을 결의하였다.(『동아일보』, 1959년
10월 20일)

1959년 11월 19일과 20일 이틀간은 인천항만 미군하역장 및 POL작업의
경영입찰을 실시하기로 되어 있었다. 이에 관하여 노조에서는 다음과 같
은 조건을 요구했다. ① 입찰을 할 때는 노임이 노동자들의 생계비에 부합
하도록 할 것, ② 낙찰업주는 낙찰 즉시 노동조합과 노임협정을 체결하여
노사분규를 미리 방지할 것, 그리고 11월 19일에는 인천부두 노조원들이
악덕 기업주의 처단과 노임조정 등의 노동자 권익보호를 주장하는 시가행
진을 전개했다. 노동자들의 이러한 행동은 POL작업 입찰의 마감을 앞두고
하역회사에 자극을 주기 위한 것이었는데 당시 하역작업의 입찰에 응모한
기업은 한국운수, 평화공사 등 17개 회사였다. 10개가 넘는 하역회사의 난
립으로 실질적인 피해를 입은 사람들은 늘 노동자들이었다.

1959년 말에는 인천 POL 노동자 50여 명이 70%의 임금인상을 요구하였
다. 이에 맞서서 미군 측에서는 노조위원장을 해고했다. 노동자들은 1959년
12월 30일 작업을 거부하고 해고된 간부들의 복직을 요구하는 시위를 벌
였다. 12월 31일에는 POL직업분회위원장이 괴한들의 습격을 받아 중상을

입었다.(『동아일보』, 1960년 1월 1일)

제2절 1960년대 인천의 노동운동

대한노총은 1960년 '3·15부정선거' 이후에도 '이승만정권을 지지하라'는 지침을 산하 노조에 시달했다. 대한노총이 자유당의 기간단체로 되어 있기 때문이었다. 이러한 대한노총 간부들의 기업주 및 자유당 정부와 결탁한 부정·부패와 비민주성에 반발하여 일찍이 1959년 10월에 전국노동조합협의회(전국노협)이 결성되어 대한노총에 도전했다. 당시 541개 단위노조 중 311개 조합이 전국노협에 참가할 의사를 보일 정도로 전국노협에 대한 대중적 호응은 매우 컸다.(『동아일보』, 1959년 8월 25일) 4월 혁명 이후 어용노조 규탄과 기존의 대한노총 지도부가 물러난 후 1960년 11월 25일 두 노총이 통합하여 한국노동조합총연맹(한국노련)이 결성되었다. 그러나 1961년 5·16 군사쿠데타로 한국노련은 군사정권의 지시를 따르는 9인의 노조간부들이 중심이 되어 산별노조로의 전환이 강제되었다. 그 결과 8월 30~31일에 한국노동조합총연맹(한국노총)이 출범하게 되었다.

1963년 4월에 개정 노동관계법이 발표되었다. 노사관계는 치안의 영역으로 분류되어 노동청보다도 중앙정보부에서 관할하게 되었다. 1963년 노동청 출범 이래 10명의 청장 가운데 7명이 경찰간부 출신이었다. 경찰과 보안사령부 등에서도 노사관계를 직접 관할하고 있었다. 1965년 굴욕적 한일협정 이후 경제개발계획이 추진되었고 1968년부터 인천, 부평, 주안지역에 새로운 공업단지가 조성되기 시작했다. 1964년에 3만여 명이던 '조직 노동자' 수가 1970년에는 4만여 명으로 늘었고, 1979년에는 7만6천 여 명으로 급증하였다. 공단지역 노동운동이 활성화되기 시작했고, 주요 업종도 부두노동에서 섬유, 자동차 등 제조업 분야로 전환되어 갔다.

1. 4월혁명과 노동운동의 활성화

1) 4·19 전후 노조결성 사례

앞서 기술한 바와 같이, 이미 1958년 말부터는 노동자의 권익보다는 사업주와 정권과 야합하는 노조와 노조간부들에 대한 비판과 부당한 임금착취, 부당해고, 노조의 독단과 부정 등에 저항하는 노동자의 권리투쟁이 증가했다. 비록 그것이 '반 이승만과 자유당 독재정권' 투쟁으로 발전하지는 못했으나 노동자들의 권익투쟁은 외면한 채 조직 내부의 권력다툼만을 일삼으며 "자유당의 기간단체"로 자임하기까지 하는 어용노조를 규탄하고 민주노동운동을 발전시키고자 하는 기층노동자들의 투쟁은 4월혁명 공간에서 적극 활성화되었다.

4월혁명 과정에서 부두노동자들은 어느 노동자들보다 신속하게 움직였다. 인천부두노동자들은 5월 3일 인천항만자유노조와 한국운수 분회에 대하여 어용노조 규탄시위를 벌였다.(한국노총, 1979, 493쪽) 곧이어 제2공화국의 민주적 공간에서 부두노동자들은 '부두노조'의 개편을 시도하고, 그동안 쌓아온 부당한 임금착취와 분노를 떨치고 일어났다. 5월 19일 인천 고잔동 소재 '한국화약공장' 노동자들의 노조결성 시위, 학익동 흥한방직 노조결성 분쟁 등 사업장 노동자들뿐 아니라 교사, 금융관계 종사자 등 사무직들의 자유로운 노조결성 투쟁도 재빨리 시작되었다.

2) 인천 교원노조결성

인천 중·고등 교원 노동조합 결성대회가 5월 26일 시내 제2시민관에서 대의원 1백여 명이 참석한 가운데 성대히 개최되었다. 당시 전국교원노조는 각 시·군 단위조합을 초·중등·대학별로 조직하였다. 이날 대회에서 선출된 임원은 위원장 이동렬[67](수산고), 부위원장 박정영(동산고), 이형기(여상고) 등이었다.(『경향신문』, 1960년 5월 29일)[68]

　전국교원노조 단위조합통계표에 의하면 경기도의 교원노조는 초등 1개, 중등 1개 총 2개, 조합원수는 초등 160명, 중등 410명 총 570명이었다.(이목, 1989, 64쪽) 당시 경기도 전체 교원 수가 8,395명(교육신문사, 1960) 정도였음으로 6.8% 정도 조직을 갖추었다고 볼 수 있다. 인천 교원노조는 대구·경북의 경우처럼 독자적인 활동은 거의 없었지만 연대활동에 적극 참여했다. 1960년 8월 20일 경북지사의 부당하고 불법적인 탄압을 규탄하는 대구의 교원노조대회에 부산, 마산등과 함께 대의원으로 적극 참가했으며(『경향신문』, 1960년 8월 20일) 8월 30일 교원노동조합 불법화를 반대하여 민의원 의사당 앞에서 진행된 연좌시위에 참가, 노동조합법 개정에 반대하였다.(『경향신문』, 1960년 9월 29일) 당시 이 교원들은 전북·부산·마산·인천 등 각 지방 교원노조의 이름으로 된 플래카드를 들고 시위에 참가했다.

2. 5·16쿠데타 이후 산업별 노조들의 쟁의

　인천시의 본격적인 산업화 성장은 1960~1970년대에 경제개발 5개년 계획이 거듭 추진되면서 이루어졌다. '원인천'의 임해공단들과 부평공단(경인공단)에 대한 집중적인 투자가 수출 위주로 전개되면서 이를 위한 각종 기간시설의 확충과 편의시설의 확대가 우선적으로 마련되었다. '원인천' 사회의 이러한 성장은 주변 지역에도 영향을 주어 각종 산업이 발달하고, '원인천'으로의 인구유입을 촉진했다.

---

67) 『경향신문』, 1960년 5월 29일 자에는 이동렬(李東烈)-水産高(수산고), 朴政榮(東山高), 李亨기(女商高)로 표기되어 있다.

68) 이목, 『한국교원노동조합운동사』, 1989, 414쪽에는 인천교원노조결성이 1960년 6월 26일로 되어있다.

1) 전국부두노동조합 인천지부의 투쟁

5·16쿠데타로 등장한 군부세력은 4·19혁명 후 자발적이고 자유롭게 진행되던 모든 노동운동을 금지했다. 따라서 지금까지의 노동조직은 해체되고, 4·19 직후 일어났던 노동자 대중에 의한 밑으로부터의 노동운동과 민주적 노동조합 결성 및 개편과정도 중단되고 말았다. 1961년 8월「근로자의 단결에 관한 임시조치법」과「사회단체 등록에 관한 법률 중 개정법률」이 공포되면서 노동조합운동이 다시 재개되었다.

노조활동이 다시 재개되고 부두노조의 조직책임위원으로 위촉된 이춘희(전 대한노총 총무부장)는 전국부두노동조합 조직에 착수했다. 결성대회는 1961년 9월 20일 대의원 42명이 모인 가운데 서울노동회관에서 개최되었다. 부산부두노조 다음으로 조직세가 컸던 인천부두에서는 전병주가 부위원장으로 선출되었다. 이 때 조직된 전국부두노조는 산별노조였기 때문에 곧이어 산하 지부조직에 착수하였다. 인천지부의 결성대회는 1961년 10월 2일 조직 요원 32명이 참석한 가운데 이루어졌다. 전국부두노조 활동보고(1962년, 1963년)에 나타난 조직상황에 의하면 당시 인천지부의 조직세는 전체 조직의 약 20%를 차지하여 부산 다음으로 강한 조직세를 보이고 있다.

〈표 5-2〉 인천 부두노조 조직세

지부	1962년 8월 30일 현재		조합원수			1963년 7월 30일 현재		조합원수		
	지부장	분회수	남	여	계	지부장	분회수	남	여	계
인천지부	전병주	27	3,203	15	3,218	전병주	29	2,872	19	2,891
전국 계	18명	188	15,152	352	15,504	19명	192	16,876	447	17,323

출처: 임송자,「한미행정협정 체결 이후 전국외국기관노동조합의 감원반대와 퇴직금개선운동」,『역사연구』21호, 역사학연구소, 2011. 12, 173쪽 재인용하여 수정.

새롭게 출발한 전국부두노동조합은 1950년대 후반 십장제 폐단에 대한 비판운동, 4월혁명기 부두노조를 개혁하려는 노동자들의 열망 등을 담아 '과거 부두노동운동의 악폐였던 십장제와 잡부금 갹출을 근절하고 등록제 실시로 조합원의 수입균등화' 등 개혁조치를 단행하였다. 무엇보다도 중간착취의 온상이 되었던 십장제를 폐지하고 연락원 제도를 실시하였다. 그러나 연락원을 '분회장 추천으로 지부장'이 임명하도록 규정하고 있었기 때문에 조합원들에 대한 인사권 행사, 중간착취 등을 완전히 차단하기에는 미흡했다. 따라서 인천지부의 경우도 중간착취의 불합리한 폐단이 시정되지 않고 1960년대 중반기까지 온존하였다.

1965년 11월 16일 전국부두노조 인천지부 산하 대한통운분회 조합원 630명이 하역작업을 거부하는 사태가 발생했다.(『경향신문』, 1965년 11월 17일) 이른바 '9할제 사건'인데 이는 11월 13일 대한통운 분회 간부회의에서 인천시 사회과장이 "분회 연락원(반장급)들이 노임을 9할 제도[69]로 하면서 착취하고 있다"고 지적한 데에 대한 반발로 일어났다. 노동자들을 기만하는 착취적 임금제도를 폭로했다고 노동자들이 항의하는 애매한 일이 벌어진 것이다. 이로 인해 논란이 벌어지자 인천시에서는 전국부두노조 인천지부의 연락원제와 부정사건에 대한 조사를 실시했다. 조사 결과 전국부두노조 인천지부에 존재하는 연락원제도의 문제점이 사실로 드러났다.(이규창, 1974, 128~130쪽) 즉, 노조에서 임명하는 '연락원이라는 명칭의 십장제'가 존속하고 있으며, '9할제'라는 고리대금이 공공연히 행하여지고 있었다. 또한 연락원은 노동자의 작업노임에서 '연락원 몫'이라 하여 총 노

---

[69] 9할제도란 대한통운하역작업이 관수작업이기 때문에 노임이 2~3개월씩 체불되는 상황에서 발생했다. 노임이 체불됨으로 연락원들은 노임을 꾸어다가 9할은 지급하고 1할은 이자로 내도록 하는 것으로, 결국 노동자들의 임금이 삭감되는 잘못된 관행을 말한다. 인천지부에서 드러난 바와 같이 십장제가 내포하고 있는 폐단을 시정하고자 연락원제도를 신설하였으나 연락원제도는 사실상 십장제도의 명칭만을 바꾼 것에 불과하였다.

임의 약 6% 상당액을 임의 공제하여 중간 취득하고 있었다.

1967년은 전면적이고 계획적인 6·8 국회의원 부정선거로 1년 내내 정치적으로 사회가 매우 혼란스러웠다. 그만큼 노동자들의 생활은 더욱 궁핍해졌다. 11월 20일부터 인천 부두노동자들이 100% 승급을 요구하며 파업에 들어가기로 결의했다. 1968년에는 인천부두노조간부들의 횡령사건이 발생하기도 했다. 그러나 1960년대 후반 이후는 제조업 중심 산업구조의 변화와 부두의 기계화로 인하여 부두노조의 위상과 집단적 노동쟁의는 점차 약화되었다.

2) 외기노조의 파상적[70]인 쟁의

전국외국기관노동조합은 1959년에 결성된 전국미군종업원노조연맹을 계승한 조직이다. 부산·인천·동두천·파주·서울 등지에서 조직되어 활동을 전개하던 미군관계 조직들은 전국단위의 노동조직이 필요하다는 데 동감했다. 1959년 11월 8일 서울·파주·동두천·부평 과 인천·부산지구 등의 5개 미군노조 산하 약 5,000명의 조합원을 대표하는 발기인 약 40명이 모여 전국미군종업원노조연맹(전미노조연맹) 결성대회를 개최했다.(전국외국기관노동조합, 1981, 40~41쪽) 이 대회에서 연맹 초대위원장에 이광조(파주), 부위원장에 이효승(서울), 김대연(부평)이 선출되었다. 결성 이후 4월혁명 전까지 전미노조연맹은 임금인상 투쟁을 집중적으로 전개하였다.(임송자, 2011, 168쪽) 4월혁명 기간 중에는 한미행정협정 체결 촉구 투쟁을 전개하였다.

5·16쿠데타로 소강상태에 빠졌던 전미노조연맹은 군사정부에서 노조

---

70) 파상적(波狀的)이란 뜻은 일이 물결 모양으로 일정한 간격을 두고 차례로 되풀이되는 또는 그런 것을 말한다.(네이버 국어사전) 이원보, 2004, 232쪽.

활동이 허용됨과 동시에 조합명칭을 전국미군종업원노조에서 전국외국기
관종업원노조(외기노조)로 변경하여 1961년 8월 23일 용산구 시립노동회
관에서 전국 대단위 산별노조로 결성되었다.(『경향신문』, 1961년 8월 24
일) 이 대회에는 서울, 파주, 부평, 의정부 인천, 동두천 부산 등 7개 지역
대표 30명의 발기인이 참가하였다. 인천에서는 임능신, 이상찬, 정영균, 한
빈, 서정곤(이상 부평), 조헌영, 이정구, 허관영(이상 인천 POL) 등이 참석
했다.(전국외국기관노동조합, 1981, 58~59쪽) 외기노조는 1961년 9월 20일
서울시장으로부터 조합설립 신고증을 교부받았으며, 11월 2일 주한미군사
령부로부터 유일교섭단체로 승인을 받았다. 그렇지만 여전히 군사기관에
종사한다는 특수한 사정으로 대한민국 헌법이 보장하는 노동기본권 행사
에서는 많은 제약을 받았다.

외기노조는 1962년 10개 지부, 41개 분회, 조합원 5,431명에서 1969년 17
개 지부, 339분회, 38,477명으로 크게 증가했다. 이는 한국노총 산하 16개
산별노조 중에서 섬유노조와 자동차노조에 이어 3위를 차지하는 조직세였
다. 당시 인천에 신설·재건된 외기노조 조직상황 및 조직증가 현황을 보
면 아래와 같다.

〈표 5-3〉 인천 외기노조 신설·재건된 조직상황

지부명	결성일	지부장	분회수	조합원수	남	녀
부평지부	1962.6.17	홍상준(서리)	27	3,166	2,900	266
인천POL지부	1962.9.7	오영제	1	634	491	143
인천지부	1963.10.10	김윤덕	15	1,880	1,838	42

출처: 전국외국기관노동조합, 『외기노조 20년사』, 1981, 66~67쪽(임송자, 앞의 글, 178에서
    수정 재인용).

인천 외기노조는 주로 임금인상과 노동조건 개선투쟁을 전개했다. 1963
년 6월 10일에는 부평지구 미군 종사 약 6천여 명의 한인 종업원이 처우개

선과 감원반대 및 임금인상 등의 요구조건을 내걸고 시위를 결의하였으나
경찰의 시위행사불허로 시위 자체는 좌절된 사건이 있었다. 1963~64년에
연이어 임금인상과 작업개선을 요구하는 인천POL노동자 500여 명의 쟁의
가 있었다.

KSC(주한미군 한국인 노무단) 노동자들이 1965년 2월 5일 노조를 결성
했다. 그러나 미군 측은 한미행정협정(SOFA)이 체결되지 않았다는 이유로
노조를 인정하지 않았다. 이러한 상태에서 SOFA체결에 관한 논의가 1965
년 초부터 일어났다. 한미행정협정 체결교섭이 진행되는 속에서 6월 17일
외기노조는 미8군사령부를 상대로 노조인정과 부당해고 철회를 요구하여
쟁의를 제기하였고 24일에는 외기노조 인천지부가 감원 예정자 87명의 구
제를 요구하는 총파업을 결의했다. 이 무렵 부평지부 6천여 조합원은 단
체협약 이행을 요구하여 총파업을 결의하였고, 미군보급기지창 소속 DMM
보급행정부 노동자 5백여 명은 당초 미군이 대구지구로의 이동에 앞서 약
속한 퇴직금 2개월 선불, 봉급 3개월 분 선불 등을 이행하지 않자 6월 18일
부터 파업(이동권 투쟁)에 돌입했다. 이에 대해 미군 측은 파업을 계속하
면 5백 명 전원을 파면하겠다고 위협했다.

1965년 12월에는 인천POL특수지부 80여 조합원(ASCOM 근무 경비원)이
임금 65% 인상과 단체 협약권 등 5개 항목의 요구조건을 내걸고 파업에
들어갔는데, 노동쟁의 중 미군과 충돌하여 강신붕 노조분회장 등 간부 6명
이 구속되는 사건이 벌어졌다.

1966년 1월 12일에는 인천POL 특수지부 산하 1,200여 명의 노조원들이
① 구속된 노조간부 6명의 즉각 석방 ② 해고된 노조원 43명의 즉각 복직
③ 65%의 임금인상 등을 요구하며 무기한 동정파업에 들어갔다.(『동아일
보』, 1966년 1월 12일) 이에 대해 미군정 당국은 농성파업 중인 노조원들에
게 100여 명의 무장 헌병을 동원하여 철수할 것을 명령했고, 오영제 지부

장이 인천서에 연행되었다. 이 사건은 연대파업 4시간 만에 노조간부석방과 해직자 복직을 약속받고 일단 수습되었다. 그러나 애당초 제기된 쟁의 요구조건에 대한 타협이 이루어지지 않아 재발의 불씨를 안고 있었다.

1966년도 인천POL지부 1건, 부평지부 2건의 쟁의가 발생했는데 그 이유는 주로 임금인상을 비롯한 노동조건이었다. 이 와중에서 1966년 2월 5일 파주지부 문산 공병대 분회조합원들이 부당해고 철회를 요구하며 시위를 벌였는데 미군 헌병들이 최루탄을 발사하고 대검으로 노동자들을 찌른 사건이 발생했다. 이로 인해 한국인 노동자의 법적지위와 권익보호의 필요성이 다시 불거졌고, 미군의 인권유린에 맞선 대규모 외기노조 쟁의가 연이어 일어났다. 특히 1966년 4월 6일 상오 4시를 기하여 전국 외기노조가 24시간 시한파업을 단행했고 각 지부가 연대 투쟁에 돌입했다. 이는 1965년 9월 외기노조에서 제기했던 퇴직금누진제도[71), 임금 30% 인상 등 노동조건개선 요구안에 대해 미군 측이 무성의하게 대응한 데서 발단되었다.

1966년 외기노조 POL특수지부 노동자 150여 명이 '2부제 작업'에 반대하며 미군유류보급창 정문 앞에서 농성을 벌였다. 경찰의 해산 명령에 불응한 50여 명이 연행되었고, 진압 과정에서 노동자 30여 명이 중경상을 입었다. 이들은 그동안 노사 간의 합의로 법정 노동시간(월 208시간)만 작업하고, 월7천여 원의 노임을 받아 생활해 왔었는데 업주 측이 며칠 전 150여 명을 신규 채용하고 격일제로 작업을 시켰기 때문에 수입이 절반으로 줄어들어 생계위협을 받게 된 것이었다.

1967년 11월 22일 외기노조는 동년 2월 9일 한미행정협정 발효 후 처음으로 주한미군 상대로 미군종업원의 임금인상과 노동조건개선을 요구하

---

71) 조합 측은 국영기업체의 예를 따라 10년에 26개월, 20년에 69개월분의 봉급액에 해당하는 퇴직금을 지급해 줄 것을 요구했고, 미군 측은 사임할 때는 13개월분, 해고나 정직 시에는 16개월분을 주겠다고 했다.(『경향신문』, 1966년 2월 21일)

는 쟁의를 일으켰다. 전국적으로 3만2천79명이 참가한 이 쟁의에서 외기노조는 70일이라는 장기간의 중재기간을 거쳐야 한다는 조건을 회피하기 위하여 처음부터 속공전술로 임했다.(이원보, 2004, 247쪽) 이러한 외기노조의 운동은 막강한 주한미군에 맞서 주한미군의 치외 법권적 횡포 저지와 한미행정협정상 노동기본권 보장을 목표로 한 정치 투쟁적 성격도 갖고 있었다.(이원보, 2004, 231쪽)

3) 제조업 노동자 투쟁 : 인천제강, 삼화제분, 한국판유리공장

5 · 16 쿠데타 이후에도 노동자들은 1년 내내 절박한 생활상의 요구와 부당해고반대, 노동자 권익을 위한 노조결성 등을 주장하며 치열하게 노동쟁의에 나섰다.

1963년 4월 17일 노동조합법 개정으로 복수노조가 금지되었다. 노동조합법이 개정된 이튿날 인천제강 노조위원장 이만영이 불법 노조활동 혐의(이른바 '사회단체 등록에 관한 법률위반 혐의') '제1호'로 구속되었다. 그 이유는 "이만영(27)이 1963년 3월 31일 자신이 근무하는 인천제강 주식회사(만석동) 구내식당에서 조합원 총회라는 이름 아래 조합원 103명 중 70여 명을 소집, 합법적인 전국금속노조인천지부 인천제강분회를 해체할 것과 노동자의 권익을 가일층 보장한다는 미명 아래 새로이 별도의 단위 노조를 결성하였다"는 것이다. 그리고 "그 후 단위노조결성의 법규에 의한 사회단체의 등록도 하지 않은 채 회사정문에 노조간판(인천제강 노조)을 게시했다"는 것이었다.(『경향신문』, 1963년 4월 20일) 군정당국은 소위 합법적인 노동운동을 할 것을 촉구했고 이로써 한국노련(위원장 김말룡) 소속 노조들의 활동은 급속히 위축되었다. 한국노총(위원장 이규철)에 대한 한국노련 세력의 반발과 도전은 사업장 단위 조직만 아니라 한국노총과 산별노조에도 혼란과 갈등을 불러 일으켰다. 이후 이만영은 구속적부심사에서 노동조합법 제8조의 '노동자는 자유로이 노동조합을 조직하거나 가입할 수 있다'는 조항을 적용받아 석방되었다.(『경향신문』, 1963년 4월 26일)

1963년 5월 27일에는 삼화제분 인천공장 노동자들이 중간착취 배제 및 단체협약 체결 등 요구하며 쟁의를 일으켰는데 회사 측은 무성의한 태도로 일관했다. 마침내 노동자들이 6월 29일 전면파업 철야농성에 돌입했다. 파업 사흘째인 7월 2일에는 조합원 신인균이 '중간착취배제'라는 혈서를 쓰고, 회사 정문 밖에서는 조합원 원덕성의 부인 황학연이 "배고파 죽겠다"는 혈서를 써서 회사 정문 안팎은 울분에 찬 울음바다가 되었다.(『대한일보』, 1963년 7월 4일) 노동위원회가 7월 1일 불법파업이라는 해석을 내리자 경찰은 노동자들을 「집회 및 시위에 관한 법률」 위반과 폭행, 재물손괴 혐의로 연행하였다. 이 사건은 파업이 중단된 상태에서 인천시장의 중재로 7월 5일 노사합의로 종결되었다.(전국화학노동조합연맹, 1987, 197~198쪽)

극심한 생활고를 배경으로 하는 노동쟁의는 1964년 이후 더 증가했다. 1965년 섬유노조, 외기노조, 부두노조 등 비교적 큰 노조들이 일련의 쟁의를 벌였다. 또 개별사업장의 노동쟁의도 치열하게 전개되었다. 인천에서는 한국판유리노동자들이 기업의 직장폐쇄와 맞서 어려운 투쟁을 벌였다.

1965년 화학노조 한국판유리지부(지부장 손덕수)는 회사가 막대한 이윤에도 불구하고 임금을 동결하려고 하자 1965년 4월 통상임금 25% 인상과 퇴직금 누진제를 요구하여 쟁의를 제기하였다. 인천시 만석동에 위치한 한국판유리공장(사장 최태섭)은 연간 900만 달러 이상을 수출하는 판유리 독점기업이었다. 이 회사는 출혈 수출에서 오는 손해를 국내 시판가격 독점에 의한 폭리와 저임금으로 이윤을 축적하였다. 그 결과로 1964년에만도 순이익이 1억 4,700만 원에 이르렀다. 그러나 임금은 1964년 4월 1일 책정된 4,800~7,000원을 1965년에도 그대로 지급하고 있었다.(한국노총, 1979, 761쪽)

이 회사는 이미 1962년 장기 근속한 여성 포장공을 집단 해고하여 노동
조합의 반발을 샀다. 1964년에는 1963년 임금을 그대로 유지하려다가 노조
의 파업에 직면하기도 했다. 그러나 회사 측은 노조를 분열시켜 자신에게
유리한 결과를 얻어낼 수 있었다. 파업이 실패하자 노동자들은 노동조합
의 조직 정화운동을 통해서 어용노조를 몰아내고 새로운 집행부를 꾸렸
다.(화학노조, 1987, 205~209쪽) 쟁의 시작 전 냉각기각 중 회사 측이 계속
냉담한 태도를 보이자 한국판유리지부는 5월 19일 쟁의 행위 가부투표를
실시하여 521명의 조합원 가운데 490명의 찬성을 얻었다. 이에 대해 화학
노조는 쟁의행위는 최후수단으로 삼는다는 조건으로 5월 24일 쟁의행위를
인준하였고, 지부는 화학노조의 방침에 따라 단체교섭을 가졌으나 결렬되
었다. 5월 28일 13시를 기해 전면파업에 들어간다는 것을 회사 측에 통보
하였다. 이에 당황한 회사 측은 파업을 24시간만 연기해줄 것을 요청해왔
고 지부 측은 이를 받아들여 29일 공장장과 교섭을 벌였다. 이 자리에서
회사 측은 "임금 1,100원 4월 1일 자로 균일인상, 퇴직금은 20년 근속에 42
개월분 임금지급 등이 조건을 제시하였다. 지부는 이 제안을 받아들여 쟁
의돌입을 중지했다.

그러나 6월 4일 회사 측은 5월 29일의 합의안을 부인하고 합의안보다 훨
씬 낮은 조건을 제시하였다. 그 내용을 보면 임금은 3급 1,200원 4급 1,000
원으로 인상하되 '여공'과 청소부는 제외하며, 인상 시기는 이미 합의한 회
사 창설일(4월 1일)이 아니라 6월 1일 자로 하자는 것이었다, 또한 퇴직금
도 6월 1일부터 실시하며 회사 귀책사유로 휴직한 이외의 휴직기간은 근
속연수로 인정하지 않는다는 것이었다. 이에 화학노조 본부가 나서서 수
차례 협상을 모색했고, 우여곡절 끝에 겨우 사장을 만나서 합의에 도달했
다. 그러나 지부는 이 합의를 결연히 거부하고 6월 8일 오후 1시를 기해
전면파업에 돌입했다.(『경향신문』, 1965년 6월 8일) 회사 측은 파업 7시간

만에 직장을 폐쇄하였다. 파업 5일째인 12일 회사 측이 비조합원 86명을 동원하여 유리를 반출하려고 하자, 노조원들은 기차 철로 위에 누워 농성을 벌이기도 했다. 이에 대해 회사 측은 6월 11일 자 주요 일간신문에 노조를 비난하는 성명을 게재하고 6월 14일에는 '여러분의 파업은 결과적으로 북한괴뢰의 소망에 응하여 가는 셈'이라는 반공 색깔론을 내세운 위협적인 내용의 유인물까지 각 조합원 가정에 우송하였다.

그러나 노동자들은 이에 굴복하지 않았다. 그러자 경기도 경찰국장과 인천출신 국회의원, 인천시장이 중재에 나섰고 6월 19일 노사 쌍방은 공정한 중재판정에 따르기로 한다는 데 합의하였다. 이에 따라 지부는 11일간의 파업을 중지하였다. 이후 내려진 중재내용은 4월 29일 합의 내용과 6월 4일 회사가 제안한 내용을 절충한 것으로 그 내용은 임금인상은 통상임금에 1965년 4월 1일부터 1,100원을 균일 인상하며 퇴직금은 만 20년을 기간으로 평균임금 24개월분을 지급한다는 것이었다.(이원보, 2004, 236~237쪽) 당시 파업현장에 화학노조와 함께 출장했던 한국노총은 화학노조가 지부에서 받아들일 수 없는 내용의 합의를 지부간부의 참가 없이 성립시킨 책임이 있고 지부는 노조경험 부족에도 불구하고 연대성을 갖지 못하고 대내외적으로 고립되었다고 평가했다.(한국노총, 1965, 108~109쪽)

3. 강화 직물공장 노동자들의 투쟁[72]과 종교단체의 지원

산업화의 속도가 빨라지는 만큼 나이어린 저임금 여성노동자들의 숫자

---

[72] 지금까지 알려진 '강화 심도직물 사건'은 한 공장 내부에서 발생한 사건으로 기록되는 한계를 지닌다. 그러나 이 사건을 포함한 일련의 노동운동은 더 큰 규모의 투쟁이었다. 즉, 강화의 21개 직물 사업장이 모여 결성한 '강화직물 협회'와 심도직물 사업장뿐만 아니라 상호직물, 이화직물 등 21개 사업장에 종사하는 직물 노동자들이 전체 자본과 노동의 관계로 격렬하게 대립한 사건이었다. 또한 가톨릭교회가 전국 수준에서 개입했던 사건이기도 했다.

도 급속히 증가했다. 1970년 전국적으로 35만 명의 '여공'들이 양산되었다. 그 중 서울의 700명 '여공'에 대한 노동청의 표본조사 결과에 의하면 '여공'들 중 하루 평균 8시간을 일하는 사람은 51.2%에 불과했다. 10시간 이상 근무하는 사람이 34.4%나 되었고, 절반이 1만 원 이하의 저임금을 받고 있었다. 여성노동자들 대부분이 영양실조, 빈혈, 소화불량에 시달렸고 열악한 주거 및 기숙생활과 보호시설 없는 작업환경 그리고 비인간적인 대우를 받으며 일하고 있었다. 그 뿐만 아니라 스스로 노동조합을 결성하고자 해도 심한 간섭과 방해, 압력 때문에 노조는커녕 어떤 불만도 터뜨릴 수가 없었다.(『동아일보』, 1970년 10월 23일)

강화도에는 강화읍을 중심으로 약 25개의 크고 작은 직물공장들이 존재했다.(류중현, 2009, 186쪽) 1947년 강화 직물공장 중 최대 규모인 심도직물이 설립된 후 1960년대까지 공장이 늘어나면서 노동자들의 수도 5천여 명으로 증가했다. 노동자들의 대부분은 초·중학교를 졸업한 15세 내외의 어린 '여공'들이었다.(경제기획원, 1966) 강화 직물공장에 다니는 어린 '여공'들은 하루 12시간, 공휴일 전날의 야간 조는 24시간을 일하면서 '공장걸레'라고 불리는 수모와 멸시를 받았다.(서울대교구 노동사목위원회, 2008, 133쪽)

이러한 상황에서 강화성당[73]에 전(田)미카엘 신부가 부임했고 그 2개월 후인 1965년 11월 23일 가톨릭노동청년회(이하 JOC)가 발족했다. 전미카엘 신부는 교회의 사회적 역할을 강조하며 기업주만이 아니라 노동자에 무관심한 기존 교회에 대하여 강한 비판의식을 가지고 있었다. 심도직물(대표 김재기[74])에는 JOC 회원이 40여 명 있었다.(『경기매일신문』, 1968년 1월

---

73) 강화성당의 가톨릭노동청년회는 인천교구 본당 중에서 두 번째로 만들어진 노동청년회이다. 첫 번째는 인천 화수동 성당에서 1963년 11월 26일 발족했다.(회장: 유홍수 요한) 화수동은 대표적인 공업단 지역으로서 노동청년회 안에 동일방직 팀, 이천전기 팀 등이 만들어졌다.

〈그림 5-1〉 1970년대 강화도 심도직물 거리 전경
(원출처 : 강화군청)

11일) 이들은 심도직물 노동조합 설립을 위해 섬유노조에 교육지원을 의
뢰하고 본격적인 노조설립을 준비했다. 회원들은 공장 일을 마치고 매일
밤마다 노조가입원서를 들고 강화읍 그리고 각 면, 리에 동료들의 집을 찾
아갔다. 이러한 노력 끝에 조합원 동의서를 100여 장 받았고 3개월의 준비
과정을 거쳐 1967년 5월 14일 전국섬유노조 심도직물 분회(분회장 함덕주)
가 설립되었다. 노조설립은 강화 성당의 수녀원에서 조합원 110명이 참석
한 가운데 이루어졌다. 부녀부장은 윤기순(JOC 회원)이 맡았다. 강화지역
에 최초로 노조가 만들어진 것이다.

　노조설립 후 회사의 개입과 탄압이 거세게 몰아쳤다. 회사는 노조해체

---

74) 심도직물의 실권자는 당시 7대 공화당 국회의원이었던 김재소였다.

를 위해 탈퇴원서를 강요하고 실이 잘 끊어지는 기계에 JOC회원을 배치하는 등 부당한 인사이동을 실시했다. 또한 노조의 교섭요구를 무시했다. 회사 측의 부당노동행위와 지속적인 탈퇴강요로 조합원이 30여 명으로 줄었다. 노조는 7월 1일부로 한국노총을 통해 구제신청 소송을 제기하는 한편 근로기준법 제25조 위반을 들어 경기도 근로감독관실에 형사고발을 하였다. 심도직물은 공장휴업으로 노동자들에 맞섰다. 1968년 1월 4일 심도직물 노조분회장인 박부양(21세) 등 8명의 천주교신자가 노조를 결성했다는 이유로 부당 해고되었다. 심도직물사건이 확대되면서 다른 공장의 노동자들도 노조를 만들 수 있는 분위기가 조성되었다.(한상욱, 2017, 201쪽)

1967년 12월 18일 강화지역 직물회사 중 두 번째로 큰 상호직물(사장 김정남)에서 JOC회원에 의해 노조가 결성되었다.(분회장 한재우) 상호직물 측은 노조설립 후 신속하게 대응하여 2월 14일 노조결성에 참여한 노동자 39명을 무더기 부당해고 했다.(『경향신문』, 1968년 10월 22일)

한편, 강화도의 심도직물 등 21개 직물업자협회가 천주교 JOC회원은 누구를 막론하고 고용하지 않기로 하는 천주교신자 고용거부를 결의했다. 상호직물의 최항준(29세, 분회장) 등 천주교 신자 6명이 해고되었고, 이화직물에서도 방복순 등 천주교신자 2명을 잇따라 해고했다.(『경향신문』, 1968년 2월 10일) 이는 명백히 노조법 39조 '부당노동행위'와 근로기준법 위배였다. 2월 8일 윤공희 천주교 서울대교구장 직무대리는 기자회견을 자청, "종교적 이유로 노동자가 박해를 받을 수 없으며 해고된 자들은 조속히 복직되어야한다"는 천주교 한국주교단의 결의를 전하고 "주교단은 사태의 발전을 주시하고 있다"고 말했다.(『조선일보』, 1968년 2월 9일)

그러나 회사 측은 노조를 더욱 거세게 몰아붙였다. 조합원 탈퇴가 급격하게 늘어났다. 당시 상호직물 노동자들의 투쟁은 심도직물보다 강도가 높았다.(한상욱, 2017, 117쪽) 조합원들은 위기극복을 위해 대책위를 만들었다. 대책위를 맡은 한청자는 JOC 회원으로 상호직물에서 12년간 일한 노동자였고, 노조의 핵심적 역할을 했다. 1968년 8월 16일 한청자는 상호직물에서 동료에게 노조법을 설명하던 중 이를 목격한 공장장에 의해 회사 밖으로 쫓겨났다. 공장장은 한청자가 스스로 결근한 것처럼 위조했다. 이에 격분한 한청자는 전지 두 장에 '혈서'로 억울함을 호소했다. 혈서 사건은 강화지역을 들끓게 했다. 혈서사건으로, 한때 위축된 심도직물노동자들도 힘을 얻었다. 어린 '여공'들의 혈서와 단식이라는 생사를 건 강경한 투쟁이 이어졌다. 그러나 8월 27일 한청자를 비롯한 30여 명의 노동자들이 다시 무더기 해고되었다. 심도직물 사건은 교회와 연대가 잘 이루어졌지만 상호직물의 경우는 투쟁이 장기화되면서 교회와의 연대가 약화되고 사회적 주목도 받지 못했다.

강화 직물공장 노동자 투쟁은 노동기본권을 확보하기 위한 가톨릭교회가 노동자의 투쟁에 연대한 최초의 사건이었다. 심도물산과 상호물산 등 강화 직물공장 노동쟁의는 1970~1980년대 노동운동 못지않게 격렬했으며 1960년대 노동운동 역사의 한 획을 긋는 사건이었다. 이 사건으로 교회와 노동자의 연대는 더 강화되었으며 그 관계는 1970년대 여성노동운동으로 이어졌다.

한편 개신교인 미국 감리교회 조지 오글(George Ogle, 한국 이름 오명걸) 목사는 1961년 화수동 인천도시산업선교회에 부임한 후 노동자를 위한 활동을 시작했다. 조승혁 목사나 조화순 목사 등 산업선교회의 책임자들은 대성목재나 동일방직에서 6개월 간 일하면서 일반 노동자들이 겪는 공장 내의 무시, 차별, 폭력, 착취 등의 현실을 체험하였다. 이를 계기로 초기의 종교적 '전도' 활동은 점차 사회적 '선교' 활동으로 변화해 갔다.

조화순 목사는 직접 노동자 소모임을 조직하여 노동교육을 실시하였다. 산업선교회의 노동교육은 어린 여성노동자들의 눈높이에 맞춰 이성교제나

〈그림 5-2〉도시산업선교회에서 진행하는 노동조합지도자 훈련
(앞줄 가운데 여성이 조화순 목사) (원출처 : 인천도시산업선교회)

상식 등 노동자들의 일상생활에 대한 주제를 많이 다루었다. 조화순 목사
는 지식인들의 어려운 언어는 노동자들과 소통하는 데에 어려움이 많다는
것을 깨닫고, 한편으로는 노동자들의 쉬운 언어를 배우고 구사하기 위해
노력을 하면서, 다른 한편으로는 노동자들이 그들의 언어로 스스로 말하
고, 생각하고, 판단하고, 행동할 수 있는 '해방시키는 교육'을 실천하려 했
다. JOC와 산업선교회의 노동운동 지원 활동은 새로운 노동운동의 문화와
모델을 형성하는 데 기여했고 1970년대 민주노조운동의 자양분이 되었다.

제3절 1970년대 민주노조운동의 태동과 고난

경제개발계획으로 산업단지가 조성되기 시작하자, 외국기업을 유치하기 위해 노동운동을 억제할 필요성이 제기되었다. 그 결과 1970년 1월 1일에「외국인투자기업노동조합 및 노동쟁의 조정에 관한 임시특례법」이 발표되었다. 1970년 11월 13일에 서울 청계천 평화시장 재단사였던 전태일이 분신 사망하는 사건이 벌어지고 열악한 노동 현실에 대한 대학생과 지식인들의 반성과 관심이 커져 가기 시작했다. 하지만 박정희정권은 1971년 12월 6일 국가비상사태를 선언하고 12월 27일에는「국가보위에 관한 특별조치법」을 시행하였다. 이후 1972년 10월 17일 비상계엄을 선포하고 12월 27일 유신헌법을 공포하여 1인 독재 체제를 구축했다.

이런 상황에서 1970년대에는 단체교섭권이나 단체행동권 등 노동3권이 철저하게 봉쇄되었다. 한국노총은 박정희 독재정권의 지배 아래에서 철저하게 권력에 유착되어 있었다. 민주노조운동이 성장하자 한국노총의 가장 중요한 기능 중 하나는 노동계 내부의 민주화를 저지하는 것이 되었다. 1974년 1월 한국노총 배상호 위원장은 도시산업선교회를 비롯한 단체들이 '한국노총으로 침투하여 극렬한 책동을 하기 때문에 불순분자들을 전체 조직력을 총동원하여 분쇄해야 한다'고 주장했다.(민중석, 1989, 46쪽) 민주노조운동은 국가가 강제하고 한국노총의 상층부가 결탁하여 유지되던 억압적 노동체제에 대한 저항이었다.

1970년대 초에는 경인지역을 중심으로 청계피복, 콘트롤데이터, 한국모방(원풍모방) 등 많은 민주노조가 결성되었고, 1970년대 중반부터 한국노총과 독재정권의 탄압이 본격적으로 시작되었다. 1977년 7월 협진피혁공업사 민종진 사망사건, 1978년 방림방적, 해태제과, 동일방직 노조의 투쟁, 1979년 YH무역 노조 투쟁 등 산업현장의 저항이 이어지면서 박정희 유신독재 체제도 몰락하게 되었다.

1. 민주노조의 등장과 한국노총의 균열

1) 신진자동차 노조결성과 동일방직 노조의 여성 지부장 당선

부평에 있던 새나라자동차를 1965년에 신진공업이 인수하면서 신진자동차공업이 시작되었다. 신진자동차는 일본 토요타 자동차와 기술제휴를 했다가, 1972년에 미국 제너럴모터스(GM)사와 합작하여 GM코리아사가 되었다. 신진자동차 부평공장 노동자들은 1967년과 1969년에 노조 설립을 시도하였으나 실패했었다. 그런 흐름이 이어져 1971년 5월에 금속노조 경기지부 신진자동차분회가 결성되었다. 이 과정에는 산업선교회의 지원이 있었다. 회사는 별도의 어용노조(금속노조 부평공장지부)를 만드는 등 방해공작을 펴서 두 노조가 경합하다가 통합되었으나, 사측이 지지하는 인물이 지부장이 되었다.

1971년 8월 16일에 회사는 작업량 감소를 이유로 노조 대의원 13명과 조합원 208명을 일시에 해고하였다. 이에 노조집행부는 회사에 협조적인 지부장을 따돌리고, 집단해고 반대 및 초대 분회장 김창수의 복직을 주장하는 파업을 조직하였다. 800여 노동자들이 부평공장 2층 옥상에 집결하여 농성에 돌입하였다. 다음 날에는 노동자 가족 1천여 명이 공장 정문에 모여 '아빠의 실직은 가정의 비극이다'라는 플래카드를 내걸고 시위를 벌였다.(『동아일보』, 1971년 8월 17일) 농성노동자의 가족들과 산업선교회가 밥을 해 나르며 노동자들을 지원하였다. 이러한 파업 투쟁은 당시 언론에도 크게 보도되어 사회적으로 파문을 불러일으켰다. 이틀간의 파업으로 300% 해고수당과 부분적 복직을 얻어 내었다.

이러한 투쟁 과정을 이끌며 1973년에 지부장이 된 이진엽과 사무장 이성균은 각각 고대 법대와 동국대 정치학과를 졸업하고 신진자동차에 입사했던 사람이었다.(한국기독교산업개발원 편, 1985) 당시 대졸 신입사원은 일정 기간 의무적으로 생산현장에 투입되어야 했기에 이들이 노동조합의 지도자가 될 수 있었다. 1983년 5월까지 약 7년간 유지된 이성균 지부장과 김영만 사무장 체제는 도시산업선교회와 거리를 두었지만 한국노총 내부에서는 개혁성향의 노조였다. 하지만 조합원 중심의 노조는 아니었고 집행부 상층 간부들이 주도하는 노조였다.[75]

다른 한편, 1970년대에 한국노총과 독재정권에 맞서 싸운 대표적인 사례는 동일방직 노동조합이었다. 일제 강점기부터 운영되던 섬유공장이었던 동일방직에는 한국노총 섬유노조 산하 지부가 존재하고 있었다. 1972년 말 당시 동일방직지부의 조합원 수는 1,283명이었고 이 중 1,214명이 여성이었다. 하지만 노조간부는 모두 남성들이었고 한 번도 여성이 대의원이나 지도부에 선출된 적이 없었다.

도시산업선교회 조화순 목사는 동일방직 내 삼십 여 개의 소모임을 조직했다. 이들은 6개월여 기간 동안 노조 민주화에 대한 교육을 받았고, 1972년 5월 대의원 선거에서 41명 중 29명을 여성 대의원으로 당선시켰다. 그들 중 대다수인 24명은 산업선교회나 JOC의 교육을 받은 사람들이었다. 새로 선출된 대의원들에 의해 진행된 제24대 지부장 선거에서는 41명 대의원 중 25명의 지지를 받아, 기존 노조의 부녀부장이었던 주길자가 선출되었다. 눈치를 채고 사태를 예의 주시하던 중앙정보부, 회사, 한국노총 등의 견제 때문에 산업선교회나 JOC와는 가깝지 않던 인물을 지부장으로 내세웠다. 단 노조집행부를 통해 민주노조의 정체성을 유지하도록 하였다.

---

75) 1978년 11월에 신진자동차 3개의 지역 공장의 노조들이 통합되었고 1983년 1월에 '전국 금속연맹 대우자동차 노동조합'으로 전환되었다.

노조 탄압이 극심하던 독제체제 하에서의 불가피한 선택이었다.

초기 민주노조는 산업선교회와 JOC 뿐만 아니라 섬유노조의 일부 간부들의 도움도 함께 받았었다. 하지만 이들 간의 갈등과 대립은 점점 커져 갔다. 1975년 제25대 지부장 선거에서는 직전 집행부의 총부부장이던 이영숙이 당선 되었다. 동일방직 노조는 회사 측의 방해 속에서도 노조 본연의 모습을 만들어 가면서 1975년까지 온건한 활동을 이어갔다. 실질적인 교섭을 하고, 두 배나 차이가 나던 남녀 간 임금격차를 줄여 나갔으며, 생리휴가 실시, 몸수색 폐지나 탈의실 설치 등 노동조건을 개선해 나갔다. 그러나 정보기관, 섬유노조와 회사 측은 1976년 2월 대의원 선거에 노골적으로 개입하기 시작했다.

2) 공단 내 삼원섬유와 반도상사의 노조결성

삼원섬유 노조는 한국수출산업공단 제4단지(부평공단) 내에서 결성된 부평공단 최초로 결성된 노동조합이다. 1970년에 문을 연 삼원섬유는 스웨터를 짜는 일본인 투자기업으로서 약 450여 명 규모였고 1972년부터 제2공장을 짓고 있었다. 입사 후 산업선교회를 알게 된 유동우(본명 유해우)가 1973년 소모임 '동력회'를 만들어 노동법을 학습하면서 본격적인 노조결성 과정이 시작되었다. 소모임으로 조직된 노동자들은 1973년 12월 1일에 6개 항목의 요구사항을 주장하며 농성을 시작했고 대부분을 관철시켰다. 이를 계기로 분위기가 고조되어 12월 12일에 산곡동 감리교회에서 100여 명이 모인 가운데 노동조합을 결성하였다.

노조결성 후 소모임은 '폭포회', '열매', '조약돌', '기적', '샘', '다이어몬드' 등으로 다양하게 증가했다. 이들 중 일부는 타 공장 노동자들과 지역 차원의 모임을 만들기도 하였다. 노조결성 때부터 섬유노조 본조의 일부 간부들도 지원을 해 주었다. 그러한 노력으로 1974년 3월 25일에는 부평공단 5개 스웨터 공장 노조 대표와 사용자 대표 간의 임금협상이 벌어졌을 만큼 노동자들의 힘이 커지기도 했다. 삼원섬유 노동조합은 황영환(한국베어링 해고자), 김지선(삼원섬유 사무장 출신) 등 지역 노동운동 활동가들이 연결되어 있었다. 결국 섬유노조 경기지부와 회사와의 결탁이 이루어지고 1974년 8월에 유동우 위원장은 제명을 당했다. 유니언숍 제도에서 조합원 제명은 곧 해고를 의미했다.

한편, 반도상사 부평공장은 1969년도에 설립되어 주로 가발을 제작하다가 가발산업이 쇠퇴하면서 1973년 이후로는 의류(청바지) 생산 공장으로 전환되었다. 1970년 들어 2,000여 명에 달하던 반도상사는 1973년에 업종이 전환된 이후로 1979년에는 730여 명까지 노동자 수가 점차 줄어들었다. 1974년 즈음에 반도상사에는 약 1,400여 명이 일하고 있었고 80% 정도가 여성노동자로 구성되어 있었다. 이들은 열악한 근로조건, 퇴직금이 지급되지 않는 것, 사무직과의 차별, 그리고 퇴근 시 '검신'을 하는 것 등에 불만을 느끼고 있었다. 1974년 검신을 빨리 받기 위해 새치기를 한 노동자를 경비원이 몽둥이로 구타하여 구급차에 실려 나가는 사건이 발생하였다.

1973년 12월부터 산업선교회의 '부평지역 여성지도자 훈련'에 참여하고 있던 한순임은 약 26명의 노동자들을 조직해 냈다. 이들은 산선 실무자인 최영희, 황영환 등에게서 회의진행법, 근로기준법 그리고 노동3권 등을 교육받기 시작했다. 그들은 1974년 2월 폭력사건 이후 부당한 노동조건에 항의하며 임금인상, 폭력 사원 처벌, 강제 잔업 철폐 등 6개 요구 사항을 내걸고 2월 26일에 집단행동을 시작했다. 당시 거의 모든 노동자들이 하루 파업에 참여하였다. 14시간 만에 회사 측과 합의서를 작성하고 농성을 풀었으나 회사는 약속을 지키지 않았고 이에 저항하여 3월 5일에 벌어진 두 번째 농성에서는 전경이 동원되어 노동자를 연행해 갔다. 이후 한순임, 장현자, 옥판점, 김복순 등은 다시 정보기관에 끌려가 산업선교회와의 관계를 이유로 폭행을 당했고 사흘 만에 풀려났다.

이들은 노조결성에 비협조적이던 섬유노조 본조를 잘 활용하면서 1974년 4월 15일에 노동조합(섬유노조 반도상사 지부)을 결성하였다. 한순임이 절대적인 지지를 받아 지부장이 되었다. 삼원섬유 노조결성 이후 4공단 내에서의 두 번째 민주노조가 탄생한 것이었다. 민주노조는 회사 측의 강한 방해 공작과 부당 노동행위 속에서도 37% 임금 인상, 기숙사·식당 시설 개선, 사감 처벌, 퇴직금제 확립 등의 사업을 벌여 나갔다.

2. 유신 독재에 맞서 싸운 민주노조들

1) 동일방직 노조의 반나체 시위와 인분투척 사건

1974년 긴급조치와 '인혁당 사건' 이후 민주화운동이 대대적으로 탄압을 받기 시작했다. 1975년 즈음에 산업선교회는 인천지역 수 십여 개 공장의 노동자들을 교육하고 조직화하고 있었으며, 인혁당 사건을 비판한 제임스 시노트(J. Sinnott, 한국명 진필세) 신부의 추방 사건이 보여주듯 가톨릭교회 내 반독재 투쟁 열기도 높아지고 있었다.

동일방직 노동조합도 1976년 2월 대의원 선거부터 회사 측과 정보기관의 폭력적인 노조 파괴 공작을 당하게 되었다. 산업선교회 소속의 이영숙이 지부장이 되고, 상근직 총무부장으로 JOC 소속의 이총각이 선정되면서 회사 측과의 갈등은 더욱 커져 갔다. 이총각은 1968년부터 JOC를 통해 노동교육을 받기 시작했고, 1970년 전태일의 삶과 죽음에 대한 이야기를 접한 이후부터는 더욱 열정적인 노동운동가로 변하고 있었다.[76]

---

76) JOC 소속의 이경심(세실리아)은 동일방직 노조와 함께 싸웠다. JOC를 모태로 인천교구

회사 측은 반노조 세력을 키운 후, 그들이 신규 노조를 결성하게 하여 섬유노조 내부의 조직갈등을 유발하였다. 행정권을 가진 경기도지사까지 개입되어 7월 23일 반대파만의 대의원대회를 열고 불법적인 어용노조를 출범시키자, 동일방직 노조원 800여 명은 곧바로 농성을 시작했다. 공장 밖에도 300여 명이 모였다. 민주노조가 한순간에 무너질 수 있는 상황이었다. 경찰이 이영숙 지부장과 이총각 총무를 연행하자 농성은 7월 25일까지 이어졌다. 이날 오후 농성을 강제 해산시키기 위해 경찰이 투입되었다. 노동자들은 경찰이 손을 대지 못하도록 옷을 벗으며 강렬하게 저항하는 과정에서 78명의 노동자들이 연행되고 50여 명이 실신했으며, 14명이 병원에 입원했다. 농성은 강제 해산되었다. 다행히 7월 29일 섬유노조 본조 대의원대회에서 반노조파의 신규 노조를 인정하지 않았고 민주노조는 복구되었다. 하지만 이날 새로 위원장이 된 김영태는 이후 동일방직 노조 파괴에 앞장서게 된다.

회사의 다양한 노조 파괴 공작은 조합원들을 괴롭혔다. 이영숙 지부장도 갑작스럽게 퇴사를 결정하였다. 집행부 내에도 분열의 조짐이 보였다. 이에 1977년 이총각, 김인숙, 정의숙, 최명희 등 15명의 조합원들이 '동일방직사건 수습투쟁위원회'를 결성했다. 동일방직 문제는 점차 전국적인 이슈가 되어 가기 시작했고, 섬유노조 본조에서는 이광환 수습책임위원을 보냈다. 2월 28일 대의원 선거에서 여성 조합원 전원이 참가하여 진행된 선거에서 대의원 45명 중 38명을 확보하였다. 새로운 지부장을 뽑는 대의원대회는 몇 번의 파행을 거치면서 4월 4일 이총각을 지부장으로 선출하게 되었다.

산하에 노동사목이 설립되었다. 1977년 2월 노동사목 전담 사제로 발령을 받은 마틴 로어리(M. Lowery, 한국명 나마진) 신부, 권조희 수녀 등이 부평에서 노동사목 활동을 전개했다.

〈그림 5-3〉 동일방직노동조합 해고자 124명 전원복직을 요구하는 시위
(원출처 : 이총각)

노조 파괴 공작은 계속되었다. 1977년 2월 대의원대회에서도 남자 대의
원들은 고춧가루와 인분을 들고 대회장에 들어와 난동을 피운 적이 있었
다. 당시 민주노조를 파괴하지 못한 반대파들은 1978년 대의원대회에서는
실제로 인분을 뿌려대기 시작했다. 2월 21일 선거일 새벽에 투표함을 준비
하던 노조 사무실에 남자들이 들이닥쳐 욕설과 폭력을 휘둘렀다. '똥물' 테
러를 당한 여성노동자들에게 섬유노조는 '사고지부로 결정했으니 업무일
체를 수습위원에게 인계하라'고 통보했다. 노동자들은 이를 거부하고 명
동성당과 인천산업선교회로 들어가 농성을 시작했다. 섬유노조는 3월 6일
중앙위를 열어 이총각, 정의숙, 이병국, 김인숙 등을 제명 처리하였다.[77]

---

[77] 중앙정보부 경기도지부(인천 간석동)에서 근무했던 최종선은 당시 중앙정보부(본국 2
국)가 노조 파괴에 직접 개입했음을 증언했다. 기관원들은 인천 신포동 배명여관에 머
물면서 섬유노조와 사건을 계획했다는 것이다.

일시적으로 공장으로 돌아온 노동자들 124명은 4월 1일 자로 해고처리 되었다. 해고 노동자들은 '동일방직 민주노동운동 수호투쟁 동지회'를 결성하여 투쟁을 이어 나갔다.

섬유노조 김영태 위원장은 124명에 대한 개인정보와 '취업시키지 말라'는 공문을 즉, '블랙리스트'를 작성하여 각 회사에 배포했다. 블랙리스트에 오른 노동자들은 아예 취업이 거부당하거나 일방적 해고통보, 전근(지방발령), 부당한 부서 이동을 강요당하거나, '빨갱이와 다름없다'는 정신적 학대 등 온갖 협박에 시달려 결국 회사를 떠나야 했다.

2) 해고 노동자들의 공동투쟁

1970년대 민주노조들은 노동조합 차원의 '공식적' 연대투쟁은 전개하지 못했지만, 비공식적으로는 줄곧 연계되어 있었고, 사안에 따라 공동투쟁을 벌이기도 했다.

삼원섬유 노조는 오래 유지되지 못했다. 초기 노조결성을 함께 하던 노동자 중 일부는 회사 측의 회유에 넘어가 반노조 세력으로 돌아서기도 했다. 해고 노동자로서 유동우는 복직투쟁을 벌이다 구속되어 32일간 구금되었고 결국 복직되지 못했다. 1976년에 회사가 자본철수를 결정해 버렸다. 유동우에게 부평경찰서 정보과 형사가 계속 따라다녔기 때문에 다른 공장에 들어가기 힘들었다. 대신에 다른 노조결성을 돕기도 하고, 서강대 산업문제연구소와 크리스찬아카데미 등에서 교육을 받으며 민주노조운동 관계자들과 폭넓게 교류하며 자연스럽게 민주노조운동의 연대 활동을 벌이게 되었다.[78] 1977년 서울 협신피혁 노동자 민종진 사망사건에 대한 투

---

[78] 1974년 유동우는 산업선교회 모임을 자주 갖던 본인 자취방에 광야교회 세우기로 했다. 그 교회가 이후 부평지역 노동운동에서 중요한 공간이었던 백마교회가 되었다.

쟁 과정에서도 유동우, 반도상사 노조 등 인천지역 노동자들이 함께 하였고, 삼원섬유 출신 김지선도 이후 동일방직 투쟁에 함께 연대하였다.

1978년 3월 20일 동일방직 문제와 관련하여 열린 인권강좌와 기독교방송국 항의·점거 투쟁에는 동일방직 노동자 이외에도 원풍모방, 방림방적, 진로주조, 해태제과 등에서 온 150여 명의 노동자들이 함께 있었다. 1978년 3월 26일 여의도 광장에서 벌어진 '부활절 연합예배 단상 점거 투쟁'에서도 동일방직, 방림방적, 남영나일론, 삼원섬유, 원풍모방 등에서 활동하는 노조간부 6인이 공동 투쟁을 벌였다.(이옥지, 2001, 312~314쪽)

반도상사 노동자들도 1979년 YH무역 노조의 신민당사 농성 때에 지지 방문을 했고 김경숙의 죽음 이후 애도의 뜻을 담은 플랭카드를 사무실 앞에 걸고 전 조합원이 검은 리본을 달아 연대를 표시했다. 이로 인해 장현자 지부장은 중앙정보부의 조사를 받아야 했다.

3) 반도상사 노조 탄압과 강제 해산

반도상사 노조는 1980년 4월부터 임금인상 투쟁을 시작했다. 5월 18일에 계엄령이 내려지고 8월 2일에 합동수사본부에서 장현자(당시 노조 지도위원), 조금분 지부장, 김분겸 부지부장 등을 연행하여 계엄포고령 위반으로 구속하였다. 11월 17일에 지부장과 지도위원은 해고를 당했다. 이후 이들은 또다시 연행되어 '반공법 위반' 혐의를 인정하라며 폭언과 폭행을 당해야 했다. 12월 3일에는 다른 간부 2명이, 11일에는 7명이 연행되어 보안사 서빙고 분실에서 동일한 조사를 받았다.

동시에 섬유노조는 반도상사 지부를 '정화' 조치하였다. 회사에는 경찰관 5명이 상주를 하며 노동조합을 감시하였고 사측은 온갖 방법을 동원하여 노조 탈퇴 및 퇴사를 유도하여 1980년 말에 300여 명이 회사를 떠났다. 공장 안에 노조원이 겨우 30여 명이 남은 상태에서 이들은 괴롭힘을 당하면 서도 굳게 현장을 지켰다. 하지만 당시 상황에서 더 이상 도움을 구할 데도 없었고 노동조합을 살릴 방법이 없었다. 회사는 1981년 2월 휴업을 공고했고, 3월 13일에 남은 조합원들은 비통한 마음으로 해산 총회를 개최하였다.

제4절 1980년대 노동운동의 급진화

1979년 박정희 대통령 서거 이후 민주화운동이 활성화 되었다. 하지만 1980년 5월 광주민주화운동 과정에서 많은 시민들이 희생을 당했고 전두환이 이끄는 신군부는 폭압적으로 권력을 장악했다. 8월 21일에 노동조합 '정화'조치가 실시되어 12월 말까지 활동가들을 폭력적으로 탄압했다. 1982년까지 민주노조들은 모두 강제로 해산을 당하고 말았다.

1980년 12월 31일에 노동법이 개정되어 기존 산별체제는 기업별노조 체제로 전환되고, 노조 설립조건이 강화되었고, 제3자 개입금지 조항이 신설되었다. 단체협약 유효기간이 연장되고 쟁의행위를 위한 냉각기간과 직권중재 등의 조건이 강화되었다. 또한 정부 차원의 '노동대책회의'를 운영했다. 이 기구는 중앙과 각 시도에 설치되었으며, 검찰과 경찰, 국가정보기구(안기부 및 보안사)의 요원들이 참석하는 노사분규 해결을 위한 최고 결정기관이었다.

각 대학에서 학생운동이 성장하였고 급진적 이론이 도입되기 시작했다. 학생운동 노선을 둘러싼 각종 논쟁이 벌어졌고 이는 노동운동권에도 확산되었다. 그러면서 민주화운동의 강도도 높아졌다. 1986년 3월에는 구로공단에 위치한 신흥정밀에서 농성 중이던 선진적 노동자 박영진이 분신하여 사망했고, 4월에는 서울대 학생들이 신림동에서 '전방 입소훈련 반대' 투쟁을 전개하던 중 지도부였던 이재호, 김세진이 건물 옥상 위에서 분신과 투신을 하며 저항하여 결국 사망하는 사건이 연이어 발생했다. 이런 흐름은 야당이 주도하는 '직선제 개헌 1천만 서명운동'에 대한 국민적 열기와 결합되면서 점점 강력한 민주화운동의 흐름을 만들어 갔다.

다른 한편 민족해방이나 노동해방을 주장하는 급진 이념들을 빌미로 민주화운동을 탄압하고자 하는 독재정권의 대대적인 탄압도 벌어졌다. 1986년 인천5·3항쟁 이후로 민중운동 진영을 무너트리기 위해 노동자와 학생들을 잡아 조사하는 과정에서 신호수(인천 연안가스 배달원) 의문사 사건, 부천경찰서 문귀동 형사 성고문 사건 등이 발생하는 등 많은 고문이 자행되었다. 그리고 반제동맹당 사건 등 여러 조직 사건이 발표되었다. 1987년 들어 독재정권의 폭력으로 인해 서울대 박종철, 연세대 이한열 등이 사망하게 되고, 민주화운동은 최고조로 고양되었으며, 노동자들도 '노동자대투쟁'을 전개하게 되었다.

1. 블랙리스트 철폐 투쟁과 인천노협

1978년 동일방직 해고자들을 대상으로 시작된 블랙리스트는 1983년 말부터 더욱 확대되었다. 정부, 기업, 노동부, 정보기관 등이 공동으로 블랙리스트를 작성하였고, 목록에는 125개 사업장의 해고자 681명, 복직자 60명, 재취업자 57명에 대한 신상명세 등을 상세히 기록하였다. 적극적으로 노동운동에 참여한 노동자들뿐만 아니라 단지 생계를 위해 일하려 하는 노동자들까지 모두 생존권을 위협받기에 이르렀다.[79] 그러나 정권의 의도와 정반대로, 1980년대 민주노조운동의 새로운 출발은 이들 해고 노동자

---

[79] 노동운동의 성장에도 불구하고 전국적으로 블랙리스트는 사라지지 않았다. 이후 인천에서만도 1988년 7월 코리아 하이답프, 8월 경동산업 등에서 블랙리스트가 발견되었다.

들에 의해서 만들어지기 시작하였다.

동일방직 노조 출신의 김용자, 김옥섭, 안순애와 1980년대 해고자인 신정희, 서기화 등은 새로 입사한 회사에서 압박을 받다가 결국 해고를 당하게 되었다. 이들은 1983년 12월 15일 노동부 인천지방사무소 소장실에서 7시간 동안 '복직 및 블랙리스트 철폐'를 요구하였다. 12월 16일부터는 근로감독관실에서 단식과 철야농성을 벌이다가 17일 새벽 2시 경 경찰 50여 명에 의해 강제해산을 당하고 전원 연행되었다. 노동자들은 19일 오전 10시에 다시 노동부에 찾아가 항의를 하였고 직원과 사복경찰과 몸싸움을 벌이다 서기화가 다리 부상을 입고 기독병원에 입원하게 되었다. 다른 노동자들은 연행되어 폭력 혐의로 구속, 수감되었다.

블랙리스트 철폐운동의 일환으로 1983년 12월 24일에 발표된 "해고 노동자 인권선언"은 김용자, 서기화 등이 주도한 것으로서 세계인권의 날(12월 10일)을 맞아 해고 노동자들의 투쟁의 의미와 정당성 등을 적극적으로 사회에 표명한 것이다.

민주노동조합은 우리나라 민주주의의 어버이가 될 것입니다. (…) 8시간만 노동하여도 생활비 걱정없고 아플 때 걱정없이 병원에 갈 수 있기 원합니다. 직업병, 산업재해에 시달리지 않은 세상 원합니다. (…) 한국 노총은 본연의 자세로 돌아가고 노동부는 공정한 입장에 서고 근로 감독을 철저히 하기 바랍니다. 국회는 블랙리스트와 최저임금제 등 노동자들의 당면한 문제를 철저히 다루어야 합니다. 언론은 블랙리스트를 기사화 하여야 합니다. 노동계에 민주화 없이 우리 나라에 정치 발전과 민주 발전은 이루어지지 않습니다. 이 나라의 중심이고 원동력인 노동자들이 인간답게 사는 밝은 세상이 될 때까지 노동자들은 물론 양심적인 모든 사람들과 굳게 힘을 모아 공장에는 기쁨 넘치고 사회에는 정의가 뿌리내릴 때까지 있는 모든 노력을 다할 것입니다.[80]

---

80) 「해고노동자 인권선언」, 1983. 12. 24, 민주화운동기념사업회 오픈아카이브.

경인지역을 중심으로 많은 해고 노동자가 양산되면서 독립적인 노동단체들이 등장하기 시작했다. 1984년 1월 6일에 한국노동자복지협의회(한국노협)가 결성되었다. 원풍모방 해고 노동자들이 다수 참여했던 한국노협은 당시 확산되고 있던 노학연대나 정치투쟁에는 비판적이었고, 주로 노동법 개정 등 제도 개혁을 위한 활동을 계획하였다. 사회를 바꾸기 위해 먼저 노동조직과 주체들의 힘을 축적해 나가야 한다고 판단했기 때문이다. 1985년 2월 7일에 결성된 한국노협 인천지부(또는 인천지역노동자복지협의회, 인천노협) 역시 동일한 흐름 안에 있었다.

이런 흐름과 달리 청계피복노조 활동가 그룹이나 학생운동 출신의 노동운동가들은 1980년 광주민주화운동 이후 더욱 강력한 투쟁이 필요하다고 판단했다. 이념적으로 급진화된 젊은 활동가들은 1970년대 노동운동을 '경제투쟁에 머문 실패한 운동'으로 규정하기도 했다. 이들이 민주노조운동의 또 다른 세대를 형성해 나가기 시작했다. 인천노협 안에서도 점차 급진적 노선에 동의하는 활동가들이 많아졌고, 결성 1년 만인 1986년 2월에 한국노협에서 이탈하여 인천지역노동자연맹(인노련)을 결성하게 되었다. 인노련은 1985년 구로동맹파업 이후 결성되어 수도권 노동운동의 대표적 단체로 떠오른 서울노동운동연합(서노련)과 연결되어 있었다.

한편 인천노협을 인노련으로 전환하는 것에 반대했던 최연봉과 정명자 등은 1986년 3월 인천노협을 재건하였다. 이들은 1970년대 민주노조운동가로서 1980년대에도 활발한 활동을 벌여 나갔다. 정치적 노동운동 자체를 거부한 것은 아니지만, 공장 또는 현장의 상황과 괴리된 노동운동을 비판하고, 노동단체보다도 노동조합의 중요성을 강조하는 입장에 서 있었다.[81]

---

81) 한국노협은 기관지 『민주노동』을 발행했고 1989년 1월 한국민주노동자연합(한노련)으로 개편되어 활동하다가 민주노총이 창립된 후 발전적 해소를 결정했다.(1997. 3.) 다른 개혁 성향의 노동단체로는 한국노동교육협회(1986년 창립, 1995년 한국노동사회연구소로 개편)와 한국노동연구소(인천, 1988년 창립, 소장 이목희) 등이 있었다. 이목희는

2. 새로운 민주노조의 등장과 대우자동차 파업

1) 대한마이크로와 경동산업의 노조결성

1984년과 1985년에 구로와 인천 등지에 새로운 민주노조들이 속속 들어섰다. 이 노조들은 공단지역에서 활동을 시작한 학생 출신 활동가들의 참여 속에서 조직되었고, 조합원이나 간부들 중에는 급진적 이념을 학습한 사람들도 생겨나기 시작했다.

대한마이크로는 컴퓨터 칩을 생산하는 공장으로 임금수준이나 노동조건이 인근 공장과 비교할 때 매우 좋은 편이었다. 대한마이크로의 조현숙, 곽순복 등은 부평노동사목, 한국노총 금속연맹 등의 도움과 전희식, 안재환 등 활동가들과의 연계 속에서 1983년부터 노동조합을 준비해 나갔다. 1984년 4월 17일에 결성된 대한마이크로 노조는 1970년대 민주노조가 모두 파괴된 이후 처음으로 다시 등장한 민주노조였고, 6~7월에 등장한 가리봉전자, 대우어패럴 노조 등 구로지역의 신규 민주노조들과도 활발히 교류하였다.

대한마이크로와 달리 매우 열악한 노동조건으로 악명을 떨친 경동산업에는 1984년부터 노조결성 움직임이 있었다. 동일방직 노조 출신의 정명자와 한덕희, 최봉근, 김종호 등 대학생 출신 활동가들은 김흥섭 등 노동자들과 함께 노조결성을 준비하다가 10월 경 발각이 되었다. 이들은 부서이동, 강제사직 등의 조치를 당했으나 결국 1985년 1월 14일에 노동조합을 결성하는 데 성공하였다. 그러나 회사 측이 김흥섭 위원장 등 4인을 해고하고 어용 노동조합을 결성하면서 민주노조를 유지하는 데에는 실패하였다. 경동산업 노동자들은 노조민주화투쟁을 벌여 나갔다.

1986년경부터 인천지역 민주노조운동에 큰 영향력을 행사했다.

2) 대우자동차 노조 민주화투쟁과 1985년 파업 투쟁

신진자동차는 1972년 GM코리아로, 1976년 새한자동차로 이름을 바꾸었다가, 1978년에 대우가 인수하여 1983년 1월 대우자동차가 되었다. 1971년 결성된 금속노조 신진자동차 부평공장지부라는 명칭도 1972년에 제너럴·모터스코리아자동차 부평공장지부로, 다시 1977년에 새한자동차 경인지부 등으로 개칭되었다가, 1983년 1월에 대우자동차 노동조합으로 변경된 상황이었다. 노조집행부는 노조 창립 멤버인 이성균이 1976년 이후 위원장직을 맡아오다가 1983년부터는 김영만이 위원장이 되어 집행부를 이어가고 있었다.

당시 대우자동차 부평공장에서는 송경평, 이용선, 홍영표, 박재석 등 학생 출신 노동자들과 전희식, 유선희, 이용규, 한비석, 정상국, 김태석 등이 소모임 활동을 갖고 있었다. 1980년과 1983년에 군복무를 마치고 복직한 노동자들이 노동법상의 정기승급, 상여금, 연월차 휴가 등에 대한 정당한 대우를 요구했다. 보통은 항의하는 노동자들의 요구만 개별적으로 들어주며 문제를 무마해 오고 있었다. 그러나 1984년의 집단적 항의 과정에서 일부가 예비군 기본교육훈련을 유급으로 인정받는 과정에서 송경평이 학생 출신 노동자임이 드러나게 되었다. 당시 공장에서 학생 출신의 소위 '위장취업자'가 발각되면 현장을 떠나는 것이 보통이었지만, 송경평과 활동가들은 오히려 적극적으로 투쟁을 조직해 나갔다. 그동안 제대로 해결되지 않던 군필 복직자들의 처우가 개선되어 나가자 많은 노동자들이 투쟁에 동참하게 되었다.

노조 민주화 세력 중 전희식, 송경평, 이용선 등이 순차적으로 해고를 당하고 유선희, 박재석 등이 폭행을 당하는 등 상황이 심각해지는 가운데, 1984년 12월 26일 '노동조합 정상화 추진위원회'(정추위)가 구성되었다. 이들

은 정기적으로 「근로자의 함성」을 발간하여 회사와 어용 노조의 문제점과 노동자들의 정당한 요구사항들을 적극 알려 나갔다. 이 회보는 자발적인 모금으로 제작되었고 조합원들의 목소리와 함께 노동법, 타 지역 노동계 소식 등을 다루어 전체 공단지역의 노동자 및 활동가들에게 큰 반향을 일으켰다. 노조 정상화 추진위는 공식 노조와 별도로 1985년 임금교섭의 안을 제시해 나가면서 노조집행부를 압박했다. 리더십을 잃은 김영만 위원장과 집행부는 점차 무력화되어 갔다. 조합원들의 강력한 요구로 홍영표 대의원이 노조 교섭위원으로 포함되었지만, 회사와 노조 측의 무성의한 태도에 교섭이 제대로 이루어지지 않자, 조합원 1,500명이 조합 사무실 앞에 집결하여 위원장에게 파업을 촉구했다. 김영만 위원장은 어쩔 수 없이 파업을 선언했다.

1985년 4월 16일부터 대우자동차 노동자 2,000여 명의 농성과 투쟁이 전개되기 시작했고, 주말에 경찰의 진압이 예상되어 19일 금요일부터는 350명이 본관 기술센터를 점거하여 투쟁을 이어나갔다. 실질적인 권한을 가진 대우그룹 김우중 회장이 직접 농성장을 찾아와 눈물로 호소를 하는 등, 파업 투쟁은 전국적인 이슈가 되어 나갔다. 김우중 회장은 공식 노조가 아닌 농성대표자인 홍영표 등과 교섭을 진행했다. 당시 경총 등에서는 5.2% 인상안을 주장하고 있었던 반면 노조 민주화 세력은 한국노총의 최저생계비와 물가인상률, 그리고 대우자동차의 흑자 규모와 생산성 향상 등을 고려하여 18.7%를 제시했다. 교섭이 쉽게 타결되기 어려운 상황이었다.

농성장은 고립되고 노동자들은 지쳐 갔다. 회사 측은 전체 조합원들에 대한 대대적인 회유와 압박을 하고 있었다. '빨갱이가 개입되었다', '군대가 동원될 것이다'라는 소문도 돌았다. 그냥 넘길 수 있는 시대 상황이 아니었다. 김우중의 입장에서는 농성노동자들의 결의가 강하고, 기술센터 내 중요한 자료들을 지켜야 했다. 또한 김근태, 방용석, 이소선 등 민주화운동 및 노동운동 진영과 학생들이 대우자동차와 연대 투쟁을 전개하려는 상황에서 교섭 타결에 대한 압박을 느끼게 되었다. 결국 파업 10일째인 4월 25일 새벽에 노사 협상이 타결되었다. 양측의 절충안은 18.2%의 임금인상, 해고자 3인(송경평, 이용선, 박재석)에 대한 복직 불가 및 이후 '3자 개입' 불가, 그리고 파업 및 농성노동자들에 대한 신분보장 등이었다.

같은 해 11월 대우자동차 부평공장 대의원 선거에서 22명 중 18명이 '민주파' 대의원으로 교체되었다. 하지만 대우자동차 파업으로 인해 내부적으로 큰 피해를 겪기도 했다. 1985년 4월의 대우자동차 파업투쟁 이후 해고, 구속, 도피 등으로 많은 노동운동가들이 현장을 떠나야 했다. 전체적으로 약 300여 명의 활동가들이 부산공장이나 정비사업소 등 부평공장이 아닌 곳으로 전출을 당했다. 현장의 민주세력이 약화 되었고, 회사 측의 현장 통제는 매우 강화되었다. 크게 올랐던 임금과 복지도 오래 유지되지 못했다. 하지만 새로운 민주노조운동의 흐름은 인천뿐만 아니라 전국적으로 확산되기 시작했다.(『대우자동차 임금인상투쟁』, 1985, 15~54쪽)

3) 신규 노조들의 좌절과 새로운 노동단체의 등장

대우자동차 노동자들의 투쟁은 같은 계열사인 대우중공업 인천공장 노동자들을 움직이게 만들었다. 4월 20일에 200여 명이 농성을 하면서 '대우자동차는 17.8%인데 우리는 5.3% 인상이 웬 말이냐'며 동일한 대우를 요구했다. 이 농성이 계기가 되어 이후 대우중공업 노조 민주화투쟁이 일어나 5월 25일에는 2천여 명이 파업농성을 벌였다.

1983년 유화조치 이후 전국적으로 새로 결성된 200여 개의 민주노조운동에 대해서 전두환정권은 이를 무력화시키려 했다. 구로와 인천지역의 신규 민주노조들을 1985년 말까지 모두 와해되었다. 노조 탄압에 맞서 구로공단에서 1985년 6월 '동맹파업'이 발생했던 것처럼 인천 대한마이크로 노동자들 역시 탄압에 저항하며 7월에 한국노총 위원장 점거 농성을 벌였다. 1985년에 대한마이크로 민주노조는 와해되었으나 1987년에 다시 2기 민주노조가 설립되어 인노협의 핵심 사업장 중 하나로 1989년까지 활동하였다.[82]

신규 민주노조들이 탄압을 받으면서 또다시 많은 해고 노동자들이 양산되었다. 해고 노동자들은 그들만의 조직을 만들기 시작했다. 경동산업, 대림통상, 한일스텐레스, 한영알미늄, 대림자동차, 범한무전, 신한일전기, 이천전기, 영창악기, 동보전기 등에서 나온 노동자들은 당시 새롭게 조직되던 노동운동 단체들에 참여하기도 하였다.

1985년 12월에 인천기독노동자연맹(인기노)이 결성되었다. 이형곤, 정동근 등이 중심이 된 이 단체는 한국기독노동자총연맹(기노련)의 인천지

---

[82] 대한마이크로 노동자들을 1994년에 3기 민주노조를 결성하였다. 1995년 회사는 노조위원장 후보로 추대된 김명숙 교육부장을 해고하였다. 김명숙은 복직을 요구하며 장기 투쟁을 벌이다가 1996년 제초제를 먹고 죽음으로 맞서려 했다. 이에 노조간부들이 20일 단식투쟁을 벌이면서 인천지역 민주노조들의 연대투쟁이 전개되었다.

역 조직으로서 인천 공단 주변에 10~13개로 확산된 민중교회를 바탕으로
한 공개조직이었다. 당시 민중교회는 학생출신 운동가들이 노동자들과 만
나는 장이었고, 여러 행사가 열리는 교류의 공간이었으며, 노동야학이나
노조결성을 위한 준비 작업을 하는 노동회관의 역할을 하고 있었다. 인기
노는 1986년 인천5 · 3항쟁에서도 중요한 역할을 하였다.

3. 인노련 등 급진적 노동운동 단체의 확산

1986년 2월 7일에 인천지역노동자연맹(인노련)이 결성되었다. 인노련은
서울노동운동연합(서노련)과 함께 '지역노동운동'을 표방한 노동단체였다.
1985년 대우자동차 파업과 구로동맹파업을 겪으면서 당시 노동운동가들
은 1970년대 경험에 기초한 한국노협을 비판하면서 서울과 인천에서 각각
서노련과 인노련을 결성하였다. 즉, 노조결성 지원, 현장 투쟁 상담, 근로
기준법 등 노동법 상담 등으로는 노동자의 처지가 근본적으로 달라질 수
없고, 그 정도의 한계적 지원조차 탄압을 당하는 현실을 인식했다. 인노련
은 경제투쟁이 아닌 정치투쟁 중심으로서 가두집회, 점거농성 등의 '선도
적 투쟁' 형태를 선택했다.

인노련의 주요 인물은 양승조, 김지선, 전희식, 서기화, 노병직, 박윤배,
김명종, 박유순, 김건호, 이춘식, 정동근 등이었다. 인노련은 지역별로 구
분되어 있었다. 먼저 인천은 동인천(또는 하인천), 주안, 부평 이렇게 세
지역이 핵심적 공간이었다. 부평과 영등포와 사이에 연결되어 있던 부천
지역도 하나의 그룹을 구성하고 있었다.

1986년 3월 10일, 인노련은 '근로자의 날'을 맞아서 "임금인상투쟁 전진
대회"를 개최했다. 약 3백 명 이상 참여한 대회는 원래 인천 계산동에 있는
예비군 훈련장 부근에서 열릴 예정이었으나, 경찰의 원천봉쇄 때문에 강

화도 전등사까지 밀려 나가게 되었다. 10일 오후 2시 경부터 시작된 대회는 원래 계획과 달리 퇴로를 차단당한 채, 조직 전체가 위험에 처한 절박한 투쟁으로 변해버렸다. 이 투쟁의 평가를 두고 인노련 내부의 격한 감정적 대립이 생겨나고, 결국 노선투쟁으로 조직이 깨지는 계기가 되기도 했다.

3월 22일에는 서울 전태일기념관에서 서노련과 함께 '임금인상 및 박영진 분신자살 항의' 철야농성을 벌였고, 24일에는 인천 주안공단에서 가두시위를, 30일에는 부평 청천동에서, 4월 12일에는 부평역 앞에서 각각 가두시위를 벌이는 등 활발한 지역 활동을 전개했다.

인노련의 활동은 1986년 5월 3일 인천5·3항쟁에서 그 최고치를 보여주었다. 이것은 인천 주안시민회관에서 열리기로 예정되어 있던 신민당의 '개헌추진위원회 경기·인천지부 결성식'에 맞추어, 다양한 변혁운동 단체들이 격렬한 대정부 투쟁을 전개했던 사건이다. 노동단체는 인노련이 중심이 되어 주안역 광장에 집결했고, 가두를 점거하고 주안시민회관 사거리 쪽으로 행진했다. 이들은 '일천만 노동자 요구에 등 돌리는 신민당 개헌 생색마라', '노동자 농민 피땀 짜는 미국놈들 몰아내자', '노동자가 주인 되는 삼민헌법 쟁취하자' 등의 구호를 외쳤다.(이우재 외, 2005) 인노련 등 노동운동단체가 조직적으로 동원한 인원은 대략 2천여 명이었다.

인노련의 가장 핵심적 주장은 '삼반정권 타도'와 '삼민헌법 제정'이었다. 당시 배포된 여러 문건에는 그들이 '삼반 세력'이라고 지칭하는 구체적인 대상이 누구인지가 드러나 있다.

> 세계 제1의 장시간 노동과 살인적 저임금으로 노동자를 착취하는 독점재벌!
> 그들과 배가 맞아 곤봉과 군화발로 노동자를 짓이기고, 농민의 쌀값을 똥값도 못되게 묶어두는 전두환정권!
> 탐욕스런 자본수출로 노동자의 피땀을 착취하는 미일 외세!

나가자! 노동형제여! 노동자를 억압하는 저 반민중적 · 반민족적 · 반민주적 전두환 삼반정권을 이 신성한 조국 땅에서 쓸어버리자!

오! 동지여! 노동형제들이여! 승리의 그날까지 투쟁의 선봉에 서서, 농민과 도시 서민 형제들의 어깨를 맞대고 전진하자! 타도하자! 타도하자!

노동자 만세! 농민 · 도시서민 형제들 만세!

노동자 해방투쟁 만세!!![83]

하지만 1985년과 1986년도의 노동운동을 대표했던 서노련과 인노련은 인천5 · 3항쟁 이후 정권의 탄압을 받았고, 내적으로도 분화되면서 해체 상태가 되었다.[84] 인천5 · 3항쟁에서 1987년 6월항쟁까지의 기간은 급진적 노동운동의 모색기였다. 1985년부터 학생운동권에는 민족해방(NL) 사상이 급부상하였고 1986년 인천5 · 3항쟁을 전후로 변혁운동권 내의 정파 투쟁은 더욱 심해졌다. 이 시기에 변혁운동권 내에는 '한국 상황에서는 제대로 된 민주노조운동이 불가능하다'고 판단하고 노동조합에 관심을 두지 않는 세력들도 많았다. 그러나 대중성을 강조하는 NL 사상의 확산은 민주노조운동에 대한 관심을 다시 불러 일으켰다. 사회변혁을 위한 전위조직을 건설하고자 했던 활동가들 중에서도 정파적 극단의 편향을 지양하고자 하는 흐름이 형성되었다.

1987년에 들어서면서 노동운동 단체는 크게 세 가지 유형으로 분화, 발전하기 시작했다. 첫 번째는 정파 논쟁을 거치면서 재정비된 인천민주노동자연맹(인민노련)과 같은 정치적 노동운동 단체들이다. 둘째로 지역 내 정파들이 민주노조운동을 지원하기 위해 조직한 '민주노조건설을 위해 싸우는 노동자일동'과 같은 반공개 단체이다. 마지막으로 인천지역해고노동

---

83) 인천5 · 3항쟁 당시의 유인물 "일어서자! 일어서자! 이 땅의 일천만 노동자여!"(인노련, 인기노, 서노련 공동명의) 중에서 편집 인용.

84) 서노련과 인노련의 비밀 지도부였던 소위 '안개' 팀 구성원들 중 일부는 이후 '삼민동맹'으로 활동을 이어 갔다.

자협의회(인해협)과 같은 공개적인 지원단체이다.

제5절 1987년 노동자대투쟁과 노동정치의 발원

1987년 6월항쟁과 노동자대투쟁으로 정치적 민주화가 시작되고 산업 현장에는 노동조합운동이 폭발적으로 진행되었다. 하지만 6 · 29선언에서 노동문제는 다뤄지지 않았다. 정치권은 노동자대투쟁으로 드러난 노동계급의 엄청난 분노 표출에도 불구하고 노동자들을 개헌논의에서 제외시켰고 노동악법 개혁에 대해서도 매우 소극적으로 임했다. 1987년 12월에 노동관계법 개정이 이루어져서, 노조 설립 요건이 약화되는 등 변화가 있었지만 1980년 개정 노동법 이전 수준으로 복귀된 정도에 불과했다.

전두환은 물러났지만 그 후계자 노태우에게 정권이 이양되었다. 1988년 총선 결과 헌정 사상 처음으로 '여소 야대' 국회가 구성이 되어 노동법 개정에 대한 요구와 희망은 어느 때보다 커졌다. 지역별 · 업종별 · 재벌그룹별로 조직화되기 시작한 새로운 민주노조들은 노동법 개정 투쟁을 전개해 나갔다.

1988년 11월 13일에 서울 연세대학교에서 약 5만여 명이 참석한 가운데 '전태일열사 정신계승 노동악법개정 전국노동자대회'가 개최되었다. 이 날은 1970년 전태일 열사의 기일을 맞춰 지난 20년 간 성장해 온 민주노조운동의 세력이 처음으로 한 자리에 모이는 역사적인 날이었다. 인천에서는 동인천역, 주안역, 부평역 등에서 각각 출정식을 열고 출발하여 모두 2천여 명의 노동자들이 가장 긴 대열을 형성하며 '녹색 머리띠'와 노조 깃발을 들고 참석하였다. 각 지역 선봉대와 황재철 인노협 의장 등 의장단, 그리고 세창물산 등 위장폐업분쇄공동투쟁단 등 노동자들은 혈서로 '노동해방'

〈그림 5-5〉 1988년 연세대에서 열린 전국노동자대회에서 세창물산 노동자들이
혈서로 쓴 '노동해방' 플래카드를 들고 행진하고 있다
(원출처 : 『노동매일뉴스』)

깃발을 만들었고, 이를 앞세운 대오는 국회의사당까지 행진을 하였다.

한편 정치세력화의 시도는 결과적으로 매우 큰 실패로 드러나면서, 노동계급의 독자적 정치세력화를 추진한 세력들에게 큰 타격을 주었다. 1987년 대통령선거에서 뿐만 아니라 바로 이어진 1988년 4월의 국회의원 선거에서도 급진적 정치세력은 커다란 실패를 겪었다.

1. 신규노조결성 및 노조 민주화투쟁

인천에서 노동운동은 이미 1985년도부터 활성화되었고, 1987년 초부터 이미 적극적인 움직임이 있었다. 예를 들어 1987년 3월 10일 노동절에는 인천 답동성당에서 기념대회가 열렸다. 이 대회에는 인천·부천지역 노동자 약 600여 명이 모이는 등 당시 노동운동의 성장 규모를 가늠할 수 있게 해 주었다. 3부로 구성된 기념대회 마지막에는 답동성당 구내에서 웅변과 놀이마당 등 문화 프로그램으로 진행 되었다.[85] 또한 인기노는 노동절을 맞아 5월 3일 오후 2시 인천시 백운역 부근 샘터교회에서 1천여 명의 노동자들이 참석한 가운데 '8시간 노동제 쟁취 기념 노동자잔치'를 열었다.[86]

1) 6월항쟁과 노동자들의 참여

인천지역에서는 노동자대투쟁 이전에 이미 민주화운동에 결합한 노동운동이 전개되기 시작했다. 5월 24일 인천에서는 지역 내 민주화운동 단체 중 7~8개 조직과 지역 총학생회 조직과의 연합으로 '4·13호헌분쇄 및 민주개헌을 위한 인천지역공동대책위'(인천지역공대위)를 결성했다. 5월 27일 전국적 차원의 '국민운동본부'가 결성되었고, 여기서 6월 10일 오후 6시에 대대적인 집회를 개최하기로 결정했다.

6월 9일 연세대학교 앞에서 시위를 벌이던 이한열이 최루탄 파편에 맞아 중태에 빠진 사건이 발생했다. 바로 다음날인 6월 10일 국민운동본부가 예정하고 있었던 범국민대회는 '6월 민주화운동'의 시발점이 되었다. 이 과정에서 공단 지역에서는 다수의 노동자가 시위에 참여하였다.

'밤 들면서 가열, 공단 근로자들도 가세' 10일 오후 6시 인천시 북구 부평동 부평역 앞에서 인천지역 재야단체와 민주당 합동으로 가지려던 인천지역대회는 경찰의 대회장 봉쇄로 무산됐으나 부평역 인근 경찰저지선까지 진출한 1천여 명의 학생과 시민들이 최루탄을 쏘며 저지하는 경찰과 투석전을 벌이면서 격렬한 시위를 벌였다. 7백여 명의 시위대는 오후 8시 10분쯤 부평경찰서에 30여 개의 돌을 던졌고 시위대가 8시 30분쯤 부평공단으로 진출하자 마침 퇴근하

---

85) 「87 노동자 함성제, 노동절 기념행사주최 인천·부천 지역노동자」, 『말』, 10호, 1987년 3월 20일, 52쪽.

86) 「노동절 기념행사 개최」, 『말』, 11호, 1987년 5월 20일, 63~64쪽.

던 공단 근로자 등이 합세, 1천여 명으로 숫자가 늘어났다.(『조선일보』, 1987년 6월 11일)

인천지역은 부평뿐만 아니라 동인천역, 주안역 등을 중심으로 학생, 시민, 노동자들이 6월 한 달 동안 지속해서 대규모 집회와 시위를 전개했다. 이는 6·29 선언이 나올 때까지 계속되었다.

인천지역의 대표적인 노동운동 단체들은 1987년 7월 26일에 부천 원미동 성당에서 연합 집회를 가졌다. 이것은 '노동기본권 쟁취대회'였다. 인천지역에 노동자대투쟁의 커다란 흐름을 처음으로 만들어가기 시작한 대회가 바로 이 집회였다. 이 대회에는 약 1,000여 명의 노동자, 활동가들이 모여, 노동권의 보장을 위한 논리와 구체적 사례에 대한 정보를 공유하고 연대활동의 기초를 다졌다. 이 대회에서는 노동3권 쟁취를 위해 힘차게 투쟁해 나갈 것, 노동자의 모든 지혜와 역량을 모아 노동자의 정치조직을 건설할 것 등이 결의되었다.

노동기본권 쟁취대회는 가톨릭노동청년회 인천교구연합회, 한국노협 인천지역협의회, 한국기독노동자인천지역연맹, 인천지역민주노동자연맹, 인천지역해고노동자협의회 등 인천지역 5개 노동단체의 공동주최로 열렸다. 이 대회를 통해 7월 들어 급속히 확산되기 시작한 노동운동(농성, 조합 결성 등)을 지지하고, 지원하려는 주요 노동단체 활동가들이 대중들에게 전달하고자 한 민주노조운동의 기조가 정리되어 공개적으로 교육되었다.

2) 대중적 노동단체의 결성: 공실위와 인해협

1987년에 들어 노동운동 진영에서 '노동조합'의 중요성을 이야기하던 정파는 주로 민족해방(NL) 계열이었다. 물론 민중민주(PD) 계열의 서클들도 현장 활동을 전개하고 있었다. 1987년 당시 인천지역에는 약 7~8개의 활동 가 서클이 있었다. 이들은 비공개적으로 활동하면서 서클대표자회의(또는 서클협의회)를 운영하는 등 느슨한 연대의 틀을 가지고 서로 논쟁하고, 경 쟁하며, 연대하기도 하였다.

1987년 봄, 변화하는 정세에 대응하기 위해 각 서클은 대중적 운동을 위 한 연대에 대한 논의를 진행했고 새로운 반(半)공개조직을 결성했다. 그것 이 '민주노조건설을 위해 싸우는 노동자일동'이라는 이름의 조직이었다. 이 조직은 노동현장에서 민주노조의 활동을 지원하기 위한 활동가들의 공 동투쟁단체였다. 민주노조 지원조직은 '민주노조건설을 위해 싸우는(일하 는) 노동자 일동'이라는 이름으로 봄에 임투 관련 교육자료를 발간했고, 여 름에 『전국적 민주노조연합 건설하자』는 소책자도 발간하였다. 1987년 6 월항쟁의 와중에는 홍보부에서 「공장에서부터 민주화를!」이라는 유인물 을 제작 배포하였다. 기관지로서 정기적으로 『공장의 소리』와 사안에 따 라서 「호외」도 함께 발간하였다.

인천지역의 비공개 서클들이 함께 '민주노조 지원을 위한 조직'을 만들 자고 결정한 것은 1986년 인노련과 인천5·3항쟁 등의 급진화된 운동의 한 계와 문제점을 인식했기 때문이었다. 반면에 당시 노동운동 진영은 '한국 의 정치상황에서 공개·합법적인 민주노조가 가능한가'라는 의문도 가지 고 있었다. 그러나 6월항쟁을 경과하고 노동자대투쟁이 전국적으로 확산 되는 과정에서 판단은 분명해 졌고, 전희식은 "민주노조건설을 위해 싸우 는 노동자 일동"을 공개조직으로 전환할 것을 제안했다. 그것이 8월 26일 출범한 '인천지역 민주노조건설 공동실천위원회'(공실위)였다.[87]

---

87) '공실위'는 초기에는 화수동 산업선교회 건물과 함께 있던, 일꾼교회 지하실에서 활동을 시작했다. 이후 도화동의 '인천사회운동연합(인사연)' 사무실 내에서 함께 활동하다가, 1988년 3월 5일에는 십정동에 별도의 사무실을 열어 민주노조 건설을 위한 홍보, 교육, 지원 활동을 활발하게 전개하였다.

1987년 봄 임금인상 투쟁과정에서 경동산업, 영창악기, 대우자동차, 남일금속, 흥양교역, 제일엔지니어링 등의 사업장에서 해고 노동자가 다수 발생했다. 이들은 해고자들이 개별적으로 흩어지던 이전과 달리 화수동 인천산업선교회에서 모임을 갖기 시작했고 서로의 복직 투쟁에 함께 연대하기 시작했다. 현장 노동자들에 대해 지원 투쟁을 벌일 수 있는 공개단체가 종교단체 외에는 거의 없던 상황에서 '해고 노동자들의 조직을 구성하여 과감한 지원투쟁을 수행하자'는 문제인식이 확산되어 7월 19일 주안1동 성당에서 인천지역해고노동자협의회(인해협)가 출범하였다.

인해협 초기에는 해고자 복직 투쟁 지원활동이 가장 큰 비중을 차지했다. 해고자 복직투쟁은 당시 해고의 부당함 제기와 '복직' 그 자체가 목적이기도 했지만, 복직투쟁을 함으로써 자신이 해고된 현장의 노동자들에게 공개적이고 공식적인 선전, 선동을 할 수 있었던 것이 중요한 이유였다. 이 같은 투쟁은 1987년 7~8월에 절정을 이루었으며, 특히 영창악기, 경동산업 등에서는 해고 노동자들이 앞장서 투쟁을 이끌어 어용노조집행부를 밀어내고 노조 임시위원장 등에 추대되기도 하고, 파업 투쟁의 와중에 회사 측과 복직 합의를 이끌어 내기도 했다. 이 시기 인해협은 항상 해고 노동자들이 북적거리는 곳이었고, 필요한 시기 '기동타격대' 역할도 마다하지 않았다.

3) 7~8월의 대파업과 신규 노조결성

인천지역의 오래된 대기업에는 이미 한국노총 산하 노조(지부)가 설립되어 있는 경우가 많았다. 상당한 역사와 조직력을 갖춘 한국노총 산하 노조가 존재하는 대기업에서는 '어용노조 민주화투쟁'이 벌어져도 기존 지도부가 쉽게 바뀌지 않았다. 그에 반해 기존 노조가 없던 대다수의 중소 사업장에서는 신규 민주노조가 결성될 가능성이 상대적으로 높았다. 1987년 6월 이전에 인천지역에는 107개의 노동조합이 있었는데, 7월과 8월 이후로 97개의 노동조합이 새로 만들어져 노조 수는 총 204개로 증가하였다. 신규 노조의 업종별 분포는 금속이 49개, 섬유가 2개, 운수 16개 등이었다. 또한 7월과 8월 중 노동쟁의 발생 사업체 수는 확인된 것으로만 155개에 달했다.

〈표 5-4〉 인천지역 업종별·규모별 노동쟁의발생 사업체 수

	45~99	100~299	300~499	500~999	1000명 이상	계
음·식료품	1	5	2			8
섬유	2	8	4	2	1	17
목재	1	5	2		3	11
화학	3	12	1	1	1	18
비금속	3	3	1			7
제1차금속	1	5		5	1	12
조립금속	11	46	6	8	7	78
기타		2			2	4
계	22	86	16	16	15	155

출처: 인천기독교민중교육연구소 편, 『'87 노동자대투쟁: 7, 8월 인천지역 사례』, 풀빛, 1988, 27쪽.

한독금속 노동조합은 1987년 부평지역에서 처음으로 결성된 민주노조였다. 스페너 등 공구를 생산하는 노동자 200여 명 규모의 방위산업체로서 노동조건이 열악하여 이직률이 50%에 달하는 공장이었다. 1986년에 학생 출신 노동자들이 들어와 간헐적인 투쟁을 벌였지만 모두 해고를 당했다. 1987년 4월부터 노조를 만들기 위한 모임이 다시 시작되었으며 노동자들의 호응이 점차 커지면서 6월 12일에 파업 및 옥상 농성을 시작하게 되었다. 어느 정도 요구사항을 관철시킨 노동자들은 노조결성 준비위원회를 조직했고, 7월 11일에 노동조합을 결성하였다. 노조위원장으로 황재철이 선출되었다. 황재철은 인노협 초대 의장으로 추대되었다.

7월 13일에는 남일금속(노동자수 600여 명)에서 노동조합을 결성하였다. 남일금속은 주방용품을 만드는 수출업체였는데, 1985년부터 사내에 '노동위원회'가 조직되어 활동을 벌여오고 있었다. 1987년 봄에 임금인상투쟁을 주도한 노사협의회 근로자 대표 2명을 포함한 5명이 부당해고를 당했고, 이에 항의하는 과정에서 해고자들과 노동위원회 회원들이 복직운동 및 민주노조결성투쟁을 전개하여 성공하였다. 8월 19일에 정식 노조위원장 선거가 직선제로 열려서 위원장에 최승기, 부위원장에 해고자인 최동식이 선출되었다. 최동식은 후에 제2대 인노협 의장이 되었다.

7월 말에는 태연물산, 대한마이크로, 신광기업, 서울조구, 대흥기계, 코스모스전자, 금영실업, 흥일산업, 진성전자 등 곳곳에서 노동조합이 결성됐다. 그러나 신규 노조를 결성하는 일은 결코 쉬운 일이 아니었다. 수많은 공장에서 민주노조결성 시도가 좌절되었다. 특히 노조 민주화투쟁은 실패 사례가 대부분이었다. 이미 노동조합이 존재하던 대기업에서는 노조 민주화투쟁이 전개되었다.

8월 한 달 동안은 전국적으로도 가장 많은 분규가 일어난 달이었다. 인천지역도 마찬가지였다. 8월 10일까지 하루에 한 두건 파업이 발생하였으나 8월 11일에 7건이 발생하면서 12일부터 급격하게 증가하였다. 부평지역에서 시작된 파업의 불길은 주안으로 파급되었고, 대기업에서 시작되어 인근 중소기업으로 확대되는 경향성을 보였다.

연휴를 마친 8월 17일에는 주안 5, 6공단과 그 주변에서 총 27개 사업장에서 파업이 발생하였다. 인천교 인근 영창악기와 경동산업 노동자들이 연대 투쟁을 전개했고, 대림통상이나 약간 떨어진 인천제철(현재 현대제철) 노동자 투쟁도 거세게 일어났다. 그 후 8월 21일까지 매일 적게는 10건에서 최대 20건씩의 파업이 벌어졌다. 21일에는 인천지역 내 모든 시내버스가 파업에 돌입하기도 하였다. 하지만 8월 22일 거제도 옥포조선의 파업에 대한 경찰 진압 과정에서 노동자 이석규가 사망하면서, 정부는 전면적 탄압 기조로 돌아섰다. 이석규의 장례식이 열린 8월 27일까지 인천지역에서 총 208건의 노동쟁의가 발생하였다.

4) 대공장[88] 노동자들의 8월 투쟁

대표적인 사례를 중심으로 대공장 노조의 투쟁을 살펴보면 다음과 같다. 우선 대우중공업의 창원공장이 8월 4일에 파업에 돌입하면서, 인천공장이 그 뒤를 이었고, 다시 인천지역에 있는 대우자동차가 8월 10일에 파업을 시작하고, 대우전자도 8월 17일에 파업이 벌어지는 등, 계열사와 지역을 따라서 8월에 분규가 크게 확산되었다.

대우중공업에는 1986년에 노조 민주화를 준비하는 노동자들 약 40여 명이 '푸른잔디회'를 조직하였다. 이들은 1987년에는 조합원들을 상대로 한 다양한 교육을 실시하는 등 활동을 전개했다. 7월에는 투쟁을 촉구하기 위해 지속해서 노조를 찾아가 공청회 개최를 요구하며 '노래배우기'를 진행하는 등 어용 노조를 압박하는 활동을 벌였다. 그리고 8월 6일에 600여 명이 모인 가운데 파업 투쟁이 시작되어 '위원장 직선제, 임금 재교섭, 해고자 복직' 등을 요구하기 시작했다. 그러나 기존 노조는 노조 민주화투쟁 세력의 예상과 달리 소극적으로나마 파업 지도부 역할을 수행함으로써 노조 민주화의 과정으로까지 사태가 확산되지는 못했다. 대우중공업의 파업은 약 6일간 계속되다가 8월 12일에 임금 2만 원 인상 등의 10개항에 협상을 타결 짓고 마무리 되었다.

---

[88] 대공장은 보통 조합원 500명 이상 규모로 본다. 조합원 12,500명(1990년 10월 현재) 규모로 인천지역의 최대 대공장인 대우자동차는 김우중 대우그룹 회장의 특성, 오랜 한국노총 산하 지부의 역사, 대규모 공장으로서의 특성, 인천지역의 대표적 노동조합으로서 지역연대를 막기 위한 정부의 적극적 개입 등의 요인이 중첩되어 있었다.(정채민, 1991)

'인천지역 민주노조건설 공동실천위원회'의 활동을 시작하면서
(창립취지문)

▲ 지금 우리는 전 국민의 힘으로 반독재 민주화투쟁을 힘차게 벌이고 승리해가는 가슴 벅찬 순간에 서 있습니다.

특히 인천을 비롯한 울산, 부산등지의 전국 방방곡곡에서, 각 광산, 운수등의 전 산업의 분야에서 뜨겁게 타오르고 있는 근로조건 개선, 민주노조 건설의 투쟁은 노동자들의 광범한 민주화 투쟁으로의 진출과, 노동자들의 민주화 투쟁에서의 중심된 지위와 역할을 생생하게 보여주고 있습니다.

빛나는 6월투쟁을 뒤이은 7,8월의 투쟁에서 노동자들은 형식적으로 진행되고 있는 민주화를 실질적으로 쟁취해 나가는 투쟁의 대열에 신속하고도 광범위하게 나서고 있습니다.

▲ 인천, 부천지역의 남일금속, 코리아 스파이서, 경원기계, 영창악기 등의 어용노조 민주화 투쟁의 승리, 한독금속, 태평물산 등을 비롯한 20여개의 민주노조의 건설, 서울조구, 성진운수, 대일화학 기계 등을 비롯한 일금재인상, 하기휴가 쟁취, 근로조건개선 투쟁의 승리를 비롯하여 전국적으로는 어용노조 민주화투쟁, 민주노조 건설투쟁, 휴업조치 철폐투쟁, 기타 제반의 공장내 민주화 투쟁이 하루에도 500여 곳에서(인천·부천지역은 하루에 60여곳) 벌어지고 승리해 나가고 있습니다.

▲ 그러나 이러한 노동자들의 투쟁에 대한 자본가와 독재권력의 공격도 신속하고 치밀하게 행해지고 있습니다.

· 이들은 8월 1일 자본가, 독재권력 연합의 '노동대책 실무위원회'를 구성하고 그들의 앞무세인 언론을 통해 "근로자들이 너무 지나친 요구를 하고 있으며 폭력적으로 문제를 해결하려 한다". "합법절차를 무시한 단체행동에 대해서는 엄벌에 처하겠다". "국민경제가 위태롭다, 외부 불순세력은 뿌리뽑겠다"며 노동자들의 단결을 분열시키고 노동자들의 민주화 투쟁을 비방, 호도하는 여론을 만들어내고 있습니다.

· 인천지역의 대우자동차, 경동산업, 삼익악기 등에서 보여지듯이 대화로 뭐고 없이 일방적으로 휴업조치를 하여 노동자들을 거리로 내몰고 도리어 국민경제 혼란, 서민생활 불편 운운하여 사회적 혼란의 책임이 노동자에게 있는양 압박을 가하고 있습니다.

저들은 감기어 불순 외부세력, 봉농화경, 폭력 노동자, 학출 노동자 구속 운운하며 노동자들의 이러한 민주화 투쟁을 불순분자에 의한 난동으로 매도하고 또다시 노동자의 머리와 가슴에 노예의 굴레를 뒤집어 씌우려는 음흉한 탄압의 발톱을 내세우고 있습니다.

저들은 이미, 박종철 고문살인의 원흉인 치안본부 대공3과를 전원 복귀시켜 노동자들의 애국적 투쟁을 불순난동으로 탄압할 만반의 준비를 갖춰나가고 있으며, 대우조선에서 보여지듯이 무차별 최루탄을 쏘아 수많은 부상자를 속출시키고 살인(이석규 동지, 21세)까지 서슴치 않고 자행하고 있습니다.

· 또한 남일금속, 한세섬영, 태평물산, 인천조선 등에서 보여지듯이 폭력배를 고용하고 전경을 동원하여 살인적 폭력과 탄압을 휘두르면서, 한편으로는 대우중공업, 한국종합기계 등에서 보여지듯이 어용노조를 통해 요구조건을 내세우고 그것을 기만적으로 들어줌으로써 노동자들을 떡고물에 안주시켜 더이상 나서지 못하도록 조작하고 있습니다.

▲ 독재권력, 재벌, 언론이 일심동체가 되어 한손에는 떡을 들고 한손에는 몽둥이를 들고 기만적 양보와 살인적 탄압을 행하며, 노동조합으로 결집된 노동자의 힘이 지역별, 산업별, 전국적으로 연대해 나가는 것을 결사적으로 가로막고 있습니다.

노동자의 인간다운 삶을 쟁취해 나간다는 것은 바로 군부독재의 끝장과 민주정부의 수립을 뜻하는 것이며, 언론, 집회, 결사, 시위의 자유가 무엇이며 이는 어떻게 쟁취되는 것인가를 몸으로 보여주고 있는 노동자들의 전국적 투쟁이 지역적, 전국적으로 하나의 조직으로 묶여나가고 연대해 나간다는 것은 바로 독재정권의 끝장을 위한 노동자들의 진출을 말하는 것이기 때문입니다.

〈그림 5-6〉 '인천지역 민주노조건설 공동실천위원회'의 활동을 시작하면서(창립취지문)
(민주화운동기념사업회 오픈아카이브즈 00859166 원출처 : 김창희)

경동산업 노동자들은 1985년도에 한 번 민주노조를 결성하려다 실패한 경험이 있었다. 그 후로 이건탁, 김학철, 박병우 등이 모여 어용 노조 민주화투쟁을 준비해 나갔다. 1987년 4월부터 산발적 투쟁을 벌이던 이들은 노동자대투쟁 시기인 8월 17일부터 전면적인 투쟁을 벌였다. 노동자들은 노동조합을 불신임하고 새로 임시집행부를 선출했다. 농성을 와해시키려는 구사대와 경찰에 맞서 '경동민주타격대'는 정문에 박스와 컨베이어 등을 쌓고 기름을 뿌렸고, 고압산소통까지 동원하여 구사대를 막으려 했다. 결국 8월 27일이 되어서야 회사 측과 새로운 교섭 대표 간에 협상이 시작되었고 30일에 합의가 이뤄졌다. 14일간의 농성이 끝이 났지만 새로운 노조 집행부 선출 과정에서 구 노조와 회사 측의 폭력적인 개입으로 인해 파행적으로 선거가 진행되었다. 결국 9월 15일에 회사 측에 가까운 후보가 새 노조위원장이 되면서 노조 민주화 시도가 실패로 돌아가게 되었다.

인천 노동자대투쟁의 마지막 격전지는 대우자동차였다. 1985년 투쟁 이후 현장 활동가들에 대한 탄압이 지속되었고, 1986년 8월 신차(르망) 생산에 맞춰 새로운 노동자들이 대규모로 유입되어, 민주노조 세력은 내부적으로 조직을 정비하고 있었다. 그러면서 1987년 6월과 7월에 해고자들의 조직인 '대우자동차 부당해고노동자 원직복직추진위원회'(대원추), 현장노동자들의 '대우자동차 민주노조 쟁취위원회' 등이 조직되었고 이들은 함께 1987년 투쟁을 준비할 수 있게 되었다. 투쟁 과정에서 (1985년 투쟁 후 조합원 자격을 박탈시키기 위해 강제 전환배치 되었던 인원이 포함된) 5급 사무원들이 중심이 된 '오동회'도 결성되었다.

민주노조 세력은 8월 10일에 1차 파업을 시작했다. 노동조건 개선뿐만 아니라 '노조위원장 직선제'와 '인사위원회 노사 동수 구성', '조합원 자격 제한 철폐', '부당해고, 부서이동자 전원 복직' 등을 요구했다. 그러나 회사 측의 휴업과 기숙사 폐쇄 조치 등으로 인해 파업은 곧 끝이 났다. 회사는 계속 휴업을 이어 갔다. 많은 중소납품업체들의 파업을 인해 부품 조달이 어렵다는 이유도 있었다. 장기 휴업은 대우자동차 노동자들의 대오 형성을 막고 있었다. 파업지도부와 대원추는 백마교회를 중심으로 이후 투쟁을 준비해 나갔다.

조업이 재개된 8월 26일에 2차 파업에 돌입한 노동자들은 저녁 6시경 본관 3층 임원실과 기술센터를 점거하고 농성에 들어갔다. 그러나 농성장과 현장 투쟁 관계, 공식 노조와의 협상, 교섭대표자 선정 등 복잡한 문제들 때문에 많은 시간이 흘러갔다. 결국 9월 1일부터 김우중 회장, 송성만 위원장 등과 교섭을 시작하여, 3일에는 '조업 재개'와 '노조위원장 직선제' 실시 여부를 전체 조합원에게 묻기로 하는 등의 합의를 하였다. 그러나 경찰은 4일 새벽에 폭력적으로 농성 현장을 진압하였고 총 98명의 노동자들이 구속되었다.

이후 9월 25일 임시대의원대회에서 '위원장 직선제'를 두고 찬반투표가 진행되어 94%의 지지로 직선제가 도입되었다. 10월 16일에 진행된 10대 위원장 선거는 민주노조 세력의 분열 속에서 원용복 후보가 압도적 지지로 당선되었다. 1985년 투쟁에 참여한 경력은 있었지만 1987년 투쟁과는 관련이 적은 인물이었다. 그는 '직선 1기' 위원장이 되었지만 곧바로 투쟁 없이 단체교섭 갱신안에 합의함으로서 다른 그룹으로부터 비판을 받았다.

2. 정파 연합 시도와 분열: 1987년의 인민노련과 인부노회

인천지역은 NL 계열과 PD 계열이 연합과 분열을 반복하는 한국 진보정당운동의 패턴이 초기부터 존재했다. 1987년 1월 14일 박종철 고문치사사건이 발생한 후 반독재투쟁이 활성화되면서 1987년 4월 이후에는 인천지역의 여러 소모임, 서클들이 함께 연계하는 조건이 만들어졌다.

앞서 소개된 공실위는 그런 '연합' 시도 중 하나였다. 민주노조운동 지원 조직으로서의 '공실위'는 의미 있는 원칙을 세웠다. 우선 각 서클이 사람을 파견하되 파견할 때는 기존의 조직관계를 끊고 '공실위' 내의 논의에 따라 활동하며, 각 서클들은 자신들의 조직원이 있는 사업장에서 투쟁이 있을 때 그 지원을 '공실위'에 맡기기로 하는 등, 서클 간의 '신사협정'이 체결되었다. 즉, 공실위는 다음과 같은 조직의 임무와 목표를 정했다; ① 민주노조결성 및 노동조합활동을 지원하는 지역 단일의 민주노조 지원조직 ② 전국적 민주노조연합의 지역조직 결성을 목표로 함 ③ 노동조합의 지역조직 결성이라는 자기임무를 완성하면 스스로 해산함 등의 항목이었다.

이와 달리 대중조직이 아닌 정치조직의 경우 정파 연합은 유지되기가 쉽지 않았다. 각 정파의 정체성이 담긴 고유한 입장과 방침은 서로 양보할 수 없는 부분이었다. 그러한 첫 번째 시도는 1987년 6월 26일의 인천지역 민주노동자연맹(인민노련)의 결성이었다. 인민노련은 1985년도에 조직적 맹아가 탄생하고, 1986년 5월에 약 1년 동안의 준비를 거치면서 탄생한 '인천노동자계급해방투쟁동맹'에 그 뿌리를 두고 있다. 이 조직의 이름에서도 알 수 있듯이 러시아혁명과 레닌의 노선을 따르는 소위 PD계열의 조직이었다. 1987년 1월 14일 박종철 고문치사 사건이 발생하자, 조직에서는 위원회를 만들어 투쟁에 돌입하기로 결정했다. 그 위원회가 '살인·고문·강간정권 타도를 위한 인천노동자 투쟁위원회'(타투 또는 타도투위)였다.

4월에 인천지역의 여러 소모임, 서클들과 연계하여 지역의 정치조직을 준비하는 과정에서 '정치적 대중조직' 결성을 준비하고 있는 NL 그룹들과 함께 인민노련을 결성하게 되었다. 즉, 출범 당시 인민노련은 '타투'와 NL 그룹이 연합한 정치 조직이었다. 1987년 6월 27일 전국적인 '6월항쟁'의 와중에 인천 부평역 앞에서도 가두시위가 벌어졌고, 집회 도중에 한 쪽에서 '인천지역민주노동자연맹'의 발족식이 거행되었다. 인민노련은 전체 조직원의 절반 이상을 일반 노동자로 구성해야 한다는 방침을 세웠고 지켜나가려 노력했을 만큼 대중적인 기반을 중시하였다.

인민노련은 결성 직후부터 급속도로 확산되기 시작한 노동자대투쟁에 대응하기 위해서 노동자 정치신문을 제작하였다. 신문은 비밀인쇄소를 통해서 두 개로 나누어 제작되었는데, 대중적인 노조운동의 차원에 대응하기 위한 『노동자의 길』과, 정치적인 변혁운동에 개입하기 위한 『정세와 실천』이 동시에 제작, 배포되었다. 『노동자의 길』은 한 달에 3천 부씩 인쇄되었다. 이 기관지는 당시 상당한 지지를 받으면서 인민노련의 조직화에 큰 도움을 주었다. 기관지의 배급망과 조직망에 따라서 인천에서 전국으로 파견이 되기도 했다.

조직의 출범 이후 정세가 급변하기 시작하면서 두 정파의 갈등이 커지게 되었는데, 그것은 노태우 당시 민정당 총재의 '6·29선언'과 이어진 노동자대투쟁(7~9월), 그리고 직선제로 치러지게 된 12월의 대통령선거 등에 대한 양 진영의 판단이 달랐기 때문이다. 또한 1985년 이후로 학생운동권을 중심으로 급격하게 세력을 확장해온 NL 계열이 이념적으로나 조직적으로 강한 결속력을 가지며 점차 '운동권 내 주류세력'으로 성장해가는 상황이었기 때문에, 조직 내 갈등이 더 클 수밖에 없었다.

인민노련에서 타투와 NL은 조직노선을 놓고 논쟁을 벌였다. 첫 직선제 대통령 선거를 두고 '비판적 지지노선'이냐 '독자노선'이냐를 결정해야 하는 상황에서 벌어진 논쟁이었다. 이 같은 논쟁에는 NL의 '정치적 대중조직(PMO)'과 타투가 주장하는 '정치조직(PO)'이라는 조직노선의 차이를 내포했다. '정치적 대중조직'을 주장하는 NL은 한국사회에 정당을 건설하기 보다는 '정치활동을 하는 대중단체'를 만들자는 것이며, 이에 비해 타투가 주장하는 정치조직은 정당을 만들어야 한다는 주장이기도 했다. 이 두 가지 주장은 10월 대의원대회를 통해 '독자노선'으로 정리됐다. 정태윤, 최봉근,

황광우, 이희경, 홍승기, 김상준, 이호곤, 신정길, 고남석 등이 참석한 이날 회의에서 표결결과 '독자 노선 : 비판적 지지 : 기타'가 각각 '12 : 4 : 1'로 나왔다. 이날 대회결과 NL은 퇴장했고 이후 절차 문제를 제기하며 인민노련에서 탈퇴해 별도의 조직을 건설했다.

인천부천지역민주노동자회(인부노회)는 1987년 인민노련에 참여했던 NL 계열이 갈라져 나와 활동하다가 1988년 2월 창립한 조직이다. 인부노회는 비공개 단체라기보다는 공개 노동조직에 가까웠다. 인천지역노동운동단체협의회(인노운협)에 참가하여 활동하면서 노조활동 지원, 노동법 개정투쟁 참여, 광주항쟁 현장순례, 전두환 노태우 구속투쟁 등을 지역 사회단체들과 공동으로 진행했다. 1989년 2월 16일에 손형민 등 조직원 6명이 공안당국에 연행되었다. 이어 4월 3일에 조직원 3명이 추가로 구속되었고, 6월 5일에는 회장 안재환도 구속되면서 와해되었다.[89]

한편, 1987년 대통령 선거 이후 인민노련은 '민중의 당'을 창당하여 송경평(대우자동차 해고 노동자)과 1987년 '후보단일화' 진영의 일부가 결성한 '한겨레민주당'의 오순부(대우중공업 해고 노동자)를 민중후보로 추대해 선거운동을 벌였다. 1988년 3월 7일에 결성된 '민중의 당'은 "노동자 · 농민 등 기층 민중이 중심이 되고 양심적인 중소상공인과 굳게 연대하여 민중이 주인이 되는 민주정부를 수립"할 것을 기본 목표로 하여 전국 24개 지구당과 당원 1천 명으로 정치적 도전을 하였다. 총 16명의 후보를 내세워 총선에 도전했으나, 선거 결과 한 석도 획득하지 못했고, 전체 투표에서 0.33%만을 획득함으로써 큰 좌절을 겪었다.[90] 이후 '민중의 당'과 '한겨레

---

[89] 이 사건은 노태우정권 이후 인천지역에서 처음으로 발생한 조직사건이었다. 안재환의 증언에 따르면 당시 치안본부 벽면에 인천지역의 각 비공개단체들의 조직표가 붙어 있었다고 한다. 실제로 그 후에 인천지역에 잇따라 조직사건이 발생했다. 인부노회는 1991년 1월에 인천사회운동연합(인사연)과 통합했다. 1992년 인사연이 해산한 이후에는 공개임의단체로서 한겨레노동자회 창립으로 이어졌다.

민주당'이 통합해 만든 조직인 '진보정치연합'을 거쳐 '민중당'이 창당되었다.

3. 민주노조의 지역 조직화와 연대 투쟁

1) 인노협과 인노운협의 결성

1987년 11월 22일에 신광기업 운동장에서 열린 공실위 주최의 인천지역 '신규 노조 창립 대잔치'에는 69개 노조 600여 명이 참석하였다. 이전까지는 경험하지 못했던 장면이었다. 이들 중 약 15개 노조들이 모여 인천지역 노동조합협의회 준비위(인노협 준비위)를 발족시켰다. 민주노조 조직화는 처음부터 한국노총이 아닌 민주노조들의 전국조직인 '제2의 노총'을 목표로 시작되었다. 우선 1988년 2월 29일 16개 노조 60여 명이 참가한 가운데 '인노협 준비위' 결성 공청회를 개최하고 3월 16일 12개 노조 70여 명이 참여한 가운데 인노협에 관한 교육을 실시했다. 3월 27일에는 '인노협 준비위 발족 및 88임투 전진대회'를 열었다. 인천대에서 22개 노조 1,500여 명이 참가한 가운데 열린 준비위 발족식에서 황재철(한독금속 노조위원장)을 초대 인노협 의장으로 추대하였다.

1988년 임금인상투쟁 시기는 인노협 준비위 이름으로 공동 집회가 열렸고, 구사대의 '침탈'에 대한 공동대응이 이루어졌다. 활발한 지역 연대활동으로 고양된 분위기는 5월 1일 '메이데이 기념식'에서 최고조에 달했다. 지역 노동자들은 노조를 결성하고 파업에 들어간 콜트악기 앞에서 시작해

---

90) 특히 울산 동구에서는 현대그룹노조협의회를 중심으로 한 노동운동 진영이 현대중공업 노조의 김진국 수석 부위원장을 무소속 후보로 내세워 현대그룹 정몽준 후보와 경쟁을 하면서, 노동자 정치세력화의 시험대와도 같은 계기를 연출하였다. 그러나 선거 결과 김진국 후보는 22,641표를 얻은 반면에, 정몽준 후보는 40,253표를 획득하면서 큰 차이로 패배하게 된다.(이수원, 1994, 140쪽) 울산 동구의 7만여 명의 유권자 중에서 70%가 현대그룹의 노동자와 그 가족이었다는 점을 고려하면 당시 노동자 정치세력화 시도에 대한 현실적인 평가가 매우 가혹했음을 알 수 있다.

4공단으로 행진하여, 역시 새로 노조를 만들고 파업을 벌이고 있던 동성상 공과 임투 중인 코스모스전자 정문 앞에서 마무리를 했다. 이러한 공세적 인 임투와 지원투쟁 과정에서 인노협은 점차 대중적인 신뢰를 얻어 갔다.

부평 4공단의 동국무역 노조 해고자가 구속된 데 대해 5월 18일 '구속자 석방 촉구대회'를 열던 인노협 준비위 황재철 위원장과 노동자들 49명이 연행되었다. 이에 항의하는 투쟁이 부평경찰서 주변에서 시작되어 연행자 수도 3일에 걸쳐 220여 명으로 늘어났다. 노동자들은 정권의 노동운동 탄 압에 대한 국회의 대응을 촉구하면서 평민당 김용석 의원 사무실에서 농 성을 시작하였다. 이 농성 과정에서 인천지역 노동운동단체 8개 단체들이 인천지역노동운동단체협의회(인노운협)를 결성할 것을 결의하였다. 결국 황재철 의장의 구속 상태에서 6월 18일 인노협이 출범하였다.

인노협은 27개 노조에서 파견된 42명의 대의원이 참가한 가운데 1988년 6월 18일 효성동 성당에서 창립대의원대회를 열고 강령과 회칙을 통과시 켰다. 의장은 구속 중인 황재철 한독금속 노조위원장, 부의장은 대흥기계 노조위원장 신안식과 남일금속 노조위원장 최승기, 청보산업 노조위원장 유권상이 되었다. 사무처장으로는 코스모스전자 노조 김해숙 위원장이 선 출되었다. 창립 당시에는 상대적으로 연대투쟁이 활발했던 부평 4공단과 그 인근 노동조합들이 주축이 됐으나 이듬해인 1989년 임투를 경과하면서 주안 5~6공단 노조들이 인노협에 대거 가입해 들어오면서 81개 노조 1만 여 조합원을 포괄하는 지역 민주노조운동의 구심체가 되었다.

한편 황재철 인노협준비위 의장이 구속되는 등 노조탄압에 공동 대응하고, 노동법개정 등 국가 수준의 노동운동에 요구되는 과제를 효과적으로 수행하 기 위해 노동단체들의 상설적인 협의체를 만들 필요성이 제기되었다. 5월 25 일에 공실위, 인천기독교도시산업선교회, 인천기독교민중교육연구소, 인천 해고노동자협의회, 한국노동자복지협의회, 인천부천민주노동자회, 인천지역

민주노동자연맹, 인천가톨릭노동청년회 등 8개 공개·반공개·비공개 단체들이 인노운협을 결성했다.(이어 1988년 6월 7일에는 전국의 노동단체들이 회의를 갖고 전국노운협을 결성했다) 인노운협은 사실상 공실위 실무 단위가 하나의 조직으로 확장 또는 확대 개편된 성격이기도 했다. 공실위는 활동을 시작할 당시의 취지대로 민주노조운동의 조직화를 위한 소임을 다했다고 평가하고 1년 3개월만인 10월 26일에 해산식을 열었다. 이후 인노협 사무국의 실무자들은 노동운동단체 활동가들로 상당 부분 충원될 수 있었다.

2) 지역 연대 투쟁: 1988년 세창물산과 1989년 경동산업

1988년부터 1991년까지 민주노조운동 진영은 산업구조조정과 위법적인 위장폐업 공세, 노동악법 개정 그리고 노동정치의 실험 등을 한꺼번에 수행해 나가야 하는 힘든 시기를 겪었다. 1989년부터 수출이 급감하고 국제수지 상황도 크게 악화되기 시작했다. 그러나 노동운동을 회피하여 공장을 이전하기 위해 의도적으로 폐업, 부도를 내는 기업들이 상당히 많았다. 특히 인노협 가입 노조가 있는 기업들이 폐업하는 경향이 컸다. 인천에서는 삼효정공, 한국 데코레코, 대호전자(부천) 등에서 위장폐업 철폐 투쟁이 시작되었다. 인노협은 1988년 7월부터 인근 부천지역 민주노조 및 한국노총 금속연맹과 함께 '위장폐업 대책위원회'를 구성했다. 위장폐업 반대 투쟁은 세창물산 노조 투쟁과 결합되면서 지역연대투쟁으로 확산되었다.[91]

1988년에 들어 주안공단 지역의 노동운동이 활발히 전개되었다. 5월부터 여러 사업장에서 임금인상 투쟁 및 노조결성이 잇달아 벌어졌는데, 그

---

91) 세창물산과 신립섬유, 삼효정공, 한국데코레코 외에도 한독금속, 진성전자, 기일, 서전기업, 협우실업, 고창산업, 미미양행, 경일화학, 남일금속, 한국대양전기, 선미산업, 삼지실업, 명성전자, 태평양물산, 다우정밀, 삼원플라스틱, 코스모스전자, US마그네틱스코리아 등이 폐업했다.

대표적인 사례가 세창물산 노조(위원장 원미정)이었다. 그런데 세창물산 노조가 6월 29일에 노조를 결성하고 파업농성을 진행하던 중, 7월 15일 노조 사무장이었던 송철순이 공장 굴뚝에 선전물을 달기 위해 올라갔다가 추락하는 사고가 발생했다. 송철순은 인천 길병원에 후송되었으나 다음 날에 사망하였다. 그 후 노조와 회사는 '공개 사과 및 임금인상안'에 합의하였으나 곧 노조에 대한 폭력적 탄압과 폐업 조치가 취해졌다.

세창물산의 '위장폐업' 시도 문제가 당시 민주노조운동의 핵심 쟁점이 되면서 지역 연대투쟁이 활발하게 전개되었다. 10월 8일에 인천대에서 '세창물산 위장폐업분쇄 및 노동악법 폭로대회'가 1,300여 명이 참석한 가운데 열렸다. 11월 24일 노동부의 정밀조사 결과 세창물산이 '노동조합의 정

〈그림 5-7〉 세창물산 위장폐업분쇄결의 대회
(원출처 : 세창물산 노동조합)

당한 활동을 방해할 목적'으로 폐업을 한 것이라는 결론을 내고 업체를 입건했다.(『경향신문』, 1988년 11월 24일) 그럼에도 불구하고 달라지는 것은 없었다. 점거농성을 벌인 원미정 위원장 등 4인이 구속되고 4월 22일 회사와 노조는 회사 측의 공개사과와 임금지급 등 조건에 합의를 하고 총 244일 동안 이어진 투쟁을 마무리했다. 투쟁이 마무리된 후 조합원들은 자신들이 받은 14개월분 임금과 해고수당의 30%에 해당하는 2,700만 원을 인노협 기금으로 기부하였다.(이우재·나준식·노현기, 2005)

다른 한편, 1987년 노조 민주화에 실패했던 경동산업에서는 1988년 노조대의원대회에서 총 29명 중 15명의 민주파 대의원을 당선시키는 데 성공했다. 현장에는 '디딤돌회'나 풍물패 등이 조직되어 차기 노조집행부를 장악하기 위해 조합원들을 조직해 나가고 있었다. 위기를 느낀 회사는 1989년 여름 일일주점 활동을 빌미로 활동가들을 해고하였다. 이에 반발하여 농성이 시작되었다. 회사 측의 태도는 노동자들에게 분노와 굴욕감을 주었고, 그들이 동원한 구사대는 너무도 폭력적이었다. 양측에 대립이 격화되면서 강현중, 김종하 등 노동자들이 9월 13일 온 몸에 시너를 붓고 노무이사 강의신의 사무실로 찾아갔다. 그러다 그만 불이 붙고 말았다. 발화 원인은 끝내 확인할 수 없었다.

노동자들의 농성은 현장에 소방차와 경찰차가 진입하면서 끝이 났다. 노동자들은 방화와 살인 등의 혐의로 조사를 받았다. 강현중, 김종하, 그리고 강의신 노무이사가 목숨을 잃었다. 지역 노동운동사 최대의 비극적 사건이 벌어진 것이다. 이 사건으로 17명 구속, 6명 불구속 입건, 40여 명 강제해직 등이 이어졌다. 농성노동자들에게는 자살방조, 폭력 등의 죄목이 붙여졌다. 농성노동자 중 박선태는 12년 구형에 최종 4년 실형을 받았다. 지역 노동운동 진영도 큰 충격을 받았다. 인노협 등 지역 단체들이 모두 모여 '경동산업노동자탄압 공동대책위원회'를 구성하였다. 그리고 경동

사건에 대한 국회 차원의 진상조사를 요구하여 국정조사가 개최되기도 하였다. 이런 노력으로 9월 30일에 회사와 유가족, 공동대책위 간에 합의가 이루어졌다. 회사 측은 신문에 사과문을 게재했고, 구속자와 징계 노동자에 대한 선처와 노조 총회 개최 등을 약속했다.

3) 노동운동 탄압과 인노협 총파업 투쟁

인노협 결성 후 쉴 새 없는 투쟁이 전개되었다. 1989년 4월경부터 구속된 황재철 의장 대신으로 최동식 부의장(남일금속 위원장)이 실질적인 직무대행을 맡게 되었고, 6월 18일에 정기대의원대회를 열어 제2기 인노협 의장으로 최동식 위원장을 선출하였다. 제2기 인노협은 그 첫 번째 사업계획으로 '전노협 건설'을 내걸었다.[92] 그러나 인노협 가입 노조들 중 절반 이상이 휴폐업, 대량해고, 인원감축, 고소고발, 외주하청 등등의 여러 형태의 탄압 상황에 빠져들어 있었다.

노태우정권 차원에서도 '공안정국'이 조성되어 여러 노동운동단체에 대한 조직사건들이 터져 나오는 시기가 이어졌다. 평범한 노동조합활동을 위해서도 목숨을 걸어야 하는 공포 정치가 자행되었다. 1989년 10월 28일에는 남동공단 협신사 노조를 재건하려고 노력하던 조합원 이재호가 주안노동사목[93]의 상담을 마치고 늦게 귀가하다가 괴한에 의해 살해당하는 사

---

[92] 최동식 의장은 전노협이 출범한 후 전노협 초대 사무총장을 겸임하였다. 이후 인노협이 해산하고 1995년 민주노총 인천본부가 출범할 때까지 인노협의 의장직을 수행했다.

[93] 주안 노동사목은 주안역 북부의 공단 입구 주택가 골목에 자리 잡고 있었다. 주안 노동사목은 '내일을 위한 집'이라는 이름을 갖고 있었으나, 인천노동자문학회의 사람들은 노동사목을 '골목집'이라는 애칭으로 불렀다. 주안 노동사목에는 인천 반도상사 노동운동에 참여했었던 조금분(세례명 말대마르타)이 평신도 실무자로 일하고 있었고 지역 민주노조운동에 많은 도움과 영향력을 가지고 있었다.(가톨릭노동사목전국협의회 2004, 80~88쪽)

건이 벌어졌다. 경찰은 목격자도 제대로 찾지 않았고 중요한 증거물인 피 묻은 잠바를 세탁해버리는 등 사건을 은폐하려는 모습을 취해 지역차원의 대책위원회가 꾸려졌다.

1989년 11월 12일에 제2회 전국노동자대회에 참석하려던 인노협 최동식 의장이 연행, 구속되었다. 인노협은 16일에 전면 총파업 투쟁을 전개했다. 11월 15일 저녁부터 인천 서운동, 작전동, 효성동 일대에서 '최동식 의장 구출'을 외치며 투쟁이 시작되었다. 지역의 20개 노조위원장들은 철야 농성을 벌였다. 11월 16일에는 인천의 45개 노조, 약 5천여 명이 총파업을 단행했다. 이 와중에 '프락치' 사건이 드러났다. 대흥기계 파업대장이었고 인노협 파업자위대 제4지구 대장까지 맡았던 변태옥이 스스로 '프락치'였음을 양심선언 하였다. 그는 여러 회사와 노동청, 치안본부 등으로부터 돈을 받고 노조의 활동일지를 작성하여 보고하였고, 매수자들과 만나며 여러 노조와 인노협의 정보를 유출했음을 고백했다.

제6절 1990년대 민주노조운동의 성장과 진통

1989년 이후 민주노조운동은 복합적인 어려움을 겪고 있었다. 노동운동 내부와 외부에서 '노동운동 위기론'에 대해 논쟁을 벌였고 이는 정파 간 노선 경쟁 및 민주노조 진영 내의 헤게모니 투쟁과도 연결되어 있었다. 1990년 3당 합당을 통한 '보수 대연합'[94]과 노태우정권에서 최대의 대정부 투

---

94) 박정희, 전두환 독재정권에 대항하여 '야당'의 한 축을 이끌어 왔던 김영삼(통일민주당)은 1990년 민정당(노태우), 공화당(김종필)과 합당을 결정하고 민주자유당을 출범시켰다. 이로서 1988년 총선 후의 '여소야대' 구도는 깨어지고 거대한 집권 여당이 정국을 장악하게 된다. 민주자유당이 창당기념식을 갖던 1월 22일 수원 성균관대에서는 민주노조들의 전국조직인 전국노동조합협의회(전노협) 출범식이 열렸다.

쟁이 벌어졌던 1991년 5월 이후, 그리고 1993년 김영삼의 문민정부 출범 이후 많은 것들이 변화하기 시작했다. 김영삼 정부는 민주노조 진영 내 비제조업 노조(업종회의)를 중심으로 제한적이나마 포섭전략을 펼치면서도, 상대적으로 강경한 제조업 중심의 전노협 노조들에 대해서는 폭력적인 탄압을 계속해 나갔다.

민주노조운동의 위기 상황에서 선택된 돌파 전략은 '조직적 연대'였다. 우선 전국 14개 지역노동조합협의회와 2개 업종노동조합협의회에 속한 600여 개 노조 20여만 명은 1990년 1월 전국노동조합협의회(전노협)을 결성하였다. 전노협에 가입하지 않은 사무전문직 노조들은 업종회의를 결성했고, 대기업 노조들은 기업별 연대 조직을 결성하였다. 그리고 전체 민주노조 진영의 조직적인 최종 목적은 기업별 노조체제를 강력한 산별체제로 전환하는 것이라는 데에는 대부분 동의했다. 그러나 구체적으로 어떤 경로를 거쳐야 하는가에 대한 방법론에 있어서는 연대 조직이나 정파 간에 이견이 존재했다.

민주노조 진영의 조직발전 논쟁은 크게 '현재의 민주노조 진영의 구도를 수용한 상황에서 광범위한 민주노조의 전국적 연대체를 건설하자'는 입장('민주노조 총단결'론)과, '공동 투쟁을 통해서 민주노조운동의 정체성을 강화하면서 산별조직을 먼저 건설하자'는 입장(소위 '전노협 강화'론)으로 크게 나뉘었다. 운동노선 상으로 좀 더 급진적인 분파에서는 '민주노조 총단결'론을 개량주의적 흐름이라며 비판했고, 대기업 노조와 업종노조를 기반으로 다수를 차지한 개혁주의 성향의 분파들은 전노협과 노동운동단체들의 주장을 '전투적 경제주의'라고 비판했다. 하지만 '전노협 강화'론의 당사자인 전노협 내부에서조차 '민주노조 총단결'론이 힘을 얻어 나가면서 결국 대공장 노조와 업종회의의 주장이 많이 반영된 '민주노총 건설' 추진 방침이 추진되게 되었다. 전노협의 기본 조직 체제였던 지노협들이 하나둘씩 해소되면서 지역노동운동에 있어서 큰 전환이 이루어졌다.

1. 인노협의 약화와 대공장 노조의 민주화

1) 인노협과 중소 규모 민주노조의 위기

회사 경영진은 급성장한 민주노조운동에 대응하면서 '위장폐업' 전략을 사용했다. 민주노조 진영은 위장폐업을 '노동자 최대 무기인 파업을 무력화시키고 생존권을 박탈하는 악랄한 행위'로 규정하였다.(민주노조 공실위, 『민주노조』, 1988, 제22호) 1990년 한 해에 인천지역에서는 780여 개 사업장이 휴업·폐업을 하였다. 이에 따라 28,000여 명의 노동자들이 실업자로 전락했다. 1992년 한 해 동안 전국적으로 1만 8백 개 사업장에서 약 11만 명의 노동자들이 회사 부도로 인해 실업자가 되었다. 정권과 사측의 입장에서 위장폐업 전략은 상당히 효과적인 것이었다. 1987년 이후 설립된 2,000여 개의 신규노조 중 선진적인 민주노조는 200여 개에 불과하며 전체 조직노동자의 10% 정도를 포괄하고 있을 뿐이었다. 또한 '선진적' 핵심 조직역량이 주요 대기업이 아닌 중소기업에 집중되어 있었다. 폐업 시 전국적인 경제적 파급력이나 고용문제 등이 거의 발생하지 않는 범위에서 충분히 민주노조 진영의 핵심적 사업장 노동조합을 무력화시킬 수 있었던 것이다.

1992년 인노협과 전국의 중소 규모의 노동조합에서는 고용불안 문제가 심각했다. 인노협에 가입했다가 사라진 100여 개 노조들 중에서 40여 개 노조가 폐업과 부도를 맞았다. 탄압으로 와해되거나 탈퇴한 노조가 40여 개에 달했다. 심지어 인노협 의장의 사업장이었던 남일금속도 1992년 말에 부도처리가 되었다. 인노협 가입 노조가 가장 많을 때는 1989년 2년차 대의원대회 때였다. 당시 인노협은 82개 노조에 1만여 명의 조합원을 포괄하고 있었다. 그러나 1993년 6월 현재까지 조합을 탈퇴한 노조들의 사유를 조사해보면, 폐업과 부도가 약 44%, 노조 무력화·해산이 약 16%, 노조파괴가 14%, 탈퇴가 12%, 공장이전이 11% 등으로 나타났다.(『인노협소식』 제21호, 1993. 6. 23.)

2) 대기업 노동조합의 민주화와 연대

인노협 소속 노동조합들과 달리, 재벌 대기업과 대공장 노동운동은 새로운 전기를 맞고 있었다. 1987년 노동자대투쟁 기간에 간접선거로 뽑던 노조위원장을 직접선거로 전환시켜 노조위원장들을 새로 선출하는 성과를 거두었지만, 정부의 개입과 사측의 방해로 대부분의 대공장은 노조민주화투쟁에 실패했었다. 1987~1988년에 선출된 대기업 노조위원장들의 임기가 끝나는 시점이 1989년과 1990년 하반기였다. 구속되었던 민주노조 활동가들이 현장에 복귀하자 노조집행부가 대거 교체되기 시작하였다.

인천에서도 1989년 하반기부터 영창악기, 인천제철, 대우전자 인천지부, (주)진도 등 대기업 노조의 집행부가 대거 교체됐다. 특히 인천에서 가장 큰 노동조합인 대우자동차에서는 1990년 10월에 민주파 집행부가 들어서게 되었다.[95] 이에 인천지역 대공장노조 대표자들은 모임을 갖고 인천제철 노조 김동교 위원장 등을 공동대표로 하는 '인천지역대공장노조연대모임'(대공장연대모임) 구성을 결의한다. 그러나 노조 차원에서 공식적으로 결성된 연대조직이 아니라 위원장 등 집행부의 결정에 의해서 결집한 느슨한 연대체였다. 당시 참가 노조는 인천제철, 영창악기, 진도, 대우전자,

---

95) 대우자동차 현장 활동가들은 1987년 직선제를 통해 위원장이 된 10대 원용복 집행부에 대해 '비판적 지지'를 보내며 함께하는 흐름과 그에 반대하는 흐름으로 나뉘었었다. 집행부를 교체하려는 노동자들이 '대민실노'라는 현장조직(1988년 5월 결성)으로 결집하였다. 1990년 10월 대우자동차 11대 노조위원장 선거에서 '대민실노'의 초대 의장이었던 이은구가 당선되었다.

한라중공업, 동양철관, 대림통상 노동조합 등 7개 노조였다.(소속 조합원 12,000여 명, 1991년 현재) 하지만 1991년 대공장연대모임의 첫 임투 과정에서 노조위원장의 '교섭권 및 체결권' 논쟁이 벌어지면서 대공장연대모임을 주도적으로 이끌어 왔던 노조집행부들이 사퇴하는 일이 벌어졌고, 이후 보궐선거에서 패배함으로써 인천지역의 대공장연대모임은 1992년 6월에 해체되었다.

한편 전국적으로도 대기업 노조들은 연대기구를 조직하였다. 1990년 임금인상투쟁을 앞두고 정부가 대기업 노조들을 집중 관리대상으로 정하는 등 압박을 가하자 이에 대응하기 위해 현대중공업 등 7개 노조가 2월 26일 '전국 대기업 노동조합 비상대책회의'를 결성하였다. 이 기구가 발전하여 12월 9일에 16개 노조들이 참여하는 '연대를 위한 대기업 노동조합회의'(이후 연대회의)를 결성하였다. 대우자동차 노동조합도 인천지역 노조로는 유일하게 전국 단위의 대기업연대회의에 소속되어, 인천지역 내 노동운동보다는 전국적 차원에 좀 더 깊이 관여되어 있었다. 그러나 1990년 10월 대기업연대회의 결성으로 연대회의 의장을 맡고 있던 이은구 위원장이 구속되었고, 1991년 연대회의 탄압 과정에서 대우자동차 노조는 구속자 30여 명, 해고자 60여 명에 달하는 큰 타격을 받았다.

3) 소위 '중간 노조'와 업종 노조들의 연대

대우중공업, 코리아스파이서, 대림통상, 경동산업 등 지역 내 중·대 규모 사업장 노조들인 이들은 한국노총 인천직할시협의회의 어용성과 무능성에 상당정도 염증을 느끼고 불만을 느끼고 있으며 또한 인노협에 대해서도 '과격, 투쟁일변도'라는 시각을 가지고 있었다. 소위 '중간 노조'로 분류된 이들 노조들은 스스로 대표자 모임을 가지며 활동하였다. 이들 노조

간부들은 1990년 3월 7일에 주안 5동 성당에서 '인천지역 노동조합 활성화 추진위원회(노활추) 결성을 위한 강연회 및 노조간부 연석회의'를 열었고, 4월 20일에 창립대표자회의를 개최하면서 정식으로 발족하였다.[96]

한편 사무금융, 병노련 등 업종 조직도 '업종회의'라는 전국 조직으로 묶여서 민주노조 진영으로 성장하고 있었다. 1992년 현재 13개 업종에 17만여 명의 조합원으로 가장 큰 조직이 되었다. 그러나 제조업 노동자들과의 문화적, 실존적 차이 그리고 노동운동 노선의 차이 등으로 인해 크고 작은 갈등도 보이고 있었다. 인천지역에서는 전국병원노조연맹 인부천지부에 11개 노조 2,000여 명이 소속되어 있었다. 전교조 인천지부와 인천지역 의료보험노동조합도 있었다.[97] 업종 쪽의 노동조합들은 지역 노동운동보다 상급단체와의 관계가 더욱 밀접했다.

우선 인천 병원노조는 1987년 11월에 인천성모자애병원 노동조합이 결성되었고, 12월에는 최초의 업종별 조직인 전국병원노동조합협의회를 창립했다. 1988년에 인천 세광병원, 인천안병원, 인천기독병원 등에도 노조가 결성되면서 일부는 인노협에 가입하기도 하는 등 활발히 활동했다. 한편 인천 의료보험 노조는 1989년 5월에 결성되었고 10월에는 지역의료보험노동조합전국협의회가 결성되어 활동을 해 나갔다. 1991년 5월에 107일간의 파업 이후 인천의 조직이 거의 와해되었다가, 해고자들과 현장 내 활동가들의 지속적인 노력 끝에 1996년에 조직을 복원하였다.

---

[96] 노총민주화에 관심을 갖고 있던 이들 노조들은 그해 6월 13일 금속노련 인천지역본부장 선거에 대우중공업 염성태 위원장을 후보로 내세웠으나 투표 결과 101:37로 참패한다.
[97] 전교조의 운동사에 대해서는 이 책의 '교육운동' 장에 자세히 서술되어 있다.

2. 노동정치의 도전과 좌절

1990년 1월 15일에 인천지역 8개 노동운동단체가 모여 '합법정치활동을 위한 노동자모임'을 결성하였다. 여기에는 인천지역노동운동단체협의회 소속 3개 단체 즉, 인천기독교민중교육연구소, 새날상담소, 노동자대학, 인천민중문화운동연합, 진보적 대중정당 결성을 위한 인천지역 준비모임 조직2국(노동국) 등이 참여하였다. 이들은 합법적 정치 영역에서 노동자의 이해를 대변할 세력이 없음을 지적하면서, '노동법 개정이 제대로 이루어지지 않는 것도 의회에 노동자들의 정치인이 진출하지 못하고 있기 때문'이라고 주장했다. 이들은 '진보적 대중정당'을 표방하면서 제도권 정치인들의 보수대연합(민주자유당 창당)에 대응하기 위해 '전국적인 진보정당 운동'을 벌이자고 제안했다.

1991년 6월 20일의 광역 지방의회 선거는 민주화 이후 실시된 지방자치제의 첫 선거였다. 당시 인천의 국회의원 7명은 모두 집권 여당(민주자유당) 소속이었기 때문에, 1990년 11월에 인천민족민주운동연합(인민련)이 지역 사회운동 단체와 야당(평화민주당, 민주당) 인천시지부에 논의를 제안했고, 1991년 1월 31일에 야권 후보 단일화에 합의를 하면서 '인천지역 야권 단일후보 추천위원회'를 구성했다. 드디어 4월 25일에 인천 27개 선거구 중에서 평민당 9개, 민주당 9개, 민중당 2개, 재야 7개 등으로 후보를 배분하기로 합의하였다. 당시 첫 지방선거 국면에서 '야권 후보 단일화'에 합의한 다른 지역은 없었다.(송정로, 2008, 45~46쪽) 그러나 결과는 여당 후보가 20석을 차지하면서 압승을 거두었고, 야권 단일 후보는 6명(야당 4명, 재야 2명), 무소속이 1명이 당선되는 데 그친 쓰라린 패배였다.

현실 정치 참여에서 계속되는 실패와 현실 사회주의권의 몰락의 영향으로 진보정치 진영 내에서 기존 이념과 전략에 대한 반성과 전환이 시도되었다. 1991년 7월에 출범한 한국사회주의노동당 창당준비위원회(한사노 창준위) 결성은 그 전환의 출발점이 되었다. 인민노련, 삼민동맹 등 정파가 연합하여 조직한 한사노 창준위는 곧 합법 정치 전술을 수립하기 위한 새로운 논의를 진행하였고, 혁명적 전위정당 전망을 포기하는 내용을 골자로 하는 '신노선'을 제출하였다. 이에 따라 1991년 12월 15일에 한국노동자정당 건설추진위원회(노정추)가 발족하였다. 이 단체에는 20여 명의 전·현직 전노협 및 지노협 간부들을 포함하여 60여 명의 노조위원장과, 40여 명의 노조간부, 그리고 한경남 전국노동단체연합(전국노련) 공동의장, 류민용 서울노동단체연합 의장 등 주요 노동단체의 대표와 간부 70여명이 참여하고 있었다. 하지만 노동조합 쪽 참여 인사들은 활동에 소극적이거나 '시기상조론'을 펴기도 했다.(조현연, 2009, 122~124쪽)

1992년 1월 15일에는 한국노동당창당추진위원회 인천지역발기인대회가 개최되었고, 1월 19일에는 노동운동가들이 중심이 된 발기인 2,200여 명을 포함하여 총 5,000여 명이 참석한 가운데 한국노동당(가칭) 창당준비위원회가 공식 발족하였다. 이들은 3월 24일의 14대 총선을 맞아 민중당과 합당하여 '통합민중당'을 만들고 다시한번 도전장을 내밀었다. 통합민중당은 인천에서 송경평(북을), 전희식(북갑), 황선진(서구), 박귀현(남동), 이원주(중구옹진) 등 5개구에 후보 공천하였다. 결국 이들은 모두 낙선을 하였고 법적 정당 유지에 필요한 2%의 최소 득표에도 실패함으로써 통합민중당은 해산되었다. 이후 주대환, 노회찬 등이 진보정당추진위원회(진정추)를 결성했다. 진정추는 1992년 12월 14대 대통령선거에서 진보진영 독자후보로 백기환 후보를 내세웠으나 1% 정도의 득표만 얻을 수 있었다.[98]

---

[98] 노동정치운동이 오랜 시련을 뚫고 현실 정치에 진입할 수 있게 된 것은 1995년 민주노총이 건설되고 1996년 12월부터 전국을 뒤흔든 '노동법·안기부법 날치기 반대 총파업' 투쟁 이후이다. 그때가 되어서야 '자신들을 위한 정치인이 없다'는 인식이 노동자들에게 확산되었다. 민주노총은 1997년 '국민승리21'을 조직하고 권영길 민주노총 위원장이 직

3. 인노대를 거쳐 민주노총 인천본부의 출범으로

1) 인천지역노동조합대표자회의(인노대)의 결성

인천지역 민주노조들의 연대는 1990년 6월부터 시작되었다. 인노협, 노활추, 인천지역 의보노조, 전교조, 병노련 인천지부 등 5개 단체는 매월 1회씩 연석회의를 가지며 연대의 폭을 넓히는 노력을 기울여 왔다. 이 연석회의가 지역 민주노조 진영을 하나로 묶어 나가는 출발점이 되었다.

1991년 3월에는 대우자동차 노조 탄압에 대응하기 위해 위 5개 단체에 더하여 대우자동차, 연대모임, 남동연대회의 등 인천 전 지역과 부문의 민주노조 진영이 모두 연대하여 '물가폭등 저지와 노동기본권 수호를 위한 인천지역 임금인상 공동투쟁본부'(인천공투본)를 구성하였다. 인천공투본의 상임본부장은 최동식 인노협 의장, 본부장은 김동교 인천제철 위원장과 염성태 대우중공업 위원장, 최용주 대우자동차 노동조합 수석부위원장이 맡았다. 또한 공투본 상황실장으로는 김기자 인노협 사무처창이 맡았다. 인천공투본은 박창수 열사 투쟁, 강경대 열사 투쟁 등 대규모로 전개된 1991년 5월 투쟁을 지역에서 이끌었다.

1991년 11월 6일 인천 부평1동 성당에서 약 7백여 명이 모인 가운데 'ILO 기본조약 비준 및 노동법 개정을 위한 인천지역공동대책위원회'(이하 ILO 인천공대위)가 결성대회 및 가을문화제를 가졌다. ILO인천공대위는 인노협, 노활추, 대공장노조 연대모임, 남동지대위 등 생산직 노조단체와 택시노련, 병원노련, 전교조, 의료보험노조, 등 업종노조, 그리고 민중당, 인천

접 대선 후보로 내세웠다. 비로소 한국 민주노조운동의 두 축이었던 노동조합운동과 노동정치운동이 연결되는 순간이었다. 또한 '국민승리21'과 그 후신인 민주노동당은 NL과 PD 양대 정파 간의 연합 조직이었다. 민주노동당은 2004년에 10명의 국회의원을 배출하는 데 성공하였다.

노운협, 인대협 등의 단체들이 11월 4일 대표자회의를 통해서 결의하여 만들어지게 되었다.

ILO인천공대위는 정기적으로 대표자회의를 여는 등 상대적으로 안정성을 확보하였으나 점차 형식적, 상징적 사업에 의존하게 되고, 지역 노조 간의 통일성과 조직적 성과를 내지 못했다. 그래서 대표자간의 교류와 연대를 넘어서고 사안별 한시적 공동대응 조직이 아닌 단위노조 간의 결합력을 높일 수 있는 방안이 모색되게 되었다.

1993년 4월 21일에 인천지역노동조합대표자회의 준비위원회(이하 인노대 준비위) 체제가 출범하였다. 부평4동 성당에서 열린 인노대 준비위 발족식에는 인천지역 주요 노조간부 250여 명이 참석하였다. 인노대 준비위에는 인노협 가입 20여개 노조, 전국병원노조 인천지부의 9개 노조(지부), 남동연대회의에 4개 노조, 대공장 및 기타 15개 노조(총 조합원수 2만 이상) 등이 참여하고 있었다. 1994년 10월 29일에는 '인노대 발족식 및 민주노총 건설을 위한 1994 인천 노동자 가을 문화제'를 개최하였다.

인노대에는 지역의 40개 노조(참관, 참가 포함)의 조합원 총 16,000여 명이 참여하였다. 인노대 준비위에 참여했던 대우자동차 노조는 집행부가 바뀌면서 참여하지 못했다. 인노대는 금속, 자동차, 화학, 병원 등 분과를 두고 인천지역노조의 산업, 업종별 분화를 위한 기초 사업을 진행했다.

2) 인노대 '선봉노조단'과 민주노총 인천본부 출범

인노협은 1995년 12월 29일에 발전적 해체를 결정하고 공식 해산하였다. 1988년부터 7년간의 역사에서 후반부는 조직적으로 매우 어려운 시기였다. 하지만 지역에서 대공장 노조의 민주화와 민주노조운동을 업종 등으로 확장시키는 데 인노협이 큰 기여를 했다는 것은 누구도 부정하지 못했다. 인노협 소속 노동조합들은 1990년 이후 자신들에게 밀려오는 탄압에 대응하면서도, 다른 노조나 연대조직들과의 공동투쟁에 앞장서면서 지역 민주노조운동을 위해 헌신하였다.

이러한 지역 민주노조운동의 전통과 '기풍'이 인노대 사업에서 점차 사라지고 있음을 우려한 노조와 조합원들은 1995년 임단투를 앞두고 인노대 선봉노조단(선노단)을 조직하였다. 선노단은 지역 임금인상투쟁을 통해 인노대를 강화하고 그 성과를 가지고 산별노조의 기틀과 민주노총을 건설하기 위해 나섰다. 선노단은 한라중공업 노조(백윤선 위원장)가 제안을 하고 아남전기, 동흥전기, 대원강업(주안), 대우중공업, 동양이화, 한양공영, 린나이코리아 노동조합 등이 참여하였다. 선노단은 5월부터 6월까지 지역 공동투쟁을 전개했다.

다른 한편, 1995년 10월 10일에는 '민주노총 인천지역본부 건설을 위한 기획 토론회'를 개최하였다. 당시 민주노총은 산별노조로 나아가는 과정의 과도기적인 조직으로 이해되었다. 오래된 기업별노조 체제를 극복하고 산업, 업종별 공동투쟁으로 단결을 강화하기 위한 조직으로 규정되었다. 민주노총 인천본부는 중앙의 사업을 지역에서 활성화시키는 지역조직으로 설정되었다. 노조 탄압에 공동으로 대응하고, 지역사안에 대한 독자적 사업내용과 임무를 가질 수 있고, 지방분권화 추세에 맞는 정치적 대응력을 갖추고자 하였다.

지역 노동운동은 변화하고 있었다. 1995년 8월 현재 인천지역에 전체 노동자수는 약 40만 명으로 총 400여 개의 노동조합이 있었는데, 그 중 최소한의 형식을 갖춘 노조는 약 200여 개에 불과했다. 전체 조합원 수는 약 13만 여 명으로 조합원 조직률은 약 40%, 노조 조직률은 약 11%로, 대기업 노조의 비중이 크게 나타났다. 이 중에서 인노대 가입 및 참관 노조는 39개였고, 조합원수는 약 16,000명이었다. 인노대의 평균 집회 동원력은 조합원 500~600여 명 수준에 불과했다. 민주노총건설 조합원 교육이나 기금 납부를 결의한 노조 수는 각 10개에 그쳤다.(인천지역노동조합대표자회의, 1995, 17쪽)

1995년 11월 11일 연세대 대강당에서 민주노총 창립대회가 개최되었다. 그리고 1996년 1월 31일 인천대학교 인문관에서 창립대의원대회와 창립기념대회를 차례로 개최함으로서 전국민주노동조합총연맹 인천지역본부(민주노총 인천지역본부)의 시대가 시작되었다.

제7절 인천 노동운동의 특징과 의의

개항장 인천은 일제강점기 때부터 노동운동이 발달했다. 항구를 중심으로 부두노동자들의 저항이 있었고, 미군유류보급창(POL)이나 부평 미군기지(ASCOM)에서 일하는 노동자들도 생존권과 노동권 확보를 위해 싸웠다. 해방을 전후로 인천 노동운동은 사회주의 세력의 영향을 많이 받고 있었으나, 미군정에 의해 불법화되어 소멸하였다. 그 자리에는 이승만정권의 보호를 받는 상층 간부 중심의 대한노총이 자리 잡게 되었다. 권위주의적 노동체제 속에서 발생한 '아래로부터의' 노동운동은 이후 민주노조운동의 시원적 형태라고 볼 수 있다. 비록 인적으로나 조직적으로까지 연결되지는 못했지만 면면이 이어져 내려오는 역사성을 부정하기는 어렵다.

1960년대에 인천은 전쟁의 후유증에서 벗어나기 시작했다. 4·19혁명으로 이승만정권이 무너지고 대한노총 체제도 도전을 받았다. 하지만 재편된 한국노총 체제는 5·16쿠데타 이후 더욱 더 노동통제기구로 전락해 갔다. 부두노조, 교원노조, 외기노조 등에서는 꾸준히 노동쟁의가 발생했다. 한편 가톨릭교회와 개신교 측에서 인천의 노동자들을 위한 종교활동이 시작되었다. 1961년 인천도시산업선교회와 1965년 가톨릭노동청년회가 각각 설립되었다. 기독교 단체들은 노동자들의 열악한 인권 상황에 대해 문제를 제기하면서, 노동자들을 교육하고 노동조합의 결성과 투쟁을 도왔다. 이들은 박정희정권의 노동탄압을 과감하게 비판했다. 그런 의미에서 1968년 강화도 직물산업 노동자들의 투쟁은 한국 민주노조운동의 첫 사례로 보아도 무방한 사건이었다.

1970년대 유신 체제에서 인천은 급속한 산업화 과정을 겪었다. 부평과 주안에 대규모 산업단지가 조성되어 많은 공장이 생기고 전국에서 노동자들이 밀려들어 왔다. 교회의 사회참여 시도와 다양한 민주화운동가들의 활동이 결합하여 많은 지역 민주노조운동의 활동가들을 양성해 냈다. 그 결과 삼원섬유, 동일방직, 반도상사 등에서 새로운 노동운동의 싹이 텄으나, 안타깝게도 독재정권과 한국노총 그리고 자본의 탄압으로 모두 와해되었다. 한국노총 산하 노동조합에서도 노조 민주화운동이 전개되었으나 실제로 집행부를 교체한 사례는 극히 드물었다.

1970년대 민조노조 활동가들은 민주화운동의 일원으로서 독재정권과 한국노총 체제에 끝까지 저항함으로써 부마항쟁 이후 결국 박정희 유신독재 체제가 무너지는 데에 일조하였다. 민주화운동이 아직 발전하기 이전의 상황에서도, 회사와 지역을 뛰어 넘는 활동가들의 공동 투쟁을 활발히 전개했다. 독재정권 하에서 전개된 민주노조운동은 독재체제의 하위체제인 억압적 노동체제에 대한 저항이었다. 당시 민주노조들은 생존권이나 노동조건에 대한 일회적인 투쟁이 아니라 인권과 노동권, 민주주의에 대한 교육에 기반하여 조직적인 노동운동을 전개했다. 당시 조합원들이 가지고 있던 '노동자로서의 자존감'은 그런 보편적 가치에 대한 신념과 열망에서 나온 것이었다.

1979년 12·12 쿠데타 이후 1980년 5월 광주민주화운동을 총칼로 짓밟으며 국가권력을 장악한 전두환정권은 전국의 민주노조들을 모두 파괴해 버렸다. 독재정권과 한국노총은 민주노조운동에 참여했던 노동자들에 대한 '블랙리스트'를 작성하여 이들이 노동현장에서 완전히 분리되기를 바랐지만, 인천과 수도권 해고 노동자들은 1983년 내내 '블랙리스트 철폐운동'을 전개하였다. 또한 1984년 1월에는 한국노동자복지협의회 인천지부(인천노협)를 결성하여 종교단체로부터 독립적인 노동운동단체를 설립하였다. 인천노협은 많은 지역 노동자들을 교육하고 지원하였다.

1985년 대우자동차와 대한마이크로 등 노동자들의 투쟁으로 지역 노동운동은 다시 활기를 찾기 시작했다. 특히 대우자동차 파업은 재벌 대기업 남성노동자들의 조직적인 대규모 투쟁으로서 큰 의미가 있었고 소위 '학생 출신' 노동자들의 존재가 널리 알려지는 계기가 되었다. 광주민주화운동 이후 독재정권에 대해 강한 '적개심'을 갖게 된 학생운동가들은 보다 근본적인 사회변혁을 위해 인천 공업단지로 대거 들어가 노동단체 및 노동정치 운동을 시작했다. 인천은 학생 출신 노동운동가들의 활동이 가장 활성화된 도시였다. 그들 사이에서 인천은 '한국의 페테르부르크', 즉 '혁명의 도시'라고 불리기도 했었다.

노동운동의 급진화 경향 속에서 인천노협 내 젊은 활동가들을 중심으로 인천지역노동자연맹(인노련)이 결성되었다. 1986년 인천5·3항쟁에 이르기까지 급진적 노동단체들이 대담하게 목소리를 높여 나갔지만, '반공'와 '안보'를 내세운 독재정권의 탄압과 조직사건으로 사라지거나, 운동권 내부의 노선 논쟁을 거치면서 다양한 단체들로 분화·발전하였다. 이런 과정에서 조직 간 갈등이 과열되거나, 자신들이 추구하는 이념과 신념을 노동자들과 다른 활동가들에게 강요하는 등의 부작용도 발생했다. 또한 노동자들이나 민중들이 공감할 수 없는 구호나 시위를 벌여 오히려 정권의 탄압에 빌미를 제공하는 측면도 있었다.

1985년 제12대 국회의원 선거에서부터 국민들은 독재정권에 대한 비판의식을 뚜렷하게 표출하기 시작했다. 학생운동과 재야 민주화운동이 성장하는 가운데 1987년 6월항쟁이 벌어졌고 인천지역의 노동자들도 민주화운동에 적극 참여하였다. 공업도시로서 인천은 곧 노동자들의 도시이기도 했다. 인천의 6월항쟁은 주로 공단과 노동자 주거지 인근에서 벌어졌다. 이어진 노동자대투쟁 거치면서 약 100여 개의 신규 노조가 결성되었다. 대공장의 경우 기존 어용 노조를 민주화시키는 데에는 성공하지 못했지만, 노조위원장 직선제는 대부분 쟁취하였다. 민주노조운동은 공장의 민주화, 노동체제의 민주화를 이루어 나가고 있었다.

노조결성과 노조 민주화 과정에서 많은 해고자가 발생하였고 그들은 인천해고노동자협의회(인해협)을 결성해 계속 싸워 나갔다. 해고 노동자들은 지역 노동운동의 활동가들이 되었다. 지역의 여러 정치 서클들은 활동가들을 모아 민주노조운동을 지원할 공동실천위원회(공실위)를 조직했다. 공실위는 정파를 떠나 민주노조의 활성화에 충실히 복무했다. 여러 정파가 연합하여 민주노조를 지원한 사례는 다른 지역에서는 아직 발견되지 않았다. 또한 '인민노련'도 초기에는 정파 연합 조직으로 출발하였다. 비록 당시의 정파 간 연대가 오래 지속되지 못했지만 정파 연대의 전통은 그 이후로도 계속 이어지며 한국 진보정당 운동의 자양분이 되었다.

1987년에 급격히 늘어난 노동조합들은 1988년 인천지역노동조합협의회(인노협)으로 조직되었다. 민주노조를 지원하고 함께 싸우는 노동단체들도 인천지역노동운동단체협의회(인노운협)을 조직했다. 지역 민주노조운동은 1989년에 그 최고조의 조직력을 확보하였다. 조합원이 최대 1만여 명 수준으로 커졌던 인노협은 독재정권의 직접적인 탄압을 받게 되었고, 동시에 진행된 급격한 산업구조조정으로 인해 조직기반이 흔들리게 되었다. 또한 노동조합 운동이 성장하면서 노동단체 운동의 역할은 축소되었고,

독자적인 노동자 정치세력화를 추구하는 조직들은 현실 정치의 높은 벽 앞에서 좌절하게 되었다. 동구권의 몰락과 냉전체제의 해체 등 세계사적 변화가 찾아왔다.

혼돈의 시대에 인천의 노동단체 운동은 다른 지역보다 다양하고 활성화 되어 있었다. 노동문화단체, 상담소와 연구소, 민중교회와 기독노동자운 동, 노동대학 그리고 정당운동까지 진보적 노동운동의 다양한 실험이 인 천에서 이루어질 수 있었다. 다만 아쉬운 것은 그러한 창조적이고 진보적 에너지들이 인천에서 충분히 숙성되고 대중적으로 확산되기에는 이들의 활동 기간이 너무 짧았다는 것이다. 그렇지만 반공이데올로기와 정면으로 맞서면서 가장 힘겹게 이어지던 노동정치 운동의 흐름은 결국 제도 정치 권 내에 진보정당이 자리 잡게 되는 결실을 맺게 되었다.

1990년대 들어와 산업구조조정과 정권의 노동운동 탄압으로 인해 지역 민주노조운동은 계속 위축되어 갔다. 강한 탄압과 비타협적 투쟁, 그리고 구조조정이 이어지면서 인노협의 조직력은 약화된 반면, 업종이나 대기업 부문의 민주노조들은 점차 힘을 키워가고 있었다. 1990년에 대우자동차 노동조합이 민주화되는 등 지역 내 영향력이 큰 대공장 민주노조들이 속 속 들어섰다. 인천제철, 영창악기, 진도, 대우전자, 한라중공업 등의 노조 들은 대공장연대모임을 결성했다. 또한 '중간노조'에 해당하는 대공장들도 인천지역노동조합활성화추진위원회(노활추)라는 형태로 연대하여 업종 부 문(병원, 전교조 등)과 함께 인천지역 민주노조 진영을 형성하게 되었다.

인천지역 민주노조들은 'ILO공대위'를 거쳐 인천지역노동조합대표자회 의(인노대)를 조직하고 1995년 민주노총을 건설하는 과정에 큰 기여를 하 였다. 정부 수립 이후 50여 년간 유지되어 온 억압적 한국노총 체제가 무 너지는 역사가 실현되었다. 이 과정에 많은 열사들이 산화해 갔으며, 역사 에 기록되지 않은 많은 노조들과 조합원들이 있었다. 때로는 편견과 오해

로, 때로는 견해 차이 때문에 서로를 비난하고 상처를 주고받던 일도 많았
다. 그래서 인천과 노동운동을 떠나게 되는 조합원들과 활동가들도 적지
않았다. 시대가 변하고 많은 이들이 자기 자리로 돌아가고, 일부는 변절과
배신의 길을 가기도 했다. 그 모든 역사의 빛과 그림자를 간직하고 인천의
노동운동은 지금도 전진하고 있다.

1985년 한국노협 인천지부 결성 이후 발전해 온 지역 차원의 노동운동
은 그 역사적 책무를 다하고 약화되었다. 1995년 민주노총 결성 이후 한국
민주노조운동은 지역 차원이 아닌 산업·업종별 연맹과 재벌그룹별 연합
이라는 새로운 연대의 틀 속에서 발전해 나가기 시작했다. 지난 역사 속에
서 발견되는 노동운동의 고민과 논쟁은 대부분 현재에도 유효한 것들이
많다. 2000년대 이후로 노동운동과 지역운동의 결합 필요성에 대한 문제
제기가 끊이지 않고 있다. 그렇다면 다시 새로운 지역 노동운동의 시대가
올지도 모른다.

제2장 학생운동

한국 사회에서 학생운동은 민주화운동의 선봉에 서 있었다. 4·19혁명
부터 박정희 군사정권 하에서의 선도적 투쟁, 1987년 6월항쟁, 통일운동
등에 앞장서왔으며, 그 과정에서 배출된 학생 운동가들은 노동운동, 농민
운동, 빈민운동, 종교운동, 문화예술운동, 시민단체운동 등 모든 사회운동
뿐 아니라 정치권에도 진출하여 민주화의 불씨를 키웠다.

여기에서는 인천지역의 학생운동의 일면을 인하대학교와 인천대학교,
그리고 '지티'(학교 밖의 인천지역 학생운동 동아리)를 중심으로 서술하고
자 한다.

인하대학교(이후 인하대)는 "1954년 4월 24일 인하공과대학으로 시작된
뒤 1972년 종합대학으로 확대되어 현재에 이르고 있다."[99] 학교 이름은
"인천(仁川)과 하와이(荷蛙伊)의 첫 자를 따서"[100] '인하(仁荷)대학'이라 하
였다. 이는 인하대가 하와이 사탕수수 농장으로 끌려갔던 교포들의 성금,
이승만이 설립 운영하였던 한인기독학원을 처분한 대금, 국내 유지의 성
금 및 국고보조 등을 기금으로 하고, 인천시로부터 교지(校地)를 기증받아

---

99) 인하50년사 편찬위원회, 『인하50년사』 상, 인하대학교, 2004, 38쪽.
100) 위의 책, 39쪽.

인하공과대학으로 개교하였기 때문이다. 이승만의 역할에 큰 의미를 부여하여 학교 측은 1979년 2월 24일 이승만의 동상을 인하대 내 인경호에 세웠다. 인하대 학생들은 민주화운동 과정에서 이승만의 역할이 아니라 하와이 이주민들의 성금으로 지어진 학교라는 의미를 부각하여, 독재자 이승만의 동상을 1983년 철거하였다. 그러나 학교 측은 이를 다시 세웠고, 학생들은 또다시 1984년에 이승만의 동상을 끌어내렸다. 현재 학교 측은 철거된 동상을 보관하고 있다.

인천대학교는 사립학교법인 선인학원이 1979년 인천공과대학을 신설함으로써 시작됐다. "이후 교명이 인천대학(1980년), 인천대학교(1988년)로 바뀐 후 1994년 시립대학으로 전환되었다."[101] 선인학원의 이사장은 예비역 중장으로 예편한 백인엽이었다. '선인'은 백인엽의 형 백선엽과 자신의 이름을 한자씩 따서 지은 이름이다.[102] 백인엽은 "군사정권 아래서 온갖 무리한 방법을 동원해 학원을 확장하고, 상식을 넘는 파행적 운영을 일삼았다."[103] 이 때문에 인천대학교 민주화운동에서 "재단정상화투쟁은 상수(常數)였다."[104] 인천대에서는 사회민주화운동과 더불어 부패한 재단에 대한 투쟁이 상수였기에, 학생운동도 이에 상응하는 모습을 보여준다.

'지티(GT)'는 '지역팀'의 영어 이니셜을 딴 명칭으로 '지티'의 성격을 보여준다. '지티'는 1970년대 중후반 학번들의 독서모임으로 시작되었고, 인천에 거주하는 대학생들을 중심으로 조직되었으며, 학교가 아닌 인천지역을 활동무대로 삼았다. 서울에 소재하고 있는 대학으로 통학하는 학생들뿐

---

101) 이호룡·정근식 엮음, 민주화운동기념사업회 기획, 『학생운동의 시대』, 선인, 2013, 432쪽.
102) 『인천대학교 민주화운동사』, 인천대학교인천학연구원, 인천대민주화기념사업회 준비위원회, 2015, 30쪽.
103) 위의 책 13쪽.
104) 『학생운동의 시대』, 민주화운동기념사업회, 이호룡 정근식 엮음, 선인, 2013, 435쪽.

아니라 인하대, 인천대, 인천교대 등의 학생들도 포함하고 있었으며, 조직
은 군사독재정권에 맞서는 상황에서 언더 서클(비밀 조직)의 형태를 띠고
있었다. '지티' 활동의 영향은 지금까지 이어지고 있다.

시기적으로는 인천지역 학생운동을 아래와 같이 다섯 시기로 구분하여
서술한다. 우선 1970년 이전의 학생 운동, 두 번째로 1970년부터 1975년 긴
급조치9호 선포까지, 세 번째는 1975년 긴급조치9호 선포 이후부터 긴급조
치가 해제된 1979년까지, 네 번째는 1980년부터 1986년까지, 다섯 번째는
1987년부터 1990년대 초까지 살펴본다.

제1절 1970년 이전의 학생운동

1956년 5월 30일, 인천사범학교 사범과 2학년 2반 학생 80여 명(남학생
44명, 여학생 36명)이 등교를 거부하였다. 5월 29일 군인 출신의 체육 교사
가 학생들에게 30분간 구보를 시키는 중 여학생 한 명이 급성맹장염으로
의식을 잃었고, 학생들이 불평하자 교사가 교실에 들어가 반장의 뺨을 때
렸다. 이에 학생들이 등교를 거부했던 사건이다.[105] 인천사범대학은 1946
년 개성에 설치되었던 개성공립사범학교가 1952년 6월에 인천에서 국립인
천사범학교로 재출발한 학교이다. 1962년 인천교육대학으로 개편되었고,
1982년 4년제 대학으로 승격되었다. 1993년 인천교육대학교로, 2003년 경인
교육대학교로 교명을 변경하였다.

같은 해 11월에는 인하공과대학 전교생 500여 명이 학장 및 교수진의 무
능력을 지적하는 한편 기숙사 운영개선, 학도호국단 자치권부여 등을 요
구하며 등교 거부를 하였다.[106] 1972년 이전에 인하대는 종합대학이 아니

---

105) 『인천민주화운동사 연표』, 인천민주평화인권센터, 2014, 63쪽 참조.

라 인하공과대학이었다.

1960년은 4·19혁명이 일어난 해이다. 이승만정권의 사사오입 개헌, 3·15 부정선거 등 독재에 대항한 학생들과 시민들의 민주화 시위가 전국적으로 일어났다. 인천에서는 인천공업고등학교(1976년 인천기계공업고등학교로 교명 변경) 학생들 700여 명이 1교시 수업이 끝난 후 교문을 뛰어나와 3·15 부정선거 규탄 시위를 벌였다. 숭의동 로터리에서 소방차를 동원한 경찰과 투석전을 벌이다 해산하였고 오후 12시 20분경 다시 집결하려다 경찰에 의해 좌절되었다. 이 시위를 시작으로 대학생, 그리고 인천고, 인천여고, 송도고, 동산고 등 고등학생뿐 아니라 중학생과 초등학생도 태극기를 들고 구호를 외치며 거리로 나섰다.

4월 20일에는 인천사범학교 학생 300여 명이 '학원의 자유와 민주적인 학생 데모에 총칼을 쓰지 마라' 등의 구호를 외치며 시위를 벌였고, 숭의동 청과시장 앞에서 경찰에 의해 해산되는 과정에 남학생 19명, 여학생 11명이 경찰에 연행되었다. 4월 21일 인하공과대학 학생들도 학교에서 출발해 경동파출소를 거쳐 답동광장에서 연좌시위를 하며 경찰과 대치하였고, 동료들이 부상을 당하자 인천시 청사 앞까지 진출하여 선서문을 낭독하였다.

4월 22일에는 인천지역 중·고등학교 학생 300여 명이 '정·부통령 선거 다시하자'라는 현수막을 앞세우고 시가행진을 하였고 경동파출소를 거쳐 인천시청으로 향하는 동안 시위대는 2,000여 명으로 늘어났다. 4월 23일에도 초·중·고등학교 학생 200여 명이 자유공원 맥아더 동상 앞에 모여 '3·15 선거는 불법 무효이다', '이승만 정부는 물러나라' 등의 현수막을 들고 동인천역, 인천시청 앞을 지나 동인천경찰서 앞에서 '살인경찰은 물러나라'고 외치며 시위했다. 인천여자중학교 학생 300여 명도 시가행진을 벌였다.

---

106) 『인천민주화운동사 연표』, 인천민주평화인권센터, 2014, 64쪽 참조.

〈그림 5-8〉
인천시내
중고등학생들이
3.15부정선거를
항의하기 위하여
홍예문을 지나
인천시청으로
가고있다
(원출처 : *LIFE*)

이처럼 인천에서의 4 · 19혁명은 인천공업고등학교 학생들의 민주화 시위를 시작으로 시민들의 응원과 참여 속에 초 · 중 · 고 · 대학교 학생들의 시위로 확산됐다.107) 4 · 19혁명으로 이승만은 하야하였고, 허정 과도 내각

---

107) 경인방송 리포트 '인천기계공고, 인천 4 · 19혁명 시발점', 2012. 04. 19.,『인천민주화운
동사 연표』, 인천민주평화인권센터, 2014, 79~83쪽 참조.

을 거쳐 장면 정부가 들어섰다.

1961년 박정희는 5·16군사쿠데타를 일으켜 전국에 비상계엄령을 선포하고 군사혁명위원회를 구성했다. 5월 19일에 군사혁명위원회를 국가재건 최고회의로 명칭을 바꾸고 그 직속기관으로 중앙정보부를 설치해 군정을 실시했다. 강력한 대통령 중심제의 새 헌법을 마련한 군정은 1963년 4월 5대 대통령 선거를 실시하였고 박정희가 당선되었다. 박정희정권은 경제개발로 쿠데타의 정당성을 확보하려고 한일국교정상화를 통해 일본 자본을 끌어들이려 했다.[108)

학생과 시민은 일본의 사과와 반성 없이 진행되는 한일 회담을 반대하였다. 1964년 3월 24일 서울시내 각 대학에서 한일회담 반대시위가 일어났고, 시위는 전국으로 확산되었다. 인천에서는 3월 27일 인천시내 7개 중·고등학교 학생 9,500여 명이 '대일굴욕외교반대' 등을 외치며 한일회담 반대 시위를 벌였다.[109) 한일회담 반대 투쟁은 반독재민주화운동의 성격을 띠고 있었다. 시위가 확산되자 박정희정권은 6월 3일 비상계엄령을 선포하였고 군대를 동원하여 폭력으로 학생시위를 진압하고 대학은 휴교 조치하였다.

1965년에도 한일회담 반대투쟁은 계속되었다. 박정희정권은 대학에 휴교령을 내리고, 시위 학생들에게 현역 징집영장을 발부하고, 구속하는 등 강력히 대응했다. 인하공과대학 학생들 800여 명도 6월 22일 학내에서 '한일회담반대성토대회'를 개최하고 가두시위를 벌여 숭의동 사거리 부근에서 경찰과 투석전을 하였다. 이 시위로 30여 명의 학생들이 연행되었고, 학생위원회 회장 및 체육부장이 구속되었다. 학생들은 연행된 동료들의 석방을 요구하며 단식농성에 돌입했다. 같은 날 동경에서, 과거사에 대한

---

108) 『박정희 시대 학생운동』, 이창언, 한신대학교출판부, 2014, 25~32쪽 참조.
109) 『경향신문』, 1964년 3월 28일.

일본의 사과나 배상에 관한 한 마디 언급 없이 한일기본조약이 체결되었다. 조약이 체결된 이후에도 학생들의 시위는 전국적으로 계속되었고, 학생시위가 최고조에 이른 8월 25일 오후 박정희는 "학생 데모의 뿌리를 뽑겠다"는 특별담화를 발표하고 다음날 서울시에 위수령을 발동했다.[110]

1960년대 5·16군사쿠데타 세력과 학생운동 간의 최대 격돌이 1965년 무력으로 진압된 이후 학생운동은 잠복기에 들어섰다. 그리고 1967년 제7대 국회의원 부정선거에 항의하는 6·8부정선거 항의투쟁을 시작으로 1969년의 3선 개헌 반대투쟁과 1970년대 반유신 투쟁으로 이어졌다.[111]

1967년 6월 전국 고교생들과 대학생들이 6·8부정선거에 항의하여 시위를 벌이자 정부는 휴교령을 내렸다. 6월 14일 인하공과대학 학생 1,000여명도 학교 교문 앞에서 '6·8선거부정' 규탄시위를 벌였고, 학교는 무기한 휴교에 들어갔다.[112]

박정희는 장기집권을 목적으로 대통령 3선 연임을 허용하는 개헌 논의를 1969년 초부터 본격화하였고, 이를 기화로 전국 각지에서 반대 시위가 일어났다. 인하공과대학 학생들 200여 명은 1969년 7월 5일 3선 개헌반대 성토대회를 열고 교문 밖으로 진출하려다 경찰의 제지로 연좌시위를 벌였다. 9월 11일에는 학생 500여 명이 '3선 개헌안을 즉각 철회하라' 등이 적힌 플래카드를 들고 성토대회를 개최하였다. 3선 개헌 반대 시위로 인하공과대학은 9월 12일부터 무기한 휴강에 들어갔고 10월 20일 개강하였다.[113] 박정희는 학교에 경찰 병력을 투입하고 휴교 조치를 취하면서 3선 개헌을 강행하여 장기집권의 구실을 마련했다.

---

110) 『박정희 시대 학생운동』, 이창언, 한신대학교출판부, 2014, 52쪽 참조.
111) 『박정희 시대 학생운동』, 이창언, 한신대학교출판부, 2014, 53쪽 참조.
112) 『인천민주화운동사 연표』, 인천민주평화인권센터, 2014, 109쪽.
113) 『인천민주화운동사 연표』, 인천민주평화인권센터, 2014, 120~121쪽 참조.

제2절 1970년부터 1975년 긴급조치9호 선포까지

1970년대에 들어서며 박정희는 민주화운동 세력에 대한 탄압을 더욱 강화하였고, 1972년 특별선언을 통해 유신체제를 성립시켜 영구집권을 획책하였다. 그 일환으로 학원 병영화 정책을 추진하며 반공교육의 강화와 학생군사훈련을 전면적으로 실시했다. 이는 사회 여론에 지대한 영향을 미치는 대학생들을 통제하기 위해서였다.

최초의 교련반대 시위는 1970년 12월 2일 연세대에서 시작되었고, 1971년 1학기 전국의 각 대학으로 확산됐다. 교련반대에서 출발한 시위는 언론 규탄, 부정부패 규탄, 학원자유 촉구 등으로 확산되었고, 3선 개헌 이후 김대중과 박정희가 출마한 4·27 대통령선거 참관운동으로 변화되었고, 4·27 부정선거 이후에는 부정선거 규탄운동으로 확대되었다.

전 대학가로 학생시위가 확대되자 박정희정권은 1971년 10월 15일 서울 전역에 위수령을 발동하고 학원 질서 확립을 위한 특별명령을 발표했다. 그 결과 15일 서울대, 고려대, 연세대, 성균관대, 외국어대, 경희대, 서강대에 위수군이 진주하고 이들 학교와 전남대를 합친 8개 대학에 휴업령이 내려졌다.[114] 각 대학 이념서클 대다수를 해산시켰고, 23개 대학에서 177명의 학생들을 제적하였으며, 주동학생들은 구속 후 강제징집하였다.[115]

1972년에는 10월 17일 비상계엄을 선포하여 국회를 해산하고 정당의 정치활동을 금지한 뒤 10월 유신을 선포했다. 12월 27일 유신헌법이 공포되고 박정희가 대통령에 취임함으로써 제4공화국이 시작됐다. 유신체제는 긴급조치시대라고 부를 정도로 전시에 버금가는 억압과 통제를 통해서 유지됐다.[116]

---

114) 위의 세 단락은『박정희 시대 학생운동』, 이창언, 한신대학교출판부, 2014, 88~102쪽 참조.
115)『학생운동의 시대』, 민주화운동기념사업회, 이호룡 정근식 엮음, 선인, 2013, 103쪽.

1971년 10월 15일 위수령 이후 1973년 10월 2일 서울대 문리대 반유신 시위가 일어나기까지 학생운동은 적극적인 저항을 하지 못했다. 인하공과 대학도 1971년 1학기 교련반대 시위 이후 1973년 11월 시위가 있기까지 조용하였다. 1972년부터 종합대학교로 바뀌어 '인하대학교'가 되었으며 공대 외의 학생들이 처음으로 입학하였다. 5월에는 선거를 통해 초대 총학생회를 구성하였으나 정보기관의 감시와 대학당국의 통제로 자율적인 학생회 활동을 할 수 없었다.

1973년 6월경 제2대 총학생회가 구성되었고, 11월 23일 총학생회 주관으로 본관 대강당에 500여 명의 학생이 모여 "정부는 국민의 기본권을 보장하는 진정한 민주체제를 확립하라" 등 5개 항의 결의문을 채택하고 정문으로 행진하여 가두시위를 벌였다. 학생들은 인하대 정문 밖으로 나가 송도로 갈라지는 삼거리까지 진출하여 경찰과 충돌하였다.

인하대의 이 시위는 '학생사회개발단'(이하 학사단)의 단원으로 활동하던 학생들이 주요한 역할을 하였다. 전국적 네트워크를 가진 KSCF(한국기독학생회총연맹)는 각 대학의 기독학생회와는 별도로 학사단을 1960년대 말부터 1970년대 중반 정권의 탄압으로 활동이 중단되기까지 운영했다. 각 대학에 8명 단위의 소그룹을 조직하였는데,[117] 인하대에는 김동진(68학번, 산업공학), 전점석(71, 건축), 허영판(71, 섬유), 황의신(72, 전기) 등이 있었다. 전점석과 황의신은 '학사단' 활동의 일환으로 1972년 여름방학 때 한 달간 인천 판유리 공장에 취직해 노동현장을 체험하기도 했다. 전점석은 인하대 학보사와 기독학생회에서도 활동하였고, 2대 총학생회장인

---

116) 『박정희 시대 학생운동』, 이창언, 한신대학교출판부, 2014, 106~108쪽.

117) '학사단 운동'에 관하여는 이종훈, 2002 「대학YMCA 학생사회개발단 운동 연구」 참조. '학사단 운동'은 1968년 결의되었으며 1969년부터 본격적인 활동을 시작하였다. 1974년 민청학련 사건으로 회장 서창석을 비롯한 간부들과 실무자들이 구속됨으로써 중단되었다. 이후 1977년부터 산업학사단, 도시학사단, 농촌학사단 활동이 전개되었다.

김중호(70, 전자)와 공대학생회장인 김효중(71, 산업공학)과는 자주 만나 민주화에 대하여 의논하고 있었다. 1973년 10월 2일 유신 이후 최초로 서울대 문리대생들의 시위가 있자, 인하대 학생도 함께하여야 한다고 생각하여 시위를 계획하였고 총학생회와도 논의하였다. 시위 전날인 11월 22일 주동자 10여 명은 비밀유지를 위하여 용현동 고개 쪽에 있는 여관에 묵으며 시위를 준비하였고, 11월 23일 총학생회 주관으로 500여 명의 학생들이 모여 민주화 시위를 벌였다.

서울대 문리대 학생들의 시위를 시작으로 학생들의 시위는 전국으로 번졌고 전국 각지에서 투석전과 최루탄의 공방이 계속되는 가운데, 일부 고등학교에까지 확산됐다. 유신체제에 대한 저항은 개헌청원 100만인 서명운동을 계기로 범국민적 차원으로까지 발전했다. 유신당국은 1974년 1월 8일 긴급조치1호와 2호를 선포하고 개헌 운동을 탄압했다. 개헌을 주장하는 사람은 15년 이하의 징역에 처할 수 있도록 했으며, 긴급조치를 어기는 사람을 다루는 비상군법회의를 설치했다. 그리고 4월 3일 긴급조치4호를 선포하였고 민청학련(전국민주청년학생총연맹), 인혁당(인민혁명당) 사건을 발표했다. 약 2,000명이 체포되었고 그중 203명이 군법회의에서 실형을 선고받았다.[118]

인하대에서는 1974년 2월 전점석(71, 건축)이 학보사 편집국장직을 타의에 의해 그만두게 되었고, 4월에는 중앙정보부에 연행되어 10일 정도 취조를 받았다. 이는 학생시위를 사전에 차단하기 위한 조치였다.

잠시 주춤했던 학생들은 1974년 하반기부터 반유신민주화운동과 구속학생 석방운동을 다시 시작했다. 인하대 학생들은 11월 6일 1,000여 명이 대강당에 모여 '유신철폐', '민주헌정 질서 수립', '구속 학생 석방'등을 요구

---

118) 이창언, 『박정희 시대 학생운동』, 한신대학교출판부, 2014, 129~131쪽 참조.

하는 시국선언문을 낭독하는 집회를 가졌다. 기독학생회, 샘동인회, 가톨릭학생회, 한국경제문제연구회가 함께 민청학련 사건으로 구속된 사람들의 석방을 위한 집회를 갖기로 하고 준비했다. 성명서 기초는 샘동인회 회장(72, 최정우)이 맡았고, 기독학생회 강우경(73, 전기)은 인천 제7교회에서 밤새 등사판을 밀어 유인물을 준비하고, 11월 6일 유인물을 쇼핑백에 담아 후문을 통해 학교로 들어가려했으나 학교에 상주하던 형사들과 맞닥뜨려 집회에 참석하지 못했고 집회는 대강당에 미리 가있던 학생들에 의해 진행되었다. 이 사건으로 양경철(72, 기계), 강우경(73, 전기), 강석봉(73, 토목), 하종강(74, 응용물리) 등이 동인천경찰서에서 조사받았다.

1975년 1학기에도 학생들의 민주화 시위는 계속되었다. 박정희정권은 4월 8일 긴급조치7호를 선포하고 고려대에 휴교령을 내렸다. 다음날에는 민청학련과 소위 '인혁당 사건' 관계자 7명과 학원 관련자 여정남 등 8명에 대한 사형을 집행하였다. 서울대에서는 4월 11일 학내 시위 도중 김상진이 할복자살했다.[119]

이러한 분위기 속에서 1975년 4월 10일 총학생회 주도로 인하대에서 민주화 시위가 벌어졌다. 총학생회는 대강당에서 많은 학생들의 참여하에 비상학생총회를 개최하고 '긴급조치7호를 즉각 철회하라', '학원의 자유를 보장하라', '자유와 민주를 회복하라' 등 4개 항의 결의문을 채택하였다. 이후 학생들은 정문과 후문으로 진출하려 하였으나 경찰의 봉쇄에 막혀 학내에서 시위를 하였고, 일부 학생들은 정문을 빠져나가 용현고개까지 진출하였다. 그러나 최루탄을 쏘며 저지하는 경찰의 진압에 막혀 해산하였다.[120] 이 시위로 총학생회에서는 회장 문희탁(72, 경영), 부회장 양경철(72, 기계)이 구속되었고, 섭외부장 손동권(72, 정밀기계)이 불구속 석방되

---

119) 위의 책, 131~132쪽 참조.
120) 『인천민주화운동사 연표』, 인천민주평화인권센터, 2014, 155~156쪽.

었으며, 기독학생회의 강우경(73, 전기), 학보사의 강석봉(73, 토목), 한국 경제문제연구회의 신동명(73, 경영)이 구류를 살고 셋은 제적, 셋은 무기 정학 처분을 받았다.

학생들의 지속되는 저항에 박정희 유신 정부는 1975년 5월 13일 긴급조 치9호를 선포했다. 각 대학의 학생운동 서클을 해산시켰고, 학생회를 폐지 하고 4·19 이후 폐지되었던 학도호국단을 부활시켰다. 학생들의 자율 조 직인 학생회를 해체하고 군대식 조직인 학도호국단으로 강제 전환함으로 써 학생들에 대한 통제를 강화한 것이었다. 인하대에서도 기독학생회 등 이 해산되었고, 2학기부터 학도호국단이 생겨났다. 인하대 학생운동 역시 다른 대학들과 마찬가지로 긴 침체기에 들어갔다.

제3절 1975년부터 1979년까지의 긴급조치9호 시기

긴급조치9호는 1975년 5월 13일 선포되었고, 1979년 10·26 박정희 대통 령 사망으로 유신체제가 붕괴되어 1979년 12월 8일 해제되기까지 민주화 세력을 탄압하는 강력한 수단이었다. 긴급조치의 주요 내용은 반체제 또 는 반정부 활동 일체를 금지하고 이를 위반한 자는 법관의 영장 없이 체 포, 구금, 압수, 수색할 수 있도록 규정한 것이었다. 특히 4호와 9호는 미수 에 그치거나 예비, 음모한 자도 똑같이 처벌하도록 하였고, 9호는 조치 위 반자의 소속 학교에 대해 휴업, 휴교, 폐쇄 등의 명령이나 조치도 가능하 도록 하였다.[121]

민주화운동에서 주요한 역할을 했던 서클들이 해산되었을 뿐만 아니라,

---

[121] 『학생운동의 시대』, 민주화운동기념사업회, 이호룡 정근식 엮음, 선인, 2013, 106~107쪽 참조.

학생회도 학도호국단으로 1975년 2학기부터 대체되었다. 전국의 고등학교
와 대학교에 학도호국단이 결성됐고 학도호국단 간부들은 선출이 아니라
임명됐으며 학생들의 자치 활동은 엄격히 통제됐다. 교련교육도 더욱 강
화됐다. 대학 내 곳곳에 경찰과 정보기관원들이 상주하면서 학생들의 동
태를 끊임없이 감시하였다. 학생들이 집회나 시위를 계획해도 사전에 발
각될 수밖에 없었고, 설사 어렵게 성공한다 하더라도 5분 이상 지속하기
어려운 조건이었다.[122]

이런 폭압 속에서 학생들의 민주화운동 조직과 이념은 이전과는 다른
형태를 띨 수밖에 없었다. 학교당국과 경찰 등 정보기관에 드러나지 않게
활동하는 언더 서클(비밀 조직)들이 결성되었고, 공개적으로 학교에 등록
한 서클들도 이전과는 다른 방식으로 활동하였다. 민주화와 관련된 독서
토론 등은 은밀히 진행하였고, 서클원들의 명단은 서클회장 등 알려진 몇
몇을 빼고 대부분 허위로 학교에 신고하였다. 민주화운동 방식도, 공식적
인 집회가 불가능하였기 때문에, 유인물을 은밀히 제작하여 살포하거나
새벽에 민주화 관련 구호를 페인팅하는 등의 활동이었다.

강우경은 학교 내의 활동이 어려운 상황에서 인천의 교회를 중심으로
청년회 활동에 주력하며 인하대 기독학생회의 부활을 준비했다. 강우경은
인천 EYC와 앰네스티 인천지부 결성에 주요한 역할을 하였으며, 제삼교
회, 인천제일교회, 창영감리교회 등의 후배들 7~8명과 학습 모임을 꾸렸
다. 인하대 77학번 한경섭, 유지용 등이 강우경과 함께 기도원 등을 방문
하여 사회과학, 민중신학 등을 학습하였고, 1978년 초 '기독학생 선교회'라
는 이름으로 기독 학생회를 재건했다. 교회 청년회가 활성화하면서 인하
대 내에 기독 학생회를 재건해야할 필요성이 제기되었고 공개적인 서클로

122) 『학생운동의 시대』, 민주화운동기념사업회, 이호룡 정근식 엮음, 선인, 2013, 112쪽 참
조.

학교에 등록하려했다. 하지만 당시 민주화운동을 억압하던 상황 하에서 지도교수를 맡겠다는 교수가 없었으며 '기독 학생회'라는 이름으로 등록할 수도 없었다. 1978년 어렵게 오류동 교회 장로였던 응용물리학과 송인호 교수를 지도교수로 하고, 이름도 '기독학생 선교회'로 바꿔서 등록했다.

인하대 '탈반'은 강령탈춤을 배우던 72학번 변동원 등이 중심이 되어 '인하민속극회'라는 명칭으로 1974년 4월에 만들었으나, 공연 한 번 해보지 못하고 해산되었다. 1977년 76학번 방용주를 중심으로 다시 서클등록을 하였으며, 같은 해 5월에「강령탈춤」을, 가을에「은율탈춤」을 공연하였다.

새로운 서클도 결성되었다. 1977년 9월경 인하대 77학번들이 사회과학을 공부하는 '아노미'라는 독서 모임을 시작했고, 이후 '지성'으로 이름을 바꾸어 활동했다. 곽한왕(77, 국어), 김명식(77, 국어), 김상훈(77, 국어), 조용호(77, 응용물리), 박성득(77, 행정) 등 10여 명이 이 서클의 회원이었다. 공식 서클로 등록하기 위해 교수들을 찾아다녔으나 모두가 지도교수 맡기를 거절하여 등록 자체가 불가능하였다. 그래서 이 강의실 저 강의실 옮겨 다니며 세미나 형식의 독서 토론을 진행하였고, 1978년에는 공식 서클인 '샘동인회', '아카데미'와 연계하여 봉사활동을 가기도 했다.

'지성' 회원들과 '아카데미'의 안영근(행정 2) 등은 1978년 2학기 전국적으로 펼쳐지고 있는 유신 반대 투쟁에 동참하기로 하고, 그 해 9월부터 11월까지 4차례에 걸쳐 유신철폐 유인물을 배포하고 시위를 벌였다.

1978년 9월 28일 조용호, 안영근, 안철권(법학 2), 이기영(법학 2) 등이 교내에 건립 예정이었던 이승만 동상 건립 반대 내용을 담은 '민주회복에 관한 인하대생의 선언문'이라는 유인물을 1호관, 2호관, 5호관, 7호관 강의실과 복도에 살포하고 유신철폐 구호를 외쳤다.

유신 선포 6년째 되는 날인 10월 17일에는 조용호, 김명식, 곽한왕 등이 주동이 되고 김승일(법학 2 휴학 중)이 합류하여 아침 8시경 학교 2호관,

4호관, 5호관 강의실에 곽한왕이 작성한 '인하인에게 고함'과 김명식이 작성한 '양심선언' 300매를 살포했다.

11월 3일에는 김상우(기계 2), 박성룡(기계 2), 김영한(인문사회 1), 서병희(가정 2) 등이 유신 철폐를 요구하며 유인물을 살포하고 학내시위를 벌였다. 이 시위로 이들은 현장에서 연행되어 긴급조치9호 위반으로 구속되었다.

11월 13일에는 조용호, 안영근, 양홍영(기계 2) 등이 주동이 되고 김승용(무역 3)이 합류하여 11월 3일 유신 철폐 시위로 구속된 김상우 외 3명의 석방을 요구하는 조용호가 쓴 '내 친구들에게'라는 유인물을 학교 2호관, 5호관, 7호관에 살포했다. 이 사건으로 조용호, 김명식, 곽한왕, 안영근, 양홍영이 구속되었고 나머지 학생들도 제적 및 정학에 처해졌다.

구속된 이들은 서울(서대문)구치소에서 또 다른 사건으로 들어온 민주화운동 구속자들과 교도소 내 투쟁, 토론 등을 함께하며 민주화운동 경험을 공유하였고, 출소 후에 같이 활동하기도 했다. 곽한왕과 조용호는 1979년 석방 이후 인하대의 새로운 운동 서클 결성을 주도했다.

1978년 인천에서는 대학 밖의 학생운동 조직으로 '지티'가 결성되었다. 인천에 거주하고 서울로 통학하는 대학생들이 중심이 되어 사회과학 독서모임을 만들었다. '기러기'와 '통학생회'라 불리는 두 그룹이 대표적이었다.

인천 제물포고등학교를 졸업하고 서울로 통학하던 77, 78학번 학생들을 중심으로 '사우'라는 독서 모임이 결성되었는데, '기러기'는 여기서 분화해나가 창영교회를 중심으로 활동했다. 주요 멤버로는 서울대 77학번 이정남, 78학번 권병기, 심형진 등이 있다. '기러기'와 '사우'는 1981년 다시 합치고, 이후 '기러기'로 활동했다.

'통학생회'는 앰네스티에서 활동하던 서울대 76학번 홍덕률을 중심으로 만들어졌다. 국제앰네스티(AI, Amnesty International)는 인권과 관련된 시민 활동을 하는 국제 인권단체이고, 한국 지부는 1972년 설립되어 정치범 석방과 고문 반대 캠페인 등의 활동을 했다. 1977년부터 인천지부 결성을 위한 모임이 시작되었고, 1978년 12월 10일 인천지부가 정식으로 출범했다. 이 과정에 참여하던 홍덕률, 나준식 등과 서울대, 숭실대, 이화여대 등 서울로 통학하는 인천 거주 학생들과 청년들이 모여 인문사회과학 공부를 목적으로 '통학생회'를 결성했다. '통티'라고도 불렸다.

1979년에는 인천민주화운동에서 주요한 역할을 담당하게 될 인천대학교가 '인천공과대학'으로 개교하였다. 예비역 중장으로 예편한 재단 이사장 백인엽은 1958년 성광학원을 인수한 후 1965년 학원 명칭을 '선인'으로 변경했다. 백인엽의 형이었던 백선엽은 남로당 군사책으로 사형당할 위기에 있던 박정희를 살려준 인연으로 박정희정권과 각별한 사이였다. 이 덕분에 선인학원 운영은 탄탄대로 였다. 1964년 인화여자중학교와 인화여자상업고등학교를 설립했고, 이듬해엔 성광중학교 교명을 선인중학교로 바꿨다. 항도상업기술학교를 인수하고 효열국민(초등)학교 등을 신설했으며, 운산기계공업고등학교(1977)와 인천공과대학(1979)을 설립하고, 인천체육전문대학과 인천공업전문대학을 인천전문대학으로 통합(1981)했다. 선인학원은 유치원에서 대학까지 학교 16개(학생 3만 6,400여 명, 교직원 1,200여 명)를 거느린 인천 최대 사학이었으나,[123] 사학비리의 온상이었다.

1978년부터 전국 주요대학에서 거의 매달 반유신 시위가 일어났고, 1979년 3월 1일에는 '민주주의와 민족통일을 위한 국민연합'(공동의장 윤보선, 함석헌, 김대중)이 결성돼 각계의 민주 운동 세력이 연합운동을 전개하였다. 그리고 1979년 10월 16일부터 20일까지 부산과 마산의 학생과 시민이 반독재 민주항쟁을 벌였다. 부산대생들의 시위에 시민들이 참여하여 5~7

---

123) 『인천대학교 민주화운동사』, 인천대학교인천학연구원, 인천대민주화기념사업회준비위원회, 2015, 13~14쪽 참조.

만여 명으로 불어났고 파출소, 어용신문사와 방송사, 경찰차에 투석하고
방화하는 등 격렬하게 전개되었다. 18일 0시를 기해 부산일원에 계엄령이
선포되고 전방 공수부대 2개 여단 5,000여 명이 투입되었다. 시위는 마산
으로 번져갔고 경남대 학생들과 시민들의 격렬한 시위로 군인까지 투입되
어 시위를 진압했으며, 10월 20일 0시를 기해 마산과 창원일원에 위수령이
발동되었다.[124]

이런 와중에 1979년 10월 26일 김재규의 총격으로 박정희가 피살되면서,
유신체제는 민주화 세력의 저항과 내분으로 붕괴했다. 인하대는 비상계엄
으로 10월 27일 휴교하였고 11월 29일 개교했다.[125] 12월 8일 긴급조치9호
는 해제되었고 긴급조치 시대는 막을 내렸다.

제4절 1980년 광주민주항쟁부터 1986년까지

학생운동사에서 이 시기에 매우 중요한 의미를 지닌 두 사건이 있다.
1980년 5월 광주민주항쟁과 1983년 말 소위 '학원자율화 조치'이다. 광주민
주항쟁과 학원자율화 조치를 계기로 학생운동은 크게 성장했고, 그 과정
을 학원자율화 조치 이전과 이후의 두 시기로 나누어 살펴본다.

1. 1980년부터 1983년 말 학원자율화조치 발표 때까지

유신체제 붕괴 이후 1980년 봄 각 대학의 학생들은 학원자율화추진위원
회(혹은 학원민주화추진위원회)를 구성하였고 직접선거를 통해 학생회를

---

124) 『박정희 시대 학생운동』, 이창언, 한신대학교출판부, 2014, 176~178쪽 참조.
125) 『인하대학신문』, 1979년 11월 26일.

〈그림 5-9〉 선인학원 부정비리에 항의 시위하는 인천대학교 학생들
(원출처 : 이만송)

부활시켰으며, 민주화를 열망하며 거리로 나섰다. 학생과 시민들이 합세한 민주화 시위는 계엄 해제, 전두환 퇴진 등을 외쳤으며, 5월에 절정에 달했다.

이러한 민주화의 봄 분위기 속에서 선인학원의 여러 학교들은 재단에 맞서 학원민주화투쟁을 벌였다. 인천대생들은 1980년 3월 30일 오전 10시 전교생 960여 명 가운데 800여 명이 본관 앞에 모여 학원자율화 등을 주장하며 시위를 시작하였고, 150여 명이 철야농성을 벌였다. 개교한지 1년밖에 되지 않았고 학생운동 조직도 존재하지 않는 상황에서 '백인엽은 학교 운영에 간섭하지 말 것', '학교 운영비 공개', '학생 자치 보장', '교수 처우 개선', '교수 충원', '장학제도 개선' 등을 요구하며 첫 시위를 성사시켰다.

이 시위는 인천전문대와 선인재단 내 여러 고등학생들의 투쟁으로 확산됐다.[126]

4월 1일 오후에는 인천전문대 학생 200여 명도 학원 자치권 등을 요구하며 시위를 벌였다. 백인엽과 재단은 인천대와 인천전문대에 4월 2일부터 11(12)일까지 임시휴강 조치를 내렸다.[127]

선인학원 내 운봉, 운산, 항도 세 교교 학생 1,500여 명도 4월 22일 운동장에 집결해 '백인엽 축출', '교내 민주화', '실습시간 연장', '보충수업료 인하', '무능 교사 퇴진' 등 8개 항의 요구 조건을 내걸고 시위를 벌였다. 시작은 운봉공고 기계과를 중심으로 일어났다. 시위는 나중에 5,000여 명 이상으로 불어났으며, 인근의 선인고 학생들도 일부 동참했다. 이들은 시위와 관련해 일부 교사, 인천대 학생들과 시위 시기, 방법 등을 놓고 의견을 나누었다.[128]

인천대는 임시휴강이 풀린 후 4월 말 초대 총학생회장을 직접선거를 통해 선출했다. 1대 총학생회장으로 기계과 79학번 홍성복을 선출했다. 홍성복을 비롯한 인천대 학생들은 인천과 서울의 민주화 시위에 적극 참여하였고, 홍성복 회장은 전두환의 5·17 쿠데타 이후 제적, 구속되었다.

인하대에서는 1980년 2월, 긴급조치와 관련해 제적 처분된 인하대 학생 18명(정학 4명 포함)이 복교했다. 복교한 학생들은 1975년 총학생회 주도 시위와 관련하여 구속 제적된 문희탁(72, 경영) 등과 1978년 유인물 배포 및 시위로 구속 제적된 77학번 조용호, 곽한왕 등이었다.[129]

126) 인천대학교인천학연구원, 『인천대학교 민주화운동사』, 인천대민주화기념사업회 준비위원회, 2015, 74~78쪽 및 이호룡 정근식 엮음, 민주화운동기념사업회 기획, 『학생운동의 시대』, 선인, 2013, 437~438쪽 참조.
『인천대학교 민주화운동사』는 첫 시위를 3월 30일로, 『학생운동의 시대』는 3월 31일로 기록하고 있다.
127) 인천대학교인천학연구원, 위의 책, 76쪽 및 『학생운동의 시대』, 민주화운동기념사업회, 이호룡 정근식 엮음, 선인, 2013, 438쪽 참조.
128) 인천대학교인천학연구원, 위의 책, 7인천대민주화기념사업회준비위원회, 2015, 68~69쪽 참조.

2월 18일에는 15개 서클이 참여하여 총학생회 부활을 목표로 인하대 학원민주화 추진위원회를 결성했고 하종강(74, 응용물리)을 위원장으로 선출했다. 학원민주화 추진위원회는 2월 28일 5호관 소강당에서 300여 명이 모인 가운데 1차 공청회를 개회하여 '학도호국단 폐지', '직선에 의한 총학생회 구성', '언론 출판 집회 결사의 자유보장', '교수임용제 폐지' '어용교수 각성' 등을 주장하였다. 4월 4일에는 총학생회장단 선거가 실시되어 총학생회장에 경영학과 3학년 황윤철이 선출됐다.

1980년 4·19혁명 20주년을 맞이하여 총학생회는 4월 18일 '4·19학생혁명 20주년 기념식'을 개최했다. 기독학생회는 4·19혁명에 관한 동아일보 사진첩을 확대하여 인경호 인근에서 전시회를 열었다. 1979년 이승만 동상이 인경호에 세워진 것에 항의하려는 의도였다.

인하대 총학생회는 5월 7일부터 9일까지 기간을 '민주화대행진의 날'로 정하고, 5월 7일 대운동장에서 3,000여 명의 학생들이 모인 가운데 시국선언문을 낭독했다. 학생들은 '학원민주화는 학생에게 일임하라', '유신잔당 물러가라', '계엄령 철폐하라', '노동3권 보장하라', '언론자유 보장하라' 등의 구호를 외치며 정문에서 경찰과 대치했다. 1,000여 명의 학생이 인하사대부고 정문을 통해 가두로 나와 학익동과 독쟁이고개를 거쳐 인천교육대 앞까지 행진을 벌였고, 독쟁이고개로 향하던 후발대 500여 명과 합류하여 용현동 사택입구 사거리에서 경찰과 대치했다. 이들 중 400여 명은 경찰의 바리케이드를 뚫고 적십자병원을 거쳐 인천공설운동장으로 나아갔고, 경찰의 진압에 두 그룹으로 나뉘어 가두시위를 벌였다. 경찰들의 계속된 진

---

129) 〈복교 대상자 명단〉 1975년 제적: 문희탁(경영4), 양경철(기계4), 손동권(정밀기계4), 최종옥(기계3), 1978년 제적: 조용호(응물2), 김상우(기계2), 박성룡(기계2), 양홍영(기계2년), 안영근(행정2), 김명식(국어2), 곽한왕(국어2), 서병희(가정2), 김영한(인문사회계열1), 1978년 정학: 김승용(무역3), 이기영(법학2), 안철권(법학2) (『인천민주화운동사 연표』, 인천민주평화인권센터, 2014, 181쪽)

압에 학생들은 흩어져 학교로 돌아왔다. 이 와중에 기계과 2학년 조병희가 연행됐다. 학교에 다시 모인 학생들은 학생회관에서 부마항쟁 희생자에 대한 묵념과 풍자극, 자유토론을 진행했고 다음날 행사를 준비하며 철야농성에 들어갔다.

5월 8일 오후 2시에 총학생회장 황윤철이 '1만 인하인에게 고하는 성명서'와 '최규하 대통령에게 보내는 메시지'를 낭독하였고 이후 교내 시위를 시작했다. 이때 후문 앞에서 계엄군을 실은 3대의 트럭이 도착했으나 학생들의 요구로 철수했다. 오후 8시경부터 철야농성에 들어가 횃불을 들고 교내에서 침묵 행진을 했으며 본관 앞에서 부마항쟁 희생자들에 대한 초혼제와 위령제를 개최하였다.

5월 9일 오전 9시경부터 기계과 학생들이 연행 학생 조병희의 석방을 요구하며 연좌시위를 벌였고, 정오 무렵 조병희가 석방되어 환영식을 열었다. 그리고 오후 3시 30분경 결의문을 채택한 후 3일간의 '민주화 대행진'을 마무리했다.

서울을 비롯한 전국 각지에서 대학생들의 민주화 시위가 이어지는 가운데, 5월 15일 인하대, 인천대, 인천교대 학생들이 가두시위를 전개했다. 인하대 학생 3,000여 명이 교내에서 학생총회를 개최하고 가두로 진출하여 학익동, 주안, 제물포, 동인천역으로 향하며 최루탄을 쏘는 경찰과 투석전을 벌였다. 동인천역 광장에는 인하대, 인천대, 인천교대 학생들이 합류하였고, 경찰에 막혀 옛 삼화고속 버스정류장 앞길에서 연좌 농성을 벌였다. 이후 학생들은 전철을 타고 10만여 명이 모인 서울역 시위에 참여했다.

5월 16일에는 인천교대 학생 600여 명이 강당에 모여 시국에 대한 성토대회를 개최했다.[130]

---

130) 인하대를 비롯한 인천에서의 1980년 5월 시위에 대하여는 『인천민주화운동사 연표』, 인천민주평화인권센터, 2014, 181~191쪽과 「인천민주화운동일지.xls」참조.

전두환 신군부는 1980년 5월 18일 0시를 기해 계엄포고령 10호를 발표하고 전국 각 대학에 경찰과 공수부대를 투입하였으며 전국 대학에 휴교령을 내렸다. 이후 전두환정권은 광주에 군을 투입해 수많은 시민들을 잔혹하게 학살하였고, 이후 유신시기와 마찬가지로 학내에 경찰들을 상주시키는 등 학생운동을 강도 높게 탄압했다. 전국 각 대학에는 학도호국단이 부활됐다. 1980년 '민주화의 봄'과 5·18 광주민주항쟁은 이후 민주화운동 세력의 확대와 조직, 이념 등에 커다란 영향을 미쳤다.

광주민주항쟁 이후 1980년 7월 말까지 인천지역 '지티'인 '기러기'와 '사우'는 광주민주항쟁의 진상을 알리는 유인물을 제작하여 인천시내 주택가에 배포하였다. 이 사건을 '기러기' 회원들이 뒤집어쓰고 잡혀갔고, '사우'는 조직을 온전히 보존할 수 있었다. 이 사건으로 서울대 75학번 이우재, 77학번 이정남, 78학번 권병기 등과, 인하대 77학번 양홍영, 곽한왕, 조용호가 구속되었다.[131]

사회과학 독서 토론 모임으로 시작한 지티는 1980년 광주민주항쟁 이후 전체 학생운동의 급격한 확대와 더불어 인천지역의 중요한 학생운동 서클로 자리 잡아나갔다. 지티에 속한 1980년대 초반 학번의 학생들은 대다수가 서울로 통학하면서 자신이 속한 대학의 서클이나 학회에 소속되어 있었고, 2학년 말쯤 어느 한쪽을 선택했다. 다양한 학교에서의 운동적 경험과 정보가 지티로 모였고, 조직을 확대하고 운동 서클로서의 활동을 수행해 나갔다. 전두환정권의 살벌한 탄압이 가해지던 시기에 '지티' 구성원들은 주로 자신의 출신 고등학교 후배들, 교회나 성당에서 활동하던 사람들을 은밀히 접촉하여 조직을 확대해나갔다. 또 서울로 통학하는 대학생들뿐만 아니라 인천에 거주하는 인하대, 인천교대, 인천대 학생들도 '지티'의

---

131) 「인천민주화운동일지.xls」 참조.

구성원이었다. 이들은 몇 명씩 한 팀으로 구성하여 사회과학 학습을 하였으며, 그 팀을 지도하는 선배와 자신의 팀원 외에는 알 수 없는 점조직 형태를 갖추었다. 많은 경우 자신이 속한 '지티'가 '기러기'인지 '통학생회'인지도 알지 못했다. 철저한 언더 서클이었던 '지티'는 교회나 성당, YMCA를 중심으로 한 활동, 야학, 반독재 민주화 유인물을 제작 배포, 담이나 도로에 페인팅, 가두시위 등의 활동을 하며 인천지역 민주화운동의 한 축을 담당했다. '통학생회' 고대 81학번 강희철은 1983년 인천교구가톨릭대학생연합회(인가대연) 회장을 하기도 했다.

인하대 학생들 역시 1980년 민주화의 봄과 광주민주항쟁을 겪으며 신군부의 탄압에도 불구하고 새로운 학생운동 서클들을 결성하였고, 기존의 서클들도 활성화되었다. 서클들은 사회과학을 체계적으로 학습하며, 후배들을 지속해서 재생산하는 구조를 갖추었다. 또한 한국사회의 민주화가 학생운동만으로 이루어질 수 없다는 것을 인식하고, 학생운동 이후 노동운동, 사회단체운동 등으로 진출하여 지속해서 활동할 운동가들을 배출하는 체계를 갖추기 위해 노력했다. 『역사란 무엇인가』, 『전환시대의 논리』, 『자본주의 경제의 구조와 발전』 등을 읽고 선배의 지도하에 토론하며 학습하는, 일명 '세미나'를 일주일에 한 번씩 정기적으로 행하였고, 농활(농촌활동), 공활(공장활동), 합숙훈련(MT) 등을 하였다.

이 서클들은 오픈 서클과 언더 서클로 나눌 수 있으며, 오픈과 언더 조직을 함께 갖춘 서클도 있었다. 오픈 서클은 지도교수를 선임하여 학교에 정식으로 등록을 하고 서클룸을 배정받았으며, 회원들이 서클룸을 수시로 드나드는 외부에 드러난 조직이었다. 언더 서클은 등록과정 없이 비밀스럽게 만든 조직으로, '지티' 조직 방식과 같이 몇 명씩 한 팀을 이루고 지도하는 선배 한 명만이 다른 팀과 관계를 갖는 방식이었다. 학습도 자취방 등에 모여 은밀히 진행 하였고, 외부에 드러나지 않는 비밀 조직이었다.

후배 몇 명씩을 묶어 학습, 훈련시키는 'RP팀', 고학년 몇 명을 묶어서 유인물 제작을 담당하게 하는 '피팀' 등으로 나누어 운영하기도 하였다. 각 팀원들은 다른 팀원들을 알 수 없는 체계였고, 3학년 2학기나 4학년이 되어 지도부가 되었을 때에야 다른 팀원들을 알 수 있었다.

1978년 유인물 사건으로 구속되었던 곽한왕(77, 국어)을 중심으로 1979년 말부터 모임을 갖고 학습하던 '한국사회연구회'(한사)가 1980년 오픈 서클로 창립되었다. 79학번 이우청, 황홍규, 80학번 이기선, 김성진 등이 회원이었다. 이후 '한사'는 계속 오픈 서클을 유지하며 활동했다.

역시 1978년 구속되었던 조용호(77, 응용물리)를 중심으로는 '사회과학연구회'(사과)가 언더 서클로 결성되었다. 79학번으로는 송영수, 민영수, 80학번으로는 김홍태, 김청유, 전길수, 이동수, 박영수 등이 회원으로 있었고, 80학번 홍문표는 인천지역에서 활동하던 '탈반'에 있다가 인하대 공연을 계기로 1981년 2월 합류했다. 언더 서클이었던 '사과'는 여러 사건으로 많이 노출되어 '청진회'로 이름을 바꾸었고, 81학번은 '청진회'라는 이름으로 뽑았다. 81학번은 15명 정도가 있었다. 1981년 교내 건물 외벽에 반정부 구호를 페인팅 한 사건으로 경찰이 수사를 하던 중, 압수수색에서 영종도 합숙훈련 때 배를 타며 작성했던 명부가 발견되어 회원 전체가 드러났다. 이 사건으로 민영수(79, 산공), 송영수(79, 고분자), 홍문표(80, 역사교육)가 서클에서 공부한 내용과 반정부 구호 페인팅, 북한방송청취 등의 혐의로 국가보안법과 집회 및 시위에 관한 법률 위반으로 구속되었다. 나머지 남학생들은 모두 강제 징집되었고, 청진회는 해체되었다.

1980년 복교한 문희탁(72, 경영)을 중심으로 최종옥(69), 손동권(72, 정밀기계), 강신오(75), 김명식(77, 국어), 서병희(77), 차계성(78, 화공), 이홍우(78) 등은 1980년 9월 '청조회'를 조직했다. 청조회는 사회과학 도서를 학습하며 재생산구조를 갖는 학생운동 서클은 아니었고, 공개세미나나 전봉준

탈춤공연 등을 수시로 개최하다가 1981년 3월 지도교수 미선임으로 해산되었다. 회원 중 최종옥은 유신시대에 술집에서 대통령 박정희 욕을 하였다고 구속되기도 하였다.

'청조회'의 막내였던 최진우(79, 조선)와 송돈희(79, 조선)가 1981년 4월 '대우(大友)회'를 오픈 서클로 창립하였다. 건국대를 다니다 인하대에 새로 입학한 조순호(78)의 합류로 사회과학 학습 목록이 체계화되었고, 언더 조직을 따로 꾸리기 시작했다. 이후 오픈과 언더의 이중 구조를 유지했으며, 둘을 합해 대우 패밀리를 형성했다.

1977년 재건되어 문화패로서 지속적인 활동을 하던 '탈반'은 1981년부터 학생운동 조직으로서의 성격을 강화했다. 이경철(80, 금속), 현광훈(81, 수학), 윤광현(81, 화공) 등을 중심으로 사회과학과 문예이론에 대한 학습을 체계화하였고, 기존의 전통 민속극이 아닌 시대 상황에 맞는 창작극으로 1981년 〈예수전〉, 1982년 〈되새김굿〉, 1983년 〈광굿〉 등을 공연하였다. 1985년 겨울부터는 언더 조직을 만들었고, 이 과정에서 문화 예술성을 중시하는 학생들과 학생운동을 중시하는 학생들 사이에 갈등이 발생하여 예술성을 중시하던 일부 학생들이 '탈반'을 떠나기도 했다. '탈반'은 인천에서 활동하던 '제파PD그룹'과 연결되어 있었다.

기독학생회의 한태환(79, 화학), 문광석(80, 생물), 임정상(80, 역사교육), 김종운(80, 전산)은 1980년 11월, 1981년 3월과 5월의 학내 유인물 및 반정부구호 페인팅 사건이 발각되어 1981년 5월 구속되었다. 이 사건으로 기독학생회는 타격을 입었으나, 선배들과 82학번을 중심으로 조직을 재정비했다.

80학번 오동진이 의가사 제대하고 1982년 복학했을 때, 정진관은 자신이 만든 '백범사상연구회'(백사)를 오동진에게 부탁했다. 오동진을 중심으로 오픈 서클 활동을 하던 '백사'는 잠시 '밀알'로 이름을 바꾸기도 하였다. 숭의동 성당을 중심으로 활동하던 '지티'와 관련되었고 언더 조직도 꾸렸다. '지티' 중 하나인 '숭의'는 인하대 가톨릭학생회와도 관련이 있었고, '백사'와 가톨릭학생회는 학내에서 하나의 패밀리로 활동하였다.

'아카데미'는 일제강점기 안창호 주도로 설립된 흥사단이 1960년대 고등학생과 대학생을 대상으로 아카데미 운동을 전개하면서 각 대학에 서클로 조직되었다. 인하대 '아카데미'(아카)는 진보적 성향을 갖고 있었지만 학생운동 서클은 아니었고, 79, 80학번들이 사회과학 학습을 하면서 선배들과 '왜 안창호를 공부하지 않느냐' 등의 문제로 갈등을 빚기도 했다. 81학번 이영이가 '아카'의 주축이 되었을 때 완전히 체계를 갖춘 학생운동 서클로 전환되었다. 82학번 주도로 언더 조직도 구성하였고, 지티 '기러기'와도 관계를 맺어 활동을 하였다.

윤호영(81, 철학)은 공주사범대를 다니다 1980년 5월 사건으로 문제가 되었으나 지도교수가 손을 써 자퇴 처리 되고, 철학에 뜻이 있어 인하대 역사철학계열로 다시 입학하였다. 이후 윤호영은 기독학생회 79학번 한태환과 여러 차례 만나 강력한 학생운동 조직을 만들자고 이야기하였으나 성사되지 않았고, 1981년 2학기에 김기현(81, 철학) 등과 사회과학 학습 서클을 만들게 되었으며 77학번 조용호의 도움을 많이 받았다. 이 사회과학 서클을 처음부터 언더 조직으로 만들려고 한 것은 아니었고 학내 공개 서클 등록을 못해서 자연스럽게 언더 서클이 되었다. 이 조직에는 81, 82학번들의 수가 꽤 많았으며 83학번까지 있었다. 김기현(81, 철학)은 철학과 언더 서클로 기억하고 있었으나 철학과 학생뿐만 아니라 공대생도 다수 있었다. 이 조직은 나중에 윤호영과 연결되었던 83학번 철학과 이양일 등이 1984년 오픈 서클로 '사회과학연구회'를 등록하였다.

경찰이 학내에 상주하고 총학생회도 없는 상황에서 인하대 학생운동 서클 주도의 시위가 1982년 11월 8일 일어났다. '한사'의 이우청(79, 역사교육)과 '대우'의 최진우(79, 조선)는 시위를 계획하고 송림동 성당에서 등사기로 유인물을 제작하였고 핸드마이크도 구입했다. 시위 당일 최진우는 6호관 2층 난간에서 유인물을 뿌리며 낭독했고, 이우청은 서클에서 조직 동원된 시위대 50여 명을 주도하며 전두환정권에 반대하는 구호를 외쳤다. 이 시위로 이우청과 최진우는 구속되었다.

1983년에도 서클 주도의 시위가 벌어졌다. 10월 6일 인하대 학생들은 '언론자유 보장하라', '노동3권 보장하라' 등의 구호를 외치며 시위했고, 이승만 동상을 끌어내렸다. 이 과정에서 윤호영(철학 3)은 발뒤꿈치가 으깨지는 중상을 입었다. 윤호영을 비롯하여 '한사'의 79학번 황홍규와 80학번 이기선, '아카'의 80학번 이민재 등 4명이 구속됐다. 이후 이승만 동상은 다시 세워졌다.

부천시 역곡동에 소재한 성심여자대학에서도 1983년 10월 5일 민주화 시위가 벌어졌고, 시위를 주도한 4학년 학생 맹보영, 이종미, 김기수, 김혜정이 구속됐다.[132]

인천대에서도 1980년 민주화의 봄과 광주민주항쟁을 거치며 학생운동 서클들이 조직되고 활성화되기 시작했다.

총학생회장 홍성복은 1980년 5월에 열린 전국대학학생회장단 회의 때 만난 이대 탈패 회장을 심상준(80, 독문)에게 소개하였고, 심상준은 그에게 탈춤을 배우면서 14명을 모아 모임을 꾸려가기 시작했다. 1980년 여름부터 활동을 시작한 탈반(민속학연구회)은 1983년 여름에서야 서클 등록을 했다. 등록 때까지 서클룸이 없어 3년 동안 여기저기 전전하며 모임을 가졌고, 회원들 각자가 교회나 성당 등에서 아는 선배를 통해 커리큘럼을 받아 스스로 학습을 했다.

인천대에 언더 서클도 생겼는데, 이는 인천 창영교회를 다니던 80학번

---

132) 「인천민주화운동일지.xls」 참조.

영문과 김성일을 중심으로 한 '기러기' 팀이 1982년부터 본격적으로 활동하여 만들어졌다. 1983년 9월 기러기팀의 김성일과 박홍민(생물 82)이 주도하여 전두환 군부독재 타도, 학원자율화 등을 요구하는 학내 시위를 벌이다 구속되었다. 이를 준비하는 과정에서 이태형(동인천감리교회) 노동청년이 도움을 준 게 밝혀져 같은 건으로 구속 수감되었다.

'아카데미' 회원들은 1983~1984년 무렵 '독서토론회'(독토)를 조직하였고, 인천대에는 '탈패'와 '독토', 두 개의 서클 축이 형성되었다. 불교학생회나 가톨릭학생회 등 종교 서클도 큰 역할을 했다.[133] 또 전남향우회(1985년경부터 호남향우회)의 영향력도 컸다. "전남향우회는 1980년 4월 총학생회장 선거에서도 후보를 냈고, 1, 2학년생뿐이던 인천대생들의 '80년 봄' 투쟁을 이끌었다. 향우회가 총학의 취약한 운동성을 보강하면서 학생운동 서클 역할을 대신 했다."[134]

이와 같이 전국의 각 대학에서 학생운동 서클들을 중심으로 민주화운동이 확대되는 가운데 1983년 12월 21일 전두환정권은 학원자율화 조치를 내놓았다. 1980년 5·17 이후 학원 사태와 관련해 제적된 학생들 중 잘못을 깊이 뉘우치는 사람에 대해 1984년 1학기를 기해 복교를 허용하고, 처벌위주의 학원 대책을 선도 위주로 전환하겠다는 것이었다. 이는 1986년 아시안게임과 1988년 올림픽을 성공적으로 치러야한다는 부담 등 여러 요인들 때문이기도 했지만, 이제까지와 같은 폭력적 탄압 방식만으로는 확대된 학생들의 민주화운동에 효과적으로 대처할 수 없다는 상황인식 때문이기도 했다.

---

133) 인천대 서클에 관해서는 『인천대학교 민주화운동사』, 인천대학교인천학연구원, 인천대민주화기념사업회준비위원회, 2015, 80~81쪽과 『학생운동의 시대』, 민주화운동기념사업회, 이호룡 정근식 엮음, 선인, 2013, 439~442쪽 참조.
134) 『학생운동의 시대』, 민주화운동기념사업회, 이호룡 정근식 엮음, 선인, 2013, 437쪽 참조.

2. 1984년부터 1986년 말까지

1984년이 시작되면서 민주화운동으로 제적되었던 학생들은 '경인지구복교대책위원회'(회장 고대 서원기, 부회장 서울대 이우재, 인하대 대표 안영근)를 1월 25일 결성했다. 결성 선언문인 '복교문제의 민주적 해결을 위하여'에서 정부의 복교조치는 은전이 아니라 부당하게 빼앗긴 배울 권리의 정당한 회복이며 복교에 앞서 학원과 사회의 민주화가 중요함을 강조 했다. 3월 28일에는 인하대 복교대책위원회(회장 안영근)를 발전적으로 해체하고 민주동우회(회장 민영수, 79, 산공)를 발족시켰다. 3월 30일 경인지구복교대책위원회도 전원 복교에 앞서 사회 민주화를 촉구하는 마무리 성명을 발표했다.

개강과 더불어 전국 각 대학 학생들은 '학원자율화(또는 민주화)추진위원회'를 결성하고 학생회의 부활과 민주화를 위한 활동을 활발히 전개했다. 문교부는 학생회 부활을 막으려 했으나 학생들의 민주화투쟁 속에 1984년과 1985년 전국의 거의 모든 대학에 학생회가 건설됐다.

인하대 학생들은 1984년 3월 23일 인하대 학원자율화추진위원회(이후 학자추) 결성 준비위원회(위원장 임학성, 사학 4) 구성을 시작으로 토론회, 공청회, 학도호국단 성토대회 등 집회와 시위를 지속해서 진행하였다. 5월 1일에는 학자추 주최로 6백여 명의 학생이 본관 잔디밭에 모여 공청회를 개최하고 총학생회 직선제에 관한 서명운동을 벌리고 교내 시위 후 가두로 진출하였으나 경찰에 막혔다. 학생들은 학도호국단으로 몰려가 사무실을 점거하고 학자추 인정을 요구하며 철야농성을 했다. 이러한 총학생회 쟁취 투쟁은 총학생회를 부활시킬 때까지 계속됐다.

학원자율화 투쟁과 더불어 5월의 민속극회(탈반) 주최의 대동제와 학자추 주최의 '광주민주항쟁 진상 보고대회 및 위령제', 8월의 '광복 39주년 기넘식', '연행 학생 석방과 방일 반대 성토대회', 김성진(80, 토목)이 경찰에 연행되어 구타당한 후 입원한 사건에 대한 대책위원회 구성과 항의 시위, 10월 '동일방직 해고 노동자 안순애 초청강연회' 등 민주화투쟁을 끊임없이 전개하였다. 1984년 11월 2일에는 복교생과 학자추 주관으로 '학생의 날 기념식 및 선배제위 추모제'를 갖고 대동놀이 후 교내 시위하며, 김기현(철학 4)과 '아카'의 이영이 등이 주도하여 이승만 동상을 완전히 쓰러뜨렸다.

그리고 11월 22~23일 학생들의 자율적 관리 하에 진행된 투표로 이광현(81, 불문)을 총학생 회장으로 선출하였고 총학생회를 부활하였다.

인천대 학생들도 집회와 시위를 지속하며 학생회 부활과 민주화투쟁을 전개했다. 1984년 10월 29일부터 11월 2일까지를 민주화대행진 기간으로 선포하고 부마항쟁의 의의와 부활된 학생의 날을 기념하였고, 학생회 부활, 언론자유, 종합대로의 승격을 위한 보완책 마련, 교권확립 등을 주장하며 토론과 시위를 벌였다. 1985년 3월 28일에는 인천대 민주화추진위원회 주최로 '학도호국단 화형식 및 총학생회 부활 촉진대회'를 진행하고 가두 진출을 시도하였다. 시위 도중 학내에서 사찰 중이던 동부서 정보과 양용수 형사를 붙잡아 정보과장으로부터 "학원사찰을 인정한다. 다시는 선인학원 내에 들어오지 않겠다"는 각서를 받고 오후 9시경 풀어줬다.

그리고 1985년 4월 16일 이재영(법학 3)을 총학생회장으로 선출함으로써 총학생회가 부활했다. 이재영은 서클 '독토'와 '탈패'가 협의하여 낸 후보였고, 전남향우회도 함께 선거를 준비했다.[135]

인천대 총학생회는 세 특별기구 '민족통일 · 민주쟁취 · 민중해방투쟁위원회'(삼민투), '학원복지위원회', '학내문제대책위원회'를 만들었다. '삼민

---

135) 『인천대학교 민주화운동사』, 인천대학교인천학연구원, 인천대민주화기념사업회 준비위원회, 2015, 86쪽 과 『학생운동의 시대』, 민주화운동기념사업회, 이호룡 정근식 엮음, 선인, 2013, 443쪽 참조.

투'는 인하대를 비롯한 각 대학에 결성된 민주화투쟁기구였고, '학내문제 대책위원회'는 인천대의 재단투쟁을 위한 조직이었다.

1986년 4월 19일에는 '독토' 소속 김형길(83, 법학)이 주도하여 '군부독재 타도하여 4월 혁명 완수하자'라는 슬로건으로 시위를 벌였고, 김형길은 구속되었다.

1986년 인천대 민주화운동의 분수령이 되는 '대투쟁', 즉 '재단투쟁'이 일어났다. 5월 3일 '신민당 인천 개헌추진위원회 경기·인천지부 결성대회'를 계기로 경인지역 민주화운동 세력이 주안사거리에 집결하였다. 인천 5·3민주항쟁이다. 인하대와 인천대 학생들도 인천5·3민주항쟁에 적극 참여하였다. 5월 2일 당선된 인천대 총학생회장 김교흥(정외 3) 역시 이 대회에 참가하였다가 연행되어 구속됐다. 임기를 시작하기 전이었다. 초대 학생회장 홍성복은 배후조종혐의로 수배되었고, 전 총학생회장 이재영 역시 배후조종혐의로 구속되었다. 김교흥 총학생회장은 8월 1일 집행유예로 풀려났다. 총학생회가 제 역할을 하지 못하는 상황에서, 2학기에 '재단투쟁위원회'(재투위)가 구성된다. 1986년 10월 15일 1,500여 명의 학생들이 김정환(83, 전자)의 주도로 민주광장에 모여 재투위를 발족하고 김종택(81, 법학)을 위원장으로 선임했다. '재투위'를 중심으로 재투는 거교적으로 확산되었는데, 소위 '호교회'('학교를 사랑하는 모임'이라는 이름으로 학생들을 정보원으로 활용한 조직)의 실체가 폭로된 점도 작용했다. 백인엽은 1981년 말경부터 일부 학생들로 비선조직 '호교회'를 만들었고, 이들을 통해 학생들의 동향을 파악하였다. 1986년 10월 18일 학생들은 점거농성 중인 학장실에서 '호교회' 자료들과 일부 명단, '매복조·미행조 특별활동 지원비', '학생 포섭비', '호교활동 지원비' 등에 대한 교비지출 내역이 기록된 서정홍 학장 비밀노트를 발견했다. 호교회의 실체가 드러난 것이다.

어용교수 문제도 크게 부각됐다. 실력 없이 소위 '빽'으로 교수가 되고,

그런 교수들이 학과장 등의 보직을 맡아 백인엽의 하인 역할을 했다. 학생들은 '백파'(백인엽을 추종하는 그룹) 교수 25명 명단을 공개해 대자보 한 장에 한 글자씩 해서 본관 14층 건물을 도배했다.

학생총회에 연일 1,000~2,000명이 모이는 와중에 10월 21일 30여 명의 축구부 학생들에 의한 폭력사태가 발생했다. 축구부, 체육과, 경기지도학과 학생들은 재단 측의 지원을 받으며 폭력을 행사하곤 했었다. 불난 집에 부채질한 셈이었다. 다음날 열린 비상학생총회에는 3,500여 명이 참여했다. 학생들은 단대별로 학장실과 보직교수실을 점거했고, 1,000여 명이 자퇴서를 썼다. 전문대 학생들도 재단 정상화 투쟁에 적극적으로 참여했다.

교수들까지 동조할 무렵, 10월 31일 무기휴교령이 내려졌고, 본관 11층 도서관에서 농성하던 학생들은 토론 끝에 13명만 남기로 하고 "정리 후 후퇴" 결정을 하였다. 11월 1일 13명은 경찰에 연행되었다.[136]

1986년 10월 31일 서울 건국대에서 벌어진 10·28건대항쟁이 진압되었다. 건대항쟁은 약 25개 대학의 학생들 2,000여 명이 모여 반외세반독재애국학생투쟁연합(애학투련)을 결성한 집회가 경찰의 진압과 봉쇄로 3박 4일의 점거 아닌 점거농성으로 바뀌면서 결국 1,525명이 연행되고 이중 1,288명이 구속된 사건이다.[137] 이 사건으로 영장이 신청된 1,288명 중 5명이, 구속 기소자 395명 중 2명이 인천대 학생(이경섭 정외 84, 전성득 화학 85)이었다. 인천대에 무기휴교령이 내려진 날은 바로 건대항쟁이 진압된 날이었고, 건대에 출동했던 경찰병력이 그대로 인천대로 달려왔다.[138]

136) 인천대 1986년 재투 상황은 『학생운동의 시대』, 민주화운동기념사업회, 이호룡·정근식 엮음, 선인, 2013, 442~448쪽과 『인천대학교 민주화운동사』, 인천대학교인천학연구원, 인천대민주화기념사업회준비위원회, 2015, 89~113쪽 참조.
137) 『학생운동, 1980』, 10·28건대항쟁계승사업회 기획, 오월의봄, 2016, 9~10쪽.
138) 『학생운동의 시대』, 민주화운동기념사업회, 이호룡 정근식 엮음, 선인, 2013, 448~449쪽

1986년 인천대 대투쟁은 학생운동 서클의 구성원들이 대거 건대농성에 참여하여 학내 투쟁에 참여하지 못했다는 비판도 있지만, 인천대 학생운동의 분수령이 되었다. 재단 투쟁의 명분이나 분위기가 학내에 확실히 정착되었고 사회민주화운동 범주 안에 자리 잡았다.[139] '우리문화연구회', '한국사회연구회', '풍물패 울림' 등 새로 생긴 학생운동 서클마다 신입생들이 꽉꽉 들어찼고, 해당 과 학생회에 참여하는 학생들도 늘었다.[140]

지역에서는 지티로 '숭의'가 1984년 3개 그룹이 모여 공식 창립했다. 3개 그룹은 이전부터 활동해왔고, 숭의동 성당 중심의 후배들과 인하대 백사를 조직했던 임재홍(서울대 80), 교회 및 부평고 후배들을 조직했던 최성호(서울대 80)와 권용숙(경희대 79), 그리고 기러기에서 떨어져 나온 이후장(서울대 80) 등이 중심이었다. 숭의는 조직과 활동을 강화하여 1985년에는 인천가톨릭대학생연합(인가대련) 회장선거에서 김종일(서울대 83)을 통학생회와 경쟁하여 당선시켰다. 인하대에서도 백사와 가톨릭학생회를 강화하였다. 1985년 9월에는 최성렬(외대 81)이 횃불을 들고 자체 조직원 150명과 함께 송림동 대한공전 앞에서부터 현대극장까지 독자적인 가두시위를 감행하였고, 지역운동권에 그 실체를 드러냈다.

지티로는 'EYC'도 있었는데, 산업선교회 중심으로 조직된 그룹이었다. 이들은 투쟁 지향적 학생운동보다는 강한 현장 지향적, 지역 운동적 성격을 가지고 있어서 실제 시위나 집회 등의 투쟁에는 잘 나타나지 않았다. 1985년 결성된 지티 간 연락 회의체에 나왔으나 1986년 중반 탈퇴하고 다

참조.

[139] 『학생운동의 시대』, 민주화운동기념사업회, 이호룡 정근식 엮음, 선인, 2013, 449쪽 참조.

[140] 『인천대학교 민주화운동사』, 인천대학교인천학연구원, 인천대민주화기념사업회 준비위원회, 2015, 111~112쪽 참조.

른 지티와 교류하지 않았다.

1985년 하반기 지티에서는 본격적인 투쟁의 필요성이 제기되었고, 연락이 닿은 4개 그룹 기러기, 통학생회, 숭의, EYC 간에 연락회의체가 결성되었다. 이 회의체는 1986년 상반기까지 지속되면서 인천 지티의 투쟁을 기획하고 주도하였다.

1986년 중반, 탄압을 강화하는 전두환정권에 맞서기 위하여 인천지역의 '지티'는 통합하여 역량을 강화하기로 하고, '기러기'와 '숭의'가 통합했다. 기러기와 숭의의 통합 그룹은 1986년 말까지 다양한 투쟁을 전개했는데, 독자적인 유인물 배포뿐만 아니라 인천지역노동자연맹(인노련)과 연합하여 인노련이 제작한 유인물을 공단에 배포하기도 하였고, 가두시위를 조직하기도 하였다.[141]

1984~1986년은 각 학교에서 총학생회가 부활했으며 총학생회와 '삼민투' 같은 투쟁 기구를 통한 민주화투쟁이 끊임없이 일어났고, 학교 간의 연대 활동도 활발했다.

1984년 8월 15일 경인지구 13개 대학교 학생 3천여 명이 성균관대에서 '8·15 민족해방기념식'을 가진 후 방일반대 구호를 외치며 일장기 화형식을 하였고, 교문 밖 연좌시위와 종로2가 파고다공원 앞 가두시위를 벌였다.

1985년 4월 10일에는 서울대에서 인하대, 인천대 등 36개 대학교 학생들이 참여한 '경인지구 대학생연합회'를 결성하였고, 4월 17일에는 전국 62개 대학으로 구성된 '전국학생총연맹'(전학련)을 고려대에서 결성하고 서울대 총학생회장 김민석을 의장으로 선출하였다.

1985년 4월 19일에는 인하대, 인천대, 성심여대가 공동 주최하여 '4·19 25돌 기념식'을 인천대 학생회관에서 가졌고, 5월 17일 인하대와 인천대가

---

141) '숭의', 'EYC', 지티 간 연락회의체에 관한 내용은 숭의 소속 백도현(고대 83)이 기술하여 전달한 것을 참조 또는 인용하였음.

연합하여 광주민주항쟁 5주년 기념식을 갖고 시위했다. 11월 1일에는 인하대, 인천대, 성심여대 등 부천 인천지역 3개 대학이 '민중생존권쟁취 연합투쟁대회'를 인하대에서 개최하였다. 인하대 '민속극회'(탈반)가 "벌거숭이 이 산하에"를 7백여 명이 참석한 가운데 공연하였고, 공연이 끝난 후 5백여 명이 후문에서 군부독재 화형식을 갖고 민중 생존권쟁취를 위한 가두시위를 벌였다. 시위 중 수십 명의 학생이 교내로 진입한 경찰에 의해 강제 연행됐다.

1986년 4월 29일에는 인하대, 인천대, 성심여대, 인천교대 등 4개 대학이 연합하여 오후 6시 30분부터 "군부파쇼 타도하여 민주정부 수립하자"는 슬로건을 내걸고 1시간 동안 격렬한 시위를 벌였다. 이날 연합시위에서 인하대 이장한(회계3제적)과 서병섭(무역1)이 경찰에 연행됐다.

5월 15일에는 인천 부천지역 3개 대학이 함께 '광주학살6주년 기념식'을 인천대 민주광장에서 개최했다. 인천5·3민주항쟁으로 수배 중이던 인천대 총학생회장 이재영이 5·18 광주민주항쟁 경과를 보고한 후 전두환 화형식을 하고 "광주학살 배후 조종한 미제를 축출하자", "광주학살 독재정권을 타도하자!"는 현수막을 들고 경찰과 대치하며 격렬한 시위를 벌였다.

학생들은 학내시위, 학내시위 후 가두 진출이라는 시위 형식 외에 시민, 노동자들과 함께 하기 위해 '가투'라 부르는 가두시위 투쟁을 별도로 조직했다. 각 대학 서클들과 '지티'가 독자적으로 또는 연합하여 '가투'를 계획하고 실행했다. '가투'에 참여할 학생들에게 비밀리에 시간과 장소를 알리고, 주동자가 핸드마이크를 들고 신호하면 가두시위 장소에 흩어져 있던 학생들이 모여 대열을 이루고, 주동자의 주도하에 구호를 외치고 유인물을 뿌리며 행진하는 형식이었다. 민주화투쟁이 시민으로 확산되는 것을 막기 위해 경찰은 '가투' 시작 후 몇 분 내로 출동하여 포위하고 학생들을 연행, 구속하였다. 이러한 '가투'는 끊임없이 실행되었다.

1985년 4월 20일 인하대와 성심여대 학생들은 역곡역 앞에서 '수입개방 경제 철폐', '매국방미 반대' 등의 구호를 외치며 연합시위를 벌였고, 31명이 연행됐다. 5월 1일에는 인천대 대학생 150여 명이 산곡동에서 '노동3권 보장'을 요구하며 횃불 시위를 했다. 6월 3일에는 인하대, 중앙대, 서울대, 숙명여대, 상명여대 5개 대학 대학생 200여 명이 인천시 서구 가좌동 대우전자 앞에서 '대우자동차 임금인상 투쟁 만세' 등의 구호를 외치며 시위하였고 학생 25명이 연행됐다.

1986년 2월 1일에는 인천 '지티' 중 하나인 '기러기' 회원 안성규(82), 곽성순(서울대 82), 김경준(82), 이상훈(연대 83) 4명의 주도하에 오전 8시경 부평 갈산동 한국수출산업공단 제4단지 입구 삼화고속 버스정류장 앞에서 "독재타도", "임금인상" 등을 외치며 학생, 노동자 40~50여 명과 함께 시위하였고 주도한 4명이 모두 구속됐다. 지티 간 연락 회의체가 기획한 투쟁이었다.

4월 5일에는 부평 산곡동에서 숭의 소속 민경석(고대 82), EYC 소속 김경구(중앙대 82), 그리고 인하대 대우회 양재원(82) 주도로 군부독재 타도와 파쇼헌법 철폐를 주장하며 가두 시위하였고 3명 모두 구속되었다.

11월 28일에는 인하대 '반미민족해방 반파쇼 민주쟁취 투쟁연합' 소속학생 8명이 부평역 근처 대한빌딩 옥상에서 횃불과 현수막을 들고 '장기집권 획책하는 전두환 일당 타도하자', '장기집권 지원하는 미제국주의 물러가라' 등의 구호를 외치며 약 40분간 시위했다. 이날 윤성학(수학 4), 이양일(철학 4), 이장수(경제 4,), 박현준(금속 4), 김홍춘(국어 4), 현미숙(철학 4), 양승전(국문 3), 임헌조(섬유 2)가 연행되어 구속됐다.

'지티'는 독자적으로 또는 인하대, 인천대 등과 연대하여 '가투'를 조직하고 유인물을 배포하는 등의 활동 외에도 교회와 성당에서의 공개적인 활동을 주도하거나 적극적으로 참여하였다.

1984년 10월 26일 인천교구 가톨릭대학생 연합회(인가대연)가 주관한 월례 청년 금요강좌에 민주화운동청년연합 김근태 의장이 초청됐다. 강연이 끝난 후 학생 300여 명은 '한일 군사동맹 반대'와 함께 부천 반도기계 노동자 사망 사건과 관련해 '노동악법 개정하라', '폭력경찰 물러나라' 등의 구호를 외치며 20여 분간 횃불 시위를 전개했다. 경찰 진압으로 흩어진 후 남구 도화동 옛 중앙극장 앞에 재집결하여 도화동 파출소 등에 돌을 던지며 시위했다. 26명이 경찰에 연행됐고, 강희철(81, 고려대) 등이 구류처분을 받았다. 이 횃불 시위는 '통학생회'가 기획하고 주도했다.[142]

'기러기' 출신 권병기(78, 서울대) 등은 1984년 11월 창립한 '인천지역사회운동연합'(인사연)의 결성 과정부터 주요한 역할을 하여 운영부 차장을 맡았다.

인하대 84학번 임명택은 입학하여 가톨릭학생회에서 독서 토론을 하였고, '숭의' 회원으로 '가투'에 참가하는 등 2학년은 주로 '지티'에서 활동했다. 그러다 2학년 말부터 인하대 '백사' 패밀리로 들어와 학내 활동으로 전환하였으며, 인하대 7대 총학생 회장(임기는 1986년 2학기와 1987년 1학기)으로 선출됐다.

이렇듯 '지티'는 인천지역 대학교들과 밀접한 관련을 맺었으며, 지역에서 다양한 활동을 활발히 전개했다.

1980년 광주민주항쟁 이후 1984~1986년은 전두환정권의 탄압에도 불구하고 학생들의 민주화운동이 급격히 팽창했다. 이 시기 학생운동 내에 'NL(민족해방)' 그룹과 'PD(민중민주)' 그룹이 등장했다.

유신체제와 5·18광주민주항쟁 그리고 신군부의 탄압을 겪으며 학생운동 세력은 양심과 열정, 단발성 시위와 학생운동만으로는 이 사회를 바꿀

---

142) 김정국·기영숙 지음, 『스미는 날 강희철』, 강희철재단, 2018, 112~113쪽 참조.

수 없다는 현실을 인식하였다. 탄압에 맞서 자의 반 타의 반으로 형성된 대학 내 학생운동 서클들은 학생 운동가를 지속해서 재생산하고, 학생운동 이후 노동운동을 비롯한 다양한 현장에서 활동할 활동가를 배출하는 체계를 갖추었다. 이들은 한국사회의 성격과 변혁 방향 그리고 이를 수행할 운동 조직, 투쟁 전략 등을 학습과 논쟁을 통하여 고민하였다. 이 과정에서 여러 논쟁이 있었으며 "군부독재를 무너뜨리고 불합리하고 불평등한 사회를 완전히 뒤집어보겠다는 다양한 혁명론이 분출했다."[143]

학생운동 내의 조직과 투쟁노선을 둘러싼 대표적 논쟁으로는 1980년 민주화의 봄과 '서울역 회군' 그리고 5·18광주민주항쟁에 대한 평가를 둘러싼 '무림'과 '학림'의 논쟁, 1984~1985년의 'MC'와 'MT'[144] 간의 논쟁('깃발-반깃발' 논쟁)이 있었다. 무림파는 다수파였고 장기적 관점에서 민주변혁운동의 주력군인 학생운동의 역량을 강화하는 데 주력해야한다고 주장했다. 반면에 학림파는 소수파였고 무림파를 준비론, 대기주의라고 비판하며 학생운동이 반독재투쟁에서 선도적 역할을 담당해야 한다고 주장했다. 이 논쟁은 MC와 MT 간의 논쟁으로 이어졌다. MC는 무림의 맥을 잇는 범주류였고, MT는 학림의 맥을 이었다. MC가 과 학회 등 일반대중들의 의식화와 조직 활동을 중시하였다면, MT파는 좀 더 선진적 대중의 선도적 활동과 투쟁을 중시하였다. 1985년 학생운동의 전반적 분위기는 서클을 중심으로 선도적 정치 투쟁을 주로 수행하였고, MT그룹적 성격이 강하였다.[145]

1983년 12월 학원자율화조치 이후 1984년부터 각 대학에서는 총학생회가 재건되었고, 각 단과대, 과에서 활동의 폭이 넓어졌다. 이런 상황에서

---

143) 『NL 현대사』, 박찬수, 인물과사상사, 2017, 88쪽.

144) MC는 주류(main current)를 뜻하는 영문 약자이고, MT는 학림을 계승한 그룹이 결성한 '민주화투쟁위원회'의 약자인 '민투'의 영어식 표현이다.(김윤철, 2012)

145) 학생운동 내의 논쟁은 『학생운동의 시대』, 민주화운동기념사업회, 이호룡 정근식 엮음, 선인, 2013, 266~274쪽 참조.

1986년 MC 계열의 일부가 서클주의를 비판하며 대중노선을 강조하는 NL 노선을 들고나왔다. NL은 서울대의 단재사상연구회로부터 시작하여 '구국학생연맹(구학련)', 고려대의 애국학생회, 연세대의 반미구국학생동맹 등의 조직으로 전국 대학에 빠르게 확산되었다. 이들은 주체사상을 받아들였고, 한국 사회를 미제국주의와 그 앞잡이인 군사독재정권이 파쇼적으로 지배하는 식민지반봉건사회(나중에는 식민지반자본주의사회)로 파악하였다. 반미 투쟁과 통일운동을 중심으로 노동자, 농민, 학생 등이 연합하는 반제통일전선을 추구하였다. 또한 '품성론'을 기초로 기존 서클 중심의 운동을 강하게 비판하였고, 서클을 해체하고 통일된 학생운동 조직을 건설하여야 하며, 총학생회, 과학생회 등의 대중 조직과 활동을 강화해야 한다고 제안하였다. NL의 빠른 확산은 1980년 광주의 경험으로 반미 정서가 확대된 점도 있지만, 품성론에 기초한 대중노선이 핵심이었다. 서클 중심의 사고와 활동에 빠져있던 학생운동가들에게 품성론은 큰 충격이었다. 이후 NL은 주체사상의 수용 여부, 남한 내 독자적인 전위조직 건설, 통일운동의 중심 기조와 방향, 정치세력화 등의 내적 이견과 논쟁으로 일정한 균열과 분화를 겪게 된다.[146] 주체사상 수용 여부에 따라 주사NL과 비주사NL로 나누기도 한다.

　NL이 확산되는 가운데 MT 계열의 맥을 잇던 활동가들이 전위적 조직 재건을 시도하였고, 이들이 제헌의회(CA) 그룹이다. NL이 반제투쟁과 민주헌법쟁취투쟁(직선제 개헌투쟁)을 강조했다면, CA는 민중지원투쟁(노학연대투쟁)과 민중헌법의 쟁취를 강조했다. CA 그룹이 세를 확장하지 못하는 가운데 다른 PD 계열의 학생운동 세력이 부상했다. 새롭게 부상한 PD 그룹들은 기본적으로 NL의 노선에 반대하고, 동시에 CA의 한계를 비판

---

146) 『학생운동의 시대』, 민주화운동기념사업회, 이호룡 정근식 엮음, 선인, 2013, 252쪽 참조.

했다. PD에는 여러 정파가 있었는데, MT 계열의 맥을 잇는 CA(제헌의회) 그리고 제파PD(반제반파쇼민중민주주의), CPC(헌법제정민중회의), AMC(반독점민중민주주의), 인민노련 그룹 등이 있었다. 이후의 사노맹(남한사회주의노동자동맹)은 CA의 맥을, 대장정학생연합은 AMC의 맥을, 진학련(진보학생정치연합)은 인민노련의 맥을 잇는 학생운동 조직이라 할 수 있다. PD는 마르크스-레닌주의를 수용하였고, 노동자계급을 중심으로 한 민중의 투쟁에 초점을 맞추었다.

1986년 말 학생운동권에 NL이 대세가 되면서 지티에서도 NL로 노선을 정리하려는 움직임이 발생했다. '기러기'와 '숭의'의 통합 그룹과 '통학생회'가 통합하였다. '지티' 통합은 NL의 주도 하에 일어났다. 통합 이후 NL을 수용한 통학생회가 주도하였고, 일부 '기러기'와 '숭의'의 회원들은 이에 반발하며 별도의 조직을 구성하고 PD계열로 활동했다.

통합한 지티는 건대항쟁 이후의 공포분위기 속에서 1986년 12월 14일 집회투쟁을 기획하였는데, 장신영(서울대 79, 기러기)과 백도현(고대 83, 숭의)은 답동 인천가톨릭회관 정문 앞에서, 김종일(서울대 83, 숭의)과 조규선(성대 83, 통학생회)은 답동 성당 건너편 신포시장 앞에서 횃불과 마이크를 들고 군사독재 타도와 직선제 쟁취를 외치며 시위를 주도하다가 네 명 모두 구속되었다.[147]

인하대는 1986년 후반기에 민족해방노선(NL)을 받아들이며 주요 학생운동 서클들을 해체했다. 1986년 인하대 83학번들 대부분이 학생운동을 정리하고 노동운동에 투신하기로 결의한 후, 투쟁 기구를 만들어 민주화투쟁을 주도하다 구속됐다. 남아있던 '기독학생회'와 '대우'의 83학번 두 명이 서울대의 NL 조직 '구학련'과 연결되어 인하대 84학번 패밀리 대표자 협의

---

147) 백도현(고대 83)이 기술하여 전달한 것을 참조하였음.

체에 서울대 83학번 학생을 소개하였다. 84학번들은 이들과 학습하고 토론하며 품성론을 중심으로 NL의 사상을 급속히 받아들였다. '대우', '백사', '아카'가 서클을 해체하였고, '탈반'은 이에 반대하며 '제파PD'로 남았으며 일부만이 NL에 합류했다. 서클을 해체하면서 구성원들을 단과대와 학과별 논의체제로 재편하였고, 84학번들은 총학생회 담당, 선전선동 담당, 조직 담당, 투쟁 담당, 지역연대 담당 등으로 역할 분담하였다. 인하대에서는 이 조직을 '대활련(대중활동연합)'이라 불렀다.

인천대는 재단 문제가 심각했기에, 이를 중심으로 단일 대오를 형성하고 대중 활동을 강화하는 분위기가 강했다. 이런 분위기 속에 인천대에서는 자연스럽게 학생운동 조직의 큰 변화 없이 NL 중심으로 민주화투쟁이 진행되어 나갔다. "인천대에도 여러 갈래를 통해 다양한 운동권 세력들이 들어오려고 시도됐다. 하지만 1986년을 전후로 NL이 빠르게 세력을 확장해 사실상 단일 대오를 형성했다."[148]

제5절 1987년부터 1990년대 초반까지의 학생운동

1986년 구속된 학생들의 수는 2,117명이었다. 1970년부터 2001년까지 학생 구속자 수는 1987년, 1989년, 1990년, 1997년 4년만 1천 명을 넘겼고 나머지 해는 수십 명에서 수백 명이었다.[149] 1986년만 2천 명을 넘어섰다. 그만큼 1986년은 학생들의 민주화투쟁과 전두환정권의 폭력적 탄압이 강

---

148) 『인천대학교 민주화운동사』, 인천대학교인천학연구원, 인천대민주화기념사업회 준비위원회, 2015, 62쪽.

149) 학생 구속자 수는 『학생운동의 시대』, 민주화운동기념사업회, 이호룡 정근식 엮음, 선인, 2013, 53쪽의 '〈표 3〉 학생구속자 수의 추이'(조현연, 2004) 참조.

렬하게 대치한 해였다. 이러한 분위기는 1987년으로 이어졌다.

1987년 1월 14일 서울대 학생 박종철이 남영동 대공분실에서 고문으로 사망했고, 전국의 각 대학은 끓어올랐다. 2월 17일 인하대 총학생회 주최로 '박종철 추모식 및 고문규탄대회'를 갖고 후문 앞에서 시위를 벌였다. 3월 3일에는 '박종철 군 49제와 고문추방 국민대행진'이 경찰의 원천봉쇄로 저지되자 전국 주요 도시에서 대규모 거리시위가 있었고, 439명이 연행되었다. 3월 5일 인하대와 성심여대 총학생회는 연합하여 '3·3대행진 평가 및 고문규탄대회'를 갖고 인하대 후문에서 500여 명의 학생이 연좌 농성을 벌였다.

전두환정권의 폭력적 탄압에 분노하며 민주화를 외치는 학생들의 시위가 격화되었고, 대통령 직선제 개헌에 대한 요구도 높아졌다. 이런 상황에서 전두환은 특별담화를 통해 '4·13 호헌조치'를 발표했다. '체육관 선거'로 군사정권을 연장하려는 의도를 분명히 한 것이다. 14일 법무부도 개헌 논의를 빙자한 불법 행동에 대해 최고형을 지시했고, 경찰 3만 7천여 명을 동원하여 10개 대학을 수색했다.

학생들의 저항은 계속됐다. 인천지역의 대학생들은 문무대 입소 등의 군사교육을 반대하는 시위를 벌였고, 4·19혁명 27주년 기념식을 갖고 시위하는 등 민주화투쟁을 지속하였다. 5월 14일 인하대 총학생회는 '장기집권저지 및 민주헌법쟁취투쟁위원회' 발대식을 갖고 "미제파쇼 타도하고, 민주헌법 쟁취하자" 등의 구호를 외치며 후문으로 진출하여 경찰과 격렬한 투석전을 벌였다. 인천대 학생들은 '호헌분쇄 및 장기집권 저지특별위원회'를 구성하고 5월 15일 "군부독재 타도", "호헌결사 반대" 등을 외치며 시위했다.

전국적으로 시위가 계속되는 가운데 6월 9일 연세대 앞 시위에서 연세대 학생 이한열이 최루탄을 머리에 맞고 쓰러져 사망했다. 같은 날 인하대

학생들은 6월 10일 '민주헌법쟁취 국민운동본부'가 공식 주도하는 국민대
회를 앞두고 '군부독재 종식의 그 날까지 결사 투쟁'할 것을 각오하며 30여
장의 혈서를 쓰고 출정식을 했다.

1987년 6월 10일 국민대회는 인천을 비롯한 25개 지역에서 50여만 명이
참가한 가두규탄 투쟁으로 치러졌다. 이날 인하대 학생 1,500여 명이 학내
집회 후 가두 진출을 시도하여, 1,000여 명이 경찰의 저지를 뚫고 석바위를
거쳐 부평역 국민대회 집회에 합류했다.

6월 14에는 인하대 학생들 2,500여 명이 '군부독재 종식, 호헌철폐' 비상
총회를 한 후 인천교대 앞, 숭의로터리, 신흥로터리를 거쳐 동인천역까지
가두 시위하였고, 시위 중 연행된 20여 명 학생들의 석방을 요구하며 철야
농성에 들어갔다.

6월 15일에는 인천대 학생들이 교문 앞 도로를 점거하고 2시간 동안 시
위했다. 이날 인하대에서는 12,000명에 달하는 학생들이 '독재타도', '광주
학살 진상규명', '직선개헌쟁취', '구속학생석방'을 요구하며 1학기말 시험
을 거부하고 대투쟁에 돌입할 것을 선언했다. 오전 9시부터 과별, 단대별
집회를 한 후 과별 깃발과 플래카드를 들고 대운동장에 집결했다. 집회 후
가두 진출을 시도하여 3천여 명이 시민회관 앞까지 진출했고 석바위 시장
앞에서 시민들과 함께 집회를 가졌다.

6월 16일과 17일에도 시위는 이어졌는데, 17일에는 인하대와 인천대 학
생들 2,000여 명이 함께 동인천역 광장을 점거하고 5천여 시민들이 지켜보
는 가운데 연좌 시위를 벌였다.

6월 18일 최루탄추방대회는 전국 16개 도시 247곳에서 열렸고, 인천은
부평역 앞, 동인천역 앞 두 곳에서 개최됐다. 인하대와 인천대 학생들은
오후 1시 학내에서 출정식을 하고 개인적으로 부평과 동인천으로 집결했
다. 동인천역 앞에서는 오후 6시 학생들이 도로 중앙에 집결하면서 시위

가 시작되었고, 스크럼을 짜고 오성극장과 송림로터리로 진출하여 두 곳에서 집회를 했다. 오후 8시 45분 오성극장 쪽의 군중이 송림로터리로 합류하여 시위대가 5천여 명으로 늘어났고, 두 시간 가량 집회를 가진 후 제물포쪽으로 행진하여 시위대가 숭의철교에 이르렀을 때 경찰이 최루탄을 쏘며 진압을 시도했다. 시위대 일부는 도화오거리에서 경찰과 격렬한 투석전을 벌였고, 인하대 학생 500여 명은 학교로 돌아와 도서관에서 철야농성을 시작했다. 부평역에서는 오후 6시 광장 앞 도로와 백마장 입구에서 동시에 시위를 시작하여 삽시간에 1만여 명의 시민이 모였고, 세 군데로 나뉘어 토론회를 진행하였다. 11시 40분경 개선문예식장 앞에 모여 있던 1만여 명의 시위대는 전두환 화형식을 가졌고, 청천동 시위대와 개선문 시위대가 합세하여 1만에서 1만5천여 명의 시민들이 새벽 2시까지 집회를 계속했다. 새벽 3시경부터 경찰이 최루탄을 쏘고 백골단을 투입하여 진압을 시작하였고, '제2의 광주'를 연상케 하는 무차별 폭력과 연행이 계속됐다. 새벽 5시까지 계속된 연행으로 시민, 학생, 노동자 700여 명이 연행(인하대 학생 219명 포함)되었고, 일부 노동자, 학생은 철마산으로 올라가 산줄기를 타고 청천파출소, 효성파출소 등에 투석하고 아침이 되어 귀가했다. 학생들은 학교로 돌아가 철야농성을 벌였다.

6월 20일 인천대 학생들 2,000여 명이 교내에서 "최루탄추방 인천지역 시민대회 경과보고"를 갖고 교내 시위하였고, 인하대 학생들도 학내에서 시위를 벌였다. 이후 인천지역 시민과 학생들을 비롯하여 전국에서 시위는 계속되었고, 마침내 대통령 직선제 개헌을 수용하는 6·29선언이 발표되었다.

'6월 민주항쟁' 이후 7월부터 노동자들의 대투쟁이 일어났다. 7월부터 전국의 사업장에서 노동자들의 생존권 투쟁이 격렬하게 분출했고, 어용노조의 민주화와 신규노조 건설로 이어지며 노동운동이 활성화되기 시작했다.

학생운동에서는 1987년 8월에 전국 대학생 조직으로 '전국대학생대표자협의회(이하 전대협)'가 NL 주도하에 결성되었다. 6월 민주항쟁의 와중에 희생된 이한열의 장례를 치르며 전국 대학의 총학생회장들이 모였고, 8월경 충남대에서 출범식을 가졌다.[150]

1980년대 전국 대학생 조직으로는 1984년 전국대학생대표자기구회의, 1985년 전국학생총연맹(이하 전학련), 전국민족민주학생연합(이하 전민학련), 1986년 반외세반독재애국학생투쟁연합(이하 애학투련)이 있었지만 토대가 취약하였고 서울 중심적인 연대조직이었다. 이에 반해 전대협은 1985년에 시작된 학생회 부활 및 강화 투쟁과 지역연대조직에 기초한 실질적인 전국 대학의 대표 조직이었다.[151] 외세로부터의 해방을 민족자주권 수호의 선결적 필요조건으로 규정한 전대협의 강령은 대체로 반제통일전선론에 근거하고 있다고 할 수 있다.[152] 전대협은 1993년 3월 해체하였고, 1993년 5월 한국대학총학생회연합(이하 한총련)이 발족하였다.

인천에서도 '인천지역대학생대표자협의회'(이하 인대협)가 결성되었다. 1987년 9월 4일 인천대에서 열린 '인천지역대학생대표자협의회 결성보고 및 인천지역 청년학생 대동단결 한마당'에서, 신원철 인대협 의장(인천대 총학생회장, 전대협 1기 공동의장)은 "학문사상의 자유 및 민주적 교육구현을 위해 노력하며 참다운 민족문화 계승 창달에 헌신하고, 외세의 배격과 독재종식, 완전한 민주주의 실현과 조국의 자주적 평화통일 실현에 적극 헌신" 하는 것이 '인대협' 결성의 목표라고 밝혔다.

인하대에서는 '대활련'이 1987년 2학기와 1988년 1학기 총학생회장으로

---

150) 『학생운동의 시대』, 민주화운동기념사업회, 이호룡 정근식 엮음, 선인, 2013, 41쪽 참조.
151) 『학생운동의 시대』, 민주화운동기념사업회, 이호룡 정근식 엮음, 선인, 2013, 217~218쪽 참조.
152) 『학생운동의 시대』, 민주화운동기념사업회, 이호룡 정근식 엮음, 선인, 2013, 219쪽.

85학번 정재교를 내세워 당선시켰고, 정재교는 '인대협' 의장을 역임하였다.

1987년 12월 실시되는 직선제 대통령 선거에 대한 대응을 놓고 학생운동은 김대중 '비판적 지지론', 김대중 후보와 김영삼 후보를 단일화하자는 '야권후보 단일화론', '민중독자 후보론'으로 분열했다. NL 주류가 비판적 지지론을 취하고 있었고, CA 그룹을 중심으로는 민중독자후보로 백기완을 내세웠다.

인천 학생운동의 대다수는 '인대협'을 중심으로 김대중 후보를 지지했다. 11월 26일 인하대, 인천대, 성심여대, 서울신학대, 인천교대, 가톨릭대 학생연합 등 1천여 명의 학생들이 '인천지역 대학생 군부독재 종식을 위한 대회'를 열고, 선거 시기 '인대협'은 김대중 후보를 지지한다고 표명하였다. 대회 후 경찰과 격렬한 투석전을 벌였고 경찰은 지랄탄을 난사하며 10여 명의 학생들을 강제 연행했다.

12월 16일 실시된 국민투표에서 결국 군사정권의 후예인 노태우가 당선되었다.

1987년 12월 대선을 거치며 인하대 학생운동은 다시 한 번 큰 변화를 겪었다. 인하대의 '대활련', 총학생회 그리고 '인대협'의 김대중 '비판적 지지'를 비판하며 학생운동 활동가 대다수가 PD로 돌아섰다. '비판적 지지'에 대한 비판과 결합하여 다양한 요인이 PD로의 전환에 작용했는데, "주체사상에 대한 회의감", "콘텐츠의 빈약함", "공대의 경우 과에서의 활동 기반이 취약해서 겉돌았다" 등이 요인으로 작용했다. 인하대 외부의 PD 정파들도 인하대 학생들과 빈번히 접촉하였다. PD 계열은 '반제반파', 'LC(노동계급, 반제반독점)', '인민노련 소속의 인하대 선배들이 학내에 조직한 노동현장 이전팀', '여명', 'cpc' 등 여러 정파가 있었다.

1988년 1학기에 실시된 총학생회장 선거는 1차가 투표율 저조로 무산되었고, 2차에 PD 연합 후보로 85학번 이호성이 NL 후보로는 84학번 최용석이 출마했다. 당시 학내에 NL은 몇 명 남아있지 않았으나, NL로 통합된 '지티' 소속의 인하대 학생들이 학내 활동으로 전환했다. 1987년을 거치면서 '지티'는 학생운동이 아니라 노동운동과 사회운동 쪽으로 활동과 조직을 전환했고, 많은 학생들이 '지티'를 떠나 각자가 속한 학교에서 활동했다. 그리고 복학생들과 호남향우회가 최용석(84, 화공)을 지지했다. 투표 결과 최용석이 1988년 2학기, 1989년 1, 2학기 총 3학기 임기의 총학생회장으로 당선됐다. 반면 단과대학생회와 대의원, 신문사는 PD 계열의 학생들이 장악하였다. 이 과정에서 NL은 겨레사랑동아리(나라사랑, 풍물사랑, 노래사랑, 산하사랑)를 만들었다.

PD 계열은 1989년 '반민주악법 및 폭압기구 철폐를 위한 특별위원회'(이하 '특위', 위원장 홍동윤, 86, 국문)를 만들어 투쟁을 지속했다. 초기엔 총학생회와 공조하고 협력했으나 노선상의 갈등으로 공조가 깨졌고, 총학생회와 '특위'는 각자 활동했다.

1989년 하반기 실시된 총학생회장 선거에서는 PD 계열의 후보 이진희(87, 금속)가 1990년 총학생회장으로 당선되었다. 이후에도 PD 그룹과 NL 그룹은 각축을 벌이며 인하대 학생운동을 이끌어 나갔다.

당시 인하대 학생운동은 과학생회와 동아리가 활성화되어서, 거기에서 눈에 띄는 학생을 접촉하여 각 정파별 비합법 조직에 참여시키는 방식이었다. 국문과가 주로 PD 계열이었다면, 사학과는 주로 NL이었다. 다양한 동아리도 존재하였으며, PD 계열로는 '페다(사범대)', 공문당(공대문화마당), 아리랑(경상대) 등이 있었고, NL로는 겨레사랑동아리 등이 있었다.

인천지역 '지티'는 1987년 6월민주항쟁 이후 노동운동과 인천지역 사회운동에 집중했다. NL로 통합된 '지티'의 경우, 인하대를 중심으로 구속되었다가 석방된 사람들이 모여 1988년 결성한 '인천민주청년회'와 결합하였고,

〈그림 5-10〉 인천대학교 학생들이 백인엽 이사장 퇴진과
학원의 자율화와 발전을 요구하며 농성하고 있다
(원출처 : 한만송)

그 활동은 1998년 '평화와 참여로 가는 인천연대(인천연대)'로 이어진다.
1988년 이후에는 학생운동이 아니라 인천지역 사회운동이었다.

인천대는 1987년 6월 민주항쟁을 거치며 재투(재단정상화투쟁)보다 정
치투쟁에 집중했다. 1987년 11월 총학생회 선거에서는 1988년 총학생회장
으로 비운동권 후보가 당선되었다.

1989년 총학생회장은 다시 운동권의 안영환이 당선되었고, 인대협 의장
을 맡았다. 1988년 말 새로 선출된 총학생회 간부 20여 명은 신입생 등록
금 동결을 요구하며 12월 9일부터 학장실 점거농성에 들어갔다. 1989년에
는 관선이사 파견을 요구하고 '백인엽 장례식'을 진행하면서 재단 투쟁을

다시 시작했다. 총학생회장 안영환은 40여 명의 학생들과 5월 30일부터 삭발을 하고 이사진 퇴진을 요구하면서 총장실 점거 농성에 들어갔다. 이후 인천대에서는 매년 삭발농성이 이뤄졌다. 6월 8일에는 인천대와 인천전문대 총학, 교협, 교직원노조, 선인학원교사협의회 등 5개 단체 500여 명이 인천대 체육관에서 연합투쟁집회를 열고 백인엽과 이사진 퇴진을 결의했다.[153]

1990년 총학생회장은 서클 출신이 아닌 과학생회 출신 정순구(87, 국문)가 당선되었다. 이전까지는 '독토' 등 서클 출신들이 총학생회장을 했으나, 1987년 6월 민주항쟁을 거치면서 87학번들이 과로 들어가 학생회 활동에 집중했고, 그 성과가 1990년 과학생회 출신 총학생회장 정순구였다.

1990년 2월 3일 총학생회장 정순구 등 30여 명은 본관 2층 경리과에서 1990학년도 신입생 합격통지서와 등록금 고지서 1,500장을 거둬갔다. 총학, 노조, 교수대표와 학교 측으로 구성된 등록금심의위원회가 결렬되자, 15.5% 인상을 확정한 학교 측은 정순구 등 18명을 징계하고 공권력 투입을 요청했다. 2월 16일 인대협 의장으로 이미 수배 상태였던 총학생회장과 총무부장 고은식이 구속되었다. 3월 28일 인천대생 500여 명은 '등록금투쟁 완전승리를 위한 총궐기대회'를 갖고 40여 명이 총장실을 점거하고 철야 농성에 들어갔다. 1990년 1학기는 재단 투쟁으로 점철되었다.[154]

1991년은 명지대 학생 강경대가 경찰의 쇠파이프에 맞아 사망하였고, 이어서 학생, 노동자 등이 분신하는 '분신정국'이었다. 인천대에서는 1,000여 명이 가두 진출하는 등 정치투쟁이 치열하였지만 1987년과는 차이가 있었다. '분신정국'을 맞아 1학기에는 정치투쟁에, 2학기에는 재단 투쟁에

---

153) 1989년 재단 투쟁에 관해서는 『학생운동의 시대』, 민주화운동기념사업회, 이호룡 정근식 엮음, 선인, 2013, 454~455쪽 참조.

154) 1990년 상황은 『학생운동의 시대』, 민주화운동기념사업회, 이호룡 정근식 엮음, 선인, 2013, 456~457쪽 참조.

무게 중심이 실렸지만 이 두 가지 투쟁은 자연스럽게 어우러졌다. 재단 투쟁과 정치 투쟁 두 가지가 동시에 진행되었지만 학생들은 1,500여 명씩 모여 가두진출을 했다.

1991년 재단 투쟁의 큰 특징은 재단문제를 사회적으로 공론화시키고 시민단체와의 연대가 가시화되었다는 점이다. 성명서와 유인물 배포, 총장선출 및 교사 징계위 무산 투쟁 등 실력행사, 시민서명운동, 평민당사농성 등을 벌여나갔다. 1991년 7월 15일 교수와 교사들이 '범선인학원 정상화 추진위원회'(범선추)를 결성하였고, '인천대학교 재단정상화 추진위원회', '선인학원 재단정상화 교사추진위원회'가 조직되었다.[155]

1991년에는 인천대의 대중조직화 정도가 달랐다. 학생회관에 포진했던 서클들 대부분이 조직을 줄였고 소속 학생들이 자기 학과에서 활동했다. 1989년 2학기에 나타났던 '후배사랑 예비역' 모임도 1991년에는 거교적으로 조직되었다. 1991년은 87, 88학번들이 제대하고 복학하는 시기였다. 서클이나 단대에서 활동했던 학생들이 모여 '후배사랑 예비역' 모임을 만들었다. 후배들을 보호해야 한다면서 '후배사랑예비역' 200여 명이 예비군복을 입고 선두에서 최루탄을 맞으며 시위를 이끌었다.

1992년에도 인천대 학생들은 재단 투쟁에 집중하면서도 정치 투쟁을 함께 해나갔다. 5월 22일에는 인하대, 성심여대 학생들과 함께 2,000여 명이 제물포역 앞에서 '민자당 해체'와 '민주정부수립'을 외치며 2시간 동안 화염병 100여 개를 던지는 격렬한 시위를 벌였다.[156]

1992년 11월 실시된 1993년도 총학생회장 선거에서 운동권 학생이 유례없이 압도적인 표 차로 당선됐다. 다른 후보들은 500표도 얻지 못했

---

155) 1991년 상황은 『학생운동의 시대』, 민주화운동기념사업회, 이호룡 정근식 엮음, 선인, 2013, 458~459쪽 참조.
156) 『학생운동의 시대』, 민주화운동기념사업회, 이호룡 정근식 엮음, 선인, 2013, 465쪽 참조.

다.157)

그 힘을 바탕으로 인천대 학생들은 인천시민과 연대하여 투쟁을 지속하였고, 교육부가 1994년 1월 15일 선인학원 시립화 공립화를 승인함으로써 1994년 3월 1일 인천대와 인천전문대가 시립화되고, 각급 학교는 공립화되었다.158)

제6절 인천지역 학생운동의 특징과 의의

인천의 민주화운동과 관련한 지리적 특징은 크게 둘로 나타낼 수 있다. 하나는 수도 서울과 인접하였다는 것이고, 또 하나는 한국 유수의 공업지대로서 70~80년대 한국 노동운동의 중심지였다는 것이다. 인천의 이러한 지리적 특징은 인천지역의 학생운동에도 큰 영향을 끼쳤다.

우선 지역 학생운동 조직으로서 지티의 결성과 활동을 들 수 있다. 이들은 1970년대 후반 서울로 통학하던 통학생들의 독서모임이 주가 되어 결성되었다. 그런데 지티 구성원들의 운동의 장은 인천이었다. 학생운동을 하는 활동가가 학생운동을 자기가 다니는 대학이 아닌 자기가 사는 지역에서 펼친 것이다. 이는 인천에 살면서 서울로 통학이 가능한 인천의 지리적 특성 때문에 가능한 것이었고, 인천지역 학생운동만의 독특한 특징의 하나가 되었다.

또 하나는 지티를 포함한 인천의 학생운동 세력이 노동운동과의 연계에 많은 중점을 두었다는 것이다. 1980년대 중반까지는 많은 학생운동가가

---

157) 『학생운동의 시대』, 민주화운동기념사업회, 이호룡 정근식 엮음, 선인, 2013, 473쪽 참조.
158) 『학생운동의 시대』, 민주화운동기념사업회, 이호룡 정근식 엮음, 선인, 2013, 475쪽 참조.

노동야학에 참여하였고, 유인물을 살포하더라도 대부분 공장지대나 노동자 밀집 지구에 유인물을 살포하였으며, 가두시위를 벌여도 대부분 공장지대나 노동자 밀집 지구에서 가두시위를 벌였다. 1987년 이후에는 노동자의 파업 지원 등의 활동도 이어갔다. 또한 학생운동을 정리한 이후에는 많은 활동가가 노동운동으로 진출하였다. 이는 인천의 학생운동 활동가에게 한국 노동운동의 중심지 인천의 지리적 특성이 영향을 끼친 결과이며, 인천의 학생운동이 가진 주요한 특징 중 하나이다.

또한 인천대의 재단정상화투쟁도 부패한 재단에 맞서 시립으로 전환한 유일한 학원 민주화투쟁으로서의 의미가 있다 하겠다. 인천대 재단정상화투쟁은 향후 인천 시민운동이 성장하는 데도 큰 발판이 되었다.

제3장 여성운동

제1절 여성단체의 활동과 진보적 여성운동의 등장 배경159)

한국의 여성단체 활동은 1948년 제1공화국의 성립, 한국전쟁과 남북분
단의 고착 등의 정치 상황에 규정 받았다. 이 시기의 여성단체들은 주로
국가재건 후원, 부상군인을 위한 사회복지사업, 피난민, 전쟁고아를 돌보
는 봉사활동 등에 동원되었다. 또 1960년대 본격적으로 시작된 국가 주도
의 산업화 정책과 이를 위한 위로부터의 민간인 동원은 여성단체들의 역
할을 '국가정책의 도구'로 제한하여 자율적 여성단체 활동을 저해하는 요
인으로 작용했다. 이 시기 대부분의 여성단체는 1959년에 결성된 한국여
성단체협의회(이하 여협)에 소속되어 정부의 반공 캠페인이나 인구정책을
지원하기 위한 계몽캠페인에 참여했다.

이러한 정치 상황에 규정받으면서 인천에도 정부수립 이후 여러 여성단
체가 활동하였다. 여성단체들은 주로 대한미용사회 인천지부(1945), 대한

---

159) 이 절의 참고자료는 다음과 같다. 이옥지, 『한국여성노동운동사』 1, 한울아카데미, 2001;
　　노현기, 「잊혀진 버스안내양, 그들의 투쟁」, 『매일노동뉴스』, 2005.10.26.; 홍미희 · 윤현
　　숙, 『인천여성운동의 현황과 역할』, 인천발전연구원, 2007; 인천민주평화인권센터사료
　　편찬위원회, 『인천민주화운동 연표』, 인천민주평화센터, 2014; http://www.ywcaic.or.kr.

영양사회 인천지부(1976) 등의 직능단체들, 한국자유총연맹 인천부녀회 (1954), 인천광역시재향군인여성회(1963) 등과 같이 정치적 목적을 내세운 단체들, 대한어머니회 인천광역시지부(1965), 전국주부교실인천광역시지 부(1971) 등의 주부단체들이었다.

이러한 여성단체들은 여협의 경기도인천시여성단체협의회(1975)에 소 속되었다가 1984년 이후 인천여성단체협의회(이하 인천여협)에 소속되어 활동했다. 인천여협 소속단체들은 공통으로 지역봉사단체로서의 정체성 을 가지고 있었다. 그러나 이들이 펼치는 봉사활동은 전통적 성 역할에 기 초하여 주부와 어머니의 역할을 지역사회로까지 확장하는 활동이었다. 이 는 기존의 전통적 성 역할을 오히려 강화하고 있었기 때문에 여성운동 단 체라고 보기 어려웠다.

이들 단체와 다소 다르게 활동하던 인천YWCA는 봉사정신을 핵심정체 성으로 가지고 있지만 "중산층 기독여성들이 사회에 좋은 일을 하기 위해 서 기독교 정신을 바탕으로 해서 만든 단체"라는 기독교 정신에 기초하고 있었다. 인천YWCA의 창립은 1970년 몇몇 교회 여성들이 소외된 이들을 위해 봉사활동을 하다가 에스터합창단을 만들면서 시작되었다. 인천 YWCA가 본격적인 사업을 시작한 1978년에서 1983년까지의 주요활동은 YWCA 놀이반 운영, 소비자고발센터 운영, 신문발간, 어머니 교실 운영 등 이었다. 이 사업들은 이후 인천YWCA의 주요사업으로 꾸준히 진행되었다.

이러한 중산층 여성단체들의 활동과는 다른 기층여성들의 저항도 일어 났다. 1960년 5월 10일 학익동의 흥한방직 인천공장에서 해고노동자 40여 명이 복직시위를 벌였다. 또 1967년 5월 14일에는 '가톨릭노동청년회'(이하 JOC) 소속의 여성노동자들이 강화도 심도직물에서 노동조합결성투쟁을 벌였다. 1970년대 들어서는 한독산업 여성노동자들의 1975년 상여금 차등 지급 폐지투쟁과 1979년 부당해고 반대투쟁, 태평특수섬유 여성노동자들의 1977년 여름휴가 및 휴가비 지급투쟁 등이 일어났다.

또 사회운동단체들이 여성문제에 대해 지원하는 활동도 있었다. 1984년 11월 19일 창립된 인천지역사회운동연합(이하 인사연)은 여성부를 설치하였고, 창립선언문에서 "부당한 남녀차별 등이 존재하지 않는 건전한 지역사회를 조성"할 것이라고 밝혔다. 인사연 여성부는 1984년 11월 시위를 하다 연행된 여대생성폭력사건에 항의하는 여대생추행사건대책협의회에 참여했고, 1985년 1월 가족법개정운동을 함께 벌였으며, 3월 8일 여성단체들과 공동주최로 '세계여성의 날 기념 제1회 한국여성대회'를 개최하여 '민족·민주·민중과 함께 하는 85여성운동선언'에 참여했다.

한편 1986년 한국사회에 충격을 준 '부천서 성고문사건'이 일어났다. 인천에서는 7월 2일부터 양심수 가족들과 인사연, 천주교인천교구정의평화위원회, 인천기독교청년협의회, 인천지역기독노동자연맹, 천주교인천교구청년회, 가톨릭노동청년회 등이 정권의 성적 고문규탄 및 책임자처벌 등을 요구하는 공동 성명을 발표하고 선전물을 배포하며 집회를 여는 등의 활동을 벌였다.

이러한 기층여성의 저항, 종교계 및 사회운동단체들의 활동이 일회적이거나 연대 차원에 머물렀다면, 여성문제를 사회구조적으로 인식하고 성평등한 사회건설을 목표로 삼아 여성문제를 해결하려는 진보적 여성운동은 인천지역의 특수성에 근거해 발생했다.

인천은 1960년대 이후 산업화과정에서 여러 공업단지를 중심으로 전자, 섬유산업과 같은 저임금의 노동집약적 산업이 발전하였고, 여성노동자의 수도 급속하게 증가하였다. 또 공단 주위에는 노동자 거주 지역 및 빈민지역이 형성되었다. 이에 따라 1970년대 여성노동자운동이 일어났고, 1980년대 들어 인천은 노동운동의 중심 지역이 되었다. 이런 지역적 특성 때문에 진보적 여성운동은 1970년대 여성노동자들의 민주노조운동을 통해 그

싹을 틔웠고, 1980년대 여성노동운동 단체가 결성되어 그 지속성을 견지
하였다. 또, 여성평우회의 활동으로 빈민 여성운동이 등장하면서, 진보적
여성운동은 노동자 빈민 등 '기층여성' 중심으로 펼쳐졌다.(빈민 여성운동
은 빈민운동 편에서 다룸) 그러나 일반 여성에 기초한 진보적 여성운동은
다소 늦은 1990년대 이후 등장하였다.

제2절 인천 여성노동자들의 민주노조운동[160]

1. 1970~86년 여성노동자들의 민주노조운동과 성별 문제

1970년대에 들어서면서 여성노동자들의 민주노조운동이 형성되었다.
그 출발은 만석동에 위치한 면방직 업체인 동일방직에서였다. 동일방직은
1972년 기준 전체 조합원 1,283명 중에 88%인 1,214명이 여성이었다. 그러
나 노동조합은 소수의 기술직 남성들이 지부장과 간부직을 차지했고, 조
합원의 대다수를 차지하는 여성 조합원들은 조합활동에서 소외되었다. 노
조는 회사의 한 부서쯤으로 여겨졌다.

1972년 5월 동일방직노조에서 주길자가 지부장으로 선출되었다. 이는
한국노동운동사 최초의 여성지부장 탄생으로 놀랄만한 일이었는데, 여성
노동자들이 인천도시산업선교회와 JOC의 지원을 받아 소그룹 활동과 교

---

160) 이 절의 참고자료는 다음과 같다. 동일방직투쟁위원회, 『동일방직노동조합운동사』, 돌
베개, 1985; 인천기독교민중교육연구소 엮음, 『87노동자대투쟁』, 풀빛, 1988; 인천여성
노동자회, 『인천여성노동자』 2호, 5호, 1990; 이옥지, 『한국여성노동운동사』 1, 한울아
카데미, 2001; 강인순, 『한국여성노동운동사』 2권, 한울아카데미, 2001; 성공회대학교
사회문화연구소, 『1970년대 산업화 초기 한국노동사 연구』, 2002; 장현자, 『그때 우리
들은』, 한울사, 2002; 전노협백서발간위원회, 『전노협백서』 1, 논장, 2003; 인천민주평화
인권센터사료편찬위원회, 『인천민주화운동 연표』, 인천민주평화센터, 2014.

〈그림 5-11〉
한국 노동조합
역사상 첫
여성지부장으로
선출된 동일방직
노동조합 주길자
지부장과 집행부
(원출처 :
『한겨레신문』)

육활동을 활발하게 한 결과였다. 여성지부장이 당선되면서 남성들이 여성
밑에서 일하려 하지 않았기 때문에 19명의 상임위원이 모두 여성들로 구
성되었고, 조합원의 85%인 여성들이 노조를 주도하였다. 집행부는 회사
측의 온갖 방해에도 임금인상, 권익옹호 및 복지확대 등을 위해 노력했고,
조합원들은 이를 지지하였다. 여성 집행부가 등장하고 4년 정도 노조는
안정적으로 운영되었다.

그러나 회사 측은 노조를 어용화하기 위해 남성노동자들을 매수하였다.
당시 남성노동자들은 기능공이나 기술직으로 여성노동자들보다 2배 이상
의 임금을 받았고, 관리사원인 담임으로 승진할 기회도 있었기 때문에 치
열한 진급 경쟁을 벌였다. 이처럼 노동과정에서 남성노동자들은 성차별에
따른 상대적 이익을 누리고 있었다. 그 때문에 남성노동자들은 기술과 관
리라는 우월적인 이미지, 여성노동자들은 남성노동을 보조하는 종속적인
이미지를 갖고 있었다. 그런데 여성들이 그동안 남성들이 주도해 온 어용
노조를 민주노조로 바꿔 노조활동을 주도하자 상실감을 느끼게 되었다.
회사 측은 이러한 성별갈등을 활용하였다.

그 직접적인 시도는 1976년부터 나타났다. 2월에 실시된 대의원선거 결

과, 대의원 총수 47명 중 23명이 현 여성 집행부를 지지하는 여성 대의원
이었고, 21명은 회사 측을 지지하는 남성 대의원이었다. 나머지 3인은 유
동적인 태도를 보인 남성들이었으나 이후 회사 측을 지지하였다. 이에 남
성 대의원과 여성 대의원들의 대립이 본격화되었다. 고두영, 이석주, 이종
규, 원종인 등의 남성 대의원들은 때로는 지부장을 폭행하기도 했다. 7월
23일 경찰이 지부장을 연행해 간 사이, 남성 대의원 24명이 기숙사 강당
문을 잠그고 불법적으로 대의원대회를 개최했다. 이에 200여 명의 여성 조
합원이 집행부를 지지하며 모여들었고, 7월 24일 밤 10시부터 파업으로 발
전했다. 7월 25일 오후 경찰이 농성장에 진입하여 끌고 가려 하자, 여성노
동자들은 옷을 벗는 신체 저항(나체시위)을 하면서 노조를 지켜냈다.

이어 1978년 2월 대의원 선거를 앞두고 회사 측에서 남성노동자들을 중
심으로 '동일방직노동조합 정상화투쟁위원회'를 조직하였다. 이들은 공장
새마을운동 교육을 빙자하여 여성 조합원들에게 현 집행부를 비난하는 교
육을 하였고, 조합원들이 이 교육내용을 반박하면 폭행하였다. 남성들의
폭력은 1978년 2월 21일 대의원선거일에 정점에 이르렀다. 이날 새벽 지부
사무실에서 조합간부들이 밤새워 투표에 대비하고 있는데 남성조합원들
이 방화수 통에 똥을 들고 와 여성조합원들의 얼굴과 몸에 뿌리고, 심지어
강제로 먹이거나, 아니면 가슴에 똥을 집어넣거나 또는 똥통을 통째로 뒤
집어씌우기도 했다.

이날의 '똥물 투척 사건'은 노동조합운동에서 여성에 대한 남성폭력의
성격을 가장 상징적으로 보여주는 사건이었다. 동일방직 여성노동자들의
투쟁은 회사 측과 민주노조의 대립 구도가 민주노조 대 어용노조의 대립
구도로, 그리고 여성 대 남성의 성별 대립 구도로 표출되었다. 이 사건 이
후 성별대립은 민주노조의 존립 여부를 결정짓는 중요한 요소가 되었다.

이어 부평공단에 있던 럭키·금성재벌의 계열사인 반도상사에서 여성

노동자들이 민주노조를 결성했다. 반도상사는 1974년 2월 기준 노동자 수 1,400명으로 여성이 1,200명, 남성은 200명이었다. 1973년 12월 초부터 몇몇 여성노동자들이 3개월간 도시산업선교회의 '부평지역 여성 지도자 훈련'에 참여했다. 이 여성노동자들은 현장 동료들과 같이 1974년 2월 26일 임금 60% 인상, 폭행사원처벌 등 6개 요구조건을 내걸고 14시간 파업을 벌여 승리했다. 그러나 이튿날부터 회사 측은 직위해제, 부서이동 등으로 노동자들을 탄압하고 남성노동자들을 매수하여 노노 갈등을 일으키면서 어용노조를 결성하려 했다. 결국 1974년 4월 15일 남녀 공동으로 노조결성대회를 하기로 했는데, 여성노동자들은 사전에 지부장과 간부들을 여성으로 선출할 계획을 세웠다. 그 결과 노조결성대회에서 여성들이 지지하던 한순임이 지부장에 당선되었고, 남성노동자들은 퇴장해 버렸다.

노조는 설립 이후 매년 30% 이상의 임금인상과 상여금인상을 쟁취했고, 기숙사와 식당시설개선, 퇴직금제와 연차·월차수당제 확립, 특히 생리휴가 등을 확보하는 성과를 얻었다. 이는 노조가 조합원들을 대상으로 소그룹활동, 교육 등의 일상활동과 신용협동조합활동 등을 꾸준히 펼친 결과였다.

노조는 당시 여성노동자들이 결혼 후 퇴사하는 관행을 취업규칙에까지 명시해 놓았는데, 이를 변화시키려 했다. 그 계기는 부녀부장인 길옥순이 결혼 후에도 직장을 다니겠다는 의사표시를 한 것이었다. 노조는 여성도 결혼에 구애받지 않고 계속 일할 수 있다는 생각으로 길옥순을 적극적으로 지원하기로 했다. 부녀부장이 결혼 후에도 계속 출근하자 회사는 그녀를 개인적으로 불러 퇴사를 강요했으나, 노조는 이 문제를 노사협상 안건으로 올려 결국 회사 측의 퇴사 압력을 포기시켰다. 노조의 이런 시도는 비록 일 회로 끝났지만, 당시 한국사회에서 여성은 결혼하면 퇴직하여 가정에 머무는 것이 당연시되었던 관례에 비추어 볼 때, 여성의 규범화된 성

역할에 대해 문제를 제기한 것이라고 할 수 있다.

반도상사노조는 회사의 일상문화를 변화시켜 여성노동자들이 공장에서 좀 더 인격적인 대우를 받을 수 있도록 노력하였다. 노조결성 이전에는 흔했던 관리자들의 폭언이나 망신주기, 비하 호칭 같은 문제가 일어나면 노조가 관련 관리자와 회사로부터 공개사과를 받아내어, 관리자들이 여성노동자들을 업신여기거나 반말을 할 수 없게 만들었다. 또 노조 초기에는 관리자들이 노조위원장조차 노골적으로 무시하면서 "젊은 가시네가 지부장은 무슨 지부장이냐"며 지부장에게 '한양', '미스 한'이라고 부르기도 했다. 이는 남성 관리자들이 여성노동자를 보호받아야 할 미성숙한 존재로 바라보는 태도로서, 여성들이 주도하는 노조를 회사 측과 대등한 관계로 받아들이지 않았기 때문이었다. 이에 노조가 항의하여 관리자들이 호칭을 정정해 부르게 했다.

한편 남성노동자들은 노조결성 때 참여는 했지만 결성 이후 회사 측과 결탁하여 민주노조를 방해하거나 분열시키는 역할을 하였다. 특히 1978년 초 부산공장에서 일하던 제화부의 남자들이 부평공장으로 오자, 회사는 노동조합을 와해시키기 위해 본격적으로 남성노동자들을 매수하여 "남자들이 여자들의 치마폭에 휘둘린다"라면서 성별대립 구도를 만들었다. 그 결과 1978년 4월 남성노동자들은 섬유노조 본조에 대의원 선출과정을 문제 삼아 진정서를 접수했고, 대의원대회 때는 남성노동자들이 대회 장소를 점거하면서 난동을 부리기도 했다.

1979년 말부터 회사는 조합원에 대한 부당인사이동, 폭행 등 노조탄압을 본격화했다. 1980년 5월 17일 계엄령이 확대되고 8월 2일 계엄사가 노조간부 3명을 연행해갔다. 회사 측은 이를 기회 삼아 노조를 약화하기 위해 8월 10일 휴업을 공지해 노동자들이 불안감을 느끼게 한 뒤, 12월 13일 120명의 노동자에게 강제사표를 받아냈다. 결국 1981년 3월 13일 회사는 폐업을 했고, 노조도 해산되었다.

1970년대 민주노조들이 해산된 뒤인 1980년대 전반기 여성노동자운동
이 침체한 상황에서 1983년 말 여성노동자들이 주도한 블랙리스트철폐투
쟁이 일어났다. 이 투쟁은 블랙리스트문제를 사회문제로 부상시켰고, 또
여성 활동가들로 하여금 노동운동을 지속하지 못하는 여성노동자들의 현
실에 눈을 돌려 그 진단과 대안을 모색하게 하여, 1988년 '인천 여성 나눔
의 집'을 결성하는 것으로 귀결되었다.

블랙리스트철폐투쟁 이후 여성노동자운동은 다시 시작되었다. 1984년 4
월 17일 대한마이크로전자의 여성노동자들이 노조를 결성했는데, 이는 광
주민주항쟁 이후 1980년대 전반기에 인천에서 최초로 결성된 노동조합이
었다. 1985년 초 대한마이크로노조는 11%의 임금인상과 '여사원 결혼 후
퇴직제 폐지' 등을 요구하며 투쟁하였다. 그러나 회사 측의 지속된 노조탄
압으로 여성노동자들이 한국노총 점거투쟁(7월 9일~16일)을 벌이다가 4명
이 구속되고, 150여 명이 강제사직과 해고를 당하면서 노조도 와해됐다.
이어 1985년에는 범한무전 여성노동자들이 체불임금 지급요구투쟁(6월)과
해고 반대투쟁(7월)을 벌였고, 시브라더즈 여성노동자들도 현장농성투쟁
(12월 9일~11일)과 전국섬유노조연맹점거투쟁(12월 22일)을 벌였다. 뒤이
어 신도전자 여성노동자들은 노동조건 저하를 막기 위한 투쟁을 벌였고,
1986년 2월 27일에 이성전자의 여성노동자들이 임금인상투쟁을 전개했다.

이처럼 1970년대 여성노동자들은 민주노조운동이라는 새로운 노동운동
의 흐름을 만들어냈고, 1980년대 전반기 일부 여성노동자들이 노조결성
및 근로조건개선투쟁으로 그 맥을 이어갔다. 이런 흐름은 1987년 노동자
대투쟁 이후 여성노동자들의 민주노조운동과 여성노동단체운동으로 이어
졌다.

〈그림 5-12〉 구사대(정문 안)에 의해 회사 밖으로 내쫓긴 대한마이크로전자
노동조합원들이 불법해고에 대하여 항의 시위를 하고 있다
(원출처 : 『노동자역사 한내』)

2. 1987년 노동자대투쟁과 여성노동자운동

1987년 7월 울산에서 시작된 노동자대투쟁의 열기가 인천에서는 7월에
서서히 솟아오르다가 8월 들어 4, 5공단을 중심으로 번져나갔다. 선일연
마, 한독금속, 대우중공업 등 대공장의 남성노동자들을 중심으로 시작된
노동자투쟁은 중소규모 사업장의 여성노동자투쟁으로 확산되었다. 이 시
기 여성노동자 투쟁의 특징은 다음과 같다.

우선 여성노동자들의 투쟁은 한세실업, 태연물산, 진진양행 등의 봉제
또는 봉제완구업종과 새한미디어, 코스모스전자, 인성전자, 대한마이크로

전자, 세진음향 등의 전자업종에서 주로 일어났다. 또 남녀 노동자들이 같이 근무했던 신광기업, 한광산업, 신한공기, 한일튜브, 서울조구 등의 금속산업, 한영목재, 영창악기 등의 목재가구업종에서도 여성노동자들이 투쟁에 적극적으로 참여했다. 이들 사업장의 투쟁에는 대부분 학생운동 출신 활동가들이 참여하고 있었다.

투쟁의 요구는 민주노조인정과 어용노조민주화가 중심이었으나 임금과 근로조건개선 등 그동안 쌓여 있던 불만도 봇물이 터지듯 쏟아져 나왔다. 특히 한세실업, 코스모스전자, 서울조구, 세진음향, 대우전자, 진진양행, 영창악기 등에서는 여성노동자들에게 필수적인 모성보호를 위한 생리휴가실시를 요구하였다. 또 이전에는 일부 대공장의 남성노동자들에게만 지급되었던 가족수당을 요구한 사업장들이 있었는데, 신광기업, 신한공기, 서울조구, 대우전자, 한광산업, 한영목재 등이었다. 특히 한일튜브 1공장의 경우 남성노동자들이 95명으로 55명인 기혼여성노동자들보다 많은 사업장인데도 호주인 여성 근로자의 가족수당 지급을 확보해냈다. 이는 기혼여성노동자들이 투쟁에 적극적으로 참여했기 때문에 가능했다. 그동안 남성만을 가장으로 인정하던 관행을 깨고, 비록 호주라는 제한은 있지만, 여성도 가장이라는 것을 인정한 점에서 의미가 컸다.

무엇보다도 여성노동자들이 투쟁과정에서 주요하게 제기한 요구는 관리자들이 일상적으로 여성노동자들에게 가했던 인격적, 성적 모욕과 폭력을 해결하기 위한 '인격적 대우'를 해달라는 것이었다. 태연물산의 여성노동자들은 관리자의 욕설과 비인격적 대우를 금지할 것을 요구했고, 신광기업과 인성전자의 노동자들도 관리자의 폭행, 폭언, 욕설의 중단과 인격적 대우를 요구했다. 또 코스모스전자와 세진음향은 인격적 대우를 요구했고, 진진양행은 관리자들의 욕설, 폭행을 중지할 것을 요구하였다.

이런 여성노동자들의 투쟁에 대해 회사 측은 회유와 협박, 구사대와 공권력 등을 동원한 폭력적인 탄압을 하였다. 더욱이 회사 측은 여성노동자들의 아버지, 오빠, 남편 등의 남성 가족에게 연락해 협박하거나 회유하였고, 남성노동자들을 동원해 어용노조를 결성하는 방식 등으로 대응했다.

특히 여성노동자들의 투쟁에 대한 회사 측의 탄압방식에서 주목할 점은 여성노동자들의 민주노조건설투쟁을 노노 대립으로 만들기 위해, 남성노동자들을 구사대로 조직해서 여성노동자들의 투쟁을 탄압하려 한 점이다. 그 때문에 노노 대립은 기본적으로 성별대립을 통한 폭력적 양상으로 나타났다. 예를 들면 한세실업은 분임협의회를 구사대로 전환해 폭력을 행사했고, 태연물산에서도 남성 직원들이 폭력을 휘두르며 여성노동자들을 16시간 동안 지하실에 감금하고 공포분위기를 조성해 투쟁을 포기하도록 탄압했다. 새한미디어에서는 회사 측이 80여 명의 태권도부원 남성노동자들을 구사대로 전환해 여성노동자들에게 폭력을 행사하였고, 이어 남성노동자들을 동원해 여성노동자들이 결성한 민주노조를 무력화시키기 위해 어용노조를 설립하려 했다.

또 회사 측은 투쟁하는 여성노동자들을 회유하기 위해 그녀들의 가정에 연락하는 방식을 취했다. 이는 여성노동자들을 독립된 주체로 보는 것이 아니라 가장의 보호와 통제 속에 있는 존재로 보기 때문이었다. 예를 들어 한일튜브공업의 노동자들은 1987년 8월 17일부터 임금인상 등 18개 항과 노조인정을 요구하며 파업농성을 했는데, 회사 측은 기혼여성노동자들을 농성장에서 이탈시키기 위해 가정에 전화하여 남편들에게 협박 등을 하였다. 또 서울조구의 경우 남성노동자와 여성노동자가 각각 130명씩 근무하고 있었는데, 7월 15일부터 여름휴가 등 12가지를 요구하며 파업을 하다가 노조를 결성하였다. 이에 회사 측은 여성간부들의 오빠에게 전화해서 "여동생이 남자들과 어울려 안 좋은 일을 하니 조심시키라"라는 등의 협박을 하기도 했다.

여성노동자들은 투쟁과정에서 품앗이 연대도 하였다. 인성전자 노동자들의 투쟁에 태연물산 노동자들이 지지연대를 하였고, 인성전자 노동자들이 구사대와 투쟁을 벌일 때 주위의 삼익악기 노동자들이 합세하여 소방호스로 물을 뿜어 대며 투쟁하여 연대의 힘으로 구사대를 물리치기도 했다.

이처럼 1987년 7·8·9월에 여성노동자들은 부평4공단, 주안5공단을 중심으로 상호영향을 주고받으면서 적극적으로 투쟁을 벌였다. 그 결과 임금인상과 근로조건개선에서 많은 성과를 얻었고, 대한마이크로전자(8월 16일), 코스모스전자(8월 19일), 진성전자(8월 23일) 등에서 민주노조를 결성했다.

3. 1988~92년 여성노동자들의 고용안정투쟁

1) 민주노조건설 투쟁과 임금인상 및 단체협약체결 투쟁

1987년 노동자대투쟁 시기에 인천지역에 민주노조운동이 뿌리내리기 시작하면서 여성노동자들은 1988년 이후에도 민주노조결성투쟁을 계속 벌여나갔다.

여성노동자들은 1988년에도 인일전자 노동자들의 노조결성(1월 16일)에서 시작하여, 오성실업(4월 3일), 동국무역(4월 18일), 상민전자(4월 27일), 동신전자(5월 6일), 유에스마그네틱스(6월 23일), 신립섬유(6월 24일), 세창물산(6월 29일), 명성전자(8월 23일), 아남전기(10월 9일) 등에서 민주노조결성투쟁을 벌였다. 또 여성노동자들이 집중된 전자업종의 사업장에서 민주노조가 여럿 결성되자, 1989년 1월 초 부평 신협회관에서 인천전자업종노동조합연대모임이 '전자인의 밤'을 개최해 800명의 여성노동자들이 참여하기도 했다.

1987년 7, 8, 9월과 1988년 상반기에 결성된 27개의 민주노조 4,000여 명의 조합원의 힘이 지역으로 모여 1988년 6월 18일 '인천지역노동조합협의회'(이하 인노협)가 결성되었다. 인노협 결성에는 대한마이크로, 진성전자, 코스모스, 협우실업 등 여성노동자가 중심인 노조들도 참여하였다.

또 여성노동자들은 1989년에 선미산업(1월 22일), 태평양물산(2월 12일), 마미손(2월 21일), 불티나상사(2월 26일), 영원통신(3월 26일), 세경의류(6월 4일) 등에서 민주노조를 결성했고, 1992년에는 상민전자(4월 17일)에서 민주노조를 결성했다. 이들은 어용노조를 민주화하기 위한 투쟁도 벌였다. 보르네오 노동자들은 1989년 3월 22일 '어용노조퇴진, 민주노조건설, 임금 3,000원 인상'을 주장하며 파업에 돌입하였다. 회사는 전경들에게 작업복을 입혀 구사대로 꾸미고 술을 먹여 자제력을 잃게 한 뒤 투입하여 폭력을 행사하게 했다. 구사대들은 여성노동자들의 상의를 벗겨 수치심을 자아냈으며, 여성노동자들의 머리에다 시너를 붓고 담뱃불을 들이대며 위협을 가했다. 심지어 관리자들은 여성노동자들의 가정에 전화해 "농성장에서 당신 부인이 정신대 노릇을 한다"라고 거짓말을 해 가정까지 파괴하려 했다. 이 투쟁은 결국 실패하여 8명이 구속되고, 60명이 해고되었으며, 100여 명이 강제사직 당했다.

한편 1987년에 민주노조를 결성한 사업장에서는 1988년부터 임금인상 및 단체협약체결을 위한 투쟁을 벌였다. 특히 임금과 단체협약에서 1989년 유에스마그네틱스와 기상전자 여성노동자들이 가족수당을 요구하였고, 제성정밀노조는 1989년부터 3년에 걸쳐 남녀차별 임금격차 해소를 요구하기도 했다. 또 1991년 코스모스전자노조의 경우 이미 확보했던 산전산후휴가 70일을 90일로 늘릴 것을 요구하며 여성노동자들의 모성 보호권을 현실에 맞춰 확장하려 시도하였다.

2) 위장폐업철폐투쟁과 위장부도저지투쟁

1980년대 후반부터 진행된 산업구조조정은 노동집약적 산업이 주종을 이루는 여성노동자들의 일터가 주요 대상이었다. 자본이동이 쉬운 중소규모의 경공업 여성노동자들의 사업장, 특히 민주노조를 결성하거나 노조활동이 활발한 사업장에서 위장폐업이나 위장부도가 늘어났다.

인천에서는 1988년 이후 여성노동자들의 민주노조결성 및 근로조건 개선투쟁에 대한 회사 측의 대응에 변화가 나타났다. 직장폐쇄 조치 및 위장폐업을 통해 민주노조를 무력화시키는 것이었다. 가장 먼저 위장폐업을 한 것은 신립섬유이었다. 부평5동에 있던 신립섬유에서 여성노동자들이 1988년 6월 24일 노조를 결성했다. 이에 회사 측은 위장폐업을 준비했으나 조합원들의 투쟁으로 회사는 정상화됐다. 회사는 7월 30일 다시 폐업신고를 했다가 여성노동자들의 투쟁으로 회사가 정상화되는 듯했으나, 결국 11월 25일 3차 폐업신고를 했다. 이 투쟁은 1989년 4월 12일 사장이 신문에 공식적으로 위장폐업에 대한 사과문을 게재하고 합의금 2,700만 원을 지급하면서 마무리되었다.

주안 5공단에 있는 세창물산에서도 회사 측이 위장폐업을 하였다. 1988년 6월 28일 노동자들이 '어용노사협의회 타도, 임금인상'을 주장하며 전면파업을 벌였고, 그 과정에 노조를 결성하였다. 파업과정에 사망한 송철순 사무국장의 장례식 이후 회사 측은 사무국장의 49재 날 여성노동자들을 길거리로 내몰고 폐업을 발표했다. 노동자들은 9월 18일 1차 '위장폐업 분쇄 및 결의대회', 10월 8일에 2차 '위장폐업 분쇄 및 노동악법 폭로대회'를 개최해 지역 노동자, 학생들과 함께 투쟁하였다. 노동자들은 파업, 집회, 가두행진, 점거투쟁 등 다양한 방식으로 투쟁을 벌이다가 1989년 4월 22일 위장폐업에 대한 공개사과, 투쟁 기간의 임금 8개월분과 해고수당 6개월분, 그리고 투쟁비용 전액을 받아내고 231일 만에 투쟁을 마무리했다.

위장폐업 저지투쟁을 벌이는 여성노동자들은 다른 노동조합들과 공동투쟁을 전개했다. 그 출발은 1989년 1월 12일 서울 구로동의 한국슈어프로덕츠 현장에서 신림섬유, 한국슈어프로덕츠, 유에스마그네틱스 등의 여성노동자들이 공동투쟁을 위한 '위장휴폐업 분쇄 공동투쟁위원회'의 발대식 및 단합대회를 진행한 데서 비롯되었다. 이어 3월 15일에는 공동투쟁위원회가 여의도에 있는 민정당 이강희 국회의원의 사무실을 점거하여 농성을 벌였다.

한편 기업주들은 민주노조 활동을 무력화하기 위해 위장폐업과 유사한 위장부도도 냈다. 명성전자는 1988년 노조결성 이후 인노협의 중심 여성 사업장으로 활발하게 활동하고 있었다. 1990년 1월 노조사무실에서 나온 서적을 이유로 노조간부 2명이 국가보안법 위반 혐의로 구속되자, 회사 측은 간부 7명을 해고하고, 40여 명의 간부와 대의원 전원을 출근 정지시켰으며, 조합원들에게 부서이동과 사직을 강요하는 등의 노조탄압을 자행하였다. 이어 회사는 경영악화를 이유로 1990년 1월 21일 부도를 발표하여 인원 감축과 조합해산을 동시에 진행하려는 의도를 드러냈다. 코스모스전자는 1987년 노조결성 이후 인노협의 핵심 노조로 활동하였다. 그러나 1991년 노조가 단체협약 갱신을 요구하자 회사 측은 12월 21일부터 시작된 교섭에 제대로 임하지 않고 부도설을 유포하다가 부도를 냈다. 여성노동자들은 현장에서의 철야농성을 기본으로 정당, 노동부, 국회의원 항의방문 등의 투쟁과 공동투쟁 및 연대투쟁으로 장기간 투쟁을 벌였다. 그러나 코스모스전자는 매각되었고, 명성전자는 부도 처리되었다.

이처럼 1970년대에서 1990년대 전반기에 걸쳐 여성노동자운동은 민주노조운동을 지역차원으로 확장했다. 일부 사업장에서는 성차별반대 및 모성보호를 위한 내용을 제기하기도 했다. 이러한 여성노동자운동은 여성노동단체의 결성을 추동하면서 그 활동영역을 넓혀나가 점차 여성노동을 보호할 법제도개선 활동을 펼칠 수 있는 바탕이 되었다.

제3절 여성노동운동단체의 등장과 활동161)

1. 여성노동자들의 공간 – '일하는 여성 나눔의 집'의 결성과 활동

1970년대와 1980년대 초 활발한 활동을 벌였던 1970년대 민주노조 출신 여성노동자들은 블랙리스트로 재취업이 어려워지고, 또 나이가 들면서 결혼과 육아 등으로 생활에 쫓기면서 점점 활동에서 멀어졌다. 이에 1983년부터 안순애(동일방직), 석정남(동일방직), 이혜란(반도상사), 김지선(삼원섬유) 등 몇몇 민주노조 출신 여성노동자들이 조화순 목사를 중심으로 모여 이런 상황에 대해 같이 고민했다. 이들은 여성노동자들이 결혼 이후의 상황에 대한 대비가 전혀 없었다는 것에 주목하였다. 즉 여성노동자들은 결혼 이후의 상황이 철저히 여성 개인의 몫이 되고, 결혼 후 운동은커녕 최소한의 사회생활도 하기 어려운 조건에 놓이면서, 결국 운동을 정리할 수밖에 없었다. 이들은 이러한 여성노동자의 문제를 해결하기 위해서는 독자적인 조직이 필요하다는 판단을 하였다. 이에 '일하는 여성 나눔의 집'(이하 여성나눔의 집)을 만들어 여성노동자들이 쉽게 드나들 수 있는 공간으로 삼고 여성노동자로서 주체적으로 살아갈 수 있도록 교육선전,

---

161) 이 절의 참고자료는 다음과 같다. 인천여성노동자회, 『인천여성노동자』 5호, 1990; 인천여성노동자회, 『인천여성노동자회창립10주년기념자료집』, 1999; 이수정, 「인천여성노동자회의 조직화와 임파워먼트」, 숙명여자대학교 여성학 석사학위논문, 2000; 홍미희·윤현숙, 『인천여성운동의 현황과 역할』, 인천발전연구원, 2007; 한국여성노동자회·민주화운동기념사업회, 『그대 안의 해오름』, 2009.

기술훈련, 탁아소 운영 등의 사업을 하기로 했다.

이를 위해 운영위원과 실행위원을 구성하여 1987년 1월 31일부터 11월 11일까지 준비 작업을 진행했다. 그 결과 1988년 1월 17일 이사장은 이효재 교수, 원장은 조화순 목사, 그리고 총무는 안순애가 맡았고, 김지선, 조옥화, 남인순, 석정남, 이혜란 등이 운영위원을 맡았다. 여성나눔의집은 조화순 목사가 독일정부의 사회단체 지원프로젝트에 지원하여 통과됨으로써 개원이 가능해졌다. 이들은 여성나눔의집과 함께 24시간 어린이집을 개원했다. 주야 맞교대, 3교대 근무를 하는 여성노동자를 배려한 것으로, 전국에서 최초로 24시간 보육을 하였다.

개원 이후 여성나눔의집은 첫 홍보사업으로 여성노동자 대중을 위한 공개 성교육을 진행했고, 이어 나눔여성교실도 진행했다. 또 여성마당극인 '껍데기를 벗고서' 공연을 유치하기도 했다. 그리고 전국에서 처음으로 3·8 여성의 날을 기념하여 1988년 3월 6일 '일하는 여성대동잔치'를 인천대학에서 개최했다. 조직 활동으로는 호박부인회, 기혼여성풍물소모임, 미혼여성노래기타반 등의 소그룹 활동도 벌였다. 그밖에 공동구매소비조합, 기술개발 교육, 나눔독서실 등을 운영하였다.

여성나눔의집의 주요사업은 노동조합 지원활동으로 이는 1988년 인노협에 가입한 30개 노조 중 15개 노조에 여성부가 있는 상황을 반영한 것이었다. 주요활동으로 여성부 활동지침서를 만들어 공유하였고, 여성부장 연대모임, 여성조합원 교육활동 등을 벌였다. 1988년 임투 시기에는 파업 중인 10여 개 사업장에서 12회에 걸쳐서 조합원 교육과 문화 프로그램을 통해 투쟁을 지원하였다. 특히 세창물산의 위장폐업투쟁에는 실무자 3명이 대책위원회에 참가해 적극적인 지원활동을 벌였다.

이 과정에서 여성나눔의집은 여성노동자들의 조직으로 '인천여성노동자회'(이하 인천여노회)를 결성하기 위해 준비했다. 여성노동자투쟁이 고

양되어 여성노동자운동의 토양이 급격히 확대되면서 여성노동자 대중조
직의 필요성이 제기되었기 때문이었다. 내부 논의를 진행해온 여성나눔의
집 운영위원들은 1988년 10월부터 세 차례에 걸쳐 지역에서 여성나눔의집
의 활동성과와 한계를 공유하고, 여성노동자조직의 필요성을 제기했다.

2. 여성노동자의 대중조직인 인천여성노동자회의 결성과 활동

인천여노회를 결성하려는 것은 여성노동자에 대한 지원을 넘어서서 미
조직노동자를 조직하고 정치적 영향력을 확대하기 위한 것이었다. 이에
1989년 1월 13일 35명이 참여해 인천여성노동자회창립준비위원회를 결성
했다. 마침내 2월 25일 이들은 여성나눔의집에서 창립총회를 개최하여 인
천여노회를 발족하였다. 삼원섬유노조 부분회장이었던 김지선이 회장으
로 선출되었고, 사무실은 도화동에 있었다.

인천여노회의 창립에 참여한 사람들은 다음의 세 그룹이었다. 우선 당
시 사회지도급 여성들인 이효재 교수, 조화순 목사 등이 한 그룹이었다.
이들은 1970년대 노동운동을 하다가 해고당한 여성들이 어렵게 지내는 것
을 보고 여성노동자를 위한 공간의 필요성에 공감하여, 공간마련을 위한
재원을 확보하는데 기여하였다. 두 번째 그룹은 김지선(삼원섬유), 안순애
(동일방직) 등 1970년대 열악한 작업환경과 저임금에 저항하여 민주노조
활동을 하다가 해고된 여성노동자들이었다. 세 번째 그룹은 남인순 등의
학생운동 출신 여성 활동가들이었다. 이들은 1970~80년대에 학생운동에
참여했던 경험이 있는 활동가들로 당시 민중이념에 영향을 받아 소위 '현
장'에 들어가 노동자로 사는 삶을 체험하고 노동자들을 조직하기 위한 활
동을 했다. 이들 세 그룹은 외국에서 모금을 해오거나, 여성노동자의 삶과
활동을 증언하고, 여성노동자운동의 이론을 모색하는 등 각기 다른 역할

을 하면서 인천여성노동자회를 만드는 데 기여했다.

인천여노회는 지역노동운동이라는 흐름 속에서 노동운동 내부의 성차별적인 요소의 제거와 노동운동의 민주화, 여성의제 해결 등을 내세우며 여성노동자운동이라는 독자적인 영역을 확보해 갔다. 여성노동자운동단체의 출현은 그동안 노동운동에 열심히 참여했던 여성노동자들의 여성노동자운동으로의 목적의식적인 전환으로, 여성노동자운동의 발전에 획을 그었다.

1989년에서 1992년까지 인천여노회의 활동은, 우선 여성 사업장의 지원활동이 가장 주요한 것이었다. 그 방식은 여성노동자들의 투쟁을 지원하는 활동으로 영원통신, 삼양유지, 마미손, 글로리아, 세경의류 등 파업사업장의 투쟁을 지원하고 노동자들을 교육하였으며, 봉신명신과 삼양유지사료의 가족협의회를 통해 가족을 조직화하여 투쟁을 지원하였다. 한독시계, 진성전자 등에서는 구사대, 공권력의 폭력에 맞서 노동운동탄압분쇄투쟁 등을 지원하였다. 또 일상시기의 활동은 노조의 여성부와 인노협 여성국을 지원하는 활동을 통해 각 노조의 단체협약에 모성보호조항을 강화하도록 시도하였다. 이어 사업장의 모성보호조항실태조사, 남녀차별임금실태조사, 고용실태조사, 직장탁아실태조사 등을 통해 그 해결방안을 지침으로 제작해서 배포하여 노동조합에서 모성보호 관련 사업을 정착하도록 하는 활동을 벌였다.

특히 이 시기에는 부도, 폐업 등으로 여성노동자의 고용불안문제가 심각한 과제로 대두되고 있었다. 이미 폐업을 한 세창물산, 신립섬유에 이어 코스모스전자 등 노조가 있는 경우는 물론 노조가 없는 곳도 폐업이나 감원이 늘어났다. 이에 인천여노회는 여성노동자의 고용불안문제와 모성보호가 후퇴하고 있는 현실을 여론화시켰다. 그리고 탁아법 개정과 근로기준법 상의 모성보호 관련조항 후퇴 저지, 노동조합의 모성보호 관련 조항

〈그림 5-13〉 인천여성노동자회가 발행하는
월간지 '인천 여성노동자'
(원출처 : 인천여성노동자회)

정착 등의 활동을 벌였다.

다음으로 교육활동은 대중강좌인 공개 여성강좌, 수요 여성강좌, 여성학 강좌, 노동법 교실, 여성노동자학교, 직장여성교실 등을 진행하였다. 특히 공개여성강좌는 1989년 여성의 역할과 지위, 결혼, 노조 등 6개 강좌에 총 200여 명이 참석하면서 여성문제의 대중화에 기여하였다. 또 여성노동자의 지도력 강화를 위한 공동교육도 진행했는데, 1989년과 1990년에는 YWCA와 공동으로 여성노동자의 지도력 강화교육을 개최해 15개 노조의 여성간부들이 참여하였고, 전국여성지도자세미나는 서울, 인천, 마산과 창원 등 6개 지역의 여노회가 공동으로 개최하여 1989년 2회, 1990년 1회, 1991년 1회 등을 숙박교육으로 진행하여 여성간부들의 의식변화에 기여했다. 인천지역여성지도자교육도 1989년과 1990년에 2회에 걸쳐 인노협 여성국과 공동으로 진행하여 여성노동자들의 역량강화를 위해 노력했다. 이와 동시에 『일하는 여성의 사랑과 투쟁』, 『전진하는 여성노동자』, 『깨어있는 여성, 당당한 노동자』 등의 소책자를 제작하였다.

이밖에도 기혼여성노동자의 노동권 확보를 위해 탁아문제에 관심을 두고 '나눔어린이집'을 직접 운영하면서, 국가의 지원확대를 위한 사업도 꾸준히 벌였다.

인천여노회는 여성노동자 대중조직으로 조직의 성격을 규정하고 출발했지만, 활동 초기에는 외부활동에 치중하느라 내부 조직사업이 활동의 중심이 되지 못했다. 따라서 조직력을 강화하기 위해 1991년에는 회원모임, 현장분과, 부인분과, 탁아분과 등 5개 분과를 구성하여 조직화를 시도하였다.

인천여노회는 서울, 성남, 부산 등지의 여성노동자회와 모여 1992년 7월 12일 전국 조직인 한국여성노동자회협의회(이하 한여노협)를 창립했다. 한여노협의 결성은 남성노동자 중심의 노동운동 속에서 여성노동자의 특수요구를 제기하고 해결할 수 있는 발판을 마련하였다.

이와 연계하여 인천여노회는 여성노동문제에 대한 연구와 정책적 대안을 마련하기 위한 활동을 벌였다. 노동법개정투쟁과 산전산후휴가 90일 확보 등 근로기준법의 모성보호조항 개정활동, 여성사업장의 용역문제 토론회, 불법용역과 파견법제정 반대 등 여성 관련 제도개선투쟁을 진행했다. 또 여성단체들과 함께 '성폭력추방 및 성폭력방지 특별법제정'을 위한 활동도 진행했다.

제4절 인천 진보적 여성운동의 특징과 의의

인천의 진보적 여성운동은 공업단지와 빈민지역이 공존하고 있던 지역적 특성 때문에 여성노동자운동과 빈민여성운동을 중심으로 발전하였다. 그에 비교해 중산층 여성운동 또는 일반 시민을 대상으로 한 여성운동은 1990년대 중반 이후에 등장하였다.

여성노동자운동은 1970년대 동일방직, 반도상사 등에서 여성노동자들이 민주노조를 결성하면서 등장하였다. 이들은 민주노조를 통해 임금을 인상하고 노동조건을 변화시켰으며, 여성노동자들의 모성보호권 확보 및 성차별적인 결혼퇴직제 폐지 등을 위한 시도도 하였다. 이런 여성노동자들의 민주노조운동은 1980년대 전반기 몇몇 사업장에서의 여성노동자들의 민주노조건설투쟁을 통해, 그리고 1987년 노동자대투쟁을 통해서 인천 지역 전반으로 퍼졌다. 1987년 노동자대투쟁 시기에 여성노동자들은 민주노조결성투쟁을 활발하게 벌였고, 그 과정에서 일부 민주노조들은 생리휴가제 등의 여성의제를 관철하였으며, 임금차별이나 가족수당차별지급 같은 성차별적 관행을 폐지해 성적으로 평등한 작업조건을 만들려 노력하였다. 또 여성노동자들의 민주노조들은 1988년 인노협 결성에 참여하여 지역노동운동을 발전시키는 데도 앞장섰다. 1988년 이후 여성노동자들은 민주노조와해를 목적으로 한 기업가들의 위장폐업 및 위장부도에 맞서 고용안정확보투쟁을 벌였는데, 이 투쟁은 사업장투쟁에서 나아가 노조 간의 연대투쟁으로 발전하기도 했다.

한편 일부 여성노동자들과 활동가들은 민주노조 출신 해고여성노동자들이 블랙리스트로 취업이 안 되거나 결혼 이후 사회활동이 단절되는 문제를 해결하기 위한 공간으로 1988년 여성나눔의집을 만들었다. 뒤이어 1989년에는 여성노동자 대중조직인 인천여노회를 결성하였다. 인천여노회는 여성노동자들의 민주노조결성투쟁, 임금인상투쟁 및 고용안정투쟁을 적극적으로 지원하였고, 인노협 및 각 노조의 여성부를 통해 성차별폐지 및 여성의제의 확산을 위한 활동을 벌였다. 또 인천여노회는 여성의식 형성을 위한 대중적인 교육 및 문화활동도 펼쳤으며, 여성들의 지도력 형성을 위한 교육활동도 활발하게 전개했다. 이어 인천여노회는 지역 차원의 활동을 넘어 전국 조직인 한여노협과 같이 노동현장의 여성문제를 의제화하여 정책으로 만들어내기 위한 활동을 벌였다.

또 진보적 여성운동단체인 여성평우회가 활동가를 파견해 만석동에 큰물공부방을 개원하면서 인천에 빈민 여성운동이 싹텄다. 아이들을 매개로 기혼여성들을 조직하는 활동이었다. 이후 십정동에서도 햇님공부방을 만들어 활동가들은 기혼여성들을 변화시켜 지역문제를 해결하는 활동을 하였다.

이처럼 1970년대 이후 발전된 여성노동자운동과 여성노동단체운동은 작업장에서의 여성노동자의 권리확보 및 여성인권 확장에 기여하였고, 빈민여성운동은 주민운동으로의 확장과정에서 여성 주체를 새로이 형성하는데 기여하였다.

이러한 활동을 기반으로 1990년대 중반 이후 여성운동은 여성노동자들의 독자노조인 '전국여성노조 인천지부'(1999년)를 결성하였고, 일반시민들을 대상으로 한 인천여성의전화(1994년), 여성민우회(2001년), 인천여성회(2000년) 등으로 그 활동영역을 확장하면서 여성들의 참여도 넓어졌다. 이들 여성운동단체들은 다양한 연대활동의 경험을 바탕으로 인천여성연대(2007)를 결성하여 지역 차원에서 여성의식을 확산시키기 위한 활동을 함께 벌여나가고 있다.

제4장 문화운동

1970년대에서 1990년대에 이르는 인천의 민중문화운동은 크게 세 가지 측면에서 고찰해 보아야 한다. 첫 번째로는 시대적 특성에 대한 분석이고, 두 번째로는 지역적 특성에 대한 분석이며, 마지막으로는 문화운동을 담당하던 주체세력에 대한 분석이다.

시기적으로 1970년대는 유신체제와 그에 대한 저항의 시기로 특징지을 수 있다. 그리고 1980년대는 광주민주화운동과 1987년 6월민주항쟁, 그리고 그에 이은 노동자 대투쟁을 통해 민주화운동이 한층 성숙한 단계로 진입한 시기라고 할 수 있는데, 이러한 흐름은 1990년대 초까지 지속되었다.

지역적으로 인천은 서울과 인접하여 있기 때문에 서울의 영향을 크게 받을 수밖에 없는 특성을 지니고 있다. 또한 인천은 인천항과 경인선, 목재공단, 4공단, 5공단, 6공단 등으로 대표되는 공단 밀집지대라는 특색도 보이고 있다.

1970년대에서 1990년대에 이르는 인천의 문화운동은 시기적인 특성과 지역적인 특성이 결합되어 전개되기 시작하였다. 이 시기의 문화운동은 서울로 통학하던 인천의 대학생들에 의해 모색되어졌으며, 노동운동과 문화운동을 결합하고자 하는 수도권 지역의 문화 활동가들이 대거 인천으로 집결하면서 두 개의 흐름이 결합하여 조직적으로 전개되었다.

제1절 인천문화운동의 맹아기

　1970년대 인천에서 대표적인 노조탄압 사건이 터졌다. 이른바 동일방직 사건이다. 동일방직 사건이 터지고 해고 노동자들이 인천도시산업선교회를 거점으로 해고의 부당성을 알리고 있을 때, 이 사건에 큰 관심이 있었던 이들이 있었다. 서울대 출신의 박우섭과 홍익대 출신의 김봉준으로, 박우섭은 1975년 서울대 이른바 5·22사건 관련 제적자이고, 김봉준은 홍익대 '탈반' 출신이었다.

　1978년 박우섭이 동일방직 사건에 관한 연극 대본을 썼으나 수배 중이었기 때문에, 김봉준이 연출하기로 하고, 인천도시산업선교회를 방문하여 동일방직 노동자들과 연극을 같이 공연하기로 하였다. 그런데 동일방직 노동자들과 여름 한 달 동안 연습한 결과, 대본이 현실 상황과 맞지 않았기 때문에 대본을 수정할 수밖에 없었고, 그리하여 노동자들과 일종의 공동 창작을 하게 되었다. 1978년 9월 25일 서울 기독교 회관 2층 강당에서 '동일방직 해고근로자들을 위한 기도회'가 열렸고, 이때 그동안 연습했던 공연을 하였고 공연이 끝난 후 예상치 못한 상황이 전개되었다. 공연에 참여한 노동자들이 한동안 대성통곡하더니, 1층으로 내려가 "동일방직 문제 해결하라!" 등의 구호를 외치다가 경찰버스(일명 닭장차)에 실려서 경찰서로 연행되었다. 공연장에 남아 있던 나머지 사람들도 2층에서 농성을 하면서, "유신독재 물러가라!" 등의 구호를 외치자, 경찰이 투입되어 동대문 경찰서로 연행해갔다. 경찰에서 연출자를 색출하고자 하였으나, 조화순 목사가 연출하였다고 사전에 말을 맞춘 덕분에 김봉준은 단순 가담자로 처리되어 구류 25일을 살았다.

1979년에도 서울로 통학하던 학생들의 모임이 있었다. 임명구를 비롯하여 현광일(연세대 78학번), 정성렬(서강대 79학번), 장석홍(중앙대 78학번), 박인옥 등과 이화여대, 숙명여대, 덕성여대에 재학하던 학생 10여 명이 모여, 봉산탈춤을 연습하거나 문화운동에 관한 세미나를 진행하기도 하였다. 그러나 1980년 5월 17일 전두환이 비상계엄을 전국으로 확대 조치하고, 이에 항거한 5·18광주민주화운동을 무력으로 진압한 이후 이 모임은 모임을 꾸려갈 동력을 상실하고 스스로 해산하였다.

인천의 야학과 관련한 문화 활동도 있었는데, 신포동 소재의 YWCA에서 김근태가 노동자들에게 노동법을 가르치고 있을 때, 정성렬은 우리 문화에 대해 강의하고 탈춤을 가르쳤다. 정성렬은 이후 호인수 신부를 만나면서 1979년 부평성당에서 성신야학을, 그리고 1986년에는 주안5동 성당에서 한길야학을 하면서 노동자들에게 탈춤과 풍물을 가르쳤다. 1987년에는 송성섭(서강대 79학번)도 함께 참여하였다.

인천간호전문대학에서도 문화 활동이 있었다. 1979년 학생회장의 요청으로 정성렬이 서클 활동을 지도하였는데, 이후 권금혜(79학번), 차을미, 이인숙, 양지원(80학번) 등이 활동하면서, 봉산탈춤이나 '금관의 예수' 등을 공연하였다. 이들 중의 일부는 이후 병원노조 운동과 연결되기도 하였다.

제2절 인천문화운동의 모색기

인천의 문화운동은 1980년대에 들어서면서 획기적인 전기를 맞이하였다. 서울에서 활동하던 상당수의 문화 활동가들이 조직적으로 대거 당시 노동운동의 중심지 인천으로 모여 들었기 때문이다. 1984년 대학에서 활동하던 노래패, 탈춤패, 미술패 등이 모여 '민중문화운동협의회'를 결성하였는데, 이때 활동하던 황선진(서울대 72학번), 김영철(서강대 77학번), 장영덕(서울대 78학번), 양원모(일명 라원식, 홍익대 78학번) 등이 이미 인천에서 노동운동을 하고 있던 장근주(서강대 탈패 출신 78학번)와 만나 문화운동과 노동운동의 결합을 모색하였다. 그리하여 노동현장에 투신을 계획하고 있었던 장영덕, 김보성(서울대 79학번), 조봉호(아주대 79학번), 송성섭 등이 소그룹을 결성하여 노동운동에 대한 학습을 마친 후 인천의 공장에 취업하였다. 이후 연합 탈반 출신들과 미술패 두렁의 회원들 그리고 노래패 회원들이 조직적으로 대거 인천에 집결하여 활동하게 되는데, 이들을 일러 일명 '까치파'라고 불렀다.

'까치파'는 크게 두 그룹으로 나누어져 있었다. 하나는 현장조이고, 다른 하나는 외곽조이다. 외곽조는 당장 노동현장에 진입하기 어렵거나, 현장에 진입하기 위해 대기하던 회원들로 구성되어 있었다. 그런데 이들 중에 두렁의 회원이었던 성효숙(홍익대 78학번), 양은희(홍익대 81학번) 등이 그 당시 유행했던 이현세 만화의 주인공이었던 까치를 모델로 삼아 노동현장의 문제를 다룬 선전지를 제작하였고, 이를 현장조가 공단에 살포하면서 '까치파'라는 이름이 붙게 된 것이었다.

이들 '까치파'뿐만 아니라, 서울의 각 대학에서 활동하던 문화 활동가들도 운동노선에 따라 그룹을 형성하면서 속속 인천으로 집결하였다. 이러한 정황이 향후 인천의 민중문화운동의 토대를 형성하였다.

1. 놀이패 한광대의 창립과 그 활동

1980년대 인천의 문화운동의 첫 깃발을 든 것은 바로 놀이패 '한광대'였다. 놀이패 한광대는 인천에서 문화 활동을 하고 있던 정성렬과 까치파의 일원이었던 송성섭 그리고 김영철(인하대 79학번) 등이 결합하여 만든 단체로서, 1980년대에 결성된 인천 최초의 전문 놀이패이다. "인천지역에서 민속, 민족문화의 올바른 창달과 확산 보급을 목적"[162]으로 1987년 6월에 창립한 한광대는 풍물을 강습하거나 공연하였으며, 전통 혼례를 주관하기도 하였고, 임진택의 판소리 공연을 답동성당에서 기획하기도 하였다. 그리고 소식지 '광대세상'을 발간하였다. 또한 한독금속, 남일금속, 부광교통, 성진운수 등 각종 노동조합원에게 풍물을 가르치고 노동조합 현판식 행사를 기획하였으며, 1988년 3월에는 경기교통 노동조합 전 조합장 김장수 영결식에 참여하였다. 또한 민주교육추진 인천지역교사협의회에서 풍물강습을 하였으며, 인천지역 대학 풍물패의 형성에도 기여하였다.

2. 노래패 산하

노래패 산하는 1986년경, 서울대 노래패 메아리에서 활동했던 인천 출신의 김한영, 유태준, 인천지역에서 노래운동을 모색하던 차을미, 장혜영, 인하대 출신의 박지훈, 이순희 그리고 대중가요를 부르고 있던 유현상, 숙명여대 성악과 출신의 최도은(84학번)을 비롯하여 권미강, 구정민, 정윤경 등이 참여하여 만든 노래패이다. 이들은 준비 기간을 거쳐서 1988년부터 활동하기 시작하였다.

노래패 산하는 1988년 1월에 노래테이프 제1집 '너를 부르마'를 제작하였고, 11월에는 노래패 산하 창간호를 발행하였다.

---

162) 민주화운동기념사업회 오픈아카이브, 「광대세상–창간호」.

3. 미술패 갯꽃

1987년경 허용철을 비롯하여 인하대 미대 졸업생과 경인교대 학생들이 모여 진보적인 미술 작업을 실험하고 있었는데 이름을 '갯꽃'이라 하였다. 이들 중의 일부는 인천민중문화운동연합(이하 인문연)의 회원이 되었으며, 전교조 인천지부에서 활동하기도 하였다.

4. 일손나눔의 창립

1987년 12월 6일 일손나눔이 제물포역 뒤편에 사무실을 마련하였다. 일손나눔은 일손과 나눔이 합하여 창립한 것인데, 나눔의 회원으로는 우수홍, 남태우(이상 81학번), 박승현, 고경엽(이상 82학번), 김창호, 김기성(84학번, 이상 고려대), 진영희, 고혜정(82학번, 이상 이화여대), 조영신(성대 82학번) 등이 있었고, 일손의 회원으로는 김일섭(서울대 74학번), 장영덕, 장근주, 김보성, 송성섭, 황의돈(일명 정화진, 서강대 80학번), 박영근 등이 있었다. 초대 대표는 김일섭이었고, 사무국장은 황의돈이었으며, 2대 대표는 우수홍이었다. 일손나눔은 노동자 문화사업을 지원하는 것을 목표로 하였는데, 인천지역 민주노조건설 공동실천위원회에 참가하여 1988년 인천지역 노동조합 설립 투쟁과 임금인상 투쟁에 적극적으로 결합하였다. 또한 노동조합 내 각종 문화 소모임(풍물반, 노래반, 기타반 등)을 지도하였으며, 파업투쟁 시 문화프로그램을 지원하여 노동자의 문화의식을 향상하는데 기여하였다. 일손나눔에서 제작한 것으로는 임금인상투쟁(임투)놀이교실 교재 I 야유회 꾸리기 편, 교재 II 파업농성 프로그램 편이 있다.

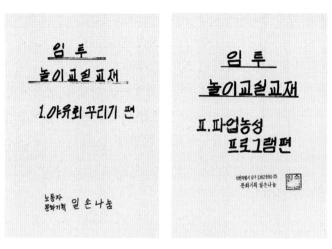

〈그림 5-14〉 임투놀이 교실 교재
(민주화운동기념사업회 오픈아카이브즈 00439543 00439544
원출처 : 가톨릭전주교구노동사목성요셉노동자의집)

5. 우리마당

1988년 3월 5일 우리마당 인천지회가 부평에 사무실을 마련하였다. 초기에
는 신재걸(인하대 78학번), 이진구, 전미숙(이상 서강대 83학번), 박선아(홍익
대) 등이 결합하여 활동하였다. 그해 11월 26일 우리마당 인천지회는 부평1
동에 있는 신협 회관에서 극단 현장의 '노동의 새벽'을 초청하여 공연하였다.

6. 우리문화사랑회

1988년 4월 '우리문화사랑회'가 출범하였다. 우리문화사랑회는 호인수
신부가 대표였고, 라원식(홍익대 78학번)이 사무국장이었다. 우리문화사
랑회는 놀이패 한광대, 노래패 산하, 일손나눔 등이 결합한 협의체적 성격
의 단체였다.

우리문화사랑회는 1988년 인노협 준비위 발대식, 임투상황본부의 임투전진대회 그리고 메이데이 집회를 주도적으로 준비하고 진행하였으며, 1988년 6월 26일 인천대학교 체육관에서 열린 '인노협 결성보고 및 구속자 석방 촉구 결의대회'를 주도적으로 준비하였다.

'인노협 결성보고 및 구속자 석방 촉구 결의대회'는 우리문화사랑회, 인노협 실무자, 인노협 문화부장 및 각 노조 문화부장 등이 참여하여 준비하였는데, 행사는 연합풍물패 공연, 집체극 공연, 노래공연, 걸개그림과 깃발 제작 등으로 이루어졌다.

연합풍물패는 노조문화운동에서 가장 선진적으로 활동하였던 12개 노조의 풍물패 50여 명으로 구성되었다. 집체극은 콜트악기와 미미양행의 연대 사례를 극화하였는데, 콜트악기와 코스모스전자 조합원들이 참여하여 춤과 대사를 소화하였다. 노래 및 율동은 경일금속, 한독금속, 서전, 신광기업의 조합원들이 참여하였으며, 풍물반주 및 노래는 놀이패 한광대와 노래패 산하가 담당하였다. 노래가사 바꿔 부르기(이하 노가바) 및 축하 공연은 금속노련을 점거했었던 한두물산, 삼효정공, 한국데코레코, 동신전자 조합원 28명이 담당하였다. 인노협 깃발과 걸개그림 그리고 각 노조 깃발은 인미회가 주도하였는데, 인노협에 소속된 각 노조에서 2명씩을 파견하여 노조 깃발과 플래카드를 제작하였다.

우리문화사랑회는 또한 1988년 7월 17일 쑥골마루에 있는 사무실에서 '인천지역 문화진흥 기금 마련을 위한 하루 장터 및 주막거리'를 열었는데, 하루 장터에서는 우리문화한마당 큰잔치(사물놀이, 노래, 비디오 공연)를 3회에 걸쳐 열고, 자료집, 테이프, 미술작품, 서적 등을 판매하는 바자회 및 일일주막을 벌였다.

우리문화사랑회는 인천민중문화운동연합(인문연) 준비위가 결성되면서 해체되었다.

제3절 인천문화운동의 도약기 – 인천민중문화운동연합의 창립

1987년은 노동자의 투쟁이 봇물 터지듯 분출한 시기였다. 제조업을 비롯하여 버스, 택시, 병원 등을 망라하며 노동조합이 결성되기 시작하였는데, 이러한 성과를 바탕으로 6월 18일 인천지역노동조합협의회(이하 인노협)이 출범하였다. 그리고 1988년 9월 11일에는 인천의 민주화운동 세력을 망라한 인천민족민주운동연합(이하 인민련)이 창립되었다.

이러한 정세 속에서 인천지역에서 활동하던 문화패들은 1988년 7월 4일 인천민중문화운동연합(이하 인문연) 준비위원회를 구성하였다. 인문연 준비위원회는 산하에 3개 소위원회(강령·규약 소위원회, 조직·교육 소위원회, 대외사업소위원회)를 구성하여 조직을 결성하기 위한 기초를 마련하고, 10월 17일 드디어 인문연을 창립하였다. 공동 대표에 호인수 신부와 최원식(인하대 교수), 지도위원에 오순부, 김영규(인하대 교수), 황선진, 김봉준, 박제홍, 임명구, 라원식, 이원희, 김상목, 중앙집행위원회 의장에 정성렬, 사무국장에 송성섭을 각각 선임하였다.

인문연은 창립총회를 통해 첫째 제국주의 문화와 파쇼 문화의 척결, 둘째 노동대중의 자주적 문화 역량의 강화, 셋째 민중적 민족문화의 건설, 그리고 마지막으로는 진보적 세계문화와의 교류를 강령으로 제시하였다.

인문연의 조직체계는 크게 두 부분으로 구성되어 있었다. 노동자문화상담소(이하 노문위)와 민족예술연구회가 그것이다. 민족예술연구회는 풍물분과 놀이패 한광대를 비롯하여 노래분과 산하, 미술분과 갯꽃 그리고 연극분과와 문학 분과가 있었고, 나중에 춤 위원회가 신설되었다.

노동자문화위원회(약칭 노문위)는 '일손나눔'과 부평 '우리마당'이 모여 결성하였다. 일손나눔에서는 장영덕(서울대), 황의돈(서강대), 우수홍, 남태우, 박승현, 고경엽, 김창호, 김기성(이상 고려대), 진영희, 고혜정(이상

인문연·창립총회

지난 10월17일 '인천민중문화운동연합 창립총회'가 치뤄졌다. 그간 고립분산적으로 전개되어온 인천지역 문화운동의 연대조직은 지난 4월 우리문화사랑회로 모아진바 있다.

그러나 인천우리문화사랑회는 낮은 협의회 수준의 결속력과 무차별한 내부구성(전문 문화패와 동아리 모임의 공존, 전문 예술인 집단과 노동자 문화상담소의 불분명한 위상정립)으로 그 출범이후 계속적인 진통을 거듭하여 왔고, 지역내에서 속속 건설되기 시작한 노동자 대중조직(인노협)과 상설공투체(인민연,인노운협)의 결성에 조응, 이에 걸맞는 실천을 위한 보다 질 높은 조직으로의 발전이 요청된다.

6월 26일 인노협 발대식은 그간의 미진한 활동이 정리되고 연합건설에 대한 논의가 급진전하는 계기가 되었고, 이는 7월4일 '인천민중문화운동연합 준비위원회'로 구체화 되어 산하에 3개소위(강령,규약소위, 조직,교육소위, 대외사업소위)를 구성,연합 건설에 박차를 가하게 되었다.

특히 형식상의연합이 아닌 '실질적인 연합으로서 공동교육,공동재정,공동실천을 담보하여 일치된 사상과 정연한 대오로 조직의 내용과

형식을 통일시켜내기로 전회원의 결의가 모아졌다.

〈그림 5-15〉인문연 창립총회
(민주화운동기념사업회 오픈아카이브즈 00446514 원출처 : 인천도시산업선교회)

이화여대), 조영신(성균관대) 등이 참여하였으며, 우리마당에서는 신재걸을 비롯하여 이진구, 전미숙(이상 서강대), 박선아(홍익대) 등이 참여하였다. 노동자문화상담소(약칭 노문위) 소장은 우수홍이 맡았다.

노문위는 1988년에 발행한 인문연 기관지 「인천문화」 창간호를 통하여 노동자문화 활동의 과제와 전망을 제시하였는데, 현 단계 노동자 문화 활동의 과제로, 첫째 낮은 수준의 문화 모임에서 민중적 민족문화모임을 창출하기 위해 노조 문화부 역량을 강화하여야 하며, 둘째 노조운동에 대한 지원뿐만 아니라 이 지원을 통해 목적의식적인 운동과 결합하기 위해 노동자문화단체(지역 노동자문화상담소)를 각 지역 공단에 전진 배치할 필요가 있고, 셋째 투쟁목표에 걸맞은 예술작품으로 선전 선동하고, 각 지역 투쟁 상황을 장르별 매체로 형상화하여 전국 방방곡곡을 순회공연 하는 노동예술단을 조직화하여야 할 것이라고 강조하고 있다.

인문연은 '인천문화' 창간호에서 향후 과제와 활동 방향을 제시하고 있는데, 첫째로 올바른 정치적 지도노선의 확립, 둘째로 강고한 문화운동 조직의 건설, 그리고 마지막으로 지역주민과의 긴밀한 결합을 들고 있다.

'올바른 정치적 지도노선의 확립'은 활동의 원칙과 방향을 올바르게 도출해내기 위해서 필요한 부분이라고 강조하고 있다. 그런데 그 당시 인문연은 지도노선을 통일할 수 없는 상황이었기 때문에 지도노선 상의 차이를 실천 속에서 검증하고 통일을 모색해야 하는 처지였다. 또한 지도노선과 관련하여 "문화운동은 그 자체 민중운동의 일부이며 민중운동의 대의에 복무함으로써 존재의의를 갖는다."고 규정함으로써 대중추수주의적 경향이나 낭만주의적 경향에 빠질 위험성을 지적하면서 역사와 사회발전의 합법칙성과 사회의 현실에 대한 과학적 분석을 통해 올바른 강령을 수립해야 한다고 강조하고 있다.

'강고한 문화운동 조직의 건설'이라는 과제에 대해서는 전국민족민주운동연합의 결성을 앞둔 시점에서 문화운동 진영도 자신의 대오를 시급히 정비해야 할 필요가 있다고 강조하고 있는데, 하나는 문화예술 대중조직으로서의 전국 민예총의 결성이고, 다른 하나는 지역마다 선진적 사상으로 무장된 전문적인 문예활동가 체계로서의 지역 민중문화운동연합(이하 민문연)의 결성을 강조하고 있다.

'지역 주민과의 긴밀한 결합'이라는 과제에 대해서는 "지역주민 특히 현장 노동자들의 구체적 고민과 요구를 해결하는 과정에서 대중의 잠재된 에너지를 체계적으로 분출시키는 작업을 통해 대중들에게 참다운 삶의 모습과 미래의 전망을 바르게 제시할 때에만" 강고한 활동가 조직을 만들 수 있다. 대중의 상태와 조건에 맞는 다양한 문화모임이나 집회를 조직함으로써, 또한 그 속에서 대중의 창조성과 자주성이 충분히 발양될 수 있도록 배려하여야 하고, 노동조합 등 대중조직과 올바른 연대관계를 형성할 때에만 강고한 활동가 조직을 만들 수 있다.

민문연의 활동 방향과 관련해서는 "먼저 전체 민족민주운동의 관점에서 우리의 모든 활동은 민중의 정치적 진출과 독자적 정치세력화에 기여해야 하고", "둘째, 문화운동의 관점에서는 문화운동의 대열 속에 노동자적 입장의 주도권이 관철될 수 있는 방향으로 모든 조직사업이나 실천 활동이 규율되어야 하는데, 전문적 기량과 보다 고도한 인식을 빙자하여 민중운동의 대원칙을 훼손하는 과오를 범해서는 안 된다."고 경고하고 있다. "셋째, 모든 문화 활동은 현 단계 민족민주운동의 강령적 내용을 효과적으로 교육, 선전하는 방향으로 이루어져야 한다. 빵을 더 달라는 투쟁에 동참하는 것도 중요하지만, 진보적 민주주의 사회의 전망을 예술적으로 형상화하고 극적으로 제시할 수 있는 문화적 기제들을 창조적으로 개발하고 찬란한 미래를 향한 투쟁의 과정에서 민중을 결집시키고 민중의 권력 의지를 강화, 발전시키는 일은 더욱 중요하다."라고 하였다.

인문연은 창립하는 과정에서 다양한 활동을 펼쳤는데, 그 중에서도 가장 두드러진 활동은 미술 분과의 사업이라고 할 수 있다. 미술 분과 갯꽃(미술패 갯꽃과 다른 단체임)은 정정엽(이화여대 출신)의 주도하에 김경희(전남대 83학번), 최진희 등이 참여하여 결성되었다. 미술 분과는 인노협 깃발을 제작하기도 하였으며, 각종 노조회보에 그림을 그려주거나, 집회용 대형 걸개그림을 제작하기도 하였다.

그중에서 대표할 만한 작업으로는 서울에 있는 미술집단 '가는패'와 인문연 미술패 '갯꽃' 그리고 한독금속 노조원들이 함께 1988년 9월부터 한 달여의 과정을 거쳐 공동으로 제작한 벽화이다. 그동안 노동자들과 함께 걸개그림이나 판화를 제작한 적은 있으나, 공장 벽에 벽화가 그려진 것은 한독금속이 처음이었다. 특히 회사 측과 싸우는 과정에서 벽화를 제작했다는 점에서 대단히 의미가 깊었다.

그들은 우선 벽화를 제작하기에 앞서 점심시간을 이용해 식당에서 2회에 걸쳐 각종 판화와 일하는 사람들을 주제로 한 그림, 걸개그림이나 사진 등을 전시하였다. 전시회 이후에는 벽화를 제작하는 것에 대한 찬반의사와 그림의 내용, 그리고 노조원들의 참여 형식 등을 묻는 설문지를 작성하여 모든 조합원의 의사를 수렴하는 과정을 거쳤으며, 이를 토대로 외벽에 밑그림을 먹선으로 그렸다.

먹선으로 그림의 윤곽을 완성한 후 채색에 들어갔는데, 노조원들이 점심시간을 이용하거나 작업이 끝난 오후 시간에 적극적으로 참여하여 3일 만에 끝냈다. 그림의 윤곽이 드러나자 방관하던 관리자들이 작업을 만류하기 시작하였고, 건물 소유관리법을 들먹이며 그림 그리기를 중단할 것을 요구하였다. 그러나 조합원들은 이에 굴하지 않고 관리자들이 자리를

비우는 시간을 이용하거나 여러 명이 함께 채색하는 방법을 통해 그림을
완성해 나갔다. 벽화가 완성되자 함께 작업에 참여한 노조원들은 물론 처
음에 반대한 노조원들까지 자신들의 모습이 이렇게 벽화로 완성된 것을
자랑스럽게 여겨 사진을 찍는다든가 다른 조합에 자랑하기도 하였다.

〈그림 5-16〉 공장벽에 벽화 그려지다
(민주화운동기념사업회 오픈아카이브즈 00446509 원출처 : 인천도시산업선교회)

그밖에 인문연은 1988년 11월 26일 인천대 체육관에서 창립을 기념하여 '너흰 우리 막을 수 없어'라는 공연을 가졌는데, 이를 통해 향후 활동의 목표를 밝히고, 활기찬 활동을 다짐하였다.

제4절 인천문화운동의 확산기

1. 인천민중문화예술운동연합의 활동

인문연은 1989년 정기총회를 열어 명칭을 인천민중문화예술운동연합으로 바꾸고, 유명무실한 공동대표와 지도위원 제도를 폐지하였으며, 중앙집행위원회 의장으로 송성섭, 사무국장에 황의돈, 노동자문화상담소장에 우수홍 그리고 정책실장에 이철수를 각각 선출하였다. 이를 통해 조직체계를 정비하고 활발하게 사업을 전개하였다.

1) 민족예술연구회의 활동

(1) 공연 활동

1989년 창립 1주년을 기념하여 놀이 패 '한두레'를 초청하여 '노동 굿 일터의 함성'을 공연하였다. 1990년에는 영화 '파업전야'를 인천대에서 상영하였고, 12월 15일에는 인노협과 인문연이 인천지역 민주노조 및 단체에 제안하여 '꽃다지Ⅱ'를 인하대에서 공연하였다. 이 공연에는 인노협, 인천지역노동조합활성화추진위원회(이하 노활추), 대기업노조 연대모임, 전교조 인천지부, 택시노련 인천시지부, 병원노련 인천부천지부, 의료보험노조를 비롯하여 대우자동차 노동조합 등 인천지역 민주노조 및 단체가 총집결하였으며, 3,000여 명이 관람하였다. 그리고 1991년 초청공연 풍물굿 '1991, 연대', 102주년 세계노동절기념 노래공연 '바리케이트' 초청 공연, 그리고 1992년 인문연 노래분과 산하와 풍물분과 한광대 그리고 풍물패 한누리가 연합하여 진행한 '우리 전진이다'[163] 등의 공연이 있었다.

이 중에서 특히 영화 파업전야의 상영은 인문연에게 남다른 의미가 있었다. 영화 파업전야는 인천의 한독금속에서 촬영되었는데, 파업으로 말미암아 몇 달간 쉬고 있던 기계를 노동자들이 밤새워 보수하고 기름칠을 하여 기계를 돌리고, 조연은 물론 엑스트라도 마다하지 않은 열정으로 완성된 영화였다.

당시 노태우정권은 파업전야만큼은 막겠다고 선언했다. 마침내 1990년 4월 6일 예술극장 한마당에서 영화가 개봉되자 종로구청은 대표 김명곤을 고발했고, 영화사 '장산곶매'에는 압수수색영장이 떨어졌다.

"영화를 보는 것이 곧 투쟁"이었다. 전남대학교에서는 1990년 4월 13일 영화 상영 시간이 다가오면서 헬리콥터가 굉음을 내며 전남대 상공을 비행하는 가운데, 1천 명이 넘는 전경들이 교내로 진입하여 포클레인으로 정문을 뜯어버리는 상상을 초월하는 작전을 전개하기도 하였다. 인문연의 경우에도 처음에는 인하대에서 상영할 예정이었지만, 전경들이 인하대학을 봉쇄하여 상영하지 못하였고, 이후 인천대학에서 학생들의 보위를 받으며 상영을 시도하였다. 그러나 상영하는 도중에 전경들이 들이닥쳐 관람객을 연행하였으며, 경찰이 필름을 빼앗아 가는 바람에 영화 상영은 중단되고 말았다. 이 때문에 인문연 의장 송성섭과 영화 상영을 담당했던 김창호 회원이 재판에 회부되어 벌금형을 받았다.

---

163) 출연진은 다음과 같다. 노래: 박지훈, 이희경, 정대훈, 김종식, 이문웅, 황경아, 황광철. 반주: 유현상, 박태일, 조현주, 이혜진, 이진선. 풍물: 박헌규, 박창규, 김민숙, 장용식, 이혜경, 조현주, 조성돈, 박노인, 최경미, 이환욱, 이찬영

(2) 인문연 노래분과 '산하'의 활동

노래분과 '산하'는 1989년 1월에 노래 테이프 제2집 '죽을 수는 있어도 질 수는 없다'를 제작하였는데, 노래분과 회원들이 230여 일 동안 장기적으로 폐업하고 있었던 세창물산에서의 경험을 바탕으로 만들어진 테이프였다. 이 노래 테이프에는 세창물산 노동자들과 노래가사 바꿔부르기(노가바) 작업을 통해서 만들어진 '아빠가 농성하면'이라는 곡과 '도깨비 빤스', '단결로 뭉친 동지', '노동자 청춘' 등의 곡이 수록되어 있으며, 노래분과 산하의 창작곡 '너흰 우릴 막을 수 없어'라는 곡도 수록되어 있다.

노래분과 산하는 이러한 성과를 바탕으로 1989년 1월 29일 인하대 대강당에서 세창물산 야간 학생 노동자들의 등록금 마련을 위한 노래극도 기획하였는데, 송철순 민주노동열사 추모위원회와 일하는 여성 나눔의 집이 공동 주관하고 인노협이 후원한 이 공연에 1,400여 명이 참석하여 세창물산 위장 폐업에 대한 관심을 드러내었다. 세창물산 조합원들은 투쟁과정을 소개한 후 노래극을 발표하여 참석자들의 눈물과 감동을 불러일으켰으며, 2부에서는 가수 정태춘이 출연하여 세창물산 노동조합원들을 노래로 격려하였다.

〈그림 5-17〉 너를 부르마(1988년), 죽을 수는 있어도 질 수는 없다(1989년)
(민주화운동기념사업회 오픈아카이브즈)

제3집 '우리, 역사의 새 주인'은 1990년 1월에 제작되었는데, '머리띠를 묶으며' 등의 창작곡이 다수 포함되어 있다.

노래분과 산하가 발표한 노래 테이프에 수록된 곡들 중에서 논란을 일으킨 곡은 '도깨비 빤스'라는 곡이었다.

〈그림 5-18〉 우리! 역사의
새 주인(1990년)

도깨비 빤스는 튼튼하지요, 질기고도 튼튼하지요
이천년 입어도 까딱없어요, 질기고도 튼튼하지요
호랑이 가죽으로 만들었어요, 질기고도 튼튼하지요

우리들 단결은 튼튼하지요, 질기고도 튼튼하지요
노동자 투쟁으로 만들었어요, 질기고도 튼튼하지요
구사대 폭력에도 까딱없어요, 질기고도 튼튼하지요

사장님 간땡이가 부었어요, 미쳤나봐 미쳤나봐
이천년 지나도 못 고쳐요, 미쳤나봐 미쳤나봐
노동자 투쟁으로 고쳐야죠, 확실하게 확실하게

이 노래에 대해 당시 노동자문화예술운동연합은 이와 같은 노래는 파업 중인 농성장에서 따분한 분위기를 바꾸는 의미에서 어쩌다 한 번 불러 볼 수는 있겠지만, 진보적 민주주의의 예술적 형상화와는 아무 상관이 없으며, 이러한 노래야말로 대중추수주의를 대표하는 노래라고 비판하였다. 이를 계기로 문화예술에 있어서 대중추수주의라는 문제와 민중의 정서에 기반을 두지 않은 이념적 성향의 형상화라는 문제가 촉발되어 인문연과 노동자문화예술운동연합이 서로 논쟁하기도 하였다.

(3) 춤 위원회

춤 패 '불림'의 회원이었던 이지현(이화여대)이 중심이 되어 결성하였다. 춤 위원회의 활동 가운데 가장 두드러진 것으로는 노동자 율동 패를 조직하고, 이들에게 안무를 가르친 것을 꼽을 수 있다. 임투 전진대회나 노동절 행사 등에서 노동자 율동패가 보인 모습은 춤 위원회의 활동 덕분이라고 할 수 있다.

(4) 미술위원회

김경희, 최진희 등은 1990년에 코스모스전자와 한독금속 걸개그림 그리고 대우자동차 걸개그림을 제작하였다. 그중에서도 특히 대우자동차 걸개그림은 부평공장 지하에서 작업하였는데, 나중에 회사 측이 고발하여 선고유예를 받기도 하였다. 이러한 사연을 간직하고 있는 대우자동차 걸개그림은 아직도 살아남아 중요한 행사가 있을 때 사용되고 있다.

〈그림 5-19〉
대우자동차
걸개그림
(사진의 배경)
(원출처 :
GM노동조합)

2) 노동자문화상담소의 활동

노문위는 인노협 등과 함께 임투문화교실을 운영하였다. 그리고 노문위는 또한 풍물분과 한광대, 노래분과 산하, 춤위원회 등과 함께 노동자 풍물패, 노래패, 율동패 등을 조직하였다. 인천지역에서는 인노협 풍물패, 각 단위노조 노래패, 대공장 풍물패협의회(이하 대풍협), 대공장 노래패 등이 활발하게 활동하고 있었는데, 이러한 활동은 모두 노동자문화상담소 활동에 빚진 바 크다.

2. 인천지역 노동자들의 문화활동

1) 임투문화교실

노문위와 인노협은 공동으로 1989년 2월 13일부터 '89임투문화교실'을 개최하여 파업 농성에 대비하여 파업 프로그램 교육을 시행하였다. 연극반, 풍물반, 놀이 및 노래반을 구성하여 교육을 진행한 임투문화교실은 2월 21일부터 세창물산과 신림섬유에서 파업 전술의 원칙과 방법, 단위사업장 및 공동투쟁 때 파업 프로그램 작성, 공동 투쟁에 대한 전술 등을 중점으로 파업 프로그램 교육을 하였으며, 200여 노조간부 및 조합원이 참여하였다.

이러한 성과를 바탕으로 '89임투 전진대회'가 3월 10일 제이씨(JC) 공원(효성동)에서 3,000여 명의 노동자들이 참여한 가운데 열렸는데, 이날 문화선전선동대가 전 조합원이 보는 앞에서 발대식을 했다.

문화선전선동대는 임투의 목표와 방향을 널리 선전하고, 조합원들의 투쟁 의지를 드높이는 역할을 담당하였는데, 연극패, 풍물패, 놀이·노래단, 파업 프로그램 지원단으로 구성되었다. 서전 노조위원장이 문화선전선동대 대장을 맡았으며, 100여 명의 대원으로 구성되었다.

1992년에는 '92임투 결의대회'가 '92임투 문화교실 공동기획단'(인노협, 노활추, 남동연대회의, 인문연, 노래패 선언, 일터)의 주최로 3월 4일부터 16일까지 풍물교실, 노래교실, 율동교실로 나뉘어 열렸으며, '92년 임투정세와 문화패의 활동방향'이라는 제목의 강의도 있었다.

2) 노동자문화대잔치

1988년 11월 6일 노동자 문화대잔치가 인천대학교에서 열렸다. 건강하고 진취적인 노동자문화 창달이라는 목적으로 700여 명의 노동자가 모인 이 자리에서는 노동자 풍물패의 판굿에 이어, 장기자랑, 촌극이 이어졌고, 현행 노동법의 악법적인 요소가 적나라하게 폭로하는 마당극이 눈물과 웃음을 자아내며 진행되었으며, 이어 가수 정태춘의 초청 공연도 이어졌다. 마지막으로는 '노동해방'이라는 불 글씨가 타오르는 가운데 노동법개정 투쟁 결의대회를 했다.

1989년 6월 27일 인하대학교 대강당에서 1,000여 명의 조합원이 발 디딜 틈도 없이 가득 메운 가운데 제1회 노동해방 가요제가 열렸다.

이 노동해방가요제는 우선 각 노조의 문화소모임(기타반, 노래반)을 활성화하고 연합팀 구성을 모색하며, 노가바를 수집, 보급하며 하반기 노조운동의 과제를 선전한다는 목표를 세워 1989년 4월부터 인노협 문화국, 한독금속 그룹사운드 '혼수상태', 그리고 인문연이 추진위를 구성하고 준비한 것이었다.

행사에는 16개 노조 12개 팀이 참가하여 16곡이 발표되었으며 세창물산 '깡순이'들이 특별 출연하였다. 또한, 6개 노조의 기타반 50여 명의 기타 합주 발표와 인노협 1년의 투쟁사를 슬라이드 극화한 '전노협을 향한 힘찬

〈그림 5-20〉
세계 노동절
101주년 기념
노동해방 가요제
(1990년)

진군, 전진! 인노협'이 발표되었다.

이날 발표된 노래들은 평소 즐겨 부르거나 듣던 가요, 노동가의 가사를 바꾼 것들이었으며, 조합원들의 생각이 담겨 있는 것들이었는데, 이러한 행사는 건강한 노동자문화를 정착 시켜 나가는데, 커다란 밑거름이 되었다.

노동악법 철폐와 전노협 건설을 위한 제2회 인천지역 노동자문화대잔치가 1989년 10월 29일 인천대에서 열렸다. 노가바, 촌극 등의 지구별 발표가 있었고, 전교조인천지부와 대공장 노조의 초청공연도 있었으며, 연극, 영화, 슬라이드, 합창, 풍물이 한바탕 어우러진 종합집체극 공연에 이어 신명 나는 대동놀이로 마무리하였다. 보조 프로그램으로는 여러 노조에서 1점 이상씩 출품하여 꾸민 시화전이 있었고, 각 노조 및 인노협 활동 사진전이 있었다.

1990년 5월 1일에는 인문연의 지원 속에서 세계 노동절 101주년 기념 '인천노동자 대동문화제'가 인하대학교에서 노활추, 인노협, 인천지역의료보험노동조합, 전교조인천지부의 주최로 개최되었다. 행사는 크게 "인천노동자 투쟁의 감동 어린 몸짓, 대형 탈로 표현되는 폭소와 해학의 한마당, 춤과 노래와 풍물 가락 속에 노동자의 삶과 투쟁을!, 인천 노동자 대동 단결의 한마당!"이라는 네 가지 주제로 진행되었는데, 이때 세계 노동절 101주년 기념 노동해방 가요제도 함께 개최되었다.

제3회 인노협 가을 문화제가 1990년 11월 3일부터 4일까지 이틀에 걸쳐 "전진이다, 하나로! 전노협으로!"라는 주제 아래에 인천대에서 개최되었다. 이 가을 문화제는 대공장 노조 민주화 등 하반기 이후 변화하는 지역 노동 운동 속에서 지역 노동조합협의회의 구심을 세워내고 미조직 및 대공장 노동자와의 교류, 연대의 계기와 틀을 형성한다는 취지 속에 마련되었다. 이런 취지에 따라 준비과정에서부터 대우중공업, 대우자동차 노래패를 비롯하여 대풍협, 병원노조, 전교조, 택시노조 등이 참여하여 1989년에 비해 한층 더 참여의 폭이 넓어졌다.

해방가요제는 대우자동차, 대우중공업, 성모병원 등 12개 팀이 참여하며 신곡 발표와 노래극 등의 찬조 프로그램도 있어 매우 다양해졌다. 대동제는 대풍협과 인노협 풍물패의 공동 길놀이로 시작하여 판굿, 줄다리기, 기마전, 차전놀이 등의 행사로 진행되었다. 문화제에서는 선전국의 시화전, 노조회보 전시회, 교육국의 그림 대자보전 외에도 전국의 미술단체 공동으로 전태일 열사 20주기 추모 노동미술전이 열려, 선전국에서 제작한 판화 50점, 총길이 1.5km의 걸개그림, 유화 등을 전시하였다. 그 외에도 사회 사진연구소의 1987년부터의 주요 노동투쟁 사진전, 중앙병원노조의 보도 사진전도 열렸다.

1991년 4월 27일 인천대학교 체육관에서 인천지역 노동조합 공동투쟁본부 주최로 '임투 완전 승리를 위한 인천노동문화제'가 열렸다. 1부는 단위 노조별 경연대회였는데, 우승팀은 수상과 별도로 서울민예총 공연에 참여하는 특전이 주어졌다. 2부는 '탄압을 뚫고 총파업 투쟁으로'라는 제목으로 인천노동자문화패의 공연이 있었다.

1992년 10월 31일 인천대학교에서 '92노동법 개정을 위한 인천지역 노동자 가을 문화제'가 개최되었다. 약 500여 명이 참석한 가운데 열린 이 날 행사는 그동안 단위사업장별로 진행해 오던 노동법 개정투쟁 사업을 지역 차원으로 모으기 위해 마련되었다.

풍물패의 길놀이에 이어 해방가요제를 비롯한 각종 공연이 펼쳐졌다. 해방가요제에는 고니정밀, 동성상공 노조 등으로 구성된 4공단 연합노래패를 비롯한 20개 노조 13개 팀이 참여하였으며, 단체협약으로 부분파업 중인 청보산업노조 노래패가 특별 출연하여 힘찬 율동을 선보여 참석자들의 갈채를 받았다.

3) 인천지역 노동자 풍물패의 활동

1989년 5월 26일 선미산업 운동장에서 '풍물패의 밤'행사가 인노협 문화국의 주최로 열렸다. 행사는 풍물패의 길놀이, 판굿, 노동문화 강연, 인문연 풍물패의 판굿, 그리고 대동놀이의 순서로 진행되었다.

제2회 풍물패의 밤은 1989년 9월 29일 85일째 파업 투쟁 중인 신광기업에서 300여 명이 참여한 가운데 열렸으며, 참가한 노동자들은 하반기 노동법개정 투쟁 및 전노협 건설에 앞장서기로 결의하였다. 이날 지난 3개월간 훈련을 거듭해온 풍물패 중급반의 졸업 공연과 아울러서 인노협 문화국 노래놀이반, 문예연극반의 노동악법 개정 및 전노협 건설을 주제로 한 노래와 촌극이 발표되었다. 특히 60여 명의 대공장 연합풍물패가 참가하여 인천지역 노동자들이 대동단결하는 기초를 마련하였다.

1989년 8월 20일 인노협문화국 풍물패와 대기업 노조 풍물패 70여 명이 을왕리 해수욕장에서 인문연 주최로 열린 인천지역 노동자 연합야유회에 참여하여 친선을 도모하고 관계를 증진시켰다. 이날의 행사는 지난 8월 15일 인천시민큰잔치에서 연합풍물패 활동을 한 것이 계기가 되어 마련된 것인데, 많은 비가 쏟아지는 데도 불구하고 대동놀이, 뒤풀이 등을 강행하였고, 연대 활동을 강화하기로 결의하였다.

1989년 8월 15일 인천시민큰잔치를 통해서 태동한 '대공장 풍물패 대표회의'는 12월 25일 100여 명의 풍물패 전원이 인문연 부평지부에 모여 '대공장 풍물패 송년의 밤'행사를 하면서 대풍협 준비위원회를 발족하였으며, 풍물패가 앞장서 노동해방을 앞당기기로 결의하였다.

1990년 2월 11일 인천대학교 대강당에서는 대우자동차 '으름'풍물패, 대우전자(주안) '한울', 대우전자(인천) '풍물사랑회', 대우중공업 '이심이', 삼익악기 '땅울림', 영창악기 '노울림', 인천제철 '쇠돌이', 인천조선 '지킴이', 진도 '진풍', 한독시계 '누렁소' 등의 풍물패가 모여 대풍협 준비위원회 제1차 정기연습을 하였다.

이러한 과정을 거쳐 1990년 10월 21일 인하대학교에서 대풍협 창립총회를 개최하였다. 가입한 단체로는 대립통상 '산까치', 대우전자(주안) '한울', 대우전자(인천) '풍물사랑회', 대우중공업 '이심이', 영창악기 '노울림', 인천제철 '쇠돌이', 진도 '진풍', 한독시계 '누렁소', 한라중공업 '지킴이' 풍물패 등이 있으며, 참관 단체로는 대우자동차 '으름', 동아건설 '한울림' 풍물패가 있었다.

3. 그 밖의 문화 활동들

1988년 10월 26일과 11월 1일 노래패 '햇살'이 노동자선교대회 때 '나를 보내소서'를 공연하였다.

1989년 10월 5일 인하대 운동장에서 '참교육실현을 위한 정태춘 전국순회무료공연'이 열렸는데, 전교조를 지지하는 인천지역 노동자, 대학생, 고등학생 등 8,000여 명이 모여 대성황을 이루었다. 정태춘의 공연에 앞서 집회가 열렸으며 전교조인천지부 교사들과 참석자들이 반드시 전교조를 지켜나가자고 결의하였다. 또한 공연에 참석한 고등학생들은 해직된 자신들 선생님들의 모습이 보일 때마다 환호하고 눈물을 흘리며 부둥켜안기도 하였다. 12월 9일에는 인천대 체육관에서 전노협 건설을 위한 특별공연 노래판굿 '꽃다지'가 열렸는데, 인노협, 부천지역노동조합협의회, 인천대학교 총학생회, 서울 노동자 문화예술단체 협의회가 주최하였다.

1990년 1월에는 노동자문학회 추진위원회가 결성되었고, 2월에는 가톨릭문화운동공동체에서 토요영화를 상영하기도 하였으며, 11월 6일(화)에는 교사노래패 햇살의 첫 번째 발표회가 '우리노래 부르기'라는 주제로 인천대 대학원 강당에 있었다.

1991년 1월 30일에는 노동자 문화마당 '일터'가 창립대회를 개최하였고, 9월 6일에는 노래패 '선언'의 창단 기념 공연 '인천 1991년 6월'이라는 노래극이 부평1동 성당 교육관에서 있었다.

1992년에는 2월 29일에는 인천노동자문학회에서 노동자 문학상을 공모하였다. 3월 14일에는 노동자 문화마당 일터에서 창립 1주년 기념공연 '함께 가자 투쟁의 한길로'라는 공연이 인천대학교 소극장에서 열렸으나, 9월 30일 일터의 김동호 의장 등 6명이 국가보안법 위반으로 구속되면서 그 후 일터의 활동은 지지부진하였다.

제5절 인천 문화예술운동의 특징과 의의

인문연은 1980년대 인천지역에서 문화운동과 노동운동을 결합하여 민중민주주의를 실현하고자 조직된 최초의 단체였다. 인문연은 서울의 민중문화운동협의회와 연관되어 활동하던 연합탈패, 노래패, 미술패들 중에서 현장 지향적인 의식을 지니고 있던 활동가들이 조직적으로 인천에 집결하고, 인천지역에서 활동하고 있었던 세력과 결합하여 탄생한 조직이었다.

인천은 대우자동차를 비롯한 부평공단, 주안공단, 목재공단, 하인천공단 등 공단이 광범위하게 조성되어 있었고, 이에 따라 노동운동이 활발하게 전개되고 있었던 지역이었기에, 여타의 지역보다 민중문화운동이 일찍부터 뿌리를 내릴 수 있는 사회적 조건이 조성되어 있었다.

인문연은 이러한 노동운동의 물적 토대와 문화운동의 인적 자원에 기초하여 탄생한 조직이었기에 여타의 지역에 비해 선도적으로 노동운동과 문화운동을 결합할 수 있었다. 또한 인문연의 회원이었던 신재걸이 인노협 초기 문화부장으로 활동하였는데, 이 때문에 인노협 산하의 단위 사업장 문화패 활동과 적극적으로 결합할 수 있었고, 이를 통해 인노협 문화부를 활성화할 수 있었다. 또한 이러한 활동은 전교조인천지부, 대공장 노동조합, 병원 노동조합, 택시 노동조합 등의 문화 활동에도 상당한 영향을 미치게 되었고, 이에 따라 노동자 풍물패, 노동자 노래패, 노동자 율동패의 활동이 다른 지역보다 활발하게 전개되고 조직화되었으며, 다른 지역의 모범이 되었다.

이러한 노동자 문화 활동 사업은 창작사업과도 연계되어 노동자의 생생한 정서에 기초하여 작품들을 창작할 수 있었다. 노래분과 산하가 제작한 노래 테이프는 노동자들의 정서에 기반을 두었기 때문에 노동자들에게 매우 인기가 높았으며, 인문연의 재정사업에도 상당한 도움이 되었다.

그러나 전체 민중민주주의 운동이 점차 쇠락함에 따라 인문연의 활동도 쇠락할 수밖에 없었다. 더욱이 내부적으로 창립 초기부터 문제시되었던 지도노선의 문제를 해결하지 못하면서 분파주의에 매몰되는 바람에 쇠락은 가속화되었다. 지도노선의 문제 중에서 가장 심각하게 대두된 문제는 노동자 문화 활동 지원 사업과 창작사업과의 관계였다. 이러한 고민은 인문연이 1992년에 공연한 '우리 전진이다'의 팸플릿에 고스란히 드러나 있다.

인문연은 창립한 이후, 활동 과정에서 "진보적 민주주의 사회의 전망을 예술적으로 형상화"하는 문제를 둘러싸고 심각하게 논쟁을 하였다. 인문연 조직은 대별하면 예술적 형상화를 담당하는 민족예술연구회와 노동자들의 문화적 욕구를 조직하는 노문위로 구성되어 있는데, 활동을 거듭하면 할수록 민족예술연구회의 형상화 역량이 더욱 축소되면서 예술적 형상화가 거의 불가능한 지경까지 이르렀다. 즉 민족예술연구회 회원들의 활동이 노동자들을 대상으로 하는 기타 강습이나 노래 강습 그리고 풍물 강습 등에 국한하였고, 이러한 활동이 노동자적 정서에 기반을 둔 진보적 민주주의의 예술적 형상화로 나아가지 못했다. 달리 말하면, 민족예술연구회 회원들이 노동자문화패 조직화 사업에 치우치면서 형상화 사업을 방기하게 된 것이라 할 수 있다. 이에 따라 인문연 활동 전체가 노문위 활동으로 영역이 축소되었으며, 이러한 불균형을 극복하기 위하여 시도한 것이 바로 1992년 12월에 공연한 '우리 전진이다'였다. 이러한 시도에도 불구하고 예술적 형상화를 둘러싼 고민이 발전적으로 해소되지 못하였기에 회원들이 조직에서 이탈하는 사태까지 생겼다. 게다가 회원 중의 일부가 조직 사건에 연루되어 구속되면서 문화운동 대열에서 이탈하게 되었고, 이에 따라 조직이 심각하게 타격을 입게 되어 부득이 1993년에 해산하였다.

문화운동과 노동운동을 결합하여 민중민주주의를 실현하고자 했던 인문연을 비롯한 인천지역의 진보적 문예운동은 1988년 인노협의 결성과 함께 불타올랐으나 1992년을 계기로 급격히 위축되면서 역사 속으로 사라져갔다. 그러나 이러한 진보적 문예운동의 명맥은 송성섭, 박영근, 허용철 등이 주도하고 강광, 이가림, 이종구 등이 참여하여 1994년에 창립한 인천민예총으로 이어져서 민족예술의 형태로 부활하여 그 명맥을 이어가고 있다.

제5장 교육운동

제1절 교육민주화운동의 태동

1. 4·19 혁명과 교원노조

4·19혁명으로 이승만정권이 무너지면서 사회 전반에 민주화의 바람이 불기 시작했다. 4월 27일 경북여고 교사 여학룡, 서석은 등이 교원노동조합 결성을 발의한 후, 5월 1일 서울시 교원노조결성준비위가 결성되는 등 5월 22일까지 인천을 포함한 17개 지역에서 교원노조 건설이 완료되었다. 인천에서는 대학교수 15명, 중등교원 100여 명, 초등교원 100여 명이 참석한 가운데 인천지구 노조가 결성되었고, 26일에는 인천지구 중등교원노조가 결성되었다. 이어 7월 17일에는 한국교원노조총연합회라는 이름으로 전국 통일조직을 결성하고, 제1차 대의원대회를 열어 선언, 강령, 규약 등을 채택한 후 집행부 구성을 마쳤다. 총 41명의 중앙위원 가운데 인천, 경기 지역에서는 심재갑, 이민구, 김호진, 오양환이 중앙위원으로 선출되었고, 인천 수산고 교사로 경기연합회위원장으로 선출된 이동걸이 부위원장단의 일원이 되었다.

교원노조가 결성되자 허정 과도정부와 민주당정권은 이를 불법화해 해체를 지시하고, 노조원들을 벽지로 좌천시키는 등 인사 조치를 단행했다. 이에 교원노조는 소송제기, 궐기대회, 가두시위 등 다양한 방법을 동원해 투쟁에 나섰는데, 8월 25일 대구 고법 특별부가 교원노조를 합법단체로 판정하고, 부당인사조치 행정정지 가처분신청을 받아들이면서 일단 교원노조의 승리로 귀결되는 듯했다. 그러나 장면정권이 9월 26일 교직단체법안을 발표하면서, 단체조직권과 단체교섭권은 인정하나, 단체행동권은 허용하지 않겠다고 하면서 교원노조는 단식 투쟁 등의 방법으로 또다시 투쟁을 이어갔다. 그러다가 1961년 5·16군사쿠데타가 일어나면서 모든 것은 물거품이 되고 말았다. 교원노조는 강제 해산되었고, 그 간부들은 하루아침에 용공분자가 되어 체포 수감되었다. 경기연합회위원장이었던 이동걸도 체포 수감되었다. 이동걸은 출옥 후 고문후유증에 시달리다가 끝내 자살로 삶을 마감하였다.

교원노조는 제대로 발도 내딛지 못하고 좌절되고 말았지만, 해방 후 처음으로 교사들이 자신들의 권리를 주장하기 위하여 집단으로 나섰다는 점에서 큰 의미가 있었다. 그들은 강령에서 자신들의 경제적, 사회적 지위 향상뿐만 아니라, 학원의 자유와 민주화를 도모하고, 민주국가 건설로 세계평화에 공헌한다고 함으로써 1989년 출범하는 전국교직원노동조합의 귀감이 되었다.

2. 병영학교 선인학원 민주화투쟁

박정희에 의해 좌절된 교육민주화운동은 박정희가 김재규의 총에 맞아 죽음으로써 다시 시작되었다. 그 시작은 박정희의 비호 아래 성장한 선인학원에서였다. 인천의 선인학원 재단 소속 학교의 교사와 학생은 병영과 다름없을 정도의 권위적인 환경에서 고통을 받았다. 5~13층에 이르는 고층 건물들로 이루어진 학교 공사 진행 과정에서 갖은 명목으로 학생들을 동원하였으며, 교직원들도 벽돌 지게를 지었고, 심지어 매를 얻어맞는 교사들도 많았다. 학생들이 무엇보다도 힘들었던 것은 높은 건물에 실내 화장실이 없어 쉬는 시간마다 건물 외부에 설치된 재래식 화장실을 사용하기 위하여 경주하듯 뛰어다녀야만 하는 것이었다. 학생과 교사들의 인권은 철저히 무시되었다. 등록금 납부 기한이 3일밖에 되지 않아 고지서가 발부되면 단 3일 동안에 모든 학생이 등록금을 납부하도록 하기 위하여 교사들은 여러 가지 편법을 강구하지 않을 수가 없었고 그 과정에서 수많은 비인간적인 갈등이 발생하였다. 재단 내 선화여중의 경우 1980년 한 해에 45명의 교사가 퇴직하거나 새로 임용되었다. 상당수 교사가 며칠이나 몇 달 근무 후에 선인학원에서 다른 학교로 이동하거나 교단을 떠날 정도로 선인학원의 근무조건은 열악하였다.

1980년 3월 30일 인천대 학생들이 "백인엽이 학교 운영에 간섭하지 말 것" 등을 요구하며 시위했고, 4월 1일에는 인천전문대 학생들도 학원자치를 요구하며 시위를 벌였다. 이에 백인엽과 재단 측은 임시휴강 조치로 대응했으나, 4월 22일 선인학원 소속 항도실업고등학교, 운산기계공업고등학교, 운봉공업고등학교 학생 1,500여 명이 수업을 거부하고 학교 운동장에 모여 "백인엽 축출", "무능교사 퇴진" 등 8개 항의 요구 조건을 내걸고 시위를 벌였다. 이 시위는 나중에 5,000명 이상으로 불어났으며, 인근의 선인고등학교 학생들도 일부 동참했다. 그러나 이 운동은 5·17 비상계엄확대조치로 아무 성과를 보지 못하고 끝나고 말았다.

다음 해인 1981년 백인엽은 업무상 횡령죄로 구속기소 되었지만 선인학원을 국가에 헌납하겠다는 약속하고 풀려났다. 선인학원 민주화투쟁은 수면 아래로 가라앉는 듯했지만 수년 뒤 1987년 6월항쟁 국면을 맞아 다시 일어났다.

3. 인천YMCA교육자회의 창립과 활동

981년 아람회 사건, 1982년 오송회 사건 등으로 정권에 비판적인 교사들의 소모임 활동까지 용공 조작으로 탄압받자 이를 극복할 방안이 모색되었다. 교사들은 YMCA와의 논의 하에 YMCA 틀 안에서 대중적이고 공개적인 교사들의 모임을 결성하기로 하고, 지역마다 조직에 나섰다. 유서 깊은 기독교 단체인 YMCA의 틀 안이라면 용공사건으로 조작하지는 못할 것이라는 판단에서였다.

1982년 1월에 서울에서 "YMCA 중등교육자협의회(이하 Y중등교협)"가 창립된 것을 시작으로 1986년 전주교협까지 전국 21개 지역 조직이 건설되었다. 인천에서는 조용명 교사를 중심으로 1984년 6월 22일 인천YMCA교육자회가 창립되었다. 창립대회에서 입시위주의 중등 교육이 청소년의 자율성과 창의성을 억누르고 있는 현실과 양적으로만 비대해진 학교의 행정 위주 풍토를 지적하고, 관료주의 교육 풍토에서 비롯한 교육에 대한 불신을 씻어내고 교육의 자율성 회복을 위한 올바른 교육관과 실천력을 갖도록 노력할 것을 천명하였다.

YMCA교육자회 회원으로는 글 쓰기회 모임에 참여했던 이정민, 임옥규, 이종태, 중등교사로 조정란, 이우경, 조진화, 초등교사로 김문경, 노미화, 임시교사였던 문은희, 이승희, 예비교사였던 최근식, 인천교대 학생이었던 임병조가 참가했다. 예비교사였던 최근식의 제안으로 인천 향토사 연구가 시작되었고 나중에 독립운동사 공부로도 이어졌다.

서울교협은 초등과 중등이 따로 모였는데 인천은 초중등 교사가 같이 모였다. 참가자가 많지 않아 함께 모일 수밖에 없었다. 인천 YMCA 주안 사무실에서 매주 정기 모임을 하면서 학생들이 함께 참여한 교육학 관련 독서토론회, 향토 교육, 전통문화 교육 활동이 진행되었다. 국어교육 분과에 조용명, 최원식, 조정란, 이정민, 최임순, 김미혜, 김정란, 김진옥, 최근식, 임옥규, 청소년 향토풍물 분과에는 문은희, 이승희, 최동숙, 이우경, 이종태, 김문경, 노영임, 김순이, 장선희, 김혜자, 이우길, 소유진, 원종찬, 김명길, 홍경남이 참여하였다. 1985년에는 15명 정도의 중등 교사들이 인천 YMCA 중등교육자협의회를 창립했다.

제2절 교육민주화운동의 성장

1980년 광주민주화운동의 좌절 이후 위축되어 있던 민주화운동은 1980년대 중반 이후 다시 세력을 만회하고 더욱 성장하면서 1986년 인천5·3민주항쟁과 1987년 6월민주항쟁으로 표출하였다. 이 시기에 대대적으로 표출된 반독재 민주화운동은 시민운동, 노동운동, 교육운동 등으로 분화 발전하기 시작하였는데, 박정희정권 이후 억눌려 왔던 교육운동은 이 무렵부터 가시적인 민주화운동의 한 부문으로 자리 잡을 수 있게 되었다. 1960년 학생들이 궐기하여 쟁취한 4·19혁명의 힘으로 결성된 교원노동조합이 1961년 군사쿠데타정권에 의해 파괴된 지 30년 가까이 지나 부활할 수 있게 되었다.

1. 5·10 교육민주화 선언

Y중등교협을 중심으로 교사들의 활동이 활발해지면서 1985년 5월 "민중교육"지 사건이 터졌다. 민중교육은 실천문학사에서 출판한 교육무크지로, "교육의 민주화를 위하여"라는 부제 하에 교육 문제를 이데올로기적으로 접근한 교사들의 논문들로 구성되어 있었다. 전두환정권은 "민중"이라

는 단어를 빌미 삼아 좌경용공으로 매도하면서 민중교육지 출판과 관련된 교사들에게 가혹한 징계의 칼날을 들이대었다. 10명의 교사가 파면되었고, 7명이 강제 사직 당하였다.

이에 맞서 Y중등교협은 1986년 5월 10일 "교사의 날" 집회를 열어 교육민주화선언을 발표한다. 선언에서는 교육의 정치적 중립성, 교사의 교육권 및 학생 학부모의 교육권 보장, 교육자치제의 조속한 실현, 자주적인 교원단체의 설립과 활동 보장, 강요된 보충수업, 심야학습 철폐를 주장하였다. 전국에서 546명의 교사가 선언에 참여하였다. 이후 Y중등교협은 대대적인 탄압을 받게 된다.

그러나 인천은 "교육민주화선언"에 동참하지 못하였다. 대신 활동가 발굴에 집중하게 된다. 신맹순, 이경호, 이용우, 허용철, 이종구, 이영규, 임병조, 노미화 등의 교사를 중심으로 한 소모임 활동으로 내실 있게 가면서 정세의 변화를 기다리고 있었다.

2. 민주교육추진인천지역교사협의회의 결성

1987년 6월항쟁의 바람은 교육계에도 불어 닥쳐 1987년 7월 27일 광주 YMCA에서 열린 한국Y중등교협 임원회의에서 전국단위 교사단체 결성을 결정하고, 8월 13일 서울YMCA강남지회 대강당에서 민주교육추진전국교사협의회(이하 전교협) 준비위원회를 구성하고 윤영규를 위원장으로 선출하였다. 그리고 마침내 9월 27일 서울 한신대학교에서 700여 명의 교사가 모여 전교협을 창립했다. 창립식에서 전교협은 민족민주 교육의 실천을 천명하며, 학생을 바르게 가르치기 위한 교사의 권리와 의무를 지키고, 부당한 명령에 숨죽여 굴복하지 않기 위해, 흩어진 교육의 주체들이 하나로 결집해야 하며, 그래야만 올바른 교육을 위한 기초가 마련될 것이라고 다짐하였다. 전교협은 창립 1년 만에 전국 평교사의 10%에 달하는 3만 명 정도의 교사가 회원으로 가입했다.

전교협 창립 이틀 전인 1987년 9월 25일 인천에서 민주교육추진인천지역교사협의회(이하 인교협)이 창립되었는데 당국의 탄압은 극에 달했다. 창립 전인 9월 21일 주안 5동 성당에서 교사대토론회를 열려고 하였으나, 사복 경찰들이 성당 입구를 원천봉쇄하는 바람에 무산되고 말았다. 경찰은 성당 입구에서 교사들을 강제 연행하기도 했고, 심지어 주동자들이 거주지에서 억류당하는 경우도 있었다. 단위 학교 관리자들의 감시도 엄혹했는데 주동 교사의 일거수일투족이 감시받고 기록되어 상급 기관에 보고되었다.

관리자의 감시와 경찰의 탄압을 피해 집회장소를 두 군데로 분산시켜 준비하는 등 험난한 준비 과정을 거쳐 인교협은 창립되었다. 경찰의 원천봉쇄를 예상하고 주안 5동 성당에서 거행한다고 공개적으로 발표해 놓고는 몰래 부천 삼정동 성당에서 조용명을 회장으로 창립식을 가진 것이다. 이후 호인수 신부의 도움을 받아 십정동 성당에서 사무실을 운영하면서 "인천교사신문"을 발행하는 등 활동을 확장해 나갔다. 1988년 1월 27일 인천교협과 경기교협이 통합되어 경인교협이 출범되었다가 그해 9월 20일 경인교협은 다시 인천교협과 경기교협으로 분리되었다.

인천교협 집행부는 회장 조용명, 부회장 이청연, 사무국장 한규태, 정책기획실장 최근식, 편집위원장 이경호, 조직홍보부장 이영일, 재정사업부장 김정심, 문화부장 허용철로 구성되었다. 이후 인천교협은 조직을 확대하면서 사립교사협의회(회장 황진도), 공립중등교사협의회(회장 신맹순), 초등교사협의회(회장 이충선)로 개편하였다.

3. 단위 학교 평교사협의회의 결성

인천교협이 결성되는 과정에서 먼저 단위 학교 평교사협의회(이하 평교협)가 결성되기도 했다. 대표적인 사례가 세일고등학교 평교협이다. 전체 평교사의 과반수가 참여하여 평교협 결성을 결의하고 인교협 창립식에 전원 참석하였다.

세일고 평교협 건설을 시작으로 운봉공고(87. 10. 12.), 항도고(1987. 9. 25.), 경인여상(1988. 9. 7.), 성헌고(1988. 8. 27.), 광성고(1988. 10.), 신명여고(1988. 12. 3.), 인화여고(1988. 12. 20.), 송도중(1988. 12. 21.) 선화여중(1989. 2. 8.), 선인중(1989. 2. 14.), 운산기공(1989. 3. 7.), 영일외고(1989. 3. 21.) 명신여고(1989. 4.) 평교협 설립으로 확산하여 나갔다.

인천 시내 전체 43개 사립 중고등학교 중 14개교에 평교협이 결성되었으며 그 중 선인재단 소속 학교 항도실고(현 전자마이스터고등학교), 운산기공(현 도화기계공업고등학교), 선인중, 선화여중, 인화여고, 운봉공고(현 하이텍고등학교, 회장 박우일) 평교협이 연합하여 선인학원교사협의회(이하 선교협)가 창립되었다. 이후 선교협은 선인학원 정상화 투쟁의 구심이 되었다.

4. 성헌고등학교, 대경여상, 명신여고 사학민주화투쟁

단위 학교에 평교협이 건설되면서 학교 관리자의 비리와 부정을 바로잡기 위한 학교 정상화 운동이 다양하게 펼쳐졌다. 특히 사립학교의 경우에는 사학 재단의 비리와 교사 권익 억압에 맞선 평교협의 활동이 사회적 주목을 받았다. 사립학교 평교협의 학내 민주화투쟁의 대표적인 사례가 성헌고(현 인제고) 투쟁이다.

1987년에 새로운 학교 재단 이사회가 들어서면서 성헌고 학교 운영의 파행이 심각해졌다. 교사가 턱없이 부족했는데도 정규 교사를 임용하지 않고 임시 강사만 채용하고, 우열반을 운영하는 등 파행적인 학교 운영에 대해 문제의식을 느낀 교사들은 1988년 8월 23일 직원회의 시간에 교사협의회 결성을 선언하고, 평교협을 공식 발족시켰다. 평교협 이름으로 학교 정상화를 위한 26개 요구사항을 전달했으나 진척이 없었고, 학교 비리에 대한 국정감사 요청 후에야 합의가 되었다.

그런데 학교는 그해 12월 말 교협 회원이었던 서중석 교사에게 숙직 중 일어난 석연치 않은 도난사건에 대한 책임을 물어 부당한 교사 징계를 추진했다. 교협 활동에 대한 보복이었다. 결국, 서 교사는 권고사직 형태로 교사직을 그만둘 수밖에 없었다. 이 부당해고에 항의하여 성헌고 학원 민주화투쟁이 일어났다. 교협은 학교운영의 문제점을 전면적으로 폭로하며 민주적 학교운영을 촉구했다. 우열반 등 학생들에 대한 차별대우, 비정상적 매점 운영, 족벌체제로 운영되는 재단의 문제 등을 담은 학교 비리 자료를 전교생 집으로 우편 발송했다. 학부모들의 관심과 지지가 일어나자 학교 측은 1989년 1월 서둘러 징계위원회를 열어 교협을 만들었다는 사유로 김순래(회장), 도성훈, 사성국, 정홍교, 김대호 등 5명의 평교협 소속 교사를 해임했다.

성헌고 평교협은 징계 철회와 재단 비리 척결을 요구하며 교내 농성에 들어갔다. 그리고 학교 재단 비위 문제를 성토하는 청문회가 열렸다. 청문회를 통해서 교사 임용 비리 등 학교 측의 전횡이 폭로됐다. 청문회가 끝난 후, 교사와 학부모들이 "성헌고 교육정상화추진공동대책위원회"를 구성해 가두행진과 야외집회를 벌였다. 학부모 대표와 교사 대표의 교육감 면담, 학부모들의 교육감실 점거 철야농성, 언론보도 등의 활동으로 이어져 인천 사회의 이슈로 전면 부각되자, 교육청이 재단과 논의해 교장과 교감을 교체하고 임시 교장을 파견하면서 협상이 진전돼 23일 만에 농성이 마무리됐다.

　교사와 학생, 학부모, 지역사회가 함께한 투쟁의 결과로 재단 측은 1989년 3월 16일 우열반 철폐, 학생회 직선제 구성, 교직원 회의 활성화, 투명한 예산 운영, 숙직 전담제 실시, 교사 수급률 향상 등 학원 정상화를 위한 14개 항목의 합의문에 서명했다. 성헌고등학교의 학교 민주화투쟁은 사학 민주화투쟁에서 돋보이는 성과였다. 그리고 재단의 부당한 탄압에 저항하여 학생과 학부모까지 농성에 결합하면서 지역 사회의 주목을 받고 중앙 언론에 보도되는 등 전국적 이슈가 된 사립학교 민주화투쟁의 대표적 사례였다.

　대경여상은 민주화투쟁이 발생하기 한 해 전인 1988년 5월 장학지도 결과, 무자격 교사를 유자격교사로 대체 임명할 것, 징계위원회가 구성되어 있지 않음이 지적되는 등 이미 많은 문제점을 갖고 있음에도 불구하고, 그에 따른 아무런 시정 조치를 시행하지 않고 있었다. 1988년 12월 30일 인교협 활동을 이유로 교사 김윤수가 파면 통고를 받았다. 1989년 5월 3일 주간부 학생 700여 명이 학교비리 척결, 학생회 자치 보장, 학습권 보장과 더불어 교권 보호 등을 요구하며 운동장에 모여 농성을 시작했다. 학교 측은 학생들의 요구는 들어주겠으나 문서 작성은 안 된다며 거부하였고, 이에 학생들의 농성은 계속되었다. 4일에는 김상필, 차창훈 교사가 학생들 앞에 무릎을 꿇고 "교사가 해결했어야 할 일을 학생들이 대신하고 있다"고 사과하며 양심선언을 발표했다. 그러나 학교 측은 문서작성을 여전히 거부했고, 전경들이 학교 출입을 통제하기 시작했다. 그리고 7일 경찰이 나서서 주동자 색출을 시작했고, 8일 무기한 휴업령을 내리면서 학생들을 학교 밖으로 쫓아냈다. 학생회장 장현순과 부학생회장 이성희, 그리고 교사 김상필과 차창훈이 구속 수감되었다. 학생 둘은 기소유예되어 학교로 돌아왔으나, 학교 측의 심한 탄압으로 결국 자퇴할 수밖에 없었다. 사학민주화투쟁 중 학생이 구속된 것은 대경여상이 유일했다.

1989년 4월 명신여고에서도 교사들이 평교협을 결성하고 학내 비리를 제기하면서 학교 재단의 탄압이 시작되었다. 평교협에서 재단 비리 척결과 교권 보장, 학생 인권 보호를 주 내용으로 개선안을 제기하고 요구하여 합의서가 체결되었지만, 학교장이 한 달 뒤인 5월 30일 평교협 회장단 4명을 공무집행 방해로 고발하면서 학내 민주화투쟁이 촉발되었다. 6월 1일 전교생이 운동장에 모여 항의 농성을 벌이자 재단 측은 고발을 취하하였다. 그러나 학교 재단이 1990년 1월 평교협 소속 교사를 해임하면서 학생들의 운동장 농성이 다시 시작되었다. "명신여고 정상화를 위한 시민대책위원회"가 꾸려지는 등 시민들이 투쟁에 결합했지만, 학교재단이 3월 26일 3일간 휴업령을 내리고 공권력이 투입되면서 명신 투쟁은 막을 내리고 만다. 학생 7명이 학교를 그만두고 강신오, 고흠덕, 김방식, 연제열, 임병구, 이원주, 최미희, 안경수 등 8인의 교사가 해직되었다.

사립학교의 민주화투쟁이 마무리될 즈음에 전교협이 교원노조건설특별위원회를 발족하면서 전국교직원노동조합 결성이 본격 추진되기 시작했다. 학교 민주화투쟁에 나선 교사들은 학교정상화투쟁과정에서 교협의 한계를 분명하게 인식했다. 협의회라는 임의 조직으로는 합의사항이 언제든 파기될 수 있다는 점을 경험하면서, 교사들은 법적으로 보호받고 인정받는 조직 즉 교원노동조합의 필요성을 절감했다. 사학민주화투쟁에 참여했던 교사들은 전교조 건설을 주도하였다.

제3절 교육민주화운동의 발전

1. 전국교직원노동조합 인천지부의 결성

1989년 5월 28일 "민족 민주 인간화 교육"을 이념으로 전국교직원노동조합(이하 전교조)이 결성되었다. 인천은 다음 달인 6월 10일 인천대학교 대학원 강당에서 800여 명이 모여 전교조 인천지부 결성식을 했다. 조합원들은 교육의 자주성과 정치적 중립성을 유린한 독재정권의 강요로 인하여 교사들이 집권 세력의 선전대로 전락한 것을 반성하고, 학생들에게 민주주의를 가르치고 교육민주화운동을 구체적 실천하기 위해 교직원노동조합 인천지부를 건설한다고 천명하였다.

전교조 인천지부는 신맹순 교사를 초대 지부장으로 선출하였다. 인교협

〈그림 5-21〉 전국교직원노동조합 결성식(1989년)

조직 체계를 그대로 계승하여 초등지회(김정심 지회장), 국공립지회(이종태 지회장), 사립지회(조용명 지회장)를 하부 조직으로 두었다.

전교조가 결성되자 노태우정권은 전교조 조합원 교사들을 좌경 의식화 교사로 매도하면서 대대적인 탄압을 시작하였다. 반상회를 통해 전교조 교사를 식별하는 방법을 안내하는 유인물까지 배포하면서 악선전도 계속하였다. 전교조 결성에 주도적으로 나선 교사들이 소환되면서 6월 9일 전국에서 최초로 전교조 인천지부장 신맹순이 국가공무원법 위반으로 구속되었다. 그리고 이경호도 구속되었다. 노태우정권은 그해 9월 전교조 조합원 2,800여 명을 해직시켰다. 인천지부 소속 조합원 중 41명이 해직되었다.

영일외고는 전교조 탈퇴 각서를 제출했음에도 불구하고 이 학교 교사 김기주, 김동호, 김명희, 김숙, 서은희, 소재섭, 오은실, 유명환, 이언기, 이재춘, 전효순, 정원 등 12명을 해임했고, 성헌고에서도 탈퇴 각서를 제출한 조합원 중 고일인, 김대호, 김순래, 김윤수, 도성훈, 맹관호, 박춘신 등 8명을 해임 하였다. 그 외 김상필, 차상훈, 최기영(이상 대경여상), 신맹순(제물포고), 원종찬(세일고), 허용철(선인고), 황진도(인화여고), 신명진(신흥여중), 이경호(구월중), 이종태(인천남중), 이청연(신현국), 이세숙(인천여상), 강승숙(중앙국), 강채원(부평국), 김기열(인성여고), 김병찬(산곡국), 정란(산곡중), 김상규(송도고), 김춘여(화전국), 노미화(석정국), 안영숙(도림국), 황희경(부원국) 등 41명이 해직되는 초유의 사태가 벌어졌다.

가혹한 탄압에도 현장 교사들은 조합원 명단 공개로 대응했다. 일간 신문을 통해 공개된 명단은 전국 11,666명에 달했고 인천지부 202명의 조합원이 명단을 공개했다. 해직 교사들은 7월 16일부터 8월 5일까지 명동성당에서 단식 농성에 들어갔다.

전교조를 지원하기 위한 연대의 움직임도 활발해졌다. 9월 24일 연세대에서 "전교조 탄압저지와 합법성 쟁취를 위한 범국민대회"가 열렸다. 인천

〈그림 5-22〉 건국대학교에서 개최된 전국교직원노동조합 결성식 전경
(민주화운동기념사업회 오픈아카이브즈 00700296, 원출처 : 박용수)

에서는 30여 명의 교사가 참석하였다. 10월 5일에는 인하대에서 가수 정태춘이 주도한 참교육 쟁취 전국순회공연 "송아지 송아지 누렁송아지" 인천 공연이 열렸다. 이 공연에는 무려 12,000여 명이 참석하여 대성황을 이루었다. 10월 28일 2시 30분 성공회 내동 교회에서 "전교조 대책 인천 기독교 공동위원회"가 창립 예배를 했고, 이어 답동 성당에서 "참교육 실현과 해직교사 돕기 인천시민 걷기대회"가 열렸다. "참교육 실현을 위한 인천 학부모회"와 "전교조 대책 인천 기독교 공동위원회"가 공동주최한 이 걷기대회에서는 중고생 500원, 일반인 1,000원의 참가비를 받고 참교육 염원 기념품을 나눠 주었다. 걷기대회는 3시 답동성당을 출발, 자유공원에서 참교육 열망 풍선 날리기를 한 뒤, 월미도 문화의 거리에서 문화공연을 하는

것으로 마무리되었다.

10월 8일에는 "노동악법 철폐 및 전노협 건설을 위한 전국 노동자 등반대회"가 전국 각지에서 진행되었는데, 인천에서는 이상구가 등반대회를 준비하였다. 인천의 노동자들과 전교조 조합원들은 아침 8시 부평역 광장에 모여 함께 참가하였다. 이날 대회에 참가한 사람들은 하산 길에 4·19 묘지 앞에서 수유 전철역까지 "사수 전교조, 건설 전노협"을 외치며 행진하였다. 전교조와 노동운동과의 연대가 본격화한 것이다. 사실 인천에서는 그 이전부터 전교조와 노동운동권과의 연대가 진행되고 있었다. 5월 27일 인천지역민족민중운동연합(인민련)과 인천지역노동조합협의회(인노협) 등이 주최한 "이철규 열사 살해 진상 규명 및 전국교직원노조결성지지 결의대회"가 열려 약 600여 명이 참가하였다. 그리고 7월 28일에는 인노협

〈그림 5-23〉 참교육을 위한 전국학부모회 창립대회(1989년)
(원출처 : 참교육학부모회 자료집)

소속 81개 노동조합과 한국노총 내 민주 지향적 노조 등 총 110개 사업장이 공동으로 전교조지지 성명을 발표하였다. 이러면서 전교조와 노동운동권과의 연대는 강화되었다.

2. 참교육 실현을 위한 인천 학부모회의 결성

전교조 탄압을 저지하기 위한 시민사회의 지원이 모색되면서 자생적인 학부모 단체가 결성되었다. 1989년 9월 22일 전교조 인정과 해직교사 복직을 요구하고, 민족 민주 인간화 교육을 위한 교육 운동에 적극적으로 매진할 것을 결의하며, "참교육 실현을 위한 인천 학부모회(이하 참교육학부모회)"가 창립되었다. 김흥수가 회장을 맡았다. 참교육학부모회는 전교조를 지원하기 위한 활동으로 시작되었지만, 차차 시민운동의 한 부분으로 학부모 운동 부문을 개척해 나갔다.

참교육학부모회는 인천교육개혁 연대에 결합하여 인천지역 교육 문제를 해결하기 위해 인천의 제 시민단체와 공동 행동에 나섰으며, "학교도서관 살리기 인천시민연대" 활동, 인천광역시 교육위원회 참관 활동 등 지역사회 교육 문제뿐만 아니라, 인천백화점 경륜장 설치반대 운동, 인천항 살리기 시민연대 활동 등 시민사회단체의 활동에 적극적으로 결합했다. 이후 전교조와 참교육학부모회가 중심이 되어 여러 시민단체가 결합한 교육개혁을 위한 활동이 지속해서 전개되었다.

교육 개혁 시민 활동은 1996년에 단위 학교마다 학교운영위원회가 설치되면서 민주적 학교자치 실현과 학교 현장의 개혁을 위한 활동으로 성장 발전하였다. 학교운영위원회의 민주적 구성과 학교급식, 교복, 앨범 등과 관련된 된 투명한 학교 행정을 실현하게 하기 위한 활동에 집중하였다. 이를 위해 참교육학부모회는 학교운영위원 선출에 적극적으로 참여하고 지

〈그림 5-24〉 민주화를 위한 전국교수협의회 창립총회(1987년)
(원출처 : 민주화를위한전국교수협의회 자료집)

방교육 자치의 개혁을 위한 교육위원 선거 및 참관 활동에도 적극적으로 참여하였다. 이런 활동은 학부모회 법제화로 결실 맺었다.

참교육학부모회는 바람직한 지역사회 교육문화를 일구어내기 위해 다양한 활동을 전개해 나갔다. 1997년부터 시작된 지역방송 iTV 방송 모니터링에 주도적으로 참여했고, 1999년에는 "꽃으로도 때리지 마세요"란 슬로건으로 체벌 반대 운동을 벌이며 지역사회 학생 인권 의식 신장에 기여했다. 매년 어린이날 행사로 "야야 이리 나와라" 프로그램을 전교조와 같이 마련하고 역사 기행, 생태 기행 등 다양한 학생 참여 프로그램을 운영하였다. 참교육학부모회는 대안적 교육 문화를 가꾸어 나가는 일에도 선도적인 활동을 펼쳐나간 것으로 평가받는다.

3. 경기 · 인천 민주화교수협의회의 창립

1987년 7월 21일 전국 31개 대학 527명의 교수가 가입한 "민주화를 위한 전국교수협의회"(이하 민교협)가 창립되었다. 유신체제 아래에서 해직되었던 교수들이 모여 1978년에 조직한 해직교수협의회가 모태가 되었고, 6월항쟁 전후에 진행된 호헌반대 교수 서명운동이 조직 구성의 기반이 되었다.

민교협은 각 대학에서 일어나는 교권탄압 문제에 적극적으로 대처하고, 교육관계법 개정과 전국교직원노조결성 등 교육민주화운동에 주도적으로 참여하였으며, 표현의 자유 쟁취, 국가보안법 폐기 등 사회민주화 관련 투쟁을 이끌었다. 전노협 및 민주노총의 결성 지원, 노동관계법 개악 철회운동 등 노동운동에 대해서도 적극적으로 지원하였다. 또한 5 · 18 내란주동자 처벌 촉구 및 안기부법, 국가보안법 폐지 요구 등 과거청산 운동에 총력을 기울였다.

1989년 7월 7일 "경기 · 인천민주화교수협의회"(민교협 경인지회)가 출범하였다. 가톨릭대학교 18명, 경기대학교 26명, 대림공업전문대학 7명, 인천대학교 2명, 인하대학교 21명, 한신대학교 35명 등 총 6개 대학 109명이 가입했고, 초대 회장으로 인하대 임명방 교수가 선출되었고 총무는 인하대 최원식 교수가 맡았다.

4. 선인학원 정상화 투쟁

1987년 6월항쟁을 겪고 민주화의 열기가 고양되는 상황에서 군 장성 출신 설립자 백인엽의 부정과 비리와 군대식 학교 운영에 대한 시민사회의 문제 제기로 선인학원 정상화 운동이 시작되었다. 선인학원은 유치원, 초

중고, 대학을 포함해 16개 교를 거느리고 있는 거대 사학으로 인천 교육계에 많은 영향을 미치는 사학 재단이었다. 재학생이 3만 6,400여 명이었고 교직원은 1,200여 명에 달했다. 인천지역에 재학 중인 사립 중고등학생 47%가 선인학원 소속 고등학교에 다녔다. 인천 학생 2명 중 하나는 선인학원 학생이라는 풍문이 돌 정도로 인천의 교육계에서 비중이 큰 사학이었다.

1980년에 촉발된 선인학원 민주화투쟁이 백인엽 이사장의 구속으로 봉합되었다가, 형 백선엽의 개입으로 백인엽이 1986년 재단 자문위원으로 복귀하여 실권을 행사하면서, 또다시 학내 갈등이 촉발되었다. 1988년 9월에 선인학원 정상화를 촉구하면서 인천대학교 교수협의회가 결성되고, 1989년 3월에는 선인학원 소속 교사의 절반에 이르는 300여 명의 교사가 참여하여 교사협의회가 결성되었다. 그러자 재단 측은 1991년 4월 22일 갑자기 재단 내 교직원들에게 "선인학원에 근무하면서 알게 된 모든 비밀은 철저히 보안 조치할 것이며 만약 비밀을 누설하였을 시에는 어떠한 처벌도 감수하겠다"는 내용의 각서를 써낼 것을 요구했다. 이 각서를 접한 선인학원 교사들은 위기감을 느끼고 인천대학교와의 연대를 모색하게 되고 설립자의 재단 복귀 저지를 위해 초·중·고와 대학의 연대를 통하여 서로 힘을 모으기로 합의한다.

1991년 7월 인천대 교수와 선인학원 소속 초중고 교사 370여 명이 참여하여 "범선인학원정상화추진위원회(이하 범선추)"가 결성되었다. 재단 측이 장석우 인천대 교수협의회장 징계를 결정하자 인천대 학생들은 이에 항의하면서 총장실 점거 농성에 들어갔다. 이 철야농성에 범선추 소속 중고 교사들도 참여함으로써 그 범위가 확대되었다.

재단이 1992년 1월 14일 범선추 교사 대표 이세영, 범선추 총무 장재선 징계를 결정하자 1월 15일 선화여중 교사 40여 명은 성명을 발표하고, 학

〈그림 5-25〉 선인재단 이사장 백인엽 퇴출을 요구하는 플래카드
(원출처 : 민주화를위한전국교수협의회 자료집, 한만송)

교 측의 협박과 방해에도 불구하고 선화여중 4층 휴게실에서 무기한 철야
농성에 들어갔다. 또한 장재선 선생도 운산기공 휴게실에서 무기한 철야
농성에 돌입했다. 징계위원회가 열리는 날 각 학교 대표 및 선화여중 교사
30여 명은 ×표를 한 마스크를 쓴 채 징계위원회가 열리는 회의실 앞 복도
에서 징계 철회를 요구하는 침묵시위를 전개하였고 징계위원회는 무산되
었다. 그 후 신원이 파악된 원학운 교사 등은 재단으로부터 경고장을 받는다.

선인학원 사태는 또다시 인천의 교육계는 물론 지역사회 전체에 엄청난
파장을 몰고 왔고 지역의 뜻있는 인사들이 나서서 인천의 자존심을 지켜
야 한다는 공감대가 형성되었다. 인하대학교 최원식 교수, 제2동인교회 이
진 목사, 주안1동 성당 김병상 신부 등이 주축이 되고 최원식 교수가 위원
장을 맡아 1992년 1월 20일 중구 답동 인천중앙감리교회에서 "선인학원 사

태를 우려하는 인천시민 모임 준비위"가 결성되었다. 시민모임은 서명운동을 벌였고 선인학원은 교육부 감사를 받게 되었다. 재단 이사 7명은 해임되고 관선이사가 파견되었으며, 결국 1993년 6월 백인엽이 재단 권한 일체를 최기선 인천시장에게 넘김으로써 선인재단 소속 학교 중 초, 중, 고는 공립으로 전문대 및 대학원 시립으로 되었다.

5. 전교조 조합원 복직 및 합법화

1990년 1월 22일 3당 합당으로 민자당이 탄생하면서 민주진영에서는 이를 보수 세력들의 장기 집권을 위한 음모라고 규탄한다. 4월 21일 민자당의 장기집권 음모에 맞서 싸우기 위해 국민연합 인천본부가 결성되고, 반민자당 투쟁에 전교조도 적극적으로 참여한다. 1991년 4월 26일 강경대 열사가 사망하면서 연이어 많은 학생이 폭압정권에 맞서 죽음으로 항거하자 전교조 인천지역 교사 466명은 5월 7일 공안통치 중단과 민주화를 요구하는 시국선언을 한다.

1992년 3월 1일 "전국해직교사 원상복직 투쟁위원회"가 결성되면서 해직교사 단결 투쟁이 시작되었다. 4월에 들어 "해직교사 원상복직과 교육대개혁을 위한 인천지역 추진위원회"를 결성하면서 본격적으로 교육 개혁과 해직교사 원상 복직을 위한 청원 운동을 벌이게 된다. 청원서명에 참여한 교사들은 학교에서 온갖 탄압을 무릅쓰고 투쟁을 조직해 나갔으며, 6월 10일 "범국민서명추진 인천본부"가 결성되어 청원 운동은 지역사회 전체로 확대되어갔다. 해직교사 복직 청원 서명에는 인천지역 교사 1,573명이 참여했다.

1992년 12월 제14대 대통령 선거에서 민자당 후보 김영삼이 당선되었다. 전교조는 전교조 인정과 해직교사 복직을 촉구하며 단식 농성에 들어갔다. 전국적으로 총 257명의 해직 교사가 단식농성에 참여하였으며 인천은 9명(조용명, 도성훈, 김상규, 이종태, 임병구, 김기열, 허용철, 강승숙, 김병찬)의 교사가 참여하였다. 교육부의 선별 복직 방침을 거부하고 전원 복직을 위해 투쟁했고, 결국 "복직신청서 제출"이라는 정부 방침을 따라 1994년 새 학기를 기해 해직교사는 전원 복직되었다.

1996년 12월 10일 전교조 합법화를 위한 밤샘 단식 농성 투쟁에 돌입하면서 합법화 투쟁이 전개되었고, 1999년 1월 6일 국회 본회의에서 "교원노조 설립 및 운영에 관한 법률"이 통과되면서 전국교직원노동조합은 합법화되었다.

제4절 인천 교육민주화운동의 특징과 의의

인천의 민주화운동은 거의 모든 부분에서 크게 두 가지 지리적 영향을 받는다. 하나는 수도 서울과 인접해 있어 서울의 영향을 강하게 받을 수밖에 없다는 점이고, 또 하나는 인천이 공업도시라 노동운동의 영향이 강하다는 것이다.

인천의 교육민주화운동은 첫 번째 즉 서울의 인접도시라는 영향은 크게 받지 않았다. 그것은 인천의 싼 집값 때문에 서울에 근무하며 인천에 거주하는 교사는 있어도, 인천에 근무하며 서울에 거주하는 교사는 드물었기 때문일 것이다. 또 노동운동 하러 인천에 온 활동가는 많아도, 교육운동 하러 인천에 온 활동가는 없었다. 즉 인천의 교육운동 활동가들이 서울의 활동가들과 접촉할 기회가 많지 않았다는 이야기다. 그래서 인천의 다른 운동 부문보다 비교적 서울의 영향을 많이 받지 않았다.

그리고 인천의 다른 운동 부문보다 노동운동의 영향도 크지는 않았다.

그것은 인천의 교육운동이 인천 YMCA 교육자회로부터 시작된 데서도 분명히 드러난다. YMCA는 중산층 운동에 가깝기 때문이다. 물론 나중에 전교조가 민주노총에 가입해 민주노총의 주요 기반의 하나가 되기도 하였지만, 그것은 훗날의 이야기다. 교육운동이 성장해 가는 데 인노협 등 노동운동 조직으로부터도 많은 도움과 영향을 받았지만, 전교조는 참교육학부모회나, 민교협, 가톨릭, 기독교 등 시민사회로부터 더 많은 도움과 영향을 받았다.

인천 교육민주화운동의 가장 큰 특징은 다른 어느 지역보다 사학민주화투쟁을 열심히 벌였고, 또 그 과정에서 운동이 많이 성장하였다. 성헌고, 대경여상, 명신여고 사학민주화투쟁은 지역사회의 많은 관심을 받았고, 비록 대경여상, 명신여고의 경우 좌절로 끝나고 말았지만, 성헌고의 경우 괄목할 만한 성과를 내어 사학민주화투쟁의 귀감이 되었다. 이들 학교의 교사들은 전교조 인천 지부의 핵심이 되었고, 그들 중 한 사람이 인천 교육감으로까지 진출하였다.(도성훈) 인천 사학 민주화투쟁의 백미는 선인학원 민주화투쟁이다. 선인학원 민주화투쟁은 학생, 교사, 종교계, 시민 모두가 합세하여 이룬 자랑할 만한 성과다. 선인학원 민주화투쟁 과정에서 교육운동은 시민사회와 하나가 되었고, 이것은 나중 인천 시민운동이 새롭게 성장해가는 발판이 되었다.

제6장 빈민운동

제1절 빈민운동의 태동 – 빈민지역센터

한국에서 최초로 도시 빈민이 형성되기 시작한 시기는 일제에 의해 자본주의가 강제로 이식되어 수탈을 위한 도시화 현상이 일어나고, 토지조사사업을 통한 일제의 대규모 토지몰수로 이농민(離農民)이 발생한 국권침탈 이후이다. 하지만 인천의 도시빈민 형성과정은 광범위한 이농(離農)보다는 일제강점기와 한국전쟁이라는 역사적 비극과 자본주의의 확대재생산으로 인한 요소가 크게 작용했다.

인천은 제물포항이 개항되는 1883년 이후 각국의 상사와 주재원, 영사관 등이 조계설정지에 입주하게 되는데 인천 중구가 이들의 조차지였다. 그에 따라 여기에 살던 조선 사람들이 밀려나 정착한 곳이 동구지역(배다리, 송현동, 화평동 일대) 이다. 한국전쟁 이후에는 만석동, 화수동, 송림동 등을 배후지로 한 만석부두와 화수부두 인근 해안가를 중심으로 피난민들이 정착하여 마을을 형성했다. 동구 지역에 한국유리, 대성목재, 동일방직, 동부제강, 현대제철 등 대기업과 많은 중소기업, 목재공장, 하청업체가 들어서고, 이 기업들의 물품을 운송하는 항만하역 일자리가 생겨나면서, 다른 지역에서 일자리를 찾아온 이들과 피난민들이 어울려 해안가 빈민마을을 형성했다. 그리고 1969년 부평4공단과 1971년 주안5공단, 1976년 주안6공단 등 대규모 산업공단이 들어서면서 이농민이 대거 인천으로 몰려 공단지역을 중심으로 새로운 빈민 지역이 형성되었다. 이렇게 항구도시라는 특성과 북한과 가깝다는 지리적인 특성으로 인해 일제강점기와 해방, 전쟁과 산업시대를 거치며 일자리를 찾아 몰려든 이농민, 노동자, 피난민 그리고 서울에서 밀려난 철거민이 모여 살면서 곳곳에 뻘방164)과 달동네를 형성하며 인천의 도시빈민 지역이 생겨났다.

인천의 빈민운동은 1980년대 초 인천 도시산업선교회(이하 산선)를 매개로 시작됐다. 산선은 1970년대까지 노동자 중심의 도시선교 활동을 벌여왔으나, 1980년 민들레선교원을, 1982년 민들레의료협동조합을 설립하면서 빈민운동에 본격적으로 뛰어들었다. 그러나 이때까지는 노동자 밀집지역에서 노동운동을 지원하기 위한 빈민운동의 성격이 짙었다. 노동운동의 지원이 아닌 본격적인 빈민운동의 시작은 1984년 2월에 여성평우회가 만석동에 큰물공부방을 세우면서부터이다. 큰물공부방을 시작으로 1985년 송림동 사랑방교회, 1986년 송현동 산마루교회, 십정동 해님방, 1987년 만석동 기찻길옆공부방, 1988년 송현샘교회 공부방, 1989년 청천동 햇살의 집, 송림동 나눔의 집 등이 인천 전역의 빈민지역에 세워졌다.

이들은 '지역센터'라고 불렸는데, 센터들은 대부분 맞벌이 노동자 부부를 위한 탁아소와 공부방을 운영하며 아동을 돌보고 자모회를 조직했다. 부업 방을 운영하기도 하고 부모교육과 주민교육, 마을잔치를 벌이면서

---

164) 주택 한 채를 여러 방으로 쪼개서 임대를 놓은 방. 방 1개, 부엌 1개, 공동화장실로 구성. 공단근처에서 노동자, 도시빈민이 주로 거주하던 집으로 마치 벌집 같다고 해서 벌집, 뻘방으로 불려졌다.

빈곤한 삶을 꾸려가는 빈민들의 권익을 일깨우고 생활 문제를 해결하며 빈민운동을 벌였다. 대부분의 지역 센터에서 아동과 지역주민을 대상으로 무료진료를 했다.

1. 화수동 민들레선교원 (1980년 9월)

인천산선은 1960년대와 1970년대 주로 노동자를 대상으로 한 사업에 중점을 두고 있었다. 그러나 1980년 5월 이후 노동운동 탄압으로 변화가 필요해 지역주민을 대상으로 필요한 주민사업에 대해 설문조사를 실시했다. 설문조사 결과 선교원(탁아)과 의료협동조합이 선택되었다.

1980년 9월 15일 산선 총무, 간사로 일하던 조화순, 김동완 목사와 유효순 교사를 중심으로 민들레선교원을 열었다. 2~6세 맞벌이 빈곤층 어린이의 보육 사업을 통해 주민모임을 발전시켜갔다. 민들레의료협동조합은 1982년 4월, 186세대가 조합원으로 참여한 가운데 창립총회를 했다. 인천기독병원 수련의 양요환과 서울대 치대생 전동균 등 의료진 20여 명과 동구보건소에 근무하던 조옥화가 실무를 맡았다. 이들은 주말 진료(일반 진료, 치과 진료)와 야간 진료, 보건 상담, 영유아 건강관리, 가정방문 등으로 나눠 사업을 수행했다. 1982년의 경우 주말에는 평균 35명, 야간에는 평균 4명씩 진료했다. 1983년 조합원은 374세대, 1천680명으로 늘었다.

1987년 2월 인천산선의 활동이 빈민운동에서 다시 노동운동 중심으로 전환하게 되면서 인천산선의 민들레선교원과 민들레의료협동조합은 해산하게 되었다. 그러나 당시 저소득 맞벌이 부부에게 절실했던 선교원은 계속 유지되어야 한다는 지역주민의 의견이 많아 주민들 스스로 토대를 마련하여 운영하기로 했다. 주민들이 돈을 모아 인천산선의 민들레선교원을 구입해 민들레어린이집으로 이름을 바꿔서 운영했다.

민들레어린이집은 인천에서 처음으로 탁아소를 열고 후원회를 조직하여 자체적으로 운영해온 귀한 사례이다. 1980년대 자력갱생의 원칙으로 빈 병을 수집하고 휴지를 판매하면서 어려운 환경 속에서 민들레어린이집을 마련하여 아이들에게 좋은 환경을 제공하려고 노력하였고 놀이방, 어린이집, 공립보육시설 등으로 현재까지 화수지역(화수동, 송현동, 화평동, 만석동 포함)에서 활동하고 있다.

2. 만석동 큰물공부방 (1984년 2월)

1983년 창립한 여성평우회는 서울 중심주의를 탈피한 빈민여성 지역 활동으로 인천 동구 만석동을 선택하고 먼저 만석동에 들어와 있던 주민약국(이선옥)과 함께 1983년 10월부터 '만석동, 북성동 지역주민 실태조사'를 실시했다. 8개월간의 실태조사로 지역주민들의 생활실태와 요구를 파악하고, 또 아동 문답을 통해 가정사를 파악해 공부방 활동의 기초자료로 사용했다.

1984년 2월 26일 인천의 첫 번째 공부방 만석동 '큰물공부방'이 문을 열었다. 큰물 공부방은 길가의 가게 터를 얻어 아동도서 300여 권을 비치했다. 아이들은 동네 청년들이 만들어준 다리 낮은 책상에서 공부했다. 그리고 뒷방에는 평우회에서 파견된 실무자인 김정만이 거주했다.[165]

홍미영은 본격적인 활동을 위해 1985년 2월 가족과 함께 만석동으로 이사했다. 평우회 회원인 이혜화도 1984년 겨울부터 만석동이 철거될 때까지 홍미영의 집에 거주하면서 활동을 같이했다. 이들은 낮에는 공부방 아이들을 돌보았고, 밤에는 아이들의 엄마인 기혼여성들을 만나러 다니고

---

165) 김정만, 「골목골목마다 삶의 때가 묻어있던 인천 만석동을 기억하세요?」, 『여성민우회 발자취』, 2003, 121쪽.

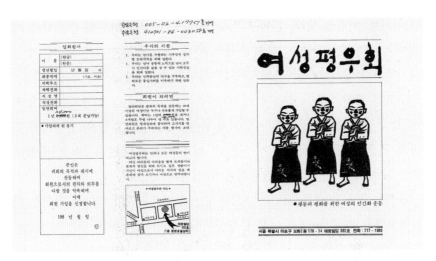

〈그림 5-26〉 여성평우회에서 발행한 단체 소개지.
사무실 약도와 연혁 등 활동상이 담겨져 있다 (원출처 : 여성평우회)

가끔 서울의 유명 강사를 불러 강의를 개최했다. 서울에서 빈민운동을 하던 허병섭 목사를 초대해 빈민 여성의 내외적 변화를 위한 교육을 하고, 민들레선교원의 유효순 선생을 초대해 자모회 구성에 도움도 받았다. 천주교 인천교구장인 나길모 주교가 홍미영의 집에 머무른 일이 공부방과 주민들이 가까워진 계기가 되었다. 미국인인 나길모 주교는 2평도 안 되는 방에서 빈민 생활의 불편과 고통을 체험했다. 이 일은 주민들이 가진 외지인에 대한 의혹과 배타심을 허무는 데 큰 역할을 했다.

1985년 4월부터는 무료 진료를 시작했다. 아이들 외에 20여 명의 지역 주민이 진료를 받으면서 공부방이 아이들만을 위한 곳이 아니라는 생각이 주민들에게 퍼져가기 시작했다.

1985년 가을 큰물공부방 지역에 재개발이 추진되었다. 큰물공부방 교사들은 함께 싸울 '연대'가 필요했지만, 인천엔 아는 사람이 없어 서울 성북구 월곡동 허병섭 목사, 관악구 김혜경, 사당동 강명순 등을 소개받고 시흥 복음자리마을 김영준, 박재천 등도 만나 철거반대 투쟁에 도움을 받았다. 이 과정에서 인천산선의 김정택 목사를 만났다.

수도권 활동가의 도움을 받고 또 그들에게 소개받아 '인천사람'을 알게 된 일이 인천 활동가들에게는 충격과 반성이 되었고 이 일로 '인천지역 연대'의 필요를 절실하게 느끼게 되었다. 이것이 활동가 연대조직 '빈활협'과 주민 대중조직 '주민회'를 결성하는 밑거름이 되었다.

만석동 철거 투쟁을 마무리 지으면서 여성평우회 활동가들은 만석동 큰물공부방을 떠났다. 철거 이후 큰물공부방은 '만석동 43번지'라는 별칭으로 YWCA에서 운영하다 김명자, 김미경 두 활동가가 이어받아 운영하였다.

3. 송림동 사랑방교회 (1985년 10월)

1985년 10월 박종렬 목사가 미국에서 신학 공부를 마치고 송림6동으로 들어와 사랑방교회를 열었다. 처음엔 빈민선교를 중심으로 하며 주민들을 만나기 시작하여, 1986년 3월 송림어린이집과 4월 송림공부방을 열었다. 그런데 노동운동가들이(이경재, 노회찬, 길기관) 공개적 노동운동을 할 수 있는 공간을 요청하여 1986년 6월부터 '노동자문화마당'을 열면서 노동운동도 지원하는 교회가 되었다.

그 당시 송림어린이집 교사로는 최정완, 이명숙, 박소희 등이 있었고 송림공부방 교사로는 정진기 등이 있어 맞벌이 가정의 아이들을 돌보며 빈민운동을 시작했다. 1986년 4월 개시한 사랑방진료소는 경희대 출신 한의사 홍학기, 양의사 김정아와 김인수, 약사 박양희와 이미선, 그리고 치과 의사 이인석 등이 청계피복노조 진료를 접고 인천으로 오면서 시작되었다. 여기에 경희대 의대 정형서가 결합하였고, 치과의료 연구회가 참여하면서 이원준, 신동근, 서광원 등이 치과 진료를 이어갔으며, 성모자애병원(홍명옥, 조둘자), 인천간호전문대(김은미) 간호사들이 결합해 양, 한방 치료와 치과 치료를 함께 하였다. 치과 진료는 진료 횟수가 1,000회가 넘게 계속되었다.

1987년 12월부터는 사랑방교회 송림어린이집과 송림공부방 그리고 사랑방진료소가 주민들과 함께 '솔밭아이들'이라는 회지를 발간하였으며, 치과진료소는 따로 '솔밭'이라는 회지를 발간하기도 했다. 1990년 4월 이후는 한글교실과 주부교실, 마을잔치, 부업(지역주민 여명순 참여) 활동과 생산자협동조합 부업공동체 운영 등 다양한 활동으로 빈민운동을 전개하였다.

1987년 8월 이후 교회 내에 있던 노동운동 그룹이 노동상담소를 송림로타리로 옮겨 송림동 노동상담소를 개설하며 교회 밖에서 노동운동을 시작하였다. 1989년 5월 박종렬 목사가 급성결핵성 늑막염을 앓아 후배 전도사가 운영을 맡았다. 그리고 박종렬 목사가 1992년 결성된 전국도시빈민협의회의 의장이 되면서 지역 센터의 역할이 더욱 줄어들었다. 1993년 이후 송림동 지역에 다른 어린이집과 공부방이 생기면서 송림어린이집과 송림공부방의 운영이 마감되었다.

4. 송현동 산마루교회 (1986년 5월)

인천산선에서 활동하던 김정택 목사는 노동운동과 빈민운동을 병행하기 위해 1986년 5월 송현동에 산마루교회를 세웠다. 산마루교회는 공부방을 열어 조창호, 김정숙 등이 아이들 보육과 자모회 조직을 시작했다. 1987년에는 경희대 의대생들을 중심으로 주말 무료진료를 시작해 이후 산마루진료소로 확대되었다. 교회에 나오는 주민 다수가 노동자여서 1988년부터는 노동상담소도 운영했다. 산마루교회는 공부방과 노동상담소, 무료진료와 철거반대투쟁 지원 등 다양한 활동을 벌였다.

1987년 빈민지역활동가협의회(이하 빈활협) 창립에도 적극적으로 참여해 김정택 목사가 초대회장이 되었다. 이후 김정택 목사가 인천민족민주운동연합 2대 의장이 되어 빈민운동의 실천이 어려워지면서 산마루교회 활동을 정리하였다.

5. 십정동 해님방 (1986년 6월)

1986년 봄 만석동을 떠난 홍미영은 십정동으로 오면서 만석동에서 같이 활동했던 평우회 회원 이혜화 등과 함께 1986년 2월부터 2개월 동안 '십정동 주민사업을 위한 지역조사'를 한 결과 지역주민들이 필요로 하는 공부방과 아기를 돌보는 놀이방을 운영하기로 했다. 이후 1986년 6월에 해님공부방과 해님놀이방을 열었다.

처음 해님방에 아이들이 가입할 때는 그 부모가 자모회에 참석하는 것을 원칙으로 하여 한 달에 한번은 자모회에 꼭 오도록 했다. 자모회는 해님방을 운영하며 생기는 문제뿐 아니라 동네 안팎의 여러 문제를 의논하고 자모 스스로 여성으로 사는 삶을 나누는 자리가 되어갔다. 물론 자모회 조직의 역량 강화를 위해 야유회, 교육 등 다양한 프로그램을 배치했다. 해님방을 중심으로 동네 주부들이 모이기 시작해, 쓰레기 수거, 가로등과 공중전화 설치, 상하수도 정비 등의 문제들을 하나씩 해결해 나갔다. 동네 주민의 의견이 필요했던 '동네 안 DDD공중전화 설치 서명작업', '초등학교 앞길 신호등 설치를 위한 서명운동' 등의 활동도 자모회가 담당했다. 특히 1988년 빈민지역 여성들을 대상으로 반강제로 진행되던 복강경 수술을 한국여성민우회, 인천지역진료소연합 등과 함께 막아내면서 자연스레 해님방 아이들만을 위한 자모회를 넘어 지역의 여성모임으로 성장하기 시작했다. 이러

한 실천 활동은 해님방의 방향을 아동위주의 프로그램에서 여성, 주민위주
의 사업으로, 해님방 중심에서 지역연대 방향으로 그리고 십정동 여성중심
에서 인천지역 빈민여성 중심으로 바꾸게 되는 중요한 계기가 되었다.

1990년 4월 해님방 자모회가 지역여성 누구나 참여할 수 있는 '해님여성
회'로 발전하였다. 해님여성회는 회의 진행, 지도력 훈련을 통해 내부 역량
을 키우고 공동 부업장도 운영했다. 미숫가루, 유자차, 귤쨈 등을 만들어
판매한 공동 부업은 회원들의 경제활동과 해님방 운영을 지원했고 회원을
결속시키는 부수효과도 가져왔다.

지역주민조직으로 성장한 해님여성회는 해님방 대표인 홍미영을 1991
년 지방자치선거에 구의원 후보로 입후보하여 압도적인 득표로 당선시켰
다. 이 일은 빈곤한 삶을 살아온 여성들이었던 해님여성회 회원들에게 주
민운동의 힘을 느끼게 해 준 중요한 사건이 되었다. 해님방은 해님지역아
동센터로 여전히 십정동에서 활동 중이다.

6. 만석동 기찻길옆 공부방 (1987년 5월)

기찻길옆 공부방은 1987년 가톨릭 인천교구 청년회에서 활동하던 3명의
청년(김중미 등)이 '기찻길옆 탁아방'을 시작하면서 만들어졌다. 무작정 들
어가 살기보다는 주민에게 도움이 되는 활동을 하는 것이 바람직하다는
주변의 충고에 따라 탁아소를 시작하였다. 1987년 5월 기찻길옆 탁아방이
라고 이름 짓고 지역에 홍보 하자 10여 명의 아이들이 왔다. 이때 탁아방
전담 보모로 박미숙이 들어왔다.

1년 동안 탁아방을 운영하며 지역에서 정말 필요로 하는 것이 공부방이
라는 것을 알게 되었다. 1988년 4월 김중미는 박미숙과 함께 공부방을 시
작하였다. 공부방을 열고 필요할 때마다 가정방문을 해서 부모들을 만났

다. 부모들은 정기적인 모임이 필요하다는 것을 인식하고 1988년 10월 부모회를 결성하였다. 부모가 부모회에 가입한 아이들만 공부방에 올 수 있었지만 한 부모 자녀들은 예외로 하였다. 1989년 1월부터 부모회는 스스로 회비를 걷으면서 회원제를 정착시켰고 회장, 총무, 회계 등 임원을 직접 선출해 운영하였다. 또 최흥찬이 공부방에 결합하면서 부모회에 나오는 아버지와 아이들 아버지들로 기찻길옆 친목회를 만들어 부모회와 함께 공부방을 지원하고 운영했다.

기찻길옆 공부방은 빈민지역센터 역할을 하며 빈활협 활동에도 참여했다.

7. 송현샘교회 (1988년 7월)

송현동은 인천의 대표적인 달동네로 산꼭대기에는 산마루교회가 있었다. 주민들은 인근 공장의 노동자나 일용직에 종사하고 있고 대부분 맞벌이로 생활했다. 조인영 목사는 노동운동에 대한 관심으로 노동자 밀집지역인 송현동으로 들어왔다. 미싱도 배우고 활동하며 현장에 대한 감각을 익혔다. 1988년 5월 송현동 중턱에 가정집을 구해 송현샘교회를 세웠다.

지역 주민 욕구조사를 하고 나서 1988년 7월 18일 25명의 아이과 함께 송현샘공부방을 개원했다. 양승희, 이상림이 담당했고 김경호 등 자원교사 8명이 함께 했다. 1989년 기증 들어온 세탁기로 공동세탁장을 운영하고 자모회 활동과 학부모 교육 특강 등을 통해 지역 사회의 변화를 찾고자 노력했다.

1991년 3월 골굿청년회(회장 김경호)가 발족했다. 골굿청년회는 공부방 교사모임 나눗셈과 함께 송현샘교회와 지역사회를 연결하는 고리역할을 하였다. 인천지역 사회단체와 연대하여 통일운동, 핵폐기장 반대운동, 재개발관련 회의, 지방자치 선거에 참여하고 수지침강좌, 풍물강습에서부터 생활보호대상자 반찬과 이·미용 봉사 등 다양한 활동을 전개했다.

8. 송림동 성공회 나눔의 집 (1989년 6월)

인천성공회 내동교회에 있던 박종기 신부는 부제인 박노근 신부와 함께 빈민운동을 하기로 결심했다. 1989년 빈민지역 활동을 지원하는 캐나다 프로젝트와 교회신도 모금으로 돈을 마련해 인천 동구 송림동에 나눔의 집을 열었다. 서울 상계동, 삼양동에 이어 세 번째 성공회 나눔의 집이었고 운영과 활동 등 관리는 박노근 신부가 맡았다.

1989년 6월 탁아소와 공부방을 열고 만수동에서 활동했던 김명자, 김미경이 활동가로 일했다. 송림동 역시 인천의 달동네지역으로 가난한 주민들의 건강문제가 심각했다. 수지침, 요가 등 주민 스스로 건강을 챙길 수 있는 건강 관련 강좌를 열면서 빈민 활동을 시작했다. 나눔의 집에는 인하대 도시빈민연구모임, 성공회대 등에서 대학생 자원봉사자가 많이 왔다. 이들 대학생 자원 교사모임에서 교육안도 만들고 놀이 프로그램도 운영했다. 대학생 자원교사가 많아 나눔의 집 공부방은 초, 중, 고등 공부방으로 나누어 운영되었다.

송림동이 재개발되면서 화수동으로 이전한 나눔의 집은 '인천 나눔의 집'이란 이름으로 현재도 활동 중이다.

9. 청천동 햇살의집 (1989년 5월)

청천동은 인근에 부평4공단이 있어 주민의 80%가 공단에서 일하는 노동자들이고 나머지 20%는 이들을 대상으로 한 영세 상인들이다. 주민들은 맞벌이 부부가 대부분이어서 여성들도 공장노동자로 일하거나, 아이 때문에 취업이 어려운 경우엔 미싱, 실밥 뜯기, 인형 만들기, 꽃 만들기 등 부업을 했다.

1981년부터 가난한 주민들을 대상으로 진료소 활동을 하고 있던 백마교회는 '노동운동하는 교회'라는 소문이 퍼져 주민이 잘 오지 않아 고민이 많았다. 진료소는 주민들에게 필요한 사업이었으나 교회를 기반으로 했기 때문에 한계가 있어 주민들이 편하게 드나들 수 있는 새로운 공간이 필요했다.

이명숙은 1988년 청천동으로 들어왔다. 이명숙은 보육교사 자격증을 가진 데다 이미 사랑방교회에서 탁아교사를 해봤고 산마루교회에 있던 철거민협의회 간사의 경험도 있었다. 이곳에서 청계피복노조 출신의 미싱사 2명을 소개받아 4명이 부업방을 시작하면서 탁아소를 준비하였다.

1989년 3월, 백마진료소 실무자와 의료팀장, 탁아소 실무자 2명이 준비팀을 꾸려 통합 논의를 시작했다. 논의 결과 탁아소와 진료소를 통합해 햇살어린이집, 햇살건강의방, 햇살공부방을 모두 운영하는 햇살의집을 세우기로 결정했다. 가진 돈이 모자랐는데 때마침 한독금속노동조합 부인회 회장이었던 임명희가 가족과 의논 끝에 집 보증금을 가지고 햇살어린이집으로 들어왔다. 진료소 보증금까지 1,800만 원으로 햇살의집을 만들었다.

햇살의집이라는 하나의 센터 안에 어린이집과 공부방, 건강의방을 만들고 각각의 자모회를 세우기로 하였다. 그리고 나중에 각 자모회를 하나로 묶어 햇살어머니회로 만들어 주민자치조직을 만들자는 큰 틀에서의 전망을 세웠다. 햇살어린이집의 자모들은 모두 미싱사들이었고, 건강의방 어머니회 회원들도 미싱사와 하청공장 노동자, 그리고 집에서 부업하는 사람들이었다.

1989년 5월 우선 햇살어린이집과 햇살건강의방을 시작으로 햇살의집을 열었다. 준비팀이 만들어진지 불과 3개월만이었다. 어린이집과 건강의 방을 운영하면서 바로 공부방 준비에 들어갔다. 주민이 참여한 공부방 추진위원회를 구성하여 두 차례 주민간담회를 열었다. 그리고 1989년 10월 햇살공부방을 열었다. 애초 계획했던 햇살어린이집, 햇살건강의방, 햇살공부방이 7개월 만에 모두 만들어진 것이다.

햇살의집은 자모공동체로 운영되었다. 어린이집, 건강의방, 공부방의 자모회가 햇살의집 자모회를 구성해 햇살의집의 운영과 재정을 책임지고 결정했다. 특히 햇살어린이집 자모회는 전원이 미싱사로 구성되었고 청계 피복노조 등 노조활동 경험이 있는 자모들이 있어 자연스레 구심이 되었다. 이 시기 이명숙씨 등 실무자는 오히려 햇살어린이집에 고용된 교사였다. 햇살의집 자모들의 역량 강화를 위해 자모회 임원과 오래된 자모들을 중심으로 연 3회 주민회의 교육을 받도록 했다. 지도력훈련으로 인간관계 훈련, 회의 진행법, 공동체놀이 진행법 등을 교육받고 주민회의 수련회에 참가해 정세 강연을 받았다. 이 교육과정에 참여하면서 자연스레 주민회의 회원으로 활동하다 활동가로 성장하게 된 자모들이 생겨났다. 이후 지속해서 주민회의 교육과 활동에 자모회 임원들을 안내해 어린이집 자모에서 활동가로 성장하도록 안내했다.

제2절 빈민운동의 도약

1. 활동가들의 연대체 – 빈민지역활동가협의회

빈민지역 활동가들은 지역 센터 중심으로 빈민운동을 하면서 점점 지역 속에 갇혀지고 있다는 느낌을 피할 수 없었다. 자연스레 활동가들이 함께 고민을 나누고 운동 방향을 의논할 연대체가 필요하다고 느끼게 되었다.

1987년 6월부터 협의회의 필요성을 갖고 활동가 모임을 만들어 준비위원회를 구성하고 2차례의 토론을 진행했다. 준비위원회에서는 '인천 도시 빈민 운동의 과제와 연대의 필요성'을 심도 깊게 의논하고 인천지역 도시

빈민운동의 과제 4가지를 결정했다. 첫째 노동운동과의 연계를 전제로 한 활동가들의 연대협의체 건설, 둘째 각 부문모임의 활성화와 대중연대조직으로의 발전 노력, 셋째 철거반대투쟁 공동 대처, 넷째 선거 국면에 현실적인 투쟁 전술로 대처하는 것 등이다.

이러한 논의 끝에 1987년 11월 20일 빈민지역 교회, 진료소, 공부방, 탁아소 등에서 활동하던 실무자 30여 명이 백마교회에 모여 빈민지역 대중조직에 지향을 둔 빈활협을 창립했다. 초대회장은 김정택 목사가 맡았다. 당시 빈활협에 참여한 센터는 동구지역은 기차길옆공부방, 만석어린이방과 공부방, 송현산마루교회, 송림사랑방교회, 송현샘교회 공부방이었고, 북구 지역은 십정동 해님방, 청천동 백마교회 그리고 부천 지역 새롬교회, 복음자리의 어깨동무가 참여했다.

빈활협은 1) 인천빈민지역 대중조직건설, 선전과 교육활동, 2) 빈민지역 과제의 연구, 3) 활동가훈련, 4) 철거와 노점상 등 빈민문제에 대한 공동실천을 결정하였다.

빈활협 활동가들은 이미 철거반대 투쟁에 적극적으로 결합하고 있었는데 빈활협 창립 이후에는 조직적으로 연대를 했다. 1988년에는 철거지역 주민, 인천시민단체와 함께 '철거지역 주민간담회'를 2차례 열었다. 그리고 1988년 8월 15일 인천지역 내 좀 더 많은 사람의 관심과 지원을 촉구하기 위해 인천시철거민협의회(이하 인철협)와 공동으로 '인천철거지역 투쟁에 관한 보고서'를 발행하였다.

빈활협은 활동가들의 협의회를 넘어서는 대중조직이 필요하다고 생각했다. 1988년 5월 지역주민운동에 대한 목적과 위상이 비슷한 단체들이 모여서 지역주민운동의 연대를 모색하기 시작했다. 이 논의에는 빈활협과 인천시민공동회, 인천지역민주화실천협의회166), 한겨레신문부평후원회, 민중의당 지역 분과가 참여했다. 빈활협과 인천시민공동회가 공동실천을 모색하기로 하고 1988년 8월 8일~9일 열린 빈활협 여름 수련회에 통합을 전제로 '인천지역 주민대중 조직 건설을 위한 제안'이 제출되었다. 두 단체는 인천지역 주민대중조직 건설을 결정하고 한 달 기한의 준비위원회를 구성했다. 준비위원회 활동 결과 빈활협은 인천시민공동회와 대중조직의 위상과 지향점에 차이가 있음을 확인하고 중간에 통합논의에 참여한 민주헌법쟁취국민운동 부평지부(이하 부평국본)와 우선 통합하기로 했다. 부평국본은 6월항쟁 이후 민주쟁취국민운동인천본부, 한겨레신문주주모임, 공정선거감시단 등에서 활동한 사람들이 모여 구 단위의 지역운동을 지향하며 부평지역에서 지역운동을 시작했던 단체였다.

1989년 2월 25일 빈활협과 부평국본이 통합하여 인천지역주민대중조직 '주민회(이하 주민회)'를 창립했다. 초대 공동대표로 김정택, 홍미영이 선출되었다.

빈활협은 빈민지역 활동가들의 연대를 넘어 지역주민 대중조직을 건설하고자 했던 애초의 목적을 달성한바, 빈민지역센터를 중심으로 한 빈민운동에서 주민 운동으로 영역을 확대하며 발전적 해산을 하였다.

2. 빈민운동에서 지역주민 운동으로 – 주민회

주민회의 창립은 지역주민 운동의 개별, 분산, 고립화를 극복하고 지역 대중조직을 세우기 위한 노력으로, 개별 활동가들의 연합에서 체계적인 대중조직 운동으로 발전한 것이다.

주민회는 지역 주민의 생활상 이해와 요구를 수렴하고 조직하기 위한 기본공간을 동으로 보고 동별 모임과 지역 센터를 중심으로 활동을 시작

---

166) 1988년 7월 인천시민공동회와 인천지역민주화실천협의회가 통합해 인천민주시민공동회가 되었다.

했다. 동별 모임에는 탁아소, 공부방, 도서대여실, 독서회 등에서 활동하는 회원과 직장인, 동네 상인 등이 모였다. 동 사업은 4개 지역에서 진행되었다. 십정동은 해님방 실무자, 자모회, 부업조직 해모회, 십정동연대모임에서 교육과 마을잔치를 중심으로 진행하였다. 청천동과 산곡동은 햇살의 집과 백마교회, 샘터독서회, 도서대여실 책사랑을 중심으로 활동하며 청년모임을 꾸려나갔다. 북구 효성동 모임은 은하독서회와 새봄교회를 중심으로 독서회와 단오잔치를 하며 조직화를 시도했다. 동구 모임은 나눔의 집, 산마루교회를 중심으로 활동하며 타 센터로의 모임확대를 추진했다.

주민회는 주민운동 현장인 동모임과 지역 센터 그리고 사무국으로 나누어 활동했다. 사무국(임성택)은 교육 사업과 주민운동 사례연구, 회지발간, 생활 문화운동 보급(열우물 단오잔치, 효성동 단오잔치)을 벌였다. 풍물강습을 하다 우리문화사랑회라는 풍물 공간을 열었고, 청년회를 꾸리기 위해 책방을 중심으로 독서회를 만들고 도서대여실 책사랑을 운영했다. 그리고 전교조공대위, 송림동집단매몰대책위, 만수동철거대책위, 명신여고대책위, 세쌍둥이추모사업회 등 지역의 투쟁 사안마다 연대 활동을 펴나갔다.

주민회는 지역센터와 동모임의 사업을 지원하고 지역주민을 조직하기 위해 월1회 2,000부의 지역신문 '더불어사는 이웃'을 발행했다. 편집부(곽은주, 이충현)가 제작을 담당했고 칼럼진, 상담진, 편집위원을 두고 정세 칼럼과 시사해설, 생활법률 등의 상담과 각 지역 센터 소식을 실었다. 발행된 신문은 지역 센터 전체와 동모임, 거점 공간에 배포되었다.

동모임의 특성상 여성의 참여가 많아지면서 자연스럽게 여성위원회가 만들어졌다. 저소득층 여성들이 같은 처지의 여성들과 여성문제를 공유하고 실천하기 위해 만든 여성위원회는 기초 교육반, 일반여성 교실(리더쉽, 어머니교실, 문화잔치), 여성 활동가 교육 등을 하였다. 그리고 청년을 조직하기 위한 청년위원회도 만들어졌다. 두 개의 위원회가 만들어지는 동안 동별 활동이 뜸해지면서 주민회 활동은 자연스럽게 동 단위 중심에서 위원회 중심으로 넘어가게 되었다. 그리하여 1991년 총회에서 여성위원회(여명순), 청년위원회(박상배), 동 사업위원회로 조직체계를 개편하게 된다.

인천 전 지역에서 주민운동을 펼치던 주민회는 1991년 뜻밖의 상황을 맞이한다. 다시 부활한 지방자치제가 그것이다. 오랫동안 제도 바깥에서 활동하던 활동가들은 주민들의 생각이 제도 안에서 반영될 수 있는 지방자치제의 참여방식을 놓고 고민했다. 여러 차례의 논의 끝에 홍미영 대표가 지방자치선거에 출마하기로 하였다. 1991년 초대 구의원 선거에 출마한 홍미영은 십정동에서 해님방 자모들과 주민들의 열정적인 지지를 받고 압도적인 표차로 당선되어 구의회에 진출하였다. 하지만 주민회의 대표로 핵심 역할을 해오던 홍미영의 의회 진출로 주민회는 약화되기 시작했다. 선거 후 1년여 동안 더 활동했지만 활로를 모색하지 못하고 결국 해산하고 말았다.

주민회는 활동한 기간은 짧았지만 인천 주민운동에 몇 가지 시사점을 던졌다. 먼저 인천지역 주민운동의 세력화를 위해 개별 단체의 한계를 넘을 수 있는 통합운동을 끊임없이 시도했다는 것이다. 각 센터별, 부문별로 산발적으로 주민운동이 진행되던 시기에 주민의 힘을 모으기 위해 통합조직을 제안하고 실천했다. 두 번째는 교육을 통해 조직화를 시도하려 했다는 점이다. 주민교실, 활동가 교실, 여성학교, 주민학교 등 끊임없이 교육을 통해 주민의 역량을 강화하고 활동력을 높이고자 했다. 특히 여성위원회는 각종 교육을 통해 조직했으며 점차 주민회의 핵심세력이 되었다. 세 번째는 다양한 방법으로 조직화를 시도했다는 것이다. 동별 조직, 위원회 조직은 물론 동별 마을잔치를 만드는 생활문화운동, 거영유통과 함께 직거래를 중심으로 한 소비자생활협동조합운동을 꾸리기도 했다. 그리고 지역신문발행과 지역별 독서회 모임 등 교육과 함께 다양한 형태의 주민조직을 세웠다. 부녀중심에 치우쳐있던 주민운동을 청장년층으로까지 확장시켰다. 그 결과 주민의 힘으로 지방의회에 진출해 주민운동의 정치력을 확인했다.

제3절 빈민운동의 확산(1980년 말~1990년 초)

1. 빈민지역센터의 대중연대조직 – 인천지역탁아위원회와 인천지역공부방 연합회

1987년 6월에 만들어진 빈활협 회원들은 대중조직건설과 함께 각 부문에서 연대활동을 강화하기로 했다. 각 부문의 연대활동 강화는 전국조직을 만들고 지역지부를 만드는 흐름으로 진행되었다.

1988년 9월 해님, 무지개, 만석놀이방, 나눔, 백마, 골목, 소성, 송림어린이집, 청천동, 효성동 준비팀 등 10개 센터 20명의 활동가가 참여해 인천지역 탁아교사 연대모임을 만들었다. 연대모임은 매월 모임을 열어 인천탁아운동의 방향을 논의했고 인천지역탁아위원회를 만들기로 했다. 1989년 2월 인천지역탁아위원회(이하 인탁위)가 창립되고 햇살어린이집 이명숙이 초대 회장이 되었다.

인탁위는 육아의 사회화와 바람직한 탁아정책을 위해 인천지역 탁아소 및 주민, 여성단체들과 연대활동을 했다. 1990년부터 3·8여성대회를 인탁위와 인천 여성노동자회, 인노협과 공동으로 주관하고 주민회가 후원했다. 1990년 9월 14일 인천여성노동자회, 인탁위, 주민회 등 10여 개 단체가 모여 탁아법 제정을 위한 인천지역공동대책위원회를 결성하였다. 인탁위는 어린이 공동행사와 공동부모회, 월 1회 교사모임과 정책 연대를 통해 공동체의식 함양, 육아의 사회화와 탁아입법에 관한 공동의 노력을 진행했다.

인탁위는 1991년 지방자치제가 부활하면서 탁아운동의 공공성을 높이기 위해 인천시, 시의회와 함께 보육사업의 발전을 모색하기 시작했다. 그리고 1992년 12월 15일 인천시 민간보육시설연합회를 창립하기에 이르렀다. 초대 회장은 인탁위 초대회장이었던 이명숙이 맡았다. 인탁위는 이후 한국보육교사협회 인천지부가 되었다.

1990년 4월 8일 인천, 부천지역 15개 공부방이 모여 인천지역공부방연합회(이하 인공연)를 결성했다. 주민회 회원들과 직간접으로 연계돼 활동했던 십정동 해님방(곽은주), 화수동 민들레공부방(정상은, 이재민, 정은주), 송림동 나눔의집공부방(김미경, 김명자), 청천동 햇살어린이공부방(이현정, 이재란), 만석동 기차길옆공부방(김수연), 송현샘공부방(조인영), 송현 산마루공부방(김정숙, 윤영신), 새벽공부방(이근자), 신천리 어깨동무공부방(봉윤정, 신금자), 삼산동 나섬공부방, 구월동 청솔의집, 부천 새롬공부방 등이 참여했다.

인공연은 소외된 어린이, 청소년을 위한 교육 및 문화, 복지 공동체를 목적으로 공동 교육안을 개발하고 매월 교사교육을 실시했다. 그리고 공동어린이날 행사로 '야야, 이리나와라'를 전교조인천지부와 공동주최했다. 인공연은 1995년까지 활동하다 개별 공부방 운영이 어려워지면서 해산하였다가 1999년 다시 만들어졌다.

2. 철거반대투쟁

인천의 철거반대투쟁은 서울의 투쟁과 다를 수밖에 없었다. 서울의 합동재개발 방식 대단위 집단철거는 주민의 집단적인 힘을 조직하고 대응할 수 있었지만, 지역 순환재개발 방식의 인천지역은 소규모 분산철거여서 철거지역의 철거민만으로는 제대로 대응하기 힘들었다. 그래서 해당지역의 철거주민은 초기부터 '철거지역 연대'의 필요성을 느끼고 함께 연대하기 시작했다.

1988년 5월 26일 학익1동 16통, 2동 8통, 간석동, 주안8동 주민 40여 명과

빈활협, 인하대총학생회, 천주교사회운동협의회, 인천지역민주화실천협의회, 천주교도시빈민회 인천지역위원회가 공동으로 철거지역주민 1차간담회를 열었다. 이 자리에서 서울지역 철거투쟁에 대한 강연을 듣고 인천지역 철거대책에 대해 토론했다. 1988년 6월 2일 철거지역주민 70여 명, 빈활협 등이 참여한 철거지역주민 2차간담회가 열려 지역소식과 함께 구속된 주민 2명에 대한 대책논의가 있었다. 그리고 그날 '인천시 철거예정지역의 대책 없는 강제철거 반대투쟁

〈그림 5-27〉 인천철거지역 투쟁에 관한 보고서
(민주화운동기념사업회 오픈아카이브즈 00113291
원출처 : 한국기독교사회문제연구소)

및 공동대처'를 위하여 인천시철거민협의회(회장 양병주)가 발족되었다.

철거주민과 인천지역 단체만이 아니라 수도권의 철거반대투쟁 단체와 주민들도 인천의 투쟁에 적극 참여했다. 1988년 11월 20일 주안5동 산동네 삼거리에서 '산동네세입자 단합대회'가 열렸다. 이 단합대회에는 도시빈민

연구소 제정구 소장, 천주교도시빈민선교협의회 정일우 신부, 기독교도시빈민선교협의회 김성훈 목사, 상계동 철거민, 인하대학생, 주민 등 120여 명이 참석해 강연을 듣고 산동네세입자의 단결을 다짐했다.

수도권 많은 지역에서 철거에 대한 주민들의 반대투쟁이 일어나면서 1990년 6월 3일 주거연합 중앙이 창립되었고, 인천 역시 1990년 6월 10일 인천주거문제 협의 모임을 결성했다. 이 모임에는 한우리 마을, 사랑방교회, 민중연합, 민중당, 주민회, 산마루교회가 참가했다. 이 모임이 송림5동 집단매몰참사 범시민대책위, 계산동 724번지 철거대책위, 송현동철거대책위 등 여러 지역의 철거대책위에 참여하다, 1991년 6월 25일 '주거권실협을 위한 인천시민연합(이하 주거연합)' 사무실을 개소했다.

주거연합은 1991년 10월 6일 답동성당 교육관에서 원미정사무실, 민중당 중동구지구당, 민들레놀이방, 송현샘교회, 송현산마루교회, 송림사랑방교회 등과 공동주최로 '동구지역 재개발 주민설명회'를 열었다. 주거연합은 1992년 일신동 세입자 대책위, 만수2동 유신마을 철거민대책위에 참여하고, 1992년 4월 19일 인천지역 철거민을 위한 부활절 대축일 미사를 여는 등 인천지역 철거투쟁에 앞장서서 투쟁하였다.

3. 인천지역진료소 운동

빈민지역센터에서 진료활동을 벌이던 진료소들이 1988년 7월 '모든 애국세력과 함께 건강한 자주적 민주사회를 건설하기 위한' 인천지역진료소연합(대표 홍학기, 실무자 정복향, 이하 인진연)을 창립하였다. 부평 백마진료소, 송현동 산마루진료소, 송림동 사랑방진료소, 십정동 열우물진료소, 남동진료소, 부천 새롬진료소, 안산시 원곡진료소가 참여했고, 약 25개의 병, 의원, 한의원이 진료 의뢰를 받는 등 활동을 지원하였다.

인진연은 총회와 운영위원회, 사무국을 구성하고 산하에 연구교육부, 지역활동부, 섭외홍보부, 산재담당반을 두어 의료소외계층에 대한 의료봉사활동과 지역 진료활동의 통일과 단결을 위한 연구활동, 그리고 사회민주화를 위한 연대활동을 펼쳤다. 지역의료 실태 등 조사사업, 지역의료운동관련 연구 활동과 산재직업병, 공해 등의 교육활동을 하고 주민 활동으로 대기 환자를 위한 프로그램 '북한실상 바로알기', '빈민지역 철거사진전'을 열었다. 지역 연대활동으로 1988년 7월 인노협 여름수련회에 진료반으로 참가했고, 8월 진료소별로 조국통일 촉진 투쟁에 관한 대자보, 비디오 상영 등도 했다. 그리고 1988년 10월에는 인천지역 일용노조 1차 의료기관으로 각 진료소가 선정되기도 했다.

특히 산재와 직업병 추방이 노동자의 절박한 생존권적 요구라고 파악하고 전담반을 두어 활동했다. 산재담당반은 파업현장에 뛰어들어 진료와 문화 활동을 통해 노동자의 건강을 지키고 파업투쟁에 활력소가 되고자 했고, 산재, 직업병 교육 자료를 자체 개발했다. 또 의료보장제도의 확장에 맞춰 4차례의 지역단체 간담회를 열고 1989년 7월 인진연, 주민회 공동 주관으로 '한국의 의료보장 무엇이 문제인가?'라는 주제로 강좌를 열었다.

인진연은 각 진료소마다 지역과 결합된 활동을 특색 있게 운영하였다. 부평4공단 주변 노동자 밀집지역(산곡, 청천동)에서 평일(일반진료), 토요일(치과와 산부인과, 소아과, 내과, 외과), 수요일 야간진료를 운영한 부평 백마진료소는 진료 외에도 소식지 발행, 철거반대투쟁 및 광주항쟁 사진전, KBS시청료 거부운동 등 주민운동, 사회운동 단체와 연대하여 다양한 지역 활동을 벌였다. 연세대학교 의과생들이 주축이 되었으며 상시 실무자(오선숙)을 배치하였다. 부평백마진료소는 청천동 백마감리교회에서 운영하다 1989년 5월21일 햇살건강의집으로 통합되었다.

송림동의 사랑방진료소는 사랑방교회 노동청년회와 지역장년모임인 울타리회와 함께 지역주민활동을 모색했다. 1986년 4월 개시한 사랑방진료소에는 청계피복노조 진료에 참여했던 경희대 출신 의료진과 학생들, 성모자애병원 간호사 등이 결합해 양, 한방, 치과 치료를 하였으며 상시 실무자(김은미)를 배치하였다.

송현동 산마루진료소는 산마루교회에서 경희대학교 의대생들이 일요일 오후(일반진료)에 운영했다. 주1회 진료로 한계를 가지고 있었지만 지역주민조직화와 노동운동의 측면지원이라는 자기 목표를 가지고 있던 산마루진료소는 '의료를 매개로 한 민중운동의 측면지원과 의료인대중 조직화'를 진료소 활동의 의의로 여겼다.

열우물진료소는 도시빈민지역과 주안5, 6공단의 중간지점인 십정동 성당에서 서울대학교 의대학생들과 인천간호전문대 간호과(현 안산대학교 간호학과) 학생들이 주축이 되어 일요일 오후 진료를 하며 소성노동자의 집, 햇님어머니방과 함께 지역연대활동을 했다. 해님방과 함께 '복강경 수술의 후유증'에 대한 설문조사를 했다. 진료소는 1989년 해님놀이방으로 이전했다. 주민진료 외에 노동운동을 지원하기 위해 산재와 직업병 진료를 중심과제로 설정했다. '인천지역 노동자 건강실태 조사를 위한 설문조사'(1988)를 하고 6명이 3개조로 편성해 '노조방문과 파업농성 중 진료'를 1989년 계획으로 세우기도 했다.

남동진료소는 남동공단 내 공원에서 월 1~2회 노동자를 진료하고 건강정보지를 작성하여 배포하는 활동을 하였다. 인하대 의대 학생들과 경인 간호전문대 간호과(현 가천길대학 간호학과) 학생들이 주축이 되었으며, 길병원 수련의, 간호사들도 참여하였고, 지역의 약사들이 약품을 후원했다. 남동노동상담소 사무실을 함께 쓰면서 주 1~2회 당번을 정해 노동자 건강 상담을 진행했다.

1987년 6월민주항쟁 이후 정부는 뜨겁게 분출한 민주화 열기를 가라앉히고 사회적 불평등을 완화하기 위해 1988년에는 농어촌 의료보험, 1989년에는 도시지역 의료보험제를 시행하였다. 의료보험 실시 12년 만인 1989년부터 전국민 의료보험이 시작되었다. 정부의 의료보험 정책 홍보가 강화되고 의료보험 제도가 지속됨에 따라 지역 진료소활동의 필요성이 줄어들었다. 게다가 모든 활동들이 합법화되어 의료인의 직능별 운동과 병원노동조합활동도 활발해지면서 진료소 활동을 이어왔던 인진연은 자연스럽게 해체되었다.

제4절 인천빈민운동의 특징과 의의

1980년부터 1992년까지 활발하게 펼쳐진 인천빈민운동은 다른 지역의 빈민운동과는 다른 몇 가지 특징을 가진다.

먼저 가장 큰 특징은 노동운동을 지원하기 위해 시작된 빈민운동이 많다는 것이다. 이는 인천지역 빈민 형성의 역사에서 기인한다. 빈민 중 한국전쟁 피난민을 제외하면 대부분 1960, 1970년대 산업화정책에 따라 공단으로 이주해온 이농민과 노동자들이 인천지역의 빈민을 형성해왔기 때문이다. 인천 빈민운동을 벌여온 센터들이 초기에 탁아소와 공부방을 먼저 시작한 것도 가난한 맞벌이 노동자를 지원하기 위해서였다. 진료소 역시 노동자를 위한 산재와 직업병에 대응하기 위해 시작한 곳이 많았고, 노동현장의 실태조사와 방문조사를 실시한 경우도 있었다. 진료소 활동의 의의를 '노동운동의 지원'이라고 명시한 진료소도 있었다. 1989년 11월에 만들어진 전국빈민연합에 주민회 등 인천의 빈민운동세력이 참여하지 않은 것도 노동운동과 밀접한 연관을 가졌던 인천빈민운동의 특성 때문이었다.

두 번째로는 지역센터 중심의 빈민운동을 연대와 통합을 통해 대중 조직화하려고 했다는 점이다. 지역을 거점으로 할 수 밖에 없는 빈민운동을 센터 간 연대를 통해 개별화, 고립화를 극복하고 오래 지속할 수 있는 방안을 만들려고 시도했다. 그리고 빈민운동만이 아닌 전체 민중운동 차원에서의 통합을 통해 대중조직을 만들려는 시도를 계속해왔다. 빈민운동을 단순히 부문과 지역에 한정하지 않고 인천 전체를 대상으로 조직하고 대응하려는 대중조직화를 지향한 것이다.

세 번째는 빈민운동에서 주민운동으로 전환하여 지금까지도 지속되는 사회운동으로 만들었다는 것이다. 1970, 1980년대 빈민의 생존과 권익, 생활상의 문제를 해결하기 위해 시작된 빈민운동은 1987년을 전후해서 지역주민의 역량을 강화하고 조직하여 주민 스스로 지역문제 해결의 주체가 되는 주민운동으로 발전하였다. 인천지역 빈민운동 활동가들은 그 변화의 시점에 주민운동의 학습과 토론, 실천을 통해 빈민운동을 새로운 주민운동으로 안착시키려 노력했다. 그러한 노력이 지금도 지역을 변화시키는 공동체 운동으로 남아 지속가능한 사회운동이 되고 있다.

제7장 종교운동

제1절 유신 이전 인천지역 종교계의 민주화운동
-JOC와 인천도시산업선교회

1960년대 한국사회는 개발독재에 의해 산업화가 추진되는 시기였다. 군사정권이 반공이데올로기를 앞세우고 억압적 노동정책으로 노동현장을 지배하면서 노동운동의 정상적 발전은 어려웠다. 이러한 시대적 상황에서 가톨릭교회의 JOC(가톨릭 노동청년회)는 국제 가톨릭 노동운동으로 출발하여 1958년 한국에 도입되었다. 교회 내적으로는 제2차 바티칸 공의회 이후 교회의 사회적 역할과 평신도 운동의 중요성이 강조되던 시기였다. 이러한 상황에서 인천교구 JOC는 1964년 화수동 성당을 시작으로 해서 답동, 송림동 성당 등 노동자가 밀집된 지역 본당을 중심으로 만들어졌다. JOC는 평신도 노동자를 주체로 하는 운동으로, 교육과 소모임 활동, 그리고 지도자 양성과 관찰-판단-실천이라는 활동원리를 통해 공장을 변화시키고 궁극적으로 사회구조를 변화시킨다는 목표로 활동하였다. 인천지역 JOC 운동은 노동조합 건설 등 노동자 권리를 옹호하며 노동운동에 뛰어들었다.

1960년대 강화읍에는 25개의 직물공장에 약 5천여 명의 노동자들이 일하고 있었다. 이들은 하루 12시간 노동에 종사하면서 관리자들에게 "공장 걸레"라고 불리며 수모와 멸시를 받고 있었다. 심도직물은 1,200여 명이 다니는 강화에서 가장 큰 공장이었다.

1965년 강화성당에 새로 부임한 메리놀 외방전교회 소속 미국인 사제인 전미카엘 신부는 여성노동자의 비참한 현실을 목격하면서 1965년 11월 JOC 여자 예비팀을 만드는 데 앞장섰다. 전미카엘 신부는 직물공장의 여성노동자의 현실을 개선하기 위해 JOC 본부에 간부파견을 요청하였고, 서울대교구 JOC 투사인 송옥자가 파견되었다. 송옥자는 강화성당 JOC 소모임을 지도하며 공장 소모임 활동을 활발히 전개하였다. 강화성당 JOC 회원 중에 40여 명의 여성노동자들이 심도직물에 다니고 있었는데 이들의 주도로 1967년 5월 심도직물 노동조합이 건설되었다. 노조가 결성된 장소는 강화성당의 "그리스도왕"의원 2층의 수녀원이었다. 그러나 회사는 노조를 인정하지 않았으며 JOC 회원에 대해 압력과 부당노동행위 등 집중적인 탄압을 하였다. 심도직물의 사업주 김재소는 강화지역의 공화당 국회의원으로 막강한 권력과 자본을 동시에 가지고 있었다. 노동조합 자체를 불온시하는 회사는 1968년 1월 13일 섬유노조 심도분회 박부양 분회장과 JOC 회원을 해고하고 공장 가동을 멈추었다.[167]

이날 심도직물 500여 명의 조합원들은 해고자 복직을 요구하며 강화 성당에 모여 집회를 열었다. 그러나 경찰이 출동하여 불법집회라며 5명의 조합원을 연행하였다. 심도직물 대표인 국회의원 김재소와 강화경찰서장, 심도직물사장 등이 전미카엘 신부에게 찾아와 반공법 위반이라고 협박하며 JOC 회원을 연행하여 조사하는 등 노조활동을 방해하였다.

---

167) 『중앙일보』, 1968년 1월 13일.

심도직물 측은 전 신부가 노조활동의 배후로 책임이 있다며 전 신부와 문요안나 수녀 등에게 '양키 고 홈'을 외치며 공격하였다. 회사 측은 전 신부의 부당한 간섭으로 공장운영이 마비되었다는 구실을 붙여 휴업하고 노동조합을 해산해야 공장 문을 열겠다고 하였다. 강화지역 21개의 직물업자들은 "JOC 회원 채용을 거부하며 전미카엘 신부의 사상을 의심한다."는 내용의 결의문을 채택하였다. 회사 측과 경찰은 인천교구장 나길모 주교에게 전 신부를 강화도에서 떠나게 할 것을 요구하였다. 인천교구는 대책위원회를 구성하고 전국 주교들에게 사건의 진상을 알렸다. 주교단은 심도직물 노동조합활동이 정당하며 천주교 신자 고용거부는 종교를 탄압하는 행위라고 비판하였다. 김수환 JOC 총재 주교는 심도직물 조합원 탄압 중지를 요구하며 심도직물 노조와 연대하였다. 강화 심도직물 사건은 JOC가 노조결성으로 노동운동에 뛰어드는 계기가 되었으며 상호직물, 이화직물 등의 노조결성 운동으로 이어졌다.

강화도 심도직물 사건은 인천교구가 노동문제에 처음으로 개입한 사건이다. 자본과 권력을 가진 지역 토호세력과 가톨릭교회의 대립과 갈등으로 확산되면서 강화직물공장 노동자 문제가 드러나게 되었다. 강화지역이라는 변방에서 벌어진 이 사건은 JOC 운동이 노동현장에 뿌리 내리는 계기가 되었으며 인천교구가 노동사목의 중요성을 깨닫는 계기가 되었다. 뿐만 아니라 인천교구가 교회 밖의 문제에 관심을 드러낸 첫 사건이기도 했다.

인천지역 기독교계의 민주화운동도 노동 현장에 대한 산업선교에서부터 시작되었다. 1950년대 중반부터 시작된 공장전도 또는 산업전도는 노동운동의 변화를 가져왔다. 첫 시작은 1957년 4월 12일 대한예수교장로회 총회 전도부 안에 조직된 산업전도위원회였지만, 그 활동 면에서는 1961년

4월 한국 감리교회에서 인천동지방 감리사 조영구 목사(주안교회)와 서지방 감리사 윤창덕 목사(내리교회)를 한국기계공업주식회사와 동일방직공업주식회사에 들여보내 노동자들을 위한 예배를 드리게 하기 시작한 것이 산업선교의 시초라고 할 수 있다. 동년 9월 오명걸(George. E. Ogle) 선교사가 인천에 오면서 산업선교는 구체화되어 기독교대한감리회 인천동지방, 인천서지방을 중심으로 인천산업전도위원회가 조직되었고, 한국기독교장로회는 그 뒤를 따라서 1963년 6월부터 공장선교활동에 동참하였다.

감리교회에서는 1962년 3월부터 5개월간 이승훈 전도사가 인천 판유리 공장과 대성목재 공장에서, 1962년 6월부터 1967년까지 조문걸 전도사가 인천중공업 공장에서, 1962년 9월부터 1964년 1월까지 조승혁 목사가 대성목재 공장에서, 1966년 11월부터 조화순 목사가 동일방직 공장에서, 윤문자 전도사가 중앙도자기 공장에서, 김정국 목사가 인천 철도 공작창에서 노동훈련을 받고 선교실무자로 동참했다. 이들은 짧게는 6개월, 길게는 6~7년을 직접 노동자로 살아보고 나서 산업선교를 시작하였고 이러한 전통은 1990년대까지 지속되었다.

한국기독교장로회는 1963년 6월 인천 대성목재 공장에 산업전도실을 두고 이국선 목사가 공장 전도 목사로 부임한 후, 1967년 2월 송림동 253번지 2층에 30만 원의 전세를 얻어 동인천도시산업선교센터를 개설하고, 초교파적인 운영이사회(이사장 전택완 장로)를 조직하였다. 실무진에 원장 이국선 목사, 총무 고재식 전도사가 취임하였다. 고재식, 이규상, 정태기, 이문우, 장금숙, 전종하 등이 대성목재 공장에서 6개월 또는 1년 동안 노동자로 노동훈련을 받고 실무자로 활동을 하였다. 1970년 6월 WCC를 통해 서독교회로부터 보조를 받고 인천시 보조와 이사회 헌금 등을 더해 만석동에 새 건물을 신축하여 1971년 7월 11일 준공하였다. 동인천도시산업선교센터는 "낮은 임금 근로자의 빈곤과 질병을 가난한 자의 복음으로 해방시켜 복지산업사회를 만드는" 복음화와 민주화에 설립 목적을 두었다.

당시 인천도시산업선교회(이하 인천도산)의 주요 활동은 전도를 주요 목적으로 하였는데, 1969년부터 1972년 사이에 노동자와 자본가의 중간자적 입장에서 당시 약자이었던 노동자를 지원하는 쪽으로 질적 변화가 이루어진다. 자본가와 노동자의 중간에 섰던 산업선교회가 노동자의 편에 서서 행동을 취하기로 한 결정은 시대적인 요청에 대한 응답이었다.

1973년부터 1980년까지 약한 자를 강하게 하는 노동자의 편에 선 산업선교가 진행되었다. 당시 인천도산에서 지원하거나 관계를 맺었던 사업장은 동일방직, 신진자동차 부평공장, 반도상사, 삼원섬유, 한국마벨, 삼송섬유, 태양공업, 고미반도체, 동국무역 등 수십 개 사업장이었다.

그 중 대표적인 사업장이 동일방직이었다. 동일방직은 조화순 목사가 산업선교를 하기 위해 노동훈련을 받고자 들어간 공장이었다. 조화순 목사는 노동훈련을 마친 후에도 계속 동일방직 여성노동자들과 관계를 가지며 소그룹 활동 등을 지도하였다. 이런 것이 바탕이 되어 1972년 5월 한국노동운동사에서 최초로 여성 주길자가 노조위원장으로 선출되었다. 인천도산은 1970년대 민주노조운동의 요람이 되었다.

제2절 유신 시기 인천지역 종교계의 민주화운동

1974년 7월 유신정권이 학생운동을 지원하였다는 이유로 원주교구장인 지학순 주교를 구속하는 사건이 발생하였다. 이 사건으로 가톨릭교회는 유신체제를 비판하고 민주주의를 수호하기 위한 운동에 적극적으로 참여하게 된다. 1970년대 민주화운동의 전면에 나섰던 천주교정의구현전국사제단은 지학순 주교구속을 계기로 결성되었으며 인천교구에서는 김병상, 황상근 신부가 주도적으로 참여하였다. 1974년 8월 26일 지학순 주교 석방 기도회가 답동성당에서 천주교정의구현전국사제단 주최로 열렸다, 기도회는 인천교구와 전국의 사제 130여 명, 신자 1,200여 명이 참석한 가운데 진행되었다.

10월 20일에는 인천교구 소속 신부, 수녀, 신자 2천5백여 명이 답동성당에서 성년대회 기도회 후에 "민주헌정실시", "유신헌법철폐", "구속자석방" 등을 외치며 가두시위를 벌였다. 시위에 나선 신자들은 플래카드와 피켓을 들고 거리로 나가려다 정문에서 기동경찰과 대치하며 연좌농성에 들어갔다. 경찰은 최루가스를 발사하였다. 신자들은 눈물을 흘리며 경동 사거리까지 진출, 복자찬가를 부르며 가두시위를 벌였다. 성당 정문과 경동사거리 두 곳에서 시위가 벌어지는 동안 동인천역으로 통하는 대로에는 시민 1만여 명이 발길을 멈추고 시위를 지켜보았다. 신자들은 시위 1시간 만에 자진해산하고 성당마당에서 주모경을 바치고 귀가했다.[168]

11월 20일 오후 7시 인천교구 사제단과 신자 1,200여 명은 답동성당에 모여 구속 중인 지 주교와 인권회복을 위한 기도회를 가졌다. 미사에 이어 신자들은 성모동굴 앞에서 묵주 기도를 바친 후 정의구현전국사제단의 제2시국선언문을 낭독하고 오후 9시 40분경 해산하였다. 강론에서 인천교구 강용운 신부는 "우리는 부패한 사회를 그리스도의 정신에 따라 다시 재건할 의무가 있다. 우리 위정자들이 양심의 소리를 듣도록 촉구하자."고 하였다. 이날 가톨릭 대학생회 회원 100여 명은 유신헌법 철폐, 기본자유보장, 구속자 석방, 지식인과 언론인의 분발을 촉구하면서 21일 새벽까지 성당사무실에서 철야기도를 가졌다.[169]

---

168) 한국 교회사연구소 편, 『인천교구 25주년』, 인천교구사 자료사 편찬위, 1986, 183쪽.
169) 위의 책, 518쪽.

　지학순 주교 사건은 인천교구의 평신도 단체와 신자들이 민주주의의 중요성과 유신체제의 본질을 깨닫는 중요한 계기가 되었다.

　인천 교구에서도 정의구현사제단 활동에 적극적이었던 김병상 신부가 구속되는 사건이 발생했다. 1977년 8월 29일 인천교구 사제단은 정의구현 전국사제단과 함께 "정의구현을 위한 특별기도회"를 답동성당에서 개최하였다. 이 기도회에서 참가자들은 3·1 명동사건으로 구속된 문정현, 함세웅 신부 등 구속인사 석방과 유신헌법 철폐를 촉구하였다. 김병상 신부는 미사 당일 함세웅 신부의 상고 이유서를 인쇄물로 만들어 신자들에게 배부하였다. 답동 성당에서는 가톨릭 시보와 특별 포스터 등을 제작, 20여일 전부터 홍보를 하였다. 기도회 당일 가톨릭회관 외부 벽에 신포시장과 동인천역을 향해 대형 스피커를 설치하고 유신독재를 규탄하는 방송을 하였다. 답동성당 사무실 벽에는 "유신헌법 철폐"라는 현수막이 부착되었다. 이 사건으로 김병상, 황상근 신부가 9월 3일 연행되었고, 긴급조치9호 위반으로 김병상 신부가 구속되었다. 9월 5일 오후 7시 30분 답동성당에 사제 40여 명, 신자 1,200여 명이 참석하여 김병상 신부 석방을 요구하였다. 9월 12일 인천교구 사제단이 답동성당에서 "사회정의 구현을 위한 기도회"를 개최하고, 김병상 신부의 동창 사제들이 전국에서 모여 단식기도에 들어갔다.[170] 천주교 정의평화위원회(이하 정평위)는 법무부 장관에게 김병상 신부 구속 해제를 촉구하는 건의문을 보냈다. 김병상 신부 석방운동이 인천교구를 넘어서 가톨릭교회 전체 차원으로 확대되자 유신독재는 김신부를 9월 17일 불기소처분으로 석방하였다.

　이 사건은 인천지역 종교계에서 처음으로 벌어진 유신철폐 운동으로 인

---

170) 위의 책, 230쪽.

천교구 사제단과 신자들이 민주화운동에 대한 관심과 참여를 높이는 계기가 되었다.

1972년 5월 동일방직 노동자들이 어용노조를 물리치고 민주노조를 건설한 이후, 회사와 정권은 극심한 탄압을 가해왔다. 그 과정 중에 저 유명한 1976년의 이른바 나체시위 사건, 그리고 1978년 2월의 이른바 똥물투척사건이라는 극에 달한 노동운동 탄압사건이 발생하게 된다. 조화순 목사를 비롯한 도시산업선교회 관계자들도 동일방직 노동자와 함께 탄압을 받았다. 1973년 김동완 전도사가 구속되었고, 1974년 1월 김경남 목사 등 4명이 긴급조치1호 위반으로 구속되었으며, 2월 석방되었던 김동완 목사가 또 구속되었다. 5월 15일에는 도시산업선교회 총무 조화순 목사가 노동자들과의 예배에서 행한 설교가 문제가 되어 긴급조치1호 위반으로 구속되었다. 그리고 1974년 12월 14일에는 우리나라 선교 역사상 처음으로 인천 도산에서 처음부터 활동해온 오명걸 선교사가 강제 추방되었다. 조화순 목사는 1978년 11월 6일 부산 YMCA에서 동일방직사건에 대해 말한 것이 문제가 되어 긴급조치9호 위반으로 다시 구속되었다.

이러한 탄압에 대응하기 위해서 한국기독교교회협의회는 기독교회관에서 금식 기도회도 하고(1977년 3월 22일), 수시로 성명서를 내어 규탄하기도 하였으며, 1978년에는 "산업선교를 왜 문제시하는가?" 라는 책자를 발간하기도 하였다.

78년 2월 소위 '똥물투척사건'이 일어났을 때 동일방직 노조 지부장은 이총각이었다. 그런데 이총각은 화수동 JOC 출신이었다. 이 때문에 인천교구와 JOC는 동일방직 노동자들과 자연스럽게 연대하게 되었다. 공장 현장에서는 JOC 회원과 도산에 다니는 회원들이 중심이 되어 노조운동을 이

〈그림 5-28〉 이총각이 동일방직 노동조합 지부장으로 당선되었다
(원출처 : 이총각)

끌어갔다. 특히 부평노동사목과 JOC는 동일방직노조 탄압을 막기 위해
적극적으로 결합하였다.

1978년 3월 회사 측은 124명의 조합원을 해고하였다. 이총각 지부장은
김수환 추기경과 전국 주교단, 인천교구 사제단, 신자들에게 동일방직 노
동자들이 겪는 참상을 폭로하는 편지를 발송하였다. 인천교구 사제단은
"동일방직 근로자를 도웁시다."라는 성명을 발표하고 신자들로부터 특별
헌금을 모금하여 지원하였다. JOC 인천교구연합회는 동일방직 사건경위
와 "똥물세례"를 고발하는 호소문을 발표하였다.

1978년 3월 12일 답동성당에서 동일방직 노동문제 해결을 위한 신·구교
연합기도회가 열렸다. 문동환 목사의 설교, 조화순 목사의 동일방직 사태

보고를 들으며 성당 안은 눈물바다가 되었다. 기도회가 끝나고 50여 명의 노동자들이 답동성당 사제관에서 농성을 시작하였다. 동일방직 해고노동자 투쟁은 1980년대 초까지 이어졌다. 김병상 신부는 동일방직 긴급대책위원회 위원장으로서 전국적으로 기도회를 개최하고, 일본 정평위 등 국제연대를 통해 동일방직 노조 탄압을 국제사회에 알리며 여론화하였다.

천주교 인천교구 부평노동사목은 1977년 한국 천주교 역사상 처음 만들어졌다. 부평노동사목은 노동자가 밀집한 부평 4공단지역 근처에 노동자를 위한 공간을 마련하였다. 노동사목은 노동자의 인간화와 주체적 성장을 위해 자아발견 교육, 노동자 소모임 등 노동교육과 노조 지원활동을 전개해 나갔다. 메리놀 외방전교회의 나마진 신부와 권조희 수녀, JOC 출신 해고 노동자 이경심이 실무자로 활동하였다. 노동사목은 공단지역 노동자의 활동을 지원하였고 이는 인천지역 1970년대 민주노조 운동의 저변을 확대하는데 중요한 역할을 하였다. 특히 전미카엘 신부는 1977년 "노동자의 길잡이"라는 책자를 발간하여 노동자 의식화교육과 가톨릭 노동운동을 확산시키는데 기여하였다. 이러한 활동을 기반으로 노동사목의 역할이 높아지면서 이후 인천교구 관할지역인 부평노동사목과 부천노동사목 '새날의 집'으로 확대되었다.

유신체제 아래에서 긴급조치가 남발되면서 민주화운동에 대한 탄압이 심해졌을 때, 인천지역 기독교회의 유신반대운동은 두 줄기 움직임으로 시작되었다.

한국기독교장로회의 이국선 목사와 대한예수교장로회(통합)의 홍성현 목사, 그리고 기독교대한감리회의 황규록 목사 등은 인권선교에 중심을 세워 나갔다. 이국선 목사는 동인교회, 홍성현 목사는 인천제일교회, 황규록 목사는 창영교회를 담임하면서 한국기독교교회협의회(NCCK)를 중심으로 진행된 반유신민주화운동을 인천지역 상황에 맞게 인권선교를 중심으로 전개하였다.

또 하나의 흐름은 1976년 창립된 한국기독청년협의회(EYCK)다. EYCK의 지역조직 작업이 시작될 때, 인천제일장로교회의 김성수, 정세국, 김성일 등과 제삼장로교회의 이민우 등 장로교 통합 측 청년, 인천장로교회의 정세일, 동인장로교회의 이건 등 기장 측 청년, 화도감리교회의 이병웅, 창영감리교회의 김성복, 김기영 등 감리교 측 청년, 그리고 대한성공회 인천교회의 전계영 등이 모여 1978년 1월 31일 인천창영감리교회에서 인천기독청년협의회(이하 인천EYC)를 창립하여 인천지역에 기독청년운동의 새 역사를 시작하였다. 인천기독청년협의회의 창립 당시의 명칭은 경기기독청년협의회이었으며, 초대 회장은 김성수였고 강우경, 김성일, 정세일로 이어졌다. 인천EYC는 유신체제 하에서 그리고 1980년 민주화의 봄, 광주민주항쟁 등을 거치면서 인천 민주화운동의 구심점의 하나로 자리를 잡아갔다.

제3절 제5공화국 시기 인천지역 종교계의 민주화운동

80년 5월 광주항쟁이 끝난 후 인천교구는 광주의 진실을 알리기 위해 위령미사를 봉헌하고, 특별헌금을 마련하여 김병상, 황상근 신부가 광주교구에 전달하였다.[171] 인천주보는 각 성당 신자들에게 광주의 진실을 알렸다. 주보를 정기적으로 읽는 비신자 독자들이 늘어나면서 인천지역 민주화운동이 확산되는 데도 큰 영향을 끼쳤다. "소금"이라는 칼럼에는 교회

---

[171] 「인천주보」, 1980년 6월 1일.

내 단체와 인천지역사회운동연합(이하 인사연) 등 지역 운동가들이 필진으로 참여하여 독재정권 하에서 벌어지는 노동, 사회문제를 여론화하였다. 주보는 제5공화국에서 벌어지는 인권문제와 지역의 민중생존권 문제, 각종 시국성명서가 실려 사실상 민주언론의 역할을 수행하였다. 그 때문에 인천주보에 대한 정보기관의 검열로 인해 기사가 삭제되어 백지 지면으로 나가는 경우도 자주 발생했다.

광주민주화운동이 좌절된 이후 인천도산은 그동안 산업선교에 집중하였던 기존의 활동 방향을 바꿔 도시 빈민 선교 쪽에도 관심을 갖게 된다. 그리하여 1980년 민들레선교원을 세우고, 1982년 4월 민들레협동조합을 설립하였다. 민들레협동조합은 주민 250여 명을 조합원으로 하여 각 지역 대표를 선출하고, 박성근을 전체 회장으로 선출하였다. 인천기독병원 수련의 양요환, 서울대 치대생 전동균 등으로 조직된 의료진 20여 명과 동구 보건소에 근무하던 조옥화를 실무진으로 구성하여 의료봉사 활동을 하였는데, 주말진료와 야간진료, 보건상담, 영유아 건강관리 등의 사업을 수행하여 의료혜택에서 소외된 지역주민에게 직접적인 의료 서비스를 제공하고, 이를 통해 건강문제에 대한 주민들의 의식 변화와 함께 주민조직을 꾀하였다.

이때의 인천도시산업선교회 실무자들을 살펴보면 1981년에 총무 조화순 목사, 실무자로 김동완, 김근태, 조옥화, 1984년까지 총무 김동완 목사, 실무자 양승조, 조옥화, 김지선, 1985년까지 총무로 김정택 전도사, 이민우, 조옥화, 1988년까지 총무 박일성 목사, 남규우 전도사, 실무자는 이민우, 이영식, 송규의, 고상미, 이지영, 1996년까지 총무 남규우 목사, 실무자 김찬국 전도사 등이었다.

1981년 5월 21일 인천제일장로교회에서 "민족의 교회, 행동하는 신앙"이라는 주제로 청년 선교대회를 개최하였다. 한완상 교수가 강연을 하였는데, 집회를 마치고 참가자 천여 명이 스크럼을 짜고 축현초등학교까지 진출하면서 군부독재정권의 퇴진을 요구하는 시위를 감행하였다. 이 사건으로 인천EYC 회장 이민우를 비롯하여 광야서점 대표 강우경, 정희윤(인천 EYC 부회장, 감리교 청년회 인천동지방연합회장, 철도청 직원), 한태환, 문광석, 김종은, 임정상(이상 인하대) 등이 구속되었다. 이른바 5·21시위 사건이다. 인천EYC는 5월 29일 동인천감리교회에서 구속자석방을 위한 기도회를 개최하여 구속된 사람들의 석방을 요구하였다. 이 사건 관련 구속자들은 석방된 후 이민우는 도시산업선교회 실무자로, 강우경은 민중교회운동으로, 정희윤은 인권선교위원회 간사로, 문광석은 노동문화운동으로 활동을 이어갔다.

인천 EYC는 부활절연합예배와 10월 마틴 루터의 종교개혁을 기념하는 종교 개혁제를 중심으로 모임을 가졌으며, 수시로 청년 신앙강좌를 개최하는 등 기독청년의 신앙과 역사의식, 민주화운동을 결합시키는 의식화 교육사업을 진행하였다. 1985년 10월 1일에는 인천기독청년협의회 주민선교위원회에서 만석동지역 재개발 실태보고서를 발간하였으며, 10월 21일에는 기독교문화선교주간을 맞이하여 부평 목원교회에서 허병섭 목사를 초청하여 기독문화와 민중문화를 주제로 강연회도 개최하였다. 1985년 11월 8일에는 인천EYC가 주동이 되어 만석동 재개발정책에 대한 주민공청회를 동인교회에서 개최하려다 경찰의 봉쇄로 일꾼교회로 이동해 진행하였다.

1980년대 각 본당에 대학생회가 만들어지고 거기에 학생운동가들이 참여하면서, 가톨릭 대학생회가 기존 교회의 신심단체에서 사회참여적 가톨릭 대학생운동으로 변화되기 시작하였다. 가톨릭 대학생회는 교회라는 합법적 공간을 통해 지역 학생운동이 민주화운동에 참여하는 거점이 되었다. 1983년 5월부터 시작된 금요강좌는 대학생을 대상으로 한국사회의 다양한 사회문제를 다루는 교육의 장이었다. 강연회는 사회운동의 지도자들이 참여하여 학생운동가를 양성하는 통로의 역할을 하였다. 매월 열리는 금요강좌는 자연스럽게 집회와 시위로 연결되기도 하였다.

1984년 4월 곽한왕, 고규홍 등 5명이 '가톨릭 청년운동의 새로운 방향 모색'을 목표로 인천 가톨릭 청년회를 구성하였다. 1984년 6월 인천교구 교육국과 인천 가톨릭 청년회가 함께 민중대학을 시작하였다. 민중대학은 교회 안팎의 청년, 노동자, 시민들을 위한 민주주의 교육의 장이었다. 문익환 목사, 백기완 선생, 유인호 교수, 박현채 교수, 이부영 기자 등 저명한 재야인사, 해직교수 등이 강사진으로 참여하였다. 민중대학의 주제는 근대사, 경제학, 정치학, 교육학, 철학, 종교학, 신학, 자연과학 등으로 구분하여 21개 과목 60개 강좌로 진행되었다. 민중대학은 1988년 5기까지 약 1천여 명이 수강하면서 지역 민주주의 교육의 지평을 넓혔다. 민중대학의 성과는 각 본당 청년회의 활성화로 이어졌으며 이후 천주교 사회운동의 중요 기반이 되었다. 1984년 12월에는 인천 가톨릭 청년회가 천주교 인천교구 청년회로 정식 창립되었다. 청년회는 "생명·자유·정의·진리" 실현을 목표로 했으며 곽한왕, 박영대, 고규홍, 이기선 등 청년활동가들이 다수 참여하여 민주화운동을 전개하였다. 이들에 의해 민주주의 교육의 장인 민중대학과 진보적 신학을 다루는 "가톨릭청년 사도학교"가 진행되었다.

인천도산과 인천EYC가 활발한 활동을 전개할 때 그들 뒤에서 묵묵히 병풍과도 같은 역할을 해준 이들이 바로 한국기독교교회협의회 인천지역 인권선교위원회 소속 목회자들이다. 인천지역에서 목회하며 에큐메니칼 운동에 참여하던 목회자들이 황규록 목사를 중심으로 한국기독교교회협의회 인천지역 인권선교위원회 준비위원회를 조직하였고 1984년 12월 17일 창영감리교회에서 "눌린 자에게 자유를" 이란 주제로 인권주간 연합예배를 개최하였다. 이 집회에서 기독교대한감리회 선교국 총무 김준영 목사가 학원문제, 노동문제, 주민문제 등 인권탄압 사례를 보고하였다.

그리고 이듬해인 1985년 4월 26일 한국기독교교회협의회 인천지역 인권선교위원회가 창립되었다. 회장에 황규록 목사(감리교), 고문에 이국선 목사(기장), 총무에 이은규 목사(기장)가 선출되었으며, 이만규 목사가 서기를, 조영철 목사가 회계를 맡았다. 1985년 12월 1일에는 간사제를 채택하여, 정희윤을 간사로 임명하였다. 동년 12월 9일 창영감리교회에서 100여 명이 참석하여 김지길 목사 설교로 인권주간연합예배를 드렸다. 인천지역 인권선교위원회는 인권신장 사업, 구속자 가족 위로 및 영치금품 지원, 만석동 철거대책 협의, 동보전기 노동자 병원 입원 후원, 일꾼교회 및 일꾼 자료실 압수수색사건에 대한 대책 활동 등에 참여하였다. 인천지역 인권선교위원회는 1986년 3월31일 창영감리교회에서 제2차 정기총회를 개최하여 조직을 확대 개편하였는데 이때 가장 많은 목회자들이 참여하였다. 조직을 보면 지도위원에 이춘직 감독(감리교, 중앙교회), 전주석 목사(기장, 용광교회), 양정신 목사(기장, 삼일교회), 위원장에 황규록 목사가 선출되었다.

교회는 그리스도의 몸으로서 가난한 사람들과 함께 해방의 길로 가야 한다는 민중신학의 세례를 받은 목회자들이 인천에서도 민중교회운동을 전개하였다. 먼저 이들은 1986년 인천지역 민중교회 목회자 모임을 출범시켰다. 소성교회, 사랑방교회, 한뜻교회, 해인교회, 예림교회, 새롬교회, 새봄교회, 백마교회, 일꾼교회, 하나교회 등이 참여하였다. 이 때 모임에서 "1, 교단보다 지역우위 2, 비공개 3, 시간엄수" 등의 원칙이 합의되었다.

인천지역 민중교회는 1985년부터 1986년 사이에 집중적으로 개척됐으며, 이 무렵 개척된 교회는 예림교회(1985), 한뜻교회(1985), 해인교회(1986), 사랑방교회(1986), 새롬교회 등이 있었다. 이에 앞서 1982년에는 새봄교회, 1983년에는 샘터교회가 개척되었다.

〈표 5-5〉 인천지역 민중교회 지구별 현황

구분	소속교회	지구대표
부평지구	백마교회, 해인교회, 진실교회, 새봄교회	신철호 목사
주안지구	인항교회, 한뜻교회, 샘터교회, 소성교회, 한길교회, 예림교회, 주안성결교회	김병기 목사
동인천지구	사랑방교회, 산마루교회, 송현샘교회, 새벽교회, 일꾼교회	김정택 전도사
주안지구	새롬교회, 하나교회, 제자교회	이원돈 목사

1986년 2월 26일 인천 도산 및 부설 일꾼자료실, 광야서점, 새벽서점 등에 대해 경찰이 압수수색을 벌여 서류, 간행물, 자료집 등을 압수하고 관계자 5명을 연행하였다. 1986년 3월 3일 인천 도산은 2월 26일에 있었던 경찰의 압수수색에 항의하여 일꾼교회에서 3월 9일까지 "노동운동탄압과 선교탄압 저지" 연속 기도회를 개최하고, 가두방송을 하며 항의농성을 전개하였다. 농성이 끝나는 3월 9일 인천 도산은 화수동파출소 앞에서 300여 명을 모아 "군사독재 퇴진", "노동운동 탄압 중지" 등을 요구하며 시위를 전개하였다. 이 사건으로 반월 원곡감리교회 서기원 전도사 등 6명이 경찰에 연행 당하였다. 3월 7일에는 일꾼교회 간사 송규의가 공장 등을 돌며 유인물을 뿌린 혐의로 동부경찰서에 연행돼 조사를 받았다.

인천 정평위는 평신도 단체와 함께 1986년 KBS 시청료 거부운동을 시작하였다. 공영방송의 기능을 상실하고 독재정권의 나팔수 역할로 전락한 KBS에 대한 시청료 거부운동은 각 본당별로 신자들이 적극 참여하였으며 언론민주화의 중요성을 자각하는 계기가 되었다. 또한 정평위는 1986년 전두환정권에 저항하는 개헌서명을 주도하여 각 본당별 대중적인 운동으로 확산시켰다.

인천5·3민주항쟁 이후 극심한 탄압이 자행되는 과정에서 부천서 성고문사건이 발생하였다. 이 사건을 제보 받은 인권선교위원회는 1986년 6월 27일 간사 정희윤을 파견하여 부천 경찰서 성고문 사건에 대한 사실 확인을 위하여 교도소를 방문하였으나 교도소 측에 의하여 면회가 거절당하였다.

6월 30일 인권선교위원회는 부천 경찰서 성고문사건 피해자가 변호사를 선임해 주기를 원한다는 사실을 전해 듣고 사건 개요를 알려 변호사 선임을 의뢰하고, 성고문사건에 대한 보고서를 작성하였다.

7월 2일 양심수 가족 30여 명이 부천 경찰서에서 문귀동 형사가 조사 중인 대학생 출신 해고 노동자 권인숙에게 성적 고문과 성폭행을 저질렀다고 주장하며 사건의 진상공개와 관련자처벌을 요구하며 농성을 벌였다. 이날 인권선교위원회 정희윤 간사가 연행되었다.

인권선교위원회는 7월 4일 동인교회에서 "법과 인권"이라는 주제로 인권예배를 진행하고 부천경찰서 성고문 사건을 보고하며 규탄하였다.

7월 6일 천주교 인천교구 주보는 '소금란'에 「경찰의 여성피의자 성추행」이라는 기사를 실어 이 사건의 진실을 지역사회에 알려나갔다.[172]

7월 7일에는 인권선교위원회, 인천 정평위, 인천EYC, 인천지역기독노동

---

172) 「인천주보」, 1986. 7. 6.

자연맹, 인사연 등 여덟 개 단체가 부천경찰서 성고문 사건과 관련하여 군사독재의 성고문을 고발하고 규탄하는 성명을 발표하였다. 이들은 "군사독재의 성적고문, 폭행을 규탄한다."는 성명서에서 "고문 폭력 없이는 단 하루도 지탱할 수 없는 현 군부독재정권의 만행은 이제 인간이기를 부정하는 극한점에 이르러 그 말기적 증상을 만천하에 드러났다"며 비판하였다.

같은 날 인천교구 청년회와 인천 JOC, 노동사목, 인사연 등의 단체 주최로 "부천경찰서 여대생 성고문 추행사건 규탄대회"를 가톨릭회관에서 열었다. 그러나 대회 2시간 전부터 가톨릭 회관은 봉쇄당하였다. 대회장에는 30여 명만 입장할 수 있었고 참석하지 못한 대다수의 시민들은 가톨릭회관 앞에서 항의 시위를 벌였다.173)

7월 30일 부천 심곡1동 성당에서 "성고문 추방과 인권회복을 위한 미사"가 진행되었다. 미사에는 400여 명의 신자와 수도자가 참석하였으며, 이들은 경찰청장, 치안본부장 내무부장관의 사퇴를 요구하였다. 그러나 경찰은 시민들의 성당 출입을 저지하였고 이들이 노상에서 기도회를 개최하려 하자 참가자 31명을 연행하였다.174)

1986년 8월 13일부터 8월 16일까지 인천중앙감리교회에서 열린 "감리교 전국청년연합회 여름선교대회"에서 대회 마지막 날 새벽 청년들이 구보를 하며 부천경찰서 성고문 사건을 폭로하는 "부천경찰서 성고문 강간사건"이란 제목의 유인물을 시민들에게 나누어주자 경찰이 이들 18명을 연행하는 사건이 발생하였다.

부천경찰서 성고문 사건은 전국단위의 대책위원회가 조직되는 등 국민적 저항을 불러일으켰으며 전두환정권의 말로를 재촉하는 사건이 되었다.

---

173) 「인천주보」, 1986. 7. 13.
174) 「인천주보」, 1986. 8. 3.

제4절 6월항쟁과 인천지역 종교계의 민주화운동

1987년 1월 14일 서울 남영동 대공분실에서 조사받던 박종철 군이 물고 문으로 인하여 사망하는 사건이 발생하였다. 1987년 1월 25일 인천EYC, 인천지역기독노동자연맹, 인천도산 등이 연합하여 일꾼교회에서 목회자, 노동자, 청년, 학생 등 350여 명이 참석한 가운데 "고박종철 추모예배 및 살인고문정권 규탄대회"를 개최하였다. 송림동 사랑방교회 박종렬 목사가 설교를 하였다. 대회를 마친 참석자들은 "박종철을 살려내라", "고문정권 타도하자", "양심수를 석방하라" 등의 구호가 적힌 어깨띠를 한 목회자들 의 뒤를 따라 동인천역까지 침묵 시가행진을 하려고 했으나, 경찰이 저지 하면서 32명이 연행되었다.

인천교구 주보는 고문에 항의하기 위해 주보 1면을 백지로 발행하여 군 부독재의 만행을 규탄하였다.[175] 인천교구는 박종철 고문사건을 인간의 존엄성을 파괴한 중대한 범죄로 보고 교구차원에서 대응하기로 하였다. 인천교구 사제단과 청년회와 대학생회 등 평신도 단체들이 모여 각 지구 별 추모식을 준비하였다. 가톨릭회관 입구에 "고 박종철군을 위한 분향소" 를 설치하여 신자들과 지나는 시민들이 분향할 수 있도록 준비하고 자리 를 지켰다. 1월 26일 오후 7시에 답동성당과 부평1동 성당, 소사성당에서 지구별로 "박종철군을 위한 추모미사와 진혼제"가 동시에 진행되었다. 답동성당에서는 미사 후 신자들이 교구청년회에서 준비한 꽃상여를 앞세우고 횃불을 선두로 하여 가톨릭회관 정문 앞으로 행진하였다. 맨 앞에 십자가를 들고 주교와 사제단이 앞장서고 수녀와 수많은 신자들이 뒤를 이었다 신포시장의 상인, 행인들까지 모두 나와 촛불행렬에 가세했으며 분노한 시위대와 경찰사이에 격렬한 싸움이 벌어졌다. 49제까지 가톨릭회관

입구에 추모 분향소를 열었는데, 박종철을 추모하는 사람들이 매일 모여들었다. 김병상 총대리 신부는 2월 7일 박종철 군 범국민 추도식에 교구민 모두가 애도해 줄 것과 당일 오후 2시에 각 본당에서 타종을 하며 1분간 묵념하고, 모든 신자들이 검은 리본을 달 것을 권고하였다.[176] 교구 대학생회와 청년회는 2월 7일 오후 2시부터 1시간 30분에 걸쳐 가톨릭회관 6층에서 옥외 방송을 하였다. 6층에 스피커를 설치하고 가톨릭회관 벽에 조기를 건채 진행한 추모방송은 답동성당의 타종과 묵념으로 시작하였다. 신포동 주변의 시민과 상인들은 방송에 귀를 기울였다.

부천서 성고문 사건에 이어 물고문에 의하여 대학생이 숨지자 중간에서 관망하던 이들이 움직이기 시작하였다. 인천에서도 기독교 교회의 지도급 목사들이 각종 시국회의에 참여하기 시작하였고, 고문 추방과 민주 회복을 위한 기도회를 개최하고 시위에도 적극적으로 동참하였다.

감리교 인천 주안지방회는 지방회 교역자회의 결의로 "1, 2월 8일(일) 주일예배를 고 박종철군 추모예배로 드린다. 2, 지방회 소속 2만 명 전체 교인은 추모 의미로 검은 리본을 단다. 3, 교단 총회 성명서 2만 장을 인쇄하여 전체 교인에게 배포한다. 4, 주일 추모예배 후에 지방회 소속 교인들은 침묵 시가행진을 하여 동암역 북부역 광장에 집결해 연합 추모기도회를 갖는다." 등을 결의하였다. 2월 8일 선린교회와 청암교회에 경찰들이 배치돼 교회 정문을 차단하고 침묵행진을 저지하였으나, 선린교회에서는 교회 마당에 600여 명의 교인이 모인 가운데 추도식을 거행하였다. 그리고 교역자회의의 결의에 따라 동암역 광장에서 청암교회, 선린교회, 만성제일교회, 광명교회, 만수교회, 인천교회, 만수중앙교회, 샘터교회, 미문교회 등에서 참가한 교인 200여 명이 모여 추모기도회를 진행하였다. 감리교 인천

176) 「인천 교구청 공문」, 1987. 2. 4.

북지방에서도 지방회의 결의에 따라 갈월교회에서 "고문추방 기도회"를 개최하였으며, 2월 10일 창영교회에서 개최된 제38회 인천동지방회에서는 지방회원의 결의로 "고문추방을 위한 특별 기도시간"을 가졌다.

1987년 4월 13일 전두환이 특별담화에서 호헌조치를 발표하자 그동안 민주적 개헌을 바라던 국민들의 저항이 들불처럼 일어났다. 4월 30일 인천교구 사제단은 "민주개헌과 자주적 민주정부 수립을 기원하는 단식기도를 시작하며"라는 성명을 발표하고 가톨릭 회관 5층에서 단식에 돌입하였다. 사제단은 성명서에서 "교회가 그동안 민족의 고난과 함께 하지 못했음을 반성"하며 "민주개헌 실시와 정권퇴진, 국민의 정부 선택권과 민주인사의 석방, 국민 기본권 쟁취, 민족의 고난에 동참하는 교회"를 위해 신자들의 동참을 호소했다. 7일간의 단식기도가 진행되는 동안 매일 저녁 답동성당 미사는 자리가 가득 찼다. 5월 6일 단식 마지막 미사는 성당마당까지 3천여 명의 신자가 모였다. 미사 후 신자들은 가톨릭회관 정문 앞으로 내려가 노상기도회를 개최하였다.[177]

사제단 단식 이후 정평위가 주관한 5월 광주영령 추모문화제 "그 모진 봄날에"가 각 지구 본당을 순회하면서 진행되었다. 추모 문화제는 광주항쟁을 소재로 한 민족미술전, 반 고문전, 사진전, 비디오 상영, 마당극, 노래극, 슬라이드 상영 등으로 구성되었다. 답동성당, 주안1동 성당, 부평1동 성당, 소사성당 등 각 지구의 본당에서 문화제 행사가 열리면서 본당 신자들과 지역주민들이 참여하였다. 8일간 매일 진행된 추모 문화제에 참여한 인원은 약 2만여 명으로 집계되었다.[178]

---

177) 「인천주보」, 1987. 5. 10.
178) 민주화운동기념사업회 오픈아카이브, 등록번호 196215. 「5월 광주영령 추모문화제 그 모진 봄날에」.

　박종철 군 추모미사와 사제단 단식 기도회, 5월 광주항쟁 추모 문화제를 거치면서 인천교구 신자들의 민주화 열기는 높아져갔다. 5월 24일 가톨릭 청년회, 대학생회, 노동청년회, 노동사목 등은 인사연 등 지역 내 민주화 운동단체와 함께 1986년 11월 24일 결성된 "장기집권음모 분쇄를 위한 인천지역공동대책위원회"를 "호헌분쇄 및 민주개헌을 위한 인천지역 공동대책위원회"로 재편하고 대대적인 행동을 준비하였다.

　인천교구 정평위(위원장 김용환 신부)는 전국적으로 추진되는 6·10 국민대회를 앞두고 각 본당에 협조 공문을 보내 신자들이 국민대회에 참여할 것을 호소하였고, 6월 10일 오후 6시에 애국가를 제창하고 묵념과 타종을 하며, 오후 9시 이후 10분간 소등하는 등 각 본당 사정에 맞추어 다양하게 실천할 것을 공문을 통해 제안하였다. 정평위는 6월 17일 오후 8시 주안1동 성당에서 "6·10보고대회"를 개최하고 경찰의 불심검문과 TV시청료, 주민신고제 거부 등 시민 불복종 운동을 전개할 것을 밝히는 한편 경찰에 최루탄 발사를 금지할 것을 요구하였다. 보고대회 이후 사제단과 수녀들이 앞장서서 촛불을 들고 대열을 이루어 시민회관으로 행진하였다. 길거리의 시민들이 참여하면서 늘어난 수천의 시위대는 밤 10시 이후 자연스럽게 시민회관에서 석바위 방향으로 행진을 계속하였다. 이날 밤 늦게까지 시민들이 경찰과 대치를 하며 군부독재 퇴진을 요구하는 집회를 계속하였다. 6월항쟁 동안 부평, 송림동, 동인천, 석바위 등에서 연일 시위가 계속되었다. 교구 청년회, 대학생 연합회, JOC가 6월항쟁에 적극 나서면서 JOC 회장 강석태가 구속되었고 교구 청년회 박영대 회장이 수배되기도 하였다.

　6·29선언 이후에도 6월항쟁의 열기를 지속시키기 위해 서울의 명동성당과 부산가톨릭 회관 등에서 농성이 지속되었다. 인천에서도 7월 12일 오

후 6시 30분 인천가톨릭회관 앞에서 "고 이한열 열사 추모 및 양심수 전원 석방 촉구대회"가 개최될 예정이었다. 그러나 대회는 경찰에 의해 봉쇄되었으며 시위대와 경찰의 충돌로 대회 참가자들이 연행되었다. 300여 명의 참가자가 가톨릭회관과 답동성당 마당에서 철야농성에 돌입하였으며 성당 후문과 가톨릭회관 앞에 바리게이트가 만들어졌다. 시위대와 사복경찰, 전경들의 충돌로 가톨릭회관 일대는 아수라장이 되었다. 가톨릭회관 오르막길에 화염병과 최루탄이 오갔으며 회관 입구 앞 전봇대가 불타는 상황이 벌어졌다. 300여 명의 농성자가 성당 주변이 완전 포위된 상태에서 17일까지 5박6일 동안 농성을 하였다. 양측의 충돌로 회관 내 유리창과 집기가 부서졌으며, 시위가 격화되고 부상자가 늘어나는 등 상황이 계속 악화되었다. 수녀와 사제. 가톨릭 신자들이 보내온 김밥과 성금, 신포시장 상인들이 지원한 식품들이 모여 들었고 매일 집회가 이어졌다. 7월 14일 오후 6시 30분경 답동성당 마당 농성장에 2,000여 명이 모여 시국집회를 하였다.[179] 호인수 신부를 중심으로 인천교구 사제단이 경찰 측에 시위대의 안전보장과 귀가를 요구하는 중재에 나섰고 13, 14일에 연행자 전원이 석방되었다.

6월항쟁이 끝난 후인 1987년 8월 1일 인천지역기독노동자연맹(이하 인천 기노련) 주최로 충북 금강유역 매포수양관에서 인천 부천지역 노동자 350명이 참석한 가운데 노동자 여름 수련대회가 열렸다. 그런데 이날 물에 빠진 동료를 구하려다 박용선, 유인식, 김현욱, 이대용 등 4명의 노동자가 사망하였다. 이 사건으로 인하여 인천 기노련을 비롯하여 인천 기독교 운동 전체가 어려움을 겪었다. 인천 기노련은 인천 민중교회를 중심으로 활

---

179) 민주화운동기념사업회 오픈아카이브, 등록번호 130504, 「인천가톨릭 회관 점거농성보고서」.

〈그림 5-29〉
인천 중구 답동성당에
6월항쟁 30주년을
맞이하여 세운 기념비
(원출처 :
인천민주화운동센터)

동하던 백마교회의 이형곤, 샘터교회의 이예교를 비롯하여 이태형(동인천
감리), 전용철(창영감리) 등이 중심이 되어 1985년 12월 2일 구월동 창신교
회에서 창립예배를 드리고 출범한 단체이다. 인천기노련은 창립선언문에
서 자신들이 "그리스도의 복음 정신에 따라 인천지역 노동운동 발전을 통
하여 노동자의 경제적, 사회적, 정치적 지위 향상을 도모하고 진정한 민주

노동사회를 건설하기 위한 노동자조직"임을 밝히고 있다. 회장은 백마교회의 이형곤이 맡았었다.

천주교 인천교구는 1987년 12월 1일 "군부독재 종식과 민주화를 위한 기도주간"을 정해 신자들의 참여를 호소했다. "정의로운 사회, 민주주의를 위해 쓰러져 간 사람들을 위하여, 가난한 사람들의 인간다운 삶, 공권력의 회개, 깨끗한 선거를 위하여"라는 기도 주제를 정하여 신자들에게 참여를 촉구하였다. 정평위는 지구별로 순회강론을 하며 6 · 29선언의 허구성을 알리는 홍보물을 제작하여 배포하고, 광주항쟁 진상을 담은 영상과 이한열 열사 추모 영상을 상영하면서 신자들에게 군부독재 종식의 필요성을 알리고 민주정부 수립을 위해 힘을 기울일 것을 호소했다.

12월 대선을 앞두고 천주교 인천교구는 공정선거 감시단을 결성하였다. 11월 28일 천주교 인천교구 공정선거 추진위원회를 결성하고 대표에 김병상 총대리 신부를 내정하고 정평위, 평신도사도직협의회, 수녀연합회. 각 단체 대표를 임원으로 구성하였다. 그리고 군부독재의 부정선거 개입을 방지하고 국민들의 적극적인 정치참여를 이끌어 내기 위한 활동을 벌여 나갔다. 3,000여 명의 공정선거단이 조직되어 인천시내 50개 투표소에서 선거관리위원, 참관인으로 활동하였다.[180]

그러나 대통령 선거에 패배하면서 그동안 민주화운동을 이끌어왔던 사제단뿐만 아니라 신자들도 정치적 허무주의에 경도되어 점점 사회운동에 대한 관심에서 멀어져 갔다.

---

[180] 「인천주보」, 1987. 12. 27.

1987년에는 인천지역 천주교 도시빈민운동의 새로운 영역이 개척되면서 도시빈민이 밀집된 만석동에 기차길옆 공부방이 만들어졌다. 이후 인천교구 평신도 운동단체들은 1988년 10월 인천교구 천주교사회운동협의회(의장 곽한왕, 부의장 장정옥) 조직으로 발전하였다.

제5절 노태우정권 하의 인천지역 종교계의 민주화운동

1988년 인천지역기독교교회협의회를 목표로 하는 인천지역기독교목회자협의회가 결성되었다. 인천지역 4, 50대 중진 목회자들이 중심이 된 목회자 단체로 인천지역 인권선교위원회가 확대 발전하면서 창립된 것이었다. 여기에 평신도들까지 결합이 된다면, 그리고 교회가 부담금을 내는 수준에까지 이르게 된다면, 인천지역 기독교교회협의회 다시 말해서 한국기독교교회협의회의 인천지역 조직으로 성장할 수 있었을 정도로 기대를 모은 단체였다.

한편 인천, 부천 지역의 3, 40대 젊은 목회자들을 중심으로 하는 목회자 그룹은 1988년 11월 7일 인천부천지역 목회자정의평화실천협의회(이하 목정평)를 창립하여 박동일 목사를 회장으로 선출하고 자주, 평화, 통일의 목회자 운동을 추진한다.

1987년 6월항쟁이 끝난 후 7, 8월 노동자대투쟁이 전개되었다. 이 때 민중선교를 하던 목회자들이 전국경제인연합 사무실을 항의 방문한 것을 계기로 1988년 한국민중교회운동연합이 결성되어 민중선교의 장을 열게 된다. 이러한 전국적 흐름 속에서 인천에서도 민중교회목회자모임이 중심이 되어 8월 인천지역민중교회연합을 결성하였다.

이후 인천지역의 범시민적 과제들은 인천지역기독교목회자협의회(회장 최세웅 목사, 황규록 목사)를 통하여 참여하고, 민족민주운동의 차원에서 풀어야 할 과제들은 목정평에서 감당하고, 민중운동의 차원에서 주어진 과제들은 민중교회연합에서 담당하는 분담체계가 형성되었다.

인천기독교목회자협의회 인권위원회는 1989년 3월 15일 고문기술자 이근안에 대한 조선일보 청룡봉사상 시상 보도와 관련해서 성명을 발표하여 수상을 취소하라고 촉구했다. 그리고 1989년 4월 19일에는 인천기독교목회자협의회 인권위원회 이름으로, 대우 자동차 해고 노동자 전희식과 이성재가 4월 8일 대우 자동차 부평공장 앞에서 유인물을 나눠주다 경찰에 연행돼 집단폭행당한 사건과 관련하여 부평 경찰서장과 수사과장 등 관련자 12명을 인천지검에 고발하였다. 1989년 12월 15일에는 송림동 제2동인교회에서 열린 세계인권선언 41돌 기념 연합예배에서 국가보안법 위반으로 1984년 구속되어 복역 중인 인천창영교회 이창국 장로가 고문수사에 의하여 허위자백을 강요당했다며 전면 재조사를 요구하였다.

1988년 9월 5일 인천지역민중교회연합, 인천EYC, 인천도산 등 3개 기독교운동단체를 중심으로 인천지역기독교사회운동협의회 준비위원회를 구성했다. 1989년 2월 인천부천 목회자정의평화실천협의회가 추가로 참가하여 인천기독교사회운동연합을 정식 결성하기로 하고, 1989년 5월 21일 제2동인장로교회에서 광주항쟁 기념예배를 드리고 5월 17일부터 20일까지 새봄교회, 백마교회, 해인교회, 송림사랑방교회에서 광주항쟁 기념 비디오 상영을 진행하였다. 그리고 1989년 6월 18일 인천기독교사회운동연합이 결성되어 1989년 9월 12일 인천기독교사회운동연합이 일꾼교회에서 제1회 정책협의회를 개최하였다.

1989년 2월 1일 인천민중교회연합은 인항교회(김달성 목사)에서 임시 총회를 개최하면서 그동안 네 개 지구로 분화되어있던 조직구성을 북인천 지구(8개 교회)와 동인천지구(8개 교회) 두 개 지구로 통합하는 안을 통과 시켰다.

그러나 인천기독교목회자협의회는 곧 한계에 부딪히게 되었다. 구성원 중 민주당(김영삼) 지지자들이 80~90%이었기 때문에, 1990년 1월 민주당 이 3당 합당을 하며 민자당으로 들어갔을 때 많은 목회자들 또한 민자당 지지를 표명하며 보수화의 길을 걷게 된 것이다. 그리고 이후 인천기독교 목회자협의회는 민주화운동과 멀어져 갔다.

1990년 1월 14일 백마교회 청년회, 새벽교회 청년회, 샘터교회 청년회, 사랑방교회 노동청년회 공동 주최로 인천지역 노동청년회 연합교육을 시 작하였다. 또한 빈민운동의 일환으로 민중교회가 운영하는 공부방이 많이 있었는데 1990년 3월 17일 인천지역 공부방연합회가 조직되어 소외된 어 린이와 청소년을 위한 체계적인 교육 문화 지원활동이 시작되었다.

1991년 10월 13일 통합 인천민중교회연합이 발족되어 동인천지구, 북인 천지구를 통합하여 김영철 목사가 회장을, 새벽교회 윤인중 목사가 총무 를 맡았다. 인천민중교회연합은 5월 23일부터 6월 12일까지 기독여성 일 꾼 교육을, 5월 28일부터 6월 18일까지는 청년 일꾼 교육을 진행하였고, 10 월 10일부터 10월 23일까지 여신도 교육도 진행하였다. 1994년 12월 12일 인천민중교회연합의 목회자와 성도 45명이 동인천역 인근 지역에서 재능 교육 카드 모금을 시작하였다. 12월 15일, 18일, 22일에는 동인천역 외에 부평역 등지로까지 모금을 확산하여 삼익악기 노동자와 부산 한진중공업 에서 근무하다 사망한 노동자의 가족에게 지원금을 전달하였다. 1994년 이후 통합 인천민중교회연합이 주축이 된 모금 운동은 15개 교회가 연대한 활동으로 이어졌다.

이후 변화된 환경과 정세 속에서 활로를 모색하던 민중교회들은 생명평화기독연대로 모여 오늘에 이르고 있다.

1991년 12월 22일 인천 기노련이 백마 교회에서 20여 명의 재건회원과 70여 명의 기독교 인사, 지역 인사들이 참여한 가운데 재건결성대회를 개최하여 사무실을 북구 청천동 소재 백마교회에 두기로 하고, 다음과 같은 결성 선언을 하였다.

"작은 예수의 소명을 받은 인천지역 기독노동자연맹은 하나, 분단된 조국을 7천만 겨레의 염원에 따라 자주적 평화통일을 이룩하는데 앞장서 나갈 것이다. 하나, 하나님의 이름으로 모이는 모든 교회의 참 신앙 정립과 민족 민주적 갱신을 위해 최선을 다할 것이다. 하나, 생산과 역사의 주체인 노동형제들의 사회 정치적 지위향상을 위해 헌신 할 것이다."

1980년대 노동운동에 대한 탄압이 극심하였던 시절 인천 기노련은 노동자 조직의 외피를 감당하며 노동운동의 발전에 적지 않은 기여를 하였다.

목정평은 생태 환경운동에도 참여하여 생태 숲을 보전하기 위한 골프장 건설 반대운동도 전개하였는데, 1992년 1월 24일 계산중앙감리교회에서 계양산살리기 범시민운동추진위원회 결성대회를 개최하였다. 이후 윤인중 목사는 계양산을 살리기 위하여 나무 위에 올라가 항의 시위를 전개하였다.

제6절 인천지역 종교계 민주화운동의 특징과 의의

인천지역 종교계 민주화운동의 가장 큰 특징은 불교계의 참여가 없었다는 점이다. 인천지역 불교계는 민주화운동 등 사회적인 문제에 관심을 보이지 않았다. 물론 전국적으로 보아도 불교계의 현실 참여가 미미하긴 했으나, 6월항쟁이 끝난 후인 1987년 8월 1일 인천지역기독노동자연맹(이하 인천 기노련) 주최로 충북 금강유역 매포수양관에서 인천 부천지역 노동자 350명이 참석한 가운데 노동자 여름수련대회가 열렸다. 그런데 이 날 물에 빠진 동료를 구하려다 박용선, 유인식, 김현욱, 이대용 등 4명의 노동자들이 사망하였다. 이 사건으로 인하여 인천 기노련을 비롯하여 인천 기독교 운동 전체가 어려움을 겪었다. 인천 기노련은 인천 민중교회를 중심으로 활동하던 백마교회의 이형곤, 샘터교회의 이예교를 비롯하여 이태형(동인천감리), 전용철(창영감리) 등이 중심이 되어 1985년 12월 2일 구월동 창신교회에서 창립예배를 드리고 출범한 단체이다. 인천기노련은 창립선언문에서 자신들이 "그리스도의 복음 정신에 따라 인천지역 노동운동 발전을 통하여 노동자의 경제적, 사회적, 정치적 지위 향상을 도모하고 진정한 민주노동사회를 건설하기 위한 노동자조직"임을 밝히고 있다. 회장은 백마교회의 이형곤이 맡았었다. 1985년 5월 민중불교운동연합이 결성된 후 불교계도 민주화운동에 조금씩 관심을 보이고 참여해 나갔던 것을 상기해 볼 때 특이한 현상이라 아니할 수 없다. 인천지역 종교계의 민주화운동은 전적으로 천주교와 기독교 위주로 진행되었다.

두 번째 특징은 인천지역 종교계의 민주화운동이 천주교나 기독교 모두 노동운동으로부터 시작했고, 노동운동과 관계가 깊었다는 점이다. 이는 인천이 1960년대 경제개발이 진행되면서 대한민국 유수의 공업지대로 발전해 갔다는 사실과 밀접한 관련이 있다. 천주교는 강화도 심도직물 사건 이후 노동운동에 깊은 관심을 보여 부평, 주안, 부천 지역에 노동사목을 개설하여 상담과 교육을 통하여 노동운동을 측면에서 지원하였다. 그리고 JOC는 노동자들을 직접 조직, 교육하였다. 기독교는 도산을 통해 노동자들을 의식화시키고 조직하여, 동일방직, 삼원섬유, 반도상사 같은 1970년대 인천 민주노조운동의 전형을 이루었다. 그리고 1980년대 들어서는 노동자 밀집지구에 세운 민중교회가 노동운동가들의 활동 거점으로 기능했다. 1970년대 민주노조운동과 1980년대 초중반 아직 학생운동 출신 활동가들이 대거 노동현장으로 들어가기 전까지의 노동운동은 거의 대부분이 기독교의 도산, 민중교회와 천주교의 JOC, 노동사목 등 종교계와 깊은 연계를 맺고 있었다.

그러나 노동운동이 활성화되면서 천주교나 기독교 등 종교계의 역할은 거꾸로 축소되어 갔다. 학생운동 출신 활동가들은 노동자계급의 계급적 이해에 기초한 정치적 변혁을 생각했고, 그에 따라 종교라는 외피를 벗어나고자 했다. 그리고 1987년 노동자대투쟁이 일어난 이후로는 현장 노동자가 노동운동의 중심으로 서면서 노동 현장 밖의 노동사목이나 도산, 민중교회가 설 자리는 더욱 줄어들 수밖에 없었다. 초기에 노동운동의 측면 지원이라는 목표에 중점을 두었던 민중교회가 빈민운동이나 주민운동으로 방향전환을 하기 시작한 것도 그 때문이었다. 그러면서 인천지역의 민주화운동에서 종교계가 차지하는 비중도 줄어 갔다.

1980년대 교회와 성당은 노동운동뿐만 아니라 인천지역 민주화운동단체의 중요한 활동 공간이었으며, 일상적인 시위와 집회가 이루어지는 민주화운동의 거점이었다. 특히 답동 가톨릭회관이 그랬다. 그것은 아무리 독재정권이라 하여도 교회와 성당은 함부로 넘볼 수 없는 성역이었기 때문이다. 그리고 인천지역 운동가들은 어려움이 있을 때마다 천주교나 기독교에 손을 내밀었으며, 그들은 그 손을 잡아주었다. 그런 속에서 인천지역 기독교와 천주교는 지역 운동가들로부터 많은 호응과 지지를 얻을 수 있었다. 인천지역 종교계 민주화운동의 큰 특징 또 하나는 교회와 성당이 지역 민주화운동의 가장 든든한 후원자였다는 점이다.

그 과정에서 천주교의 경우, 사제들뿐만 아니라 정평위, 평신도 단체들도 유신독재와 제5공화국 군사독재에 저항하며 지역의 민주화운동에 적극적으로 참여하였다. 사제단, 정평위, 평신도 단체들이 지역의 민주화운동과 유기적 관계를 맺고 연대하면서, 성당 신자들도 민주화운동의 흐름에 함께하였다. 교회 신자들은 가톨릭 사회운동 단체와 교구 사제단에 신뢰와 지지를 보냈으며, 대중 동원, 조직, 재정 등 많은 방면에서 민주화운동의 중요한 기반이 되었다.

그러나 1987년 6월항쟁 이후 제도교회의 보수화의 흐름이 커지면서 가톨릭 사회운동은 위축되기 시작했다. 이는 가톨릭 사회운동의 교회 내에서의 취약한 지도력, 대중적 토대와 활동의 한계에서 비롯되었다. 인천교구 사제단과 가톨릭 사회운동단체는 1987년 6월항쟁으로 교회의 사회적 역할이 충분히 달성된 것으로 보았으며 대통령 선거 이후 급격하게 동력을 상실하였다. 이러한 원인으로 가톨릭 사회운동은 1980년대 후반 이후 점차적으로 자신의 영향력을 잃어가면서 인천지역 민주화운동과 유리되는 한계를 드러내게 되었다.

기독교의 경우 목회자 중심의 운동은 1970~1980년대 기독교운동이 성장하는 후원자로서 역할을 수행하였다. 신망 있는 기독교 지도자들의 관심과 후원은 운동 일선에서 투쟁하고 있는 활동가들의 보호막이었다. 그러나 1990년 3당 합당 이후 교회 중진 목사들이 보수화하면서 인천 기독교운동도 내리막길을 걸어 거의 해체의 수준에 이르렀다. 계양산 살리기 운동은 인천 기독교가 거의 마지막으로 참가한 중요 운동이었다. 이후 전통적 민주화운동이 역사의 뒤안길로 사라지면서 인천지역의 기독교민주화운동도 역사의 뒤안길로 사라져 갔다. 이후 일부 목회자들이 생명평화기독연대를 결성하여 통일운동, 평화운동, 환경운동 등을 전개하며 시민운동의 대열로 남아 오늘에 이르고 있다.

제8장　재야전선운동

제1절　재야전선운동의 모색

재야전선은 정치를 말소한 독재정권이 낳은 기형적 산물이다.

정치가 제 기능을 발휘했다면 국민의 정치적 요구는 제도권 정치에 의해 표출되고 해결되기 때문에 제도권 밖의 재야라고 하는 세력이 존재해야 할 이유가 없었다. 그러나 유신 이후 제도권 정치가 제 기능을 상실하면서 민주화 요구는 제도권 밖의 민주화운동 세력에 의해 표출될 수밖에 없었다. 한국 민주화운동에서 재야는 이런 특수성을 갖고 있다.

전선이라 함은 특정 계급이나 집단의 이해에 기초하지 않고 광범한 국민 대중의 정치적 요구에 기초해 투쟁하는 조직이라는 뜻이다. 유신 이후 독재정권 하에서 민주화는 독재정권에 기생하고 있는 일부를 제외한 국민 전체의 요구였다. 노동자, 농민, 중산층 등 집단에 따라 계급적 이해나 입장은 다를지 몰라도 민주화는 대다수 국민 대중의 일치된 요구였다.

따라서 재야전선이라 함은 제도권 정치 밖에서 특정 계급에 기초하지 않고 광범한 국민 대중의 민주화 요구에 기초해 민주화운동을 벌이는 조직을 말한다. 재야전선은 제도권 정치 밖에 있다는 점에서 야당과 다르며,

특정 계급에 기초하고 있지 않다는 점에서 계급 이념을 표방하는 계급 정당이나 노동운동 등 대중조직과도 다르다. 민주통일민중운동연합(민통련), 전국민족민주운동연합(전민련), 민주주의민족통일전국연합(전국연합) 등이 바로 재야전선의 전형적인 사례다.

1. 공개적인 민주화운동을 모색하며

1972년 10월 17일 오후 7시 유신이 선포되면서 박정희는 민주화운동을 탄압하는 데 긴급조치를 전가의 보도처럼 휘둘렀다. 긴급조치로 대학가에는 제적, 구속자 수가 급격히 늘어났다. 대학에서 제적되고 구속되어 형기를 마친 학생운동가들은 사회로의 정상적인 진출의 길이 막혔다. 그렇다고 학교로의 복귀도 허용되지 않은 상황에서 그들은 학생운동을 넘어선 사회운동의 길을 모색했다. 1974년 발생한 민청학련 사건으로 구속되었다가 풀려난 백영서(서울대)나 1975년 소위 5·22사건으로 구속되어 형을 복역하고 석방된 한상희도 그런 이들 중 하나였다. 그들은 모두 인천 제물포고등학교 출신이었다. 1977년 3월 한상희는 석방된 후 같은 제물포고등학교 출신인 김배철(1975년 5월 22일 유신반대시위 제적), 정성현(1975년 5월 22일 유신반대시위 제적), 조용명(교사) 등과 자취하며 인천지역 민주화운동세력의 규합을 모색하였다. 10월경 고교동기생 백영서를 만나 인천에서 모임을 결성해 민주화운동을 공개적으로 하자는 제의를 받았다. 당시는 아직 신분을 감추고 노동현장으로 진출한다는 것은 극히 소수 몇몇을 제외하고는 생각도 못할 때였다. 따라서 운동을 계속할 수 있는 길은 비밀 지하조직을 결성하거나 아니면 정권이 함부로 해산할 수 없는 공개 조직에 의지하는 수밖에 없었다. 제도권 야당은 대안이 아니라고 생각했다.
　같은 시기 장정옥(시인)은 정의평화위원회에서 활동 중인 황상근 신부

를 만났다. 황 신부는 장정옥에게 한국에 국제앰네스티 지부가 있어 양심
수에 대한 지원이 이루어지고 있다는 사실을 알려주었다. 장정옥 역시 양
심수들과 편지를 주고받으면서 점차 민주화운동에 대한 관심을 키우고 있
었다. 그러던 중 송현동 성당 최분도 신부(Benedict A. Zweber, 1932~2001)
를 소개받았다. 최분도 신부도 인천에서 종교권 밖의 민주화운동의 필요
성을 생각하고 있었다. 최분도 신부는 메리놀 외방 선교회 소속으로 유신
헌법에 반대하는 학생, 지식인과 함께했고, 동일방직 여성노동자들이 사
측의 탄압을 받을 때 피난처를 제하기도 했다.

정세일은 기독청년운동(인천장로교회)을 하던 중 당시 앰네스티에서 활
동 중이던 윤현 목사를 만나 독재정권 하에 있는 한국의 특수한 사정을
고려할 때, 한국 앰네스티는 자국 내의 제반 문제를 다룰 수 있다는 이야
기를 전해 들었다. 이렇게 학생운동출신, 가톨릭, 기독교에서 각기 활동
중이던 한상희, 장정옥, 정세일 3명은 송현동 성당에서 소모임을 갖고, 준
비위원회를 구성하기로 했다. 1977년 말 임시 사무실을 송현동 성당에 개
설하였다. 이후 모두 서울대에 재학 중이던 정창용, 김세수, 조인성, 임용
표, 홍덕률, 이진용 등이 합류하였다.

2. 앰네스티, 인천 최초의 공개 민주화운동단체

유신치하에서 민주화운동은 가혹한 탄압을 받았다. 공개적인 민주화운
동 단체를 건설한다는 것은 꿈도 꾸지 못할 일이었다. 다만 예외가 있어
'정의구현사제단'과 같이 가톨릭이나 기독교 등 종교의 틀 안에서는 가능
했다. 그러나 UN 산하 비정부기구로 전 세계에 지부가 있는 "국제앰네스
티"는 제아무리 유신독재라 하더라도 그 활동을 봉쇄할 수는 없었다. 당시
앰네스티는 전 세계적으로 양심수에 대한 지원을 주요 활동으로 전개하고

있었다. 긴급조치 하에서 늘어나고 있는 정치적 양심수에 대한 지원 활동
은 그 자체로 유신독재에 대한 저항, 즉 민주화운동으로 연결되었다. 따라
서 일반인들이 공개적인 민주화운동 단체를 건설하려고 할 때 앰네스티는
더없이 좋은 바람막이가 될 수 있었다.

한국 앰네스티(1972년 3월 28일 설립. 국제앰네스티 한국지부)는 1977년
국제앰네스티의 노벨평화상 수상을 계기로 전국 순회강연회를 개최, 전국
적인 조직을 구성하는 데 힘을 기울였다. 인천에서는 11월 29일 송현동 성
당 교리실에서 개최되었다. 이듬해인 1978년 5월 5일 한국 앰네스티 총회
에서 인천교구 나길모 주교가 이사장으로 선출되고, 인천교구 김병상 신
부가 이사로 임용되었다.

1978년 7월 28일부터 사흘간 한국 앰네스티는 전북 내장산에서 하기 수
련회를 개최했다. 서울, 광주, 부산, 대구, 인천 등 전국에서 청년 70명이
참가했고, 인천에서도 한상희, 장정옥, 정세일, 김세수, 홍덕률 등 10여 명
이 참가했다. 이때부터 한국 앰네스티 인천지부의 창설이 힘을 받기 시작
했다. 인천지부 준비위는 1978년 11월 대성리 MT에서 창립총회 준비 및
향후 합법적 공간에서 활동할 수 있는 일들을 논의했다. 그리고 1978년 12
월 10일 마침내 인천지부가 정식으로 출범했다. 황상근 신부를 지부장으
로, 운영위원에 최분도 신부와 장정옥, 김세수, 감사에 김병상 신부와 한
상희로 조직을 꾸렸다. 추가 회원으로 나준식(사회인), 이화선(이화여대),
최명숙(사회인), 강우경(인하대) 등이 합류했다. 회원들은 일주일에 한번
세미나를 개최하기로 했다. 또한 대중강연회를 열어 유신독재의 실상을
대중에게 알리고자 했다.

3. 인천 앰네스티, 짧았던 활동에서 해산까지

1979년 2월 6일 인천 앰네스티, 인천정의구현사제단, 천주교 인천교구, 인천 JOC 공동주최로 "김지하 문학의 밤"이 성황리에 개최되었다. 답동 가톨릭회관에서 개최된 이날 행사는 당시 필화 사건으로 구속된 저항시인 김지하의 작품 세계에 다가갈 수 있는 계기가 되었다. 강사로 나온 고은 시인은 유신정권의 부당성과 김지하 시인이 구속된 이유를 강연했다. 회원과 일반 시민 800여 명이 참석했고, 이들은 행사 후 회관 앞길에서 구호와 노래를 부르며 경찰과 대치하다가 자진 해산했다.

한국 앰네스티는 7월 26일부터 28일까지 전국 회원 여름 수련회를 서울 성공회신학대학에서 개최했다. 인천지부는 대회 행사 안내 및 프로그램 일부를 맡아 진행했다. 27일 오후 "노동문제와 인권"이라는 주제로 인천지역 노동 현실과 노동운동의 상황을 나준식 인천지부 회원이 발제하였다. 이어진 종합토의 또한 인천지부가 주관했다. 이날 밤에는 전국에서 올라온 회원들과 우리나라의 인권과 유신의 폭력성에 대해 토론을 가졌다. 지부가 정식으로 출범한 지 1년도 안 돼 전국 수련회 프로그램 일부를 맡아 진행하면서 회원들은 자신감에 충만했다.

인천 앰네스티는 지역 양심수를 선정하여 도와주었고, 8월에는 송현동 성당에서 이우재(긴급조치9호 구속) 석방 환영대회를 개최하였다. 9월 22일에는 김동길 박사의 "역사와 지식인"이란 주제로 답동 가톨릭회관 304호에서 인권강연회를 개최했다. 이날 강연회에는 500명 정도의 학생과 시민이 참여해 성황을 이뤘다. 1979년 유신 말기에 이러한 대외적인 행사를 소수의 인원으로 공개적으로 진행할 수 있었던 것은 회원들의 용기와 신념 그리고 무엇보다 종교계, 특히 가톨릭의 도움 덕분이었다. 이후 회원 수가 꾸준히 늘어났다. 10·26 이후 민주화의 봄을 맞아 1980년 4월 19일 가톨릭회관에서 4·19혁명 정신을 기리는 '4월제'를 인천 앰네스티 주관으로 개최했다. 행사는 기념시 낭송, 창, 위령제, 선언문 채택 등의 순서로 진행됐다.

5월 18일 쿠데타로 정권을 잡은 전두환 일당은 정치활동뿐만 아니라 시민단체의 활동도 전면 금지했다. 그에 따라 국제앰네스티 인천지부도 해산되었다. 앰네스티 인천지부는 가톨릭, 기독교, 일반 시민, 학생들이 공개적으로 모여 결성한 인천 최초의 합법적 민주화운동 단체였다. 또 인천 출신으로 대학 시절 서울에서 학생운동에 참가했던 사람들(한상희, 백영서 등)이 학생운동을 넘어 지역사회에 운동 기반을 마련하려고 했던 최초의 시도였다. 비록 신군부의 쿠데타에 의해 강제 해산되기까지 짧은 활동(1978. 12. 10.~1980. 5.)을 펼쳤지만, 훗날 인천지역사회운동연합(이하 인사연)이 건립되는 기반을 제공하였다.

제2절 재야전선운동의 등장
- 인천지역사회운동연합의 결성과 활동

1. 인천지역사회운동연합의 출범과 초기 활동

1983년 9월 서울에서 '민주화운동청년연합(이하 민청련)'이 건설되면서 인천의 일부 활동가들 또한 인천에서 이와 같은 조직을 꾸리고자 했다. 당시 민주화운동 역량의 70~80%가 서울에 집중되어 있었는데 이는 전략적으로 잘못되었다는 판단에서였다. 운동 역량이 서울에 집중되면 될수록 군사독재의 입장에서는 서울만 집중적으로 방어하면 되었기 때문이다. 따라서 군사독재의 방어력을 전국적으로 흩어놓기 위해서는 각자 자기가 살던 고향으로 내려가 전국 각지에 운동 거점을 형성하여야만 했다.

또한 당시 운동 분위기가 모두 노동현장으로 들어가야 한다는 현장 만능주의가 팽배하기 시작하였는데, 이것 또한 전략적 균형을 잃은 것이라고 판단했다. 노동자, 농민 등 민중이 민주화운동의 주체가 되어야 한다는 것은 타당한 이야기였고, 그러기 위해서는 그들을 조직하러 노동현장, 농촌 현장으로 달려가야 했으나, 모두가 그 일에만 매달려서는 안 되었다. 노동자, 농민이 민주화운동의 주체로 등장할 때까지 누군가는 군사독재와 맞서 전선을 형성하고 민주화투쟁을 강행해야만 했다. 공개적으로 조직을 결성해 가두(街頭)에서 군사독재와 맞서 전선을 형성하고 국민 대중을 결집시키는 것, 이것이 이들이 생각하는 전선 조직의 모습이었다. 제도권 야당은 기회주의적 모습으로 인해 신망을 잃은 지 오래였다. 당시 이들을 제도권 정당 밖에 있다고 해 재야라고들 불렀다.

이우재는 1979년 긴급조치9호 위반으로 서대문 구치소에 수감 중 알게 된 인하대 출신 조용호, 안영근 그리고 1980년 8월 인천에서 5·18광주항쟁의 진상을 알리는 유인물을 살포하다 계엄포고령위반으로 구속됐을 때의 공범 이정남 등과 함께 인천지역에서 민청련과 같은 청년조직을 만들 것을 1984년 초부터 논의하기 시작하였다. 이들은 1984년 8월 안동 가톨릭 농민회관에서 열린 민청련 여름 수련회에도 함께 참여하여 민청련의 경험을 공유하면서 인천지역 내의 청년조직 건설에 대하여 논의를 계속하였다. 그러나 당시 인천의 운동역량 상 청년들 단독으로 조직을 유지할 수 있을까에 대해서는 회의적이었다. 이에 이우재는 제물포고등학교 선배 이호웅, 천주교 인천교구 홍보국에서 근무하던 운동권 선배 이명준과 이 문제를 상의했다. 그 결과 인천의 운동역량 상 청년 단독의 조직은 불가능한 관계로 종교계까지 포함하여(노동운동권은 제외), 인천의 운동역량 전체를 묶는 공개단체를 세우기로 합의하였다.

가톨릭과 개신교 운동세력과 학생운동의 경험이 있는 인천 출신 활동가

중 노동운동에 투신하지 않은 사람들을 모두 모으기로 했다. 가톨릭을 대표하여 제정구, 이명준, 김영준이, 개신교를 대표해 김정택, 이민우가, 기타 학생운동 출신 활동가로 이호웅, 황선진, 김도연, 한상희, 이우재, 조용호가, 여성계로는 장정옥이 발기인이 되어 1984년 10월 25일 경기도 시흥 소재 제정구의 집('작은자리')에서 발기 모임을 가졌다. 그 과정에서 가톨릭, 개신교, 일반 활동가들의 연대 활동 경험을 공유하기 위하여 1984년 9월 3일 인천 가톨릭회관에서 전두환 방일 반대 집회를 공동으로 개최하기도 하였다.

이러한 기초 위에 마침내 1984년 11월 19일 오후 7시 인천 답동 가톨릭회관 강당에서 인천지역사회운동연합(이하 인사연)이 창립대회를 갖고 공식 출범했다. 이부영, 김근태 등을 위시해 200여 명이 참석했고, 의장에 제정구, 부의장에 이명준, 이호웅, 김정택, 총무 겸 대변인 황선진, 운영부장 이우재, 사회부장 이민우를 선임했다. 동인천 용동 마루턱에 사무실을 개설하였다. 그리고 정일우, 황상근, 조성교, 호인수, 김용환, 이성득, 홍창만(이상 신부), 조화순, 이은규(이상 목사) 등이 지도위원으로 결정되었다.

인사연은 창립선언문에서 "한국 사회의 구조적 모순이 계층과 계층 간뿐만 아니라 지역과 지역 사이의 위화감마저 크게 조성시키고 있음에 심각한 우려를 금치 못하며, 이러한 지역 간의 불균등 심화가 사회 전반적인 구조적 모순의 또 다른 표현이라는 사실에 인식을 같이"하면서, "기층에 기반을 둔 범국민적인 민주화운동과 함께 지역사회에 뿌리를 둔 지역사회 운동의 성장이 시급히 필요하다"고 출범의 배경을 밝히고 있다. 이어 인사연은 "나라의 민주화와 민족의 자주 통일을 위한 운동을 전개해 가면서, 또한 인천지역의 민주노동운동의 발전에 적극적으로 동참 지원할 것"과 "지역 사회의 문제 해결을 위한 주민들의 모든 주체적 활동에 적극 동참할 것", "건전한 지역사회의 조성에 최선을 다할 것" 등을 시급한 당면 과제로 제시하였다.

창립 이후 인사연은 먼저 인천지역 출신으로 과거 학생운동을 했던 청년들과 민주화운동에 관심이 있는 지역 청년들을 조직하는 일에 집중하였다. 민청련을 본받아 나이(학번)별로 모임을 만들어 하부 회원구조로 만들고, 이 구조를 다시 중요 정책 결정 시 의견 수립, 집행 시 동원과 회비 수납 단위로 상정하였다. 이즈음 권병기가 차장으로 실무진에 참여한 것은 "기러기" 등 인천지역 내 자생적인 대학생 독서회(일명 지티)와의 조직적 연계를 위한 것이었다. 그 결과 인천지역 내 청년, 대학생들과 조직적인 연계를 유지할 수 있었다.

당시 인천지역은 대한민국 유수의 공업지대로서 많은 활동가들이 노동운동에 투신하고자 속속 모여들고 있었다. 노동운동에 투신한 활동가들 중 일부 세력은 인사연이 공개운동단체로서 독자적으로 민주화운동을 전개하는 것을 못마땅하게 생각하고, 인사연의 활동을 노동운동 세력의 지도하에 노동운동의 측면 지원 활동으로 국한시키려고 하였다. 1985년 초 인사연에 합류한 김진태, 임해규는 그러한 목적으로 노동운동권에서 파견된 사람들이었다. 1985년 3월에 단행한 조직 개편의 가장 큰 목적은 각 부문운동을 지원하기 위한 상임위원회를 설치하는 것이었는데, 이는 그들의 요구를 일부 수용하여 그들에게 활동 공간을 제공하기 위한 것이었다. 조직의 방향을 둘러싸고 일부 진통은 있었으나 인사연은 이들을 통해 노동운동에 투신한 인사들이 현장에서 활동하는 데 필요한 도움을 주고자 애썼다. 이런 노력은 1985년 2월 7일 한국노동자복지협의회 인천지역협의회(인천노복)가 창립되면서 인천노복과의 연대 활동을 통하여 더욱 강화되었다. 인사연이 단독 또는 인천노복 등 몇몇 단체와 연대하여 제작한 「노동자의 벗」(1985년 1월), 「최저임금 10만 원 이상 의무화」(1985년 1월), 「올해 임금 얼마나 올라야 하나」(1985년 3월), 「인천지역 제조업 실태조사」
(1985년 4월) 등은 이러한 작업의 소산이었다. 인사연은 인천노복과, 때로
는 가톨릭, 개신교 단체와 연대하여 노동현장에서 발생한 제반 투쟁에 대
한 지원사업도 병행하였다. 이는 주로 성명서 발표나 집회 개최, 또는 시
위 동참을 통해 이루어졌다.

인사연은 공개운동단체로서 전두환정권에 맞선 민주화투쟁에 가장 큰
관심을 기울였다. 그 작업의 일환으로 우선 기관지 「민주화의 물결」(이후
2호부터 「인천의 소리」로 개제)을 1984년 12월 25일 창간하였다. 기관지는
원래 매월 발행하기로 하였으나 사정상 부정기적으로 발행되었다. 성당이
나 교회 또는 관련 단체를 통해 배포하였고, 때로는 회원들을 동원하여 일
반 가정집에 직접 투입하기도 했다. 그리고 4·19나 5·18과 같은 민주화
운동과 관련된 주요 기념일에 집회를 개최하여 민주화운동에 대한 시민들
의 관심을 유도하였다. 집회 때에는 반드시 "뒤풀이"라 하여 후속 시위를
자연발생적으로 유도하거나 아니면 인위적으로 조직하였다. 시급한 현안
이 떠오를 때면 관련 집회를 개최하거나 아니면 성명서나 유인물을 만들
어 배포하는 형식으로 현안에 대한 인사연의 입장을 밝혔다.

1985년 여름수련회가 영종도에서 있었다. 이 수련회에서 인사연의 방향
을 놓고 의견이 둘로 크게 갈렸다. 하나는 인사연의 활동을 노동운동을 지
원하는 데 중점을 두자는 의견이었고, 다른 하나는 민주화운동과 관련된
정치투쟁에 무게를 두자는 것이었다. 논쟁의 결과 정치투쟁 쪽이 우세를
점했다. 노동운동 쪽에서 파견된 김진태, 임해규가 인사연을 탈퇴하기에
이르렀고, 그에 따라 조직의 위상에도 변화를 가져왔다. 결성 초기의 가톨
릭, 개신교와의 연합 조직에서 가톨릭과 개신교가 실질적으로 빠지고 일

창간호

민주화의 물결

발행인·제정구 / 편집인·김도연 / 1984. 12. 25 발행

1. 우리는 인천지역의 민주노동운동의 발전에 적극 동참, 지원한다.
1. 우리는 지역사회 주민들의 모든 문제에 깊은 관심을 기울이며 그를 해결하기 위한 **주민**들의 모든 주체적 활동에 적극 동참한다.
1. 우리는 이기심과 퇴폐적 향락주의, 부당한 남녀차별 등이 존재하지 않는 건전한 지역사회의 조성에 최선을 다한다.

– 창립선언문 중에서 –

인천지역사회운동연합

〈그림 5-30〉 인천지역사회운동연합 기관지 민주화의 물결 창간호
(민주화운동기념사업회 오픈아카이브즈 00528563 원출처 : 장준영)

반 학생운동 출신 청년들의 단일 조직으로 변화하게 된 것이다. 1985년 9월 총회에서 제정구 의장과 이명준, 김정택 부의장이 사퇴하고 이호웅이 의장을 맡게 되었으며, 상임위원회가 폐지되고 집행국 단일 구조로 일원화되었다. 황선진 집행국장이 물러나고 이우재가 신임 집행국장을 맡았으며, 홍성복이 제반 홍보를 책임지는 편집실장을 맡았다. 이러한 조직 변화는 인사연의 역량을 대폭 약화시켰으나 한편으로는 단일한 성격으로 일원화한 계기가 되었다. 이때 실무진의 주요 구성원이던 이우재, 홍성복, 조용호, 권병기, 김중현 등은 인사연의 핵심이 되었고, 향후 인사연이 해산될 때까지 실질적으로 행동을 같이했다.

1985년 하반기 이후 인사연은 축소된 역량으로 인해 노동운동에 대한 지원에는 상대적으로 소극적일 수밖에 없었다. 대신 인사연은 전국 각지의 공개 민주화운동단체와의 연대를 강화하였고, 지역 내에서도 노동운동보다는 천주교인천교구청년회 등 지도위원들이 많이 있던 가톨릭과의 연대에 중점을 두었다. 그런 관계로 민주화운동과 관련한 기념집회나 정치현안과 관련한 집회에 치중하였고, 홍보 활동도 주로 인사연 단독으로 유인물을 제작하거나 기관지 「인천의 소리」를 제작, 배포하는 데 집중하였다. 정치투쟁에 주력하면서 인사연은 민주통일민중운동연합(이하 민통련)과의 연계를 더욱 강화해 갔다. 정치투쟁은 전국적으로 일사불란하게 진행되어야 하고, 또 적절한 정치적 상징성이 담보되어야 하는 만큼 당시 상황에서 민통련을 대체할만한 세력은 없었다. 민통련은 당시 운동권을 대표하는 재야 전선조직이었다. 1985년 봄 민청련은 향후 우리 운동이 ND(National Democracy, 민족민주주의)로 나아가야 한다고 주장하였다. 그러면서 CD(Civil Democracy, 시민민주주의)나 PD(People's Democracy, 민중민주주의)는 각각 우익 기회주의적, 좌익 급진주의적 오류로 규정하였다. 민청련에서 제기한 이른바 "CNP 논쟁"은 민주화운동권 내부에서 큰 논란을 불러일으켰고 전두환정권이 민청련을 탄압하는 빌미가 되었다. 인사연은 이와 관련해서 "현 단계에서 불필요한 논쟁과 갈등만 불러일으킬 뿐"이라고 정리하였다. 그리고 민청련보다는 민통련과의 연계에 더욱 적극성을 띠게 되었다. 인사연은 민통련 산하 지역운동협의회(지운협, 1985. 3. 29.~ 1989. 1. 21.)의 주축 구성원 중 하나로서 사실상 민통련의 인천 지부나 마찬가지였다.

2, 인천5 · 3민주항쟁

1986년 3월 30일 전남 광주에서 신민당 개헌추진위원회 전라남도 지부 결성식 겸 개헌 현판식 대회가 거행되었다. 민통련 지운협은 이날 40만이 넘는 인파가 운집해 밤늦게까지 시위를 벌이는 예상 밖의 장면을 보았다. 그리고 폭발적으로 분출되는 대중의 열기에 적극적으로 편승할 것을 궁리하기 시작했다. 4월 5일 진행될 대구대회를 앞두고 긴급 소집된 지운협 회의에서 지운협 산하 각 지역 단체들은 자기 지역에서 개최되는 신민당 행사에 적극적으로 결합하여 대중의 민주화 열기를 더욱 고양시키는 한편 신민당의 행사가 끝나더라도 해산하지 말고 현지의 지운협 단체 주관으로 독자적인 집회와 시위를 강행하기로 결의하였다. 즉 신민당과의 연대를 중시하여 그 행사를 방해하지는 않지만, 그 이후 민통련 산하 단체만의 독자 집회를 강행하여 우리의 독자성과 결의를 국민 대중에게 각인시키자는 것이었다. 이 결의는 그대로 집행되어 4월 5일 대구, 4월 19일 대전, 4월 26일 청주 대회에서 민통련 지운협 단체들이 신민당 행사 후 해산하지 않고 독자 집회를 강행하며 국민 대중의 민주화 열기를 고양시켜 갔다.

5월 3일 진행될 인천대회는 전 국민 초미의 관심사였다. 인사연은 5월

3일 예정인 인천대회를 민주화운동의 일대 전기로 만들겠다는 계획에 따라 온힘을 집중하였다. 우선 그날 구호는 민통련 중앙집행위원회에서 결정한 대로 "군사독재 타도하고 민주정부 수립하자", "군사독재 물리치고 민주헌법 쟁취하자"로 결정하였다. 이는 당시 인천의 노동운동단체인 인천지역노동자연맹(이하 인노련), 서울의 서울노동운동연합(이하 서노련) 등의 삼민헌법쟁취보다는 상당히 순화된 주장이었다. 민통련과 인사연은 삼민헌법과 같은 주장은 국민 대중에게 생경할 뿐 아니라 당시 상황으로는 무리라고 판단하였다. 마찬가지로 김세진, 이재호의 죽음으로 한창 격앙되어 있던 그즈음 학생운동의 "미제 축출"과 같은 반미 구호도 당시 정세 상 맞지 않는다는 판단하에 미국에 관한 문제 제기는 광주학살의 방조자, 군사독재의 지원자로서의 문제에만 국한하기로 하였다.

5월 3일 당일의 전술은 이러했다. 신민당의 행사가 끝날 때까지는 방해하지 않고 함께 한다. 신민당의 행사가 끝난 뒤 민통련 차원의 독자 집회를 개최하고 대중의 열기를 끌어모은다. 주안 시민회관 앞 사거리를 점거하고 개헌을 요구하며 철야농성에 들어간다. 철야농성에 들어가기 전까진 화염병 투척이나 투석 같은 공격적 행위를 자제한다. 대중의 참여가 제한되기 때문이다. 철야농성을 하면서부터는 농성을 지키기 위해 투석 등 방어적 조치를 적극적으로 준비한다.

인사연은 5·3대회의 시위를 준비해 가는 과정에서 지도위원 이성득 신부의 배려로 부천 삼정동 성당에서 플래카드, 유인물 등을 제작할 수 있었고, 또 지도위원인 호인수 신부로부터 300만 원을 지원받아 시위를 준비하는 데 드는 각종 비용을 충당할 수 있었다. 또 호인수 신부의 소개로 5·3대회가 예정되어 있던 주안 시민회관 옆의 주안1동 성당 지하실을 각종 시위용품 저장 장소 겸 시위대 사전 집결 장소로써 이용할 수 있었다. 호인수 신부는 5·3대회에 참가하려고 전국 각지에서 모여든 (대구, 대전, 청주 대회 수배자들을 포함한) 민통련 관계자들의 5월 2일 숙식을 위하여 인천 고잔동 성당까지 교섭하여 주었다. 인사연과 가톨릭, 특히 호인수 신부와의 관계는 이후 인사연이 해산될 때까지 지속해서 유지되었다.

5·3대회의 철야농성을 성공적으로 완수하기 위하여 인사연은 이우재가 대표로 나서서 다른 운동 조직들과의 행동 통일을 꾀했으나 당시 민주화운동권의 극심한 이념적, 정파적 분열로 인해 실패로 끝나고 말았다. 인사연은 천주교인천교구청년회, 인하대, 인천대 학생운동권과는 행동을 같이하기로 합의를 볼 수 있었으나, 인노련 및 기타 노동운동권, 서울지역의 학생운동권과는 연락 미비와 의견불일치로 끝내 행동 통일을 꾀할 수 없었다. 당시 운동권 내부의 대립과 분열이 얼마나 심했는가를 상징적으로 보여준 하나의 사례가 있다. 인사연 사회부장이던 윤승권이 서울대에서 학생운동을 같이한 인노련 회원 김건호에게 인사연이 시위용품 저장 및 시위대 사전 집결 장소로 주안1동 성당 지하실을 쓰기로 했다는 사실을 귀띔했다. 인사연이 떠나고 난 후 인노련이 그곳을 이용했고 주안1동 성당 지하실은 시너와 휘발유 냄새로 자욱하고 벽이 온통 빨간 페인트 낙서로 도배되었다. 이 일로 인사연이 그 사태의 주범인 양 한동안 갖은 오해를 받기도 하였다.

인천5·3민주항쟁으로 인사연은 이호웅 의장, 황선진 전 집행국장, 이우재 집행국장, 홍성복 편집실장 등 주요 간부들이 지명수배되었고 지도력에 중대한 공백이 발생하였다. 사전에 준비된 대로 후임 집행국장으로 안영근이 선출되었으나 전두환정권의 극심한 탄압으로 활동이 많이 위축될 수밖에 없었다. 이 시기 인사연은 신임 집행국장 안영근과 권병기, 김중현이 중심이 되어 활동하였고 이들은 주로 가톨릭과 연대하여 활동을 전개해 나아갔다. 전두환정권은 인천5·3민주항쟁을 극렬좌경세력에 의한 용공 폭력사태로 몰아가면서 민주화운동 세력에 대해 대대적인 탄압을 가하

고 있었다. 인사연은 겨우 명맥을 유지해 나가는 정도였고, 인노련은 정권
의 탄압에다 내부 노선 문제까지 발생하여 사실상 해산에 이른 상태였다.
한 달 뒤 터진 "부천서 성고문 사건"은 그 과정에서 필연적으로 발생할 수
밖에 없는 사건이었다. 전두환정권은 그러면서 장기집권 야욕을 하나하나
실현해 가고 있었다.

이에 인사연은 1986년 11월 24일 천주교인천교구청년회, 가톨릭대학생
연합회, 가톨릭노동청년회(JOC), 인천기독청년협의회, 기독노동자인천지
역연맹 등 5개 단체와 함께 "장기집권음모 분쇄를 위한 인천지역공동대책
위원회(약칭 공대위)"를 건설하였다. 인사연은 1987년 5월 '호헌분쇄 및 민
주개헌을 위한 인천지역공동대책위원회'로 이름을 바꾼 이 공대위를 중심
으로 1987년 상반기 투쟁과 6월민주항쟁을 전개하였다. 1987년 5월 24일
인천공대위 주최로 부평역 광장에서 "광주영령추모 및 민주개헌을 위한
인천지역시민대회"를 개최했다. 경찰의 원천봉쇄에도 불구하고 오후 8시
까지 가두시위를 계속했다. 경찰이 149명을 연행, 1명은 불구속입건, 19명
이 즉심에 회부되었다. 공대위는 공개된 6개 단체 외에 노동현장의 비공
개 모임들과도 논의구조를 갖고 함께 인천지역의 6월민주항쟁을 이끌어갔
다. 이들과 인하대, 인천대 학생들이 당시 인천에서 동원할 수 있는 운동
역량의 전부였다. 그만큼 인천5·3민주항쟁으로 인한 피해는 컸다.

의장 이호웅이 도피 끝에 1987년 1월 구속되고, 황선진, 이우재, 홍성복
이 아직 수배 중이었던 관계로 인사연의 상층 교섭력이 현저히 약화되었
다. 인사연은 전국 각지에 걸쳐 6월항쟁의 주체로 건설된 "민주헌법쟁취
국민운동본부(국본)"의 인천본부(이하 인천국본) 건설을 끝내 추동하지 못
했다. 인천에서는 공대위가 국본의 역할을 대신하였다. 인천국본은 6월항
쟁이 끝난 1987년 9월 6일 답동성당에서 1,300여 명이 참여한 가운데 결성
되었다. 상임집행위원장에 서상범 신부, 사무처장에 박귀현이 지명되었

다. 6월항쟁이 끝난 후 황선진, 홍성복 등 인사연 지도부가 일부 수배 해제되고, 억압적 상황이 완화되면서 가능하게 된 것이었다. 이런 결과로 인천국본은 결성 후에도 타 지역 국본과 같은 위상을 갖지 못했다.

3. 1987년 대선 정국, 그리고 분열

1987년 10월 12일 민통련 중앙위원회는 12월 치러질 대통령 선거에서 김대중 후보에 대한 비판적 지지(이하 비지)를 결정하였다. 인천5·3민주항쟁으로 계속 수배 중이었던 이우재는 6·29선언으로 수배가 해제된 황선진을 만나 이 문제에 대해 상의한 결과 민통련의 비지 결정은 옳지 않다는 데 의견의 일치를 보았다. 이우재와 황선진은 당시 집행국장 홍성복과 협의하여 민통련 중앙위원회에 비지 결정에 대한 재론을 요구하기로 하였다. 그러나 민통련 중앙위원회가 재차 비지 결정을 확인하면서 민통련 결정에 대한 수용 여부를 놓고 이우재와 황선진의 의견이 엇갈렸다. 이우재는 비지 결정이 문제가 있지만 그래도 재론까지 하여 다시 결정했으니 수용할 수밖에 없다는 입장이었고, 황선진은 결코 받아들일 수 없다는 입장이었다.

그 결과 11월 계산동 성당에서 인사연 주요 활동가 전원회의가 열렸다. 이 회의에서 민통련 결정을 수용하겠다는 측이 한 표 차이로 다수가 되었다. 이 표결에 대해 박귀현, 황선진, 안영근 등이 수용 불가를 선언하며 인사연을 탈퇴하면서 인사연은 둘로 분열되었다. 박귀현, 황선진, 안영근 등은 비지 결정에 대한 반대에서 더 나아가 독자적인 민중후보 추대의 길로 나섰다. 이들은 이후 인천민중연합을 결성하면서 소위 민중민주계열(이하 PD계열)로 합류하였다. 인사연은 이우재, 홍성복을 중심으로 다시 조직을 추스르고 김대중에 대한 비판적 지지 활동을 전개했다. 그러나 1987년 대통령선거에서 김대중이 패배하면서 인사연은 인천 내 비판적 지지 결정에 대한 책임을 고스란히 감수해야만 했다.

대선 패배 후에도 비판적지지 세력과 민중진영 독자후보 세력 간의 갈등은 해소되지 않았다. 오히려 대선 패배의 앙금까지 남아 더 강화되어 비판적지지 세력은 소위 NL진영으로 민중 독자후보 세력은 소위 PD진영으로 진영화하기 시작했다. 이후 인천지역 비판적지지 세력의 중심이었던 인사연은 민주대연합론을 내세우며 인천 NL진영의 중심이 되었고, 학생운동 출신으로 인천의 노동운동에 투신하며 노동자의 정치세력화를 주장한 그룹은 비판적 지지에 반발하여 인사연을 탈퇴한 그룹과 합류해 민중의 독자정치세력화를 내세우며 인천 PD진영의 중심이 되었다.

대선 패배 이후 비지 결정에 반대하여 인사연을 탈퇴한 황선진, 안영근은 새로운 대안으로 기존 야당이 아닌 독자적 정치세력화를 모색했다. 나준식(서점 운영), 이덕희, 이용식 등이 합류했고 이들은 1988년 3월 1일 인천우리문화사랑회와 공동으로 인천시민공동회를 창립했다. 한편 인하대 대학원생 김창수는 동료 15명과 함께 1987년 9월 인천지역민주화실천협의회(이하 민실협)를 결성하고 활동 중이었다. 1988년 12월 18일 인천시민공동회와 민실협이 통합을 하면서 인천민주시민공동회(이하 민회)가 결성되었다.

1989년 창립 후 첫 사업으로 인천시민회관에서 백기완 선생 초청 대중강연회를 가졌는데 1,800여 명이 객석을 채우며 대성황을 이루었다. 민회는 1990년 1월 인천민중연합(이하 민연)으로 이름을 바꾸어, 2000년 12월 "전국 노동자의 힘" 연합단체 인천지부로 전환을 결정하며 해산할 때까지 활동을 이어갔다. 민연은 출범과 함께 "민중생존권대책위"를 구성하고 주안5공단 세창물산 위장폐업 반대 투쟁, 주안5동 세입자대책위 참여, 학익동 철거민지원 바자회 등의 사업과 지방자치제대책위 활동을 벌였다. 국회의원 노무현을 초청해 "5공비리와 반민주악법철폐"라는 주제로 강연회를 열기도 했다. 1989년 2월엔 교육사업의 일환으로 "민중학교"를 개설하고 민중문예교실, 민중역사교실, 노동교실, 여성교실 등의 강좌를 열었다. 민중학교는 예속과 굴종을 거부하고 현실에 대한 올바른 인식과 실천의 방도를 찾는 민중들의 배움터로 자리매김하며 지역 민중의 요구에 부응하였다. 민중학교가 진행되는 동안 노태우정권은 폐쇄 공고문 부착, 강제 폐쇄조치 등 끊임없는 탄압을 가해 왔다. 제2기 수료식 이후 동부경찰서 형사 7명이 들이닥쳐 사무실을 압수수색하고 의장과 회원 5명을 연행, 황선진 의장을 구속했다.

1987년 대선 과정에서 인사연은 분열의 아픔을 겪었으나 곧 홍성복을 중심으로 조직을 추스르고 다시 활동에 나섰다. 1988년 2월 구속 중이던 이호웅 의장이, 6월에 이우재가 석방되면서 인사연은 1986년 인천5·3민주항쟁 때의 지도력을 회복하였다. 1987년 6·29선언으로 형식적 민주주의가 진전되면서 인사연 활동의 대외 환경이 크게 변화하였다. 이에 인사연은 열린 공간을 활용하여 대중과의 접촉을 강화하는 데 사업의 중점을 두었다. 기관지 「인천의 소리」를 월 1회 정기적으로 발간하였고, 인천민주시민학교를 개설하여 공개강좌를 통해 시민 대상의 의식화 교육을 진행하며 회원 확충을 도모했다. 인천민주시민학교는 후에 인천시민강좌로 명칭을 변경하였고, 청년강좌, 노동강좌 등의 부설 강좌도 개설하였다. 인천시민강좌 수강생 중 상당수가 인사연에 회원으로 가입하면서 인사연의 조직 구성도 변하였다. 이전 학생운동 출신의 활동가들이 중심을 이루었던 것이 일반 시민들 중심으로 변하였다. 이에 이전의 나이(학번)별 중심의 회원 구조가 각 활동반, 혹은 지역 중심으로 변하였다. 이런 상황을 배경으로 인사연은 1988년 12월 북부 지부를 개설하였고, 연이어 1989년 상반기에 남부지부가 창설되었다. 회원들은 지부를 중심으로 활동하였고, 대외 업무는 본부 실무자들이 맡았다. 그리고 이호웅 의장이 1988년 9월 창립된 인민련 의장을 맡으면서 홍성복이 새로이 의장으로 선출되었다.

제3절 재야전선운동의 재편 – 인천지역민족민주운동연합의 결성과 민주주의민족통일인천연합으로의 재편

1. 인천지역민족민주운동연합의 결성

민주화운동이 노선별로 분화되고, 또 단체들이 많아지면서 운동단체 간 새로운 연대 틀의 건설 문제가 제기되기 시작했다. 즉 현 단계에서 서로 공통의 이해와 목적을 중심으로 결합해, 공통의 투쟁과 과제를 실현할 이른바 전선 조직을 건설하자는 것이었다. 국본 건설을 추동하며 6월항쟁으로 가기까지 민주화운동의 중심 역할이 기대되었던 민통련은 이미 1987년 대선 패배의 후유증으로 사실상 마비 상태에 있었다. 따라서 민통련은 새로운 전선 조직의 대안이 될 수 없었다. 김대중, 김영삼 등 정치권 인사들까지 함께 참여했던 국본은 더더욱 아니었다. 이에 1989년 1월 전국민족민주운동연합(이하 전민련)이 건설되었다. 전민련은 민통련과는 달리 명망가들을 내세우기보다 부문별 대중 조직과 각 지역 조직 구축에 중심을 두었다.

새로운 전선 조직 건설에 대한 논의는 인천에서도 활발하게 진행되었다. 대다수의 사람이 인천 국본은 새로운 전선 조직의 대안이 될 수 없다는 데 인식을 같이 했다. 따라서 새로운 전선 조직으로 중앙보다 빠른 1988년 9월 11일 전민련 인천지부 격인 인천지역민족민주운동연합(이하 인민련)이 창립되었다. 인사연을 비롯해 인천시민공동회(1988. 12. 18. 결성된 인천민주시민공동회의 전신), 인천지역노동운동단체협의회, 인천민주청년회, 천주교 인천교구 천주교사회운동연합, 인천기독교사회운동연합, 인천민중문화예술운동연합 등이 가입하였다. 초대 의장에 인사연 의장 이호웅이, 사무처장에 한덕희가 선임되었다. 인민련은 인천을 대표하는 전선조직으로서 창립 이후 인천에서 일어나는 모든 정치투쟁의 책임을 맡았다. 각 회원단체는 전선 조직인 인민련에 정치투쟁을 위임하고 각자 회원 확대 등 역량 강화에 힘썼다. 인민련은 11월 19일 부평역 광장에서 개최한 "광주학살, 5공비리 주범 전두환 일당 처벌 및 노태우 퇴진 인천대회"를 시작으로 12·12 군사반란 주범을 고발하는 등, 전두환 구속처벌과 5공비리 청산, 노태우정권 퇴진 운동을 꾸준히 전개해나갔다.

1989년 3월 문익환 목사 방북 사건에 이어 6월엔 서경원 의원이 북한을 방문하는 사건이 거듭 터졌다. 노태우정권은 이른바 공안정국을 조성하여 민주화운동 세력에 대해 대대적인 탄압을 가해 왔다. 그리고 1990년 1월 22일에는 민주정의당과 통일민주당, 신민주공화당이 3당 합당에 합의하면서 정국은 더욱 긴박하게 돌아가기 시작했다. 여기에 위협을 느낀 전민련은 이 위기 국면을 타개할 목적으로 대중조직인 전노협, 전농 등과 함께하는 한시적 투쟁기구로서 "민자당장기집권음모분쇄 및 민중생존권쟁취 국민연합(이하 국민연합)"을 결성하여 대대적인 투쟁에 나섰다. 그에 보조를 맞춰 인천에서도 1990년 4월 21일 인천국민연합이 인하대에서 결성식을 가졌다. '광주학살 5공비리 철저한 진상규명', '부동산 투기 근절', '독점재벌 특혜정책 철폐' 등 8대 강령을 채택하고 김정택 목사를 공동의장으로 추대하였다. 국민연합 인천본부에는 대중조직인 인노협, 인대협, 전교조

창 립 선 언 문
- 인천지역 민족민주운동연합을 결성하며 -

오늘 우리는 새로운 역사의 지평을 향한 부푼 희망과 결연한 각오로 인천지역 민족민주운동연합의 창립을 선언한다.

우리 민족은 지난 19세기 말부터 100여년간 계속된 외세의 지배, 44년의 분단과 매국적 독재와 맞서 끈질기게 투쟁해온 전통을 갖고 있으며, 이제 반동의 역사를 끝장내고 자주·민주·통일의 새 시대를 향해 마지막 힘찬 발걸음을 내딛고 있다. 그러나 작년 6월 민중의 일치단결된 투쟁 앞에서 6·29선언이라는 기만적 조치로 위기를 모면한 후 보수야당의 분열을 틈타 엄청난 부정선거로 재집권한 미국과 군부독재는, 현재 한편에서는 기만적 '민주'조치로 민중을 호도하면서 다른 한편에서는 탄압의 고삐를 늦추지 않고 있다. 또한 최근에는 정권 유지와 한반도 분단 고착화의 수단으로 유치한 올림픽이 다가오자 보수야당을 들러리로 "평화구역"이라는 것을 설정하여 생존권과 민주주의를 위해 투쟁하는 민중을 탄압하고 있다.

이러한 미국과 군부독재의 지배아래 민중은 매일매일 고통 속에서 신음하고 있다. 일천만 노동자들은 숨돌릴 틈도 없이 이어지는 세계 제1의 장시간 노동아래 기계의 부속품으로 전락한 채 뼈빠지게 일하면서도, 최저생계비에도 못미치는 저임금에 시달리고 있다. 연초에 책정된 11만 7천원의 최저임금은 노동자의 삶의 실상을 적나라하게 보여주고 있다. 더우기 장시간 노동으로 지친 몸은 생산성 제고라는 이름으로 행해지는 안전장치의 제거로 인해 언제 기계의 제물이 될지 모르는 위험에 처해 있으며 이러한 노예적인 노동자의 삶을 거부하는 정당한 요구는 경찰과 구사대의 무자비한 폭력으로 탄압받고 있다. 특히 인천·부천지역에서는 동신전자, 삼효정공, (주)원방 등의 사업장에서 위장폐업이라는 새로운 형태의 노동운동탄압마저 발생하였다.

농민들은 독점자본의 수출기반 형성을 위한 저농산물가격정책, 해외농산물의 무분별한 도입 등으로 아무런 희망없이 몰락의 위협아래 살고 있으며 최근의 쇠고기수입 조치는 소값 파동으로 위기에 처한 농가를 더욱더 황폐화하고 있다.

도시의 중소상공인 역시 독점재벌의 하청계열화와 이에 따른 수탈, 유통업계의 침투로 몰락의 불안 속에 살고 있으며 올림픽을 빙자한 강제철거 및 노점상 단속은 한계상황에 처해있는 도시빈민들에게서 최소한의 삶마저 박탈하고 있다.

조국의 미래를 위해 고민하며 정의를 위해 헌신적으로 투쟁하고 있는 청년학생과 양심적 지식인, 종교인들은 군부독재의 사상적·정치적 억압아래서 고통받고 있으며 이들이 군부독재 정권하에서 선택할 수 있는 것이라고는 감옥 밖에 없는 것이 현실이다.

민중을 억압하고 착취·수탈하는 미국과 군부독재정권은 민중의 심판을 피할 수 없다. 미국과 군부독재 정권이 탄압과 기만적 민주화조치로 일시적으로는 민중투쟁의 예봉을 피할 수 있을지 모르지만 그것이 새로운 민중투쟁으로 곧 한계에 부닥칠 것이라는 것은 자명한 사실이다. 6월 투쟁의 성과를 토대로 작년 7·8월 전국적으로 2,000여개의 사업장에서 노동악법의 굴레를 과감히 벗어던지고 임금인상과 민주노조 결성을 쟁취한 노동자들은 올해들어 더욱더 조직화된 투쟁을 전개해가고 있으며, 청년학생들은 상반기 통일운동을 통해 분단고착화세력의 전유물이던 통일논의를 대중화하였고 통일의 진정한 주체는 민중임을 확인시켰다.

이러한 민중의 활기찬 투쟁은 민족민주세력에게 무한한 희망과 함께 철저한 반성과 배가된 각오를 요구하고 있다. 민족민주세력은 대통령선거와 총선을 거치면서 내부노선의 차이로 뚜렷한 구심체를 형성하고 있지 못하며 이로 인해 정세에 대해 능동적이고 통일적인 대응을 하지 못하고 있다. 그러나 최근 몇년간 우리 운동의 뼈 아픈

A4
401663

〈그림 5-31〉 창립선언문-인천지역민족민주운동연합을 결성하며
(민주화운동기념사업회 오픈아카이브즈 00401663
원출처 : 인천지역해고노동자협의회)

를 비롯하여 인사연, 민연, 민중당, 인천지역주민회, 노동자대학, 기사연 등이 참여했다. 인천국민연합은 민자당 분쇄투쟁을 비롯하여 노동운동 탄압 분쇄, 광주항쟁 계승, 6월항쟁 계승, UR거부 서명운동, 계산동 강제철거 반대 등 다각적으로 투쟁을 전개하였다. 인민련의 기능은 사실상 정지되었다.

2. 민주주의민족통일인천연합으로의 재편

전민련으로 민주화운동세력이 모두 결집되었다고는 하나 운동권의 노선 분열이 종식된 것은 아니었다. 1989년 8월 실시된 영등포을 재선거 방침을 둘러싸고 다시 시작된 노선 투쟁은 1992년 총선을 앞두고 합법정당 건설 문제를 놓고 더욱 첨예하게 진행되었다. 그 과정에서 민중의 독자적인 합법정당 건설을 주장하는 세력이 1990년 11월 전민련을 탈퇴하고 민중당을 건설하였다. 이로써 전민련은 소위 PD진영이 모두 탈퇴하고 NL진영만 남게 되었다. 이에 전민련은 사실상 와해되었고, 1991년 12월 1일 민주주의민족통일전국연합(이하 전국연합)으로 재편되었다. 전국연합은 전노협, 전농, 전대협, 전교조, 전빈협(전국빈민연합) 등 부문별 대중조직을 묶어 기층 민중 세력을 포괄하는 조직화를 이뤄냈다. 여기에 발 맞춰 인천도 인민련을 해소하고 1992년 2월 14일 인하대 본관 대강당에서 민주주의민족통일인천연합(이하 인천연합)을 창립했다. 상임의장에 양재덕을 선출했고, 의장단에 조용명(전국교직원노동조합 인천지부장), 김정택(국민연합인천본부 공동의장), 최동식(인천지역노동조합협의회 의장), 정성준(인천지역대학생대표자협의회 의장) 등을 선임하였다. 인노협, 인대협, 인사연, 전교조 인천지부와 천사협, 기사연, 인천노운협, 인천민중연합, 인문연, 여노회 등이 연합하여 민중민주운동 진영의 최대 전선을 이뤘다. 부문

조직의 연합체로 출범한 인천연합은 민중생존권 수호, 사회 각 분야의 민주개혁, 외세간섭 배격, 한반도 평화 및 자주적 민족통일을 사업목표로 삼으며 인천을 대표하는 전선조직의 역할을 담당했다. 부평미군부대 부지 되찾기, 굴업도핵폐기장 지정 철회운동, 영흥화력발전소 반대운동, 신공항촉진법 반대선언 운동 등에도 적극적으로 참여했다.

전민련에서 전국연합으로 발전적 재편이 이루어졌으나, 운동권의 노선 분열이 봉합된 것은 아니었다. 여전히 NL과 PD 두 집단은 선거 국면이 도래할 때마다 범민주단일후보냐 독자적인 민중후보냐를 놓고 노선투쟁을 계속하고 있었다. 그러면서 하나둘씩, 때로는 집단적으로 현실 제도권 정당으로 몸을 옮겨가고 있었다. 그럴수록 운동권은 더욱 약화되어 갔다.

1991년 4월 26일 강경대 열사의 죽음에서 시작하여 5월 25일 김귀정 열사의 죽음까지, 한 달여 기간 동안 총 11명의 생명이 희생되었다. 1991년 봄의 투쟁에서 운동권은 과거의 투쟁 방식에만 집착하고 있는 한계를 여실히 보여주었다. 소련과 동구 사회주의가 무너지는 충격적인 사태를 목도했음에도 아직도 20세기 초반의 러시아를 극복하지 못하고 있었다. 통일이라는 명분에 사로잡혀, 또는 무장투쟁을 했다는 과거의 사실에 집착하여 북한을 맹목적으로 숭배하는 집단까지 있었다. 그러는 동안 시대는 변하여 일각에서는 1989년 7월 경제정의실천시민연합이 창립되는 등 새로운 시민운동이 물꼬를 트고 있었다. 경제성장의 결과 시민들은 점진적 개혁을 선호했다. 이들은 환경, 교육, 여성문제 등 일상과 밀접한 분야에서 제도의 개선과 개혁을 촉구하며 제 목소리를 내기 시작했다. 시민사회의 다양한 요구를 체제 내에서 실현하기 위한 활동과 단체가 시민운동의 이름으로 떠오르기 시작한 것이다. 6월항쟁을 이끈 전통적인 민주화운동 세력은 노선투쟁으로 쪼개지고, 구성원들의 이탈로 약화되었다. 민주화운동은 시대의 변화에 뒤처졌고, 들불 같았던 불꽃은 사위어 갔다.

인천도 마찬가지였다. 인천연합으로 재편이 이루어졌지만 1992년 총선, 대선을 놓고 노선 갈등은 최고조에 달했다. 어제까지 동지였던 범민주후보와 민중후보가 서로 맞붙었고, 결과는 참패였다. 1992년 3월 24일 치러진 14대 총선에서 인천은 중동, 남동, 북갑, 북을, 서구 등 5개 선거구에서 두 진영의 후보가 경쟁했다. 이 중 남동(이호웅 41,983표, 박귀현 5,758표), 북갑(송선근 37,703표, 전희식 7,678표), 북을(이병현 42,657표, 송경평 21,299표) 서구(조철구 31,095표, 황선진 6,763표) 선거구의 득표결과는 노선갈등이 빚은 아쉬움으로 두고두고 남았다. 이후 서로 간의 대립은 심화되었고, 양 집단 간의 거리는 점점 멀어져 갔다. 그러면서 인천연합도 내부 구심력을 상실해 갔다.

3. 인천지역사회운동연합의 해산과 인천민중연합의 분열

인민련이 창립되면서 인사연은 인천을 대표하는 재야 전선조직의 위상을 잃고, 인민련의 한 하부 단위로 전락했다. 인사연은 인천민주청년회, 가톨릭청년회 등과 함께 정치적으로 NL진영에 속해 있었다. 인사연은 인천 NL진영의 중심으로 정치세력화 문제에서 민족민주세력의 독자 정치세력화에 반대하고 평민당 등과의 연대(범민주연대)를 강조하였다. 이런 과정에서 인사연과 PD진영 간의 갈등은 깊어져 갔다. 사실 이우재, 홍성복 등 인사연 핵심 지도부는 일방적인 범민주연대에 찬성하는 편은 아니었다. 그러나 PD진영이 너무 지나치게 노동계급의 독자성을 강조하고 앞서나간다는 생각에 결과적으로는 늘 NL진영의 정치적 입장으로 기울곤 했다.

일반 시민이 회원의 다수를 점하면서 회원 중에 노동문제에 관심을 두는 이들이 많아졌다. 그러나 인사연 지도부의 활동 경력이 주로 정치투쟁에 치우쳐 있어서 인사연 지도부는 회원들의 노동문제에 대한 관심을 올바르게 이끌지 못했다. 이 문제에 대한 고심 끝에 인사연 지도부는 정치적으로 NL진영에 속하면서 노동자들이 중심이 된 인천부천민주노동자회(이하 인부노회 1988년 2월 창립)와의 통합을 고려하기 시작했다. 인부노회는 1989년 2월 탄압으로 그해 겨울 해산을 결의한 바 있었고, 변화된 정세에 맞춰 공개 공간에서의 안정적인 활동이 절실하던 차였다. 아울러 침체된 조직을 다시 추슬러야만 했다. 인부노회와의 통합 과정은 지루하게 진행되었다. 최대의 논점은 인사연이라는 명칭의 존속 문제였다. 결국 인사연이라는 이름을 그대로 유지하기로 결정이 되면서 인부노회와의 통합이 타결되었다.

1991년 1월 인부노회와 통합하면서 인사연의 NL적 경향은 더욱 강화되었다. 인사연은 명실상부한 인천 NL진영의 대표였다. 인사연은 1991년 지방자치단체 선거를 앞두고 평민, 민주 양당과 연합하여 범민주야권단일후보를 추진하였다. 지루한 협상 끝에 1991년 5월 범민주단일후보가 성사되었다. 그러나 그 과정에서 민중당(PD진영)에 대한 배려가 부족하여 인사연과 PD진영 간의 감정의 골은 더욱더 깊어졌다. 한편 1991년 기초의회 지방자치단체 선거에서 인사연 북부지부 회원 김종구가 북구의회에 의원으로 진출하기도 했다.

인부노회와의 통합으로 인사연 활동의 중심이 급격히 노동운동 쪽으로 이동하였다. 이런 이동의 결과 기존 인사연 회원들이 인사연 활동에서 점점 소외되기 시작했다. 인부노회 쪽 회원들이 오랫동안 노동현장에서 운동 경험을 쌓아왔던 것에 비해 기존 인사연 회원들의 노동운동 경험이 일천했던 것도 소외감을 더욱 키웠다. 이런 와중에 1991년 6월 27일 인사연 정기 총회를 준비하는 과정에서 인사연 회원 유재관이 사망하는 일이 발생하였다. 공개운동에 익숙하지 않은 인부노회 쪽 회원들이 총회 준비를 위하여 인사연 본부 사무실에서 밤늦게 회의를 하던 중 경찰이 급습한다는 잘못된 정보를 듣고 도피하다가 유재관이 3층 건물에서 추락한 것이다. 일어나서는 안 되는 안타까운 일이 발생하였다.

1991년 인사연 가을 총회에서 홍성복이 의장직을 사퇴하면서 인부노회 회장이었던 안재환이 인사연 4대 의장으로 선출되었다. 안재환이 새 의장이 되었어도 구 인부노회 회원과 구 인사연 회원들 간의 불화가 해소되진 못했다. 오히려 인부노회 출신의 안재환이 새 의장이 되면서 구 인사연 회원들의 불만이 더 커졌다. 이들의 불만이 커지면서 인사연 현직에서 물러나 있었던 인사연 구 지도부가 기존 회원들의 의견을 수렴하며 나섰다. 구 지도부는 현 운동 상황이 이미 1980년대 가두에서 전두환정권과 투쟁하던 시대와는 매우 다르다고 판단하였다. 그들이 보기에 이제 1980년대식의 운동은 시대에 맞는 운동이 아니었다. 그런데도 인사연은 아직도 1980년대식의 운동 방식에 젖어 합법적인 집회가 가능한 상황에서도 화염병과 보도블럭을 던지다 회원이 구속되곤 하였다. 그리고 이념적으로도 이제 더 이상 NL이니 PD니 하는 것이 상황에 맞지도 않았다. 그들은 인사연을 해산하고 각자 새로운 시대에 걸맞은 새로운 길을 개척해 가는 것이 옳다고 판단했다. 이런 방침에 일부 회원들의 이견이 있었고 반대도 심했으나 이우재, 권병기, 김중현 등의 강력한 주장으로 기존 인사연 회원들은 인사연의 해산에 동의하였다. 이우재는 이 방침을 인부노회 지도부에게 통보하고 곧바로 인사연 해산 절차에 착수했다. 이로써 1984년 11월 인천 최초로 재야 전선조직을 표방하며 창립한 공개 민주화운동단체 인사연은 창립 8년만인 1992년에 해산되었다.

한편 민연은 1991년 12월 한국노동당에 대한 정치적 방침을 놓고 지도부의 견해차가 크게 둘로 갈라졌다. "총선 전 공식 통합"과 "정당 참여는 좌파세력 결집을 위해 바람직하지 않다"는 상반된 의견이었다. 많은 논란 속에 총선을 치르고 난 1992년 5월 30일 정기총회에서 노동자정치추진위원회(이하 노정추)에 동의하는 회원들이 정당으로 떨어져 나갔다. 임시 집행부에 의해 운영된 과도기를 지나 7월 4일 임시총회에서 새로운 지도부 구성과 사업계획을 통과시킴으로써 조직 내 분열과 혼란을 정리했다. 새로 꾸려진 지도부는 재정을 비롯한 조직의 자립을 사업 기조의 우선으로 삼았다. 조직원들의 전문적 실무역량과 정책능력을 고양하고 조직사업에 회원들의 적극적 참여를 유도하며 더불어 대중사업을 확대 강화하였다. 그러나 노정추의 이탈로 인한 지도역량과 분반구조의 축소 등으로 조직 전반은 어려울 수밖에 없었다. 그런데도 현실 조건에 맞는 조직운영체제를 재정비하지 못하고 이전 확대된 조직 체제를 유지하며 사업을 진행하였다. 그러나 1992년 10월 백기완 대통령 후보 선거대책본보(이하 선대본)에 주요 중앙집행위원회(이하 중집위) 위원들이 빠져나가면서 중집위의 안정적 논의와 선거사업계획 수립과 배치는 사실상 어려워졌다. 이로 인해 사업의 공백과 단절이 나타났다. 조직편제는 흐트러졌고 이러한 운영은 실무집행력을 떨어뜨리는 결과를 낳았다.

민연은 지역 민중운동단체로서 그동안 축적된 역량을 발휘해 백기완 대통령 후보 선거 지원 활동에서 시민모금활동을 비롯한 유세장에의 회원참여를 적극 조직하였다. 특히 남구 갑 선거연락소에서 준비한 시민회관 유세에는 많은 인원이 모여 성공적이었다. 1992년 사회민주주의청년연맹이 서울민중연합, 민연에 민중교육사업에 대한 논의의 확대와 연대활동의 필요성을 제시했고, 서민련, 민연이 이에 동조했다. 위 3개 단체는 10월 24일 전국대표자회의에서 전국민중교육단체협의회 추진위원회를 결성하고 추진위원장에 인천민중연합 의장이 선출되었다. 이후에도 민연의 활동은 계속되었으나 점점 위축되어만 갔다. 훗날 2000년 12월 정기총회에서 전국 "노동자의 힘" 연합단체 인천지부로 전환하기로 결정하면서 인천민중연합은 12년간의 활동을 마쳤다.

제4절 시민운동의 등장

기존 운동권이 시대의 변화를 따라잡지 못하고 있을 때 인천경제정의실천연합(1992년 10월 10일 창립)과 같은 새로운 시민운동이 등장하기 시작했다. 기존의 민주화운동단체 중 인사연은 스스로 시대의 변화를 인정하고 자진 해산의 순서를 밟았다. 다른 단체들은 비록 해산까지는 하지 않았으나 점점 힘을 잃어만 갔다. 재야 전선조직으로서 인천연합이 아직은 존재하고 있었으나 이미 과거와 같은 위상은 아니었고, 점점 제도권 정당에 흡수되어 형태만 남아 있는 형편이었다. 그리고 그 자리를 노동운동과 같은 대중운동이나 환경운동, 여성운동 등 새로운 시민운동 세력이 대체해 가기 시작했다.

이러한 가운데 1987년 대선 패배 후 지역사회 여론을 수렴하여 구심점을 이룬다는 목표 아래 신부, 목사, 교수 등 10여 명이 모여 1989년 6월 29일 "목요회"를 창립했다.(초대 의장 김병상 신부) 출범 당시 목요회는 "문화의 불모지이자 낙후한 인천"에서 민간운동의 순수성을 인천의 현실에서 발현시켜야 할 새로운 시점에 와 있다고 밝히면서, 낙후의 원인을 민주적 구심점의 부재, 지역 현안과 문제에 대한 토론의 부재, 시민적 대안 제시 및 민주적인 의사반영 통로의 부재에 있다고 진단했다. 목요회는 큰 호응 속에 창립 2년 만에 변호사, 의사, 약사, 목사, 신부, 문화예술인 등 회원이

40여 명으로 늘었고, 지역의 제반 현안을 해결해나가는 인천의 주요 시민 단체로 자리 잡았다. 회원들은 매월 마지막 목요일 저녁 월례모임을 열어 지역의 문제를 논의했고 올바른 여론 형성을 위해 노력했다. 의견이 대립할 수 있는 정치적 견해는 가급적 삼가고 시민단체로서의 성격을 견지했다. 인천의 민주화운동 단체에 대해서는 조언과 함께 사안에 따라 지원을 아끼지 않는다는 방침을 세웠다. 이후 1990년대 계양산살리기 범시민운동, 선인학원 시립화 등 환경, 지방자치, 의료, 교육 전반에 걸쳐 인천의 사회문제와 지역현안에 적극적으로 대응하고 지원했다.

계양산과 선인학원 문제가 불거진 1991~1992년은 인천지역 시민단체가 거의 결성되지 않았던 시기였다. 다만 1989년 설립된 목요회가 중심이 돼 여론을 모아갔고, 지역의 주요 인사들이 개별적으로 사태 해결을 위한 행동에 참여했다. 계양산살리기 범시민운동은 1991년 9월 김종구, 최용규, 한영환, 홍미영 등 초대 시·구의회 의원과 이덕희 등 시민운동에 참여해온 인사 12명이 모여 인천시의 계양공원 민자유치 개발의 문제를 제기하고 시민운동 차원에서 접근해 해결하기로 결의하면서 시작됐다. 이들은 10월 "계양산살리기 범시민운동본부 결성 준비위원회(이하 계양산준비위)"를 발족하고 종교계, 학계, 교육계를 비롯해 시민으로 참여자들의 폭을 넓혀 나갔다. 11월 9일 계양산준비위는 계산동성당에서 시민공청회를 열어 계양공원개발 추진과정의 문제점을 지적하고 계양산의 역사, 문화, 환경적 가치를 환기시켰다. 10만인 서명운동을 전개하는 등 발 빠르게 대처해 나갔다. 지역주민들의 적극적인 호응 속에 1992년 1월 24일 계산중앙감리교회에서 "계양산살리기 범시민운동추진위원회(이하 계양산추진위)"가 출범했다. 계양산추진위에는 지방의회와 지역주민, 종교계, 학계, 법조계, 의료계, 문화예술계, 사회단체 등이 고루 참여하면서 그 대표성을 높였다. 인천시가 이듬해 개발계획을 반려하면서 사태는 종결되었다.

1992년 1월 20일, 중구 답동 인천중앙감리교회에서 "선인학원사태를 우려하는 인천시민의 모임" 준비위원회가 결성되었다. 군 장성 출신 설립자 백인엽의 병영(兵營)식 경영으로 장기간 파행이 계속돼 온 데 대해 시민사회가 더는 좌시하지 않겠다는 강력한 의지의 표명이었다. 우여곡절 끝에 종합감사에 나선 교육부는 법정 화해금 78억 원 중 64억 원이 설립자에게 지급된 사실을 확인하고, 사립학교법 위반으로 결론 내렸다. 이어 "범 선인학원 정상화 추진위원회" 소속 교수와 교사, 학생들의 강력한 요구로 교육부가 9명의 관선이사 파견을 발표함으로써 사태는 일단락됐다. 1993년 6월 선인학원 설립자가 최기선 시장에게 권한 일체를 넘기는 기증서를 제출했고, 최 시장은 선인학원의 시·공립화 추진 계획을 발표했다.

이 같은 성과들은 6월항쟁 이후 고양된 시민의식의 토대 위에 지역민들의 열의와 시민사회단체 간 연대가 더해져 이뤄진 것이다. 그러면서 이 성과들은 그동안 민주화라는 거대 담론 속에 늘 뒷전이었던 지역의 구체적인 현안에 대해 시민사회운동이 역량을 집중하는 계기가 되었다. 연대의 힘으로 시민사회운동 진영의 의지를 관철해냄으로써 향후 인천지역 시민운동의 형성과 전개에 있어 소중한 초석이 되었다.

제5절 인천지역 재야전선운동의 특징과 의의

인천의 재야전선운동은 학생운동 출신 활동가들로부터 모색되고 시작되었다. 유신 시대 이후 학생운동으로 학교에서 제적된 사람들은 학교로의 복귀가 일절 허용되지 않았다. 그들이 운동의 길을 계속 가려고 했을 때 방법은 민주화를 목표로 하는 재야단체를 결성해 가두에서 군사독재와 대치하고, 또 그 과정에서 국민의 지지를 결집하는 것 외에 다른 대안은 없었다. 1970년대에 신분을 감추고 노동현장에 위장 취업한다는 것은 아직 요원한 이야기였다.

인천 앰네스티는 바로 그런 상황에서 만들어진 조직이었다. 또한 앰네스티는 당시 역량 상 자생적인 자기 조직을 만들지 못하였고 국제적 조직에 의탁했다는 점에서 본격적인 재야 전선조직으로 보기에는 무리가 있었다.

인사연은 인천 최초의 본격적인 재야 전선조직이었다. 인천지역사회운동연합의 '사회운동연합'이라는 그 이름 속에서 이미 제 운동을 망라한 민주화운동 단체, 즉 전선조직임을 표방하고 있었다. 인사연이 1970년대 앰네스티와 달리 민주화를 내걸고 전선조직을 결성할 수 있었던 것은 1980년 광주민주화운동 이후 민주화운동 세력이 비약적으로 성장했기 때문이었다. 광주민주화운동은 그 아픔만큼 국민 대중의 분노를 가져와 전두환 정권의 가혹한 탄압에도 민주화운동에 나서는 사람의 행렬은 더욱 늘어만 갔다. 그중 많은 부분은 학생들이었다. 인사연은 그 학생운동 출신 활동가들을 기반으로 삼아 가톨릭, 기독교와 연대함으로써 전선조직을 건설할 수 있었다.

그러나 재야 세력은 제도권 정치 세력, 특히 제도권 야당과 협력과 대립이라는 상호 모순적인 관계가 있었다. 상호 정체가 다른 만큼 서로 대립하면서도 공동의 목표인 민주화를 위해서는 협력할 수밖에 없었다. 특히 진보정당의 설립이 사실상 금지되었던 유신시대와 전두환정권 시절에는 이 모순은 더욱 첨예할 수밖에 없었다.

1980년대 인천은 전국 유수의 공업지대이면서 동시에 수도 서울과 가장 인접한 대도시였다. 따라서 정치적 변혁을 지향하며 노동현장에 진출하려고 하는 학생운동 출신 활동가들에게 인천은 가장 매력적인 도시였다. 그 결과 수많은 학생운동 출신 활동가들이 인천으로 몰려들었다. 그들 중 상당수는 노동자계급의 계급적 이해에 입각한 정치적 전망을 세워 그것을 민주화운동의 이념적 지표로 삼았다. 따라서 그들에게 제도권 야당은 협력의 대상이 아니라 궁극적으로 극복하고 대체해야 할 대상이었다. 그리고 인천이 노동운동의 중심이 되면서 인천 노동운동세력의 이러한 입장은 전국으로 전파되었고, 그것이 나중에 소위 PD진영의 기본적 입장으로 고착되었다.

인천5·3민주항쟁 때 인노련 등 노동운동 세력과 인사연이 공동 투쟁을 전개하지 못했던 것은 바로 이것 때문이었다. 인노련 등은 서로 정체가 다르다며 대립의 측면을 강조했고, 인사연은 협력의 측면을 강조했다. 이 갈등은 전국 어느 지역이나 마찬가지였지만, 노동운동의 메카라 불릴 만큼 노동운동이 강세였던 인천은 이 갈등이 더욱 첨예했던 것이고, 그것이 5월 3일 현장에서 그대로 표출된 것이다.

이 갈등은 6월항쟁 기간에 한동안 잠잠해지기도 했으나, 1987년 대통령 선거를 치르면서 비판적 지지냐 독자 후보냐의 형태로 다시 표출되었다. 그리고 그 후 NL과 PD라는 이름으로 아예 서로 진영을 이루며 대치하는 형태로 고착, 심화되어갔고, 인천은 다른 어느 지역보다 그 갈등이 더욱 첨예했다.

인사연은 이 갈등에 휘말려 결국 조직이 양분되고 말았다. 6월항쟁 이후 새로워진 정세에 대응하고, 1987년 대선 때의 분열을 극복하기 위한 새로운 전선 조직으로 인민련이 결성되었다. 인민련은 6월항쟁 이후 새롭게 건설된 많은 민주화운동 단체와 인노협 등 부문대중운동 조직들을 망라한 그야말로 명실상부한 전선조직으로의 모습을 갖추고 5공비리 청산투쟁과 공안통치 분쇄투쟁 등 많은 활동을 벌였으나, 끝내 이 갈등을 극복할 수 없었다. 민중당 추진 세력들이 전민련을 탈퇴하면서 인민련 또한 빈사 상태에 빠지게 되었다. 다시 이를 수습하고자 인대협 등 학생운동 세력까지 망라하여 인천연합이 결성되었으나 끝내 이 노선 대립을 수습하지 못하고 1992년 총선에서 인천 5개 선거구에서 민주당 후보와 민중당 후보가 맞붙는 전국 최악의 상황이 벌어지고 말았다.

인천 재야전선운동도 인천의 다른 부문 운동과 마찬가지로 인천의 지리적 특성의 영향에서 벗어나지 못했다. 수도 서울과 인접했다는 측면에서 서울의 영향에서 벗어날 수 없었던 인천의 재야전선운동은 인사연이 창립되어 초창기 활동할 때까지는 서울의 직접적인 영향 아래 있었다. 인사연이 민청련의 창립에 영향 받아 조직을 결성한 것이나 이후 민통련과 거의 모든 활동을 함께했다는 것이 바로 그런 것을 말해주고 있다. 그러나 1980년대 중반에 들어서면서 인천의 재야전선운동은 바로 인천이 한국 유수의 공업지대라는 사실, 즉 인천이 당시 한국 노동운동의 메카였다는 사실의 영향을 직접적으로 받기 시작했다. 인천의 노동운동 세력이 독자성을 강화하면서 인천은 서울의 영향을 수동적으로 받는 것이 아니라 어떤 면에서는 서울과 전국 상황을 주도하기 시작했다. 그러면서 인천의 정파 간 노선 대립은 전국 그 어느 곳보다 치열해졌다. 그리고 그 치열한 노선 대립속에 인천의 재야전선운동은 계속 침체되어 갔고 그 속에서 새로운 시민운동운동이 싹트기 시작했다. 1989년 새로운 시민운동으로 목요회가 출범하였고, 목요회의 영향 아래 계양산 살리기 운동이나 선인학원 정상화 운동 같은 새로운 시민운동이 일어났고, 그 운동들이 시민들의 호응을 얻으며 점차 새로운 운동의 주류가 되어갔다. 그리고 그러면서 기존의 전선운동은 역사 속으로 사라져 갔다.

【참고문헌】

1. 자료

『가톨릭 신문』
『경향신문』
『동아일보』
『매일경제신문』
『인노협신문』
『인하공대신문』
『인하대학신문』
『조선일보』
『중앙일보』
『한겨레신문』
『한국일보』

〈5.10 교육 민주화 선언문〉, 1986. 5. 10. 한국 YMCA 중등교육자협의회
〈민주교육추진 인천교육 교사협의회 창립 선언문〉, 1987. 9. 25.
〈인천 YMCA 교육자회 창립 선언문〉, 1984. 6. 22.
〈전국교직원노동조합 인천지부 결성 선언문〉, 1989. 6. 10

가톨릭 노동청년회, 1968.1「강화도 천주교도 고용 거부사건 진상보고서」.

경기기독청년협의회 총회 회의록.

대한노총 인천지구노동조합연합회, 1958「십장제(인천, 부산부두) 시정에 관한 국회청
　　　원서」, 1958. 11. 9(31).

민자당일당 독재 분쇄와 민중기본권 쟁취 국민연합 인천본부, 1990「90 자료집」.

선인학원 사태를 우려하는 인천시민의 모임, 1993「선인학원 시·공립화 이후의 발전
　　　방향 모색을 위한 공청회 자료집」.

인천교구 정의평화위원회, 「정의평화」제7호, 1987.6.1.

「인천교구 정의평화위원회 공문」.

「인천교구 정의평화위원회 회의록」, 정평 87-2호 .

「인천교구청 공문」, 1987.2.4.

인천기독청년협의회 총회 회의록.

인천빈민지역활동가협의회, 1988「빈민지역활동가협의회 상반기활동보고서」.

인천여성노동자회, 1990「인천여성노동자」2호·5호.

인천시철거민협의회·인천빈민지역활동가협의회, 1988「인천철거지역 투쟁에 관한
　　　보고서」.

「인천주보」, 1979~1989.

인천지역노동조합대표자회의, 1995「인천지역 민주노조운동의 흐름」,『민주노총 인천
　　　지역조직 건설을 위한 기획토론회」, 자료집(1995년 10월 10일, 부평4동 성당
　　　교육관)

인천지역사회운동연합, 「인천의 소리」.

인천학교급식시민모임, 2017『학교에 밥 먹으러 가느냐구요?』.

전국부두노동조합, 1962「활동보고」.

「천주교 인천교구 사목국 보고자료」'사제단 단식기도 결산보고서', 1987.12.29.

「천주교정의구현사제단 상임위 회의록」, 1987.1.19

「추기경 김수환 이야기 25 - 강화도 심도직물 사건」,『가톨릭평화신문』748호, 2003.
　　　11. 16.

한국기독노동자 인천지역연맹, 1993~1994「인천기독노동자」.

한국기독노동자 인천지역연맹, 1994「새날을 여는 일꾼」.

한국노동조합총연맹, 1965「사업보고」.

경제기획원, 1961 『한국통계연감』

교육신문사, 1960 『대한교육연감』

보건사회부, 1958 「노동조합가입자격에 대한 건」, 5월 29일자.

보건사회부, 1958 「십장제도 폐지조치에 관한 건」, 8월 27일자.

진실·화해를 위한 과거사정리위원회, 2008. 2. 26. 「월미도 미군폭격사건 진실규명결
　　　정서」.

(사)6월항쟁계승사업회·민주화운동기념사업회, 2007 『6월 항쟁을 기록하다』, (사)6월
　　　항쟁계승사업회·민주화운동기념사업회.

KNCC 인권위원회 편, 1994 『한국교회 인권선교 20년사』.

가톨릭노동사목전국협의회, 2004 『가톨릭노동사목 20년』, 가톨릭노동사목전국협의회.

강인순·이옥지, 2001 『한국여성노동운동사』 1·2권, 한울아카데미.

경기민주화운동사편찬위원회 편, 2017 『경기민주화운동사』, 도서출판 선인.

계양산 골프장 저지 및 시민자연공원추진 인천시민위원회, 2001 『계양산 골프장 반대
　　　운동 6년의 기록』, 계양산 골프장 저지 및 시민자연공원추진 인천시민위원회.

국가법령정보센터. http://www.law.go.kr

국사편찬위원회 『한국사 데이터베이스』. http://db.history.go.kr/

굴업도 핵폐기장 철회를 위한 인천시민운동 백서 발간위원회, 2002 『굴업도 핵폐기장
　　　철회를 위한 인천시민운동』, 굴업도 핵폐기장 철회를 위한 인천시민운동 백
　　　서 발간위원회.

기독교대한감리회 중부연회70년사 역사편찬위원회, 2000 『중부연회70년사』.

기쁨과 희망 연구소, 1996 『암흑속의 햇불』 제1권.

김금수, 2004 『한국노동운동사』 6, 지식마당.

김석 외, 2016 『학생운동, 1980』, 오월의 봄.

김영철, 2001 『한국기독청년운동사』, 한국기독학생회출판부.

김원, 2005 『여공 1970, 그녀들의 반(半)역사』, 이매진.

김홍전, 2006 『인천경제사』, 인천일보사.

노동자역사 한내 엮음, 2013 『전국금속노동조합 한국지엠지부 연표』(1963~2011), 한국
　　　지엠지부.

대한예수교장로회총회 총회백서발간위원회 편, 2018 『개혁하고 꿈꾸는 100년의 사회
　　　선교』.

동일방직복직추진위원회, 2008 『다시 기계 앞에 서고 싶다』, 동일방직복직추진위원회.

동일방직복직투쟁위원회 엮음, 1985 『동일방직 노동조합운동사』, 돌베개.

명동천주교회, 1984 『한국가톨릭 인권운동사』.

민들레후원회, 1997 『민들레후원회 10주년 기념자료집』.

민주화를위한전국교수협의회, 2007 『민교협 20년사』.

민주화운동기념사업회 연구소 편, 2006 『한국민주화운동사 연표』, 민주화운동기념사업회.

민통련창립20주년기념행사위원회, 2005 『민주통일민중운동연합 창립 20주년 민·통·련』, 민통련창립20주년기념행사위원회.

부평노동사목, 1997 『부평노동사목 20주년사』.

부평사편찬위원회, 2007 『부평사』 1·2, 부평문화원.

빈민지역운동사 발간위원회, 2017 『마을공동체운동의 원형을 찾아서』, 한울.

송정로, 2008 『인천시민사회운동 20년사』, 명문미디어아트팩.

여성평우회창립20주년기념행사준비위원회, 2003 『여성평우회 발자취』.

여성평우회창립30주년기념사업회, 2013 『진보여성운동가들의 삶과 희망』.

이덕주·서영석·김흥수, 2017 『한국감리교회역사』, 기독교대한감리회 중부연회.

이목, 1989 『한국교원노동조합운동사』, 푸른나무.

인천5·3민주항쟁제30주년계승대회조직위원회, 2016 『인천5·3민주항쟁증언록 다시 부르마, 민주주의여』.

인천YWCA 홈페이지. http://www.ywcaic.or.kr

인천경제정의실천시민연합, 2012 『20년을 넘어 오늘을 넘어 인천경실련 20년사』.

인천광역시사편찬위원회, 2013 『끊임없는 개척정신 새로운 도약』, 인천광역시사 2.

인천교구사 편찬위원회·한국교회사연구소 편, 1991 『인천교구사』, 천주교 인천교구.

인천민주평화인권센터 사료편찬위원회, 2014 『인천민주화운동사 연표』.

인천발전연구원, 2010 『지표로 보는 인천』.

인천시사편찬위원회 편, 1982 『인천시사-70년대 편』, 인천직할시.

인천언론인클럽, 2008 『인천언론사』.

인천여성노동자회, 1999 『인천여성노동자회창립10주년기념자료집』.

인천지역 인권선교위원회, 1986~1988 『인천인권소식』.

인천지역민주노조건설공동실천위원회 엮음, 1998 『민주노조운동의 새로운 전진-민주노조연합과 민주노조협의회』, 거름.

인천기독교민중교육연구소 편, 1988 『'87 노동자대투쟁-7, 8월 인천지역사례』, 풀빛.

인하50년사 편찬위원회, 2004 『인하50년사』 상, 인하대학교.

전국부두노동조합, 1979 『한국부두노동운동 백년사』.

전국외국기관노동조합, 1981 『외기노조 20년사』,

전국항운노동조합연맹, 2009 『하역노동운동사』.

전국화학노동조합연맹, 1987 『화학노조20년사』.

전노협백서발간위원회, 2003 『전노협백서』 1, 논장.

전국교직원노동조합 인천지부, 2006 『인천교육노동운동사』.

전국노동조합협의회, 1997 『전국노동조합협의회 백서』 1(기나긴 어둠을 찢어 버리고), 전국노동조합협의회.

전국민주노동조합총연맹, 2001 『1970~2000 민주노조 투쟁과 탄압의 역사』, 현장에서 미래를.

조국통일범민족연합남측본부, 2010 『범민련 10년사』, 조국통일범민족연합남측본부.

천주교 답동교회, 1989 『답동 대성당 100년사』.

한국 교회사연구소 편, 1986 『인천교구 25주년』, 인천교구사 자료사 편찬위.

한국기독교교회협의회 인권위원회, 1987 『1970년대 민주화운동』(Ⅲ) · (Ⅳ) · (Ⅴ), 한국 기독교교회협의회.

한국기독교교회협의회, 2005 『한국교회 인권운동 30년사』.

한국기독교산업개발원 편, 1985 『대우자동차 파업 · 농성』, 웨슬레.

한국노동조합총연맹, 1979 『한국노동조합운동사』.

한국노동조합총연맹, 2003 『한국노총 50년사』, 한국노동조합총연맹.

한국도시연구소, 1990 『도시주민 지역운동』, 한울.

한국도시연구소, 1991 『굴레를 깨고 일어서는 사람들』.

한국민주노동자연합 엮음, 1994 『한국노동운동사－1970년대 이후』, 동녘.

한국수출산업공단, 1994 『한국수출산업공단30년사』, 한국수출산업공단.

한국여성노동자회 · 민주화운동기념사업회, 2009 『그대 안의 해오름』

■ 민주화운동기념사업회 오픈아카이브 등록 사료(사료제목/ 등록번호)
https://archives.kdemo.or.kr/

노동자 문화활동의 현단계와 과제: 00446501.

노동자문화마당 일터 창립대회 자료: 00447171.

대공장풍물패협의회 관련 자료: 01190119, 00400011, 00411109, 00448205.

세계노동절101주년기념 인천노동자대동문화제: 00450369.

우리문화사랑회 관련 자료: 00408804, 00446505.

"우리 전진이다" 공연 자료: 00447135.
인노협발대식에 대한 제안서: 00448009.
인노협여름대잔치: 00403546, 00446285.
인문연 창립총회: 00446514.
인천문화운동의 방향모색: 00446493.
임투노래교실 교재1 야유회 꾸리기편: 00439544.
임투노래교실 교재Ⅱ. 파업농성 프로그램편: 00447215.
임투문화교실 노래·놀이 자료집: 00447217.

■ **구술자료(노동운동)**

김기자, 김창곤, 김창곤, 노현기, 박기천, 박유순, 송경평, 안재환, 이남희, 이범연, 이상준, 이성재, 이진숙, 이총각, 이형진, 전재환, 전희식, 최승회, 한선주

■ **구술자료(학생운동)**

강우경, 고일룡, 곽한왕, 기일, 김기현, 김대환, 김명식, 김성진, 나준식, 노수봉, 문희탁, 박남규, 박윤미, 박흥민, 백도현, 백정기, 성성윤, 심상준, 양신석, 오동진, 유지용, 윤호영, 이광현, 이영이, 이우재, 이우청, 이재영, 임명택, 임현주, 전영선, 전점석, 정경모, 조용호, 주상연, 최용석, 최진우, 한경섭, 현창곤, 홍동윤, 홍문표

2. 연구성과

고휘주, 1990 「국무회의록에 나타난 진보당사건」,『사회과학연구』4호, 중앙대 사회과
학연구소.

김귀옥, 2004 「1960, 70년대 의류봉제업 노동자 형성과정 – 반도상사(부평공장)의 사례
를 중심으로」,『경제화사회』61, 비판사회학회.

김귀옥, 2006 「1960~70년대 의류제조업 여성노동자들의 문화건설과 문화의 성격과 한
계」, 이종구 외,『1960~70년대 한국 노동자의 계급문화와 정체성』, 한울아카데미.

김기선, 2009 「1970~80년대 노동자들의 우등불 인천 도시산업선교회」,『희망세상』, 6
월호, 민주화운동기념사업회.

김무용, 1994 「해방 직후 노동자 공장관리위원회의 조직과 성격」,『역사연구』, 역사학
연구소.

김민호, 1997 「노동교육 운동에 관한 연구 : 인천 '노동자대학'을 중심으로」, 서울대학

교 대학원 석사학위논문(교육사회학).

김민호, 1998 「인천 '노동자 대학' 합법화 운동, 1988-1995」, 『사회교육학연구』 4, 1, 한국사회교육학회.

김영곤, 2007 「5 · 3 인천민주화운동과 노동자의 역할」, 『인천학 연구』 6호, 인천대학교 인천학연구소.

김원, 2005 「1970년대 가톨릭노동청년회와 노동운동」, 『1970년대 민중운동 연구』, 민주화운동기념사업회.

김은경 · 서규환, 2010 「인천지역 4월혁명의 사회운동론적 양상」, 『지역에서의 4월혁명』, 도서출판 선인.

김정만, 2003 「골목골목마다 삶의 때가 묻어있던 인천 만석동을 기억하세요?」, 『여성민우회 발자취』.

김준, 1999 「5 · 16 이후 노동조합의 재편과 '한국노총 체제'의 성립」, 『사회와 역사』, 한국사회사학회.

김진국, 2013 「노동운동가 하종강 — 30년 노동운동의 토대가 된 인천」, 『황해문화』 78, 새얼문화재단.

김학철, 1997 「(현장보고) 인천지역해고노동자협의회의 복직투쟁 10년사 : "10년간의 눈물, 원직복직의 도장으로 닦으렵니다"」, 『월간 사회평론 길』 97권 6호, 사회평론.

김현석, 2014년 4월 18일 「4월 혁명, 그 날의 인천을 걷다」, 『인천in』.

김현석, 2017 「부평미군기지의 건설과 연혁, 미래의 전망」, 『부평』, 부평역사박물관.

노현기, 2005.10.26. 「잊혀진 버스안내양, 그들의 투쟁」, 『매일노동뉴스』.

민주화운동기념사업회 기획, 이호룡 · 정근식 엮음, 2013 『학생운동의 시대』, 선인.

민주화운동기념사업회연구소, 2008 『한국민주화운동사』 1, 돌베개.

민주화운동기념사업회 한국민주주의연구소 엮음, 2009 『한국민주화운동사』 2, 돌베개.

민주화운동기념사업회 한국민주주의연구소 엮음, 2010 『한국민주화운동사』 3, 돌베개.

민중석, 1989 『남한노동운동사 1』, 들불.

박준철, 2013 「[신택리지] 과거와 현재, 미래가 공존하는 역사도시 인천동구」, 『경향신문』.

박찬수, 2018 『NL현대사』, 인물과사상사.

새얼문화재단, 2013 「(특별좌담) 시민운동 25년의 회고와 전망 — 인천지역을 중심으로」, 『황해문화』 78.

서울대 법대 사회법학회, 1958 「노동자보호와 십장제도」, 『대학신문』, 1958. 10. 15, 10. 20.

성공회대학교 사회문화연구소, 2002 『1970년대 산업화 초기 한국노동사 연구』.

성유보 · 김도현 · 이명준 · 황인성 · 이명식, 2017 『6월항쟁과 국본』, 민주화운동기념사
    업회.

성효숙, 2004 「인천민미협 · 미술위원회 그리고 인천민예총」, 『인천문화비평』 제15호,
    한국민족예술인총연합 인천지회.

손승호, 2017 『유신체제와 한국기독교인권운동』, 한국기독교역사연구소.

송정로, 2006년 10월 19일 「인천민주화운동사(2편) - 김병상신부 구속사건」, 『인천신문』.

오오타 오사무(太田修), 2002 「해방직후 어느 노동자의 일상생활 - 인천의 전기공 I씨
    의 일기로부터」, 『민족문화연구』 57, 고려대학교 민족문화연구원.

유경순, 2011 『1980년대 변혁적 노동운동의 형성과 분화에 관한 연구』, 고려대학교 대
    학원 한국사학과 박사학위논문.

유동우, 1978 『어느 돌멩이의 외침』, 청년사.

윤상진, 2003 「인천지역 시민사회운동을 통해 본 인천시민사회의 성격에 관한 연구 :
    비교역사적방법을 통하여」, 『인천학연구』 2, 인천대학교 인천학연구원.

이국선목사기념사업회, 1996 『제3의 치차』 이국선 목사 10주기 기념추모집.

이규창, 1974 『한국 항만하역 노무론』, 일조각.

이병례, 2009 「일제말기(1937~1945) 인천지역 공업현황과 노동자 존재형태」, 『인천학
    연구』, 10호, 인천대학교 인천학연구원.

이수원, 1994 『현대그룹노동운동: 그 격동의 역사』, 대륙.

이수정, 2000 「인천여성노동자회의 조직화와 임파워먼트」, 숙명여자대학교 여성학 석
    사학위논문.

이영희, 1996 「화수동 언덕의 햇살」, 『월간 샘터』 27, 샘터사.

이우재 · 나준식 · 노현기, 2005 『지역민주화운동사 편찬을 위한 기초조사사업 최종보
    고서』, 민주화운동기념사업회.

이원보, 2004 『한국노동운동사 5』, 지식마당.

이원보, 2013 『한국노동운동사 100년의 기록』, 한국노동사회연구소.

이인수, 「억압 받는 자를 위한 인천도시산업선교회」, 『민주화운동기념사업회 웹진 민
    주주의』, 2008. 12. 22, http://www.kdemo.or.kr/blog/70s/post/119

이재성, 2014 『지역사회운동과 로컬리티: 1980년대 인천의 노동운동과 문화운동』, DETO.

이종구 외, 2002 『1970년대 산업화 초기 한국노동운동사 연구』, 성공회대학교 사회문
    화연구소, 노동부.

이종복, 「동구의 역사와 문화를 이해하는 첫걸음」, 2011.

이준모, 1996 「인천민중교회연합의 역사와 과제」, 『시대와 민중신학』 3, 제3시대 그리 스도교연구소.

이진, 1990 「해직교사 복직에서 학생자치 권리선언까지 ─ 명신여고 사태를 보고」, 『새 가정』 403, 새가정사.

이진숙, 2008 「사회진보연대 인천지부 창립의 문제의식과 현재」, 『사회운동』 85, 사회 진보연대.

이진호, 2003 「성장하는 민중교회의 모델 해인교회」, 『새가정』 2003년 10월호, 새가정사.

이창언, 2014 『박정희 시대 학생운동』, 한신대학교 출판부.

이총각 구술·박민나 정리, 「길을 찾아서 ─ 1400명 전원이 동참한 반도상사 파업」, 『한 겨레』, 2013. 6. 12.

이총각 구술·박민나 정리, 「길을 찾아서 ─ 대의원대회서 만장일치로 지부장 당선」, 『한 겨레』, 2013. 7. 7.

이희환, 2008 「인천노동운동의 요람, '인천산선'」, 『플랫폼』 통권11호, 인천문화재단, 9·10월호.

이희환, 2017 「반공도시 인천과 맥아더 동상의 냉전정치학」, 『황해문화』 97호(겨울호), 새얼문화재단.

이희환, 2018. 2 「유신정권의 지방지 강제통폐합과 인천 지역신문」, 『인천학연구』 28 호, 인천대 인천학연구원.

인천근현대문화예술사 편찬위원회 편, 2009 『인천근현대문화예술사 연구』, 인천문화 재단.

임송자, 2007 『대한민국 노동운동의 보수적 기원』, 선인.

임송자, 2011 「「1960년대 한국노총의 분열·갈등과 민주노조운동을 향한 변화상」, 『한 국근현대사연구』.

임송자, 2011. 12 「한미행정협정 체결 이후 전국외국기관노동조합의 감원반대와 퇴직 금개선 운동」, 『역사연구』 21호, 역사학연구소.

임송자, 2012 「4월혁명기와 5.16 이후 부두노동조합 재편과정과 노동조합 지도자들의 동향」, 『사회와 역사』, 제93집, 한국사회사학회.

장현자, 2002 『그때 우리들은』, 한울사.

정윤수, 2013 『노동의 기억 도시의 추억, 공장』, 한겨레출판.

정채민, 1991 「노동운동탄압에 맞서는 투쟁사례 ─ 코리아타코마, 대우자동차」, 『정세 연구』, 통권 제21호, 민족민주운동연구소.

정희윤, 1995 「인천시민사회의 발전을 위하여」, 『황해문화』 9, 새얼문화재단.

조승혁 외, 1978『노동자와 함께: 산업선교와 노동자 인권』, 기독교대한감리회 도시산
    업선교중앙위원회.
조현연, 2009『한국 진보 정당 운동사』, 후마니타스.
채백, 2012「박정희 정권의 언론정책과 지역신문」, 한국언론학회 학술발표회 자료집.
채백, 2012『부산언론사 연구』, 산지니.
최영기 · 김준 · 조효래 · 유범상, 2001『1987년 이후 한국의 노동운동』, 한국노동연구
    원.
한상근, 1987「부두노동자의 노동조건과 노동운동, 1953~1961」, 고려대 사회학과 석사
    학위논문.
한상욱, 2017「한국 가톨릭 노동운동 연구(1958-1995) – 자율적 공간의 생성과 소멸을
    중심으로」, 성공회대학교 일반대학원 사회학과 박사학위논문.
한재영, 2014「인천지역 민주노조운동사 ① –「인천지역 민주노조 운동에 대한 사회운
    동론적 고찰」을 중심으로」, 『물꼬』 4, 사회진보연대 인천지부.
홍미희 · 윤현숙, 2007, 『인천여성운동의 현황과 역할』, 인천발전연구원.
황의봉, 1986『80년대의 학생운동』, 예조각.

【찾아보기】

[인명]

[ㄱ]

강경대 224
강명순 466
강석봉 344, 345
강석태 190
강신붕 263
강신오 357
강우경 28, 108, 133, 344, 345, 346, 522
강의신 204, 315
강현 315
강현중 203, 204, 315
강희철 356
계훈제 153
고규홍 143
고남석 310
고두영 113
곽성순 369
곽순복 139, 288

곽한왕 26, 107, 108, 130, 143, 178, 214,
347, 348, 352, 355, 357
권병기 27, 129, 130, 348
권조희 495
길기관 466
길옥순 392
김건호 150, 293
김경준 369
김경호 470
김경희 428
김귀정 224
김근태 137
김기수 360
김기옥 66, 249
김대연 261
김동교 320
김동민 107
김동진 342
김명식 107, 108, 347, 348, 357
김명자 466, 471

김명종 154, 293
김문수 32, 171
김미경 466, 471
김배철 520
김병상 26, 100, 101, 102, 103, 104, 108,
        117, 194, 218, 231, 457, 492, 495,
        522
김복순 279
김봉준 411
김분겸 283
김상우 107, 348
김상준 310
김상진 344
김상훈 347
김성애 203
김성일 28, 134
김성진 133, 134, 357
김세수 108, 522
김세진 33, 285
김수환 77, 104
김순래 208
김승용 108, 348
김승일 107, 347
김영만 151, 276, 290
김영준 466
김영진 178
김영철 190
김영태 126, 280, 282
김영한 107, 348
김영환 108
김옥섭 30, 138, 286

김용원 101
김용자 138, 286
김우경 66
김우중 151
김은하 70
김인숙 280, 281
김재관 151
김재봉 133
김정렬 70
김정숙 150, 467
김정택 30, 140, 142, 148, 197, 214, 220,
        466, 467
김종은 133
김종일 178
김종하 203, 204, 315
김종호 288
김중호 343
김지선 142, 214, 278, 283, 293, 402,
        403, 404
김지하 149
김지형 150
김진국 151
김진태 150
김창수 110, 111
김창호 425
김철우 143
김청유 357
김태석 289
김학철 306
김해숙 312
김현욱 198

김형길 364
김혜경 466
김혜정 360
김홍태 357
김효성 21, 58, 62
김효중 343
김홍섭 288
김홍수 453

[ㄴ]

나길모 77, 101, 103, 187, 465, 522
나준식 108, 349, 522, 523
남상우 64
남인순 403, 404
노미화 443
노병직 293
노회찬 466

[ㄷ]

데커 52
도성훈 208, 460
도예종 101

[ㄹ]

류강하 100

[ㅁ]

맹보영 360
명화섭 194
문광석 28, 133
문귀동 172, 177, 285
문익환 104, 146, 147
문정현 26
문희탁 25, 106, 344, 352, 357
민영수 28, 133, 357, 362
민종진 115

[ㅂ]

박귀현 196, 228, 535
박금순 154
박동일 214
박병우 306
박부양 271
박선태 315
박성득 347
박성룡 107, 348
박승희 224
박애숙 150
박영수 357
박용선 198
박우섭 411
박유순 293
박윤배 293
박은미 178
박인옥 412

박일성 205
박재석 151, 152, 289, 291
박재천 466
박종렬 144, 466, 467
박중식 154
박흥민 28, 134
방복순 271
방용주 347
백영서 520, 524
백인엽 231, 335, 349, 440, 456, 458
변동원 347
변영태 52
변태옥 317
변형진 155, 156
볼터 52

[ㅅ]

서광석 133
서기화 138, 150, 286, 293
서도원 101
서병섭 368
서병희 107, 108, 348, 357
서정곤 262
서지숙 139
석광수 225
석정남 402, 403
성인경 72
손동권 344, 357
손을선 151, 153

손형민 310
송건호 179
송경평 31, 139, 150, 151, 152, 215, 228,
289, 291, 310
송돈희 358
송상진 101
송성만 307
송성섭 425
송영수 133, 357
송옥자 487
송인호 347
송철순 314
신동명 345
신맹순 443, 449, 450
신안식 312
신정길 310
신정희 138, 286
심상정 31, 32
심선균 254
심형진 348

[ㅇ]

안동섭 194
안순애 286, 402, 403, 404
안영근 106, 107, 108, 133, 178, 190,
347, 348, 362, 525, 535
안영환 381
안재환 153, 288, 310
안철권 107, 108, 347

양경철 106, 344
양승조 30, 32, 34, 142, 153, 159, 293
양승희 470
양재덕 227
양홍영 108, 129, 130, 348, 355
여정남 101, 344
오다니엘 144
오동진 358
오명걸(조지 오글) 23, 78, 97, 98, 99,
  101, 272, 489, 493
오순부 194, 205, 215, 310
오영제 263
옥봉환 172
옥판점 279
우수홍 420
우홍선 101
원용복 307
유권상 312
유동우 25, 31, 111, 205, 277, 278, 282,
  283
유병찬 194
유선희 152, 289
유승원 70
유승현 64
유인식 198
유재관 223
유제연 194
유현석 138
윤공희 271
윤기순 270
윤보선 104

윤창덕 23, 78, 489
윤한수 244
윤현 521
윤호영 28, 135, 359
이강혁 153
이건탁 306
이건형 129
이경섭 365
이경심 495
이경재 466
이경태 154
이경호 443
이광현 29, 137, 147
이광환 280
이교정 27, 128
이국선 79, 489
이근창 194
이기봉 21, 52
이기선 28, 133, 135, 357
이기영 107, 108, 347
이남숙 150
이대용 198
이덕상 155
이동수 357
이만영 265, 266
이명준 140, 142
이민우 28, 33, 133, 140
이민재 28, 135
이병국 281
이봉우 150
이부영 153

이상림 470
이상찬 262
이상훈 369
이생우 133
이석규 202
이성균 276, 289
이성득 167
이수병 101
이수하 128
이승만 21
이승훈 489
이영규 443
이영숙 277, 279, 280
이옥순 150
이완규 128
이용규 152, 289
이용선 139, 150, 151, 289, 291
이용우 443
이용주 172, 179
이우재 27, 30, 34, 129, 130, 140, 523,
      525, 534, 535
이우청 28, 133, 134, 357, 360
이원용 179
이원주 228
이은구 321
이은규 142
이장한 179, 368
이재영 29, 137, 363
이재철 124
이재호 33, 285, 316
이정구 262

이정남 27, 129, 130, 348, 525
이종구 443
이종미 360
이지현 428
이진 457
이진엽 276
이진용 108
이진희 225
이찬우 144, 176
이창복 153
이창우 249
이총각 24, 104, 113, 142, 279, 280, 281,
      493
이춘식 293
이태구 64
이태형 134
이학노 144
이해찬 219
이형곤 292
이형범 150, 155
이혜란 402, 403
이혜화 468
이호곤 310
이호웅 30, 34, 140, 142, 194, 219, 534
이홍재 154
이화선 108, 522
이효재 403, 404
이흥우 357
이희경 310
임명구 412
임명방 209

임병조 443
임병호 64
임용표 108
임정상 133

[ㅈ]

장근영 178
장면 56, 57
장석재 133
장석홍 412
장정옥 108, 520, 521, 522
장현자 278, 283
장희영 144
전(田)미카엘 144, 269, 487
전길수 357
전성득 365
전점석 342, 343
전태일 31
전희식 205, 228, 288, 289, 293, 300
정대식 234
정동근 150, 155, 292, 293
정명자 288
정상국 152, 289
정상순 224
정선순 153
정성렬 412
정성현 520
정세일 108, 496, 521
정순구 382

정영균 262
정의숙 280, 281
정창용 108
정태윤 309
정해수 125
정호경 100
정희윤 28, 133
제임스 시노트(진필세) 100, 101, 279
제정구 30, 142, 144, 194
조광철 155
조금분 142, 205, 283
조명수 147
조문걸 489
조병옥 52
조병희 354
조봉암 21, 51, 52, 53, 54, 55, 56, 57,
     81, 83
조분순 150
조성교 100, 142
조순호 358
조승혁 77, 78, 98, 99, 272, 489
조영구 489
조옥화 403
조용구 23, 78
조용명 144, 197, 520
조용호 26, 27, 106, 107, 108, 122, 129,
     130, 140, 148, 347, 348, 352, 355,
     357, 525
조인성 108
조지 오글(오명걸) 23, 78, 97, 98, 99,
     101, 272, 489, 493

조창호 467

조헌영 262

조현숙 288

조화순 23, 24, 78, 80, 98, 99, 112, 113,
    117, 142, 155, 272, 273, 276, 402,
    403, 404, 411, 489, 493, 497

주길자 113, 276, 389, 390, 490

주복균 194

지학순 102, 104

[ㅊ]

차계성 357

천관우 104

최동식 219, 303, 316

최명숙 108, 522

최명희 280

최봉근 288, 309

최분도 108, 521, 522

최상용 72

최선보 60

최세웅 194

최순영 142

최승기 312

최승만 66

최연봉 159

최영희 278

최완용 203

최원식 213, 457

최인숙 140

최정우 344

최종옥 357, 358

최진우 28, 134, 358, 360

최진희 428

최항준 271

최흥찬 470

[ㅎ]

하재완 101

하종강 122, 344, 353

한덕희 288

한비석 152, 289

한빈 262

한상희 108, 521, 524

한순임 278, 279

한재우 271

한청자 272

한태환 133

함석헌 104

함세웅 26, 102

허관영 262

허병섭 466

허영판 342

허용철 443

헨리 존스 78

현광일 412

현윤실 150

호인수 100, 142, 144, 167, 213

홍덕률 108, 349

홍문표   28, 133, 357
홍미영   144, 214, 465, 469
홍성복   34, 352, 534, 535
홍성훈   144
홍승기   310
홍양   205
홍영표   31, 151, 152, 289, 290, 291
홍창만   155
황광우   310
황상근   102, 108, 144, 520, 522
황선진   140, 153, 196, 228, 534, 535
황영환   278
황우윤   123
황윤철   123, 124, 353, 354
황의신   342
황재철   209, 210, 211, 296, 302, 311,
        312, 316
황홍규   28, 133, 135, 357

[사건/단체]

[ㄱ]

가톨릭노동청년회(JOC) 22, 24 78, 79,
　　80, 82, 114, 196, 214, 269, 271,
　　272, 273, 276, 277, 279, 329, 486,
　　487, 516
가톨릭농민회 준비위원회 214
가톨릭대학생연합회 178, 187, 196
감리교 서울신학교 133
감리교 인천 주안지방회 186
감리교 인천동지방회 187
감리교 인천북지방회 187
강화본당 가톨릭노동청년회(JOC) 77
개헌반대 성토대회 340
개헌추진위원회 결성대회 33
개헌추진위원회 시도지부 결성대회
　　33
갯꽃 415
겨레사랑동아리 380
경기·인천민주화교수협의회(민교협
　　경인지회) 209, 455
경기도 3개 신문사 통합대회 95
경동산업 31, 150, 199, 200, 203, 204,
　　205, 288, 301, 303, 306, 315, 321
경동산업노동자탄압 공동대책위원회
　　315
경선전기 245
경성공작주식회사 111
경성화학 245

경신공업 154
경인교육대 336
경인에너지 111, 116
경인여상 208
경인지구복교대책위원회 362
경인지구학생연합(경인학련) 29, 147
경희대 64
계양산 살리기 시민운동 232
고 이철규 열사 고문치사 진상규명대회
　　217
고 이한열 열사 추모 및 양심수 전원
　　석방을 위한 인천 시민대회 193
고난 받는 동일방직 근로자를 위한
　　기도회 109
고능 200
골굿청년회 470
공대위(호헌분쇄 및 민주개헌을 위한
　　인천지역공동대책위원회) 35
공동체 지향 214
공실위(인천지역민주노조건설공동
　　실천위원회) 205, 211, 215, 300,
　　308, 311, 313
「공장에서부터 민주화를!」 300
『공장의 소리』 300
광성고 208
광주 희생자와 조성만열사 추모기도회
　　및 이철규열사 고문치사
　　보고대회 217
광주민중항쟁 계승과 노태우정권
　　퇴진을 위한 인천시민대회 224
광주민중항쟁 진상규명대회 147

광주사태 5주년 기념 추모미사 148

광주사태로 인해 희생된 영령들과
　　조국의 평화를 위한 미사 128

광주의거 6주기 추모미사 및
　　민주화대행진 176

광주학살, 5공 비리 주범 노태우정권
　　퇴진을 위한 청년학도 1차
　　실천대회 216

광주학살, 5공 비리 주범 전두환 일당
　　처벌 및 노태우 퇴진 인천대회
　　215

광주항쟁 유인물 살포 사건 128

교원노조 82

교육민주화선언 443

구국학생연맹 33

구속자가족협의회 101

「근로자의 함성」 151, 290

금강운수 198

금속노조 22, 74

금속노조 경기지역지부 111

금속노조 경기지부 신진자동차분회
　　275

금속노조 신진지부 결성대회 110

금속노조연맹 150

금영실업 303

기노련 514

기독교 인권위원회 177

기독교 인천지역 인권선교위원회 187

기독교도시산업선교회 186

기독교장로회 79

기독교청년협의회 29

기독학생회 106

기러기 26, 28, 108, 129, 348, 369, 370

기찻길옆 공부방 462, 469

기찻길옆 탁아방 469

긴급조치 23, 88

긴급조치1호 88, 105, 121

긴급조치2호 88, 105

긴급조치4호 88, 105, 343

긴급조치7호 89, 344

긴급조치9호 25, 26, 89, 99, 102, 105,
　　106, 108, 109, 121, 345, 350

김지하 문학의 밤 109, 523

까치파 413

[ㄴ]

나눔의 집 462, 471

나라의 민주화를 위한 인천시민대회
　　179

나체시위 24

남동공단 316

남영나일론 115

남일금속 198, 301, 303, 319

노동기본권 쟁취대회 299

노동사목 214

노동야학 241

노동운동탄압저지투쟁위원회(노투)
　　151

노동자문화대잔치 430, 431

노동자문화상담소(약칭 노문위) 420,
　　429

노동자문화예술운동연합 427
노동자문화위원회(노문위) 418
노동자생존권 쟁취집회 152
『노동자의 길』 204, 309
『노동자의 벗』 142
노동조합 탄압 저지와 구속자 석방을
    위한 인천지역 공동대책위원회
    211
노동조합정상화추진위원회(정추위)
    151
노태우정권 규탄 국민대회 216, 217
노활추(인천지역노동조합 활성화
    추진위원회) 325

[ㄷ]

답동성당 26
대경여상 445, 447, 460
대경여자상업고 208
대림자동차 154
대림통상 153, 200, 303, 321
대성합성화학 198
대양 200
대양화성 127
대영기계 200
대우어패럴 154
대우자동차 31, 139, 150, 151, 152, 199,
    205, 289, 290, 291, 292, 301, 304,
    306, 320, 321, 428
대우자동차 민주노조 쟁취위원회 306

대우자동차 부당해고노동자 원직복직
    추진위원회(대원추) 306
대우전자 153, 200, 205, 320, 396
대우조선 202
대우중공업 127, 199, 292, 304, 321
대우중공업 노동자 복직추진위원회
    205
대우회 358
대원운반기계 199
대한노동총연맹(대한노총) 20
대한노총 전국항만자유노동조합연맹
    246
대한마이크로전자 30, 154, 139, 199,
    200, 288, 303, 394, 395, 398
대한방직협회 76
대한전기공업사 200
대한화학기계 199
대호전자 313
대흥기계 200, 303, 317
도시빈민회 214
도시산업선교회(산선) 23, 78, 79, 114
독토 364
동고 58
동국대 64
동국무역 312
동맹휴업 221
동보전기 31, 150, 155
동부제강 200
동산고 21, 337
동산운수 198
동성상공 210

동양나일론 127

동양방적 242, 244, 245

동양제강 242

동양제사 76

동양철관 321

동인천감리교회 134

동인천도시산업선교센터 79, 489

동일방직 23, 24, 25, 78, 99, 104, 109,
    112, 113, 114, 115, 116, 117, 126,
    142, 159, 214, 275, 276, 277, 279,
    280, 286, 389, 411, 493

동일방직 복직투쟁 위원회 126

동일방직사건 긴급대책위원회 104

동일방직사건 수습투쟁위원회 113,
    280

동일방직 해고근로자들을 위한 기도회
    411

동진화성 200

동화기업 노조 111

동흥전기 153

디딤돌 204

똥물(투척)사건 24, 391

[ㄹ]

로얄토토 199

린나이코리아 150

[ㅁ]

맥아더 동상 제막식 20, 52

메리놀외방전교회 77

메이데이 기념식 210, 311

메탈리안 198

명성전자 200

명신여고 208, 445, 448, 460

목요회 40, 218, 229, 231, 236, 552

몬트레스공업 200

문화선전선동대 429

미군유류보급창(Petroleum Oil
    Lubricants, POL) 47, 82

미군종업원노동조합 50

민들레공부방 79

민들레선교원 144, 462, 463

민들레의료협동조합 462

민민투(반제반파쇼민족민주투쟁
    위원회) 33, 34

민민학련(반제반파쇼민족민주학생
    연맹) 33

민자당 장기집권 및 민중운동 탄압
    분쇄대회 220

민자당 장기집권 음모분쇄 및
    민중기본권쟁취 인천국민연합
    (인천국민연합) 220

민주교육추진인천지역교사협의회
    (인천교협, 인교협) 197, 207,
    443, 444

『민주노조』 206

민주노조건설을 위해 싸우는
    노동자일동 300

민주노총 인천본부 327

민주동우회 362

민주정부 수립과 범민주 후보
　　단일화를 위한 인천시민회의　228
민주주의민족통일인천연합(인천연합)
　　227, 541
민주헌법쟁취국민운동 부평지부　214
민주헌법쟁취국민운동 인천본부
　　(인천국본)　194
민주화대행진의 날　27
민주화를 위한 국민연락기구　33
민주화를 위한 노상 촛불기도회　217
「민주화의 물결」　142
민중당　204, 311
민중의 당　310
민중의 독자적 정치세력화를 위한
　　인천지역 노동자 · 정당 ·
　　사회단체 연석회의　227
『민중의 소리』　130
민중의 정당 결성을 위한
　　인천지역노동자추진위원회　227
민중후보 추대 인천시민대회　215
민청련　32
민청학련(전국민주청년학생총연맹)
　　343, 344
민청학련 사건　25
민통련　32, 33, 34, 153

　[ㅂ]
박문여고　61, 197
반도상사　24, 99, 112, 115, 116, 127,
　　142, 278, 283, 391, 393

반도상사노동조합　109
반외세반독재애국학생투쟁연합(애학
　　투련)　365
반유신민주화운동　89
반제동맹당 사건　285
방림방적　115
범선인학원정상화추진위원회(범선추)
　　232, 456
범시민평화대행진　193
범인천연합 4 · 19 학생혁명 25주년
　　기념대회　142
범청학련 결성을 위한 남쪽 준비위원회
　　228
병노련 인천지부　325
보루네오통상　199
보수 3당 합당에 대한 시국 대토론회
　　219
보안사 불법사찰 규탄 및 군정 청산
　　인천시민대회　223
부강교통　154
부광교통　198
부국철강공업　199
부두노동조합　66
부두노조　22, 67, 74, 75, 82, 245
부천경찰서 여대생 성고문 추행사건
　　규탄대회　177
부천서 성고문 사건　177, 388
부평고　129
부평제강　242
비상계엄　23
빈민지역활동가협의회　473

빈활협 214

[ㅅ]

사랑방교회 466
사우 26, 348
사회과학연구회(사과) 357
산마루교회 467
산업선교회 273, 275, 276, 277, 278,
    279
산업전도위원회 78
산하 414
살인·고문·강간정권 타도를 위한
    인천노동자 투쟁위원회
    (타투/타도투위) 308
삼경무역 199
삼민투(민족통일민주쟁취민중해방
    투쟁위원회) 29, 31
삼선개헌 23
삼선개헌반대성토대회 23
삼성산업 99
삼양식품공업 199
삼원섬유 24, 25, 99, 111, 115, 116, 142,
    214, 277, 278, 279, 282
삼익가구 138
삼익악기 199, 398
삼익전자 200
삼지실업 200
삼호목재 198
삼화실업 200

삼화제분 266
삼환택시 155, 156
삼효정공 313
상명여대 153
상호물산 272
상호직물 271
새한미디어 201, 395
새한실업 200
샘동인회 106
서강대 산업문제연구소 282
서노련(서울노동운동연합) 32, 159,
    167, 171, 174, 177, 180
서울미문화원 점거농성 사건 31
서울조구 198, 199, 303, 396
서음전자 127
서인노련 32, 33, 34, 159, 162, 163, 164,
    172
선봉노조단(선노단) 327
선인고 217, 352
선인중 349
선인학원 40, 349, 351, 439, 455, 456
선인학원 민주화투쟁 218
선인학원 사태 457
선인학원 사태를 우려하는 인천시민의
    모임 준비위원회(시민의 모임)
    232
선인학원 정상화 운동 231
선일연마 198
선창산업 199
섬유노조 22, 75, 76, 111, 113, 114, 126,
    281, 282, 283

섬유노조 반도상사지부 112
성고문 추방과 인권회복을 위한 미사
178
성광중 349
성광학원 349
성산교통 198
성산교회 21
성심여대 147, 360
성진운수 198
성헌고 교육정상화추진공동대책위원회
208
성헌고 208, 445, 446, 460
세일 199
세일고 207, 208
세진음향 199, 205, 396
세진화인케미칼 198
세창물산 위장폐업분쇄 및 노동악법
폭로대회 314
세창물산 296, 314
송도고 21, 27, 58, 128, 337
송현샘교회 470
송현샘교회 공부방 462
숭전대 107
승일제관 200
시브라더즈 155, 394
신광기업 199, 303
신광전기 199
신규 노조 창립 대잔치 311
신도실업 138
신신교통 198
신영전기 200

신용협동조합 79
신진공업 275
신진자동차 110, 289
신진자동차공업 275
신진자동차 부평공장 116
신한공기 200
신한일전기 99
신호수 285
신흥 199
신흥목재 198, 199
심도직물 22, 77, 78, 269, 271, 272, 488
십장제 248
쌍마패션 150

[ㅇ]

아노미 106, 347
아카데미(아카) 359
안개 32
애국학생 고 이철규열사
고문살해사건에 즈음하여 217
애스컴(ASCOM: Army Service
Command) 20, 48, 50
앰네스티 인천지부 108, 346, 349
앰네스티 인천지부 준비위원회 108
야학 412
여성나눔의집 403, 408
여성민우회 409
여성평우회 144, 389, 408, 462, 464, 466
연세대 64

영원통신 198

영창악기 150, 200, 201, 301, 303, 320,
    396

영창인물 200

오룡실업 200

왕자표 보일러 200

외기노조 22, 74, 82, 265

외기노조 부평지부 49

외기노조 인천지부 263

우리마당 인천지회 416

우리문화사랑회 416, 417

우아미가구 199

우진실크 200

운봉공고 208, 123

운산기계공업고 123

원풍모방 115

원풍모방노동조합 109

위장폐업 철폐 투쟁 313

유니전 150

유신독재 타도 시위 25

유신반대시위 105

유인물 살포 사건 26

육군조병창 242

이건산업 200

이성전자 150, 155

이우재 석방 환영대회 109

이우제책사 150

이천전기 22, 76

이철규 열사 살해 진상규명 및
    전국교직원노조결성 지지
    결의대회 217

이화산업 200

이화여대 126, 428

인교협 444

인기노 298

인기노련 177, 178, 179, 185, 186, 205

인기청 133, 148, 179, 185, 186, 190,
    212, 217

인노련(인천지역노동자연맹) 32, 34,
    159, 163, 167, 173, 174, 176, 177,
    179, 180, 294, 295, 300, 551

인노운협 213, 311, 313

인노협(인천지역노동조합협의회) 36,
    38, 213, 296, 311, 312, 313, 315,
    316, 317, 319, 320, 321, 325, 326,
    403, 429, 460

『인노협신문』 210

인노협 준비위 312

인대협 195, 211, 216, 217, 220, 379

인대협 출범식 224

인문연(인천민중문화운동연합) 38,
    418, 420, 421, 422, 424, 425, 427,
    436, 437

인민노련(인천지역민주노동자연맹)
    37, 204, 205, 211, 212, 215, 307,
    309, 310, 331

인민련(인천지역민족민주운동연합)
    38, 213, 215, 216, 217, 543

인민청 213, 217

인부노회(인천부천지역민주노동자회)
    37, 211, 217, 223, 307

인사연 주요 활동가 전원회의 535
인사연(인천지역사회운동연합) 30, 33,
    34, 38, 39, 142, 148, 153, 155, 162,
    164, 167, 168, 172, 173, 176, 178,
    179, 181, 185, 190, 196, 204, 211,
    212, 213, 215, 217, 223, 527, 528,
    536, 537, 543, 544, 545, 547, 550,
    551
인선사 115
인성전자 200, 395, 398
인우데크레코 200
인진연 482, 484
인천EYC 346, 498, 512
인천JOC 151, 155, 178, 179, 185, 190,
    211, 523
인천 YMCA 교육자회 460
인천POL지부 264
인천POL특수지부 263
인천YMCA교육자회 144, 441
인천YWCA 387
인천5·3민주항쟁 32, 34, 177, 179,
    181, 185, 206, 531, 551
인천5·3시위 174, 176
인천5·3항쟁 294, 295
인천 가청 148, 154, 155, 177, 178, 179,
    185, 187, 196, 214, 217
인천가톨릭청년회 143
인천간호전문대 123, 412
인천경제정의실천시민연합(인천경실련)
    232
인천고 21, 65, 58, 337

인천공과대 335, 349
인천 공대위 193
인천 구가협 178
인천 기노련 515
인천공대위 190
인천공업고 65, 68, 337, 338
인천공업고등학교 21, 60
인천공작창 242
인천교구 가톨릭노동청년회(인천 JOC)
    150
인천교구 가톨릭대학생연합회
    (인가대연) 178, 179, 356
인천교구사제단 26
인천교대 125, 126, 336, 354
인천교협 444, 445
인천국민연합 38, 39, 220, 221
인천국본 195
인천기독교 민중교육연구소 211
인천기독교 인권선교위원회 178
인천기독교목회자협의회 513
인천기독노동자연맹(인기노) 292
인천기독청년협의회(인기청) 133
인천기독청년협의회 28
인천노동자계급해방투쟁동맹 308
인천노동총동맹 241
인천노협(한국노협인천지역협의회)
    30, 142, 143, 146, 153, 154, 155,
    159, 163, 285, 287
인천대 29, 126, 132, 134, 137, 147, 149,
    165, 191, 192, 209, 210, 226, 314,
    335, 351, 352, 354, 360, 363, 364,

374, 376, 377, 381, 385, 440
인천 대한마이크로 292
인천도시산업선교회(인천도산) 490,
　　497, 499, 512
인천도시산업선교회(인천산선) 79
인천도시산업선교회 77, 99, 101, 109,
　　112, 138, 148, 156, 272, 329, 411
「인천문화」 420
인천민족민주운동연합(인민련) 323,
　　418
인천민주노동자연맹(인민노련) 295
인천민주청년회(인민청) 211
인천민중문화예술운동연합 424
인천민중문화운동연합(인문연) 213,
　　418
인천민중연합(민연) 37, 196, 535
인천부두노동조합 246
인천부두노조 245
인천부두자유노동조합 47
인천·부천연합 창립 보고대회 및
　　민자당 심판과 민중생존권
　　쟁취를 위한 인천시민 결의대회
　　227
인천부천지역민주노동자회(인부노회)
　　204, 310
인천빈민지역활동가협의회(빈활협) 197
인천사범대 336
인천사범학교 65, 336
인천산업선교회(인천산선) 97, 99, 113,
　　144, 205, 211, 212, 281, 301
인천세광병원 200

인천소성노동회 241
인천시민공동회 196, 213
인천시철거민협의회 38
인천 앰네스티 523, 550
인천여고 337
인천여성노동자회(인천여노회) 38,
　　214, 404, 405, 407, 408
인천여성단체협의회(인천여협) 387
인천여성의전화 409
인천여성회 409
인천여자중 337
인천연대(평화와 참여로 가는
　　인천연대) 381
인천연합(민주주의민족통일인천연합)
　　39
인천영진공사 76
인천우리문화사랑회 196
「인천의 소리」 142
인천자유노동조합 46, 47, 246
인천자유노조연맹 47
인천전문대 217, 349, 352
인천정의구현사제단 523
인천 정평위 145, 148, 149, 176, 177,
　　178, 190
인천제강 265
인천제강소 127
인천제일감리교회 187
인천제일교회 사건 133
인천제철(현대제철) 127, 201, 303, 320
인천조선 199, 200
인천조선 노동조합 199

인천중   63, 65
인천중·고등교원노조   67
인천중공업   22, 76
인천지구미군자유노조   20
인천지구자유노동조합   50
인천지구 중등교원노조   438
인천지역공부방연합회   197, 478
인천지역구속자가족협의회(인천
   구가협)   156
인천지역기독교사회운동협의회
   준비위원회   512
인천지역기독노동자연맹(인기노련)
   155, 156, 515
인천지역 기독교 사회운동협의회
   준비위원회   212
인천지역노동운동단체협의회(인노운협)
   206, 210, 310, 312, 331
인천지역노동자대투쟁   36
인천지역노동자연맹(인노련)   146, 159,
   287, 293
인천지역노동조합대표자회의
   준비위원회(인노대 준비위)   326
인천지역노동조합대표자회의(인노대)
   325, 332
인천지역노동조합 활성화추진위원회
   (노활추) 결성을 위한 강연회 및
   노조간부 연석회의   322
인천지역노동조합협의회(인노협)   203,
   206, 210, 331
인천지역노동조합협의회 준비위원회
   (인노협 준비위)   209, 311

인천지역노동조합활성화추진위원회
   (노활추)   223, 332
인천지역대공장노조연대모임(대공장
   연대모임)   320
인천지역대학생대표자협의회(인대협)
   193, 378
인천지역대학생대표자협의회   196
인천지역목회자정의평화실천협의회
   (인천 목정평)   38, 214
인천지역민주노동자연맹(인민노련)
   195, 204, 308
인천지역민주노조건설공동실천위원회
   (공실위)   205, 211, 215, 300, 308,
   311, 313
인천지역민주화실천가족운동협의회
   193
인천지역민중교회연합   512
인천지역민중교회운동협의회   212
인천지역민중후보추대위   215
인천지역사회운동연합(인사연)   140,
   388, 524, 526
인천지역사회운동연합   27, 205, 223
인천지역신문강제통폐합   93
인천지역 양심수를 위한 한마당 잔치
   178
인천지역의료보험노동조합   322, 325
인천지역진료소 운동   481
인천지역진료소연합(인진연)   197, 481
인천지역탁아위원회   197, 478
인천지역해고노동자협의회(인해협)
   205, 295, 301

인천 천사협 215
인천 학부모회의 453
인천학생수습대책위원회 64
인천항만자유노동조합 47
인천해고노동자협의회(인해협) 331
인하공대 21, 23, 60, 61, 64, 72, 73,
    336, 337, 339, 340
인하공업전문대 128
인하대 25, 26, 28, 29, 89, 105, 106, 117,
    122, 123, 124, 125, 126, 128, 130,
    132, 133, 135, 136, 137, 147, 148,
    149, 153, 165, 172, 179, 188, 189,
    190, 191, 192, 216, 217, 219, 221,
    334, 342, 343, 344, 347, 352, 353,
    354, 356, 359, 362, 369, 370, 373,
    376, 377, 380
인하대 유인물 살포 사건 106
인하대학교 교수협의회 126
인하대학교 사범대학 교수협의회 126
인하대학교 총학생회 부활추진위원회
    및 단과대학 학생회
    부활추진위원회 122
인하대학교 학술회장연합회 122
인하대학교 학원민주화 추진위원회
    (학민추위) 122
인하대학교 학원자율화 준비위원회
    122
인하대학교 학원자율화 추진위원회
    136
인하대학교 학원탄압저지 투쟁위원회
    148

인하대학교 총학생회 214
인하민속극회(탈반) 106
인해협 205, 211
인혁당(인민혁명당) 사건 101, 343, 344
인화여자상업고등학교 349
인화여자중학교 349
일당국회 해산 및 민중생존권 쟁취,
    노태우정권 퇴진 결의대회 221
일당독재 민중탄압 민자당 분쇄를
    위한 5만학도 결의대회 220
일손나눔 415
일하는 여성 나눔의 집 214, 402
임능신 262
임단투 327
임투문화교실 429
임학성 125, 362

[ㅈ]

자동차노조 75
자민투(반미자주화반파쇼민주화투쟁
    위원회) 33, 34
장기집권음모 분쇄를 위한 인천지역
    공동대책위원회(공대위) 35,
    179, 185
전교조(전국교직원노동조합) 325
전교조 인천지부 38, 208, 144, 213, 322
전국금속노조 경기지역지부 신진자동차
    부평공장분회 110
전국민족민주운동연합(전민련) 212

전국민주노동조합총연맹 인천지역
　　본부(민주노총 인천지역본부)
　　328
전국민주청년학생총연맹(민청학련)
　　105
전국부두노동조합 인천지부　259, 260
전국섬유노조 심도직물 분회　270
전국여성노조 인천지부　409
전국외국기관노동조합(외기노조)　48
전국외국기관종업원노조(외기노조)
　　262
전국외기노조 부평분회　127
전국자유노련 산하 부두노조　67
전국정의평화위원회　138
전국학생총연합　29
전두환, 이순자 구속 및 노태우정권
　　퇴진을 위한 궐기대회　215
『정세와 실천』　309
정의구현을 위한 특별기도회　26
정의구현전국사제단(사제단)　100, 102,
　　104
정의평화위원회(정평위)　100, 102, 176
제1회 8·15 기념 인천지역 노동자
　　웅변대회　178
제물포고등학교　63, 65, 348
제물포택시　200
제일교회　28
제일엔지니어링　205, 301
조선강업　245
조선기계제작소　242, 245
조선노동공제회 인천지회　241

조선노동조합전국평의회(전평)　20, 46
조선전업 노조　46
조선차량　245
『조합원의 소리』　154
종연공업　245
주민회　217, 475
주안염전　46
중앙도자기회사　111
지성　26, 106, 347
지티(GT)　26, 28, 108, 334, 335, 336,
　　348, 355, 356, 358, 366, 367, 369,
　　380, 384
진도　31, 150, 320
진도노동조합 결성 준비위원회　150
진도노동조합 정상화 추진위원회　150
진보정당창당추진위원회(진정추)　228
진보정치연합　311
진성전자　303, 398
진진양행　395, 396

[ㅊ]
참교육 실현을 위한 인천 학부모회
　　(참교육학부모회)　209, 453, 454
천사협　217
천주교 광주대교구 사제단　130
천주교 인천교구　23, 149, 217, 523
천주교 인천교구 가톨릭대학생연합회
　　137, 185
천주교 인천교구 공정선거추진위원회
　　196

천주교 인천교구 대학생연합회　179
천주교 인천교구 사제단　128, 186,
　　187
천주교 인천교구 사회운동연합(인천
　　천사협)　38, 213, 214
천주교 인천교구 정의평화위원회(인천
　　정평위)　138, 143
천주교 인천교구 청년회(인천 가청)
　　143
천주교 인천교구 평신도사도직협의회
　　187
철거반대투쟁　479
청계피복　115, 142
청보산업　200
청조회　357
청진회　28, 133, 357
청진회 사건　132
총학생회 부활을 위한 공청회　136
최루탄추방대회　376
축현초등학교　28

[ㅋ]

코리아스태플　199
코리아스파이서　127, 199, 321
코스모스전자　200, 210, 303, 395, 396,
　　398, 428
콜트악기　200, 210
크리스찬아카데미　282

[ㅌ]

큰물공부방　144, 462, 464, 466
타투　309
탈반　358
태양공업　99
태연물산　198, 303, 395
태평양물산　200
태평특수섬유　138
통티　349
통학생회　26, 108, 348, 349

[ㅍ]

평교사협의회　208
평신도사도직협의회　186
평화공사　254
폭력살인정권 규탄과 교육자치 쟁취를
　　위한 교사대회　224
폭력정권 규탄시위　137
푸른잔디회　304
풍산금속　199
프락치 사건　317

[ㅎ]

학생사회개발단(학사단)　342
학생수습대책위원회　64
학원민주화투쟁　27, 208
학원안정법 제정 반대 투쟁　31

학원자율화추진위원회(학자추) 136,
　362
한겨레민주당 215, 310
한광대 413
한국 데코레코 313
한국 앰네스티 인천지부 522
한국강관 200
한국그랜드 198
한국기계 78
한국노동당창당추진위원회
　인천지역발기인대회 324
한국노동자복지협의회
　인천지부(인천노협) 330
한국노동자복지협의회
　인천지역협의회 142
한국노총 인천직할시협의회 321
한국노협(한국노동자복지협의회) 30
한국노협인천지역협의회(인천노협)
　30, 142, 143, 146, 153, 154, 155,
　159, 163, 285, 287
한국미싱공업 199, 200
한국보훈복지공단 목재사업소 200
한국분말야금 200
한국사회연구회(한사) 357
한국수출산업공업단지 22
한국앰네스티 인천지부 27
한국운수분회 66
한국종합기계 199
한국콘트롤데이타노동조합 109
한국타이어 199
한국타포린 200

한국판유리공장 266
한국판유리지부 267
한독금속 36, 198, 302, 428
한라중공업 321
한반도평화와 통일을 바라는
　인천시민모임 준비위원회 228
한세실업 198, 199, 395, 396
한양목재 200
한여노협 408
한영알미늄 150, 199, 205
한일국교 정상화 23
한일스텐레스 31, 150, 151, 152, 153,
　154
한일튜브공업 199, 200
한일협약 23
한일회담반대성토대회 72, 339
한전유화 198
합법정치활동을 위한 노동자모임 323
항도고 208
항도실업고 123
항만자유노동조합 66
해님방 468
햇살의집 462, 471, 473
현대철구사업부 200
현대페인트 200
협신피혁 115
협진양행 150
협진염직 200
호헌분쇄 및 민주개헌을 위한
　인천지역공동대책위원회 185
화영 200

화인공예 199
화학노조 266, 267, 268
흥부합섬 200
흥양교역 301
흥업사 203
흥일산업 303

[A~Z]
ASCOM 263, 328
GM코리아 275, 289
ILO공대위 332
ILO기본조약 비준 및 노동법 개정을
　　위한 인천지역공동대책위원회
　　(ILO인천공대위) 325, 326
JOC(가톨릭노동청년회) 22, 24 78, 79,
　　80, 82, 114, 196, 214, 269, 271,
　　272, 273, 276, 277, 279, 329, 486,
　　487, 516
JOC 인천교구연합회 494
NL 309, 310
YH무역 142
YWCA 412
Y중등교협 442, 443

[기타]
10월유신 23
4·13호헌분쇄 및 민주개헌을 위한
　　인천지역공동대책위(인천지역
　　공대위) 298

4·19 25돌 기념식 367
4·19학생혁명 20주년 기념식 353
4·19혁명 계승 및 문익환 목사 구속
　　규탄 결의대회 216
4월혁명 21
5월 광주민중항쟁 5주년 추모대회 148
6·10보고대회 36, 190
6·8선거부정 규탄시위 340
6월항쟁 계승 및 민주쟁취
　　인천시민대회 221

▋인천민주화운동사 제작에 도움을 주신 분

곽미경

곽한왕

권병기

김인수

김재용

김중현

나준식

박귀현

박남춘

박우섭

배제천

사랑병원

송경평

송태규

안영근

원학운

유봉희

윤관석

윤호영

이민우

이영규

이우재

인우회

조현행

최용석

홍학기